Mit herzlichen Grüßen
& Segenswünschen

[illegible]

Jochen Klepper

Unter dem Schatten deiner Flügel

Aus den Tagebüchern der Jahre
1932 bis 1942

BRUNNEN
VERLAG GIESSEN · BASEL

Herausgegeben von Hildegard Klepper
Die von Benno Mascher ausgewählte und kommentierte Ausgabe wurde, im Einverständnis mit Frau Hildegard Klepper und der Deutschen Verlags-Anstalt, Stuttgart, von Günter Wirth und Dr. Ingo Zimmermann gekürzt

3. Auflage 2005
Lizenzausgabe 1997 Brunnen Verlag Gießen

Umschlagmotiv: Renate Diehl
Umschlaggestaltung: Ralf Simon
Herstellung: GGP Media GmbH, Pößneck
ISBN 3-7655-1815-8

Sei mir gnädig, Gott, sei mir gnädig;
denn auf dich traut meine Seele,
und unter dem Schatten deiner Flügel
habe ich Zuflucht, bis daß das Unglück
vorübergehe

Psalm 57,2

ZUM GELEIT

Ein Tagebuch wagt sich auf das Seil über dem Schweigen. Menschen und Orte, Erreichtes und Erlittenes, Gesten und Gespräche nimmt es ins Wort. Dabei gelingen ihm weder Vollständigkeit noch Totalität. Niemals kann in einem solchen Bericht das Ganze eines Tages, eines Jahres, eines Lebens aufgezeichnet werden. Eine Auswahl entsteht, ein Ensemble von Bruchstücken und Splittern. Die Perspektive ist ganz subjektiv, und doch spiegelt sich in den großen Tagebüchern das Gesicht einer Epoche.

Wer ein Tagebuch liest, läßt sich ein auf die Sicht und die Empfindungen eines anderen. Er betritt ein Haus, das er nicht selbst eingerichtet hat. Einen, der am liebsten mit sich selbst allein ist, überfällt auf solchen Wegen bald Langeweile. Doch die Expedition zum Kontinent eines anderen Menschen läßt niemanden leer ausgehen, der sich dem Fremden zu öffnen vermag. Manche Lektüre eines Tagebuchs wird sogar zu einer Entdeckungsreise zum eigenen Ich. Die Einsicht Martin Bubers bewahrheitet sich dabei: Erst die Begegnung mit dem Gegenüber erschließt das Eigene.

Ein Dialog mit dem Tagebuch Jochen Kleppers führt den Leser in eine überwundene Zeit und zugleich in seine eigene Gegenwart. Seit der letzten Eintragung in das auf viele hundert Seiten angewachsene Manuskript sind mehr als fünfzig Jahre vergangen. Breit und tief erscheint der Graben, den ein halbes Jahrhundert aufwirft. Grundfragen aber sind geblieben: Wie kann ein Mensch in einem Irrgarten von Bedrohungen und Gefahren überleben? Was hat er einer immer drastischeren Mißachtung seiner Würde entgegenzusetzen? Worauf stützt sich sein so oft eingeschüchtertes, ja belächeltes Vertrauen in die Nähe des Ewigen?

Den Leser erwarten keine Antworten. Unversehens wird er selbst immer stärker von den Strudeln und Stromschnellen auf dieser Lebensfahrt angezogen. Er sieht sich an der Seite eines Menschen, dessen Pläne und Hoffnungen von den Klauen eines Ungeheuers erfaßt und vernichtet werden. Er spürt das Erlahmen der Kraft in

Beuthen an der Oder. Marktplatz der Geburtsstadt Jochen Kleppers

den Händen, die geliebte Menschen schützen wollten. Er hört das Stammeln eines Gottsuchers, der seinen Wurzeln einen Weg durch Stahl und Beton bahnt, bis sie den Mutterboden der Bibel finden. Dieses Tagebuch fordert viel. Der es schrieb, hat sich nicht ausgespart und aufgespart für bessere Zeiten. Von Seite zu Seite fallen mehr Illusionen in sich zusammen. Schicht um Schicht lösen sich die Masken auf. Zurück bleibt ein Mensch. Wehrlos vor seinen Peinigern. Nackt vor seinem Gott.
Als Jochen Klepper im März 1932 die Niederschrift seines Tagebuchs beginnt, ist er noch keine dreißig Jahre alt. Am 22. März 1903 wird er in dem schlesischen Städtchen Beuthen an der Oder

geboren. Sein Vater ist dort evangelischer Pfarrer. Jochen gehört also in die lange Reihe der in evangelischen Pfarrhäusern großgewordenen Dichter und Denker deutscher Sprache. Der Junge ist oft krank. Früh beginnt er zu schreiben. Sein Theologiestudium in Erlangen und Breslau bricht er kurz vor dem Abschluß ab. Die Sehnsucht, als Sprachkünstler Werke schaffen zu können, ist stärker als alle anderen Herausforderungen. Beim „Evangelischen Pressverband" in Breslau findet er seine erste Anstellung. Bald arbeitet er auch intensiv für den Rundfunk. Seine Gedichte und Prosatexte erscheinen hier und dort. Dann wagt er den Sprung nach Berlin. Die Metropole der Künste und Kultur wird schon Aufgaben für ihn haben. Er wird zu einem Pionier anspruchsvoller Hörfunkprogramme. Später erhält er für einige Monate eine Anstellung beim Ullstein-Verlag. Der Schwerpunkt seines Schaffens aber liegt auf der Arbeit eines freien Schriftstellers.

Vom Dezember 1940 an ist er Soldat. Wegen seiner Ehe mit einer Jüdin wird er im Oktober 1941 als „wehrunwürdig" entlassen. Die Tagebücher dieser Zeit tragen den Titel „Überwindung".
Kleppers Tagebuch umspannt den Zeitraum vom Frühjahr 1932 bis zu seinem Tod im Dezember 1942. Die Handschrift wird heute im „Deutschen Literaturarchiv" in Marbach aufbewahrt. Eine erste Auswahl gab Hildegard Klepper, die Schwester des Dichters, 1956 bei der „Deutschen Verlags-Anstalt" heraus. Eine von Günter Wirth und Ingo Zimmermann daraus verdichtete Fassung erschien 1972 im Ost-Berliner Union-Verlag. Diese Auswahl liegt der nun vorliegenden Ausgabe zugrunde.

Jochen Kleppers Tagebuch beginnt und endet in Berlin. In diesem Schmelztiegel der Kulturen trifft er Kollegen, Verleger, Bekannte und Freunde. Doch fällt auf viele seiner Tage und Nächte der Frost wachsender Vereinsamung. In Berlin öffnen sich Türen zum Rundfunk, zu Verlagen, zur Filmszene. Sie fallen für immer ins Schloß, als er bei seiner Ehe mit einer Jüdin bleibt. Hier bauen die Kleppers ein Haus. Und sterben darin. An einem Frühsommertag entdeckt er „in dem jungen Grün das kleine Stück noblen alten Berlins ums Kastanienwäldchen". Oft werden die Glocken zu einem Weckruf aus der Verzweiflung. Aber diese Hauptstadt hat das Rauschgift des Nationalsozialismus versucht und ist davon süchtig geworden. Überall Entlassungen, Enteignungen, Erschießungen. Ständig Waffen, Fackeln, Aufmärsche. Die Olympiade von 1936 erlebt Klepper als gigantische Selbstfeier der Hybris und Propaganda. Für die mit dem gelben Stern Gebrandmarkten wird die große Stadt immer kleiner. Konzertsäle bleiben ihnen verschlossen, Bäder verwehrt, Trambahnen verboten. In diesem Berlin findet der Dichter die Spuren der Preußenkönige und geht einen seiner letzten Wege in die Gestapozentrale. An der Jahrtausendschwelle gewinnen Kleppers Erfahrungen mit der Schönheit und den Katastrophen einer Metropole neue Aktualität. Eine verhaltene Liebeserklärung an Berlin und ein Bericht vom Verlorensein in der Großstadt ist dieses Tagebuch.

Neben dem Stapel der Tagebuchblätter liegen Bücher. Die meisten tragen den Namen „Jochen Klepper", einige mußte er anonym herausgeben. Erzählendes ist darunter wie „Der Kahn der fröhlichen Leute" (1933) und „Der Vater. Roman eines Königs" (1937), aber auch Essays und Gedichte. Über Kleppers Sammlung von geistlichen Liedern „Kyrie" (1938) schrieb Ulrich Wilckens: „Mitten in der allgemeinen Austrocknung geistlicher Erfahrung und geistlicher Wachheit und mitten im Sog der Verarmung und Verflachung unserer Sprache hat Gottes Geist aus einem sehr bedrängten und persönlich angefochtenen Menschen nichts weniger als einen Psalmisten unserer Tage gemacht." Im Werden dieser Werke formt sich sein poetisches Selbstverständnis. Die verantwortungsvolle Arbeit des Schriftstellers korrespondiert mit der Inspiration, dem geheimnisvollen „Zufall" aus der Höhe. Kleppers dritter Roman sollte eine Annäherung an Martin Luther und dessen Frau Katharina von Bora werden. Er blieb Fragment. Wie sein Lebenswerk. Wie sein Leben. Der Rechenschaftsbericht eines leidenschaftlichen Künstlers ist dieses Tagebuch.

„Refektorium" nannte Jochen Klepper diesen Raum in seinem Haus in Berlin-Nikolassee

Der Schriftsteller im Elfenbeinturm, abgeschottet von „der Straße", ist kein stimmiges Bild für Jochen Klepper. So sehr er das Haus als Zuflucht liebte, so intensiv er Wohnkultur pflegte, die Mauern waren durchlässig. Innen und außen trennte sich für ihn nicht mehr. Klepper wird zu einem präzisen Beobachter der Hitler-Diktatur. Visionär ahnt er die Katastrophe des kommenden Krieges. Seine Verehrung für preußische Ideale wird an den braunen Horden zunehmend irre. Seine Wertewelt treibt ihn in die „innere Emigration". Sein Blickwinkel aber ist weiter. Er lernt, mit den Augen seiner jüdischen Frau und derer beiden Töchter zu sehen. So wird sein Tagebuch zu einer Chronik der Verfolgung. Über vier Millionen Einwohner hatte Berlin zu dieser Zeit. Etwa hundertsechzigtausend von ihnen waren Juden. Viele von ihnen finden bei Klepper Erwähnung, etliche nennt er beim Namen. Doch für eine vorausblickende Einschätzung der geplanten Vernichtung des europäischen Judentums reicht seine Vorstellungskraft nicht aus. Rita Thalmann, seine Biographin, hat Klepper vorgeworfen, nicht rechtzeitig das Land verlassen und seine Familie gerettet zu haben. Ja, sie waren zu lange gebunden an eine Landschaft und Kultur, die seine Literatur inspirieren sollte. Johanna, seine Frau, lähmte unbewußt die Sicherheit, in der die Assimilation deutsche Juden eingesponnen hatte. Selbst Victor Klemperer schreibt ja in einer frühen Passage seines grandiosen Tagebuchs: „Ich denke deutsch, bin deutsch, ich habe es mir nicht gegeben, ich kann es mir nicht ausreißen." So gibt es in Kleppers Tagebuch jene Zäsur nicht, die Thomas Mann ab Herbst 1938 „Princeton" über seine Eintragungen setzen läßt. Minutiöse Beobachtungen, treffende Charakterisierungen zahlloser Persönlichkeiten und unbedingte Ehrlichkeit erheben Kleppers Text in den Rang einer bedeutenden geschichtlichen Quelle. Ein Exempel von Weitsicht und Blindheit ist dieses Tagebuch.

Im Schatten hoher Bäume murmelt ein Bach. Manchmal überdröhnt ihn Motorenlärm. Doch in der Stille des morgendlichen, des abendlichen Dämmerns singt die Melodie des Wassers vor sich hin. An die Stimme eines Bachs erinnert die Erfahrung der Liebe in Jochen Kleppers Tagebuch. Als seiner Vermieterin war er Hanni Stein in Breslau begegnet. Am 28. März 1931 heirateten die beiden. Sie sind verschieden. Dreizehn Jahre älter ist sie, Mutter zweier Töchter aus erster Ehe, früh verwitwet. Er hat den Kopf voller literarischer Pläne, engagiert sich leidenschaftlich in seiner ersten Stelle; er ist ein Schwärmer. Sie hat ein kleines Vermögen geerbt. Sein Verdienst reicht für ein Leben von der Hand in den Mund. Sie ist Jüdin. Er Christ. Kein Zweckbündnis schließen sie, sondern einen Bund. Das Fremde im anderen wird zur Gabe. Sie hört seine ungeborenen Bücher wachsen. Er freut sich ihres wachsenden gemeinsamen Glaubens. Ihre Gastfreundschaft erhält Brücken nach außen. Er, das eigene Vatersein schmerzhaft vermissend, rettet die ältere Tochter Brigitte und verläßt Renate, die jüngere, nicht. Als Scheidung opportun wird, schmelzen sie statt

Jochen Kepper mit Frau und Renate

dessen alles noch Trennende ein. Am Ende bleibt das „Wir" des letzten Eintrags, hingehaucht am Ufer des dunklen Flusses, in den sie gemeinsam steigen. Die Geschichte einer Liebe in den Zeiten des Hasses ist dieses Tagebuch.

Jochen Kleppers Tagebuch endet anders als die meisten Bücher. Hinter das letzte Wort „Leben", dessen zweite Hälfte in der Handschrift merkwürdig nach unten absinkt, setzt er einen Punkt. Er übergibt das Manuskript in fürsorgliche Hände. Stunden später sterben Renate, Hanni und er. Monatelange Bemühungen um eine Ausreise Renates gingen diesem Selbstmord voraus. Adolf Eichmann selbst, der Organisator der Massenvernichtung, zerschlug mit seinem „Nein" alle auf dieses Exil gerichteten Hoffnungen. Jochen Klepper wußte, daß eine Zwangsscheidung aller noch bestehender Mischehen unmittelbar bevorstand. Die Trennung von Hanni und deren Deportation waren unabwendbar.

In seinem berühmten Geleitwort zur ersten Ausgabe des Tagebuchs im Jahr 1956 schreibt Reinhold Schneider, der Freund und stille Fixpunkt in der Verwirrung der Werte: „Klepper hat die Seinen an die Hand genommen, als es kein Recht und keinen Schutz mehr gab, und ist mit ihnen vor den Richter, den schrecklichen Vater, geeilt, sich schuldig wissend und doch unergründlicher Gnade gewiß: gerade dieser Tod ist, von ihm her gesehen, zu einem Glau-

Letzte Tagebucheintragung Kleppers

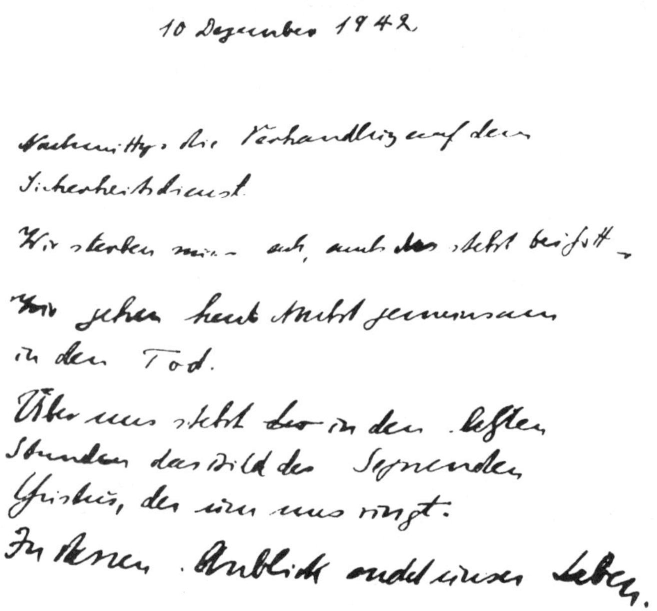
10 Dezember 1942

Nachmittags die Verhandlung auf dem Sicherheitsdienst.

Wir sterben nun – ach, auch das steht bei Gott –

Wir gehen heute Nacht gemeinsam in den Tod.

Über uns steht in den letzten Stunden das Bild des Segnenden Christus, der um uns ringt.

In dessen Anblick endet unser Leben.

benszeugnis und einem Zeichen der Treue geworden; es war kein Nein, vielmehr ein Ja, der glaubensstarke Schritt über die Schwelle des Ewigen Hauses – für uns bleibt er aufwühlende Anklage."
Der dunkle Schatten des von eigener Hand herbeigeführten Todes fällt schon auf ihren Beginn in Berlin. Hanni Steins Bekenntnis, Leben nicht um jeden Preis der Entwürdigung fortzuführen, läßt Jochen Klepper schon 1933 den Selbstmord nicht als „Sünde wider den heiligen Geist", also die einzig unvergebbare Schuld, verstehen. Schon damals reift ihr Wunsch und Beschluß: „Aber wir wollen zusammen sterben."
Doch sie waren nicht todessüchtig, sondern tapfer. Jahre der Entrechtung folgen. Sie geben nicht auf. Weggefährten vergessen sie nicht. Sie schreiben Briefe. Gäste finden ihre Tür offen. Aus Geschenken werden kleine Kunstwerke. Die Feste des Kirchenjahres gestalten sie zu Inseln in der Brandung. Doch die Verachtung der jüdischen Menschen sickert unaufhörlich weiter in das deutsche Bewußtsein. Jahr für Jahr steigt der Pegel dieses Giftes. Der Rassenwahn erbricht sich immer freizügiger. Das Tagebuch notiert diesen täglichen Terror und wird so zu einer herausragenden Quelle für die Alltäglichkeit des Judenhasses. Menschen ihres Umkreises werden verhöhnt, verhaftet, verschleppt. Immer öfter kommen manche dem Henker zuvor. Der jüdische Selbstmord durchzieht die Jahrtausende seit der biblischen Zeit. Die ewige Erwählung gilt von Menschen Verworfenen in allen Epochen. Ohne Fluchtweg flüchtet der Verfolgte zu seinem Ursprung zurück. Im Verlust des Lebens rettet er seine Gottesebenbildlichkeit vor den Folterern. Die Verteidiger von Massada, von römischen Legionären umzingelt, die Gettojuden deutscher Rheinstädte vor dem Ansturm der Kreuzfahrerrotten und die vielen, die den Lastwagen schon im Hof vorfahren hörten, sind Glieder dieser langen Kette. Im Deutschland des Dritten Reichs gingen mehrere tausend Menschen diesen verzweifelten Schritt.
Niemand mißverstehe den Selbstmord Kleppers als eine leichtfertige Grenzüberschreitung. Seine Verzweiflung ist solidarisch. Er konnte nicht schützen, verstecken, retten. Nur der Trennung

konnte er zuvorkommen. Das Dokument eines Bundes in schwärzester Nacht ist dieses Tagebuch.

Mit seinem Tagebuch betritt Jochen Klepper die Moderne. Die Welt ist aus den Fugen geraten. Kein Konstrukt, auch kein Gesamtkunstwerk wird sie jemals wieder zusammenhalten. Über den alle bedrohenden, strahlenden Kern läßt sich keine Sinnhülle stülpen. Zurück bleibt der einzelne Mensch. Allein. Doch nicht alleingelassen. Worte der Bibel hat Jochen Klepper vielen Eintragungen vorangestellt. Manchmal nimmt er sie auf, denkt sie weiter. Oft stehen sie ganz für sich. Sie sind wie ein Freund, der sich schweigend hingekauert hat, ganz Ohr zu sein für das, was endlich erzählt werden will. Dann wieder ein Instrument, dessen Stimme aus Verstrickungen löst. Klepper erliegt nicht der Verführung, mit der Bibel die Wirklichkeit zurechtzubiegen. An vielen Tagen stehen die Geschehnisse, seine Stimmungen und die ewigen Worte wie drei Elemente eines Sternbildes zueinander. Sie verschmelzen nicht. Ihre Ferne voneinander wird nicht aufgehoben. Die Zusagen Gottes aber, verdichtet in seinem oft umkreisten Taufspruch „Fürchte dich nicht, denn ich habe dich erlöst. Ich habe dich bei deinem Namen gerufen. Du bist mein!“ (Jesaja 43,1), bleiben sein Licht, auch über den Weltrand hinaus.
Die Oder hat Jochen Klepper geliebt, den breiten Strom im Licht der Jahreszeiten, von Lastkähnen befahren. Wer sich in das Boot dieses Textes wagt, wer dem Zwiegespräch der Liebe und des Flehens lauscht, wird in diesem Fremden Eigenes finden. Viel zu früh ist Jochen Klepper gegangen. Doch seine Spur, von Hand auf viele tausend Blätter geprägt, verweht nicht. Albrecht Goes schreibt: „Diese Tagebücher werden überdauern; diese erschrockene und zugleich so mutige Stimme schreit nicht; sie klagt nicht. Sie sagt aus. Sie hält ihren Ton.“ Ein Werk aus einem zerrissenen Jahrhundert, ein Jahrhundertwerk ist dieses Tagebuch.

Oliver Kohler

Jochen Klepper

22. März 1903	In Beuthen an der Oder geboren
ab 1922	Studium der Theologie in Erlangen und Breslau
28. März 1931	Hochzeit mit Johanna Stein
1931	Übersiedelung nach Berlin. Mitarbeit beim Rundfunk und bei Verlagen
1933	*Der Kahn der fröhlichen Leute* (Roman)
1937	*Der Vater* (Roman)
	Ausschluß aus der Reichsschrifttumskammer wegen seiner Ehe mit einer Jüdin
1938	*Kyrie* (Geistliche Gedichte)
Dezember 1940 bis Oktober 1941	Soldat
10. Dezember 1942	Eichmann untersagt die Ausreise der jüdischen Stieftochter Renate nach Schweden
11. Dezember 1942	Freitod von Renate Stein, Johanna und Jochen Klepper

1932

Vom Einzug in Südende bis zu den großen Ferien
April–August 1932

Am 29. März abends traf nach der halbjährigen Trennungszeit, während deren wir uns nur besuchsweise gesehen hatten, Hanni hier ein, und wir bezogen die neue Wohnung in Südende, in deren herrlich renovierten Zimmern ich meinen Beuthener Barockschreibtisch und eine Barockkommode, meinen alten Kirchenstuhl, ein Empiretischchen, eine Couch, einen friesischen Renaissanceschrank, eine rosa Hyazinthe, einen Gummibaum und eine blaue Hortensie aufgestellt hatte. Wir suchten, was uns noch fehlte, in Antiquitätengeschäften und auf Auktionen, auf denen wunderschöne alte Sachen verschleudert wurden.
Ich empfand es als ein großes Glück, daß ich nun doch kennenlernte, wie schön es ist, gemeinsam seinen Haushalt zu begründen.
Jeder Tag in unserer neuen Wohnung, jeder Gang durch den Villenvorort Südende war uns eine neue Überraschung. Daß man es mit unseren beschränkten Mitteln in Berlin so schön haben konnte: Tag um Tag füllte sich die Wohnung: ein elfenbeinfarben gehaltenes, großes Zimmer wurde mit Barockmöbeln (nußbraun mit lavendelblauem Samt) mein Arbeitszimmer, kombiniert mit einem Empfangsraum; das anschließende noch größere resedafarbene Biedermeierzimmer bestimmten wir zur Bibliothek, um den Biedermeiercharakter möglichst zurücktreten zu lassen; an das große Fenster der Bibliothek kam ein runder Eßplatz; das altrosa Schlafzimmer war in friesischer Renaissance gehalten, feierlich durch goldene Holzheiligenfiguren

und weißen und roten Samt; die beiden Kinderzimmer, Brigittes und Renates Schlafräume in Gelb und Blau, blieben modern, in das blaue Spielzimmer kamen meine Beuthener Biedermeiermöbel. Aus allen Zimmern ging der Blick ins Freie: auf einen wilden, abgeschlossenen Park, eine Blumengärtnerei vor dem Schlafzimmer. –

Die Kinder kamen eine Woche später als Hanni; sie ignorierten das große Berlin und lebten hier draußen wie in einer ganz kleinen Stadt. –

Pfingsten war das erste Fest gewesen, das wir in Südende verlebten. Ein Fest voller Schönheit, von einem wahren Überschwang der Natur, daß trotz all der politischen Depressionen, die immer weiter um sich griffen, damals alle Menschen wie von einer wahren Begeisterung gepackt schienen; vom ersten grünen Schimmer über den kahlen Ästen, den ersten Knospen an hatten wir den Frühling hier draußen miterlebt; Kastanien, Flieder, Linden, Buchen, Akazien, Birken, Tannen vor unseren Fenstern. Der Weg zum nahen Schwimmbad Südende durch Gärten, an dem kleinen, wilden Park vorbei ist immer wieder neue Freude für mich. Was macht auch das für mich aus, so nahe schwimmen zu können.

Aber unsere Freuden mußten billig werden, denn die Geldsorgen wuchsen von neuem. Hanni kaufte sich ein Haus, um den geretteten Rest ihres Vermögens möglichst sicher anzulegen; ein großer Entschluß, von vornherein ein Gegenstand neuer Sorgen und Anlaß zu Aufregungen, denn das Vermögen war nicht mehr groß genug, als daß sie hätte wirklich gut wählen können; wie sollte man nach des Reichskanzlers Brüning Sturz für uns disponieren? Die letzte Stütze politischen Vertrauens war hin! Alle Wege zur Rettung durch politische Vernunft waren abgeschnitten. –

Die Zusammenkunft mit Dr. Max Tau[1] vom Cassirer-Verlag sollte zu Anfang des Sommers eine Veränderung meiner Arbeiten bedingen. Da Cassirer keine neuen Autoren mehr herausbringt, wollte Dr. Tau für mich bei dem ihm verpflichteten Erich Reiß[2] einen energischen Versuch mit einer neuen Fassung meiner «Großen Directrice» machen. Das hieß das Buch noch einmal neu schreiben. Wir faßten den Entschluß für die großen Ferien. Wir beschlossen, diese Ferienarbeit nach Beuthen zu verlegen; denn sie eilte. Und Beuthen war für uns allein erschwinglich. –

In Beuthen: Spaziergänge um die Stadt, auf den Oderwiesen, an reifen Feldern und hügeligen Waldrändern, Schwimmen in der Oder, Fahrt mit dem Marketenderboot zum Handel am Schleppzug, Entdeckung der eigentlichen Gliederung der Beuthener Einwohnerschaft in Schiffer, Fischer, Ackerbürger und Holzbauern – der Einmarsch der Schützen am dritten Abend des Schützenfestes; Kerzenillumination in den Fenstern, Lampions über den Straßen; Bäume, Mond und bengalische Flammen.

Aber alles war armseliger geworden, unfestlicher, politischer; und nichts mehr von dem rührend vergnügten Badeleben, das einmal nahezu Beuthens größter Reiz gewesen war. Die Oder verlassen; die Bank der jungen und die Bank der alten Arbeitslosen am Hafen.

Noch nie hatte ich so wie jetzt gewußt, wie sehr ich mit Beuthen abgeschlossen habe. Seit der Plan zu «Hoffnungslosigkeit»[3] entstand? Noch waren weithin die gleichen Schönheiten; aber sie lebten nicht mehr für mich. Es war wie zu Weihnachten nach der Kinderzeit: das Herz wurde nicht mehr weit.

Viel schwerer war, daß es sich mit den Eltern auch so verhielt. Bei Mutter empfand ich es am schmerzlichsten. Kein Versuch, nichts merken zu lassen, vermochte es zu ändern.

Vaters Leben: nur noch die Krankheit. Billum[4] steht mir jetzt am nächsten; er ist wohl auf dem Wege, ein großer Maler zu werden; dabei lebt er in einer ausgesprochenen Flucht vor der Kunst. –

So war also Hanni zum ersten Male länger als zu flüchtiger Durchreise mit mir in Beuthen gewesen, lernte die Stadt, die mir früher befreundeten Menschen, die Eltern, Billum näher kennen. – Für mich war das Wichtigste in diesen Wochen: mich nur mit dem Roman abgeben zu dürfen.

Die ganzen fünf Wochen über schrieb ich «Die große Directrice» in «Das Glück der Vergänglichkeit» um, ein neues Buch eigentlich; Hanni leistete mir die Abschrift.

Von den großen Ferien bis zum Jahrestag meiner Ankunft in Berlin am 21. September 1932

In Südende war nach unserer Rückkehr größere Stille zu finden als in Beuthen; und Sommer, Sommer. Unter unserem Schlafzimmerfenster blühten Dahlien über Dahlien. Die Freude, unsere Wohnung wieder zu haben, aber die wachsende, drängende Sorge, sie durchhalten zu können.

Vor einem Jahr wollten wir uns ein Haus in Südfrankreich kaufen und nur noch still uns und meiner Arbeit leben. Sollte denn mein guter Anfang in Berlin, die Probezeit, auf der wir unsere entscheidenden Entschlüsse eben für Berlin aufbauten, eine Irreführung bedeutet haben? War denn nicht schon damals alles maßlos schwer gewesen?! Noch nie hatten so wie jetzt politische Komplikationen für mich persönlich eine derartige Rolle gespielt wie jetzt. Ich habe mich vor Jahren der SPD angegliedert und in allem Protest bewußt zur Evangelischen Kirche gehalten. Die Bindung an die SPD konnte jetzt mein Verderben werden; auf linker Seite konnte man mich nicht erhalten und schickte mich selbst weiter bei den rechtsstehenden Redaktionen mit meinen Manuskripten hausieren ... Von der Zugehörigkeit zur Kirche aber, die gemeinsam mit dem Nationalsozialismus «aufstrebt», wollte ich jetzt bestimmt keinen Gebrauch machen.

Ich brachte es nicht mehr fertig, dem Leben vorzugreifen: mit Sympathien und mit Hoffnungen nicht und nicht mit Versprechungen, ebensowenig aber mit Angstpsychosen. Ein bestimmtes Maß von Sorgen und Hoffnungen würde einem natürlich immer auferlegt bleiben. So viel, wie zu jedem Menschen quasi als elementarer Bestand gehört; aber mehr war es wohl kaum, und so gar nicht «individuell». Der großen Gefahr der jungen Schriftsteller schien ich entronnen: das eigene Leben zurechtzudichten. Aber bisher kam in meinem Leben immer das gute Wunder; bis auf das eine: kein Kind von Hanni. Davor – es war unsere große Hoffnung nach der Trennung – verblassen alle anderen traurigen Erlebnisse der Vergangenheit, der ferneren und der nahen. Es ist furchtbar für jeden Künstler, der die Erfüllung aller in ihm liegenden Potenzen kennt, kein Kind zu haben.

Aber was auch von mir in der kommenden Zeit verlangt wird oder mir versagt werden mag an Arbeit und Erfolg – an dem zweiten Roman, an «Hoffnungslosigkeit» muß ich sofort weiterschreiben, das Buch sogleich in Angriff nehmen. In allen Stunden, in denen ich in diesen Wochen nicht am «Glück der Vergänglichkeit» schrieb, hat mein gesamter innerer Apparat nur für «Hoffnungslosigkeit» gearbeitet, so daß ein eigentümliches Gefühl von Fülle in mir herrschte.

Nun bin ich ein Jahr in Berlin und wage kein Urteil über diese Zeit zu sprechen. –

Die politischen Ereignisse, die auch die private berufliche Situation beeinflußten, überstürzten sich: erneute Reichstagsauflösung, «Errichtung» einer christlich-nationalen Kultur, Diktatur von Papen-Schleicher. Obwohl politische Indifferenz ein Ding der Unmöglichkeit geworden ist, kann für mich Politik immer nur Sache einer Als-ob-Ethik bleiben, der Versuch einer ungefähren Einordnung. –

Die Verringerung des inneren Elans in meiner Aktivität hat nicht allein die Ursuche in den wachsenden, erdrückenden politischen Schwierigkeiten. Ungleich mehr und besser erklärt sie sich aus meiner von Monat zu Monat stärker werdenden Überzeugung, daß das, was man seit Jahren Erfolg nennt, nicht lohnt. Ich bin eine Natur, die den Ruhm braucht wie das «tägliche Brot» aber alles, alles, was den Anspruch erhebt, den Ruhm zu bedeuten, was ich selbst für den großen Erfolg hielt, lockt mich nicht mehr. Der Betrieb ist zu qualitätslos geworden, die «seriösen» Stellen zu snobistisch. Man weiß zu sehr, wie der Erfolg gemacht wird. Das hat meinen inneren Elan gebrochen. Und die Entscheidung, auf welche Seite der Schreibenden ich mich

schlagen will, ist ja längst durch die natürlich entwickelte Richtung des Talentes gefallen. Dichtung als Bibelexegese; Bibelverkündigung wider Willen, da jede bewußte Steigerung des Künstlerischen ins Religiöse von mir abgelehnt wird; «Offenbarung», gegen die ich Nüchternheit und Eleganz als Schutzwall aufrichte. Ich habe einen Moderoman schreiben wollen, und er wurde ein Buch von Verwerfung und Erwählung; ich habe alle religiösen Partien wieder herausgestrichen und nur belassen, was unter den Erfordernissen psychologischer Begründung und geschmackvollen Effektes stehen bleiben mußte. Ich habe kläglich versagt, wo sich mein Buch als aktueller Roman geben wollte. Diese Umstände alle sagen, was mit mir los ist. Denn nach allen Strichen blieb eine theologische Substanz, unauffällig, an den Rand gedrückt, die einen revolutionären großen, kirchlichen Zeitroman tragen könnte, wie ich ihn nie, nie schreiben möchte, sehr wohl aber schreiben zu können glaube. Von «Hoffnungslosigkeit» hoffe ich, daß das Religiöse noch ungleich mehr hinter dem Buch stehen wird als in ihm. Dieses Religiöse, diese ganz klar umrissene Glaubensform, in die ich mich nicht steigere, von der ich mich nicht faszinieren lassen will und die mich dennoch immer stärker an sich bindet. Aber nie darf ich leugnen, daß mir nichts so herrlich erscheint wie die religiöse Wirkung der Dichtung.
Schreiben will ich, schreiben nach den Gesetzen meiner Intuition. Aber nicht meine Zeit über fremden, feindseligen schriftstellerischen Beschäftigungen hingehen lassen, wie die äußeren Verhältnisse sie von mir erfordern; die Liebe zu Hanni und der Widerwille gegen ein freiwilliges Gesinnungsmartyrium, zumal ich keine Gesinnung habe, sondern nur einen Glauben, der mich überfällt. Ich werde dreißig Jahre alt, und es gibt nur einen Roman von mir, gegen den ich größte Bedenken habe – drei Novellen, die ich liebe: «Geburt», «Nacht in der Schachtel», «Handel in Dornrick»; und ganz wenige Aufsätze, die ich nicht ablehne. Es ist entsetzlich wenig, wenn man innerlich so ausgefüllt ist.

22. September 1932 · Donnerstag

Leider drängt es mich zu dem unglückseligen Wagnis, in dieser Zeit der Novellenfeindlichkeit eine neu geplante größere Novelle «Der Kahn der fröhlichen Leute», eine Erzählung von der Oder, bei mir durchzusetzen. Ich freue mich sehr auf diese neue Arbeit, die mich für längere Zeit beschäftigen wird. Hoffentlich ist sie finanziell auswertbar, damit ich mir nicht Vorwürfe machen muß, in so kritischem Moment meinen Neigungen gefolgt zu sein.

23. September 1932 · Freitag

Zum zweiten Male macht man mir bei Ullstein Hoffnungen, nachdem man mich vor zwei Jahren so grausam enttäuscht hat. Dr. Monty Jacobs von der «Vossischen Zeitung» unterhielt sich zum ersten Male ausführlicher mit mir, erwärmte sich für die Andeutungen aus dem «Kahn der fröhlichen Leute» und erklärte sich bereit, mit mir zum Ullstein-Romanlektorat, zu Herrn Krell, zu gehen, der die «Directrice» seinerzeit anscheinend, beinahe nachweislich, ungeprüft ablehnte. Auch bei Monty Jacobs lautet das Gebot: Kleine Sachen, heitere Sachen – das heißt für den Autor: Pfennige verdienen und glänzender Laune sein. –

26. September 1932 · Montag

Weil ich keine Aufträge bekomme, kann ich den «Kahn der fröhlichen Leute» herunterschreiben. Ich habe während der Arbeit am dritten Abschnitt den Eindruck gewonnen, daß das ein neuer Roman wird, ein kurzer und leichter. Die Studien fallen mir in den Schoß, weil ich ja das Leben der Oder für «Hoffnungslosigkeit» in allen Details noch einmal notierte und weiter nach allen Meldungen aus meinem Zeitungsmaterial aufzeichnete. Für das Buch keine neuen Studien machen zu müssen, das ist unendlich wichtig.
Bis jetzt bin ich sehr glücklich, auf einmal mitten in einem neuen Roman zu stecken, auch wenn «Hoffnungslosigkeit» dadurch

zurückgedrängt wird und einen unerwartet breiten Anlauf durch umfassende Studien und die neue Geschichte von der Oderlandschaft nimmt, an der ich im «Kahn der fröhlichen Leute» nun schreibe.

27. September 1932 · Dienstag

Hegner sandte mir einige Zeilen über «Das Glück der Vergänglichkeit»: «Ihr Manuskript habe ich leider noch nicht ganz lesen können. Soviel kann ich aber bereits sagen, daß es sehr viel Schönes und Eigentümliches enthält.» –
Uraufführung des neuen Anny-Ondra-Films «Kiki» unter der Regie von Karl Lamac. Zum ersten Male seit der Nielsenzeit[5] bin ich wieder von einem Talent gefangen.
Eine Äußerung von Brigitte über eine Mitschülerin «... die verachtetste aus der ganzen Klasse» und Anny Ondras Photos waren für mich die entscheidende Anregung für den «Kahn der fröhlichen Leute». Meine Wilhelmine Buttenhof[6] ist eine Kombination aus Anny Ondra, Billum und Sarah Bernards Notizen über Schwester Regina. –

5. Oktober 1932 · Mittwoch

Ich wurde zu Dr. Braun in den Rundfunk bestellt. Zu eineinhalbstündiger Besprechung am Abend. Er habe außer mir niemand, mit dem er sich über seine neuen Aufgaben beraten könne. Aber es wird schwer für ihn sein, mich als «Entgelt» für meine Ratschläge zu beschäftigen, denn man hat den neuen Rundfunkleitern bezüglich der Mitarbeiter Wechsel, Wechsel vorgeschrieben. Aber bis jetzt stehe ich doch immer sehr im Schatten, obwohl es unverkennbar ist, daß ich immer mit den obersten Leuten direkt zu tun habe und nie, auch wenn es mir so schlecht geht wie jetzt, in dritte Garnitur absinke. Und charakteristisch ist immer für meine äußerlich deprimiertesten Zustände, in denen ich mir so wenig helfen kann, daß mir immer die Möglichkeit bleibt, anderen sehr behilflich zu sein. So bat mich Dr. Braun heut auch ausdrücklich, ihm nicht nur Themen, sondern auch Referenten zu nennen, und ich sehe Chancen für viele

Leute, nur nicht für mich. Wieder heißt es Ideen haben, Ideen haben – die das, was mir am Herzen liegt, nicht einmal peripher berühren. Die mich also auch in meinem Existenzkampf nicht einmal entlasten. Ich muß sie anderen geben, während ich mit Hanni und meiner Kunst auf dem Spiele stehe.

6. Oktober 1932 · Donnerstag

Ehe mir die sehr geschlossene, nun aber unablässig sich erweiternde Intuition zu einer Novelle «Der Kahn der fröhlichen Leute» kam, setzte ein leidenschaftliches Bedürfnis nach Lyrik (zum ersten Male!) und Musik, auch nach Opernregie, in mir ein. Dieses Buch ist lyrisch, trotz aller seiner derben Redensarten. – Während ich nun an diesem Roman schreibe, bin ich trotz meiner Müdigkeit und meiner Kopfschmerzen beinahe unentwegt wie in einem Farbenrausch, so sehr ich künstlerische Exaltationen hasse. In unserer Wohnung sind ungewöhnliche, schöne und reine Farben an Wänden und Gegenständen. Immer wieder ertappte ich mich dabei, wie ich Veränderungen, neue Zusammenstellungen vornehme, und meine Blumenleidenschaft steht damit in engster Verbindung. Dabei liegt dieser Roman so abseits vom Ästhetischen, aber zum Glück auch abseits von meinem religiösen «Fanatismus». Während ich schreibe, während ich die kommenden Kapitel mit Hanni durchspreche, ist die Oder mit ihren Wolken, Wiesen, Wäldern, Schiffen in mir ein einziger Strom von Farbe, der mich oft maßlos erregt.
In allem, allem lebt die drückende und bange Frage: Rechtfertigt das literarische Ergebnis alle Errungenschaften, die in einem vorgehen, oder macht es sie lächerlich? Wie kühl denke ich heute an die «Große Directrice», das «Glück der Vergänglichkeit», und außer einigen eigenartigen Gedanken erkenne ich an ihr eigentlich nur die Weite der Konzeption alles dessen an, was dann bis zur Fassung «Das Glück der Vergänglichkeit» hin gestrichen wurde. So bleibt nur ein privater religiöser Prozeß. Ein Künstler darf sich niemals so weit verirren, das viel zu nennen. –

8. Oktober 1932 · Sonnabend

Wieder war ich zu mehr als einstündiger Unterredung zu Dr. Braun in die Funkstunde bestellt. Vor allem redete er mit mir über den von ihm verfolgten Plan, mich zu seinem Assistenten zu machen. Für diesen Posten ständen 450,– Mark zur Verfügung. Heute bedeutet das für mich viel –, vor allem die Regelmäßigkeit einer Einnahme! Drei große Hindernisse stehen im Wege. Es müßte erst im Funk ein komplizierter Kettentausch stattfinden, der dadurch erschwert ist, daß es sich um politisch mit Hartnäckigkeit von ihren mächtigen Hintermännern gehaltene neue Leute handelt. Einen Zentrumsmann. Einen Deutschnationalen. Und nun ausgerechnet ich als religiöser Sozialist –? Da ist es gut, nicht zu hoffen.

9. Oktober 1932 · Sonntag bis 16. Oktober 1932 · Sonntag

Sechzehn Kapitel vom «Kahn der fröhlichen Leute» liegen fertig da. Kein beruflicher Erfolg half die Arbeit erleichtern. Geduld und Geduld – und niemand fragt, woher das Geld für die Wartezeit kommen soll!

19. Oktober 1932 · Mittwoch

Die Möglichkeit meiner Anstellung an der Funkstunde zwang mich nun, mit dem «Vorwärts» reinen Tisch zu machen. –
Das Ausscheiden aus der SPD ist dabei für mich unvermeidlich. Lepère vom «Vorwärts» wird zu erreichen suchen, daß ich quasi stillschweigend Dispens von der Parteizugehörigkeit erhalte.
Das zu hoffen, habe ich schon zuviel Böses erfahren. Die ganze Angelegenheit nimmt mich so mit, daß ich mich auch körperlich recht elend fühle. Es ist mir furchtbar, so handeln zu müssen. Wie soll ein Mensch in dieser Zeit seinen religiösen, künstlerischen und politischen Notwendigkeiten folgen?
Von den Leitern der Funkstunde aber ist in jedem Falle, außer von Dr. Braun, zu befürchten, daß man auf meine bisherige Parteizugehörigkeit und Mitarbeiterschaft an linken Zeitungen mit der größten Reserve reagiert.

Meine schlaflosen Stunden wünsche ich keinem Menschen. Auch Hanni ist so herunter durch die Sorgen um ihr Haus.
Es ist ein hartes Wort für das Leben, das man liebt: «Gott reißt das Übel nicht von der Person, sondern die Person vom Übel.» Aber an diesem Wort kann ich nicht rütteln. Es ist für mich Luthers Ergänzung der Bibel, ihre vollendete Exegese, das Motto meines Schaffens.

21. Oktober 1932 · Freitag

Trotz meiner großen Erschöpfung – ich schlafe nach drei Uhr, fünf Uhr ein und träume in den wenigen Stunden meines Schlafes entsetzlich – ist es mir gelungen, den Entwurf einer ganzen Vortragswoche für Dr. Braun noch fertigzustellen. Da er von mir selbst im Programm am 6. Dezember meine vorgeschlagene Montage über das Publikum haben will, war ich auch bereits im Schallplattenarchiv der Programmaustauschabteilung und habe mir interessantes, noch nie verwendetes Material zusammengetragen.
Von Dr. Braun habe ich den Eindruck, daß er mit größter Energie für meine Anstellung in der Funkstunde eintritt. Er sagte mir, so wie es jetzt in seiner Abteilung ist, gehe es keinesfalls weiter; und für ihn käme nur ich als Assistent in Frage.
Am Abend mußten dann noch zwei Telefongespräche mit Lepère geführt werden. Er besprach mit mir den Wortlaut, in dem ich den Austritt aus der Partei erklären soll, bot sich noch einmal als Garant dafür an, daß ich im Falle meiner Berufung in den Rundfunk im «Vorwärts» nicht angegriffen werden würde, betonte ausdrücklich, daß er nichts Ehrenrühriges in meinem Schritt sehen könne und daß er mir nur einen glücklichen Abschluß meiner Verhandlungen mit der Funkstunde wünsche.

24. Oktober 1932 · Montag

Asta Nielsen schrieb mir auf meinen letzten Brief: «Ich habe mit Dank Ihren Brief erhalten und beeile mich darauf zu antworten. Sie haben recht, wenn Sie sagen, daß alle Entscheidung über meine Kunst bei mir liegen muß. Ja, ‹so müßte› es sein. Sie irren

aber, wenn Sie glauben, daß es so ist. Die Entscheidung liegt bei vier, fünf Manufakturisten, ob wir Schauspieler öffentlich leben oder sterben sollen. Was meine Gedanken, wie Sie schreiben aber angeht, muß ich doch sagen, daß es außer für mich selber kein Interesse haben kann. Wie gleichgültig und überflüssig müssen meine Gedanken erscheinen, wenn meine Arbeit überflüssig ist. In meiner Kunst habe ich immer geglaubt, meine Gedanken zu zeigen, die können aber keine Bedeutung gehabt haben, wenn das Resultat so vernichtend ist. Also gut.
Mein Leben hat sich äußerlich insofern geändert, daß ich nicht mehr mit Chmara zusammen bin. Das heißt nach innen auch, indem ich jetzt zur Befreiung gelangt bin. Ich lerne momentan eine neue Rolle, mit der ich wahrscheinlich bald auf Gastspiele gehen will. Es ist eine Qual, Text zu lernen, aber es muß ja sein. Es ist schwer, im Dialekt geboren zu sein. Erst sollte ich hier in Berlin im November spielen, aber das Stück wurde wieder hingelegt, die Theaterverhältnisse sind unvorstellbar. Ich war einige Wochen in Dänemark. Werden wir uns wieder einmal sehen? Ich hoffe.»
Mit den Manufakturisten weiß ich Bescheid.
Die Presseverhältnisse sind auch unvorstellbar.

25. Oktober 1932 · Dienstag

Ich halte es für allzu bequem, vor lauter Erfahrungen komplett zu resignieren, mit all seinen Hoffnungen zu kapitulieren. Deshalb kann ich nicht anders, als mir – ein Wunder angesichts meines Pessimismus'! – meine positiven Erwartungen zwei Dingen gegenüber einzugestehen: der Anstellung im Funk, der Verwendbarkeit meines «Kahn der fröhlichen Leute».
Für Hanni gibt es diese Hoffnung nicht mehr; sie erwartet nichts mehr für mich, obwohl sie mir alles zutraut.
Das «alles zutrauen» kann mich manchmal zur Verzweiflung bringen. Was höre ich für Elogen über meine Ideen. Warum holt mich niemand? Warum bin ich da auf der ganzen Linie so entbehrlich? Wird man mich nicht endlich entdecken? Biete ich mich nicht genug an?!

Ich bin mir selbst wie fremd, daß ich in zwei Dingen wieder Hoffnung habe!

31. Oktober 1932 · Montag

Heute war ich zu zwei Besprechungen in den Funk bestellt. Zu Dr. Braun und zu Herrn Krutschke, dem quasi organisatorischen und geschäftlichen Leiter der Vortragsabteilung. Beide äußerst liebenswürdig und anerkennend. Krutschke sagte mir, daß die Funkstunde in meiner Anstellung einen großen Gewinn sehen würde; und da ich nie auf den Gedanken kommen konnte, um eine solche Anstellung in dieser stellenarmen Zeit mich zu bewerben, da ich ferner von keiner offiziellen Seite präsentiert werde, darf ich ihm glauben. –
Noch einmal heißt es konzentriert Geduld haben.
Jedenfalls werde ich bis zum 15. November meinen «Kahn der fröhlichen Leute» beendet haben. Das Buch drängt in fortwährender Vereinfachung dem Ende zu – ich schreibe täglich ein Kapitel, erzähle es glatt herunter. Aber wo ich gehe und stehe und nicht schreibe, konstruiert mein Kopf unausgesetzt am Bau des auch für die Funkanwendung gedachten Romans.

3. November 1932 · Donnerstag

Gestern, am Nachmittag von Hannis Geburtstag, beendete ich den «Kahn der fröhlichen Leute».

5. November 1932 · Sonnabend

Gestern während der Probe im Funk teilte mir Dr. Braun, der bald wegging, schnell leise mit, daß ich zum 15. November meinen Posten antreten könnte. Ich kann es erst ganz glauben, wenn der Vertrag unterzeichnet ist. Aber unsere Freude war doch gestern schon groß. Heut ist Hanni nach Breslau gefahren. Auch eine kurze Trennung ist Hanni und mir eine Last, und namentlich in der Spannung dieser Tage.
Mir werden sie dadurch erleichtert, daß ich mich nur mit der Überarbeitung vom «Kahn der frühlichen Leute» abgebe. Ein Leichtsinn für meine Verhältnisse, jetzt nur daran zu denken. Aber ich hoffe doch nun einmal auf den Funk.

7. November 1932 · Montag

Der große Wahlsonntag ist trotz des schlimmen Verkehrsstreiks ruhig verlaufen. Das Ergebnis überrascht nicht; Rückgang des Nationalsozialismus (ob sich da nicht noch einmal Verzweiflung und Enttäuschung gefährlich auswirken muß?), Zuwachs des Kommunismus und Verstärkung der Papenanhänger, seiner einzigen Partei, der Deutschnationalen, weil Macht am besten überzeugt.

13. November 1932 · Sonntag

Am Freitagabend beendete ich die zweite Fassung vom «Kahn der fröhlichen Leute»; dann hatte ich in der Stadt zu tun und fand nach der Rückkehr die Notiz vor, ich sollte Dr. Braun noch abends in der Funkstunde anrufen. Ergebnis des Gesprächs: der Vertrag verzögere sich noch; Tagung des Intendanten mit Ministerium und Regierung; bevorstehende Umwandlung der Funkstunde AG. in eine G.m.b.H., usw. Aber ich sollte am nächsten Tage meinen Dienst antreten, noch am Sonnabend, zur Einführung in der Vortragsabteilung. So zog ich gestern in mein Zimmer in der Funkstunde ein, und heut haben wir das Ereignis unter uns, ganz intern, ein wenig gefeiert. Der Vertrag soll nun doch beschleunigt werden, so daß ich ihn wohl noch in dieser Woche erhalte.

Ich hatte zuletzt nur noch von Verschüttung in Sandgruben geträumt, von mühevollem Kriechen durch dunkle, endlose Schächte – von Verbrennungen, die ich nicht mehr spürte, Messerstichen, die ich nicht mehr fühlte – so weit hatte mich meine berufliche Bedrängnis gebracht!

Jetzt noch an meiner Rettung zu zweifeln, wäre wohl ein Unrecht! –

1933

Du sollst mit einem neuen Namen genannt werden,
welchen des Herrn Mund nennen wird
Jesaja 62,2

1. Januar 1933 · Sonntag

Ob eine Stadt zur Heimat werden kann, wenn man in gleichem Maße wie ich eine Heimat besessen hat, entscheidet das erste Weihnachten. Ich kann mich seit meiner Kinderzeit keines schöneren Weihnachten entsinnen als dieses letztvergangenen Festes.
Die dunklen Morgen über dem kleinen Wald vor unseren Fenstern; die riesige Tanne in meinem Zimmer, die Hyazinthen, Tulpen, Veilchen, Mimosen, Leuchter, Goldbänder, die Stille hier draußen, die Fülle der Glocken am Heiligen Abend, in den Feiertagen, Silvester, Neujahr. Die Sorglosigkeit dieser festlichen Tage dadurch, daß ich wieder Einnahmen hatte wie in meinen besten Zeiten – die Aussicht, daß ich mich weiter halten kann. – Mein Leben ist ein einziger religiöser Prozeß. Aber noch nie war es so wie jetzt. Als sei ein vorbereitendes Stadium abgeschlossen. Als beginne die Hauptzeit meines Lebens. Und es ist nicht ohne Eindruckskraft für mich, daß dieses Jahr für mich den 30. Geburtstag bringt, den ich seit Jahren schon als etwas so Geheimnisvolles im Leben des Mannes empfand. Ich wage nicht anzuerkennen, was in mir vorgeht – das Leben vom Begreifen eines Bibelwortes bis zum Begreifen des anderen. In einem arbeitsamen, nüchternen, nicht uninteressanten, überaus bürgerlichen Leben trotz des künstlerischen Berufes. Die Tage sind Münzen mit zwei verschieden geprägten Seiten.
Man weiß: Gott kann auf jeden Tag des neuen Jahres Leiden über Leiden häufen. Gott legt zuvor eine einzige Ausgefülltheit

über das ganze Wesen: «... zu verkünden das angenehme Jahr des Herrn». Er wird reden. Das ist das einzige Versprechen über die Zukunft. Das Versprechen, das alles andere auslöscht, was als Idyll und als zäher Kampf meines Lebens unentwegt wechselt, sich ablöst, ineinander greift, nebeneinander läuft.

2. Januar 1933 · Montag bis 12. Januar 1933 · Donnerstag

Von Ullstein Absage für den Roman; Brief von Krell: «... ich erinnerte mich einer früheren literarischen Begegnung, als Dr. Jacobs mir das Manuskript Ihres Romans ‹Der Kahn der fröhlichen Leute› übermittelte. Leider kann auch Ihr neues Manuskript uns nicht zusammenführen. Der Roman ist zum Vorabdruck deshalb nicht geeignet, weil er reine *contemplatio* ist. Eine Handlung im eigentlichen Sinne gibt es nicht. Ihr sehr ausgesprochenes Empfinden für Naturnähe, überhaupt die Liebe zum Mikrokosmos zeigt eine tiefe Einfühlungskraft und wirkt ungemein sympathisch. Doch freilich ist der Aufbau insofern etwas unbeholfen, als die Folge der Dinge öfters zu stocken scheint. Das freilich dürften technische Schwierigkeiten sein, die der Begabung für feinfühlig herausgearbeitete Stimmungseinzelheiten noch im Wege stehen. Ich möchte – wenn Sie mir dieses Wort vergeben – von einer gewissen Monotonie reden, die aus der Liebe zu den Dingen entspringt, von einem allzu intensiven Eingehen, das den Leser außer acht läßt. Und an ihn müssen wir, so leid es uns tut, doch nun einmal denken. Jedenfalls habe ich mich gefreut, das Manuskript kennen zu lernen. Ich lege es heute mit bestem Dank in ihre Hände zurück.»
Am Dienstag, den 17., bin ich zu Krell bestellt. – Für mich bleibt der «Kahn» die plötzliche Wendung vom Konstruktiven meiner Natur zum Überraschenden, das in mir selber liegt und dem man selbst vertrauen soll.
«Hoffnungslosigkeit», das bis ins einzelne in mir fertige Buch, werde ich nun vielleicht nicht mehr schreiben. Es war der Ausgangspunkt alles dessen, was ich schreiben werde. Es war die Studie zum «Kahn». Es war Abrechnung mit der Trauer um Beuthen.

Am Voltaire-Plan hänge ich noch sehr; nun schon seit sechs Jahren. Er soll noch ruhen, eher Abschluß als Anfang werden. Ich weiß nicht, was ich als nächstes schreiben werde. Aber ich zerbreche mir darüber nicht den Kopf. Sonst war ich voller klarer Pläne ... Man ist ganz anders, als man sich selbst sich vorgestellt hat. Nicht einmal dazu hat es bisher bei mir gelangt, meine äußere Position klar zu erkennen. Daß das vorbei ist, gilt mir als großer Fortschritt. Ich weiß nicht, wer ich bin; aber ich weiß nun, als was ich dastehe. Das macht bescheidener. Noch kann ich aber ein geheimes Gefühl innerer Größe nicht loswerden. Und dagegen soll ich vielleicht nicht ankämpfen, weil das in den religiösen Bezirk gehört; es gehört zu dem Bewußtsein der Verwandtschaft mit allen denen, mit denen Gott redete, jenem Ineinander von völliger Kleinheit bis zum Vergehen und dem Emporgerissenwerden zum Höchsten. Wie seltsam ist es aber, daß ich noch nie das Vaterunser beten konnte. Welche «Überraschung» hält Gott bereit? Welche Verwandlungen?

28. Januar 1933 · Sonnabend

In Frankreich wurde Paul Boncour als Ministerpräsident gestürzt, in Deutschland der General Schleicher als Reichskanzler. Die Frage ist: Hitler oder Papen. Nur nicht auf einen Krieg zusteuern. Nur das nicht!

31. Januar 1933 · Dienstag

Hitler ist Reichskanzler. Im Funk müssen wir fast alle mit unserer Entlassung rechnen, obwohl es schon der reaktionäre Rundfunk war.
Als die erste «Reform» des Rundfunks kam, mußte ich mich als toten Mann betrachten. Es kam gegen alle vernünftige Überlegung anders, kam so gut. Kann sich das nochmals wiederholen? Der Verstand kann nur unmittelbarste Gefahren sehen!

4. Februar 1933 · Sonnabend

Nach dem augenblicklichen Stand der funkpolitischen Dinge ist damit zu rechnen, daß wir noch bis Mitte März im Rundfunk

bleiben. Zu den Absagen für den Roman habe ich nur zu sagen: Ich gebe den Kampf nicht auf, ich gebe die Hoffnung nicht auf, aber ich lasse von aller Prätention. Ich sehe meine Situation total klar. Nämlich: ich kann mich halten; ich habe kleine Teilerfolge; ich mühe mich furchtbar: aber ich darf nicht anfangen. Das ist sehr schwer. Und es ist eine religiöse Angelegenheit. Was will ich den Menschen sagen? Vom Glauben an den *deus absconditus* und den *deus revelatus*. Von Eltern, Kindern, Mann und Frau. Vom Idyll, vom Kampf, vom Abgrund, der jedes Leben umschließt. Von Heimat. Nichts von Aktivismus. Nichts von Entscheidung. Nichts von Überzeugung. Das kann ich nicht. Da bin ich einer, der gar nichts zu sagen hat.
Ich sehe mein Feld immer kleiner werden, aber ich warte mit Spannung und Sehnsucht auf mein drittes Buch. –

7. Februar 1933 · Dienstag

Begeisterter Anruf von Dr. Eggebrecht[7], dem Lektor der Deutschen Verlags-Anstalt, über den «Kahn der fröhlichen Leute» – sehr richtig aufgefaßt, keine Einwände. Kann das nun werden? Jedenfalls hat Eggebrecht schon mit der Stuttgarter Direktion telefoniert, daß sie die Sache beschleunigt. Ich scheue mich nicht, immer wieder zu hoffen. –

11. Februar 1933 · Sonnabend

Die Arbeitswoche im Funk schloß mit einer dreistündigen Besprechung zwischen allen Leuten der Vortragsabteilung ab. Welch merkwürdige Einheitsfront hat sich jetzt den Nationalsozialisten gegenüber ergeben! Nun gelten wir alle als gleich verdächtig, gleich demokratisch, gleich liberal, gleich kulturbolschewistisch. – Diese «nationale Erhebung» ist furchtbar.
Hitler verkündet über alle Sender ein neues deutsches Reich «in Einigkeit, Kraft und Herrlichkeit, Amen!» Vom Sportpalast aus!

17. Februar 1933 · Freitag

Anruf von Dr. Eggebrecht von der Deutschen Verlags-Anstalt, Stuttgart. Er hätte langes Telefongespräch mit dem Stuttgarter

Lektorat geführt, der dortige Lektor wäre vom «Kahn» genau so «entzückt» wie er, die Hauptklippe wäre umschifft, möglichst bis Mittwoch soll die Entscheidung fallen, nur noch der Generaldirektor; und wie es mit dem Vorabdruck stünde.
Der Generaldirektor und der Vorabdruck, die beiden sind aber für mich die Hauptklippe, und alles Interesse und alle Freundlichkeit von Lektoren können mir wohl wenig helfen. Ob der «Kahn» heut auch noch Ware sein kann, – darum geht es, und keinem Verleger darf daraus ein Vorwurf gemacht werden. Dem Autor, der nicht bockig ist gegenüber seiner Zeit, aber auch nicht.
Und meine Stimmung bezüglich meiner Romane religiös ausgedrückt:
«Gott ist nicht ein Gott der Toten, sondern der Lebenden.»

20. Februar 1933 · Montag

> Ihr habt keinen Mangel an irgend einer Gabe und wartet nur auf die Offenbarung unseres Herrn Jesu Christi. *1. Korinther 1, 7*

Anruf der Deutschen Verlags-Anstalt, Dr. Eggebrecht und Dr. Lang[8]: Der Roman ist angenommen. Anruf bei Hanni: – «nun müssen wir schnell die Widmung und das Gedicht hinschicken.»
Das Gedicht: «Es war nur eine kurze Oderfahrt stromauf.»
Die Widmung: «Zum 2. 11.»
Um halb drei bin ich auf die Deutsche Verlags-Anstalt bestellt: Unterredung dauerte eine Viertelstunde. Ganz kleine Striche vorgeschlagen. Bei Erscheinen des Buches bekomme ich Vorschuß.
Und im übrigen bin ich total müde vor Freude und Erstaunen, daß der Anfang nun doch möglich ist! Gerade um den berühmten 30. Geburtstag.

28. Februar 1933 · Dienstag

Mit großer Vehemenz die Vorabdrucksverhandlungen nochmals in die Hand genommen, so daß diese Aktion als erledigt gelten kann. Ich auch –.

Der Reichstag brennt – «von einem Kommunisten in Brand gesteckt», manche sagen, von den Nationalsozialisten selbst, damit aller Terror motiviert werde –?
Das ist keine phantastische Deutung.

1. März 1933 · Mittwoch

Erster Tag im März – mir immer ein lieber Tag. Aber dieser Druck jetzt. Man ist so konsterniert.
Drei Stunden auf der Verlags-Anstalt, da laut gestrigem Bescheid mit dem Druck des Buches begonnen werden soll. Die Striche waren festzulegen. Es ging wunderbar glatt. Sogar die angenehme Situation, daß ich meine eigenen Striche verteidigen mußte. Wieder nur so viel Lob und keine Bedenken. Ich war nicht verwöhnt.
Man wird so maßvoll. Die große Freude über das Buch erhält ihre starken Einschränkungen durch die Lage im Funk.
Hoffnungslosigkeit ist eine große Sache, – den Glauben nicht für eine Glücksgarantie zu nehmen.
Durch den Glauben bekommen Hoffnung und Hoffnungslosigkeit ihr ganz eigenes Vorzeichen.
Aber den Mut zur Hoffnung zu haben und mit keinem billigen Pessimismus sich zu begnügen, ist auch nichts Kleines.

3./4. März 1933 · Freitag und Sonnabend

Die ersten Vorfrühlingstage – und wie man sie hier draußen wahrnehmen kann!
Hilde[9] war anläßlich von Renis Geburtstag bei uns und brachte mir von sich Veilchen und von den Eltern eine blaue Hyazinthe mit. Ich hasse alles zarte dichterische Getue – aber an meiner Blumenleidenschaft läßt sich nichts ändern und leugnen; auch von Hanni eine rosa Hyazinthe; 5. März, unser Verlobungstag.
Über alledem lächelnd und beunruhigend die bevorstehende Wahl. Daß sie eine Entspannung, eine Entscheidung bringt, glaube ich nicht. Und ob es nicht am schlimmsten kommt, wenn die Nationalsozialisten nicht den erwarteten Erfolg haben?
Daß ich immer bei einer Partei bleibe, das kann man nach

meinem (nicht bereuten, wenn auch peinlichen) Austritt aus der SPD nicht behaupten. Aber man wird mich immer dort finden, wo keine Splitterpartei ist und wo man das in seinen Entschlüssen selbständige, maßvolle Bürgertum suchen zu müssen glaubt. Diesmal ist sein Mann Brüning. Und so spielen Hanni und ich an diesem großen Wahltag «Nathan der Weise» – die Jüdin und der Protestant wählen Zentrum. –
In dieser krankhaften Verzerrung des Nationalismus jetzt schlage ich zwar nicht ins Extrem um, aber ich begreife zum ersten Mal, was echter Nationalismus ist!

8. März 1933 · Mittwoch

Auf dem Funkhaus die Hakenkreuzfahne! Haben uns die Deutschnationalen, die einzigen, die uns halten können, schon aufgegeben?
Was uns schon jetzt an Antisemitismus zugemutet wird, ist furchtbar. Selbst Schnabels Beethovenabende mußten ganz plötzlich abgesetzt werden. Und das gerade in den Tagen, in denen ihm die Universität Oxford den Ehrenbürger für die «einzigartige Interpretation deutscher Kunst» verleiht. Wir im Funk können unsere Situation gegenseitig verstehen, aber die Achtung vor einander ist hin. Müde, dreißigjährige, vierzigjährige Kompromißler, durch primitive Existenzkämpfe verängstigt. Wie wir es drehen und wenden – das sind wir!
Und wie die Nationalsozialisten es drehen und wenden: sie können nichts zustandebringen als eine Verlagerung der Arbeitslosigkeit. –

9. März 1933 · Donnerstag

Im Funk bin ich völlig überlastet und überhaupt ziemlich zu Schanden gearbeitet. Unsere Autoren, auch die namhaften, versagen völlig, und ich muß alle Manuskripte in größter Hetze neu schreiben, meist mir auch noch das Material beschaffen. Und dazu die Ungewißheit unserer Lage im Funk. Die übrige politische Depression bleibt ja keinem Vernünftigen erspart. –

11. März 1933 · Sonnabend

Durch die Proben zur großen Volkstrauertagsendung – diesmal habe ich wenigstens eine anständige Besetzung: Lina Lossen, Lothar Müthel, Theodor Loos, Günter Hadank – ist es selbst am Sonnabend so spät geworden, daß kaum eine Abendstunde mit Hanni bleibt, und auch morgen bin ich durch den Funk gebunden. Bleibe ich im Funk, und nichts anderes kann ich ja wünschen, muß ich mit aller Energie um meine private Arbeit kämpfen.

Überhaupt: welche Flucht ins Private. An wen soll man appellieren in dieser Zeit. Was bringt diese so groß aufgemachte nationale Revolution? Pogromstimmung.

Ich fliehe nicht in eine pikierte Geistesaristokratie; das wäre anmaßend und lächerlich. Aber ich fliehe ins Bürgertum. Das Bürgertum hat es nicht leicht, sich zwischen zwei Revolutionen zu behaupten.

Und das ganze allgemeine Schicksal noch so groß angeschrieben – ich sehne mich so nach Kunst; ich mochte wieder schreiben, was mir wichtig ist. Was schreibe ich denn noch?

Es ist eine furchtbare Unruhe, ein furchtbarer Druck, eine furchtbare Isolierung – eine furchtbare Schwächlichkeit, eine furchtbare Angst um die Existenz –

Das alles möchte ich auf eine Seite schreiben.

Auf die nächste: Hanni. Die Kunst. – Auf die nächste: Gott.

So verlaufen jetzt die Tage. Und alles Gute, das man je erfuhr, steht einem seltsam klar im Bewußtsein. –

14. März 1933 · Dienstag

Hanni und die Kinder werden zur Evangelischen Kirche übertreten. Über die Motive sind wir uns im klaren. Aber auch aus solcher Taufe kann Gott etwas anderes machen ...

Welchen Umfang nimmt das Religiöse in den Gesprächen zwischen Hanni und mir ein. Aber ich weiß, daß es so etwas wie Bekehrung vom Menschen aus nicht gibt und daß der Fromme niemals bekehrungssüchtig sein kann. Nur «Wes das Herz voll ist ...»

Daß ich aber fromm bin – das schreibe, sage ich so lapidar ganz ruhig. Es ist d a s Geschenk meines Lebens. Jenes Geschenk, das einem unter effektiven Qualen zu Teil wurde und nun die Frage nach der Schuld und dem Übel stumm macht, obwohl man täglich die Schuld und das Übel durchlebt.

15.–17. März 1933 · Mittwoch bis Freitag

Für mich bleibt meine Nüchternheit eins meiner stärksten Positiva. Denn ich weiß am besten, welches Maß an erregter Empfindung *en matière de* Kunst, welches Maß an Leidenschaft in Sachen der Religion täglich in mir zu bewältigen ist. Und daß sich die Nüchternheit etwa aus sprachlicher Impotenz erklärt – lieber Himmel, wenn ich an etwas nicht zu zweifeln brauche, so ist es die Flexibilität meiner Sprache! Ich kann mich genau des großen Momentes erinnern, in dem ich deutlich spürte: meine Sprache fängt an nachzugeben. Und wie habe ich dann vier Jahre lang an meiner «Sprache» zweifeln gelernt.
Heute betrachte ich meine Sprache schon absolut als Besitz. Eins der wenigen Besitztümer, über das man als Künstler in meinem Alter schon verfügen kann. Es gibt ein paar Punkte, in denen ich mich nicht anzweifle, weil Zweifel dort Undankbarkeit bedeutete. Die Situation im Funk, im ganzen Beruf wird nun immer wirrer. Wieviel Müdigkeit, Abgekämpftsein, Überanstrengung ist einem größer und größer geworden –
Wieviel Spannung, wieviel frohe Erwartung, Festlichkeit, Lebensfreude, Intensität durchbricht die Schwere jedes Tages!

22. März 1933 · Mittwoch bis 26. März 1933 · Sonntag

Ich müßte nicht Presse und Funk hinter mir haben, wenn mir ein rundes Jahrzehnt nicht als etwas «Besonderes« erscheinen sollte: «Gedenktag». Wenn aber im Ernst ein rundes Jahrzehnt mir als bedeutungsvoll für das Alter des Mannes erscheint, so ist es dieser Abschluß des dritten.
Da zieht es sich durch Wochen hin, wie es einem immer wieder vor Augen tritt, was man verlor und was man erwarb, was man litt und was man tat.

Der Geburtstag selbst war ein mühsam erkämpfter Tag ruhiger Arbeit, in seinen Mußestunden ganz Hanni und den Kindern bestimmt, von Hanni aus auf alles das eingestellt, was ich für diesen Tag liebe.

Was geschehen ist, darf mich nicht mehr mitnehmen. Man soll auf alles Vergangene nur insoweit zurücksehen, wie es spontane Dankbarkeit und die überwältigende Erkenntnis göttlicher Führung verlangt.

Ich bete nicht. Ich deute nicht. Ich plane nicht. Ich hoffe, ich fürchte, ich ahne nicht. Aber dauernd fühle ich mich durch Gott überwältigt, und keine Flucht in die Nüchternheit bewahrt mich davor.

Dr. Eggebrecht von der Deutschen Verlags-Anstalt war gestern abend bei uns. Ein seltsamer Abend. Einer, der wie eine Etappe ist. Ich habe zu meinem Verlag nicht das mindeste Verhältnis gehabt, außer daß ich es überaus anerkannt habe, wie der Verlag in dieser Situation es mit mir wagt, obwohl es feststeht, daß ich kein Geschäft für ihn werden kann. Und nun lehrt mich plötzlich der gestrige Abend, daß man meine Art und Entwicklung aufs aufmerksamste verfolgt, im Verlag die Eindrücke über mich ausgetauscht, subtilste persönliche Dinge zwischen den Zeilen gelesen hat. Daß man mich als Neuentdeckung betrachtet. Daß man mehr von mir will, weil man viel von mir erwartet. Daß man glaubt, daß mir bisher ein Unrecht geschehen ist. Daß ich meine ureigenste Linie einhalten soll. Daß man nicht möchte, daß ich einen falschen Namen bekomme, nämlich nur als Funkmann und nicht als Dichter. Und daß der Verlag durchaus nicht abgeneigt wäre, mir ein Existenzminimum von monatlich 300 Mark zu garantieren, wenn ich vom Funk weg muß oder will, eine Rente für zunächst ein Jahr. Und das in dieser Zeit und nach der Erfahrung, daß zunächst einmal alle namhaften Zeitungen und Zeitschriften den Vorabdruck meines Romans ablehnen.

Aus dem Funk will ich noch nicht weg. Es muß nur so werden, wie ich es Braun gegenüber als Forderung formuliert habe. Ich will aus dem Funk nicht weg, weil ich meine Übersiedlung in

den Funk den gesamten Umständen nach als Fügung empfinden mußte.
Durch den gestrigen Abend heilen jahrealte Wunden, um es pathetisch auszudrücken; aber so ist es nun einmal. Das ist ein großer Moment im Leben eines Dichters: zum ersten Mal zu erfahren, daß man auf ihn wartet. –
Hanni würde ein Leben, wie Dr. Eggebrecht es mir vorschlägt, sobald ich es für notwendig halte, auf sich nehmen wie alles bisher.
Aber ich möchte es nicht. Hanni soll, solange es geht, den Dank für alles haben, was sie an mir getan hat. Und: noch ist kein neuer Roman in mir so spruchreif, daß ich solche Rechte für mich in Anspruch nehmen dürfte.

27. März 1933 · Montag

Das stille Pogrom hat heut in der Legalisierung des Boykotts gegen jüdische Geschäfte, Richter, Anwälte, Ärzte, Künstler einen Höhepunkt erreicht. Was damit in jungen Juden an Haß gesät wird, muß furchtbar werden. Anbruch einer neuen Zeit?
Zuckungen eines sterbenden Jahrtausends! Und oft berührt es mich stark, daß mein Leben in das sterbende Jahrtausend hineinwächst, mit ihm hingeht. Ja, es scheint mir ein Kernstück meiner Gedanken, meiner ganzen Geistes- und Seelenwelt zu sein, daß ich meine Zeit in diesem Sinne betrachten muß. –
Das Jüdische hat in meinem Leben zu weiten und tiefen Raum, als daß ich jetzt nicht in all dem Guten, das immer noch über meinem eigenen Leben reichlich bleibt, sehr leiden müßte. Denn mir ist, als gäbe die Heilsgeschichte der Juden der Weltgeschichte den Sinn. –

29. März 1933 · Mittwoch

Ein Jahr Südende. Wie weit ist uns der Aufbau wieder gelungen! An weiteren Ausbau ist jedoch kaum zu denken, da mein Avancement im Funk nun wieder ganz in den Hintergrund rückt. Die Einzelheiten dieses täglich sich verändernden Hexenkessels lohnt es kaum zu notieren. Ich verkapsele mich in meiner Arbeit und freue mich meines guten Verhältnisses zu Braun und zu meinem allmählich sich bildenden Schauspielerstamm, in dem ich «Neuentdeckungen» neben bekannten Namen habe.

Zu der ganzen jüdischen Boykottangelegenheit habe ich nur eins zu sagen: Ich traure um die evangelische Kirche. Gott macht uns seine Ferne deutlich. Aber ich kann von der Kirche nicht los, muß immer in ihr noch den Kern der Urgemeinde spüren.

Heute nacht habe ich geträumt, ich hätte im Anschluß an einen Gottesdienst in einer Kirche gepredigt, und es war ein unbeschreibliches Gefühl von Glück und Stärke, von Erfüllung.

Man darf nicht lügen mit dem Fliehen von Gott. Gewiß, ich fliehe in jedem meiner seltenen, sehr seltenen Gebete, sage wieder und wieder: Es war kein Gebet. Gott war es nicht. Ich war es. Es gilt nicht.

Aber ich kann es nicht leugnen: ich sehne mich nach Predigen. Und es gibt nichts, was mich so berührt wie die Propheten, – zu denen ich Luther zähle. Ich will nichts sein als ein protestantischer Dichter. Der Wunsch nach dem großen Erfolg ist damit in mir begraben. Was ist furchtbarer? Ein Volk zu sein, das wie die Juden Gottes Hand so schwer spürt?

Oder ein Volk, das diese schwere Hand darstellen muß wie wir Deutschen? Immer wieder geht es mir in diesen Tagen durch den Kopf, was jetzt in manchem jungen Juden geboren werden mag an schrecklicher Macht für die Zukunft. Aber auch in mir wird in diesen Tagen etwas geboren, was auf das Zentrum meines Lebens zustößt.

3. April 1933 · Montag

Ich stehe dem Leben von Tag zu Tag nicht feindselig gegenüber. Es bleibt für mich dabei: es ist das dem Christen und dem Künstler allein gemäße Leben; und an nicht unwesentlicher Stelle gibt es eben den großen Bruch zwischen Künstlertum, Christentum und dem von mir so geliebten Bürgertum. Ist Gott nicht:

dann ist mir alles gleich, Glück oder Unglück, Gut oder Böse, Tod oder Leben.
Ist Gott: dann ist mir erst recht alles gleich; dann soll er mit mir machen, was er will.
Eins meiner elementarsten Gefühle ist die Dankbarkeit, so sehr ich unter Übel und Schuld leide.
Die Nerven sind in Unruhe, aber die Seele ist ruhig. Die Vorgänge sind wirr, aber mein Schicksal ist geordnet. –

4. April 1933 · Dienstag

Meine alten Romanpläne sind so stark in den Hintergrund geraten, – meine Sehnsucht, etwas Neues zu schreiben, ist so stark geworden, daß ich fast glaube, es bahnt sich etwas Neues an. Aber ich habe nicht die geringste Vorstellung, was es sein könnte. Und ich mag nicht darüber grübeln. Ich mag nicht einmal daran rühren, wie ich überhaupt von der «Selbsterkenntnis» so entsetzlich wenig halte. Es ist Gottes Sache, wie weit er einem Menschen über sich die Augen öffnen will, und von Gott aus läuft wohl da die ganze menschliche Selbsterkenntnis auf das Bewußtsein aus dafür, daß man sich geführt weiß. Das schließt alles andere in sich.
Ein Buch wie der «Kahn» hat für die Kenntnis meiner selbst x-mal mehr ausgemacht als die subtilste Autobiographie. –

8. April 1933 · Sonnabend

Mein Berufsleben: Berlinischstes Berlin.
Mein Privatleben: Beuthen; nur ohne das «Heroische», «Tragische».
Aber viel von seiner Freundlichkeit.
Die Aufregungen meines gegenwärtigen Lebens berühren mich wenig. Die Anstrengungen mehr, weil sie an die künstlerische Substanz greifen. Aber sie helfen unser Leben behütet machen. Nur daß man es jetzt gar so deutlich weiß, daß jeden Tag Schluß sein kann. Um so dankbarer wird man für jeden Tag.
Aber jeden Tag ein wenig mehr Muße. Ganz ohne Frieden und Stimmung geht es nicht in der Kunst, und ich habe bisher die

«Stimmung» bestimmt zu gering veranschlagt! Nur ein wenig Muße: und jene fruchtbare Stimmung ist da. Wenn man seine Stimmungen so filtrieren lassen muß, so schlimm prüfen lassen muß, können sie nicht mehr vage sein. Als sagte einer: Nimm es wahr. Es muß wieder für lange vorhalten.

Aber nun muß sich auch viel vorbereiten. Besser gesagt: etwas muß sich dicht vorbereiten. Denn alle alten literarischen Pläne – klare Kapitel meiner Entwicklung, obwohl gänzlich nicht-autobiographisch – sind, wenn ich ehrlich bin, *ad acta* gelegt. Vielleicht bis auf den «Voltaire». Beuthen wird anders wiederkommen als in «Hoffnungslosigkeit». Denn da war noch viel zu viel komplizierte, bewußte Handlung in der Konzeption. Ich will aber einfach so heruntererzählen, als wäre es eine leichte Sache, mit dem Schreiben und dem Leben.

Ich will einfach heruntererzählen, in dem wunderbaren Vertrauen darauf, daß mein Gehirn, auch wenn ich gänzlich andere Dinge treibe, unentwegt am Konstruieren eines Buches arbeitet, fast unter «Ausschluß meiner selbst» – wie ein selbständiges Wesen.

Als nähme mir ein anderer alle konstruktive Arbeit ab. Deshalb sagen dann die verschiedenartigsten Verlagsleute: ich wäre ein naives Talent, das gleich in runden Kapiteln denkt und nicht zu bauen, nicht zu entwickeln braucht. Ehe ich Neues schreiben kann, muß aber eines von vornherein fertig sein: der neue Mensch des Buches.

Wer ist «fertig» in mir? Vater, Mutter, Billum; (Voltaire).

Welche Sphäre ist «fertig» in mir? Beuthen.

Welches Gefühl, welcher Gedanke, welches Bewußtsein, welche Anschauung, welche Erfahrung in mir ist so weit, daß ich damit anfangen kann, sie zu beschreiben? («Fertig» sind sie nicht. Dauernd spürt man das Wachsen.) Der Glaube.

Das also ist mein Material.

Nun warte ich auf das neue Buch. Umkreise es dauernd. Alle alten literarischen «Projekte» scheinen mir *ad acta* gelegt. Vielleicht auch der Voltaire. Er ist mir zu kulturgeschichtlich.

Meine Abscheu gegen Studien ist groß.

Dauernd, dauernd umkreise ich das neue Buch.
Wenn ich eine Wolke sehe, möchte ich sagen: Da ist es. Wenn ich ein Bibelwort lese, möchte ich sagen: Da ist es. Wenn ich ein Gedicht lese, mit Hanni spreche, an Billum, die Eltern denke – Was ist mein ganzes «Tagebuch»? Ein Hinschreiben auf das neue Buch zu.
Aber nun möchte ich es auch bald kennen.
Die fragende Empfindung ist nicht der Zustand, in dem ich künstlerisch leben kann; die blühende Empfindung ist es. Ich kann es nicht anders beschreiben. Wobei mir aber feststeht, daß das Blühende auch voller Schwere ist. –

11. April 1933 · Dienstag

Proben für «Stunden, die Geschichte machten». Mit prominenter Besetzung, Chor und Orchester. Wahnsinnig anstrengend, da ich das Ganze mit nur drei Proben schaffen muß. Daneben laufen schon wieder die diffizilen Verhandlungen mit dem nächsten Geschichtshörbild. Autor Reinhold Schneider. Und eine Bach-Hörfolge für Karfreitag. Lieber Himmel, ist es so schwer geworden, im Monat 500 Mark zu verdienen, daß alle Zeit, alle Nerven, alles Talent nur auf die Funkarbeit konzentriert werden müssen? Wann kommt eine Entlastung? Wann kommt eine eigene Arbeit? Gibt es nur noch die Wahl zwischen Überlastung mit «Nebenarbeit» und furchtbaren Geldsorgen?
Warum darf einen die eigene, natürliche Arbeit nicht bescheiden ernähren? Ach, nur das wieder erreichen, daß ich an den Abenden, am Wochenende für mich arbeiten kann!

14. April 1933 · Freitag (Karfreitag)

In diesen Tagen ging es über den Rest meiner Kräfte, so weit, daß meine Nerven wirklich in einen gefährlichen Zustand gerieten; Mahlzeiten andeutungsweise, Schlaf ein «Opfer des Berufs». Aber beide großen Sendungen sind wieder glatt herausgegangen: das erste Geschichtshörbild und die «Chronik der Familie Bach», die ich an einem einzigen Abend von A bis Z umgeschrieben habe. –

Unabhängig von den immer neuen «politischen Entscheidungen» im Funk wird eine Entscheidung von mir aus fallen müssen. Nur kann ich mir nicht denken, daß ich den Funk im Herbst als Rettung bekam, um ihn im Frühjahr freiwillig zu verlassen. –

Nun gehören mir drei Tage. Nach der Karfreitags-Sendung nachmittags heim: die Wohnung wieder voller Veilchen; der Garten für Ostern gerüstet, von einem Gärtner in Pflege genommen; der ganze Roman zur Korrektur angekommen!

16. April 1933 · Ostersonntag

Große rote Ostereier, kleine bunte, grüne Nester, rosa Körbchen, Hortensien, gelbe Osterglocken, Primeln, Veilchen, grüne Zweige, Seidenbänder, Wein, Glockengeläut – aber der Wind so kalt, daß die warmen Stuben einem wohltun; aber der Tag so dunkel, daß ein flüchtiges Sonnenlicht einen freut. –

Der Roman ganz durchgesehen; nun also endgültig beendet! Auf der ganzen Linie sage ich Ja zu diesem Buch.

18. April 1933 · Dienstag

Heute setzen die Wirren im Funk noch einmal mit Vehemenz von neuem ein. –

Verkapseln, verkapseln, verkapseln. Es ist mir alles zuviel. Ich muß an zu vielen Fronten kämpfen, aber die Hauptschlacht bleibt ungeschlagen. Nur sage ich mir: daß ich in den Funk kam, trug so deutlich den Stempel der Fügung. Es wird weitergehen, auf den Sinn zu.

Was künstlerisch durch meinen Kopf jagt in all diesen Wochen, ist ein einziger Ausscheidungsprozeß. Was ausgeschieden wird, das weiß ich wohl. Nicht aber, was sich zu gleicher Zeit sammeln mag.

Denn trotz aller Erschöpfung glaube ich ja daran, daß sich Neues sammelt – dem Grade der Sehnsucht danach entsprechend? Immer will man das Neue.

Daß man «Ideen» hat und «Stoffe», ist Unfug. Die sind das Neue nicht. Die sind nichts wert.

Nur der Zustand der Lebendigkeit gilt. Nur der plötzliche Hervorbruch des Lebens in einem, den man staunend erzählt, wie man seine ersten Worte bildete. Man muß Vater und Mutter schreiben, wie man Vater und Mutter sagte; man muß seinen Namen schreiben, wie man sich als Kind begriff. Ich will nichts als erzählen, weil alles so lebendig ist, daß es beschrieben sein will. Eine unausgesetzte Taufe ist das Schreiben. Namen geben, Namen geben allen Dingen, die schon ihren Namen tragen und immer von neuem getauft sein wollen, bis sie ihren ewigen Namen tragen.

Namen geben den Eltern und Kindern, Namen geben der Landschaft, den Sternen, Namen geben den Leiden und Kämpfen, Namen den Lastern, Namen der Güte –

Nicht Pläne entwerfen!

Nicht Ideen haben!

Nicht Gestalten schaffen!

Taufen – das ist es. Das ist die ganze Dichtung!

Und in dem allen die eigene Taufe begreifen!

Das: Ich habe dich bei deinem Namen gerufen, du bist mein. So zu den Dingen und Menschen zu sprechen, ist die Dichtung.

So Gott zu einem selbst sprechen zu hören, ist der Glaube. Wo Gott mich nicht kennt, kann ich das Leben und seine Träger nicht nennen.

Wenn Gott mich nicht anredet, kann ich vom Leben nichts aussprechen.

Dort allein liegen die Geheimnisse der Produktivität. Es heißt nicht: Was soll ich jetzt schreiben?

Es heißt:

> Herr, wann wirst du wieder reden?
> Herr, wann wird der Garten Eden
> wieder erste Früchte bringen,
> die kein Säender ersann?
> Herr, wann wirst du wieder reden,
> daß ich Menschen, daß ich Dingen
> erste Namen geben kann?

Erzählung ist Taufe.
So einfach sind die Weisheiten, aus denen man lebt.

20. April 1933 · Donnerstag

Die Hitler-Geburtstagsfeier im Funk ist einem wieder etwas über die Nerven hergegangen. – Der neue Intendant ist nun an der Arbeit; Dr. Brauns Kündigung ist zurückgenommen, so daß wir nun vielleicht für ein Jahr Ruhe haben. Meine Angelegenheit haben wir nun noch einmal genau durchgesprochen. Ich darf jetzt kein politischer Fall werden, deshalb kann der Kampf um eine eigene Abteilung für mich nicht aufgenommen werden. – Da ich jetzt keinen Roman schreiben möchte, ehe nicht einer völlig spruchreif ist, bin ich auch innerlich mit dieser Lösung einverstanden. Ich kann eine Karriere nicht erzwingen. Ich kann einen Roman nicht erzwingen. Ich glaube nicht an den Erfolg von Gewalttätigkeiten. – Und in eine der ersten Schichten scheine ich nun einmal nicht aufzurücken und zu den großen Einnahmen nicht zu gelangen.

21. April 1933 · Freitag

Wieder Anruf von Dr. Eggebrecht. Noch immer: ob ich nicht ein Fixum der Verlags-Anstalt nehmen und vom Funk weggehen will. Das mit dem Fixum ist heut absolut wie ein Wunder. Aber ich will noch keinen neuen Roman schreiben, obwohl ich es könnte, wie ich Hörfolgen schreibe. Aber das eben lehne ich ab. Und dann: daß ich in den Funk kam, war wie eine Fügung. Ich tue nichts selbständig.
Ob ich es nicht so will: in Arbeit eingesponnen sein, um Geld zu verdienen, um vorwärtszukommen, um frei zu werden, daß ich eines Tages ohne Sorgen so am Schreibtisch sitze, wie ich unter schwersten Sorgen selig über dem «Kahn»-Manuskript saß?
Der «Kahn» war Abschluß, war doch Versöhnung mit Beuthen. War er denn auch schon Versöhnung mit der Kinderlosigkeit? Sie, und nicht die Oder, war am Ende zum Thema des Buches geworden. Und darum ist es doch ein Unrecht, daß man mich das Kapitel vom Knaben Oder streichen ließ.

22. April 1933 · Sonnabend

Um dieses Lebens mit Hanni willen brauche ich den Erfolg. Denn er allein schafft Geld. Um dieser Insel willen, um kommender Bücher willen brauche ich: gute Kritiken, repräsentative Aufträge, Photoveröffentlichungen, Anschluß an alle Prominenz. Und wenn ich sehe, was um mich «Erfolg» ist, so spüre ich nichts als grenzenlose Verachtung für die Produzierenden, für die Kritiker, für das Publikum. Ich hasse diesen Erfolg, hasse die Kollegen, hasse die Presse, hasse das Publikum und habe eine fanatische Sehnsucht nach den «Stillen im Lande».

Damit Hanni und ich «Stille im Lande» sein können, muß all dieser Auftrieb sein! Wir werden sehr «Stille» werden. Denn jeder Versuch, uns einmal «draußen» zu amüsieren, mit Menschen Berührung zu haben, schlägt kläglichst fehl. Vorgestern, gestern und heute. Im Hinblick auf alles das bin ich menschenfeindlich und lebensmüde.

Aber ich zittere innerlich vor Lebens-Intensität, wenn ich «Religion», wenn ich «Landschaft», wenn ich (neue) «Heimat», wenn ich «Liebe» denke.

Wenn ich aber an das Weiter, an die Zukunft, an den Fortgang, an das Neue denke im Kind, das ich nicht habe, von Hanni nicht habe, so bin ich nicht menschenfeindlich, so bin ich nicht lebensmüde, so zittere ich nicht vor innerer Lebendigkeit: so lege ich die Hände in den Schoß und fühle mein Leben von einem dunklen Griff durchstoßen. Aber es ist die Hand Gottes. –

25. April 1933 · Dienstag

Jeden Tag kommt mit untrügbarer Klarheit ein Moment, von dem ich sagen kann:

Wenn ich jetzt aufhören dürfte zu arbeiten, wäre ich ein einigermaßen harmonisches Wesen (so weit man es sein darf) – wäre ich im Besitz meiner Energien – wäre ich einer künstlerischen Receptivität und Produktivität fähig.

Aber die Arbeit geht jeden Tag über diesen Moment hinaus. Die Verhältnisse, die Arbeiten wachsen mir über den Kopf; aber wie befremdet stehe ich vor dem Wunder, daß ich mich in dieser

Zeit noch immer behaupten kann. Und in meiner engsten Sphäre Klarheit und Ruhe habe.

26. April 1933 · Mittwoch (Mein Tauftag)

> Schau die Güte und den Ernst Gottes: den Ernst an denen, die gefallen sind, die Güte aber an dir, soferne du an der Güte bleibst.
>
> *Römer 11, 22*
>
> (... sofern Gott dich in der Güte hält!!)

Ich habe eine große Sehnsucht nach einem friedlichen Leben der Arbeit, der Ehe; viele mit mir.
Ich habe eine große Sehnsucht, mein Leben ganz im Glauben versinken zu lassen; das ist das Seltene, das Gott meinem Leben gab. Ich kenne das «Hungern nach dem Wort Gottes».
Die menschlichen Pläne, Wünsche, Sehnsüchte, Leistungen, Unterlassungen haben so wenig mit der Führung durch Gott zu tun; ja, sie sind wohl immer Feind miteinander. Oder will Gott sie durchdringen, die menschlichen Dinge?
Man ist voller edler Züge. Man ist voller Laster. Man ist voller Hoffnung. Man ist voller Verzweiflung. Der Glaube fegt alles beiseite.
Heute kennen Hanni und ich uns vier Jahre.
In unserem Garten blühen drei Kirschbäume.

29. April 1933 · Sonnabend

Heut, am Sonnabend, nur einen Moment im Garten. Ein Kirschbaum blüht direkt in eine hohe Birke hinein. Fast unvorstellbar der Gedanke, daß die Arbeit sofort wieder weitergehen soll. Daneben müssen Anregungen fürs Programm sein. Geht auch. Fällt mir immerzu etwas ein. Ich habe das Gefühl, jenseits meiner Kräfte zu arbeiten. Da, wie entwaffnend, das Lutherwort: «Denn von der Arbeit stirbet kein Mensch.»
Es sich vom Halse schreiben. Aber nicht viel damit hermachen. Jeder Tag ist von Gott. Jeder Tag «Exegese» meines Taufspruchs. Es müßte einem den Mund verschließen, wenn man das begreift. Strich durch den Etat. Strich durch die Pläne. Strich durch den Ehrgeiz. Der Glaube ist schon wie ein Fels; aber die Nerven

sind darauf wie der Unrat der Vögel. Die Nerven sind furchtbar.
Verfluchter Ballast, den man selbst an diese dünnen Fäden hängt. Wenn man nur die Aufgabe erledigte, die einem gerade gegeben ist – wenn man nur wissen wollte, was einem täglich geschenkt wird – ich glaube, die Nerven reichten aus! Daß es echte Leiden, echte Leidenschaften gibt – darüber ist kein Wort zu verlieren. Aber die wenden einen zu Gott hin, während all das andere nur wie eine sinnlose Zerstörung zu sein scheint.
Wenn man in seinen Leiden und Leidenschaften versinkt, kann man die Bibel lesen, will man mit Vehemenz die Bibel lesen. Wenn man seinen Etat aufstellt oder seine Karriere arrangiert, geht es nicht.
Ich glaube, ich bin fertig mit der Sache. Manchmal arbeitet Gott mit einem einzigen Hieb. –

30. April 1933 · Sonntag

Meine Abspannung nach diesen Wochen – ich bin nun genau ein halbes Jahr im Funk – ist groß. Ob ich heute am Sonntagmorgen – Apfelblüte im Garten! – im Garten sitze, ob ich mich in der Wohnung einen Moment umlege: ich schlafe sofort ein.
Morgen geht die Arbeit wieder im alten Umfange weiter; sie geht weiter,
weil mein Ehrgeiz, auch wo ich ihn durchschaue, keine Ruhe läßt und ich vor ihm kapitulieren muß wie vor einem Trieb. Aber es ist ein Ehrgeiz ohne unfromme Sorge;
weil meine Produktivität dauernd wie ein Hund ist, der einen Knochen zwischen den Zähnen haben will. Ich ahne das Glück der Muße, aber auch hier kapituliere ich wie vor einem Trieb;
weil ich nur durch das hohe Maß und den befriedigenden Gehalt meiner Arbeit über den Schmerz hinwegkomme, daß ich, der ich so fest an die Fügung glaube, in dem Kreis, in dem man zur Welt kommt und den man in die Welt bringt, daß ich hinter mir mit meiner Familie gebrochen habe und vor mir keine Familie sehe. Dadurch ist mir, so furchtbar das ist, Erotik, die ich als

höchste Lebendigkeit so hoch ansetze, sinnlos geworden bis ins physische Verlangen hinein. Und in einer Ehe, die gemessen an den gewohnten Erfahrungen in beunruhigendem Maße einer Vollkommenheit zugeht, tut sich ein schrecklicher Hohlraum auf, den beide im selben Moment immer wieder spüren. Ich kann kein Tier mit einem Jungen sehen, kein Kind, ohne daß alles in mir zusammenzustürzen scheint. Und das Gefährliche ist, daß Hanni wohl ahnt, wie es in mir aussieht. Göttliche Verheißungen kann ich nicht mit menschlichen Wünschen durcheinander bringen.

9. Mai 1933 · Dienstag

Die Nationalsozialisten haben alle Macht in Händen: über die Parteien, Gewerkschaften, Zeitungen, Sender, Theater, Heer, Polizei, Justiz, Verwaltung, Universität, Schule ... Es ist beängstigend. Wer will dieser Verantwortung gewachsen sein, die Ansprüche so riesiger Anhängermassen befriedigen? Wie wird deren Enttäuschung sich äußern? Ich reagiere auf alles das mit einer entsetzlichen Abgespanntheit und äußerster Aktivität, also höchst paradox. Und darüber hinaus mit dem Glauben: geführt zu werden.

13. Mai 1933 · Sonnabend

Der Geistliche, bei dem Hanni sich zur Taufe angemeldet hat, – ein politisch sinnlos gewordenes Beginnen – hat sich erst heut nach vielen Wochen zum ersten Male gemeldet. Mit religiösen Plattheiten. Hanni weiß hundertmal mehr vom Christentum als solche Pastoren. Bibellesen!

Hanni will aus politischen Gründen nicht Dissidentin sein. Damit basta. Und daß sie immer wieder etwas von Luther wissen will oder von den Bibelstellen, die von «Verwerfung» und «Erwählung» handeln, das hat mit diesem Übertritt gar nichts zu tun. Sie weiß es, und ich weiß es. Nun bin ich in die Situation des Judentums sehr verstrickt. So wie die Dinge liegen, müßte meine Ehe mich meinen Posten verlieren lassen. –

22. Mai 1933 · Montag

«Beuthen» – die zweite große Tragödie meines Lebens. Und nun selber keine Familie, kein Kind. Um das Verhältnis zu Mutter traure ich sehr. Was ich so nachts von Beuthen träume –. Im Traum Mutters Hände gehalten und sehr unglücklich. Deutliches Gefühl von Telepathie. Hanni davon gesagt. Brief von Mutter, die nichts davon wußte, bestätigt später Rest des innigen Verhältnisses zwischen Mutter und mir! –

24. Mai 1933 · Mittwoch

Ohne Gott bin ich ein Fisch am Strand,
ohne Gott ein Tropfen in der Glut,
ohne Gott bin ich ein Gras im Sand
und ein Vogel, dessen Schwinge ruht.
Wenn mich Gott bei meinem Namen ruft,
bin ich Wasser, Feuer, Erde, Luft.

Die Sendung meiner Hörfolge: «Der gestirnte Himmel über dir.» Für die drei Sender Berlin, Frankfurt/Main, Königsberg. Eine noble Sendung in «großer Besetzung». Erfüllte Kindheitswünsche. (Wenn auch ursprünglich auf das Theater gerichtet.)

25. Mai 1933 · Donnerstag (Himmelfahrt)

Drei Stunden vor Beginn der Sendung lief die Denunziation beim Intendanten ein: Ich sei SPD-Mitglied. Hätte selbst die Äußerung getan: einer der ersten, der gehen müßte, wäre ich. Jüdische Familie. – Die Denunziation so wirksam wie möglich: nämlich über den Reichsverband der nationalsozialistischen Rundfunkhörer.
Neuer Kampf. Und ich bin so abgearbeitet. Hanni ist sehr ruhig. Als Dr. Braun mit mir über meine Funktätigkeit verhandelte, war ich optimistisch. Diesmal sehe ich die Lage sehr ernst. Die seltenen, seltenen Gebete, die Gott einem gibt, weisen den Weg. Ich zweifle Gebete bis zum Äußersten an. Aber habe ich je gebetet, so war es gestern. Und danach kommt es schwer. Mit dem

Beruf? Mit der Familie? Gott kann mit einem reden, «wie ein Mann mit einem Freunde redet». Das ganze Gespräch mit Gott war:

Gelobt sei der ewige Gott.
Wirst du bleiben?
Ja.
Auch wenn es schwer kommt?
Ja.

Frage und Antwort. Gelübde und Verheißung. Alles gibt Gott. Und ich lebe, um Gott zu erfahren. –

Die letzten Korrekturen des Romans. Endlich wieder einmal ausreichender Schlaf. Spaziergang mit Hanni. Mein eigenes jüngstes Gedicht immerzu im Sinn.

Und Hanni muß alles durchmachen ohne die Nähe Gottes. Das aber weiß sie: daß Glaube kein Glücksbrief ist. Und wenn sie etwas glauben könnte, so ist es der Glaube an Berufung und Verwerfung.

Ich habe noch so viel vom Glauben zu erfahren. Und deshalb hänge ich so am Leben.

Was ich bis jetzt gelebt habe, war m e i n Leben in Gott. Und wenn ich nun den Teil eines jüdischen Schicksals erlebe, so ist es m e i n Leben.

Ich glaube an alle Leiden von Gott her. Aber ich glaube auch an ein «seliges Schauen».

Das ist etwas anderes als «Prüfungen, die man besteht». Und es ist etwas anderes als Glück.

Es bleibt dabei: Künstler und Christen dürfen in der Welt nicht sicher werden. Mein Ruhebedürfnis war zu groß.

26. Mai 1933 · Freitag

Nun ist das Damoklesschwert der Denunziation vorüber. Der Intendant Arenhövel weiß, daß ich Sozialdemokrat war und eine jüdische Frau habe. – Seine Antwort: Nahe Freunde von ihm wären auch religiöse Sozialisten; das störe ihn gar nicht. Meine Ehe sei meine Sache. Aber um ihretwillen muß nun mein Vertrag hinausgeschoben werden und mein Name darf nur selten in den Programmen auftauchen. – Brauns Aktion für mich war: daß er Arenhövel mein letztes, Braun gewidmetes Gedicht und meinen Roman brachte. Eine schöne Verteidigung. Kann das schon die Entscheidung sein?

27. Mai 1933 · Sonnabend

Es geht nicht ohne das ständige Erschrecken vor Gott. Aber woher kommt es, daß seit einiger Zeit das Wort vom «seligen Schauen», nicht nur das vom «Glauben», wie ein neues Motiv in mein Leben kommt?
Das Erschrecken vor Gott darf wohl nicht so groß sein, daß man ihm nicht auch zu jeder Stunde jede gute Gabe zutraut.
Alles läuft nach eigenen Gesetzen ab: Die Familientragödie. Der Berufskampf. Die eigene Geschichte in einer mir bluts- und gedankenfremden Zeit.
Und alles trägt plötzlich ein anderes Vorzeichen von Gott her.

Um mir ein Bildnis meines Seins zu malen,
errechne ich tagtäglich neue Summen.
Dann setzt Gott seine Zeichen vor die Zahlen,
und was mir galt, hat künftig zu verstummen.

Ich sehe meine Ziffern rasch verbleichen.
Was ich auch schrieb, hat seinen Sinn verloren.
Und aus der Wirrnis werden Gottes Zeichen
als einziger Wert, der morgen gilt, geboren.

1. Juni 1933 · Donnerstag

Zuflucht ist bei dem alten Gott und unter den ewigen Armen.
5. Mose 33, 27

Zum Intendanten Arenhövel bestellt, da nun auch noch eine Anfrage des Propagandaministeriums direkt eingelaufen ist, diesmal mit folgenden «Anklagen»: Jüdische Familie, Redaktionsmitglied des «Vorwärts». Ich habe nun eine Denkschrift einzureichen. Arenhövel, der sehr freundlich war, sagte mir: «Die

Entscheidung liegt ausschließlich beim Propagandaministerium. Von mir aus werde ich Sie als einen Mann herausstreichen, auf dessen Mitarbeit wir Wert legen.»
Ach, mit etwas mehr Freude und Aussichten arbeiten dürfen. – Wie geht auch die Freude am Buch in all den politischen und familiären Fragen unter. –
Wenn man mich doch weiterarbeiten ließe!
Aber ich sollte wohl nie vergessen, daß mein Roman aus meiner tiefsten beruflichen Baisse stammte. Nicht selbst disponieren!

5. Juni 1933 · Pfingstmontag

Ich habe bis nachts um halb drei am «Fischzug» geschrieben, am Tage nur eine kurze Rast im Garten – ach, gesteigerte Unruhe eher und doch auch viel Verbitterung, der ich mich nicht verschließen darf, wenn ich nicht lügen will. Die Fügung in Gott, der Dank gegen Gott verlangt auch die ganz eingestandene menschliche Verbitterung.
Ich werde im Funk von Braun und Arenhövel mühevoll durchgehalten, habe keine Aussichten, habe ein Einkommen, das nach der Meinung der Zuständigen in keiner Weise meiner Tätigkeit und meinen Leistungen entspricht. Ich muß anonym arbeiten. Hörfolgen, ganze Zyklen, die von A bis Z mein geistiges Eigentum sind, immer stärker meinen Stempel tragen, laufen unter dem Namen anderer – träger und unbegabter – Autoren!
Auch in der Regie muß ich anonym bleiben, muß alles in Kauf nehmen, nur weil ich religiöser Sozialist war, eine jüdische Frau habe.
Schicksal als Jude, Schicksal als Geist, Schicksal als Künstler (Schicksal in der Familie) – Demütigungen, Demütigungen. Gegen meine Liebe, gegen meinen Ehrgeiz wird wilder Sturm gelaufen, und das in einer Zeit, in der ich bis an die Ohren in Kunst stecke, Einfälle, Erfahrungen, Formen und Konstruktionsvermögen zur Verfügung habe. Deutlicher als durch meine unentwegte anonyme Beschäftigung kann mir gar nicht gezeigt werden, wie stark an sich jetzt Aufnahmefähigkeit für meine Arbeit da ist. Und nun so im Schatten zu stehen, abgearbeitet,

freudlos. Das alles muß ich klar sehen, denn ich hasse religiöse Schwärmerei.

7. Juni 1933 · Mittwoch

Gestern hatte ich den «Fischzug» probenfertig gemacht, die Schauspieler engagiert, alle Kleinigkeiten aufgearbeitet und wollte heut an die End-Arbeit. Als ich in den Funk kam, wurde ich zum Intendanten bestellt, der mir kurz mitteilte, daß ich «bis zur endgültigen Regelung meiner Angelegenheit» sofort die Arbeit einstellen und den Funk verlassen müsse.

30 Wochen war ich im Funk, voller Freude an der Zusammenarbeit mit Braun, voller Verbitterung gegen alles Übrige, voller Sympathie zu meinen Schauspielern, unter maßloser Anstrengung, die mich wirklich an den Rand meiner Kräfte brachte und mir im übrigen unser gutbürgerliches Durchkommen ermöglichte. Nun reißt alles jäh ab, und vor Presse und Verlag ist man als «nicht genehm» abgestempelt. Daß es zwischen Arbeit und Arbeitslosigkeit immer nur diese Extreme gibt.

30 Wochen im Funk – von der Beendigung des Romans bis zu seinem Erscheinen. Es ist hart, denn mein Erfolg war gut, und meine Arbeit hatte einen Plan und Gehalt.

Ich gebe nicht viel aus das *«tolle, lege!»*, aber es machte mich doch betroffen, als, abseits aller Möglichkeiten des Selbstbetruges, mir heut beim Zusammenräumen meiner Bücher im Funk folgendes Bibelwort «in die Hand gespielt» wurde:

«Die Weissagung wird ja noch erfüllt werden zu seiner Zeit und wird endlich frei an den Tag kommen und nicht ausbleiben. Ob sie aber verzieht, so harre ihrer; sie wird gewiß kommen und nicht verziehen.» Habakuk 2, 3.

Für mich ist die Weissagung meines Lebens mein Taufspruch Jesaja 43, 1.

Und meines Berufes wegen muß dieses Wort vom «Namen» einen besonderen Sinn für mich haben.

Arme Hanni. Der Zusammenbruch ihres Vermögens (dessen Reste nun unendlich wichtig für uns sind), der Zusammenbruch meiner Breslauer Existenz, der Zusammenbruch meiner neu aufgebauten Berliner Existenz im Sommer vorigen Jahres, als durch die erste, die «feudale» Gegenrevolution für alle freien Mitarbeiter in Literatur, Presse, Funk ein völliger Stillstand eintrat. Und nun das vierte Mal. Und die Aussichten immer geringer. Es ist viel in zwei Jahren Ehe.

Ich weiß, wie furchtbar Gott packen kann, wie viel er einem auferlegen muß – und trotzdem – trotz meiner Angst vor allen Kombinationen, mit denen man Gott ins Spiel sehen möchte, – trotz, trotz alles dessen kann ich nicht anders, als immer wieder an das «Alle Dinge zum Besten kehren» glauben. Es glauben ist anders als das allmenschliche Hoffen. Zunächst sind mit dem schweren Schlag ja schon ganz primitiv zwei gute Vorgänge erfolgt. Das Damoklesschwert ist da. Und ich versinke nicht mehr in einem Maß von Arbeit, daß ich oft nur noch wie in Trance arbeitete. – Davon bin ich überzeugt: wenn ich jetzt wie früher auf Redaktionen laufen wollte, es würde mir mehr schaden als nützen. – Abwarten, ob auf das Buch hin ein paar Aufforderungen für Beiträge kommen: das ist für den Journalismus die einzige Möglichkeit, die ich noch habe. Und Strohmänner suchen, durch die ich wenigstens mit Beteiligung noch für den Funk arbeiten kann. Denn an den Beistand der Deutschen Verlags-Anstalt kann ich nicht recht glauben. Wie soll ein Verlag heut einen Autor durchhalten, der nicht ausgesprochen «Hoffnung der Nation» ist?

Wieder ein Abschluß. Gott macht seine Zäsuren anders als wir. Er macht die Zäsur, auch wenn es mir «ausgesprochen als Fügung» erschien, als ich in den Funk geholt wurde. Hinterher, wenn alles am Abschluß steht, dann erst wird man, soviel Gott es einem zu erkennen gibt, ein wenig erfahren, wie die Fäden alle zusammenliefen. –

9. Juni 1933 · Freitag

> Nun aber spiegelt sich in uns allen des Herrn Klarheit mit aufgedecktem Angesicht, und wir werden verklärt in dasselbe Bild von einer Klarheit zu der andern, als vom Herrn, der der Geist ist.
>
> *2. Korinther 3, 18*

Dr. Braun, bei dem wir gestern abend waren, war mehr mitgenommen als ich, nur noch Resignation. Und ich glaube, Braun ist zu resigniert, um mir viel helfen zu können.
Alle Last trägt nun Hanni. Bisher hatte ich es als großes Glück empfunden, daß Hanni durch mich noch keine finanziellen Verluste erlitten hat.
Nun ist durch alles ein Strich gezogen: durch jede Domäne meines Stolzes und meiner Hoffnungen und durch einen weiten Bezirk meiner Liebe, den zur Familie. Nur Hanni bleibt. Nur das Schreiben (für welche Zeit werde ich schreiben?). Nur der Glaube. Ich kämpfe alle Ängste, Klagen, Anklagen nieder, weil ja noch jeder Tag, den mir Gott gibt, gut ist, solange diese drei sind: Hanni, das Schreiben, der Glaube. Und keine unmittelbare Not!
Auch durch das Leben mit Hanni, auch durch das Schreiben kann einmal von Gott der Strich gezogen werden. An den Strich durch den Glauben zu denken – ich glaube, an dieser Stelle begönne die «Sünde gegen den Heiligen Geist», dort muß jene geheimnisvolle Sünde verborgen liegen. –
Morgen soll im Propagandaministerium noch einmal über mich verhandelt werden, es interessiert mich kaum zu hören, wie man meine Ausweisung noch zu begründen gedenkt. Wenn sie nur nicht den anderen Sendern Nachricht geben. Und wenn sie mir die erste Aufnahme meines Buches nicht verpatzen. Ernstlich interessiert mich aber auch das nicht.

10. Juni 1933 · Sonnabend

Bis zum heutigen Tage nur bekomme ich vom Funk mein Geld. Eine schlimme Auswirkung des vertragslosen Zustandes; ich brauche nicht ausgezahlt zu werden.
Ich habe mich in meinem Beruf vor keiner Demütigung gescheut, wenn auch gegen sie angekämpft, solange es nur ging.
Ich habe jedes Maß von Arbeit auf mich genommen, wenn auch gegen Ausnutzung mich gewehrt. Beides, solange ich im Beruf bin. Was ist nun das Ergebnis?
Ich pflanze im Garten Blumen an, schlafe, gehe mit Hanni weit

spazieren, abends sind wir im nahen Kino – alles, um mich vor übereilten Aktionen zu schützen, während ich so schnell wie möglich wieder verdienen und den Anschluß gewinnen möchte.
Denn nun kann sich zwischen mich und meine Zeit eine dicke Schicht legen, eine böse Entfremdung wird vielleicht einsetzen. Ich werde alles, was geschieht, nicht im Abstand, sondern, fürchte ich, in der Verzerrung sehen. Emigranten-Stimmung tut nie gut; ich bin jetzt durchaus im Exil.
Manchmal staune ich darüber, wie Gott es einem verwehrt, daß man manchmal seine Fügungen dankbar in allen ihren Auswirkungen erkennen möchte, wie hart er es ablehnt, daß man sagen möchte: «Du hast es sichtbar gefügt, darum wird es halten». Jetzt bin ich soweit, vor allem Einzelnen den Mund zu halten und nur an die Fügung des Ganzen, des Lebens und des Werkes, zu glauben. Ganz gewiß glaube ich, daß Gott so groß ist, daß er es sich leisten kann, jeden Größenunterschied zu ignorieren und das Kleinste zu besorgen – aber wir erkennen es nicht, wie er die kleinste Einzelheit fügt, sondern dürfen ihn nur im Ganzen glauben. Damit war ich immer sehr vorschnell: Gott zu danken, als wüßte ich im Moment, was er mir geschenkt hat. Ich weiß gar nichts, als daß Gott sich alles vorbehält, mich aber hält. Es klingt rhetorisch und dialektisch, ist aber Erfahrung, die Wortspiele in den Schatten stellt.

12. Juni 1933 · Montag

> Wisset ihr nicht, daß ihr Gottes Tempel seid und der Geist Gottes in euch wohnt? *1. Korinther 3, 16*

Heut fand ich das Manuskript meines Funkdebuts vom 12. 6. 27. Über August Hermann Francke. Ich habe damals dieselbe Linie eingehalten wie heute, ob Marxismus um mich war oder Nationalsozialismus. Aber wohin bin ich damit gekommen? –
Mit den «Kindheitserinnerungen», das klappt jetzt nicht; Beuthen mischt sich zu schmerzlich darein.
Abschluß, Abschluß überall. Ich bin wie betäubt. Nicht Hanni zur Last fallen. Zum ersten Mal steht diese Notwendigkeit ernst-

lich vor mir, ich sehe keine Ausgleichsmöglichkeiten mehr wie sonst!
Mein Geld wird mich nur noch ein paar Wochen tragen. Aber ich muß meinen Kopf und meine Sinne klar halten, damit ich neu zu arbeiten vermag.

14. Juni 1933 · Mittwoch

Du, Herr, bist gerecht, wir aber müssen uns schämen. *Daniel 9, 7*

Im Funk überstürzen sich die Ereignisse so, daß man mich und meine Angelegenheit bald vergessen haben wird. Es wird sehr still um mich werden.
Ich fasse es noch nicht, daß alles, woran ich mich geheftet habe, zerronnen ist. Und die Ehe muß ja leiden unter der Selbstanklage, der ich mich nicht entziehen kann – je weniger Hanni einen Vorwurf macht, desto mehr.
Und immer werde ich die Furcht haben müssen, daß drei Dinge Hanni zum Selbstmord bringen: Wenn ich sterbe. Wenn sich zeigt, daß sich bei Hanni die Krebskrankheit ihrer Familie vererbt hat. Wenn ein völliger finanzieller Zusammenbruch kommt. Ich werde es immer fürchten müssen, so gern Hanni auch lebt.
Auch in guten Zeiten hat dieser Druck mich nicht verlassen. Ich, glaube ich, könnte betteln gehen, um zu leben. Alles, glaube ich, könnte ich – nur Hannis Tod stellt mir mein Leben in Frage. Und darum erschrecke ich vor Gott, der einen wohl ganz in Händen haben muß. –
In dieser Zeit, aber schon, seit ich mich mit den Sternen befaßte, erscheint mir die dialektische Theologie etwas verächtlich, die – wenn auch nicht Gott, so doch den Glauben in den radikalen Gegensätzen fassen zu können meint.
Alles, was der Mensch von Gott erfahren darf, muß eine Trübung und Verfärbung durch das Menschliche durchmachen.
Der Gott, der durch die Bibel – mit all ihren Grundsätzen – zu mir spricht, ist der Gott, der «wie ein Mann mit seinem Freunde redet».

15. Juni 1933 · Donnerstag

Wir haben erkannt und geglaubt die Liebe, die Gott zu uns hat.
1. Johannes 4, 16

Mein Buch ist erschienen; ein sonderbares Gefühl, wenn man sein erstes Buch unter solchen Umständen in Händen hält. Wieder ist es allein eine Sache, die nur Hanni und mich betrifft, und meine «Lehre» vom «einzigen Menschen», den man braucht und ohne den alles nichts gilt, gewinnt eine eigentümliche Bedeutung für mich. –

16. Juni 1933 · Freitag

Es müßte etwas Neues beginnen. Alle meine Sachen und Angelegenheiten sind geordnet, alle Korrespondenz erledigt, tiefer Schlaf – es müßte nun neu beginnen.
Alle Verbindungen, die vor meiner Funkzeit vorlagen, helfen nicht mehr.
Die politischen Verhältnisse haben nun zum zweiten Mal alles verändert, und für die Neuen trage ich das Odium der Funkentlassung.
Das Geld für den Roman traf ein. Ich bin sehr befreit, noch von meinem Gelde leben zu können. Aber keinen Selbstbetrug gegenüber der Zukunft. – Hier kann nur ein Wunder helfen. Kein Fleiß, keine Taktik, keine Beziehung, keine Begabung.
Meine Isolierung ist zu groß. Die Vorbedingungen für einen neuen Anfang sind zu ungünstig. –
Der isolierte Künstler ist keiner.
Die gewohnte Arbeit fehlt, der gewohnte berufliche Aufbau fehlt, der gewohnte Brief nach und aus Beuthen fehlt, und noch tritt nichts an die Stelle der Dinge, die den Ablauf der Woche bestimmten. Gewiß, das sorgenvolle, aber freie Leben ist dem Schriftsteller gemäß. Aber es ist jetzt ein krankes Leben: ordentlich, ruhig, gepflegt – ins Leere hinein und sehr bald vielleicht ohne solide äußere Grundlage. Gegen äußeren Verfall werden wir bis zum letzten Tage kämpfen, an dem wir es noch können, glaube ich.

17. Juni 1933 · Sonnabend

Ich schreibe nun einen Aufsatz für die «Literatur»[10] im Auftrag. Mit etwas unbehaglichem Gefühl, daß man ihn mir zurückreichen könnte, da sich doch nun meine Situation im Funk so geändert hat.
Als ich in den Funk kam, hatte ich das Gefühl der Freiheitsberaubung, lange. Jetzt dagegen habe ich das Gefühl, meine Freiheit wiedererlangt zu haben, nicht.
Ich lese mein Buch.

18. Juni 1933 · Sonntag

> Aus sechs Trübsalen wird er dich erretten, und in der siebenten wird dich kein Übel rühren. *Hiob 5, 19*

Der Gesamteindruck ist freundlich, es trägt auch meine Handschrift, aber es hat nichts Autobiographisches, und diese mir angenehme Tatsache ist ungezwungen. Einiges Burschikose dagegen ist gewaltsam, einiges Lyrische entbehrlich, einige stilistische Eigentümlichkeiten störend. –
Unsere Ehe beschäftigt mich erklärlicherweise jetzt mehr als sonst, obwohl es auch sonst nicht gerade selten der Fall ist.
Der zweite Mann einer Frau und Stiefvater zu sein, ist sicher immer etwas Schweres. Unter Umständen, wie den jetzigen, ist es eine harte Aufgabe. Daß ich nun mit dem Vorwurf, ja, dem Schicksal, in meiner Ehe verantwortungslos gehandelt zu haben, lebe.
Mir ist klarer als früher, daß in meiner Ehe das Verhältnis Mann zu Frau eine erschreckend geringe Rolle spielt. Das A und O dieser Ehe ist: der übriggebliebene Mensch.
Daß ich durch einen politischen Gewaltakt aus meiner beruflichen Entwicklung geworfen bin, ist zunächst eine Äußerlichkeit. Gott macht aber daraus einen Moment der Besinnung, der alle Tiefen aufrührt. Das, das, das sind die Resultate meines Lebens – hält man Rückschau, zählt man auf. Was bringe ich in die neue Epoche mit? Nichts – als das Bewußtsein bestimmter, immer wiederkehrender religiöser Vorgänge.

Welche Ansprüche darf ich an mein weiteres Leben stellen? Gar keine. Alles, was man tat, war falsch. Und wenn der Mensch sich betrachtet, nicht in der Psychose, sondern in der Beugung vor einem eigenen Zusammenbruch, so kann er, so kann ich nur sagen: Es ist gut, ausgelöscht zu werden.
Hoffnung ist ein Trieb. Ehrgeiz ist ein Trieb. Glücksbedürfnis ist ein Trieb. Sie werden einen weiter jagen.
Der Glaube steht immer auf einem anderen Blatt, hat immer ein anderes Vorzeichen, ist immer entgegengesetzt. Aber man wird immer dieses Doppelleben führen müssen: zu handeln und zu warten, zu hoffen und abzuschließen, in den Trieben der Hoffnung, des Ehrgeizes, des Blutes, des Ordnungswillens und im Glauben zu leben; während alles, was man als sein eigentliches Wesen empfindet, nur versinken möchte im Glauben.
Daß aber der Glaube diese furchtbare Gespaltenheit umschließt, daß man nicht mehr loskann von der Überzeugung: mein Glaube muß betrübt, entstellt sein, weil Gottes Offenbarung in mich eingeht.
Ich habe mit einer Art Leidenschaft vom Glauben geredet, geschrieben, mich an der Dialektik des *deus absconditus* und *deus revelatus*[11] berauscht – nun verschlägt es mir die Sprache. Und dennoch jenes: «... wie ein Mann mit seinem Freunde redet.»
Vielleicht kommt es noch einmal so weit, daß man alles das auch nicht mehr von sich niederschreibt und endlich Gott anheimgestellt hat, wo, wie und wann es gesagt und geschrieben sein will.
Qualvolle Dreiteilung: Bürger zu sein, Künstler zu sein, Christ zu sein – nein, Vierteilung: denn das ganz Einfache, Qualvollste kommt dazu: Kreatur zu sein.
Alles möchte man dem Christsein unterwerfen, alles darin versinken lassen; aber die anderen drei stehen für sich, hart und herrisch. Und sind doch unterhöhlt, durchbohrt vom Christsein – wozu brauchen die drei anderen Naturen noch solchen Anspruch?!
Was Hanni – die alles so treu, so selbstverständlich, so ohne

Vorwurf mit mir trägt – von den Möglichkeiten ihres Selbstmordes gesagt hat, das hat mich fast vernichtend getroffen. In meinem Leben ist ein Moment da, wo man alles wieder in Gottes Hände zurücklegt. Das sind nun die «30 Jahre», auf die ich mit eigentümlicher Spannung gewartet hatte. Alles in Gottes Hände zurück. Aber der Bürger, der Künstler, die Kreatur wollen weiter ihre Art von Leben leben. Sie löschen nicht aus in Gott. Es wäre wunderbar, wenn es dieses Auslöschen gäbe. Gott kann es geben, und von dieser Gabe her wird einem vielleicht einmal die Stunde des Todes begreiflich sein.

19. Juni 1933 · Montag

Ein Anruf von Dr. Braun: Meine anonyme Beschäftigung mit der weiteren dramaturgischen Bearbeitung meiner «Aufriß»-Reihe wird möglich sein, mit 60% meines bisherigen Einkommens könnte ich wahrscheinlich wieder rechnen, die Zusammenarbeit in dieser indirekten Form würde bald wieder beginnen. Es wäre ein großes Glück für Hanni und mich. Es ist nicht dieser völlige Zusammenbruch meiner Existenz, nicht diese eisige Ausschaltung meiner Arbeit. –

Mein jüdisches Schicksal läßt sich in keiner Weise verbrämen und verklären; es spielt zwischen Gott und mir; aber aller übersteigerte Individualismus beängstigt mich; daß Gott in Geschichte, nicht in Verzückung meinerseits mit mir redet, in der Bibel, die zu allen mit einer Sprache spricht, in der «Gemeinde der Heiligen» – das alles macht es mir nur erträglich, wenn dieser Gedanke sich in mir fester und fester bohren will: Gottes Offenbarung muß in mir durch die Art, wie ich sie erfahren, einer furchtbaren Entstellung unterliegen, und was ich von Gott aussage, muß falsch sein, und der Moment, in dem es «richtig» ist, kann keinesfalls von mir kontrolliert und erfaßt werden.

Und doch gibt es eine Freude an der Predigt?

Und doch gibt es ein Erkennen der Gläubigen untereinander?

Und doch gibt es ein Bewußtsein für die Augenblicke, in denen Gott durch Geschichte, durch andere Menschen, durch die Bibel zu einem redet?

22. Juni 1933 · Donnerstag

Wir müssen durch viel Trübsale in das Reich Gottes gehen.
Apostelgeschichte 14, 22

In all den Zusammenbrüchen dieser Tage lebt, was mich selbst angeht, in mir nur das Gefühl, daß Gott so hart an mir arbeiten muß, wenn das, was mein Leben ausmacht, nicht in Selbstbetrug untergehen soll. Selbstbetrug aber ist Feindschaft gegen Buße und Gnade.
Ich klage mich nicht larmoyant an, ich breche nicht hilflos zusammen, wenn es mich erschüttert, wie Gott in diesen Tagen an mir arbeitet und nie müde wird. So lange hat mich ein falsches Gerüst getragen, so oft, so lange Gott auch mich hielt – nun bin ich gescheitert und glaube dennoch, in Gottes Arme zu fallen, und deshalb ist mir in diesem Zusammenbruch im tiefsten Herzen wohl. Es konnte nicht so weitergehen – mit dieser Feindschaft der Lüge vor Gott. Es gibt nur das Gebet jetzt für mich: «Bleibe mit mir im Gericht.» Und einmal werde ich das alles nicht mehr schreiben dürfen, weil es voll Lüge und Eitelkeit ist. –

23. Juni 1933 · Freitag

Auch dieser Tag bringt einen Einschnitt. Ich habe bei der Deutschen Verlags-Anstalt nichts zu hoffen. Eine volle Stunde habe ich heut mit Dr. Kilpper, der auf der Rückreise von einer Verlegertagung in Brüssel hier war, verhandelt. Der Verlag ist in der Einhaltung des beschlossenen Vertrages und in der Abwicklung büromäßiger Angelegenheiten überaus korrekt. Das ist alles.
Ein neues Gedicht:

Ich weiß nicht, hat es Sinn
und lohnt es, daß ich lebe,
nur weil mein Herz noch schlägt.
Ich weiß nur, daß ich Rebe
voll schweren Weines bin.
Ich weiß nicht, soll ich sein.
Ich weiß nur, daß die Erde

mich Korn im Schoße trägt,
daß ich zum Brote werde.
Gott spricht aus Brot und Wein.

Ein solches Gedicht birgt die tiefsten Gefahren meiner Natur. Es gibt nur zwei Dinge, die mich am Leben halten: Hanni und die verkappte, geheime, verlogene Hoffnung, göttliches Werkzeug zu sein und nicht «nur» erlöster Mensch. – Dort wird mich Gott am tiefsten treffen müssen.

Die Kunst hält mich nicht am Leben.

Meine Einstellung zum Selbstmord hat sich sehr rasch geändert. Alles ist dem Menschen erlaubt, alles Gute, alles Schlechte, weil die Rechnung zwischen Gott und dem Gläubigen beglichen ist.

Wie konnte ich den Selbstmord ausnehmen? Mit welchem Recht zog ich eine Grenze? Mit welchem Recht sagte ich von dieser Schuld, sie könne nicht vergeben werden?

Heißt es: «Alle Sünde und Lästerung wird den Menschen vergeben; aber die Lästerung wider den Geist wird den Menschen nicht vergeben und die Sünde, daß er sich tötet, und die Sünde, daß er seine Frau zu sehr liebt, und die Sünde, daß er müde wird, auch nicht?»

Es heißt: «Alle Sünde und Lästerung wird den Menschen vergeben; aber die Lästerung wider den Geist wird den Menschen nicht vergeben.»

Die Sünde gegen den Heiligen Geist bleibt wohl Geheimnis; geoffenbart wird sie nur dem, der sie begehrt; der Gläubige glaubt sie als furchtbares Hauptstück des Glaubens, als Angelpunkt von Verwerfung und Erwählung. Er kann die Frage nach ihr nicht stellen.

Als ich zu schreiben begann, drehte sich mir alles nur um die Sünde gegen den Heiligen Geist. Dort suchte ich den Sinn der Geschichte, dort die Lösung des Rätsels um das Judentum. Dort allein erschauere ich. Nicht vor dem Selbstmord. Nicht vor der zu großen Liebe zu meinem letzten Menschen. Nicht vor der Schwäche, doch einmal müde zu werden. Ich bin noch nicht

müde. Aber ich glaube, daß der Selbstmord unter die Vergebung fällt wie alle andere Sünde. Und der, der ich heute bin, will ich mit Hanni sterben. Was Gott daraus macht – wie er es ausgehen läßt, ob er mich, ob er Hanni wandelt, wen er nimmt in den Tod, wen er zurückstößt ins Leben, mit welchem Gebet er etwa noch einmal alles Menschliche in einem vernichtet – es geht mich nichts an. Mit den Gebeten und den Bibelworten ist es dasselbe: Jedes einzelne ist geschichtlich und psychologisch erklärlich, erweist sich als «falsch» in jedem Buchstaben. Dem Glauben ist das Ganze eine unumstößliche Gewißheit.
Warum ich noch schreibe –
Ich schäme mich, «Memoiren» zu schreiben, diese verlogensten und eitelsten aller Machwerke. Vielleicht ist der Tag nahe, an dem ich alle diese Blätter vernichte oder in dem ich ihnen keine Zeile mehr hinzufüge. Vielleicht ist aber gerade diese Folge von Aufzeichnungen mein einziges Buch, obwohl ich es hasse, im Zwiespalt mit mir schreibe, weil ich mich danach sehne, nur in der Filterung des «unpersönlichen», unprivaten Buches zu sprechen. Zu wem? Es ist mir gleich.
Nur wenn ich an die Sünde gegen den Heiligen Geist denke, rühre – nur dann, nicht aber in Gedanken an den Selbstmord, steht das Wort vor mir, daß es furchtbar sei, in die Hände des lebendigen Gottes zu fallen.
Zwischen Hanni und mir ist nun im reinen, was noch nicht im reinen war. Auch alle Angelegenheiten, die die Kinder betreffen, sind besprochen. Wer sterben will, wird es dem anderen sagen. Ich werde es nicht sein –, glaube ich.
Es sind kalte Regentage, aber sie tun mir nicht so weh, wie heißer Sommer mir weh tun müßte. Sie sind schonender als strahlende Schönheit. Wenn ich an den Beruf denke, so habe ich ein Gefühl von Schwere. Der Gedanke an Beuthen ist ein anhaltender Schmerz. Im Gedanken an Hanni fließt alles zusammen an Schwere, Schmerz, Dankbarkeit, Glück, entsetzlicher Selbstanklage, Vorwurf, Klarheit, Unentwirrbarkeit.
In der Welt gilt nur noch dies eine: Wir sind zwei Verfolgte. Daran ist nichts übertrieben. Keinen Moment aber vergessen

wir, wie viele so neben uns leben, vor uns und mit uns vielleicht auch freiwillig sterben.
Wir werden uns nicht auf den Selbstmord zutreiben lassen, werden unser bürgerliches Leben, ich mein künstlerisches Leben wie immer führen.
Wir – Hanni und ich sind freilich, wo der Glaube beginnt, nach wie vor Getrennte, denn sie ist nur der Mensch dieser Welt – wollen keine Wunder von Gott erzwingen.
Aber wir wollen zusammen sterben. Und soweit ich Mensch bin, sage ich nun: Der Mensch, der mein Leben ist, soll auch die letzte Stunde meines Lebens bestimmen. Und dann ist nur noch Gott.
Hanni ist Mensch nur dieser Welt – und glaubt, wenn ich nicht alles an ihr verkenne, daß mein Glaube wahr ist. – Einen Gegensatz Christ und Jüdin hat es nie zwischen uns gegeben.
Der tiefe Zwiespalt zwischen uns war nur einmal da: als es um das Kind ging. Die Welt mußte nein sagen, wo das, was über der Welt ist, mich zu einem Kinde nur ja und wieder ja sagen ließ.
Wäre ich nicht in Hannis Leben gekommen: es wäre das erst finanziell behütete, dann eingeschränktere Leben einer Frau geworden, die junge Witwe wurde, und nur noch mit ihren Kindern lebte; etwas sehr Normales.
Wäre Hanni nicht in mein Leben gekommen, es wäre, was datenmäßig bestimmbar ist, eine Familienkatastrophe, krank, wirr und geängstigt, geworden.
Die Gegenüberstellung sagt genug.
Wenn wir bei den Kindern antippen, ob sie im Fall, daß Hanni und ich ins Ausland müßten, gern zu Ilse Freund nach Breslau gingen – große Begeisterung. Möge das Hanni alles erleichtern.
An Billum hänge ich sehr, obwohl er keine Verbindung mit mir sucht. Das merke ich jetzt.
An der Kunst hänge ich nicht. Weil sie ja die Menschen braucht, die einen zum Ende treiben.
Nur der Glaube.

Warum ich das schreiben mag?
In einer geheimen Hoffnung: in vielen Jahren werden Hanni und ich es einmal finden und sagen: «So weit waren wir – und leben doch.» Aber in ein paar Monaten kann alles verbrannt sein.
Denn der Entschluß setzt sich so eigentümlich fest, wie seinerzeit der Entschluß zu heiraten, dann der, nach Berlin zu gehen ... Man erkennt seine echten und falschen Entschlüsse, soweit es Ehrlichkeit überhaupt gibt.
Nur Gott kann es wenden. Aber man erzwingt ein Wunder nicht. Man kann nicht einmal darum beten.

27. Juni 1933 · Sonntag

> Nun will ich das Gefängnis Jakobs wenden und mich des ganzen Hauses Israel erbarmen. *Hesekiel 39, 25*

In dem Moment, in dem man bereit ist zu dem Trennungsstrich zwischen sich und der Welt, fällt man das völlig umfassende Urteil über sich und das Leben, und über allem, was vorher von einem gelebt und geschrieben wurde, ruht ein neues Licht. Der Rest eines Lebens scheint wie ein Leben für sich. Viele jetzt führen dieses Dasein neben uns. Denn in der Vernichtung friedlicher, bürgerlicher Existenzen wird der Weltkrieg, trotz allen Friedensschlüssen von 1919, bis jetzt und wer weiß wie lange noch fortgeführt; ein grausamer, stiller Krieg, in dem die Stillen im Lande heimlich fallen. «Aber es geht vorwärts, die Arbeitslosenziffer sinkt», sagen die Verblendeten und Verantwortungslosen, die im Zusammenbruch Macht ergattern wollen, um den Rest aller Existenzmittel allein reichlich in der Hand zu haben.
Und daneben das stille Pogrom, das alle Juden und wer sich mit ihnen verband, trifft. Viele gehen mit dem kleinen Betrag, den man über die Grenze mitnehmen darf, ins Ausland. Mein Beruf bietet uns im Ausland keine Lebensmöglichkeit.
Der stille Krieg, das stille Pogrom, machen Hannis und mein Schicksal zu einem von vielen. Als Jüdin in Deutschland, als

Deutscher in Deutschland sind wir eingekreist, haben keinen Raum mehr.
Hanni wird nun an die Ordnung aller Angelegenheiten für die Kinder gehen; ich werde mich noch um neue Einnahmen bemühen, soweit es nur sinnvoll scheint, nachdem die Stellen, zu denen ich gehöre, der Verlag und der Rundfunk, mich aufgegeben haben. –
Eine Ehe ist eine Lebensgemeinschaft, aber kein Todesbund. Das gemeinsame Sterben liegt nicht im Sinn der Ehe, vielmehr wird sie durch einen solchen Entschluß gelöst, weil man über sich, den anderen und das verbundene Leben das Todesurteil spricht. Auch wenn man von außen eingekreist wurde. Ich sehe kein Entrinnen mehr, weil Hanni ein armseliges und geängstigtes neues Leben nicht beginnen will. Ich und mein Schicksal haben Hanni, die schon einmal sehr müde war, in ein geängstetes Leben gerissen und vor die Armseligkeit gestellt.
Ich bitte nicht erbärmlich um mein Leben: aber nur um des bloßen Lebens willen würde ich die Schuld an Hanni, Armut, Scheitern im Beruf auf mich nehmen, wenn mir Hannis Müdigkeit erspart bliebe. Gerade wenn man alles beiseitegeschoben hat, findet man ja – was mir schon lange Jahre klar ist – eine neue Möglichkeit zu leben; nur da zu sein.
Was weiß ich, was noch kommt an fürchterlichem Dasein: daß mir Hanni genommen wird und Gott mich zurückbehält. Dann ist nur noch Gott.
Oder daß Hanni allein weiterlebt und man sie vor einem zweiten Selbstmordversuch bewahrt! Die Gedanken schreiten jeden der entsetzlichen Kreise ab.
Der eine «andere Mensch», die Natur, die Bibel – es lohnt zu leben, nach der großen Befreiung von aller nicht triebhaften Hoffnung!
Der Selbstmord ist das einzig Endgültige, das der Mensch tun kann. Darum streift er an Gottes Recht. Darum ist der Schauer vor dem Selbstmord so tief. –

1. Juli 1933 · Sonnabend

Der Tod ist der Sünde Sold; aber die Gabe Gottes ist das ewige Leben in Christo Jesu, unserm Herrn. *Römer 6, 23*

Die neuen Briefe aus Beuthen haben nicht mehr die Wirkung wie früher gehabt; alles, alles das muß fern von uns liegen, weil ich leben will mit Hanni und nicht zugrunde gehen an Schuld, die Gott vergeben hat. Und doch will ich mit Glückseligkeit leben, wenn Gott bei mir bleibt, mir den Menschen läßt, der, wenn die ganze Umwelt «Nein» zu mir sagt, immer noch das «Ja» des Lebens über mich aussprechen kann. So hart ich den Menschen und den Christen in mir trenne – den, der stirbt, und den, der in Gott lebt –, gibt es für mich einen Punkt, wo Ehe und Abendmahl in meinem Herzen zusammengehören, weil ich in der Ehe aus weiter Ferne ahnen kann, wie das Ich und «Das Andere» zusammengehören, und wie «Das Andere» Ja zu einem sagt. Obwohl ich niemals auch den geliebtesten Menschen verklären werde, wenn es um Gottes Sache geht.

3. Juli 1933 · Montag

Herr, deine Güte ist ewig. Das Werk deiner Hände wolltest du nicht lassen. *Psalm 138, 8*

Arbeit am «Weg durchs Feld», Spaziergänge, im Garten. Aber die Gedanken kreisen um den einen Punkt: einen natürlichen Weg, das an Wundern – trotz aller Schwere – reiche Leben weiter leben zu können, sehe ich nicht. Immer münden die Pläne und Gedanken bei dem Ende, und nun, wo ich gescheitert bin, bleibt mir nichts, als wenigstens Hannis Kinder vor einer schweren Schädigung ihrer Existenz zu bewahren.
Die übernatürlichen Wege, an die ich glaube, auf die ich aber nicht poche, kennt nur Gott, und ich darf nicht nach ihnen fragen.
Dr. Braun ist nun gekündigt, zum 1. Oktober.
Wie sehr ich das Leben liebe trotz Schmerz und trotz Schuld – darüber habe ich mich in den letzten sieben Jahren nicht eine Stunde getäuscht.

4. Juli 1933 · Dienstag

Ich rief zu dem Herrn in meiner Angst, und er antwortete mir.
Jona 2, 3

Auf einen dritten, so liebenswürdigen Brief von Krell/Ullstein war ich in der Romanabteilung Ullstein. Eine Stunde. Einwandloses, sehr reges Interesse an dem Plan eines Orchesterromans (wenn ich von ihm erzähle, kann ich mich selbst dafür erwärmen). Größte Anerkennung des «Kahns», meiner Gedichte, große Hoffnungen auf mich gesetzt. Wie immer. Neu nur, daß Krell es nicht für ausgeschlossen hält, daß Ullstein mir auf ein Jahr ein monatliches Fixum von 300 Mark zahlt. –

7. Juli 1933 · Freitag

Die Stürme, die Gewitter, Wolkenbrüche, die jähen Sprünge von Kälte zu Schwüle haben aufgehört. Ein stiller Sommertag. Ihn friedlich durcharbeiten zu können, mit den Seinen gesund zu sein, die geliebte kleine Umwelt noch zu haben, das alles wird man dankbar ergreifen müssen in einer Zeit, die Krieg und Bürgerkrieg unter nur dünner Decke birgt. Alle Parteien sind weggefegt – nun ist die Bahn frei für den Machtstreit innerhalb des Siegerlagers. Alle europäischen und amerikanischen Konferenzen, die in diesen Wochen stattfinden, scheitern. Amerika und Japan stehen in striktester Spannung einander gegenüber. Die Welt ist wirklich wie krank. Politische Spannungen waren immer, solche Arbeitslosigkeit aber noch nie. Die Zeitungen in Deutschland müssen sämtlich Hymnen über den Aufbau bringen. Von Selbstmorden erscheinen nur noch ganz vereinzelte, ungefährliche Meldungen.

10. Juli 1933 · Montag

Ein Anruf von Braun überraschte mich: Er hat einen ganzen Abend bei Kapeller von den «Sieben Tagen», Ullsteins Funk-Zeitung, verbracht und mit ihm die Möglichkeiten erörtert, daß Kapeller mich auf einen kleinen Posten zu sich holt. Welche Instanzen über Kapeller hinaus zu entscheiden haben, weiß ich

nicht. Kapeller sagte Braun, er möchte nicht auf mich zukommen, damit ich mir nicht zuviel Hoffnung mache. Ich soll mich melden. Könnte es denn wirklich noch eine Stellung für mich geben? Denn die Frage nach den Möglichkeiten, frei zu schreiben, darf ich ja gar nicht mehr stellen.
Bei Kapeller/Ullstein. Das große Hindernis, das für mich vorliegt, kann das neue Journalistengesetz werden! Wird es dem Beamtengesetz angeglichen, dann haben auch in der Presse Männer mit jüdischen Frauen keine Möglichkeiten mehr. –

12. Juli 1933 · Mittwoch

Die Blinden will ich auf dem Wege leiten, den sie nicht wissen; ich will sie führen auf den Steigen, die sie nicht kennen.

Jesaja 42, 16

Hannis Müdigkeit lastet am meisten auf mir. Wir erfahren zuviel von Schicksalen, die vor kurzem dem unseren sehr ähnelten und nun mit der Katastrophe in raschem Verfall enden. Hanni sieht immer nur dieses eine vor uns. Und ich kann auf solche Aussichten, wie Krell und Kapeller sie mir eröffnen, nicht mehr hoffen. Beim Roman, bei der Berufung zu Braun hatte ich mir meine Hoffnung eingestanden. Die 300,– Mark, die entweder Krell oder Kapeller mir zuschanzen wollen als Fixum für einen neuen Roman oder für Redaktionsarbeit an den «Sieben Tagen», erscheinen mir unerreichbar. Wer kann es denn noch wagen, mit einem vom Propagandaministerium, dem alle für mich in Frage kommenden Gebiete unterstehen, fortgeschickten Autoren zu arbeiten?! Und warum soll ich vor dem bewahrt bleiben, was Millionen schon lange traf und immer Neue trifft?
Gott reißt das Übel nicht von der Person, sondern die Person vom Übel.

14. Juli 1933 · Freitag

Zu seiner Zeit soll Juda geholfen werden und Israel sicher wohnen.

Jeremia 23, 9

Kapeller rief an, ich soll ein offizielles Bewerbungsschreiben bei Ullstein einreichen. Es beständen ein wenig mehr Aussichten als am Dienstag. Wenn wir uns doch weiter über Wasser halten könnten. –

16. Juli 1933 · Sonntag

Er weckt mich alle Morgen; er weckt mir das Ohr, daß ich höre wie ein Jünger. *Jesaja 50, 4*

Ich bin aus diesem neuen Zusammenbruch weiter ernüchtert über mich selbst, aber eigentlich gänzlich ungebrochen hervorgegangen, so vielfach gescheitert ich bin. Ich ziehe Strich um Strich durch Hoffnung, Liebe, Ehrgeiz, Pläne – aber ich habe noch immer das Bewußtsein, daß es mir über alles Verdienst gut geht.
Welche Ansprüche darf ich stellen? Ich sehe das Wenige vor mir, das ich mit meinen dreißig Jahren geleistet habe. Ich sehe das Viele vor mir, worin ich versagt habe.
Welche Vermessenheit, mich um einiger Pläne und Ideen willen als ein protestantischer Dichter zu fühlen, nur weil ich mir eine protestantische Dichtung in Verbindung mit meinem Namen wünsche. Ich danke Gott, daß er alles das in mir zerstört; wenn nur Hanni nicht darunter zu leiden brauchte.
Ich bin zu der Überzeugung gekommen, daß eine protestantische Dichtung fast unmöglich ist: sie kann von Vergebung und Gnade als ihrem Hauptinhalt nichts aussagen, weil sie, mit jedem ihrer Worte, den Anspruch auf Gnade und Vergebung braucht. Sie ist, überspitzt gesagt, ein künstlerischer Selbstmord, dauernd ausgeführt und fortgesetzt. Sie erfolgt unter der Buße, ohne von Buße reden zu können. Sie ist ein Lob Gottes, für das man Gottes Vergebung braucht. Sie steht völlig auf der Seite der Sünde, der Friedlosigkeit, der Schuld und des Übels, ist «Leiden dieser Zeit» und nichts von «Herrlichkeit, die an uns soll offenbart werden». Sie ist kein Schritt auf Gott zu, sondern Abkehr von Gott: Lüge, Eitelkeit, Voreiligkeit, Oberflächlichkeit, Schönrednerei, Dialektik. Gott freilich kann es bewirken, daß er auch aus diesem Wust von Lüge und Eitelkeit spricht; der diesen Wust schreibt, wird es nie auch nur ahnen können, wenn Gott sich zu solcher «Dichtung» bekennt.

Mit allem Anspruch, mit allem Flehen um Vergebung kann ich aber nicht anders, als das zu begehren: ein protestantischer Dichter sein zu dürfen trotz und trotz und trotz ...

Noch nie ist mir protestantische Dichtung begegnet. Wo die Dichtung von der Offenbarung der Schrift und der Geschichte, dem Handeln Gottes an den Menschen, zerschmettert wird, wo die Dichtung vor der Offenbarung kapituliert, wo die Dichtung an der Offenbarung sich reibt – dort könnte der Funke protestantischer Dichtung hervorspringen.

Manchmal geht es nur mit der verhaßten, leichtfertigen Dialektik: protestantische Dichtung protestiert gegen sich selbst. Auch als Lob Gottes steht sie völlig unter der Zöllnerbitte: «Gott sei mir armem Sünder gnädig.»

Vom Temperament, von der Schaffenslust, von der künstlerischen Erregbarkeit leidenschaftlich begehrt, muß sie vom Glauben «weggewünscht» werden.

Aber auch Predigten und Beten geschehen in der Buße vor Gott, der alle Gesetze seiner Heiligkeit selbst erfüllt: in tausend Billionen Sonnen noch nicht eines seiner Geheimnisse auch nur andeutet –

in der «Maske» eines jüdischen Kindes Menschensohn, dem Verworfensten nahe und faßbar, wurde –

Immer schreibe ich von Gott. Nie von Christus. Das ist mir Christus: Gottes erträgliche Gestalt unter den Menschen, Gottes Erfüllung der Heiligkeit seiner Gesetze unter den Menschen – Gott ist ganz in Christus. Aber Christus ist nicht der ganze Gott. In diesen Paradoxien des Glaubens lebt man hin, – und nur wenn ich Jesaja oder Luther lese, kommt eine Beruhigung in meinen Geist. Niemals kommt sie von der Dichtung her.

Am «Kahn» hänge ich, weil er ein areligiöses Buch ist, eine rein menschliche Sache. Und als Künstler sehe ich mich nur als einen Dreißigjährigen an, der ein freundliches, weithin natürliches (trotz vieler manirierter Einzelheiten) Buch geschrieben und eine funkdramaturgische Begabung erwiesen hat. Mehr läßt sich über mich in meinem Beruf nicht aussagen. Dabei spiele ich keineswegs gewaltsam den Bescheidenen. Ich habe einen großen

Abscheu bekommen vor Ansprüchen, die aus Ankündigungen, nicht aus Leistungen resultieren. –

21. Juli 1933 · Freitag

Der Herr erhält alle, die da fallen, und richtet auf alle, die niedergeschlagen sind. *Psalm 145, 14*

Zwischen Gott und mir ist etwas Neues vorgegangen, mein letzter Wall ist niedergeworfen, den ich bewußt errichtet hielt. Es heißt nicht mehr: «Alles, Gott, nur Hanni kann ich nicht verlieren.» Es heißt nun: «Laß ihr Leben zu dem Ziel kommen, das du ihr gesetzt hast. Und nun: Alles dir überweisen.» Auch wenn es kein Gebet war. –

24./25. Juli 1933 · Montag und Dienstag

Anruf von Kapeller, daß «am Dienstag die Sache gemacht werden soll» – ?
Anruf von Kapeller, daß ich erst am Mittwoch kommen soll.
Anruf vom dramaturgischen Büro der Ufa, Sternaux, morgen um elf zu einer Besprechung. Möchte bis Sonnabend Exposé. Anruf vom «Eckart», ob ich bis zum 5. 8. einen Aufsatz über Funkdichtung schreiben könnte.[12]
Anruf von der Deutschen Verlags-Anstalt, die erste Zusammenstellung der bisher über den «Kahn» erschienenen Kritiken ginge morgen bei mir ein.
Anruf von der «Berliner Volkszeitung», sie möchte bis zum Sonntag einen Abschnitt aus dem «Kahn» abdrucken. Ich möchte zu einer Besprechung meiner künftigen Mitarbeit kommen.
Das klingt alles nach Lebendigkeit, als läge aller Existenzzusammenbruch fern. Aber wie entsetzlich wenig steckt dahinter! Das Solideste davon sind immer noch die Funkbearbeitungen.
Hanni und ich sehen dieser Pseudo-Lebendigkeit nüchtern zu, «kühl bis ans Herz hinan». Ich bin zu oft belogen, ausgenützt und enttäuscht worden. An die Wunder von Gott her glaube ich allerdings mit einer anderen Herzenstemperatur. All das andere hasse ich.

Einer der übelsten Eindrücke von Berlin: die Ufa. Operettenpracht mit grünen Schleiflackmöbeln und velourbespannten Gängen, die penetrante Höflichkeit der ganz Prominenten gegenüber dem «neuentdeckten jungen Autor». Die Ufa erklärt: Wendung hin zur «Landschaft, Volkhaftigkeit, sittlichen Sauberkeit». Die Ufa will von mir: ein mondänes, aber prüdes Manuskript für eine Tonfilmoperette, die auch für das Geschäft in Frankreich in Frage kommt und für die französische Version keine Schwierigkeiten bereitet; die Schlagertexte möglichst auch von mir. Nach meinem «Kahn» müßte ich doch ein «sehr heiteres Temperament sein, aus dem man etwas herausholen kann ...»

An sich hat es mich beeindruckt, daß in Berlin zwei so mächtige Institute sind wie Ullstein und die Ufa, bei denen ich, seit ich hier wohne, noch nicht einen Pfennig verdient habe ...

Aber arbeiten, verdienen, mich behaupten können, ohne meine – bescheiden gezogene – Linie verlassen zu müssen! Dieses Berlin hasse ich.

Ein anderes liebe ich: die Arbeiterstadt; die beleuchtete, bis in den letzten Winkel erhellte Stadt; die von allen Arten der Verkehrsmittel imponierender Präzision und Bequemlichkeit erschlossene Stadt; das alte Berlin, das es noch neben dem bekannten Alt-Berlin gibt: den alten Villenteil am Wannsee, die steigenden Parkstraßen, die uralten, riesigen Gärten, die verfallenen barocken Parktore und Laternen, die verfallenen Bildwerke in verwilderten Gärten, überwuchert und umwachsen, die Landhäuser alter höfischer Zeit, dem Frankreich der Tuilerien und des Palais Royal ebenbürtig; die Stille, die Nachmittagssonne, die vollen Blumen, das reifende Obst, die Segel auf dem See. –

26. Juli 1933 · Mittwoch

> Denn der Herr hat deine Strafe weggenommen und deine Feinde abgewendet. *Zephanja 3, 15*

Bei Ullstein kommt es nun wohl so, wie es im Funk zuging: der Vertrag wird in nahe Sicht gestellt (15. 8.), die allerletzte Entscheidung des vorbereiteten, aber zur Zeit noch recht vorsichtigen Generaldirektors steht noch aus, morgen soll ich meine Arbeit bereits aufnehmen, aber ich kann es nun nur täglich für fünf Stunden, weil ich durch die anderen Aufträge gebunden bin. Fürs erste sind Hanni und ich wieder sehr glücklich, daß es wieder weitergeht mit mir, daß man mich wieder einschaltet. – Sicherheiten kann es heut nicht geben. Ich darf auch nicht nach ihnen fragen.

27. Juli 1933 · Donnerstag

Der Antritt bei Ullstein. Dem Empfang beim Chef der Redaktion nach muß K. sehr für mich geworben haben. Das Damokles-Schwert des Journalistengesetzes bleibt. Vom Verlag Ullstein aus steht nichts mehr im Wege. Aber seltsam ist, daß ich, der ich bei dem Mangel an Rundfunkleuten Programme machen mußte, nur Programme redigiere. Ich lehne mich nicht auf.
Dummerweise bin ich krank. Bei Ullstein ergab sich gleich voller Dienst. Die aufgeschobene Ufa-Angelegenheit bedrückt mich sehr. Sonnabend soll ich das Exposé abliefern.
Was mir auch droht, was mich auch drückt – der Eindruck des Wunders ist wieder stark in mir. Dennoch reagiere ich auf alles Neue mit heftiger Depression.

29. Juli 1933 · Sonnabend

Gott weiß, warum er mir diesen seltsamen Unterschlupf gibt; vielleicht, daß er mir auch ein Einfallstor aufgetan hat. Ich kann nach alledem nicht fragen, muß die Zähne zusammenbeißen und sehr dankbar sein. Gott wird es wissen, warum er soviel Gnade und soviel Strafe auf mich legt. Was Gott aus meinem Talent macht, ist wohl wichtiger als das, was ich daraus machen möchte; und meine Schwermut über das Schicksal eines Dichters in dieser Zeit darf nicht aus dem Nahrung ziehen, was zu meinem Schutze geschieht. Auch darf ich mich nicht in den Funk zurückwünschen, der in Hinsicht der «Aufmachung» für meine Person ein Dorado war gegen Ullstein. Ich muß daran denken, daß der Funk ein reines Instrument der NSDAP geworden ist und daß es keine kleine Sache ist, daß mich ein anderer großer Betrieb nach meinem Ausscheiden aus dem Funk nicht vor die Hunde gehen läßt. Aber sie könnten mehr von mir haben ... Dort sitzt der Stachel. Und ich muß mich zurückhalten, muß möglichst anonym bleiben. Die schriftliche Bestätigung meiner Abmachungen mit Ullstein ist da.

3. August 1933 · Donnerstag

Ihr sollt mir ein priesterlich Königreich und ein heiliges Volk sein.
2. Mose 19, 6

Wenn ich am Spätnachmittag aus dem Verlag komme, bin ich noch durchaus fähig zur Ausführung meiner anderen Aufträge. Zur Aufbesserung des Einkommens brauche ich sie. Zur Zeit liegen sie ungünstig aufeinander, aber ich komme hindurch. Eigenes, wirklich Schriftstellerisches könnte ich jetzt nicht schreiben. Was muß sich nicht erst alles in mir setzen! Was für ein neuer, starker Eindruck wird nötig sein, um einen Einschnitt zu schaffen.
Und was werden die neuen Gesetze für Schriftsteller und Journalisten bringen? Soviel steht inzwischen fest, daß kein jüdischer Schriftsteller in Deutschland ein Buch veröffentlichen darf. – Werde ich das alles auch ganz auskosten müssen? Und warum sollte ich es leichter haben?
Manchmal denke ich: Alles, was ich in die Hand genommen habe, ist unglücklich ausgegangen.
Manchmal denke ich: Immer, wenn mir in einem Winkel meines Lebens Gefahr drohte, hat mich Gott behutsam an eine geschützte Stelle getragen. –

7. August 1933 · Montag

Ernsthafte künstlerische Pläne habe ich zur Zeit nicht zurückzustellen. Es ist nichts da, was von mir geschrieben sein wollte. Die Ereignisse dieser Revolutionsmonate und ihre Auswirkung in meinem Leben läßt keine Sammlung aufkommen. Vielleicht muß ich mit einer ganz bestimmten Gattung von Schriftstellern aus der Literatur verschwinden. Denn ich habe keinen Wehr-

geist, kein Gemeinschaftserlebnis, keinen Beugungswillen gegenüber politischen Heilslehren, keine Ausschließlichkeitsansprüche, keinen Optimismus.
Daß die Deutschen so werden mußten, wie sie nun als Staat sind, verstehe ich: in der Mitte Europas – die Grenzen offen! Es ist eine bewegende Parallele zu der dauernden Defensivstellung der Juden. Aber nun wird das Problem der offenen Grenzen in ein Nichts zusammensinken – die Entwicklung der Luftschiffahrt muß eine neue Ära mit schwereren Problemen bringen.
Ich kann nur Menschen nachempfinden, große politische Ereignisse gehen wie ein Riesentreck über mich weg. Ich kann nur mit ihren Quellen im einzelnen Menschen zu tun haben. Wer will gedeutet haben, was ich vielleicht, vielleicht deuten könnte? Wer will erzählt haben, was ich zu erzählen wünschte?
Meine Menschen, meine «Milieux», meine Theologie – wie soll das alles kräftige, bezwingende Erzählung werden? Ich bin in dieser Zeit wie ein Schlinggewächs, das an einem Baume hängt, dessen Wurzel aber abgeschnitten ist – es hängt da, als lebte es, weil es am Ast verschlungen und verknotet ist. Und dabei fühle ich mich in der deutschen Geistesgeschichte und Natur so verwurzelt. Bleibt immer offen die Frage nach der Stärke des Talentes. Ich bin meiner Sache gar nicht sicher, ob nicht alle Klagen und Reflexionen ungerechtfertigtes Lamentieren sind. Um sich beklagen zu können, muß man einige Ansprüche stellen dürfen, die ich für mich noch in keiner Weise gerechtfertigt finde. Es gibt verdammt wenig brauchbares Geschriebenes von mir. In die Pose des zurückgewiesenen Dichters begebe ich mich nicht. Kein Anspruch wäre gerechtfertigt. Der «Kahn» ist ein sehr bescheidenes Buch, die Aufsätze und Gedichte und Novellen nur zu einem Minimum anständige Arbeiten. Den Funk allerdings kapiere ich ganz gut. Dort dürfte ich vielleicht einen Platz beanspruchen, weil ich die Anfänger-Dilettantismen überwunden habe und den ganzen journalistischen Zauber im Funk durch Ernsthafteres zu ersetzen wüßte. –

10. August 1933 · Donnerstag

Er wird sein Königreich zurichten und stärken mit Gericht und Gerechtigkeit von nun an bis in Ewigkeit. *Jesaja 9, 6*

Ob nun noch einmal ein so friedliches Leben für mich kommt, daß ich wieder schreiben, daß sich wieder ein Buch anbahnen kann?
Was das Dichten betrifft, so möchte ich annehmen, daß der Herbst meine Zeit ist. Die «nördlichere Zeit», die Stimmung der Heimkehr ins ruhige Haus, die der Herbst hat, die wachsende Weite draußen, die tiefe, bewegte, schöne Unruhe der Welt vor dem endenden Jahr. Im Herbst ein neues Buch. – Aber auch wenn es nicht dieser Herbst sein sollte. Weiter leben. –

12. August 1933 · Sonnabend

Ich will meinem Volk einen Ort setzen und will es pflanzen, daß es daselbst wohne und nicht mehr in der Irre gehe, und es die Kinder der Bosheit nicht mehr drängen wie vormals.

2. Samuel 7, 10

Mit der rechtzeitigen Ablieferung des Eckart-Aufsatzes ist wirklich eine Cäsur in meiner Arbeit da; wenn ich jetzt alle Wochentage gründlich ausnütze, kann ich mir endlich den ersehnten Feierabend und den freien Sonntag erkämpfen; im ganz freien Beruf ist kein Sonntag, weil einen immer der Gedanke treibt: jeder Tag, den du nicht arbeitest, ist später ein Tag ohne Geld; ein häßlicher und unfrommer Gedanke. Die nächsten Aufträge liegen nach Terminen fest: noch ist die Oderserie aus der «freien Zeit» darunter; das ist bezeichnend für diesen Zustand: immer gehetzt von dem Gedanken, arbeiten zu müssen; oft viel zu mürbe und müde, um arbeiten zu können, weil alles ein haltloses, bodenloses Gebilde scheint. Wenn ich «im Nebenberuf» schreibe, bin ich ein sehr rascher Arbeiter. Man schlägt auch den Wert der Stunde höher an. Gelingt die Sonntags-Freiheit, so wäre es ein großes Ding; etwas, das das ganze Wesen angeht! Und mir scheint es, als könnte der freie und beschützte Sonntag der erste Schritt zu einem neuen Buche sein. Wie eine Befreiung war auch, daß ich die ganze schief angelegte «Chance», die die Ufa mir bot, nicht genützt habe; die Ufa-Affäre ging mir viel näher, als ich glaubte. Welcher Wunsch ging in Erfüllung, als die Ufa mit ihrer Riesenstellung im Filmwesen endlich so ernstlich mit mir arbeiten wollte! Nun ist es für mich um die Ufa wieder ganz still geworden. –

Die Verurteilung zu dem Anonym und Pseudonym nehme ich nicht tragischer, als sie ist. Wer kennt, nun meine ich es optimistisch, die Dauer eines Übergangszustandes? Wenn es mich nur zu einem neuen Buch unter meinem Namen trägt. Zu einem anderen Pseudonym als meinen beiden anderen Vornamen[13] hätte ich mich nur sehr schwer entschließen können. Das ist keine Spielerei. Der Respekt vor den Geheimnissen der Namen liegt mir zu schwer im Blute. Gott, der mir den Taufspruch[14] vom Namen gab, wird es wissen, warum er das mit meinem Namen beginnt, worunter ich jetzt zu leiden habe. Und daß der Zwang zu Bescheidenheit jetzt so in den Mittelpunkt rückt, ist notwendig. Die Fantasie kann immer erst wieder aufleben, wenn ein großer Stein abgewälzt ist. Meine Eitelkeit, mein Ehrgeiz, meine «altmodische», unzeitgemäße Ruhmsucht sind doch ein schwerer Stein.

Das Leben zerfällt mir in seltsam klar von einander abgegrenzte Epochen, von denen jede sich um die Erfassung eines Begriffes zu schließen scheint; so stark, daß nur diese eine Idee alles beherrscht. Ich lebe jetzt im Sturz in die Bescheidenheit, im Ekel vor aller noch so verbrämter Anmaßung. So wirr es klingt: Ich lebe in einem Sturz, aber ich stürze gern. Immer wieder lebt in mir der Glaube auf, als wartete Gottes guter Grund auf mich. Der Sturz, in den Gott einen stößt, tut nicht weh, ja, man sehnt sich danach, daß er ganz geschehe.

15. August 1933 · Dienstag

Ich habe es verkündigt und habe auch geholfen. *Jesaja 43, 12*

Ein geplantes Buch nicht zu schreiben, ist ... nicht annähernd so schlimm, wie ein nicht spruchreifes Buch schreiben zu müssen.

Also will ich mit dem Spatzen in der Hand freundlich umgehen. Daß man auf den «Kahn» hin mein literarisches Entrée für absolviert hält – das wundert mich, und ich kann nicht anders, als es voreilig zu nennen und vor allem es aus ganzem Herzen als voreilig zu empfinden. Ein Buch bereitet sich ja doch wohl weniger im Talent vor als im Wesen. Und auf die menschlichen Vorgänge, die in einem geschehen müssen, ehe die Bahn frei ist für ein neues Buch, kann man nicht rechnen. Das Talent ist viel eher bereit als der «Charakter». Und gewaltsame «Veredelungsprozesse» gibt es nicht. Das Schreiben in der Buße vor Gott und im Frieden mit Gott hat seine besonderen Geheimnisse. Der Glaube rüttelt immerzu an den Wurzeln und Wipfeln der Kunst in einem; nicht der Zweifel am Talent; der religiöse Glaube ist ein Widersacher des Talentes. Wenn ein Buch und das ganze Werk Gott anheimgestellt wird, wird man verdammt geduldig und zurückhaltend. Und vielleicht drückt man sich so ein wenig ums Schreiben herum! Denn es ist unter Umständen gar nicht so verlockend, «im Widerspruch» zu schreiben. Ich muß «frivol» sagen: ich lebe nur in der Spannung, was Gott mit mir in meinem Widereinander von Kunst und Glauben beginnt; ob noch ein Buch wird; was für ein Buch wird. Man kann nicht in dem Bewußtsein von Gnade und Vergebung leben und ein Buch von sich selbst für so wünschenswert halten! Vielleicht gibt es Momente, in denen man seine liebsten Pläne wie lästigen Ballast über Bord wirft! Christen müssen Pläne hassen, auch wenn sie Künstler sind. –

21. August 1933 · Montag

> Gleichwie Gewächs aus der Erde wächst und Same im Garten aufgeht, also wird Gerechtigkeit und Lob vor allen Heiden aufgehen aus dem Herrn. *Jesaja 61, 11*

Man lebt zwischen Idyllen und Katastrophen; und nur auflebende, existenzsichernde Arbeiten können einem zu einiger «Ausgeglichenheit» verhelfen. Das Herz ist sehr rasch bereit, zufrieden und dankbar zu sein. Aber der Aufruhr, den man durchzumachen hat, zittert im kleinsten Nerv nach. Und es scheint mir auf absehbare Zeit ganz ausgeschlossen, etwas zu schreiben, was zur Kunst gehörte.

Als ich in den Funk geholt wurde, habe ich darin die zu sichtbare Fügung gesehen. Es bleibt für mich eine Fügung, nur daß Gott nicht durchschauen läßt, wie er einen führt.

Die Besprechungen über Hannis und der Kinder Taufe gehen hin und her, und obwohl das nicht unsere Art ist, können wir uns zu keinem Entschluß aufraffen. Man wird politisch zu solchen Schritten erpreßt: Juden, die Dissidenten sind, gelten als «des aktiven Marxismus und Kommunismus verdächtig». Dann ist man mit einem Bein im Konzentrationslager. –

Den Juden ist das Benutzen der Badeanstalt Wannsee verboten worden. In Nürnberg erstreckt sich das Verbot sogar auf alle städtischen Badeanstalten. Wie würde es die Kinder treffen, wenn man ihnen ihr geliebtes Schwimmbad hier draußen nehmen würde, in dem sie bei jedem Wetter jede freie Stunde stecken und an dem sie so hängen, daß sie nicht verreisen wollten, auch wenn wir hätten verreisen können. – Man ist nahe am Ghetto. –

Es ist so schwer, wenn man sein eigenes Volk hassen muß, an dem man in seiner unbefangenen, natürlichen Entwicklung immer mehr hängt. Ich habe mich immer mehr als Deutscher fühlen gelernt und muß diese Schande erleben. –

Und so seltsam: die Kritik der neuen Zeit nimmt mich als zeitgemäßen Dichter auf. Ich stehe vor einem Rätsel. Hier begrüßt man mich und dort schmeißt man mich hinaus – in ein und derselben Richtung?!

23. August 1933 · Mittwoch

> Sei getrost und sei ein Mann und warte des Dienstes des Herrn, deines Gottes, daß du wandelst in seinen Wegen und haltest seine Sitten, Gebote und Rechte. *1. Könige 2, 2. 3*

Offizielle Erklärung: «Mischehen mit Fremdrassigen müssen als das gekennzeichnet werden, was sie sind, nämlich der Grund für geistige und seelische Entartung wie für die Entfremdung dem eigenen Volke gegenüber.»

Alles nur gemacht, um Stellen frei zu bekommen. – Die Kinder haben heute die Abstammungs-Erklärung abgeben müssen. Wenn sie doch auf der Schule blieben. Es ging so glatt. –

26./27. August 1933 · Sonnabend–Sonntag

Seit heute glaube ich an ein neues Buch; das ist ein religiöser Vorgang, kein künstlerischer. Denn von diesem neuen Buch habe ich nicht die ungefährste Vorstellung.

1. September 1933 · Freitag

> Petrus hob an zu sinken, schrie und sprach: Herr, hilf mir! Jesus aber reckte alsbald die Hand aus, ergriff ihn und sprach zu ihm: O du Kleingläubiger, warum zweifeltest du? *Matthäus 14, 30. 31*

Mit dem September beginnt «meine Zeit», ich glaube, das sind meine Monate, so mitgerissen ich von jeder Jahreszeit bin. Darin bin ich pathetisch geblieben wie als junger Mensch: die Zigeunerzeit des Herzens ist da, die Zeit zugleich der häuslichen Einkehr. Man sitzt gern am Schreibtisch, indes «die Seele draußen schweift» – und bleibt mit alledem ein unrettbarer Romantiker.

2. September 1933 · Sonnabend

Glocken, Glocken, Glocken. Ich habe noch nie so viele und schöne Glocken gehört wie bei uns in Südende. Das half, rasch heimisch zu werden. Je mehr ich mich geistig als ein Emigrant im Vaterlande fühlen muß, desto heftiger und inständiger wünsche ich dieses Heimischwerden.
Wieder liegen viele Kritiken vor, die mich als Volkstums- und Landschaftsdichter begrüßen; die neuen konventionellen Redensarten, daneben nur Inhaltsangaben. Ausgezeichnet dagegen geschrieben eine Kritik im Düsseldorfer «Mittag».
Nach Raabe wird nun auch Eichendorff zum Vergleich mit mir herangezogen; ich weiß aber zu beiden keine Beziehungen, weil ich sie schlecht kenne. Das Allerseltsamste an den Kritiken über mich ist, daß man durchgehend meinen Humor hervorhebt; ich

habe eine gewisse Art Witz, mehr nicht; ja, eigentlich nur das Wahrnehmungsvermögen für das Witzige.
Nichts brauche ich mehr als ein neues Buch, um aus dieser anhaltenden Niedergeschlagenheit herauszukommen. Aber nichts läßt den Weg beschleunigen, der zu einem Buche führt; und keine Station, die auf diesem Wege liegt, darf man auslassen. Die Stationen lassen sich recht paradox bezeichnen: der eine nennt sie «stiller werden»; der andere «sich durchkämpfen»; der eine nennt sie «warten», der andere «sich konzentrieren». Ich stehe auf der Seite der passiven Bezeichnungen. Was war, kann man nicht herunterschlucken. Man muß es sich setzen lassen; und wie soll ich wissen, ob tote Schlacke oder fruchtbarer Boden daraus wird?! Denen, die Gott lieben, müssen alle Dinge zum besten geraten. Es steht ganz bei Gott. Es ist nicht leicht, ein Erzähler zu sein, wenn es einem fortwährend die Sprache verschlägt.

3. September 1933 · Sonntag

Manchmal denke ich, in den Sonntagen liegt die ganze Entscheidung, ob noch einmal alles gut wird.
Gott erobert sich Bezirk um Bezirk; jetzt geht es um die ganze Grundlage, um die ganze Möglichkeit meines Schreibens; jede Stunde spürt man es wie eine Krankheit; das Wort Protestantismus ist tiefer als ich ahnte; die ganze Feindschaft zwischen Gott und Mensch steckt darin. Fast möchte ich sagen: Entweder kann ich nun richtig schreiben oder gar nicht mehr. Durch alle Pläne werden von Gott kreuz und quer dicke Striche gezogen, schmerzhafte Schnitte; ich wage den Mund nicht mehr aufzutun. In der Buße schreiben, das ist es wohl. Nicht von der Buße. Und ebenso wenig aus Inspiration. Man schreibt als Sünder auch in der Kunst, und es steht nur bei Gott, wie weit er sich mit seiner Vergebung zu einem selbst und zu dem Geschriebenen bekennt. Ich kann keine Pläne mehr fassen. Das ist meine «Krankheit»; mehr als Beuthen. Mehr als mein Emigrantentum. Mehr als meine Überanstrengung. Mehr als die Kinderlosigkeit.

4. September 1933 · Montag

Sei stille dem Herrn und warte auf ihn. *Psalm 37, 7*

Wäre Gott nicht – ich könnte im Leben nichts Lohnenderes erblicken, als in diesem Irrtum zu leben, er wäre. Dieser Irrtum wäre größer als alle Wahrheiten und Wirklichkeiten. Alle Leiden, die aus ihm folgern, ändern nichts daran. –

6. September 1933 · Mittwoch

Mich hat deines Dienstes nicht gelüstet im Speisopfer, habe auch nicht Lust an deiner Arbeit im Weihrauch. *Jesaja 43, 23*

Die neuen Kirchengesetze sind heut heraus. Der Arierparagraph in schärfster Form, auch auf mit Nicht-Ariern schon geschlossene Ehen ausgedehnt. Nun fehlt nur noch das Gesetz für Schriftsteller und Journalisten. Da es hier um die Bildung der öffentlichen Meinung geht, bleibt eigentlich nichts zu hoffen. Nur zu glauben, daß Gott einen auch durch noch Schlimmeres hindurchführen kann, wenn er es will.

7. September 1933 · Donnerstag

Kurt Meschke[15] war kurz zu Besuch. Er kann sich der jüdischen Frau wegen als Studentenpfarrer in Danzig nicht halten und sucht nun noch schnell in einem kleinen pommerschen Pfarramt unterzukommen.
Für mich ist es immer eine Beruhigung, mit Menschen meiner «Richtung» zusammenzusein. Dann sehe ich, daß das, was ich z. B. über die protestantische Dichtung denke, kein Wahnsinn ist, in den ich mich abseitig verrannt habe. Und daß es keine Phantasterei ist, wenn ich nicht aus der Kirche austreten mag, die trotz aller politischen Blasphemie die eine erste Kirche für mich ist, der «Kreis des Herrn».
Hanni will sich durchaus scheiden lassen, um mich für meine «Karriere» freizubekommen. Ich tue an ihr ein Unrecht, daß ich nicht einwillige und dadurch besser für unsere Existenz sorge. Aber es ist keine falsche Moral, die mich hält. Ich kann diesen Entschluß nicht fassen. In diesem «jüdischen Schicksal», in das

Gott einen einbezieht, ist etwas, wogegen ich nicht ankann. Der ganze Wahnsinn unserer Zustände spricht daraus, daß ich ein Unrecht begehe, wenn ich mich nicht von Hanni scheiden lasse, weil ich so besser für sie sorgen könnte. Zu allem Schweren eines freien Berufes nun noch das.

8. September 1933 · Freitag

Meine Gedanken sind wenig bei der Arbeit. Die Scheidungssache bewegt mich in Hannis Interesse sehr; denn ich will für mich keine Karriere, die mit solchen Mitteln erkauft wäre. Gewiß, ich will nie und nimmer moralisch handeln. Aber hier käme es mir vor, als verriete man die Anrede Gottes. Gewiß, aus dem Verräter Simon machte Gott den Petrus. Meine Scheu vor Entschlüssen hält mich zurück, vor Entschlüssen, die an die Fügung rühren wollen. Daß Gott trotzdem wirken würde, was er will, weiß ich.
Sooft ich die Bibel lese, ist es das gleiche: die gleichen Worte sind an das jüdische Volk gerichtet. Die gleichen Worte bezeichnen Amt und Passion Christi. Die gleichen Worte reden mich in meiner innersten Geschichte an, die gleichen Worte weiß ich an alle Gläubigen gerichtet. Ich weiß nichts Lebenswerteres als den Wahnsinn des Glaubens.
Aber was «verlange» ich von Hanni. Was Christus von den Juden «verlangte»? Was Luther schrieb: «Gott reißt das Übel nicht von der Person, sondern die Person vom Übel!»

9./10. September 1933 · Sonnabend und Sonntag

> Nun, Gott Israels, laß deine Worte wahr werden, die du deinem Knechte geredet hast. *1. Könige 8, 26*

Eines Tages verlangt der Glaube das Äußerste von einem, und man muß Gott ein solches Wort hinhalten: «Nun, Gott Israels, laß deine Worte wahr werden –.» Das ist für den Glauben das Schwerste. –
Am Sonnabend wieder in Potsdam. In der Nachmittagssonne im Stadtschloß; die Uhren gingen; auf Leuchtern steckten Kerzen. Endlich, endlich einmal nicht der kalte, tote Prunk; und außer

uns nur ein Mensch bei der Führung. – Der Weg aus der Stadt durch den Neuen Garten, am Marmorpalais, am Heiligen See vorbei; wieder Entdeckungen über Entdeckungen: der Garten vor der Orangerie; das alte Bürgerhaus am Heiligen See; der Weg am Jungfernsee; die erleuchteten Dampfer, Kähne, Boote, Landhäuser; auf der Heimfahrt die langen, langen Autoreihen auf der Chaussee im Walde. Dieses Verhältnis zu Berlin zu gewinnen in der Auswertung unserer Sonnabende und Sonntage, war für die Zukunft hier wahrscheinlich wichtiger als eine Reise; den Gedanken an die Zukunft habe ich ohne «Hybris».
Am Sonntag Rheinsberg: ein Septembertag, wie man ihn sich in seiner Vollkommenheit zu schreiben scheuen würde. Mittagbrot auf einer sonnigen Terrasse am See; Kaffee unter den riesigen Bäumen am Marktplatz; Leben über Leben in der kleinen Stadt, ohne daß es einen störte. Viele Abenteuer mit Kindern. Daraus, wie Hanni zu Kindern ist, sehe ich genug –. Das Schloß innen leer und kahl und verwahrlost; Rheinsberg fehlt sein Herz. Trotz der alten Kavaliershäuser unter Kastanien, trotz der Fischerstraßen, trotz des wilden Parks, trotz des Blickes vom Markt auf den See werden wir kaum wieder hinfahren.
Eine Sache für sich: im Potsdamer Stadtschloß die von Friedrich Wilhelm I. gemalten Bilder; man stellt sich neu auf ihn ein; soviel mehr wert als das Konventionelle um ihn; so viel von Billum. – Ich möchte einmal ein altes Bürgerhaus sehen oder schreiben. Die pietätlosen Rokokoschlösser mag ich nicht.

13. September 1933 · Mittwoch

> Ich will, spricht der Herr, eine feurige Mauer umher sein und will mich herrlich darin erzeigen. *Sacharja 2, 9*

Nun ist das neue Buch da. Die alten Pläne waren weggefegt; neue Exposés, an die ich nicht glaubte, wie der Orchesterroman, weggeschickt. Und dann, mitten beim Abendbrot, durchfährt es einen auf einmal am ganzen Körper: Das ist das neue Buch! Der Vater. Die Geschichte Friedrich Wilhelms I.
Daher also Potsdam und immer wieder Potsdam. Daher die eigentümliche Wirkung der Bilder Friedrich Wilhelms – der Ge-

danke an Billum im Hofleben des frühen 18. Jahrhunderts; die Entdeckung eines «Märkischen Rokoko», als das Kind mir auf der Fahrt nach Rheinsberg gegenübersaß, verstruppt, bäurisch, mit dem Hochmut einer Infantin. Daher richtete ich mir in Gedanken immer wieder Schlösser ein und verwarf sie und landete bei einem alten, würdigen Bürgerhaus. Daher das Kreisen meiner Gedanken um das Haften an Familie und Heimat. Das Werben um die Mark als Heimat. Daher das Spielen nur mit einem Buchtitel: «Der Vater.» (Ich dachte, es wäre Beuthen.) Bis heute habe ich nicht gewußt, daß es auf ein bestimmtes Buch zugeht und schon so weit ist.

Süskind von der «Literatur» und Rombach[16] von der «Europastunde» waren zum Tee. Sie schimpften auf Berlin, wir verteidigten es. Ich auch mit Potsdam, mit den neu zu entdeckenden Bildern des Königs. Süskind: «Das wäre ein neues Buch für Sie.» Ich hörte es kaum, so fern stand er mir und so wenig hatte mich dieser Plan berührt. Und eine Stunde später weiß man es: Das ist das neue Buch. Der Vater. Der Bürgerkönig. Das märkische Rokoko. Der rauhe Billum mit dem erlesenen Geschmack und dem Vermögen, Menschen zu gestalten. Der König: der Greis in der Verflüchtigung ins Nicht-mehr-sein, das Königliche Kind, sein Kind, der Märker im Rokoko –. Ach, das sind alles ästhetische Redensarten. Es braucht eben ein Buch, um zu sagen, was in diesen Bildern ist. Was einen so rührt.

Heut weist die Losung auf das 48. Kapitel, 1–11 im Jesaja hin. Wie muß das auf mich wirken, jetzt, wo ich an das Buch – also Gottes Verheißung, mich in der Arbeit zu erhalten – glaubte, aber nichts von dem Buche wußte.

«Ich habe es zuvor verkündigt, dies Zukünftige; aus meinem Munde ist's gekommen, und ich habe es lassen sagen; ich tue es auch plötzlich, daß es kommt.» «Ich habe dir von nun an Neues sagen lassen und Verborgenes, das du nicht wußtest.» «Siehe, ich will dich läutern, aber nicht wie Silber, sondern ich will dich auserwählt machen im Ofen des Elends.»

Verheißt Gott auch neues Elend? Denn was ich bisher erlebte, es war zu viel Grund zu Dank darin. –

14. September 1933 · Donnerstag

Regiert euch aber der Geist, so seid ihr nicht unter dem Gesetz.

Galater 5, 18

Ich habe die Vorarbeiten zum «Vater» aufgenommen; ich brauche dieses Buch nicht einen Tag mehr aufzuschieben. Zwischen Plänen und der inneren Ankündigung einer neuen Arbeit ist ein zu untrüglicher Unterschied. Ich bin sehr glücklich, auch wenn einen die noch ausstehenden Gesetze fürchten lassen müssen, daß ich auf Jahr und Tag in Deutschland kein Buch herausbringen kann. Hanni, die die Tatsache, daß es nun an den zweiten Roman geht, mit Freude und Hilfsbereitschaft und Liebe zu Potsdam aufnimmt, ist wohl von der Möglichkeit dieser Gesetze bedrückt. Mir ist recht festlich zumute, und ich mag an alles, was jenseits vom neuen Schreiben liegt, nicht anders denken als in Geduld. –

25. September 1933 · Montag

Den ganzen Tag pausenlos gearbeitet, auch alle toten Punkte im Dienst für den neuen Oder-Aufsatz ausgenützt. – Hanni hat sich heute Fahrkarte und Visum für eine Reise nach Meran besorgt. Meine eigene Reisesehnsucht hat ein mir bisher unbekanntes Maß erreicht, obwohl Potsdam-Rheinsberg nun doch schon die Zäsur vor einem neuen Buch geworden sind!

3. Oktober 1933 · Dienstag

Reisen ohne Hanni ist sehr schwer. In der gewohnten Umgebung geht es mit dem Alleinsein. Aber draußen gar nicht. Meine vereinsamte Zeit muß mir wohl noch in allen Gliedern, Nerven und Sinnen liegen. Was die gewohnte Umgebung betrifft: sooft ich nach kurzer Abwesenheit heimkehre, kann ich es gar nicht fassen, nach allem Zerfall und Herunterkommen, das ich mitgemacht habe und durchgemacht habe, daß das mein Haus ist: dieses Arbeitszimmer, dieses Schlafzimmer, die mich, begegneten sie mir auf einem der Schlösser, in hellste Begeisterung setzen würden. Aber das ist es eben: ich liebe die Schloßräume nicht, und das Patrizierhaus, das ich zu sehen wünsche, ist nicht erreichbar.

Aber ich selbst habe etwas davon, sehr viel davon.

Aus alledem wird meine politische Welt: aus der Liebe zum Bürgertum, aus der Liebe zur Ordnung «als ob», aus dem Bedürfnis nach Zuflucht. Preußen ist mehr, als die geschworenen Preußenfreunde es ahnen können. – Ich habe einmal den Moment genau gespürt, in dem ich ein Schlesier wurde. Jetzt werde ich ein Preuße. –

Wie nüchtern ließe sich mein neuer Roman ansehen: geschickte Flucht vor heikler Aktualität, raffinierte Parallelen zu den heutigen Programmen der Staatsführung gesucht, militaristischer König jetzt sehr dankbare Figur, eine gut angelegte und, abgesehen von ein paar oberflächlichen Studien, mühelose Sache. Und was ist einem ein solcher Plan in Wirklichkeit!

Man könnte sagen: wie geschickt der Dreh, einen Berliner-Märkischen Heimatroman bei so günstiger Konjunktur dafür zu machen. Aber was ist in meinem Herzen das Suchen nach einer neuen Heimat!

4. Oktober 1933 · Mittwoch

Der neue Verlag[17] hat sein Angebot schriftlich bestätigt.

Und nun wollte es ein günstiger Umstand, daß Dr. Kilpper in Berlin und vor seiner Abreise sofort für mich zu sprechen war. Eine kühle, geschäftsmäßige Verhandlung. Aber für mich doch recht befriedigend. Denn ich weiß, was dagegen spricht, mit einem neuen Verlag zu experimentieren und herumzuspringen. In erster Linie: ich bin juristisch gebunden. Ein Angebot, das besser als das der Deva ist, kann erst erfolgen, wenn das Buch vorliegt; so lautet der Vertrag. Kilpper will sich schon aber auf ein Teil-Manuskript hin entscheiden. Das Thema interessiert ihn mindestens so wie der Orchesterroman, und er ist zu dem völlig gleichen Entgegenkommen entschlossen wie Ullstein.

Ich bleibe also kühl und unbewegt bei der Deutschen Verlags-Anstalt und versuche es, mit ihr auf einen erträglichen Verkehrsmodus zu kommen. Vom «Kahn» sollen gegen 1000 Stück ver-

kauft sein, und ich werde wohl noch, sagt Kilpper, ein paar hundert Mark bekommen. Aber ich will ein wachsames Auge darauf haben, welche Linie der neue Verlag sich gibt. Ich entscheide ja nichts endgültig und warte ab. Und es kann ja sogar passieren, daß Kilpper den «Vater» nicht mag. – Daß mein Buch von vornherein auf solches Interesse stößt, ist mir im Grunde wichtiger als ein Vorschuß. Nicht kaltgestellt sein. Nicht auf Gleichgültigkeit stoßen. Es soll nicht ganz ohne Interesse sein, ob ich schreibe oder nicht, was ich schreibe und was nicht. Einer Selbstüberhebung, einer Anmaßung bin ich nicht mehr fähig, seit es mir so klar im Bewußtsein steht, daß man nicht als apartes Talent, sondern als, einfach als der Sünder schreibt: Je mehr man sich als aparte Begabung fühlt, desto mehr wird die Kunst in einem zusammensacken. Das Sündenbewußtsein auch in seiner künstlerischen Arbeit gibt man sich aber nicht selbst.
Die Tatsache, daß ich meinen Ullsteinvertrag nun doch trotz freundlicher Beruhigung nicht in Händen habe und gestern das Schriftleiter-, wenn auch nicht das erwartete Journalistengesetz herausgekommen ist – dieser Umstand läßt bei mir keinen Zweifel aufkommen, daß meine Lage wieder einmal denkbar unsicher ist. Aber es berührt mich gar nicht einmal so sehr. Es war schon zuviel, und ich glaube, Hanni hält jetzt durch. Wenn sie mich nur noch Bücher schreiben ließen und mir nicht die Aufnahme in den Reichsverband der Schriftsteller verwehrten, die Vorbedingung dafür ist, daß ein Buch erscheinen darf. –

6. Oktober 1933 · Freitag

Die Quellen für den «Vater» durchzuarbeiten begonnen. Und so kaputt. Nein, ich werde mich nicht leicht damit abfinden, das Leben aus der Perspektive des schwachen Menschen sehen zu müssen. Daß mich alles so erschöpft. Swinemünde, die neuen Eindrücke und Arbeiten und Verhandlungen, das war trotz meiner Zähigkeit alles viel zu viel. Ich glaube, die täglichen neuen antisemitischen Verfügungen tragen ein gut Teil der Schuld an meiner Müdigkeit. Gut, daß Hanni nicht hier ist. – Ich kann es mir doch gar nicht vorstellen, daß mein Leben äußerlich darüber

zugrundegehen soll, daß ich dieses geliebte, gute Wesen geheiratet habe, das mich aus der furchtbaren Angst und Verwirrung mit unendlicher Liebe befreit hat!
Wenn Menschen das Leben einer deutschen Familie führen, dann sind wir es. Wenn Menschen ohne Heimat und ohne Klarheit und Würde ihrer Umwelt kaum auskommen können, sind wir es. Und diese Mischehe soll nun Volksverrat, Entartung, Zersetzung sein. Beziehungen zu Juden und Jüdinnen sollen in Zukunft sogar mit Konzentrationslager bestraft werden. – Noch sind die Kinder völlig unbefangen und haben in der Schule nicht zu leiden. Das Schwerste für Juden dieser Bildungsschicht ist, daß sie derart in Deutschland aufgegangen sind – nur deutsche Landschaft, Sprache, Musik, Literatur, nur deutsche Feste lieben und in der eigenen Herkunft nicht den mindesten Rückhalt und Ersatz haben. Bei Hanni allein freilich ist da in den letzten drei Jahren eine Wandlung eingetreten. Nur, daß sie an der Liebe zu Deutschland, an der Einstellung zu Heimat und Familie und erhaltener Ordnung nichts ändern konnte. Wann wird diese Verängstigung und Entwürdigung ein Ende haben? Es ist kaum auszuhalten, ein mystisches Schicksal im Jahre 1933 in Mittel-Europa zu erleben. Vor allem und allen sich scheuen, sich, die Seinen, seine Arbeit geheim halten zu müssen! Und immer wieder erweist es sich doch, daß sachlich ein Bedarf an mir da ist. Wie würde sonst ein im Funk Gestürzter noch laufend weiterbeschäftigt werden, wie würde man sonst einem noch ungeschriebenen Roman derartiges Interesse entgegenbringen? Und was steht denn nicht alles in meinen Kritiken! Wer ist denn da ein junger deutscher Dichter? Welches Vokabularium hat man denn noch aufzubieten? Ich spreche hier nicht von meiner eigenen, wesentlich bescheideneren Meinung. Ich denke an das, was man gar so freigiebig über mich schreibt. –

12. Oktober 1933 · Donnerstag

Der Plan zu einer Novelle ist mir sehr konkret gekommen, obwohl ich mir auf diesem Gebiete nichts zutraue. Die Quellen der neuen Geschichte sind mir klar. Das Kind in dem Altersheim, in dem Tante Haacke lebt, und von dem Hanni mir erzählte. Und das alte Berliner Theater gegenüber von meinem Ullstein-Büro, das geschlossen war, als Büro und Wohnung vermietet wurde und bewohnt war, und das nun vor der Wieder-Eröffnung steht. «So leben sie noch heute» soll die Novelle heißen.

Bezüglich meines «Patrizier»-Haushalts geht mir manches durch den Kopf. «Der Vater» kommt ebenso sehr aus meiner Liebe zum bürgerlichen Hause, wie er mich beeinflußt: ganz im geheimen stellt einem ein solches neues Buch Kulissen auf. Friedrich Wilhelms Schönheitssinn scheint mir ebenso unumstritten wie seine Sauberkeit. – Wie hätte ich gedacht, daß meine Familien-Tragödie, fraglos ist sie das, jemals in einem preußischen Königsbuch münden würde. Nein, autobiographische Romane werde ich nicht schreiben. Im anderen Menschen findet alles den besseren, beruhigteren Ausdruck.

Mein Haushalt ist nicht der freudige Aufbau eines jungen Mannes. Er ist die mühsam erkämpfte Insel zweier ständig in ihrer gesamten Existenz bedrohten Menschen. Er ist nicht der Ausfluß einer sicher besessenen Bürgerlichkeit, sondern ständiges Wunschbild zweier wahrscheinlich gänzlich unbürgerlicher Naturen. Er ist das «Als ob», in dem das Leben des Tages mir erträglich wird. Er ist die unausgesetzt behauptete Klarheit, Ordnung, Schönheit, erfüllt «von Fleiß und Gerechtigkeit» zweier Menschen, die mit der Welt nicht auskommen können und in immer tiefere Isolierung geraten. Meine Bürgerlichkeit und mein Haushalt sind zugleich «Als ob» des Menschen, dem alle ethischen Begriffe von Gott her ausgelöst wurden; «Als ob» auch der Überzeugung von der nie zähmbaren, alles durchgreifenden Macht menschlicher Lasterhaftigkeit, dessen was ich den «Abgrund im Menschen» nenne – «nennen» ist sehr wenig für das, was bezeichnet werden soll. Der Abgrund im Menschen war eine meiner elementarsten Erfahrungen.

So, entscheidend eingeschränkt, mag mein Bürger-Traum gelten. Durch die entscheidendsten menschlichen Erfahrungen und religiösen Vorgänge wurde meiner Bürgerlichkeit die Basis der Selbstsicherheit, des Optimismus, der klaren Maximen genommen: alles das, was den echten Bürger auszeichnet. Was dort Realität ist, ist bei mir nur Symbol. Symbol bestimmt mehr als etwa krankhafter Wunschtraum. Nach außen wird sich ein Bürgerhaus wie das meine nicht vom echten unterscheiden. Hanni war vielleicht eine echte Bürgerin, bis unter dem Eindruck der ganzen neuen Ereignisse um das Judentum ihre Rechnung nicht mehr aufging. Das echte Bürgerhaus lebt von der Hoffnung auf die Welt. Über meinem Leben steht aber: «Gott reißt das Übel nicht von der Person, sondern die Person vom Übel.»

Mit als das größte Glück, das mir das Leben gegeben hat, werde ich aber mein Haus betrachten. Hanni, die Kunst, meine nächste Umwelt, das ist für mich das Gesicht des Glücks. Denn selbst, wo die Kunst Unglück und Schuld ausdrückt, bleibt sie als Prozeß ein Glück. Und aus alledem, was ich schreibe, springt ja doch nur die eine Frage, den «Vater» betreffend: Wie kann ein Christ ein Landesvater sein? Herrschen, Verantwortung tragen, Aufbauen im Sündenbewußtsein.

Der in selbstgeschaffenen Ordnungen und Leistungen geschlagene Mensch –

der in selbstverschuldeter Wirrnis und Unfähigkeit erhobene Mensch –

das ist wohl, was um den «Vater» herum in mir rumort. Wie groß meine Scheu vor solchen Dingen ist, geht daraus hervor, daß ich noch nicht eine Minute daran gedacht habe, einen Luther oder Jesaja zu schreiben.

Friedrich Wilhelm I. Weiter reicht mein Fassungsvermögen nicht. –

Der «Kahn» war wirklich eine fröhliche Kahnfahrt.

Und jetzt ist's eine stürmische Seereise.

14./15. Oktober 1933 · Sonnabend und Sonntag

Wie ganz unerwartet ein mildes, sonniges Herbstwetter. In Küstrin. Auf der Suche nach dem «Vater». Und ich fand es lohnend: Fischer- und Soldatenstadt; Rheinsberg und Glatz; aber eben Oderfeste. Diese Realitäten soll man kennen; da darf man nicht erfinden. – Wie kommt Küstrin zu Beuthens Stadtwappen: Halber Adler und Fisch? –

Abgesehen von Oder und «Vater» – die kleine D-Zugfahrt hat mir außerordentlich gefallen. Fahre zu gern. Dieser Zusammenfall an Änderung, Bewegung und völliger Abgeschlossenheit! Und ein solcher Wagen wie Paris–Kaunas–Riga im Zuge genügt mir. Aber wegfahren mußte ich: die politischen Ereignisse hatten mich völlig verstört. Der Austritt aus dem Völkerbund. Der Aufruf an das Volk zur Einmütigkeitserklärung mit der Regierung: er klang wie Krieg. Und: nur das nicht. Ich will darüber nicht mehr schreiben. Aber es sah gestern schlimm in einem aus, und man vermauert sich in «Idyllen»: im neuen Buch, im Sonntag. Denn es muß ja alles weitergehen: arbeiten, verdienen, Erworbenes halten, einen Schwebezustand überbrücken.

18. Oktober 1933 · Mittwoch

Als junger Mensch ging man oft in großem Gefühlsrausch schlafen, und am Morgen war Aufruhr und Begeisterung ausgelöscht. Jetzt setzt das Herz und die Phantasie und die dauernd bauende künstlerische Energie am Morgen genau in dem Punkte ein, an dem der Vorabend eine Zäsur setzte. Also wird das am Abend eben kein vager Rausch mehr sein, sondern der natürliche Hervorbruch der durch die Tagesarbeit zurückgedämmten Kräfte.

Daß man eine Lebenskraft überhaupt hat, das müßte einen darüber hinwegtrösten, daß man nicht die doppelte Schulterbreite, etwas mehr Haare, eine andere Muskulatur und einen halben Kopf mehr Größe hat – und als müdes und gehetztes Wesen von wenig imponierender Statur durch die Welt gehen muß. Aber diese eine Lebenskraft, die ich habe, ist die wohl sehr groß, da sie einen zu so heftigen Lebensäußerungen treibt, wie Bücher sie bedeuten. Ein Buch ist ja ein einziger Ruf: Das lebt! Ich lebe! Gott lebt! – Dieses «Das» ist dauernd wechselndes Bild von der Welt, immer neues Gesicht ein und derselben Welt. Heute ein Fluß. Morgen eine Stadt. Übermorgen ein «König». Tags darauf Voltaire. Oder ein Orchester. Ein Zirkus. Ein Mo-

denhaus. Ein Altersheim. Ein Theater – und was an «Plänen» durch den Kopf schwirrt und im Herzen schlägt.
Ich Feind des Autobiographischen in der literarischen Produktion weiß natürlich im geheimen recht genau, daß man im Stoff ja doch das Ich darstellt; im Stoff und Ich zusammen aber die Anrede Gottes, die man erfuhr. Und so sind Bücher in religiöser Hinsicht nicht Inspiration, sondern Geschichte. – Die Überwältigung durch die in der eigenen Geschichte vorgehende Anrede Gottes, diese nach Ausdruck verlangende Anrede: das ist mir die «Literatur». Und indem die «Anrede» nach Ausdruck verlangt, wird aus der privaten Entrissenheit die Einordnung in die Gemeinde: dauerndes Hören und Reden von Gott unter den Menschen. Nicht Mystik. Nicht Inspiration. Nicht Kloster. Sondern irdisches Leben erlöster Sünder. Darum sind Bücher keine Hymnen. –

20. Oktober 1933 · Freitag

Die gesamte Literatur für «Der Vater» steht fest. Kein Buch darüber hinaus wird gelesen. –

8. November 1933 · Mittwoch

Bei Ullstein gab es nun doch keinen anderen Weg, mich zu halten, als die «feste Anstellung als Redaktionssekretär bei monatlicher Kündigung». Im Gehalt läßt man es mich freilich nicht entgelten. Aber einen Aufruhr hat es doch noch einmal in mir gegeben. Aber einmal wird auch das eine Enklave meines Lebens sein: entweder als eine Insel der Geborgenheit, wenn es schlimmer wird mit Deutschland, oder als ein Zustand des Abwartens, wenn es besser wird. Man sollte einem Künstler nicht die Schrecken seines Berufes lassen, den einzigen Ausgleich und Antrieb aber, den freien Wettbewerb, nehmen. Mein Ehrgeiz steht ja schon gar nicht mehr zur Debatte; jetzt geht es ja schon um den primitivsten Stolz. –
Immer kälter werde ich darauf verwiesen, nur noch nach dem Heute, Hanni und den Büchern zu fragen. Wenn sie mich, ist der «Vater» fertig, nur in den Schriftstellerverband aufnähmen!

Das alles ist keine Frage mehr der Energie, der Aktivität – nur noch der Geduld. Das Bedürfnis, sich – außer mit Büchern – ganz zu verkriechen, wird immer stärker. So abgelehnt zu sein – und einen Kampf überhaupt nicht führen zu dürfen. – Aber mein «Exil» und meine Degradierung sind wohl angesichts der politischen Vorgänge weit ehrenvoller, als es eine Karriere wäre. Das ist kein Selbstbetrug. – Ich stehe zwar noch sehr mitten in dem, was täglich um einen geschieht, aber diesen Abstand habe ich. Natürlich sehne ich mich nun doppelt nach dem neuen Buch. Nur dort und mit Hanni spielt sich mein Leben ab. Alles andere zählt nicht.

15. November 1933 · Mittwoch

Habe ich nur eine kurze Stunde Ruhe, so ist es tatsächlich, als wäre überhaupt nur die Kunst auf der Welt. Ich kann bis heut nichts anderes sagen als das, was ich als Primaner für ein großes Zitat hielt: Alles Dichten ist nur ein Erkennen. –

17. November 1933 · Freitag

Ich rede mich nicht in den «Vater» hinein, aber es ist mit mir nun einmal so: Was ich nicht in Bildern sehe, ist nichts. Ich habe zwei Arten von Bildern: nicht zu große, fast quadratische, sehr klare, sehr bunte, kräftige, wie ich sie von gar keinem Maler kenne. Nach ihnen weiß ich aber genau, wie Bilder von mir aussehen würden, wenn ich ein Maler wäre. Das Kräftige der Kontur und die Lebhaftigkeit der Farbe stört die Delikatesse der Anordnung nicht. Der Mensch nimmt immer den weitaus größten Teil des Bildes ein. Über diese Bilder kann ich sehr objektiv reden, weil sie ganz selbständig bestehen und in nichts von mir gemacht werden können. Auch empfinde ich sie ganz und gar nicht als eine Art Halluzination, sondern im Gegenteil als die freundlichste und behaglichste Seite meines Produzierens. Sie sind fertig, der Roman muß erst auf sie zulaufen und sie erringen. Schreibe ich auf solche Bilder zu, bin ich zugleich sehr auf Musik gestimmt.
Die zweite Art von Bildern, in denen ich denke, sind viel leichter

zu bestimmen, obwohl sie «aparter» scheinen (die anderen in ihrer Primitivität und farblichen Delikatesse zugleich sind es aber viel eher). Es handelt sich um eine Art langgezogener, rechteckiger, sehr verblichener, alter französischer Farbstiche, deren Farben Personen, Gegenstände man nur bei näherem Zusehen erkennt. Rötliche und goldene Töne sind unter dichtem Graubraun darin. Musik spielt im Zusammenhang mit ihnen gar keine Rolle. Das Milieu, die Situation hat in ihnen genau so viel zu bedeuten wie die Person, die in der Gattung der anderen Bilder so durchaus dominiert. Ein Wechsel zwischen diesen und jenen Bildern findet nicht statt.
Die bunten, klaren Bilder mit den großen Figuren liebe ich, die anderen, die ich für genau so echt halte, liebe ich nicht. Beide Arten von Bildern verraten mir aber gleich stark, ob an einem Einfall und Plan etwas ist oder nicht. Schreibe ich ohne Bilder, so ist es Mache oder milder gesagt «Energie».
Man schämt sich, so etwas zu schreiben. Aber mein Tagebuch ist ja der Filter meines Subjektivismus'. Und sollte jemals ein Mensch ein Interesse daran gewinnen, wie ich produziere, so kann er meine Art zu schreiben ohne diese Expektoration gar nicht verstehen.
Die bunten Bilder sind eine sehr konturale Angelegenheit, denn die einzelnen Gesichtszüge sehe ich nicht, wohl aber einen plötzlichen, heftigen Ausdruck. –

27. November 1933 · Montag

Die Kirchenspaltungen nach der mit politischen Mitteln gewaltsam herbeigeführten neuen Reformation, die Luther feiert und das Alte Testament und Paulus auslöschen oder modifizieren will, werden immer heftiger. Das ist ein gutes Zeichen; es beruhigt. Noch ist das Wichtigste nicht durch Hektik und Fanatismus verloren. Wenn auch nirgends bei den neuen Kirchenführern der Gedanke auftaucht, daß Reformationen von Gott gegen Wissen und Willen der Menschen gemacht werden. Und daß der Reformator den Bruch mit dem Bestehenden scheut, nicht aber ihn sucht; denn er muß sich für unberufen halten. Berufen zum Glauben: ja. Berufen zu großer Leistung: niemals. Außer in

Momenten, – das könnte ich mir vorstellen – von denen niemals ein Mensch erfährt. Aber aus dem schweren Zwiespalt zwischen tiefster Buße und höchster Sehnsucht nach Gottesdienst wird er ebensowenig herausfinden wie aus dem Dilemma zwischen Glaube und Ethik, das ich an Luther künstlerisch und religiös nicht bewältigen kann, auch an Jesaja nicht, und das mir nur im «Vater» zugänglich ist. Das allein ist auch das große, wirkliche Dilemma meines Lebens. Wenn ich nun Preußen schreibe, so suche ich ganz gewiß meine neue Heimat; aber ich finde dabei das «Als ob» aller Ethik, in dem sich dennoch vielleicht die göttlichen Ordnungen verraten. –

7. Dezember 1933 · Donnerstag

> Ich gedenke an die Taten des Herrn; ja, ich gedenke an deine vorigen Wunder. *Psalm 77, 12*

Eben erzählt mir ein Bote, daß mein Bruder seit neuestem hier im Hause Ullstein als Zeichner wäre, anscheinend an der Zeitschrift «Die Dame» – Warum regt mich diese Sache so auf? Vielleicht war einmal etwas Ähnliches unser Traum, wenn Erhard und ich uns als Jungen ganze Ferien hindurch in einem Zimmer verbarrikadierten, um unsere Zeitschrift «Von Kunst und Halbkunst» «pünktlich» und umfangreich herauszubringen. Er den ganzen Bildteil, ich den ganzen Text – vielleicht war das unser Wunsch: zusammen im größten Verlag angestellt zu sein.
Viele Dinge gehen in Erfüllung, aber wenn sie da sind, sieht alles ganz anders aus.
Noch einmal ist es eine furchtbare Attacke auf meinen Ehrgeiz: In das Haus, in dem ich mich nicht verstecken muß, in dem ich mich aber zur Rettung meiner Existenz nur halten kann, wenn ich auf jedes Hervortreten verzichte und an keinen Aufstieg denke – in den gleichen Verlag, in dem ich subaltern und geistlos arbeite, kommt nun Erhard, als künstlerischer Mitarbeiter an renommierter Stelle, mit allen Möglichkeiten der Karriere.
Mein Verzicht, meine Demut kommen nicht aus mir; sie werden

mir aufgezwungen. Die Folge ist noch heftigere Abkehr von «draußen», noch heftigere Flucht zu Hanni, ins Haus, in das Roman-Schreiben, in die Religion. Und das ist nichts Gesundes.
Ach, um die Roman-Veröffentlichung kann es nun bald viele neue Aufregung geben, ehe noch das erste Kapitel vorliegt. Ich muß viel an Andersen[18] denken: ewig die Sehnsucht nach einem Rang und das geheime Mißtrauen gegen den Wert und die Geltungskraft seiner Bücher. Keine Sicherung des Bürgertums – und den einzigen Ausgleich des freien künstlerischen Berufes verloren: den Kampf um den Aufstieg. Mit 30 Jahren auf der Flucht. Ich erlebe kein individuelles Schicksal; zunächst tut es einem nur einmal ganz persönlich weh, was mit einem geschieht.
Aber ich darf mich ja nicht aufreiben, auf meiner Ruhe und Frische zum Romanschreiben lastet genug.
Ich habe die Abende, ich habe den Sonntag. Ich habe keine Geldsorgen, und wenn ich nicht klage, wird Hanni unter alledem nicht gar so leiden.
Wieder kann ich nur sagen: Ich will mit meiner Theologie nicht Ernst machen; Gott macht Ernst mit ihr. –

12. Dezember 1933 · Dienstag

Er dachte an uns, da wir unterdrückt waren. *Psalm 136, 23*

Das Aufnahmegesuch an die Reichs-Schrifttumskammer kann herausgehen. Ich habe zwei Bürgen. Einen Redakteur (und SA-Mann, früher Funkmitarbeiter von mir) als politischen und Dr. Kilpper, der mir über Erwarten liebenswürdig schrieb, als künstlerischen.

21. Dezember 1933 · Donnerstag

Ich will meinen Bund nicht entheiligen, und nicht ändern, was aus meinem Munde gegangen ist. *Psalm 89, 35*

Ganz plötzlich kam der Umschwung der großen Kälte. Dann kam der Wind, wenige Stunden nur ein wärmerer Wind, und einen Abend, einen Morgen fiel der Schnee über unserem lieben

Wäldchen – der Schnee, der den Herzen und den Feldern so fehlte. Der Christbaum draußen auf dem Balkon, vor den Fenstern des Bibliothekszimmers, war verschneit – dann taute es in Stamm und Ästen, er wurde dunkler, breiter, als man ihn gekannt, als sollte man noch einmal seine ganz sommerliche Schönheit sehen. Düstere, regnerische Tage, wie der Winter der Bibel beschrieben ist. Welcher Schriftsteller möchte nicht ein Buch vom Wetter schreiben?
Abends, wenn ich heimkomme, gehe ich gleich wieder an die Arbeit, um ja alles zum Abschluß zu bringen; und es gelingt. Dann sitzt Hanni bei mir, packt die wenigen Weihnachtspäckchen, die wir Menschenfeinde noch zu verschicken haben, rüstet das Weihnachten der Kinder, bestellt den festlichen Vorrat der Feiertage, rechnet ab. –
Ich kann sagen, daß ich seit meinem 15., 16. Lebensjahr Weihnachten erst wieder besitze, seit mir fest eingeprägt ist, daß das Weihnachtsidyll niemals eine Rechnung sein darf, die aufgehen muß. Denn der Mensch und die um ihn bleiben, was sie sind, und der Himmel bewahre einen vor dem süßlichen Hineinsteigern in schöne Empfindungen. Der Mensch lebt gleichzeitig in vielen sehr verschiedenen Schichten, und erst wenn man das begriffen hat, findet man durch die Wirrnis; solche Erkenntnis wird immer vom Sündenbewußtsein herkommen und von dorther zu den Fundamenten werden, auf denen das eigene Leben gegründet ist. –
Was den «Vater» betrifft, so denke ich wieder einmal in vielen Bildern und «Kapitel-Schlüssen» und finde immer mehr die Verantwortung der einzelnen Taten und Begebenheiten seines Lebens in sehr bestimmten Bibelworten. –
Bereits heute bekam ich den Weihnachtsbrief aus Beuthen. Wenn dann ein Ereignis, das mich bedrückt, da ist, sehe ich immer wieder, daß ich die Dinge im voraus durchmachte, und bin im eigentlichen Moment selbst ruhig. Sein Mitleid verliert man nicht; die Umstände zwingen einen nur, es nicht mehr zu äußern. Wenn sie doch spürten, daß auf dem Wege über Hanni alles gut werden kann!

24. Dezember 1933 · Sonntag

Das Reich Gottes kommt nicht mit äußerlichen Gebärden ... sehet, das Reich Gottes ist inwendig in euch. *Lukas 17, 20. 21*

Es ist ein köstlich Ding einem Mann, daß er das Joch in seiner Jugend trage. *Klagelieder 3, 27*

Man macht sich leicht den Vorwurf, sich in die pittoresken Dinge des Weihnachtsfestes zu verlieben. Aber es steht doch mehr dahinter, wenn man die lieben Züge jeder Stunde festhalten möchte: nämlich das Erstaunen, daß nach allen Leiden und Zerstörungen eines Jahres soviel Freude, Wärme, Behagen, Glanz wiederkehrt. Die Sphäre der Sitte und des Glaubens stehen nicht gegeneinander; das Fest des Glaubens duldet auch das andere; die tiefere, schwerere, festere Schicht des Glaubens trägt auch die zartere, leichtere. Die Sitte ohne den Glauben ist ja doch eine Kerze, die nicht angezündet ist. Das Fest der Sitte appelliert an die Vergebung. Das des Glaubens besitzt sie; das drückt alle Nähe und Unterscheidung der beiden Feste aus. Ich kann nicht sagen, daß ich Weihnachten religiöser gestimmt wäre als sonst. Aber daß die Bibelworte, von denen ich das ganze Jahr über lebe, mich plötzlich von überall her umgeben: das führt die beiden Feste zusammen, so daß ich keinen Versuch der Überbrükkung zu machen brauche.

Ich schreibe immer wieder das Lob meines Hauses. Aber erst allmählich wußte ich, daß es sich auf die Ordnung und auf die Verkündigung gründet, daß es zwei offene Tore hat: das zur Kirche, das zum Staat. Es klingt trivial. Aber als langsam wachsende Erfahrung ist es eine große Sache. Das dritte Element, das ein Haus begründet, fehlt: die Fruchtbarkeit, in der man Sohn und Vater ist.

Dank Hannis Eingehen auf meine Wünsche war schon am Morgen des Heiligen Abends keine Unrast im Hause, nur freudige Vorbereitung in Stuben und Küche. Die Glocken läuteten morgens und mittags, nahmen zu von allen Türmen um die Dämmerung vor der Christnacht, geleiteten einen heim von der Kirche, setzten um Mitternacht und nach der ersten Nachtstunde von neuem ein, weckten und brachten zur Ruhe. Am Vormittag war Bachs Weihnachtskantate. Da rüstete ich Hannis Weihnachtstisch, und Reni saß bei mir in der Bibliothek am runden Tisch am Fenster über der Fülle der bunten Seidenpapiere und Goldpapiere, den grünen, roten, blauen, gelben Seidenbändern, Gold- und Silberstreifen. Alle Plätze für die Geschenke baute ich auf: Hanni, den Kindern, dem Mädchen. Darüber wurde es dämmerig. Hanni kam von den letzten Besorgungen heim. – Dann war die Stunde der Christnacht da. Überall in den Fenstern sahen Reni und ich schon die leuchtenden Christbäume, am schönsten in den Gartenzimmern der Nachbarvillen, aber auch die große Tanne im Freien zählt zum Festlichen. In die Christnacht gehe ich um der Lieder und der Biblischen Geschichten und Sprüche willen.

An die Heimkehr von meinem Kirchgang schließen wir immer unmittelbar die Einbescherung an. Aber während der Christnacht waren, zu meiner besonderen Freude und obwohl wir Eremiten das nicht erwarten dürfen, zu unseren frischen Tulpen und Primeln und Alpenveilchen noch herrliche Rosen und weißer Flieder eingetroffen. Den Baum zünde ich an, mein Gabentisch für Hanni steht weiß überdeckt, und über meinem Schreibtisch, auf dem Hanni mir beschert, liegt auch ein weißes Tuch; aber diesmal war auch unter dem Weihnachtsbaum ein solches weißes, kleines Gebirge, und als zur Bescherung selbst Hanni das Tuch wegnahm, war ich diesmal der am meisten Überraschte und am reichsten Beschenkte: im Nu hatte Hanni an die stärksten Zweige der Tanne zwei barocke Krippenengel, edelste Holzfiguren in herrlicher Malerei gehängt, und unter dem Tuch waren drei Hirten: große, klare Plastiken in zerschlissenen und verblichenen Gewändern; das Gesicht, die Hände und Füße, die Gesten, die Stellungen noch schöner, noch tiefer als unsere Apostelfiguren. Viel reicher hat Hanni mich beschenkt, als ich sie mit dem Renaissancetisch, dem sehr seltenen Zinnteller, dem auf Holz gemalten Barockbild.

Um Weihnachten erweist sich, ob man vergrämt, verbittert,

hoffnungslos ist, oder ob das Leben und Gott, der es uns gab, einen ganz besitzen. –

28. Dezember 1933 · Donnerstag

Die Arbeitstage zwischen den Festen sind keineswegs ohne Reiz; die dunklen Stuben früh sind voller Tannenduft, nachmittags erwartet einen der Teetisch bei dem Weihnachtsbaum, die Kinder sind mit ihren Weihnachtssachen beschäftigt oder auf der Eisbahn, Hanni liest. Noch immer sieht man auf dem Heimweg Christbäume brennen. Und heut kam zu uns Eremiten sogar vom Spätnachmittag an bis in die späteren Abendstunden Besuch. Bekannte von Hanni, meine Tante Lene, die in erster Ehe mit einem Juden verheiratet war, und ihr Mann.
Bei den Gesprächen stellt sich etwas Interessantes heraus: daß alle Juden oder mit Juden Verbundenen von ganz bestimmten Gesprächen mit Hitler und Göring träumen. Noch nie habe ich mich vor den neuen Leiden und Wirren, die ein neues Jahr wohl unabwendbar bringen muß, so gefürchtet wie vor dieser Jahreswende. Die Behutsamkeit, mit der man das Idyll dieser lieben Tage genießt, sagt genug, was unter den friedlichen Stunden an Unruhe und Kummer verborgen liegt. Die Dankbarkeit ist nicht weniger echt als die Schwermut.
Die Weihnachtszeit, von Fantasien, Träumereien, Ahnungen und Symbolen überquellend, scheint mir allmählich in religiöser Hinsicht die nüchternste Tat Gottes an den Menschen zu sein: ganz genau wird uns gewiesen, was wir an Gottes Offenbarungen, die nur im Verborgenen geschehen, fassen können und welche Vorstellung von Gott für uns tragbar ist. Durch alle Ahnungen, Spekulationen und Theorien zieht Gott einen Strich. Ein Weihnachtsaufsatz von Karl Barth bestätigte mir im Gegensatz zu den Predigten in der Kirche meine Gedanken. Gott hat uns ein Zeichen gegeben. Das einzige Bild, das er duldet. Alle anderen Bilder, die wir uns von Gott machen, tragen tiefen Unfrieden in sich.

31. Dezember 1933 · Sonntag (Silvester)

Es bedarf keiner dichterischen Umschreibung: das Jahr verlöscht ganz allmählich. Der Tag wird nicht hell, er geht von Stunde zu Stunde in die völlige Dunkelheit über.
Es ist sehr feierlich, wenn Tage wie der Heilige Abend und Silvester auf einen Sonntag fallen. Dann hat der ganze Tag schon seine Stille. Ich habe ihn über den Memoiren der Markgräfin von Bayreuth verbracht, also mit der für mich schönsten Beschäftigung, der Arbeit am «Vater». Reni begleitet mich in die Jahres-Schluß-Andacht. Wieder ging ich in der Predigt völlig leer aus; spüren die Pastoren nicht, wie ihre Predigt vor den verlesenen Bibelworten als eitel und leer zusammensackt? Aber unter den Bibelworten war wieder mein Spruch: «Fürchte dich nicht. Denn ich habe dich erlöst. Ich habe dich bei deinem Namen gerufen. Du bist mein.» –
Was meine – zum ersten Mal in mir aufgetauchte – Furcht vor neuen Leiden betrifft, so hatte mich das Bibelwort in der Kirche sehr ruhig gemacht. Was will ich denn? Was ist denn das Eigentliche? Was das wirklich Reale? Wie Gott sich einem im neuen Jahre von neuem zeigen wird – danach allein kann ich fragen. Selten aber habe ich so stark wie an diesem Jahresende gespürt, daß gegenüber dem abgelaufenen Jahre nichts als Dankbarkeit in mir ist. Aber als die schlimmen Stunden herangekommen waren, sah es in mir so anders aus. Und wie wird vielleicht einmal die Dankbarkeit und Einsicht am Ende des Lebens sein; denn dann setzt einem Gott für einen ganz allein den feierlichen Abschluß.
Da ich nun einen Nebenberuf haben muß, habe ich in diesem Jahre oft bedauert, daß ich nicht Pastor geworden bin; denn das wird ja doch meine heimliche Sehnsucht bleiben. Aber wenn ich die Predigten höre, wenn ich auf Kirchen und Pfarrhäusern die Kirchenfahne mit der schwarzweißroten und der Hakenkreuz-Fahne sehe, ist mir mein Ullstein-Posten lieber.

1934

Fürchte dich vor deren keinem, das du leiden wirst
Offenbarung 2,10

2. Januar 1934 · Dienstag

Meine Tageseinteilung wird im neuen Jahr, solange mir dies regelmäßige Leben erhalten bleibt, bleiben, wie sie im alten war: das Wochenende vom Sonnabendnachmittag an arbeitsfrei, wenn nicht gerade besonders interessante Quellen zum «Vater» im Haus sind. Der Montag ist durch Umbruch[19], der immer etwas über die übliche Bürozeit hinaus in Anspruch nimmt, und durch die Funkwochenkritik für die «Literarische Welt»[20] besetzt. Dienstag bis Freitag sollen das gleiche Gesicht haben: nach dem Dienst bis sieben Uhr Arbeit für den Roman, die Zeit von sieben bis acht wird zum Abhören der Sender benützt, weil ich da allein Gelegenheit zum Fernempfang habe. Den Sonntagen hoffe ich, falls Hanni etwas für sich zu erledigen hat, etwas Zeit für das bedrohte Buch abzugewinnen. Denn an den Roman kann ich nur mit einem Druck im Herzen denken; je intensiver er mich beschäftigt, desto schmerzlicher ist dieser Druck!
Die überflüssigen, letzten Beziehungen zu Menschen, mit denen ich nichts beginnen kann, müssen aus Zeitgründen restlos gelöst werden; außerdem sitzt dort eine Art Krankheit in mir: das ersehnte Zusammensein mit Menschen strengt mich so unnatürlich an. Hoffentlich hat Hanni noch dann und wann von sich aus Besuch. Aber was die Menschen angeht, nehmen wir wie in mancher anderen entscheidenden Sache wohl die völlig parallele Entwicklung. Ich muß mir nur abgewöhnen, darüber zu klagen. Auch darüber darf ich nicht klagen, daß es mich trotz aller Vernunftvorstellungen doch in eine gelinde Verzweiflung bringt,

wenn ich, nach der Schönheit und Ruhe von Feiertagen künstlerisch in Hochbetrieb versetzt, werktags danach kaum zum Schreiben komme.

3. Januar 1934 · Mittwoch

Bei der Heimkehr fand ich bei Hanni zum Tee Frau von Wegerer vor. Der gegenwärtige Friede und Zusammenschluß der feudalen Adels- und liberalen Kreise des gebildeten Bürgertums, aus gemeinsamem Protest gegen den Nationalsozialismus erwachsen, erscheint mir als eine höchst trügerische und windige Angelegenheit, für die Entwicklung des Staates ohne alle Bedeutung. Daß das Kirchenvolk, dessen Glieder zu immensen Prozentsätzen der NSDAP angehören, die «Reformation» der «Revolution» nicht »gleichgeschaltet» hat, das allein macht mir Hoffnung. Und das friedliche Weihnachten, das Deutschland gefeiert hat; dieses militaristische, dieses an der Arbeitslosigkeit immer wieder verzweifelte Volk flieht, wo es nur irgend kann, wieder in das Idyll bürgerlicher Freundlichkeit. An ein Kirchenfest Weihnachten habe ich nie geglaubt. Das Weihnachten der echten Kirche kann nicht anders als in Predigt sichtbar werden. So kommt mir von der Situation der Kirche her die größte Beruhigung und Beunruhigung zugleich. Aber ich hatte geglaubt, ich würde nur Beunruhigung von ihr erfahren. –

10. Januar 1934 · Mittwoch

Bei Ullstein sah ich die Fragebogen für Schriftleiter. Danach werde ich froh sein, wenn ich in die Fachschaft für Redaktionsangestellte als Sekretär hineinkomme und in die Schrifttumskammer als Autor aufgenommen werde. – Die milde Geste vom 23. Dezember scheint nicht ganz zu stimmen: es müssen auch Eltern und Großeltern der Frau genau angegeben werden, gleichgültig, ob die Mischehe älteren oder jüngeren Datums ist. – Noch immer ist es doch so, daß das Bild der nächsten Zukunft dauernd schwankt; aber in der Gegenwart führen wir ein geborgenes Leben. Doch wäre man kein Mensch, empfände man nicht Druck und Beunruhigung.

13./14. Januar 1934 · Sonnabend und Sonntag

Den Sonnabend und Sonntag Hanni zu widmen und mich abzulenken, waren wir in zwei Filmen. «Das schöne Bayern» mit herrlichen landschaftlichen und architektonischen Einzelheiten; «Die Flüchtlinge» von Gerhard Menzel, mir vom Funk her bekannt, Schlesier, 35 Jahre alt, Kleistpreisträger, Verfasser zweier mäßiger Romane und mehrerer Filme; dieser ist großartig; daran sehe ich wieder einmal deutlich, daß man die Konzeption packender, konzentrierter Handlung niemals aus mir herausholen kann. Alles, was die Bühne verloren und der Funk nie erworben hat, gehört dem Film; die Gewalt der Illusion; die Charakteristika des Brennspiegels. Daß ich mit diesem herrlichen, meist mißbrauchten Instrument nichts anfangen kann, sagt zur Genüge, daß ich kein zeitgemäßer Autor bin. –

Heute kam ein Brief der Ufa, der einen großen Schub Arbeit aufs Ungewisse mit sich bringt. Man will rasch ein Exposé vom «Vater», da die Ufa gerade nach einem großen nationalen Stoff «mit Parallelen zu heute» sucht. Lieber Himmel, des «Vaters» Regierung ist Kritik, nicht Verherrlichung des Heutigen.

So wenig mich seinerzeit die Operette für die Ufa locken konnte, so sehr bin ich interessiert, so sehr wünsche und hoffe ich diesen Film, zumal man sagen darf, daß Heinrich George als Schauspieler und mein «Vater» als Rolle einmal zusammenkommen müßten.

18. Januar 1934 · Donnerstag

Vom Filmexposé sind schon 15 Seiten fertig; Friedrich Wilhelms Leben bis zum Regierungsantritt. Das Gute hat das Exposé und der ganze Filmtraum in jedem Falle für sich: ich muß mich von den Einzelheiten der Vorstudien frei machen, muß den uferlosen Stoff fest in die Hand bekommen, die Handlung runden – und so verschieden ein Roman und ein Film auch zu konzipieren und zu behandeln sind, das steht fest: was ich jetzt tun muß, wird den Roman vereinfachen und beschleunigen. Und es ist höchste Zeit, wenn ich über den Studien nicht zum Oberlehrer werden soll. –

27. Januar 1934 · Sonnabend

Weiter stehen die Tage ganz im Zeichen der Ufa-Angelegenheit. Mir ist klar, daß das, was ich als Filmdilettant dafür arbeite, ein Überblick über Personen, Situationen, Stoff und Idee ist, nach dem das eigentliche Exposé erst entworfen werden kann. Aber alles das interessiert die Ufa überhaupt nicht; sie will schleunigst eine runde, handfeste Spielhandlung um Friedrich Wilhelm, um den ganz konventionellen Soldatenkönig, und wenn möglich, eine Liebesgeschichte. Von «Ethos» und «Führergedanke» fällt kein Wort mehr; dagegen von der 75prozentigen Gewißheit des Kassenerfolges. Stoff und Person haben die ganze Ufa alarmiert. Anrufe schon frühzeitig hin und her zwischen Ufa-Haus in der Stadt und Babelsberger Ateliers, Sternaux mit Eplinius und mir – alles so hysterisch, so überhitzt. Obwohl sicher alle Beteiligten wissen, daß, sobald das Exposé vorliegt, die ganze Sache wochenlang stagniert. («Ich soll die Nacht durcharbeiten», hieß es. Aber den Zauber kenne ich; Wochen vergehen, bis man Konkretes erfährt.)

Eine Spielhandlung werde ich mühsam konstruieren müssen; aber ich hoffe, ich bin ihr auf der Spur. Und zwar in der Affäre Clement. –

Was das Wesentlichste ist: Ich habe nicht das freudige Gefühl, daß wieder Fragen meines eigentlichen Berufes zur Debatte stehen: Verträge, Aufträge, zeitgemäßes Thema, Name oder kein Name, Erfolg oder Mißerfolg – ich habe nur die lästige, häßliche Empfindung, daß mich wieder Dinge in Anspruch nehmen, von denen ich nichts mehr wissen will. Depravation einer großen Gestalt, Banalisierung eines zeitgemäßen, außerordentlichen Stoffes, Bagatellisierung herrlicher Historie – alles das, was mich so anwidert.

Keinen raschen Erfolg, mein bescheidenes Einkommen, anständige Bücher versuchen – und von allem anderen nichts hören und nichts sehen!

30. Januar 1934 · Dienstag

Die «Literarische Welt» machte mir die sehr schmerzliche Mitteilung, daß sie nach einem Verbot durch die Geheime Staatspolizei nur weiterarbeiten darf, wenn sie alle aktuelle Kritik läßt. Also auch hier schon wieder Schluß. – Sie sollen mir nur den Ullsteinposten lassen. K. sagt, daß man auf Redaktions-Sekretäre jetzt an den zuständigen Stellen sehr achtet. Zuviel politisch «Belastete» sollen sich angeblich hier einen Ausweg gesucht haben, um in einer Redaktion bleiben zu können. Wenn sie geistig so ausgeschaltet sind wie ich, kann aber keiner nur den mindesten «Schaden» anrichten!

Heut war ich wieder zur Ufa bestellt. Die Sache wird von der Ufa aus immer noch mit aller Vehemenz betrieben. Was wäre ein Film gerade jetzt für ein Ausgleich!

Heute Reichstagssitzung und große Hitler-Rede – durch Funk in alle Welt übertragen. Warum heißt es sofort, am Abend, zwei Stunden danach, in allen deutschen Zeitungen «Die historische Stunde»? Wer will das ermessen?

31. Januar 1934 · Mittwoch

Schon wieder Anruf Eplinius. Seinerseits unbedingte Zustimmung zu dem ihm vorliegenden Teil des neuen Entwurfs: «Der König und der Abenteurer». Bis Freitag früh will er das Ganze. Doch das ist ein Ding der Unmöglichkeit, obwohl bereits in der Freitagvormittags-Konferenz der Ufa die Angelegenheit der obersten Instanz in der Generalversammlung vorgelegt werden soll. Jetzt ist die Sache schon so weit gediehen, daß eine Enttäuschung mich schwer treffen würde. –

1. Februar 1934 · Donnerstag

Kaum daß ich heimgekommen war, schon wieder ein Ufa-Anruf – bis morgen müßte das Ganze vorliegen. Gewiß, wir haben viele Stunden gearbeitet und eine große Sendung nachts noch weggeschickt. Aber ich lasse mich nun einmal nicht verrückt machen. Je hysterischer die Ufa die Sache behandelt, desto ruhiger werden wir – im Bewußtsein, daß aus überreizter Arbeit mit starkem

Kaffee und Zigaretten nichts Brauchbares werden kann. Kennt die Ufa nur solche Methoden – nun, so kann man nicht mit ihr arbeiten, so bitter mir das wäre. – Denn ideell und materiell lockt mich der Film enorm. Vor allem wäre er ein Beweis, daß ich doch Handlung bauen kann, so wenig ich es mir zutraue.

2. Februar 1934 · Freitag 11 Uhr abends

Den Film-Entwurf nun doch in einem Zuge beendet. Nun möge es gut gehen. Es ist doch mehr hineingekommen, als ich erwarten durfte. Ich zähle ihn doch zu meinen Arbeiten, nicht zu den mir aufgezwungenen Elaboraten. Der Kampf um meinen ersten Film ist mir der Kampf um meine Zeitgemäßheit. Und darum: wieder von meiner schriftstellerischen Arbeit leben zu können.

4. Februar 1934 · Sonntag

Gestern Abend waren wir zum ersten Mal in dieser Saison – und seit langer Zeit – im Theater. Zum ersten Mal habe ich nun Curt Götz gesehen, der seine Komödien selbst schreibt. Ich war völlig frappiert. Denn hinter diesen eleganten Dialogen des «Dr. med. Hiob Praetorius» scheint mir die Dialektik großer Theologie zu stehen – dann jenes «den eiskalten Weg des Denkens bis an die unverrückbaren Grenzen des Wunderbaren gehen» –
So sehr viel erinnerte an die künstlerisch nicht geglückten Haupt-Momente meiner «Großen Direktrice» alias «Glück der Vergänglichkeit» – an meine «These» vom Witz und den «vier vergänglichsten Dingen» – an meinen großen Friseur Jakubasch, der in seinem Schloß nachts «stumme» Partituren durchdirigiert – mit einer solchen Szene begann Götz' 4. Akt, – im Aufbau des Stückes ein Annex und eine Episode – für mich aber der Schlüssel zu Götz' Eigenart: die Grenze aufgehoben zwischen dem Realen und dem Irrealen, zwischen der Nüchternheit und dem Wunder. Noch nie habe ich in einem Theater einen so starken Eindruck gehabt: dabei war es so unkomödiantisch wie nur möglich. Aber daß ich das einmal bei einem anderen fand:

daß ihn der Zusammenhang zwischen Witz und Wunder nicht losließ! –
Heut geht mir den ganzen Tag Curt Götz nicht aus dem Sinn. Können zwei Menschen persönlich und künstlerisch verschiedener sein als er und ich? Aber können sie zugleich noch tiefere Berührungspunkte haben? Dieser Abend war mir eine unendlich wichtige Bestätigung für meine eigene Arbeit. – Daneben eine Warnung, daß man sich ängstlich vor der Überschreitung der Grenze zum Skurrilen hüten muß, wenn einem die Welt des Wunders zur Wirklichkeit wurde. –
Das gestern war protestantische Schauspielkunst. –
Das Ufa-Exposé ist schon vollständig abgegangen. Genau eine Woche, nachdem mir der Einfall kam, an dem ich so verzagte. Ganz plötzlich, am vorigen Sonnabend, als ich vom Bahnhof Südende zur Wohnung heimging. Beim Kaffee konnte ich Hanni die Sache im Umriß schon erzählen. Der fertige Entwurf umfaßt 55 Maschinenschrift-Seiten.

7./8. Februar 1934 · Mittwoch und Donnerstag

Es ist mir vielleicht das liebste, daß meine Aufträge gegenwärtig auf Buchreferate lauten. – Es schafft eine Zäsur zwischen Film und Roman; außerdem erdrücken sie mich nicht so, wie jeder andere kleine Auftrag es tut. Meine innere Absage gegen alle schriftstellerische Nebenbetätigung scheint eine ausgemachte Sache zu sein. Noch kann ich sie mir äußerlich nicht gestatten. Um so mehr wächst mein Haß gegen diese Art von Schreiberei, die die wenigen kostbaren Stunden eigener Arbeit für schlechtes Geld und fragwürdigen Ruhm vergeudet. Nur werde ich es wohl nicht so weit kommen lassen, daß mir die Kunst zerstört wird, wie mir die Theologie wirklich und wahrhaftig durch ein untragbares Maß an Belastungen zerstört worden ist.

10. Februar 1934 · Sonnabend

Je mehr ich Frieden finde in meinem Beruf, wird sich auch, was das Wichtigste ist, das Übermaß an «Religiosität» in mir

beruhigen und ernüchtern. Denn dort gibt es einen kranken Punkt. Ich kann ihn nicht heilen.
In der Welt habt ihr Angst. Darum klammere ich mich so an meinen Taufspruch.
Aber ich habe einen tiefen Widerwillen gegen die Schönheit religiöser Dichtungen. Das, was ich ersehne, muß ich negieren, ehe es entsteht! –

13. Februar 1934 · Dienstag

Nun bin ich wieder in «Vater»-Entdeckungen. Die große Abdankungs-Affäre 1738! Alles so unergründlich! Und doch alles eine einzige Bestätigung des Bildes, das ich vom «Vater» erhielt. –
Möchte es mir nur erspart bleiben, religiös schwärmerisch zu werden; möchte ich nur in diesem Einen gesund und nüchtern bleiben – und fast muß ich es glauben, daß Gott sich da wirklich nicht ins Handwerk pfuschen läßt und weder einen «Märtyrer» noch einen «Mystiker» noch sonst so etwas, was ich hasse, aus mir werden läßt. – An meiner Dankbarkeit für das Leben hat sich noch nichts geändert; es ist noch zuviel Gutes. –

16. Februar 1934 · Freitag

Nun, wo ich weiß, daß ich von außen, von den lebhaft Interessierten und Drängenden her keinerlei Entgegenkommen zu erwarten habe, nun, wo Hanni mich von allen finanziellen Verpflichtungen außer meinen Ullstein-Posten freigegeben hat, habe ich mir den Arbeitsplan für den Roman aufgestellt. Ich denke, am 15. Juli werde ich fertig sein. Das scheint mir der früheste Termin, und er würde ein tüchtiges Stück täglicher Arbeit erfordern. –

19. Februar 1934 · Montag

Wie soll der Sonntag die ganze Zerstörung ausgleichen, die allein schon wieder der Montag, gar nicht zu reden von der ganzen Woche, anrichtet? Und doch hat der Sonntag wohl diese Kraft – ob als Realität oder mehr als Symbol – ich weiß es nicht. Aber

er erfaßt das ganze Wesen und lehrt, die Woche über geduldig und schweigsam, vor allem schweigsam zu sein! Denn wenn man redet – von dem Hin und Her, in dem Hin und Her – geht es gar nicht, und meine ursprünglich sehr schwatzhafte und gesellige Natur hat hierin eine große Wandlung durchgemacht, die mir erst allmählich bewußt geworden ist. –
Wir sahen einen sehr eigenartigen französischen Kinderfilm *«La maternelle»*. Aber technisch und fotografisch sind wir im deutschen Film weit, weit voran. Und wir haben herrliche (männliche) Schauspieler. Müßte nicht allein Heinrich Georges wegen ein Film über Friedrich Wilhelm I. geschrieben werden?! Mag nun aus Buch, Pressefassung des Romans und Film werden, was will, für mich ist jetzt schon ein großes Resultat da – über die Gewinnung der neuen Heimat (die Hanni ganz mit mir teilt) hinaus: Mein Patriotismus und Nationalismus, meine Stellung zum Staat haben sich an den Vorarbeiten schon gebildet, – ich vermag «Ethik» so zu ertragen wie den «Abgrund im Menschen» – und das konnte ich vorher nicht. Was mich bewegt am Zusammenhang von Preußentum und Altem Testament – es könnte mein Buch, auch wenn es künstlerisch gelingt, politisch zu Fall bringen. Über jedem Kapitel soll ein Bibelwort stehen – und das könnte mißliebige Politik sein – – –?

20. Februar 1934 · Dienstag

Der heutige Tag hat eine Ähnlichkeit mit dem 20. Februar des vorigen Jahres, wenn auch noch nicht mit all den schönen Konsequenzen wie damals. – Aber wieder wurde ich im Dienst schleunigst für eine Stunde abberufen; damals galt es den Vertrag für den «Kahn» zu besprechen; heut – ich war gerade ohne weiteres abkömmlich – sollte ich rasch zu Sternaux-Ufa und zum Chefdramaturgen Podeel. Ich soll also einen sehr guten Filmentwurf geschrieben haben mit einer mustergültigen geschlossenen Handlung (!!), dramaturgisch geschickt, psychologisch rund und in der Ideologie «stark berührend». – Nichts würde mich in diesen schwierigen Momenten mehr freuen. Die Entscheidung der Ufa soll am Freitag fallen – dann allerdings begönne erst

der ganze politische Kampf –. Ich kann nicht anders als hoffen. Es war wieder eine von jenen schönsten Stunden im Leben des Autors. – Was sich nun davon realisieren kann, werde ich ja wohl in einer Woche wissen.
Mich freut es zunächst, daß mir von so alten Routiniers verbürgt wird, ich könne gut Handlung bauen. Denn das hielt ich doch für meine schlimmste schriftstellerische Schwäche. Allerdings werde ich wohl nie die Handlung zum Götzen machen können.
Und dann: solche Erfolge oder Mißerfolge sind ja in erster und letzter Linie doch religiöse Angelegenheit, und kein Aufsichtsrat der Ufa und kein Reichsdramaturg des Propaganda-Ministeriums kann doch darüber entscheiden, was Gott mir geben oder nehmen will.
Diese ganze Filmsache muß mich schon sehr bewegen. Am meisten freute mich die Äußerung: «Ein völlig anderer Friedrich Wilhelm als der, den man kennt; aber er überzeugt einen sofort.»

23. Februar 1934 · Freitag

Heut sollte die Entscheidung fallen. Es kam aber nur zu einem Anruf Sternaux' zu Hause bei Hanni. Das Exposé war schon beim neuen Reichsfilmdramaturgen, und er hat Einspruch erhoben – ein Preußenkönig, den selbst der Nationalsozialismus zu den Großen zählt, und ein Abenteurer dürfen nicht zusammen auf der Leinwand erscheinen! Das ist die Einstellung zum Fall Clement! – Das Gefühl, daß der Film wird, habe ich noch immer – obwohl Ufa und Reichsfilmdramaturg ja erst eingeweiht werden müssen, daß unter Umständen meine Aufnahme in die Reichsfilmkammer abgelehnt wird und ich keine Erlaubnis erhalte, für den Film zu arbeiten. Auch die Reichsschrifttumskammer schweigt noch immer –.
Das alles greift viel zu tief, als daß man nicht an ein Wort denken dürfte, wie es heut in der Losung steht: «Wenn sie gleich wider dich streiten, sollen sie dennoch nicht wider dich siegen; denn ich bin bei dir, spricht der Herr, daß ich dich errette.» Jeremia 1, 19.

Heut ist mir klar geworden, warum Frühling und Sommer mich erregen und bedrücken und Herbst und Winter mich ruhiger machen.
Man leidet doch immer unter dem Mißverhältnis zwischen produktiver Empfindung und Energie und der Langsamkeit ihrer Wirklichkeit; dieses langsame Einschlafen der Natur im Winter läßt einen aktiver scheinen. Das rasche Drängen des Frühlings, das heftige Reifen im Sommer zeigen einem zu schmerzlich, wie man immer zurückbleibt, wie man immerzu kostbare Zeit, die soviel schaffen kann, vergeuden muß.
Resignieren ist ja gar nicht so schwer, wie immer wieder in die Hoffnungen und Kämpfe hineingerissen zu werden. Resignation ist aber auch bei weitem nicht die Stille, die vor Gott da sein muß; die muß auch in den Hoffnungen und Kämpfen bestehen.

24. Februar 1934 · Sonnabend

Ich bin in die Reichsschrifttumskammer aufgenommen. Das ist ja doch das wichtigste von allem. –
Ein Gedanke, an den ich mich gewöhne, ohne mich mit ihm aussöhnen zu können: daß ich «verblühe», ohne je richtig jung gewesen zu sein –. Aber mit den Quellen zum «Vater» fliegt es jetzt nur so. Bis jetzt war noch keine Quelle vergeblich durchgearbeitet; immer wieder ein neuer Zug, ohne daß es ins Pittoreske ginge.

28. Februar 1934 · Mittwoch

Ich muß wohl sagen, daß ich nun jenseits der Grenze bin, die ich auch bei großer Dehnbarkeit des Begriffs als meine Gesundheit bezeichnen kann. Die fortwährende Müdigkeit, die Schreckhaftigkeit, Zerstreutheit und Geräuschempfindlichkeit bedrücken und beunruhigen mich, obwohl ich ja schließlich den Anlaß kenne, der alles so gesteigert und ausgelöst hat. Daß ich in die Schrifttumskammer aufgenommen bin – das Nachlassen, das plötzliche Abbrechen der monatelangen Angst und Spannung!
Und vor mir: die Filmentscheidung. Die Politik hat mich Unpolitischen aus meiner Funkstellung gebracht, sie hat den furcht-

baren Sommer der Hoffnungslosigkeit gebracht, bei Ullstein mich den großen Demütigungen ausgesetzt, mir die höheren Einkommen verschlossen, – nun könnte ein großer Ausgleich sein, die künstlerische Entscheidung ist gefallen – da kommt wieder das politische Veto, allen Beteiligten unverständlich. Und das die Kammern nicht einheitlich sind – daß Schrifttumskammer keineswegs gleich Filmkammer ist –. In meinem Tagebuch bin ich sehr larmoyant. Aber dadurch brauche ich sonst kein Wort zu sagen; bin auch zu kaputt dazu. Und natürlich zehrt auch der Roman an mir. Es ist nicht leicht, alles Gott anheimzustellen. Dazwischen liegt noch eine Schicht Feigheit und Hartherzigkeit. Es muß ein Punkt unter etwas gesetzt werden, und ich kann nicht sagen, worunter. Aber es hängt mit meiner Angst und Verängstigung zusammen, die genug besagen über die Ferne von Gott. Gott reißt das Übel nicht von der Person, sondern die Person vom Übel. Es bleibt dabei und ist sehr schwer. –

1. März 1934 · Donnerstag

Daß Frühling und Sommer, kaum daß sie zu ahnen sind, mich trotz aller Naturliebe beunruhigen, mag noch einen besonderen Grund haben: die letzten drei Sommer: 1931 der Breslauer Zusammenbruch und die Trennung von Hanni; 1932: die Feudalrevolution unter Papen und das Abbrechen aller bisherigen beruflichen Verbindungen; 1933: die Entlassung aus dem Funk. Die Erinnerung an diese drei Sommer ist schlimm, und es liegt alles noch zu nah. Weniger die Energie als die Dankbarkeit gegen das Leben bringen mich immer wieder zur Sammlung; aber kaputte Nerven sind kaputte Nerven, Kopfschmerzen Kopfschmerzen, und schlechter Schlaf bleibt schlechter Schlaf.
Aber immerzu das Gefühl der Vorbereitung –.

3. März 1934 · Sonnabend

Die Ufa-Sache ist nun in ein für mich sehr schmerzliches Stadium getreten.
Die Ufa: «Der Einspruch des Reichsfilmdramaturgen ist im

Falle ‹König und Abenteurer› nicht von so ausschlaggebender Bedeutung, weil er bisher keineswegs endgültig, sondern nur beiläufig in einer Konferenz erfolgt ist.» (Also kennt er das Manuskript nicht, wie man doch gesagt hat.)
«Bedauerlicher ist, daß wir bei den Erwägungen darüber, ob wir Ihren Stoff erwerben und im Augenblick weiterverfolgen wollen oder nicht, zu der Feststellung gelangt sind, daß ein so großer und kostspieliger Kostümstoff im laufenden Jahresprogramm keinen Platz mehr hat. Der Film würde in der Ausführung, die er fordern kann, Mittel verlangen, die für die freien Plätze im Rahmen unseres Programms nicht mehr zur Verfügung stehen. Wir müssen also die Sache als solche einstweilen vertagen. Sie können also über Ihre nächste Zeit verfügen, wie Sie wollen.»
(Das ist ein unglaubliches Verhalten dem Autor gegenüber. Als man mit mir über dieses historische Projekt verhandelte, mußte die Etatsfrage doch von vornherein geklärt sein! Wie konnte man mich bei dieser Lage so in meiner Arbeit stören, meine Zeit beanspruchen, mir größte Hoffnungen machen!)
»Nichtsdestoweniger werden wir den Stoff in der Form, in der er uns jetzt vorliegt, dem Reichsfilmdramaturgen zu eingehender Prüfung zuleiten, und je nachdem diese Prüfung ausfällt, werden wir den Stoff erwerben oder nicht.» (Wo soll bei solchem «Fatalismus» die Energie herkommen, mit der unter Umständen, sogar ziemlich sicher, auf den Reichsfilmdramaturgen eingewirkt werden muß?)
«Dies einstweilen. Da aufgeschoben nach altem Sprichwort nicht aufgehoben ist, bitte ich Sie, sich keinerlei Verstimmungen hinzugeben, sondern im Gegenteil angelegentlichst darüber nachzudenken, ob Sie nicht einen anderen Einfall für uns haben, der in der Verwirklichung billiger würde.»
Ich bin aber sehr verstimmt und denke nicht daran, noch einmal so viel Zeit und Kraft an eine so ungewisse Sache zu setzen. Der Aufforderung, Dienstag Herrn Sternaux in der Ufa aufzusuchen, werde ich aber Folge leisten.
Noch einmal habe ich Hanni alles vorgehalten, was sie durch

ihren Verzicht aufgibt, und vor allem ihr gesagt, daß ja auch das Erscheinen des Buches keineswegs so garantiert ist, wie es heut erscheint. Für Hanni besteht kein Zweifel, daß ich mir kein Recht nehme, für ein Talent, dessen Stärke, Ausdauer und Fruchtbarkeit ich nicht kenne, auch nur das mindeste Opfer zu verlangen.

Was tue ich, indem ich nun das Opfer annehme?

Ich folge einem völlig dunklen Instinkt, überlasse mich einem Antrieb, den ich gar nicht benennen kann und der mich vielleicht rasch und sicher in die Irre führt.

Es bleibt dabei: Man macht alles falsch, und die unentwirrbare und unbezahlbare Rechnung präsentiert man dann Gott, der nie, nie ein *Deux ex machina* ist. Ist aber Gott ein Irrtum – so soll es mich nicht gereut haben.

Lebenswerteres als diesen Irrtum gab es nicht.

Ich bete nicht. Ich suche in nichts mehr eine Fügung. Aber ich kann nicht anders, als mich immer wieder mit meiner ganzen Existenz in die Worte meines Taufspruches fallen zu lassen, so sehr ich meine eigene Religiosität ablehne. Auch das Unechte, Unentwirrbare dieser Religiosität gehört auf die Rechnung, die man Gott präsentiert. Das ist wohl im Grunde das Resultat meiner dreißig Jahre. Und Hanni. Und das kleine Buch. Sonst nichts. Alles andere ist kaputt. Bis auf die Dankbarkeit für unzählig viel Schönes, das man erfuhr. Schönes, nicht so Gutes. –

10. März 1934 · Sonnabend

Gestern hatte ich die Freude zu erfahren, daß vom «Kahn» wirklich die 2. Auflage gedruckt ist. Noch einmal viele Kritiken, auch Ausland, darunter eine holländische, die mich ganz seltsam berührt: «Über dem Buch liegt, was vielleicht nur wenige verstehen werden, eine evangelische Sorglosigkeit.» –

12. März 1934 · Montag

Viel zu hoffen wage ich nicht mehr. Aber es hat mich doch sehr gefreut, daß heut der Regisseur des «Schimmelreiters» bei Dr. Pagel war und mit ihm und mir über die Verfilmung des «Kahn» verhandeln möchte; der «Schimmelreiter» gehört zu den ernsthaftesten Filmen seit der «Dreigroschenoper» vor drei Jahren. – Hoffen kann ich kaum mehr, aber glauben will ich alles; auch daß es selbst heut noch Frieden zur Arbeit für mich geben kann. Der «Kahn» hat viel mehr Aufmerksamkeit auf sich gezogen, als ich erwarten durfte. Aber daß er ein neues Buch sollte tragen können, das will mir nicht in den Kopf. Ich empfinde alles nur noch als Störung. Es gibt wohl nur den einen Ausweg: sich auf eine Sache zu konzentrieren. Die Zeit nicht vertun. Es macht maßlos unzufrieden, wenn nicht etwas Geschlossenes laufend gearbeitet wird. Eine geschlossene Arbeit leisten, sich aber nicht mit kleinlichem Pensum quälen – alle Zeit an eine Arbeit setzen, aber keine Stoppuhr dabei haben. Das ist wohl ein Ausweg. Man sucht immerzu im Kreise. Daß das so schwer ist, seine Beschränkung zu finden. Man erschrickt wohl eben davor, alles auf eine Karte zu setzen!

14. März 1934 · Mittwoch

Heut war die Besprechung mit Oertel, dem Regisseur vom «Schimmelreiter». Er steht der ganzen Angelegenheit mit so rein künstlerischen, hocherfreulichen Gesichtspunkten gegenüber, daß ich mir nicht vorstellen kann, wie er es vor Produzenten und Verleihern durchkämpfen will.

22. März 1934 · Donnerstag

Die Ufa hatte für einen recht arbeitsreichen Übergang vom alten zum neuen Jahr gesorgt. Hanni saß bis ein Uhr nachts an der Schreibmaschine, ich bis halb drei am Schreibtisch. Sternaux hatte zweimal angerufen. Die Genehmigung des Reichsfilmdramaturgen wäre eingetroffen, die Angelegenheit ginge nun «holterdipolter» an die oberste Ufa-Instanz, den Vorstand – ich müßte noch einen gekürzten Entwurf einreichen, der nun einmal ausnahmsweise die psychologische Entwicklung in den Vordergrund rückte. Am Morgen erwartet mich bei Ullstein schon der Ufa-Bote, um zwölf kam der Anruf aus Babelsberg, was ich nachts gearbeitet hätte, wäre doch alles falsch, sie brauchten ge-

rade wieder eine Inhaltsangabe, und die angeblich hervorragende von Eplinius war mit einem Male schlecht ...
Die Entscheidung werde sich wieder verzögern – aber Sternaux selbst würde bis zur Zwei-Uhr-Sitzung allein eine Inhaltsangabe schreiben. Im übrigen setze sich der Reichsfilmdramaturg sehr für die Sache ein, und sie sei so gut wie perfekt ...
Brief widerspricht Brief. Anruf hebt Anruf auf, wie soll ich es glauben? Nur daß Gott mir diese Freude geben kann.
Der Geburtstag war dann still und schön; ganz unter uns vieren, aber so festlich, als wären viele Gäste da.

27. März 1934 · Dienstag

Die Ufa macht mich wieder ganz kopfscheu. Ich mußte von einer Viertelstunde zur anderen hinkommen, die von Sternaux selbst verfaßte Zusammenziehung meines Manuskriptes genehmigen (sehr geschickt und auf eine komische Weise primitiv). Anruf des Direktors Corell, der letzten Instanz vor dem Vorstand, bei Sternaux: «Den Friedrich Wilhelm drehen wir ja nun.» Aber ich habe noch sehr berechtigte Zweifel. Von Tag zu Tag soll nun die Entscheidung fallen. An Etat stehen nur 350 000,– Mark zur Verfügung. – Mitten im Gespräch fragte Sternaux plötzlich: «Wissen Sie übrigens, daß wir Ihren ‹Kahn› vorbereiten?» Und als ich sagte: «Aber es wird doch von ganz anderer Seite darüber mit mir verhandelt – geht das von Ihnen aus?«, stürzte Sternaux hinaus und holte den Chefdramaturgen Podeel, der sich gleich Notizen machte wegen Option etc. Nachmittags rief schon Dr. Pagel von der Deva an, die Ufa wünsche die Option. Er hat nun Herrn Oertel für morgen zu sich bestellt, ob seine Entscheidung sich beschleunigen läßt.
Diese Sache macht mich recht kaputt. Und sie hat auch noch ein ganz anderes Gesicht als dieses künstlerisch-kommerzielle. –

29. März 1934 · Gründonnerstag

Ganz kurz, bevor ich von Ullstein weggehen wollte, kam der Anruf von Sternaux, der «König und der Abenteurer» wäre perfekt. Die Vertragsausfertigung könnte nun erst nach den Feier-

tagen vor sich gehen, aber Sternaux wollte mir doch das schöne Ereignis noch vor Ostern mitteilen.
Da habe ich nicht mehr gearbeitet, gleich nach meiner Heimkehr waren wir spazieren und im Garten, den wir nun behalten. Eine kleine Feier ergab sich von selbst, da Eva-Juliane Meschke bei Hanni zum Abendbrot eingeladen war, meine einzige «Anhängerin».

30. März 1934 · Karfreitag

Am Nachmittag war ich in der Kirche. Aber wie immer bin ich leer ausgegangen. Seit ich Professor Hermann[21] in den Andachten im Johanneum hörte, war keine Predigt mehr. Von allem her, was einen um diese festlichen, ernsten Tage bewegt, kann ich nur sagen, was mir Weihnachten bewußt wurde: Gott hat den Bildern, Träumen, Spekulationen, Dogmen und Erkenntnissen in den Evangelien dieser Tage eine Grenze setzen lassen. Die Biologie spricht von einem Leben ohne Ende. Ewiges Leben ist das nicht. Sonst brauchten wir nach solcher Erkenntnis Ostern nicht mehr.

31. März 1934 · Ostersonnabend

Ein Tag, der sich mir von der Kinderzeit als etwas unendlich Feierliches eingeprägt hat, obwohl ich nie gefunden habe, was ich in ihm suchte. Aber von der Kinderzeit her lebte er in mir mit großer Festlichkeit, und nun, in meinem eigenen Hause, hat er seine neue Feierlichkeit.
So sehr der Film mich bewegt und freut und beruhigt: an meiner Abkehr kann er nichts mehr ändern. Er wird viel Ärger und Störung mit sich bringen, und ich mag nichts mehr, was Betrieb und nicht Kunst ist. Ich weiß, wie das Leben nun in Buße gelebt sein muß. Aber das würdelos-irdische Leben wird mir immer unerträglicher. Die Buße, die Angst in der Welt, ist auch in der künstlerischen Arbeit übermächtig da. Aber wo ich nur kann, muß ich mir die Hektik und den Unwert dennoch ersparen, ohne daß ich auch nur entfernt in ein Idyll fliehe. Ich halte kein anderes Zugeständnis an die Realitäten mehr aus, als daß ich in

mein Büro gehe und unser Geld verdiene und Stunden meiner besten Zeit planmäßig dafür hingebe. Sonst fressen die «Realitäten» mich auf.
«In der Welt habt ihr Angst» – Aber es heißt nicht: Ihr müßt notwendig im Dreck ersticken. Ich bitte Gott immer wieder, daß er aus meinem Schreiben etwas wie ein Pfarramt, daß er aus meinem Familienleben und unserem Haushalt etwas wie ein Pfarrhaus mache. Das ist weder Mystik noch Kloster. Möge Gott diese meine Bitte nicht verdammen. Ich kann das, was sie die Realitäten und die Notwendigkeiten nennen, nicht mehr aushalten, ich bin ganz krank davon.

1. April 1934 · Ostersonntag

Seit Karfreitag sind die herrlichsten Frühlingstage. Das Schönste sind die Kastanien vor unseren Fenstern: noch kahl und über und über mit schweren, rein goldenen Knospen.
Am Morgen hörten wir die Orgelmusik, dann fuhren wir nach Schloß Monbijou, die Milieustudien abzuschließen. Der seltsamste Eindruck ein Bild Friedrich Wilhelms: zwei von unten nach oben gegeneinander gestellte Köpfe: der eine wie ein Spiegelbild, der andere wie die Abprägung eines Gesichtes – in der Art des Schweißtuches der Veronika – ein und desselben Mannes. Dann: immer wieder, Friedrich Wilhelms aufgeweckte Kinder. Dann: ein Selbstporträt Elisabeth Christines, ganz in Friedrich Wilhelms Art zu malen. Nun kenne ich des Vaters Umwelt. Aber freilich nicht seinen Traum: Holland. –

4. April 1934 · Mittwoch

Wollte ich schreiben, was sich heut bei der Ufa zugetragen hat, es könnte leicht das ganze Diarium füllen. Ich muß es zusammenfassen.
Ein Film ist perfekt, heißt bei der Ufa, der durch Monate hingehaltene Autor bekommt den Auftrag, für 500 Mark ein Treatment (Manuskript in Szenen) zu schreiben, aus dem sich dann alle weiteren künstlerischen und geschäftlichen Abmachungen im üblichen Geschäftsgang entwickeln.

Das Ganze ist nichts wie ein schmutziges Geschäft. Aber was steckt nun an Hoffnungen und Energie schon in dieser Sache. – Ach, weg mit alledem.

5. April 1934 · Donnerstag

Bald früh ein Anruf vom Prokuristen der Ufa: Der Vertrag wäre – für das Treatment – auf der von mir vorgeschlagenen Basis ausgefertigt.
Ich empfinde das Ganze doch nur als eine entsetzliche Störung und bin innerlich alledem so abgewandt, ja, stehe ihr mit ausgesprochenem Haß gegenüber.
Es muß ja alles auf die eigentliche Arbeit abfärben.

6. April 1934 · Freitag

Ich habe die Verhandlungen mit der Ufa abbrechen müssen und mein gesamtes Material zurückgefordert. Noch einmal gab es heut eine zweistündige heftige Auseinandersetzung. Als Resumé konnte ich nur sagen: «Sie haben wohl gesehen, daß es leicht ist, mit mir finanzielle Dinge zu verhandeln – auch wenn Zusagen nicht eingehalten werden, die man mir gemacht hat –, daß aber in allen künstlerischen Fragen Kompromisse mit Druckmitteln nicht zu erzielen sind – da müßten Sie sich schon noch die Mühe machen, Argumente gegen Argumente abzuwägen.» – Ich will hier nicht meine goldenen Worte niederschreiben. Genug, daß ich wie ein Berserker um meine primitivsten Rechte gekämpft und diese Sache *ad acta* gelegt habe.
Um sieben haben wir uns getrennt, um zehn habe ich dann den Absagebrief geschrieben, nachdem es tagsüber noch vorher Anrufe geregnet hatte, die mich trotz aller Beleidigungen bei Laune halten sollten.

7. April 1934 · Sonnabend

Die Entscheidung, die Hanni und ich damit getroffen haben, daß nun nach Funk und Presse auch der Film ausscheiden muß – denn ich unternehme mit dem Stoff nichts Neues – ist eine grundsätzliche Angelegenheit, mein ganzes Leben geht in eine

engere, aber festere Bahn, es besteht nicht mehr in Versuchen, sondern in dem einen Wagnis. Und Hanni hält bis in jede Einzelheit mit mir durch.
Plötzlich Vorwürfe des Verlages, der sich in nichts um mich kümmert, daß ich die Ufa-Beziehungen so gefährde. Ich gefährde sie nicht nur, sondern löse sie. Und zudem handle ich nicht mit verschiedenen Friedrich Wilhelms.
Wir waren in der Kamera, die immer alte, interessante Filme ausgräbt: den peinlichen und quälenden «INRI» und Oertels wunderbaren »Das steinerne Wunder von Naumburg». Und dann schlossen sich ein paar für uns Menschenfeinde überraschend hübsche Stunden mit Oertel und einer Freundin von ihm an.
Es ist sehr eigenartig, nun zu spüren, wie mein «Kahn» der künstlerische Stoff eines anderen ist. Oertel hat in allen Fragen der Kunst haarscharf dieselben Entscheidungen gefällt wie ich, so verschieden wir sind.
Vielleicht ist das Erfolg: daß der Mann, der den herrlichen «Schimmelreiter» gedreht hat, der als erster und bisher einziger Film als Kunst-Dokument in einem besonderen Reichs-Archiv aufbewahrt wird, nun im «Kahn» seinen neuen Stoff sieht und Tag um Tag herumläuft, um Geldleute für diesen Film zu suchen. –

9. April 1934 · Montag

Sie machen mich ganz kaputt mit dem Film. Es geht zu wie bei einem Autor, um den man sich reißt, und dabei ist alles ein so mühseliger Kampf.
Resumé: Ich habe auch heut nicht am Roman geschrieben. Ich komme mir vor wie das Pferd unter den Pferdehändlern: jeder befühlt es, prüft Fell und Muskeln, hebt die Augenlider, lauert darauf, was der andere Pferdehändler für ein Gesicht macht, sucht herauszubekommen, was der andere bietet – und eines schönen Tages hat das Pferd häßliche, entzündete Augenlider, ein stumpfes Fell, und man sagt von ihm: «Es wird ja ausgeboten wie sauer Bier! Es ist kein Objekt.»
Nach Ufa, Normaton, Europa, Rautenfilm kam gestern auch

noch die Fritsch-Produktion (Oertels mit ihm entzweiter früherer Produktionsleiter) über den «Kahn». Nun setzte ich alles daran, meinen eigenen Stoff zu blockieren. Denn auf solchem Pferdemarkt wird kein Handel geschlossen und das Pferd vom dauernden Vorgeführtwerden ruiniert.
Jetzt lerne ich erst kennen, was «Berlin» ist, und sehe mit Schrekken, wie man sein Leben und seine Begabung vertun kann, wenn man seinen Ehrgeiz und seinen Geschäftsgeist nicht im Zaume hält. Wahrscheinlich würden beide einen, auch wenn man ihnen freien Lauf läßt, zu keinerlei Resultaten führen.

10. April 1934 · Dienstag

Sei getrost und laß uns stark sein für unser Volk und für die Städte unseres Gottes; der Herr aber tue, was ihm gefällt.
2. Samuel 10, 12

Wieder der erste Tag, an dem ich nichts vom Film höre. Gleich habe ich zehn Seiten am Roman geschrieben. Gleich habe ich wieder ein Bewußtsein für die Stille dieses ersten Frühlingsregentages, kann ruhig an der Arbeit sitzen, fürchte keine Post und kein Telefon. Es ist keine Feigheit, diesen Kampf aufzugeben. Er lohnt nicht. Auch der Roman kann, und eigentlich er allein, ein trauriges Schicksal werden. Hanni und ich wissen es beide. Aber das ist dann das Schicksal, an dem man nicht vorbei kann. Das andere ist Hazard. –

13. April 1934 · Freitag

Wer seine Hand an den Pflug legt und sieht zurück, der ist nicht geschickt zum Reich Gottes. *Lukas 9, 62*

Der erste Abschnitt vom «Vater» ist fertig. Das Buch wird sich nicht in den kleinen Kapiteln des «Kahns» aufbauen, von denen ich dachte, daß sie «meine» Form werden, sondern in einigen wenigen großen Abschnitten, von denen jeder mit einem Bibelspruch versehen ist. Der erste Abschnitt umfaßt 100 Seiten. Am Umfang des Buches, an der verlegerischen Kalkulation kann alles scheitern. Auch darauf sind Hanni und ich vorbereitet. Diese

Vorbereitung ändert nichts daran, daß jeder neue Schlag einen mit ungebrochener Kraft zu treffen vermag, ja, daß im neuen jeder vergangene wieder mit auflebt. Was muß geschehen, bis man still wird? Was ist am Menschen, daß er so zerstört werden muß?

14. April 1934 · Sonnabend

Niemand kann zweien Herren dienen. *Matthäus 6, 24*

Ihr gedachtet's böse mit mir zu machen. Aber Gott gedachte es gut zu machen. *1. Mose 50, 20*

Der Gesangbuchvers, der mir ja doch viel mehr hilft als die besten Gedichte:

Du leitest mich nach deinem Rat,
der andres nicht beschlossen hat,
als was mir Segen bringet.
Geht's gleich zu Zeiten wunderlich,
so weiß ich dennoch, daß durch dich
der Ausgang wohl gelinget.

Was sollte ich mehr sagen? Die Schule, in die Gott mich nimmt, ist immer noch sehr mild; sonst würde ich nicht so am Leben hängen, nach allem, was abgetan und verloren ist. Aber die Kunst ist kein Trost. Die Kunst ist auch so voller Mühen und Ängste, daß man ihretwegen Trost braucht. Die Kunst ist auch etwas, was man jeden Tag hinwerfen möchte vor lauter Schuld und Not.

Hanni war, während Eva-Juliane Meschke in Dahlem bei ihren Eltern war, oft bei dem kleinen Michael Meschke. Aber das habe ich noch nicht fertig gebracht. Das Kind eines Gleichaltrigen, das Michael heißt – es würde mich unnötig quälen. Der Gedanke ist zu schrecklich: nur noch ein Kind haben zu können, wenn Hanni nicht mehr meine Frau wäre. Denn ein Kind von einer anderen Frau, die nicht mit einem und mit dem Kinde lebt, das ist ja so undenkbar. Und das Kind nur um des Kindes willen – das ist es ja nicht – soviel es bedeuten kann. –

15. April 1934 · Sonntag

Der Tag hatte seine besonderen Eindrücke: die Dahlemer Dorfkirche – den alten Gutshof daneben. Und Reinhold Schneiders Hohenzollernbuch, das mehr in mein Leben und seine gegenwärtigen Verwirrungen oder Entscheidungen – wie soll ich ermessen, was es ist! – eingreift, als ich heut noch sagen könnte. Schneider ist kaum wesentlich älter als ich. Aber sein Leben hat ein Resultat.

Ich bin gerade beim Lesen dieses Buches so erschrocken, weil es mit meinen Gedanken so übereinstimmt, ja, ich kann mir nichts anderes mehr wünschen, als neben diesem Buch und diesem Autor mit meinem «Friedrich Wilhelm» zu bestehen. Sonst hätte nämlich mein Buch nicht die mindeste Daseinsberechtigung!

Ich kenne Schneider von meiner Funkzeit her gut: die Bescheidenheit und Askese und Gediegenheit in Person, keiner Verführung durch Eitelkeit und Gewinnsucht fähig; durch echtes Verständnis der Zeit allen aktuellen Konjunkturschreibern weit voraus; bei allen Auszeichnungen, Berufungen und Ernennungen übergangen; Achtungserfolg, aber kein Publikum. Doch die Leistung liegt vor, und in dem einen Buche ist ganz Preußen.

17. April 1934 · Dienstag

Die Ufa sieht – etwas *post festum* – die Vertragsverhandlungen in einem hochfahrenden und lügnerischen Briefe als von sich aus gescheitert an.

Wieviel Zeit habe ich an diese Sache verloren. –

18. April 1934 · Mittwoch

Auch in dieser Woche arbeite ich täglich mindestens fünf Stunden am Roman; allerdings ist es nicht das Befriedigende, jeden Tag so viele neue Seiten daliegen zu sehen, sondern die umständliche Vorbereitung des neuen Abschnittes, der dadurch so schwierig ist, daß der König so viel schafft, daß er nicht dazu kommt, etwas zu «erleben».

19. April 1934 · Donnerstag

Man spürte keinen Schaden an Daniel; denn er hatte seinem Gott vertraut. *Daniel 6, 24*

Die Vorbereitungen zum II. Abschnitt sind abgeschlossen. Nun hilft kein Vorbeidrücken. Ein historischer Roman braucht ja eine ausgesprochene Organisation. Die Fakten hemmen den Fluß, die Menschen lassen sich nicht lenken. Das geht nun bis in die Träume; früh bin ich ganz kaputt.

20. April 1934 · Freitag

Der Herr wird dich immerdar führen und deine Seele sättigen in der Dürre und deine Gebeine stärken. *Jesaja 58, 11*

Gebete sind als von der Psychologie verfälscht mit großer Skepsis zu betrachten, und plötzliche Verheißungen und Erleuchtungen (die ja den Hauptinhalt der Gebete ausmachen) brechen nicht oft über den Frommen herein. Aber daß das Leben immer wieder auf bestimmte Bibelsprüche hingeführt wird, das ist wohl eine Sprache Gottes zu dem Menschen, um derentwillen man das Leben aushalten muß – bis Gott «ausgeredet» hat. Der Gott, der immer anders ist, als man ihn zu begreifen meint; dem man durch kein «Mittel» nahekommen kann; der uns ein unverrückbares Zeichen in einem unerforschlichen Mittler gab. Und auf diese Rechnung mit einer unbekannten, unerkennbaren Größe ist nun alles, alles gestellt. Man muß sehr darunter leiden; die Wendung von den «frohen Christen» habe ich nie sonderlich geliebt; sie negiert ja doch und doch den Karfreitag.
Wieder zehn Seiten geschrieben. In meiner Verwirrung bedeutet selbst die Quantität einen Trost.

21. April 1934 · Sonnabend

Gedenke nun, wie du empfangen und gehört hast, und halte es. *Offenbarung 3, 3*

Es ist möglich, daß man sich in eine Lüge rettet. Diese Lüge kann aber auch die Rettung in eine Ordnung sein. Denn ohne eine Ordnung ist das Leben unerträglich. Viele Ordnungen

durchzuprobieren ist von einem bestimmten Alter an nicht mehr möglich; ich weiß nicht, ob aus «zeitlichen Gründen» oder aus dem allmählich großgewordenen Haß gegen das Experiment. – Der Gedanke erfüllt mich mit einer gewissen Beruhigung, wie viele einzeln benennbare Schmerzen der Vergangenheit völlig verwunden sind; ob sie fruchtbar wurden, weiß ich nicht. «Verbranntes Kind scheut's Feuer» ist Binsenweisheit, keine Fruchtbarkeit.
Morgen fahren wir nach Brandenburg.

23. April 1934 · Montag

Das Baumblütenfest, das echte Volksleben in Werder – eine große Enttäuschung; schön nur zwei Windmühlen über den blühenden Obstgärten, die ersten Jachten und Boote auf der Havel, ein Baum mit Flaschen in bunten Bastbändern behängt. Brandenburg trotz der Tristesse der Stadt ein großer Eindruck: das Rathaus, das Kurfürstenhaus, die fünf gotischen Kirchen – es war für das Buch wichtig, dort gewesen zu sein. Nie konnte Brandenburg Friedrich Wilhelms Residenz werden.

25. April 1934 · Mittwoch

Lasset uns halten an dem Bekenntnis der Hoffnung und nicht wanken. Denn er ist treu, der sie verheißen hat. *Hebräer 10, 23*

Ein Brief von Reinhold Schneider tat mir auffallend wohl; nach der Lektüre seiner «Hohenzollern» hatte ich ihm einige Zeilen über sein Buch geschrieben. Ich tue so etwas sehr selten, weil ich ja überhaupt ungern Briefe schreibe (die sich immer einmal gegen einen stellen). Aber dort, wo ich Publikum bin und das Seltene finde, kommt es schon zu ein paar Zeilen. Immer machte ich schlechte Erfahrungen damit. So freue ich mich, daß es hier bei dem Menschen mit den mir so verwandten Gedanken (nur mit dem viel größeren Ernste, dem viel stärkeren Können) nicht der Fall ist. Schneiders Buch hat nun einmal meinem Ehrgeiz die Richtung gewiesen. Es geht nur mit dieser Sammlung, diesem Ernst. Nicht die bürgerliche Sicherheit und das künstlerische Dekor suchen. Nicht sich von seiner geistigen Behendigkeit

verführen lassen. Was man dem liebsten Menschen damit antut, das macht eine Rechnung aus, die man Gott präsentieren muß. Er verlangt und bezahlt alle Rechnungen, aber man weist, da man nun einmal nur mit Menschenaugen sehen kann, die eine Rechnung mit größerer Scham vor als die andere. Der Rechnung mit dem liebsten Menschen kann ich mich nicht so schämen, weil sie unter zu großen Schmerzen und nach zu langem Wehren in einer letzten Kapitulation zustande gekommen ist. Sie ist ein auferlegtes Leiden für einen selbst. Der Schmerz ist so groß, daß einem der Gedanke der Entschuldigung nicht kommt.
Ich kann gar nichts mehr tun, als mir sagen: Dies ist nun das Leben. Es kommt nicht irgendwann einmal, wenn diese und diese und diese (vom Lebenden gestellten) Bedingungen erfüllt sind. Mit einem matten: «Das ist nun das Leben» hat das nichts zu tun.

27.–29. April 1934 · Freitag bis Sonntag

Es liegen wieder so große Aufregungen vor mir und hinter mir, so viel Bedrückendes, daß ich nicht viel davon schreiben mag. Ich finde mich gar nicht mehr durch; ich merke nur, daß in mir eine nach der anderen von den «Kräften» auslöscht, die ich für die Hauptbestandteile des Lebens hielt. Ich merke nur, daß das Leben unter dem Begreifen von Bibelworten hingeht, von denen man keines auf eine bestimmte Situation hin anzuwenden oder nur auszudeuten wagt. Ja, ich fühle mich trotz des Glaubens oder gerade durch den Glauben so zerstört, daß mich die Frage, ob und was ich noch schreiben werde, ernstlich nicht mehr interessiert. Ich sitze am Schreibtisch, weil ich keine bessere Form des Vergessens weiß.
Wir waren im Kino: eine Schande. Wir waren in einer Dom-Vesper: kaltes Theater. Aber wenn ich Reinhold Schneiders Buch lese, spüre ich plötzlich etwas, was in allem Unpersönlichen stärker ist als Freundschaft. Ja, dieses Buch ist das einzige, was es – neben der Ehe – für mich an Freundschaft gegeben hat. Hier könnte einmal einer kommen und von Plagiat reden, so stark ist die Übereinstimmung meiner Pläne mit Schneiders Leistung.

30. April 1934 · Montag

Heut ist die zweite Auflage vom «Kahn» erschienen. Gott sei Dank, ich habe auch heut am «Vater» geschrieben.

4. Mai 1934 · Freitag

Das Wochenpensum der Arbeit eingehalten; ein Trost. In Zeiten, in denen man sehr kaputt ist, kann einem auch Quantität der Arbeit etwas bedeuten, so wie die Ordnung fast zur Sammlung werden kann. Aber es ist ein Gequäle. Und wenn ich dann richtig im Schreiben bin, muß ich des Dienstes wegen schlafen gehen. –

In dem ganzen Zwiespalt Roman Biographie habe ich mich nun für den mehr biographischen Charakter des Buches entschieden. Wie soll man, wenn der Stoff einen erdrückt, am Dazu-Erfinden Gefallen bekommen? Schon mancher Deutungsversuch wird gewagt genug sein. –

8. Mai 1934 · Dienstag

Dr. Kilpper aus Stuttgart da. Ich war vormittags zu ihm und Dr. Pagel in den Verlag bestellt. Ich hatte mich sehr vor dieser Unterredung gefürchtet. Aber sie dauerte nur eine halbe Stunde. Es ging alles glatt. Der Verlag gibt mir ab Mitte des Monats bis zur Beendigung pro Monat 250 Mark und will versuchen (denn falsche Versprechen machen sie wirklich nicht), mir diese Zahlungen weiter zu belassen, wenn das neue Buch es einigermaßen auf dem Wege einer jährlichen Verrechnung ermöglicht. Auch bekomme ich den Passus in den Vertrag, daß ich von meinen Verpflichtungen frei bin, wenn Dr. Kilpper Entwürfe eines neuen Buches ablehnt und ein anderer Verlag bereit ist, es zu finanzieren. Die gefürchtete Formatfrage auch glimpflich gelöst. Ich soll erst schreiben, wie ich will, aber in künftige Kürzungen generell einwilligen. Das ist kein Problem, das wird dem Buch nur gut tun.

Im übrigen sagte Dr. Kilpper: «Endlich mal ein Buch, das wieder Sinn hat!»

Dr. Kilpper weiß nach dieser Vereinbarung nun, daß ich nicht die Absicht habe, von dem mir zustehenden Rechte Gebrauch zu machen, bei einem besseren Angebot von anderer Seite vom Verlag wegzugehen. Erstens halte ich Verlagswechsel auch bei besserem Angebot für eine halsbrecherische Sache; man führt sich nicht richtig ein. Zweitens glaube ich nicht an das bessere Angebot und an bessere Verleger. Der Einblick, den ich habe, genügt mir. Ich will ruhige Zusammenarbeit mit einem Verlag, der im Buchhandel weit an erster Stelle steht und mir in die entscheidenden Fragen nicht hineinredet. Belehrbar bin ich immer.

10. Mai 1934 · Donnerstag

Reinhold Schneider in Potsdam besucht, doch leider nicht erreicht. Wohnt zwar am Neuen Garten, aber in nüchternem neuem Hause. Sollte es mit Geld, Beruf, Gelegenheit möglich sein, möchten wir ja doch, wenn die Kinder groß sind, nach Potsdam ziehen. Aber fürs erste, jede Heimkehr bestätigt es: diese Wohnung hier ist schönstes Potsdam. Vor meinem Fenster noch immer die großen blühenden Kastanien vor den dunklen Kiefern. Und nun die Akazien auch über und über grün; dann ist nichts mehr vom Winter. Alles so feiertäglich. Etwas, das für sich besteht.

11. Mai 1934 · Freitag

Reinhold Schneider scheint (als der erste) keine Enttäuschung zu sein. Schon heut habe ich von ihm den Dank für den gestrigen Besuch und den «Kahn» und seine Anmeldung für den kommenden Mittwoch.
Und wenn wir persönlich nicht zueinander passen – trotz des sympathischen Eindrucks, den ich aus meiner Funkzeit von ihm hatte –, uns muß ja etwas verbinden, was einer «Freundschaft» gleichkommt.

14. Mai 1934 · Montag

Ich quäle mich mit dem Nordischen Krieg herum. Dieses Kriegerische ist für mich zum Schreiben am schwersten. Ich suche

da immer nach einer möglichst subjektiven Verkürzung des Blickfeldes, denn dieses Terrain beherrsche ich gar zu wenig. Auch darf es im Roman keine Enklave werden. An solchen Tagen sieht man das ganze Buch schwarz in schwarz. Außerdem klappe ich immer etwas zusammen, wenn Hanni einmal mehrere Tage auf das, was ich neu geschrieben habe, nicht sehr reagiert. –
«Der Vater» ist weder Biographie noch Roman. Er wird die Erzählung eines Lebens.

16. Mai 1934 · Mittwoch

Reinhold Schneider zum Tee. Noch größer, als ich ihn in Erinnerung hatte (Friedrich Wilhelm hätte ihn sofort in sein Regiment gesteckt) und, was ich gar nicht mehr wußte, mit seinen 31 Jahren voluminös. Und in all seiner Bescheidenheit und Gediegenheit doch von sehr starkem Selbstbewußtsein. Dieser Entdecker Potsdams ist auch kein Märker; badischer Katholik. Der Zeit, der Zukunft des Schriftstellers gegenüber sehr pessimistisch. Erst 31 Jahre alt und ein bedeutender Mann; etwas, was ich sonst überhaupt nicht kenne. Vom «Kahn» sprach er sehr freundlich. So war heut der ganze Friedrich Wilhelm-Orden zusammen: Schneider, Hanni und ich. Aber es wird in nächster Zeit Friedrich Wilhelms regnen ...
Dieses Buch quält mich entsetzlich. Ich zittere um jede Bestätigung (die einem Buch doch nur «beschert» werden kann und die sich nicht erzwingen läßt). Heut war manche Bestätigung. Aber: Konzeption ist nicht Leistung. Konzeption ist viel eher im selben Maße quälender als begeisternder Antrieb, der nichts vom Gelingen verbürgt. Ich sah schon sehr viele Schriftsteller sich in Konzeptionen berauschen und in ihnen verzetteln. Ich habe mich mit diesem Buch in etwas gefangen, wovon ich ganz und gar nicht los kann: weder indem ich die Schwierigkeit fliehe, noch indem ich sie löse. –
Wahrscheinlich muß man das von seinem ganzen Leben sagen.

18. Mai 1934 · Freitag

Im Roman bin ich gerade noch bis zum Schluß des zweiten Abschnittes gekommen; fünf soll er haben. Aber daß die Seite, auf der ich aufhörte, gerade das Ende des zweiten Abschnittes ist, habe ich erst hinterher gemerkt. Meine Unleidlichkeit, Unruhe, «Kränklichkeit» – das ist wohl alles nur der Roman, der gar so schwer ist und täglich so zerrissen und gestört wird. Hanni sagt, ich soll auch ein Lutherbuch als die «Erzählung eines Lebens» schreiben. Das ist genau das Buch, vor dem ich dauernd fliehen will und das ich nie zu schreiben beginnen möchte; das würde einen ganz auffressen und einen Nebenberuf gar nicht mehr dulden.

22. Mai 1934 · Dienstag

Diese kurze Pfingstreise nach Stendal, nach Tangermünde, zur Klosterkirche in Jerichow und Wehrkirche in Schönhausen war eine große Angelegenheit und schaffte uns beiden den Eindruck, wir wären sehr lange weggewesen. Da vieles davon im Roman wiederkehren wird, kann ich meine Aufzeichnungen sehr kurz halten. Ein glücklicher Zufall war, daß wir gerade um das Fest (so schwer ich mich an Festtagen vom Hause trenne) in diese Kirchenstädte kamen: die Küster schmückten am Pfingstsonnabend die Altäre mit Maibäumen, die Kantoren übten auf dem Orgelchor ihr Feiertags-Präludium, die Städte waren geschmückt wie die Kirchen. Und in der St. Stephanskirche in Tangermünde hörten wir eine erstaunlich mutige Predigt, die man nicht oft finden wird, auch wenn sie mich in religiöser Hinsicht kalt ließ. – Als wir im vorigen Jahr das «märkische Barock» entdeckten, erschien es uns als ein sehr wichtiger und glücklicher Ersatz für Reisen; aber nun die «märkische Gotik» und die romanische Klosterkirche von Jerichow – das ist viel mehr, für das Heimatgefühl, für die Entdeckerfreude, für das Geschichtsgefühl, als persönliche Erinnerung für uns beide (als Abkehr von dem Unrat, mit dem man sich immer wieder zuschütten lassen muß).
Wir waren zeitig zurück und noch im Charlottenburger Park

und Schloß, wo ich die drei so gewinnenden Jugendbilder Friedrich Wilhelms sah und sein rührendes Kinderbild. –
Den dritten Abschnitt des Buches, der wohl die Seiten 200 bis 300 füllen wird, begonnen. Aber recht kaputt. Viel zu kaputt, so daß man sich fast schämen und ein wenig verzagt sein muß.

30. Mai · Mittwoch

Werde wach und stärke das andere, das sterben will!
Offenbarung 3, 2

Dieser dritte große Abschnitt des Buches, an dem ich jetzt arbeite, ist noch nicht, wie ich dachte, die Clement-Partie «Der König und der Abenteurer», sondern ein neu hinzugekommener Teil «Wirte und Gäste». – Ich darf die Seitenzahlen wirklich nicht mehr ansehen ... Was wird das noch für Auseinandersetzungen geben.

1. Juni 1934 · Freitag

Weh denen, die bei sich selbst weise sind und halten sich selbst für klug! *Jesaja 5, 21*

Nie mehr, glaube ich, werde ich Bibelworte auf einzelne Situationen des Lebens beziehen. Aber über dem ganzen Leben stehen sie und halten es und treiben es vorwärts, und keine Müdigkeit, Enttäuschung, keine Wut kann dagegen an. –
Als ich den «Kahn» schrieb, sah ich so viel Farben. Und nun beim «Vater» ist es seit Monaten immer wieder und wieder Musik. Nicht Melodien – aber ein merkwürdiges Bauen von Themen und Gegenthemen und ihren Abwandlungen, vor allem eine unheimliche Sehnsucht, Musik zu hören. –

10. Juni 1934 · Sonntag

Öffne mir die Augen, daß ich sehe die Wunder an deinem Gesetz.
Psalm 119, 18

Wirklich, als der Sonntag eingeläutet wurde, habe ich mich dazu gezwungen, die Arbeit niederzulegen. Es war ein großer Regen, dann unbeschreiblicher Duft nach Gras, Holunder, Rosen, Linden. Wir haben noch einen weiten Spaziergang am Kanal gemacht. Den Sonntagmorgen verbrachten wir im Garten, am frühen Nachmittag suchten wir Schloß Köpenick auf; damit ich nun, wenn ich das Palais Creutz und Havelberg gesehen habe, die Milieu-Studien abschließen kann.

17. Juni 1934 · Sonntag

Wieder habe ich mit dem Feierabend am Sonnabend die Arbeit hingelegt und mich bemüht, nicht an sie zu denken, damit ein wenig Ruhe wird in dem zu zergrübelten Kopf und dem gar zu bewegten Herzen! Denn so muß man es schon nennen.
Aber wie mir sonntags die Kirche fehlt, kann ich gar nicht sagen. Doch kann man sich nicht immer der gleichen Enttäuschung aussetzen.

18. Juni 1934 · Montag

So fürchte dich nun nicht; denn ich bin bei dir. *Jesaja 43, 5*

Um mich zu erholen, reicht der Sonntag nicht mehr aus; nur seelisch ist er die große, große Wohltat; der Sinn der Woche; die Möglichkeit, alle Anstrengung und alles der wirklichen Arbeit Fremde in Kauf zu nehmen; die Quelle der Dankbarkeit; die Besinnung zur Zufriedenheit.
Wann wird es sich auswirken, daß man alles über Bord geworfen hat, was nicht Erwerb der Existenz-Mittel im Bürodienst und Roman ist – wann wird sich der Segen dieser Resignation und Konzentration in einem, denn das ist es, spüren lassen? Man kann nicht ängstlich darauf warten: aber die Nerven sind nun einmal wie zerschnitten und zerrissen. Sinnlose, unausgesetzte Kopfschmerzen. Mir wird erst wohl sein, wenn auch der Verlags-Vertrag «in beiderseitigem Einverständnis» gelöst und mein Honorar zurückbezahlt ist, keine Frage nach Termin und Format mehr besteht (obwohl ich so gut auf Umfang und Datum arbeiten konnte!) und die tägliche, dadurch um nichts eingeschränkte Arbeit nur der Form gilt, die dieser eigenartige und erschütternde Stoff so sehr klar verlangt.

Vom Bürodienst will ich nicht los: er schafft die äußere Basis, wo alles andere versagt. Von allem anderen will ich frei sein.

20. Juni 1934 · Mittwoch

Unsere Missetaten stellst du vor dich, unsere unerkannte Sünde ins Licht vor deinem Angesicht. *Psalm 90, 8*

So schwer, so mühselig, so anstrengend und hoffnungslos alles ist: dies kann ohne Pose und Lüge der Weg zu dem sein, was ich das Pfarramt und das Pfarrhaus als das «Ideal» meines Lebens nenne; von beiden weiß ich, daß sie keine einfache Sache sind und daß sie mir in den Pastorenkreisen nie begegneten: entweder fand ich Würdelosigkeit oder Verlogenheit. Man kann es auch nicht wollen, vielleicht aber, wenn es Schicksal wird, begreifen.

Solange noch der leiseste Unterschied ist zwischen Predigtschreiben und Bücherschreiben, kann es ganz und gar nichts werden.

Das mit der Qualitätsfrage und dem Qualitätsanspruch ist im Grunde auch falsch. Man kann sich wohl nur entscheiden, ob man sich von einem Stoff und Menschen auf Gedeih und Verderb packen lassen will oder, mit dem Ausblick auf den Effekt, dämmt, reguliert und abstoppt. Daß dies im Bereich meiner Möglichkeiten liegt, hat der Filmentwurf bewiesen.

24. Juni 1934 · Sonntag

Das Gebot, das ich dir heute gebiete, ist dir nicht verborgen noch zu ferne; – denn es ist das Wort gar nahe bei dir, in deinem Munde und in deinem Herzen, daß du es tust. *5. Mose 30, 11. 14*

Der Versuch mit der Kirche war wieder vergeblich. Es ist nicht anders: ich bin «geistlich» wie ausgehungert und fürchte mich vor der Inzucht und der Kontroll-Losigkeit meines religiösen Denkens. In Luther geblättert: und sofort kommt die Beruhigung. In Kant gelesen: und Einzelheiten faszinieren mich; das meiste kann ich aus Mangel an Intelligenz nicht lesen; Abschnitte wie der über das Beten stoßen mich ab oder sind mir völlig fremd. So sehr es mich oft an die Bücher der Großen reißt:

es muß, meine sehr erschöpften Kräfte zu schonen, beim alten Prinzip und der alten Taktik bleiben – nur das aufzunehmen, was der Gang der laufenden Arbeit an mich heranträgt.
Mit Luther steht es anders. Luther ist Ersatz für Kirchenbesuch.
Der Hunger, der wirklich nur so zu nennende Zustand, nach der Auslegung der Bibel und die Unruhe des Blutes scheinen mir zwei völlig gleich starke Mächte zu sein; zwei Mächte, deren Druck man mit viel Leiden spüren muß. Die Kunst ist von beiden Mächten und aus beiden Ängsten erpreßt, ist auch ein sehr schmerzhafter Hervorbruch von Lebendigkeit. Wo ich von Worten wie Leben und Lebendigkeit lese oder höre, bin ich im selben Maße aufgewühlt wie andächtig gestimmt. Daher auch die für meine Verhältnisse ungewöhnliche Sympathie für Reinhold Schneider, der Friedrich Wilhelm in dem Brief an mich «der Lebendigsten einer» nannte; daher der ganze, schwere Friedrich-Wilhelm-Versuch.

25. Juni 1934 · Montag

> Du erhältst stets Frieden nach gewisser Zusage; denn man verläßt sich auf dich. *Jesaja 26, 3*

Wieder ein dunkler, schwüler Tag. Die Arbeit nicht gehemmt, aber der Kopf zum Zerspringen, und der eigenen Melancholie muß ich dauernd selbst alles Mögliche aus- oder einreden. Nur für die politischen Sorgen gibt es kein Heilmittel; das ist alles so schlimm und erinnert oft so an Krieg: Anleihen, Stimmungs-Propaganda; die Menge militärischer Übungen. Je monumentaler die Feiern und Aufmärsche organisiert werden, je fanatischer die politischen «Führer» den Fortschritt konstatieren, desto gedrückter wird die Stimmung der Einzelnen; und immer wieder, auch unter Nationalsozialisten, die Frage: wo sind die eigentlichen Nationalsozialisten? – Die Sprache der Regierung ist Hybris; verräterisch und erschreckend der heimliche politische Witz, der immer die Situation am schärfsten und am raschesten erfaßt. – Um den Pfarrer-Notbund, der sich gegen die gewaltsame Revolutions-Reformation wehrt, gruppieren sich Theolo genkreise mit erstaunlichem Mut. Sie wagen es trotz aller Drohungen gegen die «Reaktion» sogar mit einer eigenen Zeitschrift «Junge Kirche», die wir jetzt auch mithalten. Professor Hermann gehört natürlich in diesen Kreis.

29. Juni 1934 · Freitag

Jetzt nach acht Jahren meldet sich in einem sehr freundlichen Brief plötzlich Harald Poelchau[22], Gefängnispfarrer hier in Tegel; der einzige, der mir in meiner Zeit im Breslauer Theologen-Konvikt, außer Professor Hermann, näher stand und großen Einfluß darauf hatte, daß ich Schluß machte mit dem Studium; Poelchau schreibt auf den «Kahn» hin. An Poelchau war sehr viel. – Bei solcher Gelegenheit sehe ich immer wieder, daß ich im Grunde meines Herzens sehr zur Freundschaft veranlagt bin; schönste Möglichkeit, der Vielfalt des Lebens nahe zu sein, ohne in die Verwirrung zu geraten, wenn man das Leben eines anderen Mannes kennt; und immer von mir begehrt, wenn der Grund der Beziehung die Kirche ist. Nur kann ich nie den ersten Schritt tun; nicht mehr. Bei Reinhold Schneider wird es eine einseitige Bewunderung bleiben für den Menschen, der seine dreißig Jahre ernst genommen hat.

30. Juni 1934 · Sonnabend

> Ich harre des Herrn; meine Seele harret, und ich hoffe auf sein Wort. *Psalm 130, 5*

Die Miliz der SS seit Mittag in Alarmzustand; Anlaß und Zweck noch undurchsichtig. –
Das Ende des Abendspazierganges brachte dann die Klärung. Die Zeitungshändler waren bestürmt. Die Ereignisse zu schildern, würde zuviel verlangen. Ich hebe die Zeitungen auf, die sklavisch drucken, was ihnen amtlich vorgelegt wird. Als Laie habe ich nur zu sagen: Hitler hat ja die Leute, die er groß gemacht hat, lange genug gekannt, und eine breite, breite Öffentlichkeit hat um ihre Abgründigkeit gewußt und dennoch Vertrauensvotum über Vertrauensvotum erteilt. Einen so sauberen

Mann wie den General Schleicher in diese Dinge verstrickt zu sehen – und namentlich sein und seiner Frau Tod – ist furchtbar. Es ist gar nichts zu hoffen. – Alles zu früh, zu ungeduldig, zu vermessen. Noch lebt das Volk trotz aller politischen Witze und privaten Enttäuschungen in der Illusion vom «Dritten Reich».

1. Juli 1934 · Sonntag

Ein sommerlicher, belebter Sonntag wie alle anderen und gar nichts von den erregenden Dingen zu spüren. Es ist, als wären sie nur der Anlaß zu neuen byzantinistischen Kundgebungen. Alles geschieht, dieses unglückselige Volk in Unruhe und Unglück zu treiben, und immer wieder merkt man, wie es sich nur seine kleinen Idylle zu bewahren sucht; dieser Sonntag mit seinen Garten- und Wasserfreuden war so lehrreich.
Wir waren noch einmal in Monbijou. Vor allem der Totenmaske Friedrich Wilhelms wegen. Im Garten. Der große Abend-Spaziergang. Aber nun stieß mich das «Idyllische» der Deutschen ab. In allen Gartenlokalen wurde getanzt, als wäre nichts vorgefallen; das ist alles andere als harmlos und jugendlich.
Was geschehen ist und wie die Rechtslage ist, zeigt der Tod der Frau von Schleicher. –

4. Juli 1934 · Mittwoch

Der Herr macht im Meer Weg und in starken Wassern Bahn.

Jesaja 43, 16

Den Abschnitt IV, «Der König und der Abenteurer», begonnen. – Manchmal, wenn mir die Schwierigkeiten des Buches über dem Kopfe zusammenschlagen, kommt mir der Gedanke, daß ich ja in nichts weiß, ob ich auf der Welt überhaupt noch etwas anderes auszurichten habe als dieses Buch, nachdem alles andere gescheitert ist. Und dieser Gedanke ist nichts als beruhigend; er läßt sogar alles Verlorene und Gescheiterte von «Hoffnungslosigkeit», das die Politik unmöglich gemacht hat, an bis zum Film wunderbar leicht verschmerzen. –

13. Juli 1934 · Freitag

Herr, gedenke doch und laß deinen Bund mit uns nicht aufhören. *Jeremia 14, 21*

Die heutige große Hitler-Rede, durch Lautsprecher bis in die letzten Winkel des Landes verbreitet, hebe ich im Zeitungsnachdruck auf. Daß die Zahl der Erschossenen so groß ist, hatte ich bei Ullstein schon lange gehört. Ich spüre nun allmählich gar, gar keine Berührungspunkte und keine Verständigungsmöglichkeiten mit dem Nationalsozialismus mehr und kenne in dieser Hinsicht gar nichts mehr als die schwere Sorge, wie dieses vermessene Abenteuer, zu dem dieses unglückliche Volk kranke Phantasten ermächtigt hat, enden soll. In allem, allem: Kunst und Politik und Leben mit den Menschen bleibt nur eine einzige Müdigkeit. Und die durch nichts begründbare Überzeugung, daß das Schreiben gewagt sein muß; die Ehe und das Schreiben – die tägliche Frage nach der Selbstbestätigung, die sonst gar nicht mehr zu gewinnen ist: im Schreiben geht sie mir auch immer mehr verloren.

14. Juli 1934 · Sonnabend

Ein Haar von eurem Haupt soll nicht umkommen. *Lukas 21, 18*

Heut sollte der Roman nach den ursprünglichen Plänen beendet sein – und als welche Last liegt er noch vor mir. Auch davon bin ich geheilt: daß ich glaubte, unter allen Umständen, auf Termin und in vorgeschriebenem Format arbeiten zu können. Gar nichts ist in der Kunst für mich geblieben, seit Lockerung und Ehrgeiz aufgehört haben, als das Gefühl einer drückenden Verpflichtung – ohne daß der Trost besteht, wer und was mich verpflichtet. Denn sich so gebunden zu fühlen, kann die letzte, schwerste Täuschung und Überheblichkeit sein. Man darf sich nicht hinzudrängen, wo man nicht gerufen ist. –

15. Juli 1934 · Sonntag

Ich glaube, lieber Herr; hilf meinem Unglauben! *Markus 9, 24*

Ich fand heut Luthers Brief an Melanchthon vom 27. 6. 1530: «Deinen jämmerlichen Sorgen, von denen du, wie du schreibst, verzehrt wirst, bin ich von Herzen feind. Daß sie in deinem Herzen so herrschen, kommt nicht von der Größe der Sache, sondern von der Größe unseres Unglaubens ... Aber laß die Sache groß sein: Groß ist auch der, der sie führt und veranlaßt; denn es ist nicht unsere Sache. Warum quälst du dich so beständig und ohne Ruhe? Ist die Sache falsch, so wollen wir widerrufen. Ist sie wahr, warum machen wir den trotz seiner hohen Verheißungen zum Lügner, der uns befiehlt, unser Herz soll sorglos wie im Schlafe sein? ‹Wirf deine Sorge›, spricht er, ‹auf den Herrn!› ‹Der Herr ist nahe allen, die bekümmerten Herzens sind, die ihn anrufen›.»

Mit den Worten Luthers ist es wie mit denen der Bibel: man glaubt sie zu sich selbst gesprochen, fühlt sich allerpersönlichst angeredet. Und der Wall gegen den Individualismus, der Trost in den Zweifeln, man lege sie willkürlich aus: daß man weiß, viele, viele andere erfahren es genau so!

20. Juli 1934 · Freitag

Ach, daß du den Himmel zerrissest und führest herab! *Jesaja 64, 1*

Nach der Glut nicht sehr gefragt, die Schmerzen übergangen, an die Zeit nicht gedacht, das Dankenswerte nicht vergessen und zu arbeiten versucht wie immer – einen anderen Rat weiß ich mir nicht. Mit einer neuen Zeitschrift noch einmal den Versuch mit Novellen und Gedichten gemacht, da Verlag und Herausgeber ernsthaft: Paul Alverdes bei Albert Langen-Georg Müller, die doch immerhin ein gewisses Niveau – ob auch Toleranz, weiß ich nicht – zu halten suchen. –

26. Juli 1934 · Donnerstag

Er erhöht die Niedrigen und hilft den Betrübten empor. *Hiob 5, 11*

In Österreich ist Revolution; eine Parallele zu dem Sturz der SPD bei uns im Sommer 1932 durch die Feudalen und dem anschließenden Kampf der Nationalsozialisten gegen die Feudalität; aber alles noch viel wirrer und undurchsichtiger. Krisen, Streiks und Unruhen in Frankreich und Holland. Diese Welt kann sich gar nicht mehr erholen und beruhigen; und aller Aufruhr so kraftlos und müde.

10. August 1934 · Freitag

Das ist der Herr, auf den wir harren, daß wir uns freuen und fröhlich seien in seinem Heil. *Jesaja 25, 9*

Auch vor Mutters Brief, lange schon, habe ich mir überlegt, ob ich bei einer Abwesenheit von Hanni nicht nach Beuthen fahre, denn es zieht mich sehr zu Vater. Wir wären ganz allein. So aber muß ich das tragen wie bisher, und wir müssen eine ganz andere, wirklich heimliche Sprache miteinander reden. –

12. August 1934 · Sonntag

Euch ist das Wort dieses Heils gesandt. *Apostelgeschichte 13, 26*

Der Havelberger Sonntag. Abgesehen von einem alten Pfarrplatz an der Stadtkirche, deren Turm ein noch heut bewohntes Küsterhaus vorgebaut ist, und auf einen Blick von einer Havelbrücke zum Ufer mit kleinen Kähnen, Netzen, Enten und zum Dom hinauf beschränkt sich der Eindruck auf den Dom und seine unmittelbare Umgebung selbst, die Räume der Propstei, die Plastik im Dom – im einzelnen ist sonst viel gesündigt; sehr friedlich einige Häuser und Gärten um den Dom, darunter das reizende Schlößchen eines entfernten Verwandten auf dem Hügel über der Havel. Die Namen der Gassen von großem Reiz. Hier soll nun der Abschluß des ersten Bandes spielen.
Unter den Plastiken: eine lachende Madonna «mit den Grübchen» – das Jesuskind, die Taube des Heiligen Geistes fütternd; Maria, die Wurzel Jesse in der Hand; Verkündigung: Gott, durch eine Wolke verhüllt und Maria das Kind entgegenhaltend, spricht Maria ins Ohr.

14. August 1934 · Dienstag

Wir liegen vor dir mit unserem Gebet, nicht auf unsere Gerechtigkeit, sondern auf deine große Barmherzigkeit. *Daniel 9, 18*

Nicht nur, daß ich die Sprüche täglich vor mich hinschreiben möchte; ich muß mich zusammennehmen, sie nicht auch noch zu unterstreichen. Dies ist mein täglicher Ersatz für die Kirche, die in meiner Reichweite nicht zu finden ist und nach der ich mich sehne wie nach nichts sonst. – Aber auch das kann eine Sprache Gottes sein, daß er einen immer heftiger fragen und verlangen läßt. Früher dachte ich predigen zu können; jetzt möchte ich nur immer wieder predigen hören. – Hanni hat mir ein herrliches Buch von den Breslauer Kirchen mitgebracht.

19. August 1934 · Sonntag

Wenn du bis an der Himmel Ende verstoßen wärest, so wird dich doch der Herr, dein Gott, von dort sammeln und dich von dort holen. *5. Mose 30, 4*

Heut die Volksabstimmung über die Vollmachten Hitlers als Reichspräsident und Kanzler auf unbegrenzte Dauer. Unentwegt laufen seine Reden im Rundfunk; ich kann und kann nichts Konkretes in ihnen finden! Seit Freitag schon muß geflaggt sein, und kaum jemand wagt es, sich auszuschließen. Was macht es, daß unsere Fahne fehlt; was werden unsere beiden Nein-Stimmen bedeuten! Es ist unfaßlich: spricht man die einzelnen, ist alles bedrückt – kommen die Kundgebungen, sagt alles zu allem Ja und Amen! Aber solchem Volksentscheid muß man sich beugen.
Die Opposition gegen Hitler ist sich nur im Negativen einig.

26. August 1934 · Sonntag

Der Herr ist allen gütig und erbarmt sich aller seiner Werke.
Psalm 145, 9

Den Sonntag in Paretz. – Paretz selbst: schon nicht mehr einfach, sondern ärmlich, die Malereien der Gartenzimmer drittrangig. Ein leeres Empire; menschenscheu und heruntergekommen – nicht Zuflucht eines Königs. Schön nur der Blick auf das Schloß, die Weiden mit Kühen und Schafen um den Park, die Segel zwischen den Wiesen, Puttos auf einer Gartenmauer ganz in Efeu, wildem Wein und Spinnweb. Noch einmal kehrt etwas von Friedrich Wilhelm I. hier wieder: der Hang zur bürgerlichen Ordnung, die Frömmigkeit, die die Nähe der Glocken liebt, das holländische Ideal, die Sparsamkeit – aber es ist die Welt des wirklich klein und müde gewordenen Epigonen – nicht die leidenschaftliche Flucht und Lüge und Rettung des Über-Lebendigen. –

13. September 1934 · Donnerstag

Ich bin der Herr, dein Gott, der Heilige in Israel, dein Heiland.
Jesaja 43, 3

Das Wiedersehen mit Harald Poelchau, die Bekanntschaft mit seiner Frau – das ist bei allen Beteiligten sehr gut ausgefallen. Genau wie Professor Hermann [auf der Reise in Greifswald] hatte ich Poelchau seit dem Februar 1926 nicht mehr gesehen und nun erst auf seinen «Kahn»-Brief von ihm gehört. – Hermann und Poelchau waren in meiner Zeit im Theologen-Konvikt objektiv gesehen die einzig «Lohnenden», subjektiv betrachtet die einzigen, die gut zu mir waren. In allen Gesprächen des gestrigen Abends herrschte sofort die schönste Übereinstimmung; nur daß er als Gefängnisgeistlicher Gottesdienst und Predigt zu radikal ablehnt.

7. Oktober 1934 · Sonntag

Das ist ein köstlich Ding, dem Herrn danken, und lobsingen deinem Namen, du Höchster, des Morgens deine Gnade und des Nachts deine Wahrheit verkündigen. *Psalm 92, 2. 3*

Wunderbarster Herbst, der blaueste Himmel und die reichste Sonne. Ich hatte gestern abend lange gearbeitet und danach, in der Erwartung des Sonntags, viel besser als sonst geschlafen. Der sonntägliche Frühstückstisch wieder eine Apotheose der antiken Dinge, und dann sofort ein großer Spaziergang. Als Neues: der Botanische Garten, der ja in großen Abschnitten wirklich eine fremde Landschaft ist. Dem Berliner kann man den Vorwurf nicht machen, daß er die Schönheiten, die sich ihm bieten, nicht wahrnimmt. – Mittags, mit Weinlaub geschmückt, kam die erste Ente auf den Tisch, Blumen und Wein – das Wesen der Mahlzeit, das sinnliche und das «sakramentale» ist nirgends sonst so wie bei Friedrich Wilhelm begriffen. Heut im Botanischen Garten, unter den herrlichsten, klarsten und zartesten exotischen Blüten, sah ich etwas, das als Bild das schönste Titelblatt für den Roman abgäbe: eine grüne, große Pflanze, die – wie sie gefunden war – aus einem Totenschädel wuchs. –

16. Oktober 1934 · Dienstag

Siehe, ich habe deine Sünde von dir genommen und habe dich mit Feierkleidern angezogen. *Sacharja 3, 4*

Mutter schreibt, daß Vater nun vom Arzt aufgegeben ist. Und daß ich kommen soll. Wenn einem doch diese Quälerei erspart bliebe. Für Vater ist es doch sicher nicht mehr nötig.

17. Oktober 1934 · Mittwoch

Gott donnert mit seinem Donner wunderbar und tut große Dinge und wird doch nicht erkannt. *Hiob 37, 5*

Heut schreibt Frau Sanitätsrat Demel aus Beuthen, daß Dr. Hacker auch für Mutter selbst das Schlimmste befürchtet. Und daß ich kommen soll. Ich werde es tun. Wenn doch bis dahin alles vorüber wäre. Wenn es doch nicht zu sein brauchte. –

18. Oktober 1934 · Donnerstag

Es fehlte nichts an allem Guten, das der Herr dem Hause Israel verheißen hatte. Es kam alles. *Josua 21, 45*

Nach den schlimmen Beuthener Nachrichten bin ich nun ohne weiteren Bescheid geblieben und plötzlich gesundheitlich sehr kaputt. Ein Wunder ist es nicht. Immer wieder muß die Arbeit vor solchen Attacken gerettet werden. Die Nervenschmerzen sind ein Kreuz, und die Phantasie kann nicht anders, als immer sich wieder Beuthen vorzustellen.
Aber sehr konzentriert gearbeitet. Nur kein Vertrauen mehr.

24. Oktober 1934 · Mittwoch

Ein jegliches Reich, so es mit sich selbst uneins wird, das wird wüst; und eine jegliche Stadt oder Haus, so es mit sich selbst uneins wird, kann's nicht bestehen. *Matthäus 12, 25*

Was ist das für ein Arbeiten. Es ist wirklich so weit: ich schleppe mich bloß noch. Ich halte den Tag bloß noch ganz mühselig zusammen und weiß gar nicht, wie das werden soll.
Heut besuchte mich Bischoff[23] bei Ullstein. Der Einzige, der ihm wenigstens mit 20-Mark-Honoraren hilft, ist Krell, indem er ihn Romane prüfen läßt. Darunter erhielt Bischoff gestern nun ausgerechnet mein Manuskript. 200 Seiten hat er gleich in einem Zuge gelesen. Daß er noch viel begeisterter ist als Z. – es kann mich nicht beruhigen. Aber trotzdem bin ich jetzt dankbar für jeden Trost. So sehr bedrückt mich das Buch.
Vom ganzen Leben ist nur noch ein großer Ernst übriggeblieben.

26. Oktober 1934 · Freitag

Ist meine Hand nun so kurz geworden, daß sie nicht erlösen kann? Oder ist bei mir keine Kraft, zu erretten? *Jesaja 50, 2*

Heut hat Hanni die Flucht vor allem ergriffen: vor dem erneut bevorstehenden Vermögensverlust; dem Verlag; den Häusermaklern; den schlimmen Nachrichten aus Beuthen. –
Weil es uns noch zum Roman fehlt, ist sie nach Braunschweig gefahren. Morgen muß nun meine Reise nach Beuthen sein. Es ist wie immer: mit unseren Kräften ganz am Ende gehen wir weg – hinterlassen in Arbeit, Papieren, Haushalt einen kleinen Musterstaat – müssen dann sofort in diesen geordneten Gang unseres Lebens zurück; und die wirkliche Pause einer Ruhe kommt nicht. Beuthen muß mich ja sogar weit zurückwerfen. Und kann es denn einen Sinn haben?

27.–30. Oktober 1934 · Sonnabend bis Dienstag

Um deines Namens willen laß uns nicht geschändet werden. *Jeremia 14, 21*

Die größte Beruhigung liegt für mich darin, daß hier die eingeborene untilgbare Liebe genügt, um Mutter eine in

diesen uns betreffenden Zusammenhängen erträgliche Lage zu schaffen.
Bischoff besuchte mich wieder heut bei Ullstein und gab mir Einblick in sein Lektoren-Urteil über den «Vater». Von ihm aus ist alles geschehen. Eingehendere Behandlung kann ich nie erwarten, als ich sie von Bischoff erfuhr. Für Bischoff geschieht nichts, nichts, nichts. Daß das Verfahren gegen ihn eingestellt ist, bedeutet überhaupt nichts.

5. November 1934 · Montag

Wer nicht in mir bleibt, der wird weggeworfen wie eine Rebe und verdorrt, und man sammelt sie und wirft sie ins Feuer, und müssen brennen.. *Johannes 15, 6*

Der Arzt hat mich eine Stunde untersucht und flickt mich nun, da anderes nicht möglich ist, mit Medikamenten zusammen. Ich bin so auf den Hund gekommen, derart elend, daß ich gar nicht mehr schreiben kann; und bin dabei geistig noch so frisch. Aber ich schleppe mich nur noch. Es ist ein verteufelter Zustand.
Außer Billum habe ich nun alle endgültig verloren. Billum gefährlich erschüttert. Aber das weiß ich schon: es ist der Tod überhaupt.
Vaters Beerdigung wie ein Staatsbegräbnis. Ein rührender Zug: die «Nordschlesische Tageszeitung» bringt die Meldung von Vaters Tod unter der Überschrift «Jochen Kleppers Vater gestorben». Bilder von Vaters Aufbahrung.

23. November 1934 · Freitag

Ich habe die Erde gemacht und Menschen und Vieh, so auf Erden sind, durch meine große Kraft und meinen ausgestreckten Arm und gebe sie, wem ich will. *Jeremia 27, 5*

Dreiviertelzwölf abends. Der erste Band ist beendet.

24. November 1934 · Sonnabend

Lasset euch genügen an dem, was da ist. *Hebräer 13, 5*

Ich mag nicht lamentieren, ich mag mich nicht unvernünftig stellen, ich will nicht, daß die viele Zeit beim Arzt und das viele

Geld für die Medikamente umsonst ist, ich will auch nicht, daß Hanni wie im Trappistenkloster leben muß – aber es ist so abscheulich, so bedrückend für mich, daß ich nur vorläufig mir mit der Suggestion helfen kann, nach einer Woche wird es mir viel besser gehen und der Arzt wird sich mit einer Weihnachtspause begnügen. Die liegt sogar im Interesse des Buches. Aber alles darüber hinaus – lieber Himmel, wohin mit meiner Unruhe und Melancholie, gegen die es nur dieses eine Mittel gegenwärtig gibt? Von allem anderen mag ich ganz und gar nichts wissen.

29. November 1934 · Donnerstag

Wo der Herr nicht das Haus bauet, so arbeiten umsonst, die daran bauen. *Psalm 127, 1*

An Mirbt[24] sehe ich, welcher Aufstieg auch Belasteten heut noch möglich ist. An Bischoff, wie auch der Begnadigte viel tiefer sinken muß, als ein Mensch sich vorstellen kann. –
Meine eigene Lage habe ich objektiver sehen gelernt und bin verdammt bescheidener geworden, kann auch innerlich das eigene Schicksal ganz und gar nicht mehr verbrämen. Ich wünschte nur, dreißig Jahre Leben könnten einen anständigen künstlerischen Niederschlag als greifbares Resultat der bisherigen Existenz finden. –

12. Dezember 1934 · Mittwoch

Wenn dieses anfängt zu geschehen, so sehet auf und erhebet eure Häupter, darum daß sich eure Erlösung naht. *Lukas 21, 28*

Die Kraft reicht aus, zu leben und zu versuchen, ein Leben zu erzählen – darüber hinaus ist nichts mehr erreichbar. Kein Denken, kein Lernen, kein Handeln, kein Diskutieren und Agieren.
Im Dienst ist jetzt vor Weihnachten so viel zu tun, daß ich gar nicht mehr Privatarbeit bewältigen könnte, als mir vom Arzt erlaubt ist. Ich werde genau zum Fest und seiner Ruhe soweit kommen, daß der erste Band für die Striche völlig vorbereitet ist.

Das Material zum zweiten Band liegt bereits bis in jede Einzelheit gesichtet bereit. Gebe Gott, daß nach den Festen die Arbeit weitergehen darf.
Bei Oertel und der Topell[25], der «großen Directrice». Matthias Wieman mit Frau und wir sollten zusammengebracht werden. Verständigung gelang, so sehr verschieden alle Beteiligten waren, überraschend gut. Was den Beruf betrifft, so leiden wir doch ganz am gleichen Kummer, und Wiemans Ruhm ist nur mit den schmerzlichsten Kompromissen erkauft und hilft ihm nun, was Einfluß auf die Filmproduktion betrifft, nicht einen Schritt weiter. Oertel verspielt seine Zeit mit Fotostudien zu Filmen, die sich nicht durchsetzen lassen. Gegenwärtig kämpfen sie um mein Projekt einer Verfilmung des «Kaspar Hauser» mit Wieman in allem Ernst und großem Eifer und ohne meinen lähmenden Pessimismus. Doch so etwas wie Solidarität zwischen uns herrscht schon. In Oertels Schlafzimmer hängt übrigens, an die Wand gesteckt, das Titelblatt von meinem «Kahn».
Die freundlichen Dinge der Weihnachtszeit geschehen, weil man nicht undankbar und verbittert sein will. Aber sie finden keinen Weg mehr ins Herz. Das wirkliche Weihnachten fordert einen immer mehr vor sich, jene Weihnachtsgeschichte, der der Kindermord von Bethlehem und die Flucht nach Ägypten folgt.

16. Dezember 1934 · Sonntag (3. Advent)

> Du aber sei nüchtern allenthalben, sei willig zu leiden, tue das Werk eines evangelischen Predigers, richte dein Amt redlich aus.
> 2. *Timotheus 4, 5*

Weiter die dunklen, milden Tage. Wir waren viel im Freien. Das aus dem Hausverkauf[26] gelöste Geld muß eine Anlage finden. Am richtigsten erscheint gegenwärtig der Bau eines eigenen Hauses, um der gar so hohen Miete zu entgehen und Steuererleichterungen zu bekommen. Was uns erschwinglich ist, das war aber mehr als garstig, als wir heut Musterbauten in abscheulicher Lage besichtigten.
Zum Christbaumkauf. Ein arger Wucher, rüder Handel. Aber

nun steht ein ganz ansehnlicher Baum auf dem Balkon, nachdem es mit Hanni schon so weit war, daß sie dieses Jahr nicht einmal den Baum im Hause wissen wollte.
Ich hörte heut zum ersten Mal die Predigt eines der neuen «Deutschen Christen». Da habe ich mit einem Schlage begriffen, daß es so etwas geben konnte wie die Salzburger Emigranten.

21. Dezember 1934 · Freitag

Er richtet unsere Füße auf den Weg des Friedens. *Lukas 1, 79*

Das merke ich immer stärker, wenn ein Jahr zu Ende geht: Bilanzen zu ziehen, Termine zu setzen und Ziele zu stecken – das ist Gottes Sache; und er erledigt alles das im geheimen. Ob man am Schluß die Ordnung sieht, die Gott in unserem Leben hielt? Oder ist auch das viel, viel zu eng gedacht?

24. Dezember 1934 · Montag (Heiliger Abend)

Die Liebe höret nimmer auf. Prophetengaben aber werden aufgehoben. Zungenreden wird aufhören. Erkenntnis wird aufgehoben werden. *1. Korinther 13, 8*

Dies alles soll vom Bekenntnis und Symbol der Kirche gesagt sein. Sonst will ich nichts von den Gedanken dieser Tage schreiben, nur in Dankbarkeit ihre freundlichen Ereignisse vermerken. Südende tief verschneit, an den Laternen Eiszapfen – der warme Vorwinter wie längst vergessen. Man hörte viele Äußerungen der Freude; denn hier ist ja ein gut bürgerliches Viertel. – Reni begleitete mich in die Kirche; unterwegs sah man schon viele Christbäume brennen; in der Kirche standen die Menschen bis zum Altar. Eine sehr ernste und gute Predigt. Der Heimweg schon in hohem Schnee. Gerade als das große Läuten um sieben Uhr begann, bescherten wir ein. Auf pittoresken Schmuck hatten wir diesmal verzichtet. Aber der Baum war wunderbar, und alle alten Engel in der Diele und den Stuben hielten Tannenzweige oder Kerzen. Nur auf der Abendtafel die roten und goldenen Bänder. Mein Hauptgeschenk an Hanni – wir haben alles viel einfacher gehalten als sonst – Ricarda Huchs «Städte des Reichs».

Dafür bekam ich Reinhold Schneiders «Wege ins Reich». Hanni hatte mir so aufmerksam geschenkt: Karl Barths «Weihnacht», das märkische Kirchengesangbuch, eine alte Proskauer Schale, ein sehr frühes Ätzglas mit Jagdmotiven. Und all das Traditionelle, das man so ungern entbehren würde.
Ein stiller Abend. In den Fenstern ums Wäldchen die brennenden Bäume, bis tief in die Nacht Schneefall und Glocken; man schämte sich der Ängste und Bitterkeiten des vorangegangenen Jahres.
Die Kinder über ihren Büchern. Hanni und ich über Bauzeitschriften, die ich Hanni schenkte; denn Bauen erscheint uns nun als die noch einzig mögliche Anlage des Geldrestes. – Ein Abend von großer Stille und viel Müdigkeit und doch mit schönen Plänen. Ich glaube, für Reni war der Abend zu still.

27. Dezember 1934 · Donnerstag

Mache dich auf, Gott, und führe aus deine Sache. *Psalm 74, 22*

Wieder die «Zerstörung» durch den «Alltag». Unangenehmer Brief von Krell, die endgültige Absage für den Vorabdruck des Romans. Friedrich-Wilhelm-Film und seine Propaganda in der Presse machen den Stoff inaktuell. Wie ich es hasse: daß nichts mehr gilt als die Option auf einen «Stoff». Menschenleben an die Betrachtung größeren Menschenlebens gesetzt, ist ein Dreck für alle Betriebe, die das Kunstwesen fest in der Hand haben. Auch wenn mein Buch viel besser wäre, als es ist – es wäre nicht um ein Haar anders. Der Stoff ist nicht mehr gefragt. –

28. Dezember 1934 · Freitag

Er wird mich erhalten bei meiner Kraft und wird mir Frieden schaffen; Frieden wird er mir dennoch schaffen. *Jesaja 27, 5*

Ich las: Reinhold Schneiders «Wege ins Reich». Die Geschichte des Reichs auf 130 Seiten, in der Beschreibung von vielleicht zehn Städten. Jede eine Epoche, die Zeit eines Standes, einer Macht, eines Gedankens – Brechungen einer Idee. Sprachlich schön, gedanklich das Tiefste, von großer Disziplin – aber

nicht so unmittelbar packend wie die «Hohenzollern», weil mehr gedanklich als menschlich.
Ferner: Karl Barths «Weihnacht». Gedanklich stark auf mich wirkend, innersten eigenen Gedanken – wie Reinhold Schneider auch – an den entscheidenden Stellen oft verwandt. Aber gar zu oft dialektisches Spiel und darum für spätere Zeit sicher einmal ähnlich ungenießbar, wie alte Theologie für uns oft ungenießbar ist, auch wenn sie sich auf «klassischer Linie» bewegt. Aber Schneider und Barth – das ist nicht die «Zäsur» vor neuer Arbeit. Den Einschnitt, die letzte Muße schaffen Dickens' Weihnachts- und Silvestergeschichten. –

31. Dezember 1934 · Montag (Silvester)

Ich liege und schlafe und erwache; denn der Herr hält mich.
Psalm 3, 6

Der letzte Schnee ist getaut. Es ist warm und dunkel und trübe und überaus still. Kerzen und Blumen und Bänder sind neu bereit. Wir werden heut ganz für uns feiern.
Auf der Heimkehr von der Kirche war kaum in einem Fenster Licht – ganz Südende, unser ganzes Haus dabei, schien nach Berlin hineingefahren zu sein. Meine drei Damen erwarteten mich schon im Abendkleid zur häuslichen Feier. Die Tafel: weiße Spitzen, weiße Alpenveilchen, die Rubinleuchter mit gelben Kerzen, silberne und grüne Bänder, die alten Sektkelche, die beinahe der schönste Schmuck unseres Tisches sind. Es ist wie eine Verzauberung der Wohnung: dieser Glanz und Widerschein in dem herrlichen alten, edlen Holz der Möbel, diese märchenhaften Farbtöne der Engels- und Hirtengewänder unserer alten Figuren, diese Wärme und Buntheit der Gläser und Fayencen. Und jenes unbeschreiblich große Glockenläuten, wie ich es nur in Salzburg kannte und nun im harten, nüchternen Berlin wiederfand, bis in den letzten Winkel unserer Wohnung. Schon am viertel zwölf, zum Nachtgottesdienst, setzte es ein. Dann war noch einmal große Stille, nur daß da und dort Kinder schon ihre Knallerbsen probierten. Nun wurde es in den Fenstern ums

Wäldchen auch licht: man war aus Oper und Schauspiel heimgekehrt, zündete die Weihnachsbäume an. Der Regen wurde immer rauschender, manchmal dämpfte er die Glocken, rings ums Wäldchen war mit dem Schlage zwölf wieder das große Feuerwerk aller Kinder aus Fenstern und von den Balkonen. Nie kann ich gegen Freude und Feiern eifern – immer wird mich die Dankbarkeit gegen das Leben, die daraus spricht, viel stärker bewegen, als die möglichen Einwände es fertig brächten. Alle Fenster standen in der warmen Regennacht den Glocken offen; sie läuteten eine volle Stunde das neue Jahr ein – indessen gingen wir alle zur Ruhe.

Hanni und ich haben uns nichts anderes gewünscht, als daß es so bleiben möchte, wie es war. Denn auch der Kampf, den wir durchhalten müssen, ist nicht schlecht, – kläglich und gering wie er war.

Daß es so bleiben könnte – erscheint uns sogar als unvorstellbares Glück. So viel Härte, Leere, Jammer und Verworrenheit haben wir um uns erfahren – soviel Schicksale berührt, die uns ganz gleich treffen könnten. Wenn ich die Rückschau im Kürzesten sagen soll: die wachsende Zusammengehörigkeit in der Ehe und die Erfahrung immer neuer Anrede von Gott her, die haben das Jahr so gemacht, daß man es in Feier beschließen wollte. Ich weiß nicht, ob der Dank nicht stärker als die Sorge ist. Das freilich ist in meiner Lust zu leben fest mit eingeschlossen, daß mich – zum Beispiel – Worte der Silvesterpredigt vom Tode als ein großer Trost und Beruhigung berühren. Seine Zeit nicht zu kennen und doch jeden ihrer Augenblicke gezählt zu glauben – es ist ein großer Friede in der Welt voller Angst.

1935

Auch die Haare auf eurem Haupte sind alle gezählt
Lukas 12,7

1. Januar 1935 · Dienstag (Neujahr)

Das Bibelwort, das ich mir für dieses Jahr wählte, ist mir beides: Maß und Fürsorge.
Ich schrieb an Professor Hermann, rief Dr. Braun und Dr. Ihlenfeld an. Es soll sich nicht durch meine Schuld alles lockern und lösen.

3. Januar 1935 · Donnerstag

Er sendet seine Rede auf Erden; sein Wort läuft schnell.
Psalm 147, 15

Als ich mich heut in die Arbeit am zweiten Band stürzte, geschah es mit Zittern und Zagen und wie gelähmt. Das ist überhaupt das Wort für meinen Zustand: was die Kunst und den Beruf angeht – ich bin wie gelähmt. Aber ich lerne jetzt ohne Aufschub an meiner «Rolle» für den ersten «Auftritt». Diesen Kampf werde ich wohl erst aufgeben, wenn meine Niederlage endgültig feststeht. Noch zwingt mich die Situation nicht, aufzuhören.
Die Hilfe, die ich mir ersehne: daß der erste Band gesondert erscheint und daß ich ihn erst fertig bearbeiten darf! –

6. Januar 1935 · Sonntag (Heilige Drei Könige)

Bewahre mich, Gott, denn ich traue auf Dich. *Psalm 16, 1*

Die Woche, die knappe Woche nach den Festen hatte mich wieder mit einer wahren Panik erfüllt; heute atme ich auf; es ist wie Weihnachten, allein weil Sonntag ist. Stille, Würde, Freund-

lichkeit und die unerschöpfliche Fülle der Glocken. Das Zusammensein mit Hanni. Ich bin nicht in die Kirche gegangen, gerade weil es mich so zieht und mir so fehlt; es kommt sonst so, daß ich in jedem Gottesdienst sitze, und das birgt seine großen Gefahren in sich, könnte die Zone des Schwärmertums berühren; darum gehe ich auch nicht zum Abendmahl. – Man muß allein über der Bibel sitzen können, den Unterschied der «Verkündigung» und der «Betrachtung» zu erfahren. –
Immer mehr begreife ich den Symbolgehalt der Ehe: daß man sich selbst nur erkennen, die Identität mit sich nur erlangen kann in der völligen Auslieferung der ganzen Existenz an eine andere. Das Im-Innersten-aufgedeckt-Werden in der Ehe, das leitet die Gedanken nur zu häufig zu dem größeren Vorgang.

7. Januar 1935 · Montag

Es ist nahe gekommen das Ende aller Dinge. So seid nun mäßig und nüchtern zum Gebet. *1. Petrus 4, 7. 8*

Im Dienst ein anstrengender Tag. Danach beim Arzt. Immer das Alte. Da aber nur Schmerzen auszuhalten sind und Gefahren nicht bestehen, muß es mit der Energie zu machen sein. – Den Abend über Auszügen aus dem vor Schneider einzig interessanten Buch über Friedrich Wilhelm verbracht; es stammt von 1891, von einem Franzosen Lavisse[27].
Eide werden gegeben, im Vorsatz, sie zu brechen. Alle großen Begriffe sind in Phrasen aufgebraucht. Es heißt nicht mehr nur: historisch und weltgeschichtlich. Man ist bei «bis in alle Ewigkeit» angelangt. Auch sehen Hanni und ich manchmal wirklich etwas fassungslos, wie einstige erbitterte Gegner des Nationalsozialismus, die ich genau kannte, ohne eine Spur fachlicher Eignung Karriere machen. Das Bedürfnis nach Isolierung muß naturgemäß noch immer weiter wachsen.

8. Januar 1935 · Dienstag

Gott hat einen hellen Schein in unsre Herzen gegeben, daß durch uns entstünde die Erleuchtung von der Erkenntnis der Klarheit Gottes in dem Angesicht Jesu Christi. *2. Korinther 4, 6*

Ich bereite den Abschnitt vor, den ich morgen schreiben will. Ich habe mir aus Gründen der Kräfteökonomie und der Konzentration ein neues System der Arbeitseinteilung erdacht, weil ich doch noch viel kaputter bin als vor einem Jahr. Montag: Ergänzung der Quellen. Dienstag: Vorbereiten eines neuen Abschnittes. Mittwoch: Schreiben am zweiten Band. Donnerstag: Korrektur des ersten Bandes. Freitag: Ergänzung der Auszüge. Sonnabend: Schreiben am zweiten Band. Grundsätzlich soll der Sonntag arbeitsfrei bleiben, obwohl ich da immer wieder Winkelzüge zu machen suche. – Die Reihenfolge dieser Arbeiten ist durch arbeitsreiche und arbeitsstillere Tage im Dienst bestimmt.

11. Januar 1935 · Freitag

Geduld aber bringt Erfahrung, Erfahrung aber bringt Hoffnung.
Römer 5, 4

Bei Schneider ist der Bruch mit dem Spiel vollzogen; er schreibt nun in einem Bezirk, der nicht mehr Kunst ist. Ist er mir Vorbild, ist er es auch nur im «Ethischen». Das «Spiel», das in der Epik so breiten Raum einnehmen muß, hat eine klare Grenze, innerhalb derer ich meiner ganzen Art nach bleiben muß und innerhalb derer ich nur den Kampf um die Qualität führen kann; außerhalb dieses Bezirkes wäre er mir von vornherein völlig verwehrt. –

12. Januar 1935 · Sonnabend

Seid fest, unbeweglich, und nehmt immer zu in dem Werk des Herrn, sintemal ihr wißt, daß eure Arbeit nicht vergeblich ist in dem Herrn. *1. Korinther 15, 58*

Der Sonnabend muß mein Arbeitsresultat noch etwas auffüllen. Vom Eckart-Verlag bekam ich die Aufforderung, Gedichte für eine kleine Anthologie kirchlicher Gedichte einzureichen. Dergleichen vermerke ich jetzt sehr dankbar. –

23. Januar 1935 · Mittwoch

Ich bin oft gereist, ich bin in Gefahr gewesen durch die Flüsse, in Gefahr durch die Mörder, – in Gefahr in den Städten, in Gefahr in der Wüste, in Gefahr auf dem Meer, in Gefahr unter den falschen Brüdern. *2. Korinther 11, 26*

Auch die neue Organisation meiner Arbeit, die das Schreiben mit dem Dienst bei Ullstein in Einklang zu bringen suchte, ist undurchführbar. Ich muß mir schon wieder den Irrtum eingestehen. Das Schreiben am neuen Band wird von allem erdrückt. Es geht nicht anders, als daß ich ausschließlich den neuen Band im Rohbau fertig mache; ergänzende Lektüre, Korrekturen am ersten Band – alles nachher!

27. Januar 1935 · Sonntag

Siehe, also geht sein Tun, und nur ein geringes Wörtlein davon haben wir vernommen. Wer will aber den Donner seiner Macht verstehen? *Hiob 26, 14*

Heut vor acht Jahren habe ich das einzige Mal, als Vater so krank war, gepredigt. Im heutigen Gottesdienst sah ich es wieder, wie groß der politische Druck ist, unter dem die Arbeit der Pastoren heut steht.
Drei Stunden friedlich gearbeitet, wie die Woche es nicht kennt – friedlich und ausgeruht gearbeitet. In der Woche habe ich zu wenig Tage für meine Arbeit zur Verfügung.
Ich träume oft von der Kirche. Vater, sterbend, will noch einmal predigen. Oder: ich bin mit Hanni in fremden Städten unterwegs und will zum Gottesdienst, kehre aber um, weil Riesenaufmärsche politischer Formationen vor den Kirchenportalen stattfinden. Der Traum, ich wäre wieder im Breslauer Theologenkonvikt, kehrt – trotz deutlicher und richtiger Erinnerung an Professor Hermann – nur als Angsttraum, aber nicht selten wieder.

1. Februar 1935 · Freitag

Du bist mir geworden wie ein Born, der nicht mehr quellen will. *Jeremia 15, 18*

Nun schreibe ich wieder. Lavisse war eine Quelle, die mich um ihrer Einzigartigkeit willen lange aufhielt. Dieser Franzose hat

viel für uns geleistet. – Nun nur noch ergänzende Lektüre. Die Stoffsammlung muß abgeschlossen sein.
Ich baue eigentlich immer nur noch zusammen. Von Gestalten ist gar keine Rede mehr.
Was einem am schwersten fällt: ich glaube, es ist das mühsame, fortschreitende Kennenlernen der eigenen engen Grenzen. –

8./9. Februar 1935 · Freitag und Sonnabend

Deine Güte ist besser denn Leben. *Psalm 63, 4*

Der Dienst und die Brüskierungen bei Ullstein wachsen sich allmählich aus wie im Dienst bei der Funkstunde; nur daß die Ausgleiche fehlen, die ich beim Funk trotz allem und allem reichlich hatte. Ich will nicht mehr raisonnieren, keine Anklageschriften verfassen. Wichtig in alledem ist nur – über meine Verängstigung und Gedrücktheit hinaus – die eine Frage: Was meint Gott damit, daß meine Lage sich wieder so zuspitzt? Daß ich kaum mehr weiter kann vor Überanstrengung? Ich bemühe mich, den Tag, den geplagten und gehetzten, in Ordnung und Sammlung zu verleben. Aber das Buch zerrinnt. Und ich weiß nichts mehr, was ich zu seiner Rettung ändern könnte. Je weniger ich den Ausblick auf die Zukunft ertrage, desto mehr zieht es mich zur Rückschau auf die von Gott erfahrene Hilfe. Es zieht mich dazu; das ist die einzig mögliche Bezeichnung. Was ist's denn, daß Gott so mächtig an ein Herz rührt, immerzu, und daß dieses Herz dennoch immer unruhiger und matter wird? Ich wage längst keine Deutungen mehr. Aber diese Stille, in die ich geraten bin, ist die Wehrlosigkeit, Scheu, Erschöpfung. Und da muß etwas falsch und allzumenschlich, also gottverlassen sein.
Daß Gott einen in sehr viele Ängste bringt und wieder aus ihnen hinausführt: das ist die Hilfe nicht. Das könnte auch Katz- und Mausspiel sein. Aber die Sprache, die Gott in alledem mit einem redet, die ist es.
Wenn das, was uns nach dem Erdenleben aufnimmt und was weder im Bibelwort noch in astronomischen Formeln begreifbar

wird, zu der Weltzeit nur in annähernd ähnlichem Verhältnis steht wie der Sonntag zum Wochentag –, dann sind die Leiden dieser Zeit wirklich nicht wert der Herrlichkeit ...
Warum fordert Gott so wenig Werke in der Zeit so vieler Menschen? Warum sollte meine Zeit so entsetzlich wertlos sein?

28. Februar 1935 · Donnerstag

> Lasset euch in keinem Weg erschrecken von den Widersachern. – Denn euch ist gegeben, um Christi willen zu tun, daß ihr nicht allein an ihn glaubet, sondern auch um seinetwillen leidet und habet denselben Kampf, welchen ihr an mir gesehen habt.
>
> *Philipper 1, 28. 29. 30*

Allmählich spüre ich eine immer stärkere Neigung zu dem zweiten Kapitel des ersten Korintherbriefes, um solcher Worte willen wie «denn der Geist erforscht alle Dinge, auch die Tiefen der Gottheit» und «Denn welcher Mensch weiß, was im Menschen ist als der Geist des Menschen, der in ihm ist? Also auch weiß niemand, was in Gott ist, als der Geist Gottes.» Bei aller Trennung zwischen Glaube und Kunst scheint mir aber auch dieses Wort sehr viel über die Situation des Künstlers auszusagen: «Und ich war bei euch mit Schwachheit und mit Furcht und mit großem Zittern.»
Wohl nur sehr selten kann man um Erfüllung eines Wunsches beten. Darum aber wohl jeden Tag: daß Gott einem Geduld gibt. Um unter den Menschen leben zu können und das eigene Menschsein mit seinem Fluch zu ertragen, bedarf man ja jeden Augenblick einer übermenschlichen Geduld.
Geduld und Fleiß, die sind eine Brücke über den Tag, und Schweigen ist eine Rettung, wie es nur wenige gibt. Was das Schweigen im Glauben zu bedeuten hat, darüber könnte ich nur theologische Redensarten machen; aufgegangen ist mir diese wichtige Sache noch nicht, und darum lebt sie auch noch nicht in mir, obwohl sie alle meine Tage mehr und mehr bestimmt.

1. März 1935 · Freitag

Gott ruft dem, was nicht ist, daß es sei. *Römer 4, 17*

Die Novelle «Und wenn sie nicht gestorben sind ...» unter dem Titel «Das Ende» im «Inneren Reich» erschienen, nach dreiviertel Jahren. Das war meine letzte unveröffentlicht gebliebene Arbeit. Für den zweiten Teil des Romans eine neue Einteilung entworfen. Nicht zwei Abschnitte, sondern wie im ersten Band fünf. «Die aufgehende Sonne» – «König Ragotin» – «Die Hirtinnen» (Elisabeth Christine und die Salzburgerinnen) – «Mijnheer van Hoenslardyck» – «Der Spiegel». Dann, auf Biegen oder Brechen, muß das Unvorstellbare geschehen, jeden der zehn Teile auf 75 Seiten zusammenzustreichen, wenn das Buch überhaupt noch gelingen soll. –

10. März 1935 · Sonntag

Er begehrt mein, so will ich ihm aushelfen; er kennt meinen Namen, darum will ich ihn schützen. Er ruft mich an, so will ich ihn erhören; ich bin bei ihm in der Not. *Psalm 91, 14. 15*

Mit der Kirche am Sonntag ist es wie mit der großorganisierten Winterhilfe und der Not: man braucht dringend einen Zentner Kartoffeln und bekommt ein Päckchen Pfefferkuchen. Was soll ich denn in der Kirche, wenn ich eine politisch schöne, anständige, mutige Geste für Exegese hinnehmen muß?
Das ist nun schon das soundsovielte Mal, daß mir der Sonntag nicht mehr hilft; die trüben und verwirrten Dinge der Woche lassen mich nicht mehr los, die Schmerzen sind am «ungewohnteren» Tage nur noch entfesselter, die Müdigkeit ist so, daß ich wie ein ganz alter Mann gehe –.
Gestern sahen wir noch «Der alte und der junge König», den Friedrich-Wilhelm-Film, von dem einstimmig, weil diktiert, in der Presse behauptet wurde, er habe ein neues Geschichtsbild geschaffen. Hier war keine Kritik mehr, hier war nur noch Apotheose. Ich war in diesem Falle nicht sachlich genug, einen guten Film wünschen zu können. Dieser Film ist aber nicht einmal auch nur eines kritischen Gedankens würdig gewesen, ein

lächerliches, dummes Machwerk, dem selbst alle technische Sicherheit und alle Routine fehlen, sterbenslangweilig und undelikat. Aber der Stoff ist nun, bis nicht ein neues technisches Verfahren wie Dimensional- oder Farbenfilm kommt, für die gesamte Filmproduktion blockiert. –

13. März 1935 · Mittwoch

> Wisset ihr nicht, daß die, so in den Schranken laufen, die laufen alle, aber einer erlangt das Kleinod? Laufet nun also, daß ihr es ergreifet! *1. Korinther 9, 24*

Ich kann ganz und gar nicht behaupten, daß mir vom Christentum eine Beruhigung herkäme. Dazu sind seine Widersprüche zu quälend. Was allein ist nun die Heiligung, die angeblich eine Frucht hat? Ich weiß nur das eine: daß die Anrede Gottes an den Menschen durch das Wort der Schrift, daß die Spiegelung aller Lebensvorgänge in solcher Anrede der Hauptinhalt meines Lebens ist. Ich weiß nur, daß mein Leben unter den tausendfachen Eventualitäten des Lebens lediglich zwei Möglichkeiten der Ordnung hat: Die Konzentration auf das «jeweilige» Buch. Die Beugung unter die Anrede Gottes, die alle sichtbaren Ordnungen auflöst. Ordnung, die sich am Rande abspielt, ist die äußerliche Reinlichkeit und Regelmäßigkeit der Lebensführung.
Heut geht beim Anwalt der Schlußakt der Grundstücksauflassung vor sich[28]. Trotz der Gütertrennung muß ich ja leider immer dabei sein. Genau vier Wochen hat es gedauert. In diesen vier Wochen wurden alle Bauentwürfe aufs subtilste von uns besprochen, in jener ungewöhnlichen Übereinstimmung, die uns nahezu Gewohnheit werden dürfte.
Daß ich immer noch schreibe, ist nicht nur Verbohrtheit. Sondern: da ich von Schmerzen verwirrt und von Müdigkeit benommen bin, wage ich über meine gegenwärtige Lage weder zu urteilen noch in ihr zu disponieren. Es kann noch anders, nämlich noch besser kommen. Ich wage es nicht abzustreiten. Für diesen Fall ist es gut, stilistisch und «kompositorisch» wenigstens in der Übung zu bleiben. *Nulla dies sine linea.* Darin liegt ein Rest von Hoffnung. –

17. März 1935 · Sonntag (Reminiscere)

Habe ich dir nicht gesagt, so du glauben würdest, du solltest die Herrlichkeit Gottes sehen? *Johannes 11, 40*

Der erste wahre Vorfrühling, mit aller Sanftheit und Unruhe des Frühlings.

Unterwegs sah ich an den Schlagzeilen der Zeitungsstände schon, was sich seit gestern ereignet hatte. Die allgemeine Wehrpflicht ist eingeführt.

Gestern Abend soll in der Stadt eine große patriotische Begeisterung geherrscht haben. Heut sah ich nur die Männer auf die Zeitungsstände und -automaten sich stürzen und die Zeitung im Garten lesen. Die Frauen schienen mir völlig unberührt. Auch die Nähe großer Katastrophen wandelt die Menschen nicht. Die große Katastrophe ist sehr nahe. Und namenlos schwer ist es auf der Erde, die einem doch und doch nur Gottes Schöpfung sein kann, der Ordnung, dem Wachstum, der Fruchtbarkeit und Entfaltung zu leben, die alles, was in einem ruht, so sehr ergriffen haben. Es bleibt nur eins: das Bedürfnis nach dem Ernst. Dieses Leben, in dem jeder geordnete Tag ein Geschenk ist, nicht vertun. Die Eindrücke im «Beseligenden» und im Schrecklichen sind zu groß. –

20. März 1935 · Mittwoch

Du sollst gehen, wohin ich dich sende, und predigen, was ich dich heiße. *Jeremia 1,7*

Über die Wehrpflicht die widerstreitendsten Gerüchte, die widerstreitendsten auch über die Haltung des Auslands. Der Präventivkrieg, von Frankreich begonnen, scheint zum mindesten nicht zu kommen! England und Frankreich kommen ganz auseinander.

21. März 1935 · Donnerstag

Da sprach der Herr: Wie kann ich Abraham verbergen, was ich tue? *1. Mose 18, 17*

Gott hat in allen Stücken ernst gemacht. Und was in einem dadurch entsteht, ist jenes: Ich lasse dich nicht, du segnest mich denn.

Es hieße das Alte Testament schlecht gelesen haben, wollte man

nicht ahnen, daß Gott an den Völkern und den einzelnen zugleich zu handeln vermag. Es ist wie mit jenen Wunderuhren, die wir in den norddeutschen Domen sahen.
Ich kam erst spät aus dem Dienst, war abends im Passionsgottesdienst, eine leere Kirche und eine leere Predigt; und dennoch bleibt es die beste Hilfe, und wenn es nur ein Satz ist, der berührt. Jesaja 50, 4–5 «Der Herr hat mir das Ohr geöffnet, daß ich höre wie ein Jünger. Ich bin nicht ungehorsam und gehe nicht zurück.» –

1. April 1935 · Montag

> Ich habe meine Gerechtigkeit nahe gebracht; sie ist nicht ferne, und mein Heil säumt nicht. *Jesaja 46, 13*

Spätere Zeiten werden es einmal schwer verstehen können, welches Erschrecken uns heut – soweit wir im Erwerbsleben stehen – jeder Montag bedeutet. Da war die Flucht in den Sonntag. Und dann, am Montag morgen, mit der Berührung mit der Stadt und dem Betrieb, hagelt es auf einen herab: neue bedrohliche Maßnahmen, in den Zeitungen gefährliche Reden von den Verantwortlichen gespannter Nationen, Hiobsposten von der neu einsetzenden Vernichtung von Existenzen durch jene kalte, indirekte Methode, die die Menschen nicht mehr abknallt, sondern dem Selbstmord zutreibt.
«Der starke Bau» hat begonnen. In dem Urwald des Baugrunds sind die Bretter zum Gerüste abgeladen, die Karren zum Ausschachten aufgefahren. Eine Wildnis, die ganz unentwirrbar scheint. Hoffentlich müssen nicht zuviel schöne Bäume gefällt werden. Sicher blieb das herrliche Grundstück so lange brachliegen und war so billig zu haben, weil sich die Menschen die Verwilderung nicht hinwegdenken können. –

5. April 1935 · Freitag

> Herr, siehe, den du lieb hast, der liegt krank. *Johannes 11, 3*

Was es noch an bürgerlichem Frieden gibt, das alles ist nur Bild der verlorenen Möglichkeiten herrlicher Entfaltung. Aber die

sind nicht vernichtet durch Widerstände einer politisch konträren Epoche – sie sind zerstört durch die «Sünde», die wir glauben müssen und die Gott nicht offenbart. Bäuerliche, bürgerliche, höfische Glückszustände sind niemals etwas anderes als Bilder gewesen. Zeiten wie die unseren öffnen den Blick dafür.
Nichts geschrieben.
Am Tage Betriebs-Appell im Dienst. Am Abend Betriebsversammlung in den Tennishallen. Aus einer der Reden: «Wir werden das neue Gemeinschaftsgefühl in immer wieder neuen Aufmärschen exerzieren.» Es gibt nichts als Stillhalten. Und durch Geduld und Zähigkeit einen kleinen, kleinen Rest des eigenen Lebens zu behaupten. Solche Behauptung wird einem zum größten Geschenk. Und ist sie nicht mehr möglich, wird Gottes Zorn in diesem einen Stück noch härter gespürt als in all dem anderen: den Demütigungen, Verängstigungen, Einengungen. –

19. April 1935 · Karfreitag

> Er ist aber aus Angst und Gericht genommen; wer will seines Lebens Länge ausreden? *Jesaja 53, 8*

Ich habe dich herausgenommen –. Wo der Mensch sich so von Gott angeredet fühlt, hat sich wohl alles für ihn erfüllt, was dem eigentlichen Beginn des Lebens vorangehen muß. Seine ganze Enttäuschung an der Welt, seine ganze Befreiung innerhalb der Sünde und des Übels, die Erwählung. Das Wort ist ein tiefer Schnitt und die höchste Erhebung in einem, umschließt unwiederbringlichen Verlust und unveräußerlichen, unverlierbaren Gewinn. –
Wir waren zum Jagdschloß Grunewald hinausgefahren, das es uns so seltsam angetan hat. Wir gingen um den ganzen See; viel Hunde, viel Reiter am Wege; im Schloßhof hielt es uns wieder lange.
Kurt Ihlenfeld hat mir heut seine Sammlung «Preußischer Choral. Deutscher Soldatenglaube in drei Jahrhunderten» geschickt, mit der Widmung «Dem *scriptor vitae regis borussiae*».[29] Möchte sie einmal zu Recht bestehen.
Am Nachmittag nach der Ruhe und dem Kapitel Reinhold

Schneider waren wir im Garten, Veilchen pflücken – welche Fülle! Aber der Bau ist jetzt fast nur ein Gegenstand der Sorge.
Ich denke jetzt manchmal: so wie Reinhold Schneider «aufrichtend» und überaus niederdrückend auf mich wirkt und durch unleugbare Verwandtschaft bei unerreichbarer Tiefe, Kraft und Größe, so mag auf ihn selbst vielleicht Camões[30] wirken ... (der mir noch ganz bevorsteht).
Wieviel «Berühmte» kenne ich. Aber als der erste Dichter[31] über meinen Weg ging, hat es mich auf Jahr und Tag aufgewühlt, ja, wohl das ganze Leben verändert. –

26. April 1935 · Freitag

Er hielt sich an den, den er nicht sah, als sähe er ihn.

Hebräer 11, 27

Nach einer durch Schmerzen und Überlegungen und Arbeitsträume argen Nacht kam mir heut eine Lösung für die Aufteilung der gar so zähen Blöcke des Buches. Nun ist mir, als könnte ich überhaupt erst damit anfangen. Es werden zwölf Teile[32] sein:
Midas 1. Kön. 10, 21
Der Plusmacher Offenbarung 2, 10
Wirte und Gäste Matthäus 9, 17
Landfahrt Prediger 5, 8
Der König und der Abenteurer Psalm 33, 16
Die Hütte Gottes unter den Menschen Hebräer 11, 27
Die aufgehende Sonne Hebräer 11, 10
König Ragotins Schloß Psalm 89, 40–45. 50
Das Kind der Schmerzen oder: Die Galeere Hebr. 11, 17. 19
Die Hirtinnen Jeremia 27, 5
Mijnheer van Hoenslardyck 2. Timotheus 4, 7. 8
Der Spiegel 1. Korinther 13, 12
Das Leitwort des Ganzen: Hebräer 8, 5

28. April 1935 · Sonntag

Auch viele andere Zeichen tat Jesus vor seinen Jüngern, die nicht geschrieben sind in diesem Buch. Diese aber sind geschrieben, daß ihr glaubt. *Johannes 20, 30. 31*

Nachdem es am Freitag im Dienst sehr spät geworden war, konnte ich mich zum Sonnabend schon um halb drei freimachen. Wir fuhren sofort nach Potsdam hinaus.

Wir befanden uns direkt vor Reinhold Schneiders neuer Wohnung. Da konnte ich nicht umhin, alle Ressentiments beiseitezustellen und doch zu ihm hineinzugehen. Sein «Dienst an der Erde» – Friedrich Wilhelm und die Salzburger – war das erste Funkspiel, in dessen Inszenierung ich bei meinem Dienstantritt im Funk hineinkam. Zur Bearbeitung war es zu spät. Es war eine dramaturgisch gar sehr hastende Sache, und ich merkte damals noch gar nichts: weder von Schneider noch von Friedrich Wilhelm; ich wußte damals weder, was ein Dichter, noch, was ein König ist. Nun kann ich sie in Potsdam beide besuchen. –

Nicht einmal Hanni hatte das Gefühl, daß wir uns etwas vergeben hatten, so aufrichtig war seine Freude, sein Interesse, sein Versichern, daß er gestern erst fest sich vorgenommen hatte, uns zu besuchen. Er war jetzt viele Wochen nach England eingeladen, und politisch dadurch wie befreit. Wie er an der Zeit leidet, das wird einen Niederschlag finden, der uns den Späteren verständlich macht. Jetzt schreibt er über England.

Sonst sprachen wir von Elisabeth Christine, und das steht außer Frage, daß es gewaltsamer Verständigung zwischen uns nicht bedarf. Auf seiner Seite ist es Duldsamkeit. Auf meiner das Vermögen, das Große doch wenigstens zu erkennen, es respektieren zu können und es nicht übersehen zu müssen.

Von der Nichtbeachtung seiner Arbeit durch die Kulturpolitik der Regierung via Reichsschrifttumskammer sagt er, daß verschwiegen zu werden heut das Beste ist, was einem widerfahren kann.

30. April 1935 · Dienstag

Ich will Frieden geben in eurem Lande, daß ihr schlafet und euch niemand schrecke. *3. Mose 26, 6*

Aber gerade die im eigenen Lande erschrecken einen wieder sehr, nun wo es auf den großen Nationalfeiertag zugeht. Im Betrieb ist wieder ein bitterböser Druck, und man muß alle Energie und Einsicht zusammennehmen, um über die Eindrücke maßlosen Anspruchs hinwegzukommen, die einem zu diesem Wochenanfang konzentriert begegnen. Mit einer Nation zu leiden ist leichter als das, was immerzu von einem gefordert wird bis hinab zum Geringsten: so stolz zu sein auf das Erreichte, sich so ehrenvoll zu fühlen, so frei zu sein – «zum glücklichsten, ehrenhaftesten Volk der Erde zu gehören».
Man kann es immer nur am großen Beispiel verdeutlichen; in Reinhold Schneiders «Portugal» steht: «Tragik der Propheten und ihrer Vaterländer, daß diejenigen, die am meisten lieben, den Untergang immer am sichersten erkennen, – daß die tiefe Verbundenheit das Gleiten fühlt, während die Lärmer auf der Oberfläche zu steigen meinen!» (Geschrieben 1931.)

8. Mai 1935 · Mittwoch

Der Gott aller Gnade, der uns berufen hat zu seiner ewigen Herrlichkeit in Christo Jesu, der wird euch, die ihr eine kleine Zeit leidet, vollbereiten, stärken, kräftigen, gründen. *1. Petrus 5, 10*

Neu gegründet zu werden, das ist, wonach man verlangt, und ganz konkret im Hinblick auf den Beruf, in dem man zersplittert und verkommen war.
Den Abschnitt «Das Kind der Schmerzen oder: Die Galeere» begonnen.
Schneider verlebte den Abend bei uns. Als ich den berühmten Schriftsteller kennenlernte, dachte ich: Die Zeit hat dem Dichter sein Fluidum genommen. Nun habe ich aber erst in ihm den ersten Dichter kennengelernt, und weiß, daß die Zeit dem Dichter sein Gepräge nicht zu rauben vermag. Das ist nun der große Mann, den ich mir nie vorzustellen vermochte. Wo ich in Schlös-

sern und in Menschen denke, denkt er in Ländern und Völkern. Und weil die Größe Europas zu erlöschen droht, wird er den Abgesang der Völker schreiben. Spanien, Portugal, Preußen – das ist nun schon geschehen. Immer war der Anlaß verschieden, und dennoch scheint es nur ein Werk zu werden. –

9. Mai 1935 · Donnerstag

Fürchte dich nicht, du, Jakob, mein Knecht; denn ich bin bei dir.
Jeremia 46, 28

Und ist mir in Professor Hermann der Protestant begegnet, so fand ich nun den Katholiken. Dieser Mensch, das hat ein ganzes Jahr nun schon gelehrt, ist mir ein Schicksal geworden.
Und nimmt doch das Zarteste menschlicher Nähe wahr!
Ich denke an den König – und aus der Bibel strömen die Worte vom Königtum zu. Ich denke an das Haus – und alles ist in der Bibel bedacht, was nur des Hauses sein kann! –

10. Mai 1935 · Freitag

Es ist Gottes Ehre, eine Sache verbergen; aber der Könige Ehre ist's, eine Sache erforschen. Der Himmel ist hoch und die Erde tief; aber der Könige Herz ist unerforschlich. *Sprüche 25, 2. 3*

Im Dienst und am Buch sehr viel gearbeitet. Als ich heute heimkam, war ein Brief von Reinhold Schneider da, zum Buch. Das ist mehr für mich als Freude. Auch das ist Gottes Rede und ein großer Trost fürs Buch. Fast war es auch, als wäre dies ein Wort vom König selbst – der mir noch immer so unnahbar scheint. –

13. Mai 1935 · Montag

Eins bitte ich vom Herrn, das hätte ich gerne: daß ich im Hause des Herrn bleiben möge mein Leben lang, zu schauen die schönen Gottesdienste des Herrn und seinen Tempel zu betrachten. Denn er deckt mich in seiner Hütte zur bösen Zeit, er verbirgt mich heimlich in seinem Gezelt und erhöht mich auf einem Felsen.
Psalm 27, 4. 5

Der «Grundstein» des Hauses ist gelegt. Die Bräuche bestehen

noch: ein Dokument in einer Flasche und Geld wird eingemauert. Die erste Kellermauer war am Abend schon sichtbar. Alles Material ist angefahren: Werkzeug, Kalk, Balken, Bretter, Ziegel, Pähle. Der Gartenplatz ist eine Wüste. –
Der Wert der Bäume läßt sich noch nicht erkennen. Wir warten sehr darauf, daß sich alles begrünt, damit man entscheiden kann, was uns erhalten bleibt. Das gute Geschick der Kastanien und jungen Eichen ist schon entschieden. –

21. Mai 1935 · Dienstag

> Ich sprach: Ich sehe einen erwachenden Zweig. Und der Herr sprach zu mir: Du hast recht gesehen; denn ich will wachen über mein Wort, daß ich's tue. *Jeremia 1, 11. 12*

Am heutigen Abend ist der Reichstag der Einen Partei einberufen; das Wehrgesetz soll morgen veröffentlicht werden; Hitler gibt eine umfangreiche Erklärung zu der verzweifelten Aufrüstungslage ab. Seit einer Woche schreiben die Zeitungen: Die Welt sieht auf Berlin. Die Rede selbst im Lautsprecher zu hören – das brachten wir nur am Anfang fertig; um der Art, nicht um des Inhalts willen. Es ist so furchtbar schwer, es mitzuerleben, wie Technik, Chemie und die Großpropaganda sich nur auf dieses eine Objekt zu stürzen scheinen: den vollkommenen Krieg. Alles ist für ihn bereit – muß solche Potenz sich nicht erfüllen?! Auf immer schmalerer Bahn gilt es das durchzuretten, was man den «Geist des Volkes» nennen muß, auf immer schmalerer, immer gefährdeterer Bahn. –

3. Juni 1935 · Montag

> Der Knecht aber, der seines Herrn Willen weiß und hat sich nicht bereitet, auch nicht nach seinem Willen getan, der wird viel Streiche leiden müssen. *Lukas 12, 47*

Das, was als das Nüchterne, Harte, Tagtägliche geschieht, ist mit den Maßen des Realen nicht zu bezeichnen – es reicht immer, immer so erschreckend in das Dunkel, in dem Gott wohnen will. Es ist schwer, sehr schwer mit dem Glauben. Zweifeln ist leich ter. Denn da hat der Mensch noch eine recht starke Position. Hier aber nicht mehr.

5. Juni 1935 · Mittwoch

Gott ist mein Hort, meine Hilfe und mein Schutz, daß ich nicht fallen werde. *Psalm 62, 7*

Den Abschnitt «Das Kind der Schmerzen oder: Die Galeere» beendet. Den Abschnitt «Der Gott von Geldern» begonnen.
Alle Gliederung und Ordnung ist die einzige Befreiung, die das Leben uns zu gewähren scheint, und in allem ist die Rettung in eine Ordnung die einzige Möglichkeit, das Leben zu ertragen. Wäre aber der Glaube gar nichts anderes als eine Projektion der menschlichen Seele – ich schwankte in all der Wirrnis nicht einen Augenblick, in welche Ordnung ich mich retten wollte. Denn in jener Projektion wäre plötzlich unvorstellbare Tiefe und Größe der Menschen gefunden ...

9. Juni 1935 · Pfingsten

Schaffe uns Beistand in der Not, denn Menschenhilfe ist uns nichts nütze. *Psalm 108, 13*

Sonne, Wind und Glocken und großes, gemeinsames Frühstück. Von Männerles[33] Eltern kamen zum Pfingstmorgen, zum Tafelschmuck der silbernen und rosa Bänder, Margueriten aller Farben, Rittersporn und Schwertlilien; diese Ärmsten sind die Artigsten. – Die kleine Kirche war sehr voll, und die Predigt diesmal so, daß man ohne jede Bitterkeit zugehört hat.
Akazien und Jasmin sind nun in voller Blüte. Der Himmel ist wolkenlos, und der Tag still und nur vom Vogelgezwitscher belebt. Der Feiertag eines Landhauses oder, um es schon ganz zu sagen: eines Landpfarrhauses könnte besser nicht sein.
Eins ist mir heute klar geworden: Ich habe mich immer am Verantwortungsgefühl gerieben, weil es mir als ein gefährlicher Einbruch der Ethik in den Glauben erschien.
Verantwortungsgefühl ist aber nur der Zwang, eine Antwort geben zu müssen auf die Anrede Gottes. –

29./30. Juni 1935 · Sonnabend und Sonntag

Darum auch wir, dieweil wir eine solche Wolke von Zeugen um uns haben, lasset uns ablegen die Sünde, so uns immer anklebt und träge macht, und lasset uns laufen durch Geduld in dem Kampf, der uns verordnet ist. *Hebräer 12, 1*

Ich kam schon um drei aus dem Dienst, und da es sonnig war und doch ohne Schwüle, fuhren wir gleich nach Potsdam, diesmal mit dem Vorsatz, uns durch Schlösser und Parks nicht verlocken zu lassen, sondern nur in den Straßen mit den riesigen Gärten und alten Landhäusern, der Großen Weinmeisterstraße und der Bertinistraße am See spazieren zu gehen, einen alten Gasthofgarten anzusehen, der über einem früheren Friedhof liegt und das Pfarrhaus zur Wirtschaft hat, und auf dem Wege Reinhold Schneider kurz zu besuchen. So haben wir es auch gehalten und Schneider gerade erreicht, ehe er zu einem Abendbrot nach Berlin fuhr, zu dem Maler Leo von König; es ist seltsam, daß Freunde für Schneider, der ganz gewiß sehr einsam bleiben muß, eine auffallend große Rolle spielen. Und seine Toleranz ermöglicht ihm den Umgang mit Menschen. –
Es ist ein stiller und verhängter, schwüler Tag. Ich war in der Kirche, hörte einen neuen, sehr jungen Pastor und bestaunte das friedliche Nebeneinander von politischer Verwirrung und theologischer Sauberkeit (also kann weder die Politik noch die Theologie stimmen), war zum ersten Male in diesem Jahre schwimmen, schlief lange und war entschlossen, heut sehr wenig zu arbeiten, weil es in der letzten Zeit zu viel war und noch sechs zu schwierige Wochen vor mir liegen! Ich habe sehr viel Reiseprospekte da: Braunschweig, Ostpreußen, den Spreewald, Hannover; denn, wenn der Bau wider Erwarten noch Geld für eine Reise läßt, soll diese Reise möglichst noch dem König gehören. –
Heut fiel mir ein, daß die Problematik des Besitzes und der Besitzlosigkeit am freundlichsten und instruktivsten deutlich wird am Herrenhaus und am Pfarrhaus.

6./7. Juli 1935 · Sonnabend und Sonntag

Herr, mein Herz ist nicht hoffärtig, und meine Augen sind nicht stolz; ich wandle nicht in großen Dingen, die mir zu hoch sind. Ja, ich habe meine Seele gesetzt und gestillt; so ist meine Seele in mir wie ein entwöhntes Kind bei seiner Mutter.

Psalm 131, 1. 2

Alles, was an dem Buche ich nicht bin, sondern was der König und sein Leben ist, das bleibt erschütternd und feierlich und eine Kette von leuchtenden Bildern. Manchmal, wenn die Erschöpfung sehr groß ist, stelle ich mir – und immer geht davon wie von den «Bildern» eine so wohltuende Belebung aus – vor, was an dem Buch ein Marsch ist, ein Menuett, ein Pastorale, ein Ländler, eine Fuge, ein Choral. –
Ein Abendspaziergang in Dahlem. Und den Sonntag – ein sehr stiller und verhängter Tag, so daß der grauen Wolken wegen der Aufbruch gar nicht so leicht fiel – verbrachten wir in und um Potsdam: im Marlygarten; auch besichtigten wir Friedrichs Bildergalerie; auf dem Pfingstberg; dann – eigentlich auf der Suche nach einem Feld, damit war es aber sehr rar bestellt – Nedlitz und die Römerschanze, wo sich der König so gern divertierte; die Heimfahrt zu Schiffe.
Ich hatte bis heut nicht gewußt, daß Sanssouci gar nichts anderes ist als das erweiterte und verfeinerte Marly[34], und daß Marly ja, zehn- und zwanzigmal von uns übersehen, an den Toren von Sanssouci liegt. Neue Kasernen und sehr viel Soldaten am Wege. Wo beginnen nur um diese Riesenstadt endlich die Felder? Zwischen Potsdam und Berlin wird bald alles zugebaut sein – eine einzige, neue Wald- und Gartenstadt! Dazwischen Wasser und Segel. Ob die Zeit das Idyll trägt, was das Ganze bedeutet für die Zukunft der Städte und der privaten Vermögen, das vermag ich mir ganz und gar nicht vorzustellen.
Der Versuch eines zweiten Kirchenliedes. –
(Der Versuch eines ersten Kirchenliedes war am 18. Juni 1935 erfolgt. – Hinweis der Herausgeber.)

13. Juli 1935 · Sonnabend

Leidet jemand unter euch, der bete. *Jakobus 5, 13*

Ich habe die Skizzen zu «Die Hirtinnen» beendet, schreibe nun diesen Abschnitt und bereite die beiden letzten Abschnitte «Mijnheer van Hoenslardyck» und «Der Spiegel» vor, die stofflich noch gar nicht entlastet sind. Diese Fülle will kein Ende nehmen. – Am Bau hat diese Woche die sichtbarsten Fortschritte der Garten gemacht. Nun ist schon ebener Grund und man sieht, wie schön die Baumgruppen verteilt sind. Doch dies ist keine Frage: das Haus ist etwas, worüber ich hinwegkommen muß. Das Schöne des Lebens war oft zu nah, aber weder Entfaltung noch Verwurzelung, die beiden großen Vorgänge des Lebens, wollten Ereignis werden. Das aber, was der Ausgleich sein könnte, das Schreiben, geht so schwer, so langsam, so behindert, so jeder Freude beraubt und nur auf die Liebe angewiesen vor sich: kein Erzählen, sondern Bauen im Hinblick auf die gerechtfertigten und ungerechtfertigten Ansprüche des Verlages. «Mijnheer van Hoenslandyck» ist mir nun sehr klar: Reisen und jede Rückkehr nur, um Abschied zu nehmen; kein Antrieb mehr zur Zukunft hin, sondern Nachholen des Versäumten. – Es bleibt dabei: Erst der letzte Federstrich kann die Möglichkeit dieses Buches erweisen. Und dieser letzte Federstrich ist noch weit, und die Zeit bis dahin sieht eine gar zu aufgewühlte Welt ringsum. Denn das Bild und das Wort aller Tage heißt noch immer: Aufrüstung. Aber das Geschrei der erreichten Größe will nicht enden. In Italien und Deutschland ist es am schrechlichsten damit; so daß es einem Woche um Woche das Herz abpreßt. Es gibt gar keine Möglichkeit mehr, sich mit der Zeit zu verständigen. –

18./19. Juli 1935 · Donnerstag und Freitag

Ich hoffe auf den Herrn, der sein Antlitz verborgen hat vor dem Hause Jakob; ich aber harre sein. *Jesaja 8, 17*

Die italienisch-abessinische Spannung immer unheilbarer. Italien und England sind hier in Wahrheit die Feinde. Antisemitische Ausschreitungen am Kurfürstendamm. Verschärfte Arierparagraphen. In Sachsen und in Breslau 21 arische Mädchen in Schutzhaft, die Verhältnisse mit Juden hatten. Die Männer in Konzentrationslagern. – Die Säuberung Berlins von Juden drohend angekündigt. Großer Urlaubstausch bei Ullstein erforderlich, mir aber sehr willkommen. Ich komme als letzter am 1. September an die Reihe. Ich bin froh über jede Zeile Roman, die ich noch vor dem Urlaub in Sicherheit bringen kann. Außerdem fehlt ja der Urlaubsplan, da der Bau alles Geld verlangt. Nun scheint sich aber gerade für Anfang September etwas sehr Schönes zu ergeben. Zu meiner sehr großen Freude erhielt ich von Professor Paul Althaus-Erlangen für den 6.–9. September eine regelrechte Einladung, auf einer Tagung «Dichter und Theologen», die speziell dem Kirchenlied und der religiösen Dichtung gewidmet ist, Gast der Luther-Gesellschaft in Wittenberg zu sein. Das kann ich wohl nur Ihlenfeld zu verdanken haben, denn es handelt sich um eine gemeinsame Veranstaltung der Luther-Gesellschaft und des Eckart-Kreises. Jede Freundlichkeit, die aus dieser Richtung kommt, tut mir in meiner gegenwärtigen Lage unendlich wohl. Denn dort erwünsche ich ja die Zugehörigkeit so sehr. –

Die Materialsichtung für «Der Spiegel» beendet. Nun geht es nur noch um das Schmerzenskind: «Mijnheer van Hoenslardyck».

21. Juli 1935 · Sonntag

> Verstehst du auch, was du liesest? Er aber sprach: Wie kann ich, so mich nicht jemand anleitet? *Apostelgeschichte 8, 30–31*

Zu Tisch kamen die Topell und Hans Nowak, aber da die Gespräche natürlich doch wieder ins Politische gingen, war es sehr bedrückend und verwirrend. Hans Nowak hat die antisemitischen Exzesse am Kurfürstendamm miterlebt. Sie haben Jüdinnen ins Gesicht geschlagen; die jüdischen Männer haben sich sehr tapfer gewehrt; zu Hilfe kam ihnen niemand, weil jeder die Verhaftung fürchtet. Was sind Jahrhunderte! – Unter allen Zersplitterungen ist die durch Menschen am unerträglichsten geworden. Nur wo etwas entsteht, kann ich noch durchhalten. Keine kleinen Ausgaben: sondern Bau. Keine literarische Tagesarbeit: sondern Buch. Keine vielen Ziele auf den wenigen Fahrten zur Erholung: sondern leiten lassen von den Menschen der Arbeit, die man in Händen hält.

9. August 1935 · Freitag

> Die Erretteten vom Hause Juda und die übrigbleiben, werden noch wiederum unter sich wurzeln und über sich Frucht tragen.
>
> *Jesaja 37, 31*

Die übrigbleiben. – An diesem Gedanken kommt jetzt kein Tag vorüber. Und das rascher und rascher werdende Haus kann man nur mit zusammengepreßtem Herzen betrachten. Heute ist der Eindruck erstaunlich fertig: Der Rohputz ist beendet, der Zaun und das Terrassengitter stehen. – Heut sprachen wir zum ersten Mal von Katharina von Bora, als könnte das das nächste Buch (ein noch kaum vorstellbarer Gedanke) sein. Gibt es aber über sie ähnliche gute Teilarbeiten wie über Friedrich Wilhelm das Buch von Schneider und Lavisse, so will ich mich dazu nicht drängen. Auch kenne ich die Fabel ihres Lebens noch nicht. Aber das erste Pfarrhaus zieht mich natülich mehr und mehr an. Und bei der Flucht in die Historie wird es wohl doch noch bleiben müssen ...

Was in der Sprache des Glaubens «tot sein» ist, das weiß ich. Ich weiß aber nicht, was das ist: «die da aus den Toten lebendig sind».

Das Vaterunser lernte ich verstehen. Aber das Maß des Verständnisses mag sich wohl jedem noch verwandeln sein Leben hindurch, soweit er nur zu erfassen vermag.

Während ich an «Gespräche aus dem Totenreich» schreibe, bereite ich «Der Spiegel» in ausgeführten Skizzen vor, so daß ich mich dann endlich auf den letzten zähen Block «Mijnheer van Hoenslardyck» stürzen kann. Vielleicht ist das noch bis zum Urlaub erreichbar, daß dann nur noch dieser Teil vor mir liegt! Denn die Last dieses Buches drückt mich sehr, und die Liebe zu Friedrich Wilhelm kann nichts daran erleichtern.

Beim Schreiben des einzelnen Abschnitts ist großer Friede – das Ganze ist Angst. Denn das kann ich nicht fassen: daß mein Taufspruch auch im Hinblick auf die irdischen Dinge gesprochen sein könnte! Oft kommt dem Menschen der Gedanke: Gott kann kein Quäler sein!
Aber kann Gott es denn einem erlassen, die Welt zu erfahren, das Gottlose zu erleiden?

11. August 1935 · Sonntag

Ich komme in der Frühe und schreie; auf dein Wort hoffe ich.
Psalm 119, 147

Nach dem gestrigen großen Regen noch einmal wunderbarer, blauer Himmel, ganz wie im Anfang des Sommers, und herrlichste Sonne.
Die Bach-Kantate Nr. 94 «Was frag' ich nach der Welt» recht rein gehört; das Schönste ist ja doch wohl immer wieder der Schluß-Choral. Dann Creutzens Ende geschrieben; Figur um Figur scheidet aus – aber die Stoffülle für «Mijnheer van Hoenslardyck» bleibt noch fast unüberwindlich. Es kann gar nichts recht entwickelt, begründet, ausgemalt werden. Es ist, als dürften heut in der Epik nur noch die Effekte aufeinander gehäuft werden. Niemals kann aus «Effekt» und «Pointe» Epik werden, und das ist, was mich so müde macht. Und es lohnt nicht einmal, sich nach einem anderen Verlage umzutun; es ist überall gleich. Der einzige, mit dem ich arbeiten möchte, der Eckart-Verlag, hat gar kein Geld für größere Bücher und kann nur kleine Bändchen wagen. –

15. August 1935 · Donnerstag

Bringe uns, Herr, wieder zu dir, daß wir wieder heimkommen; erneuere unsere Tage wie vor alters! *Klagelieder 5, 21*

Jetzt, wo die entscheidenden Schnitte gezogen werden müssen zwischen «Gespräche aus dem Totenreich», «Mijnheer van Hoenslardyck» und «Der Spiegel», bin ich doppelt glücklich über jede freie Stunde, die sich für mich vom Dienst ergibt, namentlich an den beiden Tagen der Woche, an denen die andern überhaupt nicht erscheinen und etwas Friede ist im Büro. – Was das Grübeln über die Striche angeht, so kam mir der Gedanke: Ein roter Faden für die Striche wird sich dadurch ergeben, daß in den Mittelpunkt alles das gerückt wird, was an Friedrich Wilhelms Leben nur «dichterisch» faßbar wird.

An manchen Tagen packt es einen hart, was man schreiben wollte und all der wirren, harten Umstände wegen nicht schreiben konnte und kaum nachholen kann –

Das Glück der Vergänglichkeit – (neu schreiben!)
Frick-Frack und Elvira[35]
Hoffnungslosigkeit
Die Abschiedssinfonie (der Orchesterroman)
Voltaire
Streckenarbeiter (der Reisendenroman)

Das sind die alten, zermürbten Pläne – die schon mehr als Pläne waren – aber nun ist Neues dazu gekommen:

Katharina von Bora
Der Mann und das Kind
Die preußischen Eremitagen (vom Jagdschloß Stern bis Doorn)
Die Schönhauser Elegie (Elisabeth Christine)
Das Buch von den Propheten und Aposteln

Dann:

Die Kinder der Seligkeit (die Kinder in der Bibel! Die Kinderkreuzzüge!)

Nichts ist in mir, was vor Gott auch nur noch den geringsten Anspruch zu erheben wagte. Aber die Bitte ist noch da; er möge mir dieses Leben lassen, wie es jetzt ist! Vielleicht gibt es dann noch eine Fruchtbarkeit. Denn mir ist, als wäre erst jetzt, wo ich so müde und geängstigt bin, das Thema meines Lebens gefunden:

«Daß ich ihn leidend lobe,
das ist's, was er begehrt.»

Daß Gott es begehren könnte, scheint aber schon so beschämend vermessen, wenn man es nur denkt.

25. August 1935 · Sonntag

Ich hoffe aber darauf, daß du so gnädig bist; mein Herz freut sich, daß du so gerne hilfst. Ich will dem Herrn singen, daß er so wohl an mir tut. *Psalm 13, 6*

Alles hat man mit gequältem Herzen als unermeßliche Gnade erfahren gelernt: Nahrung und Kleidung, Wohnung und Arbeit, jedes Stück eines Friedens, eines nicht unmittelbar bedrohten Daseins; jede Freundlichkeit eines Menschen – als Gnade: Gast sein zu dürfen auf der Erde, nicht Flüchtling sein zu müssen in einer Zeit, in der sehr viel Flüchtlinge sind. – Jeder Gottesdienst ist einem Gnade geworden, in dem noch Bibel und Gesangbuch das Hauptstück sein dürfen. – Sommer, Sommer, noch einmal so schön, wie er nur sein kann. Mit Hanni Pläne für die Einrichtung des Hauses. Ruhige Arbeit. Haus und Buch, die lichten sich zur gleichen Zeit.

3. September 1935 · Dienstag

Betet ohne Unterlaß. *1. Thessalonicher 5, 17*

Nun ist es wieder so schnell gekommen. Als ich mich am Montag zum Urlaub von Kapeller verabschiedete, machte er die nicht mißzuverstehende Andeutung, daß meine «Rückkehr auf längere Frist» gefährdet sei. Wir haben dann nur wenige Minuten darüber gesprochen, denn es gibt ja hier kein Rückfragen, kein Wehren, kein Einigen.
Sehr schwer war, daß bereits heut eine Verschärfung der Lage eintrat. Gestern sicherte mir K. zu, daß ich erst zum 31. 12. entlassen werden würde. Heut mußte er es widerrufen. Man beharrt auf den Rechten, die mein kurzfristiger Vertrag bietet. Ich bekomme noch für September und Oktober Gehalt, brauche nun aber wenigstens nicht mehr in den Dienst zurückzukehren.
Das ist nicht unwichtig, weil ich gleich für Ihlenfelds Bücher-Reihe im «Eckart» etwas arbeiten soll. Ich war gestern nach dem

Dienst nur kurz bei Hanni, dann sofort bei Ihlenfeld. Wir hatten eine Reihe von Plänen, ungemein befriedigend, aber für die Existenz nur eine kleine Hilfe. Aber es könnte alles weitergehen: Katharina von Bora (freilich nicht als Roman), Schönhauser Elegie, Propheten und Apostel, vielleicht sogar Königsflucht und Kinder der Seligkeit. Und einen neuen Plan «Das Haus» – dazu Vorschläge von Ihlenfeld: Gesangbuch-Lieder; Dichter-Biographien; Protestantische Dialoge, – alles das als anonyme Herausgeber-Arbeit; auch nur zwischen Ihlenfeld und mir, kein Verlagsvertrag. Denn Ihlenfeld rechnet fest damit – ebenso Harald Braun und Harald Poelchau, die ich als einzige benachrichtigte, – daß ich in kurzem auch aus der Schrifttumskammer ausgeschlossen werde. Darum soll meine neue Arbeit für den Eckart-Verlag von vornherein geheim bleiben. Was die Existenz angeht, so wird es eine Beteiligung von 8 Prozent am Verkaufsexemplar sein. Wie lange nun ein solches Buch als Arbeit dauert, wie es in Verkauf kommt – das alles sind offene Fragen. Fürs erste war es aber für Hanni und mich gestern eine große Hilfe, daß in den ersten schweren Stunden dieser Beistand kam.
Ich will gern ohne Namen arbeiten, wenn ich nur weiter wirkliche Arbeit leisten darf und nicht in diesen schrecklichen Journalismus zurück muß, in dem es nur noch ums 80-Zeilen-Format geht.
Ich konnte Hanni nicht einmal die Illusion des Urlaubs und des Umzugs lassen, weil ich ihr doch vorschlagen mußte, ob wir nicht das ganze Haus von vornherein vermieten und selbst in eine kleine Wohnung ziehen wollen, nun, wo der Möbelwagen sowieso schon bestellt ist. Es wäre aber keine Verbesserung unserer Lage zu erzielen als durchs Vermieten möblierter Zimmer.
Hanni sagte, in einem Winkel ihres Herzens freue sie sich ...
Ihlenfeld sagte mir, die ganze kulturpolitische Lage habe sich derart verschärft, daß ich für Wittenberg unter einem Vorwand absagen muß.
Es ist wohl alles viel schwerer geworden, als es nach der Entlassung aus dem Rundfunk war.
Meine Sorge ist, daß Ihlenfeld in seiner großen – sachlichen,

nicht persönlichen – Impulsivität mit seiner ganzen Buchreihe etwas zu organisationslos ins Zeug geht und daß der eigentliche verlegerische Plan fehlt, der die Projekte durchführbar macht. Ich kann ja aber gar nichts anderes tun, als diese Dinge zu bedenken geben und mich an das erste zu halten, das Ihlenfeld mir zu arbeiten gibt. Das ist «Deutsche Gespräche» (von Hutten bis Paul Ernst); ein Band, den er für sich selbst geplant hat und bei seiner Überlastung nicht schaffen kann zum «Weihnachtsgeschäft».

Abends waren zufällig Brauns mit Ihlenfelds verabredet; Ihlenfelds luden uns dazu. Auch bei Ihlenfeld geht es über das Sachliche nicht einen Grad hinaus. Darin liegt freilich zugleich ein Trost, daß eben das Sachliche noch eine Rolle spielen darf. Wo sollte es noch Illusionen für uns geben. Ich glaube, ich habe es nur noch mit Gott zu tun, auf ihn zu warten.

Heut erschien Ihlenfelds kleine Sammlung: «Geistliche Lieder», sehr schön aufgebaut auf dem Glaubensbekenntnis. Von meinen Fischgedichten hätte ich manches lieber nicht darin.

4. September 1935 · Mittwoch

So lasset uns nun zu ihm hinausgehen aus dem Lager und seine Schmach tragen. Denn wir haben hier keine bleibende Stadt, sondern die zukünftige suchen wir. So lasset uns nun opfern durch ihn das Lobopfer Gott allezeit, das ist die Frucht der Lippen, die seinen Namen bekennen. *Hebräer 13, 13–15*

Das Haus vor dem Fertigwerden – das Buch in diesem Stadium, und nun dieser Schlag; heut schien es mir manchmal unerträglich schwer. Möge Gott es mir ersparen, daß ich mit meiner Existenz Hanni schwer zur Last falle. Das Mitleid kann furchtbar sein; ich kann Hanni nicht ansehen, gerade, weil sie so gefaßt ist und so elend aussieht.

7. September 1935 · Sonnabend

Bauet Häuser, darin ihr wohnen mögt; pflanzet Gärten, daraus ihr die Früchte essen mögt. Denn ich weiß wohl, was ich für Gedanken über euch habe, spricht der Herr: Gedanken des Friedens und nicht des Leides, daß ich euch gebe das Ende, des ihr wartet.

Jeremia 29, 5. 11

Legte Gott uns eine Prüfung auf, in der wir Menschen uns bewähren könnten, – es bliebe dem Menschen sehr viel Stolz. Aber der sich bewährt, ist Gott. Er zeigt, wer er ist, und was die Menschen sind, man selbst und die anderen. Nun aber ist das Schwerste, daß man zu jedem Augenblick Gottes Zorn so sehr verdient hat, daß man nicht davon loskann, im schweren Schicksal Gottes Strafe zu erblicken; denn alle Buße kann ja nicht anders, als die Strafe zu suchen, obwohl die Gnade längst empfangen ist.

Unsere Reise – ein falscher Entschluß, daß wir eine «Erholung» und «Ablenkung» erreichen wollten – haben wir sofort abgebrochen und sind bereits gestern Nacht wieder heimgekommen.

Heut vormittags kam ein seltsamer Brief von Ullstein und ein Telefongespräch mit Kapeller. Man will es nicht wahrhaben, daß man doch noch einige jüdische Belastete im Betrieb gehabt hatte; und darum hat K., ohne überhaupt noch Rückfrage zu halten bei mir, von der Direktion meine ihm «von mir ausgesprochene Kündigung zum 30. 9.» bestätigen lassen, nach der ich als mit dem 30. 9. ausgeschieden betrachtet werde. (Einer neuen «schriftstellerischen Arbeit» wegen. – Um «den Übergang zu erleichtern» will man mir noch einen Betrag zahlen.) Dieser Betrag ist die Abrundung des mir noch zustehenden Gehaltes für September und Oktober auf 1000 Mark und die sofortige Freigabe vom Dienst. Willige ich nicht ein, daß ich der kündigende Teil bin, so muß ich noch bis zum 31. 10. Dienst tun und bekomme die Summe nicht abgerundet. Was sind das alles für krumme Wege, nur damit sie verbergen können, daß noch mehrere Entlassungen auf das Konto Judentum gekommen sind. –

Das Schwimmbad hier hat nun wieder die Tafel mit dem Judenverbot, und selbst an dem Zaun vor unserem Spaziergang zwischen den Laubengärten ist die Inschrift angebracht. –

9. September 1935 · Montag

Jeremia 30, 12–22

Bei Ullstein ging alles heut sehr rasch. Die Menschen, mit denen man immerhin zwei Jahre zusammengearbeitet hat, waren völlig gleichgültig, machten ihre Witzchen wie immer – aber es entlastet eher, weil man sich so oft anklagt, den Menschen gar so wenig entgegenzubringen. – Ich bekam 1000 Mark; da der Verlag genaue Angaben auf Fragebogen zu machen hatte, mußte er angeben, daß die Kündigung von ihm ausgegangen ist.
Im Anschluß an Ullstein war ich bei Dr. Pagel, der verhältnismäßig verständnisvoll war. Er hält es nicht für ausgeschlossen, daß ich – bin ich erst mit dem Rohbau des Buches fertig und bei den Strichen angelangt – noch einmal eine *a-conto*-Zahlung bekomme; aber Hanni und ich hüten uns vor jeder Hoffnung. Ans Buch zurückzukehren, bedurfte es eines harten Ruckes. Aber auch das ist eine Gnade, wenn man in so wirren Tagen überhaupt einen roten Faden gewiesen bekommt.
Aber noch ist das Herz so beängstigt, daß es körperliche Schmerzen sind; und auch in Hanni, die so gefaßt ist, ist es wie ein körperlicher Aufruhr. Wie kurze, kurze Tage waren es in unserer Ehe, in denen Hanni einmal wohl ausgesehen hat!
Wo man so sterbensmüde ist, muß man darum beten, leben zu dürfen, damit dem anderen wenigstens die Verlassenheit erspart bleibt. Diese Bitte ist schwer.
Aus der Inbrunst, mit der man auf einen König hofft, vermag man die Tragik zu ermessen, die in der irdischen Messias-Hoffnung des jüdischen Volkes waltete.

11. September 1935 · Mittwoch

Er hebt auf den Dürftigen aus dem Staub. *1. Samuel 2, 8*

Ein unruhiger Tag, durch die Schwierigkeiten beim Abschluß des Baues und durch eine lange Besprechung mit Ihlenfeld. Wir haben sein ganzes Produktionsprogramm durchgesprochen, und auf mich würden für den Winter/Frühling 1935/36 kommen: «Deutsche Gespräche von ewigen Dingen» – «Schönhauser Ele-

gie» – «Das Haus» – «Paul Gerhardt». Ach, er wie Pagel wollen rascheste Lieferung, können Geld aber noch nicht vermitteln und Einnahmen nicht garantieren.
Auf die Gefahren der «Deutschen Gespräche» – ein schönes Thema und ein unlebendiger Stoff – habe ich Ihlenfeld mit allen Argumenten aufmerksam gemacht; aber er will es wagen.
Nach einem heut herausgekommenen Erlaß wird es von nun an für Juden nur Judenschulen geben. Wird an den Universitäten noch etwas sein wie ein *numerus clausus*? Überhaupt noch eine höhere Schule für Juden? Und in kleineren Städten? Den Kindern hat es Hanni von meiner Entlassung nun gesagt, und sie haben es aufgenommen, jedes nach seiner Art. Was sie erleben, muß ihnen noch sehr fern liegen, es geht über jedes jugendliche Fassungsvermögen hinaus. Reni kam gleich mit Spar- und Hilfsvorschlägen.

12. September 1935 · Donnerstag

> Denn ich will die müden Seelen erquicken und die bekümmerten Seelen sättigen. Darüber bin ich aufgewacht und sah auf und hatte so sanft geschlafen. Siehe, es kommt die Zeit, spricht der Herr, daß ich das Haus Israel und das Haus Juda besäen will mit Menschen und mit Vieh. Und gleichwie ich über sie gewacht habe, auszureuten, zu zerreißen, abzubrechen, zu verderben und zu plagen: also will ich über sie wachen, zu bauen und zu pflanzen, spricht der Herr. *Jeremia 31, 25–28*

Die Menschen werfen einem den Bettel seines Lebens vor die Füße. Gott zerreißt den Schuldschein, der zwischen ihm und uns besteht. Will er das Leben, das man selbst vertan hat, das die andern zerstört haben, das von Gott gegeben und vergeben ist, noch weiterführen? Man ist ganz zerstört. Will Gott mit dem Zerstören noch bauen? An sich selbst kann man diese Frage nicht mehr tun. Bauen, pflanzen, ordnen, schaffen – das sind zu herrliche Dinge in all dem Elend aus Unglück und Schuld. Noch scheinen Hungern, Frieren, Unsauberkeit für einen fern zu liegen; nahe aber, dem geliebtesten Menschen mit seiner Existenz zur Last fallen zu müssen. Bis dahin klammere ich mich kindisch an meine 2500 Mark, die ich noch habe. Man könnte wohl eher in seiner Lebensführung wie ein halber Heiliger werden als die Sorglosigkeit lernen, auf die wohl Gott viel beharrlicher hinauswill als auf das heiligtuerische Leben. Wie friedlich sind noch die Bilder: das regste Leben auf dem Bau: Zimmerleute, Maler, Gärtner. Hanni sitzt bei mir und näht Gardinen um fürs neue Haus; ich schreibe den ganzen Tag; die Kinder haben einen Schulausflug vor; es ist noch einmal herrlichster Herbst. Und wie vergiftet ist alles. Wie verwirrt und verwundet sind die Herzen. Der Gläubige soll vor dem Ungläubigen so große Hilfe und so großen Trost voraushaben?

Aber der Ungläubige hat dafür nicht die Angst vor Gottes Zorn ...

Eins hat der Gläubige voraus: das Staunen über die Tiefe der Dinge. Das Haus und das Buch, die sind wie ein Urteil geworden. Es plant und schafft nur Einer.

Wo liegt die Schuld – war nicht beides gewagt in dem Glauben? Führt Gott es nun fort?

Das Blut nimmt alles zum Anlaß, sich für den Menschen zu noch größerer Qual zu entfachen.

Aber zwischen Gott und dem Menschen ist von dem Menschen her etwas Besonderes geschehen an Unordnung und Verstockheit, wenn die Todessehnsucht völlig den Schauer davor verdrängt, daß Tod «der Sünde Sold» ist. Ich kann es nicht bezeichnen und ergründen – aber in der Todessehnsucht läuft etwas gegen den Karfreitag Sturm.

Worauf man am meisten wartet, das ist wohl ein Wort Gottes, die Arbeit weiterführen zu dürfen.

14. September 1935 · Sonnabend

> Denn Gott hat uns nicht gegeben den Geist der Furcht, sondern der Kraft und der Liebe und der Zucht. 2. *Timotheus 1, 7*

Das sind gar keine Entschlüsse mehr, das ergibt sich so notwendig, und möchte dieser Zwang eine Gnade sein! Es bleibt gar nichts anderes übrig, als Bücher zu schreiben; denn das

letzte, was noch da war, die Zeitschrift mit ihrem verhältnismäßig festen Mitarbeiterkreis, stirbt rapide ab; es ist gar kein Boden mehr dafür.
Und das Haus muß bezogen werden. Denn so schnell ist es als Ganzes nicht zu vermieten; vor allem würde niemand bereit sein zum berüchtigten «Trockenwohnen».
In der Ullstein-Zeit war ich manchmal sehr verleitet, dem Schreiben gegenüber zu resignieren. Nun, ob anonym oder nicht, muß geschrieben sein.
Wie furchtbar aber muß es um den Menschen bestellt sein, daß man nicht zu klagen wagt, es geschehe einem Unrecht, sondern daß es immer nur das Beugen gibt unter Gottes verdienten Zorn! Was ist die Heiligung und ihre Frucht? Wo scheiden sich Sorglosigkeit und Verantwortungslosigkeit? Was ist Erwählung ohne Heiligung? Was ist die Sünde gegen den Heiligen Geist? Unmöglich, an der Erwählung zu zweifeln, wenn Gott so gesprochen hat, wie er sprach! Was ist mit dem jüdischen Volk? Erwählung, die allen Schauder der Verwerfung vorher durchmachen muß, ehe die Erwählung begriffen wird? Wo ist die Sünde gegen den Heiligen Geist? Wer k a n n sie begehen?
Warum springt aus allem immer wieder nur die eine Frage heraus?
Man erlebt dieses und jenes, und alles führt immer nur wieder zu der Erfahrung der völligen Ohnmacht, in die hinein Gott spricht.
Der Plan des Buches zwei Jahre alt. –

18. September 1935 · Mittwoch

> Die Opfer, die Gott gefallen, sind ein geängsteter Geist; ein geängstet und zerschlagen Herz wirst du, Gott, nicht verachten.
> *Psalm 51, 19*

Über die Ereignisse dieses Tages – die Rassenschutz-Gesetzgebung auf dem besonderen Reichstag des Parteitags in Nürnberg und die Leiden des Kaisers von Abessinien, dessen Land so wehrlos kaputt gemacht werden soll, ohne daß man ihm hilft (wie

den Juden in Deutschland, so anders die Umstände sind) – haben wir Zeitungsbelege aufgehoben; wir hatten einige Tage nur Überschriften gelesen; nun kam es nach.
Ich habe sehr viel gearbeitet.

19. September 1935 · Donnerstag

> Du aber bleibe in dem, was du gelernt hast und dir vertraut ist, sintemal du weißt, von wem du gelernt hast. Und weil du von Kind auf die Heilige Schrift weißt, kann dich dieselbe unterweisen zur Seligkeit durch den Glauben an Christum Jesum.
>
> *2. Timotheus 3, 14. 15*

> Dazu *2. Timotheus 2, 16* und *Jeremia 24, 7*, weiter *Jeremia 39, 15* bis *18* und *32, 14–17. 24–25. 26–27. 42–44*

Gestern abend vor dem Abendbrot habe ich das Buch in der ersten Fassung beendet.

24. September 1935 · Dienstag

> Elisa betete und sprach: Herr, öffne ihm die Augen, daß er sehe! Da öffnete der Herr dem Diener die Augen, daß er sah; und siehe, da war der Berg voll feuriger Rosse und Wagen um Elisa her.
>
> *2. Könige 6, 17*

Dafür waren wir sehr dankbar gewesen, daß wir diese Wohnung, an der wir so hingen, aus so schönem Grund aufgeben sollten. Nun muß der Dank etwas anderes meinen: daß das Haus zu diesem Augenblick gerade fertig wird; daß uns so in verwirrter Lage der nächste Schritt gewiesen ist; daß der Umzug bestellt war, die alte Wohnung gekündigt –.
Drei und ein halbes Jahr haben wir in ihr gelebt; vier Jahre bin ich nun in Berlin – und dreimal haben wir in dieser Wohnung den jähen und völligen Zusammenbruch meiner Existenz durchgemacht; den Papen-Umsturz, die Entlassung im Funk und bei Ullstein. Und jedesmal stand man nicht als Individuum in Frage, worin ein Trost liegen könnte, sondern wurde einer Gruppe zugeschoben, die beseitigt werden sollte, wurde in das Schicksal einer Gruppe gezogen, – wobei mir freilich das jüdische Volk eine sehr besondere Sache zu sein scheint. –

Täglich kommen noch neue Dinge fürs Haus; solcher Aufbau, solche Lebendigkeit, Erneuerung berührt schmerzlich. Bis in die Äußerlichkeiten der Erhaltung, bis in jede Einzelheit kann mit diesem Hause gar nichts anderes geschehen, als daß man seine Geschicke nur noch bedenkt in dem engsten Zusammenhang mit den Bibelworten, die als «Bau-Urkunde» in ihm eingemauert liegen –. Das Wesen eines Hauses ist sehr hart verändert, wenn der Mann in ihm nicht mehr verdient. Das Haus, der Beruf – die sind nun Gott so unmittelbar unterstellt, wie man es sich kaum jemals vorzustellen vermocht hat. Noch ist die Möglichkeit, eigene Bücher zu schreiben, noch gibt auch sie eine klare Richtung. Wird einem nun auch diese Verantwortung aus den Händen geschlagen werden – wird nun auch das kommen, daß ich nur noch für den Schreibtisch oder geheim schreibe? Einem anderen Menschen zur Last gemacht sein, das ist hart. Und dahinter steht das noch härtere Gleichnis.
Heut habe ich mich nun zu dem schweren Schritt entschlossen, meine Lebensversicherungen aufzugeben. Ein Maß von Passivität ist erreicht, daß einem das Grauen davor kommt. Was ist das im Menschen, daß er dann auf die Bibel pocht, als habe Gott sich ihm, dem Verlorenen gegenüber, an die Schrift gebunden?

28./29. September 1935 · Sonnabend und Sonntag

> Ich will mit ihnen einen Bund des Friedens machen, das soll ein ewiger Bund sein mit ihnen. *Hesekiel 37, 26*

Matthäus 6, 19–34 war der Text der heutigen Predigt. V. 24–34 das Evangelium des Sonntags; und Gott hat wieder eindringlich gesprochen. Was an dem Entschluß, das Haus in dieser Zeit zu bauen, war Vermessenheit? Was Glaube? Alles muß Gott übergeben sein. –
Sofort nachdem alle Möbel, Körbe, Kisten, Koffer unter Dach und Fach waren, gingen wir ans Verteilen, Ordnen, Auspacken; und als wir uns später zum Abendbrot setzten, waren das Bibliothekszimmer und mein Zimmer schon feierliche Räume mit all den alten Dingen, Büchern, Bildern, Vorhängen, Teppichen und Blumen.

Für Brigitte und Renate war das Hauptereignis des Einzugstages daß sie nun doch jede ein kleines eigenes Zimmer bekamen.

Auch dieser Tag war sonnig und leicht, und der Blätterfall so sanft und lautlos. Die Zimmer voller Sonne – das ist neu für uns. Als wir beim Frühstück saßen, läuteten die Glocken nicht weniger voll und nahe als in der alten Wohnung.

Ich will allmählich, so wie es nun immer vollkommener wird, das Haus beschreiben, wie ich überhaupt von nun an die eigenen Erinnerungen, die Tagesaufzeichnungen lieber als den Bericht vom Leben dieses Hauses schreiben möchte, das Hanni und mir ja jener «Acker Jeremias» ist, von dem wir erst jetzt aus der Bibel erfuhren.[36]

Mein Barockzimmer ist im wesentlichen unverändert übernommen.

Das Bibliothekszimmer mit dem Eßplatz hat jetzt alle dunklen Renaissance-Möbel erhalten; die hohen Sessel mit dem weißen Rohsamt, die Kirchenbilder, meine hohe alte Stehlampe, den Klosterzahltisch, den langen Renaissancetisch, den alten westfälischen Schrank, die Hirten und die große Madonna; die Hauptwand besteht aus Büchern. Es ist wirklich wie ein Refektorium und eine alte Bibliothek; sehr klar, sehr ernst, ohne alles Beiwerk außer den so edlen Plastiken. Durch meinen und Hannis Schreibtisch bedingt hat mein und Hannis Arbeitszimmer die grazileren, aus glänzenderem Holze gearbeiteten Barockmöbel erhalten, die leichteren Bilder, das hellseidene Sofa, die zarten Sessel mit dem blauen Samt. Aber auch hier haben wir sehr auf Klarheit geachtet und die Großzügigkeit namentlich dadurch erreicht, daß die ganze Zimmermitte mit unserem wunderschönen Teppich freiblieb. Von altem Zinn und Silber haben wir nur das Schönste aufgestellt; den Stralsunder Kasten, mein Nürnberger Schreibzeug, die Augsburger kleine Silberschale. An Plastiken hat mein Zimmer den Paulus und den Heiligen auf dem Podest erhalten, die sind Holz mit Goldmalerei; auch ist bei mir der alte italienische Engel. Dieses Zimmer ist festlicher, das mit der Bibliothek feierlicher. Morgen soll die normale Arbeit wieder beginnen. Und dann erst ist man ja ganz im Hause. –

3. Oktober 1935 · Donnerstag

Wer hat euch befohlen, dies Haus zu bauen und seine Mauern zu machen? *Esra 5, 3*

Die letzten Handwerker haben das Haus verlassen: Tischler und Maler. Alle Bilder hängen, und wir haben nur das Beste ausgewählt. Der Eindruck wird immer vollständiger und klarer. Dr. Pagel rief an und machte mir als Einzugsgeschenk die Mitteilung, daß Dr. Kilpper mir noch einmal auf den Roman eine Kleinigkeit geben will; er soll diesmal wirklich empört darüber gewesen sein, was man mir antat, aber um eine Sonderaktion des Verlages Ullstein handelt es sich nun nicht mehr, das sehen wir deutlich; den beibehaltenen jüdischen Anwälten (Frontkämpfer; solche, die vor 1914 niedergelassen waren) hat man das Notariat von einem Tag auf den anderen entzogen; der Kösener SC[37] mußte sich auflösen, weil er die Durchführung des Arierparagraphen abgelehnt hat. – Der entscheidende Eindruck dieser Tage kommt aber von den verzweifelten Versuchen her, den italienisch-abessinischen Krieg noch im letzten Moment zu verhindern; die Sprache, die Mussolini führt, deckt sich bis in die einzelnen Wendungen mit der Sprache Hitlers. Kein Tag, an dem das Herz nicht zittert. Die Jahrtausendwende kommt so schwer herauf; die Kinder dieser Jahre jetzt werden sie noch sehen. Daran ist kein Wort übertrieben: man geht umher wie ein Kranker. –

4. Oktober 1935 · Freitag

Du bist gerecht in allem, was du über uns gebracht hast; denn du hast recht getan, wir aber sind gottlos gewesen. *Nehemia 9, 33*

Was sind das für Tage! Es ist, als sollten wir nun noch so spät im Jahre die Schönheit des Gartens genießen dürfen. Darin liegt etwas, das ergreift: daß neuer Rasen ausgesät ist, der Boden frisch bestellt ist; das erinnert an die Wintersaaten auf den Feldern vor Beuthen.

Heut kann das Haus als fertig gelten.

Unser Renaissanceschlafzimmer ist schöner geworden als in der alten Wohnung. Die Wände haben wieder das alte bläuliche Rosa erhalten, keine Bilder, nur den Putto und das Altärchen des Thomas mit dem Kinde und den Apostel mit dem Schwert als Plastiken zu den flachen Seitenschränken. Welche Gediegenheit und Vornehmheit hat noch alles! Und es ist erstaunlich, wie großzügig ein so kleines Haus wirken kann. Das wurde vor allem aber auch dadurch erreicht, daß das Treppenhaus die gleiche Elfenbeinfarbe erhalten hat wie die beiden Wohnräume. Zu der elfenbeinfarbenen Treppe haben wir dunkelbraune Läufer gewählt. Im Aufgang, namentlich unter dem breiten Oberdielenfenster, das die ganze Mittelfront des Hauses einnimmt, hängen, gleichgerahmt und sehr symmetrisch angeordnet, die italienischen barocken Kupferstiche, die Hanni mir vor zwei Jahren aus Meran mitbrachte. Ober- und Unterdiele sind gleichmäßig eingerichtet, mit meinen Beuthener Empiremöbeln und den reizenden Delphin-Stühlchen, die so sehr dazu passen, als hätten sie von Anfang an dazu gehört. Dazu fügt sich wunderschön eine ganz einfache Biedermeier-Glasampel, während über dem freien Treppenraum die große klassizistische Ampel aus Meran hängt. Und an ihr schwebt der zweite der italienischen Barock-Krippenengel.

Das ist das Pfarrhaus meiner Träume, die ja mehr als Träume waren: eine große Sehnsucht. Der Höhepunkt meiner Familiengeschichte war das Pfarrhaus gewesen; und wie haben wir es verkannt und mißachtet, entstellt, herabgewirtschaftet! Was auch vor uns liegen mag – in diesen Tagen stehen Hanni und ich vor erfüllten Wünschen.

Das ist uns beiden hart und erschreckend eingeprägt: daß es nichts als Gnade ist, wenn dieses Haus bestehen darf. Und daß über allem Lob und Dank der Häuslichkeit das bittere Wort steht: «Aber des Menschen Sohn hat nicht, da er sein Haupt hinlege.»

Kaum war heut das Letzte getan, auch Boden und Keller mit Kammern und der großen Wirtschaftsstube blitzsauber und ordentlich, da kam der erste Gast. Kurt Meschke hatte sich auf der Durchreise für eine Stunde zum Abendbrot angesagt; und zum ersten Male fiel mir der rasche Abschied – denn jedes Wiedersehen war so flüchtig – schwer, so wohl tat dieses rasche, selbstverständliche Übereinstimmen in allem Politischen und Kirchlichen; so gut verstand er auch beim eiligen Durchschreiten unser Haus in seinem besonderen Schicksal, daß es entsteht im Zusammenbruch. Übermorgen zum Erntedankfest, das doch jetzt wie der erste Mai eine rein politische Feier ist, wird er über den Text predigen: «Irret euch nicht, Gott läßt sich nicht spotten. Denn was der Mensch säet, das wird er auch ernten.» Als ich ihn zur Bahn begleitete, besprach ich mit ihm Hannis Taufe, die ja nun etwas völlig anderes ist als der schon einmal «geplante Übertritt». Er wird die Taufe bei einem Besuch in Schillersdorf vornehmen, aufs Notwendigste begrenzt, und gegenüber dem Südender Pfarramt alles regeln.

6. Oktober 1935 · Sonntag (Erntedankfest)

> Darum, dieweil wir empfangen ein unbeweglich Reich, haben wir Gnade, durch welche wir sollen Gott dienen, ihm zu gefallen, mit Zucht und Furcht. Denn unser Gott ist ein verzehrend Feuer.
>
> *Hebräer 12, 28. 29*

Die ersten Meldungen über den italienisch-abessinischen Kampf wirken sehr erschütternd. Grausam, ohne Achtung, mit ungeheurer militärischer Überlegenheit wird gegen einen klugen, fürstlichen Herrscher, wie ihn heut Europa wohl nicht hat, zu Felde gezogen, und Verleumdungen müssen den Vorwand liefern. Wo, von Italien aus gesehen, fände diesmal, angesichts eines solchen Abenteuers, das «Gesetz des Wachstums» Geltung!? Zum ersten Male wieder hat nun eine der am Weltkrieg beteiligten Nationen den Schauder vor dem Krieg verloren. Von fernem Kolonialkrieg ist hier kaum noch die Rede. Die Welt ist zusammengeschmolzen. Die Interessen der europäischen Völker überschneiden sich allüberall, und die Möglichkeit eines englisch-italienischen Krieges ist erschreckend nahe gerückt. Auch von Mussolini gilt wohl das Wort der Schrift, daß die Welt es nicht ertragen kann, wenn ein Knecht König wird. Der König und der Kronprinz von Italien stehen still neben diesen Entschlüssen und

Geschehnissen. Mussolini macht mobil. Mussolini ruft die ganze Nation auf. Ein schrecklicher Gedanke. –
Heute schrieb ich noch zwei weitere Königs-Gedichte.

30. Oktober 1935 · Mittwoch

Ich will ihr Abtreten wieder heilen; gerne will ich sie lieben.

Hosea 14, 5

Jesaja 43, 1–11 ist der Brüdergemeinetext des heutigen Tages, und diesem meinem Taufspruch kann ich ja nie anders als in Erschütterung begegnen. Denn indem ihn Vater mir erteilte, ist ja ein Hinweis für das ganze Leben gegeben worden: sich halten zu dürfen an das unfaßliche und unveräußerliche *«te totum applica ad textum, et textum applica ad te»*[38], jenes unendlich tröstende Menschenwort, das wie manches Lutherwort die Schrift zu ergänzen scheint. Ohne dieses Wort erschiene ich mir manchmal wahnsinnig. Der, durch den ich es kennenlernte, war Professor Hermann.
Am Abend kam ein Brief von Reinhold Schneider und zwei Schriften von ihm mit der Widmung «Als eine unwürdige Gegengabe für Ihre erschütternden Gedichte». Ich hatte, meine und seine Reserve überwindend, die Königsgedichte ihm, dessen Hohenzollernbuch sie ja zugehören, gewidmet. Tags darauf kam diese Antwort und ein Brief: «Wie soll ich Ihnen danken! Das Gedicht hat mich zu Tränen bewegt; selten im Leben hört man eine so vollkommen reine Stimme, die ganz einfach sagt, was kommen muß. Ja, wenn eine ‹Zeit›, im Sinne geschichtlicher Zeit, noch möglich ist, so ist es diese, von der Sie sprechen. – Fast möchte ich schließen, daß Sie mit Ihrem großen, großen Werk zu Ende gekommen sind; wäre es so, dann möchte ich Ihnen allen Segen wünschen. Lassen Sie mich bald wissen, wie es darum steht; vielleicht kann ich mich in der nächsten Woche, wenn das nicht zu sehr stört, bei Ihnen anmelden.»
Was soll ich sagen? Dies geht durch und durch. Ist das «Fürchte dich nicht» wirklich auch gesprochen über die Angst vor der Auftragslosigkeit meines Lebens?
Vor dem Schlafengehen sagte Hanni: «Mach heut einen roten

Punkt in dein Tagebuch.» Als die Gedichte geschrieben waren, meinte sie: «Sie werden lange nicht erscheinen, aber einmal der großen Literatur angehören.» Um die Scham weiß nur Gott.
In den letzten Tagen, bevor ich mich zu der Sendung an Schneider entschloß, hatten wir von der ungeheuren Aktualität der Schneiderschen historischen Schriften gesprochen, die über die Gegenwart hinaus in die Zukunft zielten, noch ehe das kranke Geschrei von dem Reich kam: seine «Wege ins Reich», seine «Hohenzollern» – und nun, da sich England als die führende Macht aller Völker zu erweisen beginnt, sitzt er, der «über deutsche Dinge jetzt nicht schreiben kann», längst über dem Englandbuch! –

4. November 1935 · Montag

> Darum ein jeglicher Schriftgelehrter, zum Himmelreich gelehrt, ist gleich einem Hausvater, der aus seinem Schatz Neues und Altes hervorträgt. *Matthäus 13, 52*

Am Freitag, als Hannis Neffe im Zusammenhang mit den Gesprächen über die jüdische Situation Tiraden redete von seiner neu entdeckten Beziehung zum Judentum, gleichzeitig aber angesichts der irdischen Ungerechtigkeiten die Möglichkeit Gottes leugnete, fragte er mich: «Nicht wahr, auch von Deiner Konfession aus gesehen, muß man jetzt doch sagen: Es kann keinen Gott geben?» Zum ersten Mal hörte ich da Hanni in ein «religiöses Gespräch» eingreifen. Sie sagte: «Jochen glaubt eben. Ich gebe mir die größte Mühe. Vielleicht muß man wenigstens die Bereitschaft haben.» Und in dem wenigen, was sie sagte, spiegelte sich für mich viel mehr Reinhold Schneiders «Anschauung» denn die meine, so hart Hanni den Gedanken eines Verdienstes vor Gott, den Schneider festhält – er liegt bei ihm in der einsamen Entscheidung –, ablehnen würde. Ich kann es mir manchmal gar nicht vorstellen, daß Hanni und Schneider nicht eines Tages Protestanten sind – ja, die «Stufe» ihrer Religiosität scheint völlig übereinzustimmen. «Glaube ist eine Gnade, und die Gnade läßt sich durch keinen Willen erzwingen; aber Glaube ist auch Bereitschaft.» Und es fehlt jenes Lutherische: «Aber auch Bereitschaft ist Gnade». Es fehlt bei Schneider mehr als bei Hanni. – Es heißt bei Schneider: «Der Glaube war immer nur dort, wo der Wille, die Wünsche überwältigend, sich sammelte, den Boden bereit machte für die Gnade und stark genug war, die Gezeiten abzuwarten, die nicht der Mensch mißt mit seiner Uhr, sondern Gott bestimmt nach seinem Willen.» Auch glaubt er zu früh, einen Blick gewonnen zu haben für das Geheimnis um die Sünde gegen den Heiligen Geist. Es ist, als hätte Gott diesem großen Historiker und Dichter die Begegnung mit Luther noch vorenthalten, ohne den wir «Neuen» zu den Aposteln und Propheten wohl nicht gelangen können. Der Katholizismus ist mir manchmal wie eine letzte Vorstufe des Glaubens, in der Gott den Menschen noch ihre Würde beläßt, den furchtbaren Blick auf die Unwürde des Menschen noch erspart. Tatsächlich stehen viele Katholiken ethisch auch höher. Reinhold Schneider ist ein Mensch voll Würde. Darum muß ich so gebannt auf dieses Leben blicken, von Gottes Führung in ihm zu erfahren.

5. November 1935 · Dienstag

Siehe, ich will dich läutern, aber nicht wie Silber, sondern ich will dich auserwählt machen im Ofen des Elends. Um meinetwillen, ja um meinetwillen will ich's tun, daß ich nicht gelästert werde; denn ich will meine Ehre keinem andern lassen. *Jesaja 48, 10. 11*

Reinhold Schneider kam zum Tee. Auf meine Bitte brachte er mir seine mir noch unbekannten Novellen und Aufsätze mit und als große Überraschung seinen Philipp von Spanien mit der Widmung:

«Der König träumt er sei ein König
und tief in seinem Traum versenkt
gebietet er und herrscht und lenkt»
Calderon

Jochen Klepper im Namen aller Ordnung
auf Erden und im Vertrauen auf seine Kunst
herzlich zugeeignet *Reinhold Schneider*

Er sprach von den Königsgedichten: sie gingen über sein Hohenzollernbuch hinaus, denn in ihnen kündige sich noch einmal eine Zeit an ... Er gedenkt sie handschriftlich in seinem Freundeskreis weiterzugeben, da sie doch nicht zur Veröffentlichung gelangen können. –
Zum ersten Mal sprachen wir vom Katholizismus und Protestantismus, zum ersten Male sprach ich überhaupt mit einem Katholiken, und es war quälender, als alle Gespräche sonst schon für mich sind. Ein Katholik wie Schneider arbeitet in dem Gefühl der Vergeblichkeit vor Menschen und des Verdienstes vor Gott – wir Protestanten müssen unser Leben ertragen in dem Gefühl der Vergeblichkeit unserer Arbeit vor Menschen und der Verwerflichkeit vor Gott. Von Tag zu Tag trage ich schwerer daran. So im Untergang des Volkes stehen zu müssen, ist furchtbar.

15. November 1935 · Freitag

Du sollst durch Gerechtigkeit bereitet werden. *Jesaja 54, 14*

Der heutige Morgen brachte wieder einen Brief von Reinhold Schneider, vom Protestantismus und Katholizismus: «Wohl ist der Gegensatz ein sehr entschiedener, aber er ist derselbe, der unser Volk zu dem gemacht hat, was es ist; wir müssen ihn durchleben, und ich glaube, dies ist einem Jeden möglich, indem er den Anderen versteht. Ich tauge auch nicht zum Reden, und namentlich nicht über diese Dinge; aber es ist mir ein großer Gewinn gewesen, was Sie mir gesagt haben. Mir ist dieses Problem wohl nie ganz aufgegangen; die Beispiele der Buße und Sühne, die im Neuen Testament enthalten sind, wie auch die Worte, die den Werken neben dem Glauben ihre Bedeutung geben, waren für mich ein hinlänglicher Trost und sind es auch noch. Es kommt mir freilich sehr viel darauf an, Luthers Seelenzustand ganz zu verstehen.» Dies letztere aber war es, was mir an diesem großen Manne noch fehlte.
Unter Schneiders Aufsätzen in den «Weißen Blättern» (früher: «Die Monarchie») wirkte am meisten auf mich der über Quedlinburg, weil in ihm manchmal fast die gleichen Gedanken ste-

hen, wie sie Hanni und mich in Quedlinburg bewegten; ich denke da namentlich an den Teppich der Äbtissin Agnes. Davon schreibt Schneider: «Die furchtbare Wahrheit, daß der Priester nicht König, der König nicht Priester werden kann, erschließt sich im Symbol.» Auch ging uns damals die bloße Nennung des Titels der Tochter Ottos des Großen durch und durch. «Äbtissin und Reichsverweserin.» Schneider zitiert den Chronisten: «Nicht mit dem leichten Sinn der Frauen regierte sie, sie brachte die harten Schädel der Barbarenhäuptlinge zur Versöhnlichkeit und Unterwürfigkeit nach der genialen Staatskunstweise des Großvaters und Vaters.» Ja, der Chronist bekennt, ihr nicht gerecht werden zu können: «Mit welchem Eifer sie das Vaterland erhalten, unterstützt und gemehrt hat, das glaube ich nicht ausdrükken zu können, weder mit Gedanken noch mit Worten.»
Und schon wieder beginnt über Katharina von Bora hinaus ein Buch zu locken: «Die Reichsverweserin».
Es ist bei Schneider aber noch ein Satz, der ging am tiefsten, der von der Krypta unter der Scheuer: «Und wenn wir das Reich wieder erleben und schaffen wollen, so müssen wir hinabsteigen in die Krypta: zu dem Anfänglichen, Unzerstörbaren; zu dem ersten Lebensgrund, aus dem die vergänglichen Formen hervorwachsen. Und wenn sich auch nicht alle bereit finden zum letzten Ernst, für die letzte Tiefe, so müssen doch einige hinabsteigen in den Grund – und leben in der Krypta des Reiches.»
Ehe Schneider kam, lag für mich und Hanni diese Krypta vergessen und verschüttet. «Um des Namens und des Bildes willen» möchte ich es durchaus als etwas Besonderes nehmen, daß die Kunde vom Reich aus Potsdam zu uns kam.

23. November 1935 · Sonnabend

Ich will selbst um mein Haus das Lager sein. *Sacharja 9, 8*

Ihlenfeld hat mir, weil er die Quellen für die «Weihnachtspredigten» zu spät bekam und schnell ein Bändchen zusammenstellen mußte, ein ihm sehr eilendes Büchlein «Claus Harms»[39] in Auftrag gegeben und schon mitgeteilt, daß er an unsere größe-

ren Pläne frühestens im Herbst denken kann ... Es wird wohl so sein, daß er mich nur dann einsetzt, wenn er mit einer Terminarbeit nicht fertig wird. Ich darf aber die Frage, ob meine Arbeit innerhalb oder außerhalb der Kirche vor sich geht, nicht so sehr von dem Kirchlichen Verlage abhängig machen und darf schon gar nicht die Existenzfrage überhaupt an Menschen stellen.
Hannis wegen ist es mir doch sehr lieb, daß die Ihlenfeld-Arbeit weitergeht – zumal man bezüglich des Verbleibens bei der Reichsschrifttumskammer zum mindesten noch nicht kühn sein darf. –

28. November 1935 · Donnerstag

Siehe, unter seinen Knechten ist keiner ohne Tadel. *Hiob 4, 18*

Dr. Pagel war durch mich aufmerksam darauf geworden, daß das Jahr 1936 ein Fridericus-Gedenkjahr wird um des 150. Todestages willen. Nun soll mein Buch plötzlich am 31. Januar fertig sein. Ich kann nicht mehr, als daran schreiben und alles andere lassen und beten, daß zur Verstrickung nicht das Zerrinnen komme. Das Bewußtsein der völligen Entbehrlichkeit schafft eine Lähmung, aus der nur Gott erretten kann. Tut er es durch die Verstrickung?
Das kleine Claus-Harms-Buch habe ich in größter Eile fertiggestellt und pünktlich abgeliefert. An seinen Thesen ist doch sehr viel. Schließlich kann keine Berührung mit fremdem Leben spurlos bleiben. Dazu ist das Seufzen um Bestätigung des unfaßlichen Glaubens zu schwer, als daß man nicht sehnsüchtig aufhorchte.

29. November 1935 · Freitag

Mein Herz hält dir vor dein Wort: «Ihr sollt mein Antlitz suchen.» Darum suche ich auch, Herr, dein Antlitz. *Psalm 27, 8*

Ihr seid schon rein um des Wortes willen, das ich zu euch geredet habe. *Johannes 15, 3*

Zwischen diesen beiden Worten verläuft mein Leben. –

5. Dezember 1935 · Donnerstag

Es ist wahr, meine Reden sind freundlich den Frommen.

Micha 2, 7

Vielleicht ist das die entscheidende Wendung dieser letzten beiden schweren Jahre: daß der Verzicht nicht mehr von außen aufgezwungen ist, sondern von innen kommt. Nicht von der Erkenntnis der Vergeblichkeit her – die wäre noch unendlich stolz! Sondern aus der Einsicht in die Entbehrlichkeit und Verwerflichkeit! Warum aber dann die Arbeit noch fortgeht? Weil man unentwirrbar in sie verstrickt ist und nicht lassen will von dem Gebet, Gott möge auch hier noch eine Fruchtbarkeit sein lassen; Gott möge noch einen Schein von dem Wort «Wer die Hand an den Pflug gelegt hat» auch auf diese Arbeit fallen lassen. –
Die Striche gehen jetzt sehr tief und richten sich nach Möglichkeit gegen das Erfundene.

6. Dezember 1935 · Freitag

Du bist gekommen zu dem Herrn, daß du unter seinen Flügeln Zuversicht hättest! *Ruth* 2, 12

Der einzige Tag, an dem in der Vorweihnachtszeit der Adventskranz auch außer an den Sonntagen angezündet wird. Den ganzen Tag blieb es dunkel und mild.
Anruf Dr. Pagel. Da Kilpper ihn wegen Klarheit in den verschiedenen Mischehefällen seines Verlages drängt, war er auf der Schrifttumskammer; mit der obersten Stelle – Hanns Johst[40] – allerdings konnte er nicht Fühlung nehmen. Der Bescheid lautete: Grundsätzlich hat man die durch Mischehe Belasteten aus der Kammer ausgeschlossen – manche Fälle aber hat man ruhen lassen, man will sie verschleppen, verschwinden lassen, die Entscheidung von dem abhängig machen, was diese Autoren schrieben und schreiben ... Ist man nun schon «bearbeitet»? Wird man «aufgeschoben»? Oder steckt man noch in der Mappe, die morgen oder übermorgen erst noch verhandelt wird? Jedenfalls: daß man aufgenommen war, bietet für das Verbleiben in der Kammer keinerlei Gewißheit. Noch gibt es

wohl nichts anderes, als weiterzuschreiben, als bestünde diese entsetzliche Gefahr nicht; noch ist es einem vergönnt, – noch ist man nicht davon befreit, zu schreiben. Ich danke, so schwer die Last ist und so oft man vor dem Schreiben fliehen möchte, für jeden Tag, an dem ich noch Schriftsteller sein darf, zumal ich ja in diesen Wochen zum ersten Mal gar nichts anderes als Schriftsteller zu sein brauche!

7. Dezember 1935 · Sonnabend

> Wir wissen nicht, was wir tun sollen; sondern unsre Augen sehen nach dir. *2. Chronik 20, 12*

Der volle, grüne, klare Rasen um das Haus – die Mondnacht über dem Garten, die Ruhe des verhängten Tages! Immer wieder, wenn ich durch das stille, helle, kleine Haus mit all seiner ernsten Schönheit gehe, zumal es nun den vorweihnachtlichen Schmuck des Adventskranzes in der breiten Tür zwischen den beiden feierlichen Räumen trägt, sind jene Gedanken vom Idyll und der Tragik um mich; ja, es ist ganz ohne Frage, daß aus jener Spannung uns Versöhnung heraus die ganze Form unseres Hauses und unsere Hausführung entstanden ist. Mir scheint es manchmal, daß dieses Haus seine Form ja doch nicht erhalten hat im Hinblick auf die Künftigen, Brigitte und Renate, daß es auch nicht geprägt wurde von dem Übereinkommen, sondern es ist die Zuflucht zweier Menschen, gegründet auf das Bewußtsein, mit jedem Augenblick hingegeben werden zu müssen. Daß wir, daß die Kinder darin bleiben würden, das scheint ein ferner, ferner Traum. Und doch war es, als eine Erfüllung sowohl meines wie Hannis Wesen, wie eine Notwendigkeit. «Des Menschen Sohn hat nicht, da er sein Haupt hinlege –» dieses Wort wurde von uns vom Hause her erst verstanden.
«Schlage doch, gewünschte Stunde» – das ist ein Lied, «Wartet und eilet zu der Zukunft des Tages des Herrn!» das ist ein Wort, von denen mir die erste Adventszeit dieses Hauses bestimmt scheint.

8. Dezember 1935 · Sonntag (Zweiter Advent)

Wir haben desto fester das prophetische Wort, und ihr tut wohl, daß ihr darauf achtet als auf ein Licht, das da scheint in einem dunkeln Ort, bis der Tag anbreche und der Morgenstern aufgehe in euren Herzen. 2. *Petrus 1, 19*

Ich hatte Professor Hermann zum ersten Advent die «Geistlichen Gedichte» und die Königsgedichte geschickt; von seiner noch so freundlichen Antwort, auch wenn sie Worte von dem schweren Ernst der in diesen Tagen besonders zugespitzten kirchlichen Lage enthält, bin ich ja im Grunde doch sehr enttäuscht. Verbindet uns so wenig? War er wirklich nur der «Lehrer»? Soll es persönliche Verbindungen für mich gar nicht mehr geben? Ist alle Bestätigung versagt – bleibt es bei Schneiders Brief und Widmung, bei Hannis Treue, bei dem Glauben an die Führung Gottes, der auch dem Sand und Sumpf die Fruchtbarkeit zu geben vermag? Ist dies aber nicht genug? Gott gebe mir ein «Recht» auf die Arbeit!
Die Umstände für Fortführung der Arbeit sind schwerer und schwerer geworden. Da wird der angstvolle Wunsch nach Bestätigung verständlich. –
Manchmal, wenn ich in das «Refektorium» sehe, steht die Möglichkeit des eigenen Lebens vor mir. Der alte, schwere Renaissancetisch, bedeckt mit den Blättern des Königsbuches – die beiden hohen, alten Sessel, dahinter vor der hellen Wand die bunten und weißen Rücken der Bücher und das Madonnenbild mit dem Kinde, die Hirtenfiguren – die gotische Marienplastik neben dem klaren, würdigen, frühen Schrank – Hölzer und Farben von jener sanften Gedämpftheit der Farbe, wie sie nur den alten, mit Pietät gehüteten Dingen zu eigen ist. Dieses Bild ist umfaßt von dem großen Ausschnitt der Tür, in der der frische, duftende Adventskranz mit seinen vier gelben Kerzen hängt. Ob die Sonne das Zimmer mit seinen zarten Alpenveilchen überglänzt, ob der Schein der alten, hohen Kirchenlampe auf Tisch und Bücher fällt, ob nur die Lichter am Adventskranz brennen: immer ist ein Schimmer über dem Raum, wie ich ihn in noch

gar keiner Wohnung fand. Es ist ein Bild, das in der Wirklichkeit ergreift. Dieses war die von Gott gemeinte Möglichkeit des eigenen Lebens.
Am Abend arbeite ich noch lange, aber es kommt mir immer härter an. – Aber noch spüre ich den tiefen Unterschied, der zwischen Stille und Stumpfheit besteht! Und keine Klage löscht den Dank für alle Güte aus.

9. Dezember 1935 · Montag

> Zu derselben Zeit wirst du sagen: Ich danke dir, Herr, daß du zornig bist gewesen über mich und dein Zorn sich gewendet hat und tröstet mich. Siehe, Gott ist mein Heil, ich bin sicher und fürchte mich nicht; denn Gott, der Herr, ist meine Stärke und mein Psalm und ist mein Heil. *Jesaja 12, 1–2*

Der erste Morgenreif auf dem Rasen. Der erste winterliche Wind. Nachmittags, von halb vier Uhr an, muß zur Arbeit schon die Lampe brennen.
Schneider schreibt im Philipp: «Alle unsere Tröstungen kommen nur von Bildern her.» Da ist wieder die tiefe Übereinstimmung des Denkens, die mir in meiner Ermattung und Zerknirschung die einzige Bestätigung bedeutet, den Trost, den Gott mir in einem Dichter gewährt.
Alle unsere Tröstungen kommen nur von Bildern her. Das gilt auch für die sanften und kleinen Dinge des täglichen Lebens.
Die irdische Hoffnung ist Gott anheimgestellt, ihm anheimgestellt auch die himmlische Seligkeit vor der die Bilder versagen. – Dein Reich komme – darin wird das Herz allmählich still.
Was in diesen Tagen, ausgehend vom faschistischen Italien – dem Vorbild des nationalsozialistischen Deutschlands –, von den Möglichkeiten des neuen europäischen Krieges erörtert wird, läßt einen tief erschrecken. Man sieht entsetzt die Zeitungen und begreift nur schwer den großen weihnachtlichen Schmuck der Geschäfte, der wirklich, ungleich mehr, als ich mich sonst entsinnen kann, die riesige Stadt in einen Zauber taucht, dessen man die Menschen nur schwer für fähig hält. – Immer wieder rührt einen – fern von dem, was Konjunktur heißt und Rekla-

me – die Möglichkeit an, die dem Leben gegeben war. So aber ist es ein Fest nur in Qualen, und dem Herzen kann nur das eine gelten, nur das eine vermag unserem Geiste Zeugnis zu geben von seinem Geist: jene Spannung, die man in jedem Gottesdienst erlebt, jene Worte, um derentwillen ich vom Kirchgang nicht lassen kann, jener Klang zudem, der allein den Sinnen ein Trost ist, weil er die Worte umhüllt, in denen die Versöhnung uns inne wird: «Herr, erbarme dich unser» – und das «Ehre sei Gott in der Höhe» nach dem Gnadenspruch, unter denen mein Taufspruch einer der «obersten» ist. –

10. Dezember 1935 · Dienstag

Du krönest das Jahr mit deinem Gut. *Psalm 65, 12*

Den vierten Abschnitt «Wirte und Gäste» beendet, das Erfundene auf ein Mindestmaß begrenzt und hundert Seiten bis jetzt gekürzt. Alles zu wenig. – Ich habe Pagel auf den Heyckschen Friedrich-Wilhelm-Roman hingewiesen. Er redete von den Schwierigkeiten bei den Sortimenten, und mir bestätigt sich immer wieder, daß die Usancen des Films sich völlig im Buchhandel und Verlagswesen durchgesetzt haben. Was Heyck und mich betrifft, so steht unbekannter Autor gegen unbekannten Autor. Nach dem, was ich von Heyck aus meiner Funkzeit weiß, ist er historisch bestimmt besser fundiert als ich. Wo die Persönlichkeit der Autoren nicht interessant genug ist, mußten an sich es immer noch die verschiedenen Aspekte sein, die ein Leben wie das des Königs es bietet. Aber es gilt nicht, wenn «der Stoff weg ist». –
Pagel will mir sofort den Heyck kommen lassen, und da ich es ja nur noch mit den Strichen zu tun habe, werde ich ihn ruhig lesen. Ist er gut: so lehrt mich Gott die eigene Entbehrlichkeit.
Ist er schlecht: so darf ich nach dem geschäftlichen Nachteil mit keiner Silbe fragen und muß mein Buch besser zu machen suchen. –
Bücher sind religiöse Vorgänge, und darum sind Stoffe nicht wählbar, Termine nicht bestimmbar!
Gott hat einen angerufen – und das Buch ist das Stammeln der

Antwort. Solange die politische Macht es nicht hindert, wollen Hanni und ich, auch in dem Wissen um Verwerflichkeit und Entbehrlichkeit (die ja nicht nur von Heycks Buch abhängen kann), nichts ändern am Bücherschreiben. Wir sehen keinen anderen Weg.
Der Tatsache, daß mein Buch zeitlich der erste Friedrich-Wilhelm-Roman sein sollte, kann ich schon lange nicht so großen Wert beimessen. Aber für die Sortimenter war das etwas ... Allein für sie gilt auch die hohe Einschätzung des Fridericus-Jahres ...
Für mich bleibt der Dank für die Welt, die Gott in den Bildern des Königs vor uns beiden aufgetan hat – ein Dank freilich, der schmerzlich sich sehnt, fruchtbar werden zu dürfen.
Vor dem harten Urteil der Entbehrlichkeit hat Gott immer noch den Trost der Ergänzung bereit, in der die Fülle der Möglichkeiten sich erschöpft.
Auch wenn der Ausschluß aus der Schrifttumskammer käme, ich würde wohl, für eine unbekannte Zukunft – noch weiter schreiben – und vielleicht gerade von dem Lobe Gottes im Bewußtsein der Verwerflichkeit; denn dies ist wohl der echte Stoff des Protestantismus.

«Daß ich ihn leidend lobe,
das ist's, was er begehrt» ...

Das macht noch nicht die ganze Schwere des Schicksals aus. Hinzu tritt «Daß ich ihn sündigend lobe –», obwohl er dieses Lobes nicht bedarf.

15. Dezember 1935 · Sonntag (3. Advent)

> Sei mir gnädig, Gott, sei mir gnädig! denn auf dich traut meine Seele, und unter dem Schatten deiner Flügel habe ich Zuflucht, bis daß das Unglück vorübergehe. *Psalm 57, 2*

Die Kirche trostlos. Ist denn nahezu der ganze Pastorenstand verdammt? Hat die ganze Besinnung darin bestanden, daß sie sich angesichts der veränderten politischen Lage dazu entschlossen, endlich wieder einmal ein paar neue Predigten auszuarbei ten? Gab es nicht aber im Anfang dieses neuen Kirchenkampfes wirklich etwas wie Märtyrer? Und alles schon wieder Pose und Doktrin? Wären die Pastoren nicht Beamte, lebten sie in der Unsicherheit der Existenz – es wäre vieles besser! –

24. Dezember 1935 · Dienstag (Heiliger Abend)

Ich will dich unterweisen und dir den Weg zeigen, den du wandeln sollst; ich will dich mit meinen Augen leiten. *Psalm 32, 8*

Erst wenn es ein Weihnachten erlebt hat, hat ein Haus sein Gesicht erhalten. Mich in die Christnacht zu begleiten – darum habe ich Hanni nicht gebeten. Ich weiß, daß sie eine andere Weihnacht als die eine nicht gelten läßt, daß sie es als etwas Besonderes empfindet, daß die alte Weihnacht der schönen Gewohnheit aus ihrem Haus schwinden durfte – aber es ist nur wie eine Achtung vor dem Fest, und durch die Stunden des Heiligen Abends ging doch der tiefe Zwiespalt, aus dem heraus das Verlangen nach der Weihnachtsbotschaft noch stärker wird: daß Weihnachten nicht verlebt wird mit den beiden Familien, der, welcher man entstammt, der, welche man begründet; daß über dem tiefsten Grund zweier von Gott zusammengeführter Leben Dunkel bleibt; daß, wo, wann und wie Gott an dem liebsten Menschen handelt, man unwissend, ratlos abseits steht, auch wenn man ja in dieses Handeln Gottes selbst als Schicksal des anderen mit einbezogen bleibt.
Der Schmerz der Welt, in die das «Freuet euch» gesprochen ist, durchdringt die Stunden der Feier stärker als Stunden der Arbeit. Luther: «Sieh nicht an, was du bist, sondern sieh hier, was dir heut widerfährt, sieh an den, der zu dir kommt! Sieh nicht an, daß du ein armer Sünder bist.»

28. Dezember 1935 · Sonnabend

Sehet, welch eine Liebe hat uns der Vater erzeigt, daß wir Gottes Kinder sollen heißen! *1. Johannes 3, 1*

Wieder ein richtiger Arbeitstag. Ein lichter Märztag – nur der Sonnenuntergang ist später, später Dezember. Hanni war in der

Stadt, meldete ungeheueres Leben der Straßen und recht argen Betrieb um «Silvester-Scherzartikel», als ahne niemand, daß dieses neue Jahr so schwer heraufkommt wie wohl keins seit 1914; so offen, so ungeheuer waren die Rüstungen der Armeen jetzt zur Jahreswende.

29. Dezember 1935 · Sonntag

> Er wird euch fest erhalten bis ans Ende, daß ihr unsträflich seid auf den Tag unseres Herrn Jesu Christi. *1. Korinther 1, 8*

Der Schnee schmilzt hin, grün kommt der Rasen hervor; kaum daß sie zarter Glanz des Mittags war, sinkt die Sonne so unendlich schwer in dunklen, großen Wolken hinter kahlem Geäst –. In der Kirche war wieder mein Spruch: «Fürchte dich nicht» –. Das Evangelium von den beiden Alten, Simeon und Hanna, am letzten Sonntag des Jahres liebe ich sehr.
Es ist so erklärlich, daß alles häusliche Leben so beharrlich, dankbar, überschwänglich das Idyll sucht: denn im Glauben ist kein Idyll, kein Bild; da sind «nur» Zeichen; da bleibt das Schwere Harte, Qualvolle bestehen gegen alle Freude: daß jeder Adam ist und um jedes willen Christus so sterben mußte. Ich kann nicht anders: die Christenfreude, der Christenstolz bleiben mir fern; aber ich glaube an eine, Gott anheimgestellte, Fruchtbarkeit der Buße; mag sie selbst jenseits des eigenen Todes liegen. Sie muß Gott anheimgestellt sein, wie die ewige Seligkeit.
Ich sehe keine Frucht, keine Leistung, kein Vollbringen, kein Ergebnis dieses endenden Jahres für mich. Ich weiß nur, daß ich in ihm, daß mich so zerstört hat, die Worte beten lernte: «Dein Wille geschehe». Und daß solches Gebet geschieht in Dankbarkeit und Beschämung vor aller seiner Gnade.
Gott hat geredet. Er gebe mir, der ich abgesunken und stecken geblieben bin, die Frucht einer Antwort.

1936

Er sagte ihnen aber das Gleichnis: Es hatte einer einen Feigenbaum, der war gepflanzt in seinem Weinberge; und er kam und suchte Frucht darauf und fand sie nicht. Da sprach er zu dem Weingärtner: Siehe, ich bin nun drei Jahre lang alle Jahre gekommen und habe Frucht gesucht auf diesem Feigenbaum und finde sie nicht. Haue ihn ab, was hindert er das Land

Lukas 13, 6–8

3. Januar 1936 · Freitag

Alles Fleisch sei still vor dem Herrn; denn er hat sich aufgemacht aus seiner heiligen Stätte. *Sacharja 2, 17*

Staatsbibliothek. Noch immer unerläßliches Friedrich-Wilhelm-Material. – Das ist schon verzweiflungsvoll, wie alle Arbeit nicht gründlich sein darf.

Den weihnachtlichen Schmuck des Hauses entfernt. Nun ist nur der große Winterstrauß bei den Hirtenfiguren geblieben; diese aber mit den Engeln geleiten uns durchs Jahr.

Ich möchte «Kleine Bibeln» machen; vielleicht, daß mancher sie dann eher läse: Die Bibel unter dem Thema «Weihnachten», «Ostern», «Pfingsten», «Saat und Ernte», «Krankheit», «Armut und Besitz», «Der König», «Vater und Sohn», usf. ...

Ich möchte Kirchenlieder schreiben über die Texte der einzelnen Sonntage ...

Ich möchte alle meine alten Pläne, von «Voltaire» an, nicht versinken sehen ...

Und wie langsam geht die Arbeit fort. Und wie wenig wird an jedem Tag geschafft ...

Und wie bezwinge ich mich schon im Verzicht auf alle «Bildung». So wenig Lektüre. Hinschwinden aller sprachlichen Kenntnisse. Alles nur begrenzt auf den jeweiligen Stoff. Und auch da elendes Stückwerk.

5. Januar 1936 · Sonntag

So demütigt euch nun unter die gewaltige Hand Gottes.
1. Petrus 9

Eine ernste und erschütternde Predigt über den Kindermord von Bethlehem und die Flucht nach Ägypten, diesen mir für den heutigen Sonntag wichtigsten Text, über den ich, außer heute von dem Mariendorfer Vikar, noch nie predigen hörte.
Die Lektüre: Schneiders drei Novellen, «Das Erdbeben» –. Interessanter Nebenertrag seiner großen Werke, doch nicht mehr. Manchmal neige ich doch dazu, Schneider den Historikern zuzuzählen. In einer Zeit, in der Deutschland keine Dichter hatte, übernahm das Amt der Dichtung an der Nation ein Historiker, vermöge seiner sprachlichen Gewalt und der unendlichen Verfeinerung seines Gefühls ... Er weiß um seine Tragik, daß die Eigenart und Größe seiner Sache nicht verstanden wird; er weiß aber nicht, daß gerade die Vor- und Nachworte das Mißverständnis am tragischsten machen; ohne Frage verdunkeln sie vor denen, die Erhellung und Durchleuchtung bitter notwendig haben.

6. Januar 1936 · Montag (Epiphanias!)

Denn Gott, der da hieß das Licht aus der Finsternis hervorleuchten, der hat einen hellen Schein in unsre Herzen gegeben, daß durch uns entstünde die Erleuchtung von der Erkenntnis der Klarheit Gottes in dem Angesichte Jesu Christi. 2. *Korinther 4, 6*

Dies allein ist die schmerzlich ersehnte Fruchtbarkeit –. Jeder Mensch trägt wohl noch ein schwaches Bild in sich dessen, das er hätte sein sollen; so auch wohl den Schatten des Auftrags, der ihm ursprünglich erteilt war –.
Warum ist Epiphanias, dieses große Fest, gestorben? –

14. Januar 1936 · Dienstag

Sei nur stille zu Gott, meine Seele; denn er ist meine Hoffnung.
Psalm 62, 6

Onkel Ludwig, der von Nürnberg kam, erschien heut, unser Haus zu besichtigen. Aus Palästina konnte er nichts Neues berichten. Die neue «Besinnung» des Judentums auf sich selbst scheint mir so leer, so falsch, so verlogen; vielleicht, daß «Stille im Land» sind. Den Kindern bleiben solche Gespräche eine völlig fremde Welt. Die Nürnberger[41] raten uns immer wieder, die Kinder ins Ausland zu geben. Wir können und können darin kein Heil für sie erblicken, so bedroht ihre Zukunft in Deutschland auch scheint; ich kann mir immer wieder nur helfen mit dem Gleichnis vom Acker des Jeremias: ausharren unter dem Feind. Es müßte ein zwingender religiöser «Befehl» sein, der sich ja doch behauptet gegen alle menschliche Täuschung, wenn wir uns zu diesem Schritt entschließen sollten. Denke ich an das Bleiben der Kinder im Lande, so regt sich der Glaube in mir; denke ich an ihre Auswanderung, so schweigt alles ...

21. Januar 1936 · Dienstag

Aus Gnade seid ihr selig geworden durch den Glauben – und das nicht aus euch: Gottes Gabe ist es. *Epheser 2, 8*

Luther: «Denn von Arbeit stirbet kein Mensch» – ... Und wie warte ich nun schon auf die «Katharina von Bora». Fast stört mich der Gedanke an die «Elisabeth-Christine», so hat mich nun der Gedanke des anderen Buches gepackt. Denn ich wünschte mir sehr, nach Potsdam Wittenberg und danach – in der Reichsverweserin und Äbtissin – Quedlinburg schreiben zu dürfen.

1. März 1936 · Sonntag (Invocavit)

Erhalte mein Herz bei dem einen, daß ich deinen Namen fürchte.
Psalm 86, 11

Erst jetzt, wo ich noch einmal das heißeste Eisen angefaßt und mich mit Friedrich Wilhelms Außenpolitik auseinandergesetzt habe, dem wesentlichsten Gefahrenmoment für den Roman, erst jetzt – so spät – darf ich die Studien abschließen. Trotz des ungeheuren bewältigten Materials tue ich es in dem Bewußtsein, zu resignieren. Aber ich darf nicht noch ein Jahr an das Buch setzen, in dieser meiner schweren Lage; es ist so bitterschwer, mit seiner Arbeit nicht zu verdienen. Vor allem hat sich aber das Wort gar so beharrlich in mir festgesetzt: «Siehe, ich bin nun drei Jahre lang alle Jahre gekommen und habe Frucht gesucht auf diesem Feigenbaum und finde sie nicht.» Drei Jahre. – Hat diesen Zeitraum Gott bestimmt? Und ist dies der Auftrag: Leben zu schreiben unter der Schrift? –

Es heißt immer wieder in der Kirche, es gehe um die Spannung zwischen Gott und dem Teufel. Daran kann ich so gar nicht glauben; das scheint mir so bequem für das Sündenbewußtsein. Das Herz klagt keinen Teufel an. In dem Vorgang *cor accusator – deus defensor* gibt es nur zwei Partner. Denkt man ans Kreuz, sind immer nur zwei da!

2. März 1936 · Montag

> Fürchte dich nicht, denn du sollst nicht zu Schanden werden; werde nicht blöde, denn du sollst nicht zu Spott werden.
>
> *Jesaja 54, 4*

Wie sehr gilt dieses Wort von dem Buch, das so überholt, verzettelt, zerstört scheint, nachdem ihm anfangs alle Möglichkeiten des Erfolgs in einem ganz überraschenden Maße gegeben schienen – nachdem meine ängstliche Frage nach der Zeitgemäßheit meiner Arbeit mit diesem historischen Buche so klar beantwortet schien. Gottes Zeiten sind anders. Möchte mir das vergönnt sein: den König für die Kirche zu «entdecken» –. Der Zeitpunkt muß Gott anheim gestellt sein wie die ganze Durchführung eines Beginnens, das ich nur noch als Schuld empfinde; bestehen bleibt nur, daß ich hier wirklich überwältigt war von dem Offenbarwerden von Worten der Schrift in dem Leben des Königs. Dies erzählen zu dürfen, das war die Art der Schriftauslegung, die ich ersehnte, wie mich auch an dem Katharina-von-Bora-Plan nichts so anzieht und packt wie die Möglichkeit der Auslegung für das Wort «Des Menschen Sohn hat nicht, wo er sein Haupt hinlege». Warum muß das Schreiben im Gefühl der Schuld geschehen? Nicht einer, die man abträgt, sondern die man begeht. Ich bin krank davon, nicht zu verdienen; obwohl das nur ein kleiner Teil der Schuld ist. Aber ich weiß keinen anderen Weg, als den Blick auf das Kreuz und das Buch, zu dem man als seiner Arbeit durch sein armes, schuldiges Leben geführt wurde, ohne ein Recht darauf, eine Verpflichtung dazu, eine Möglichkeit der Durchführung, eine Erlaubnis dafür nur ahnen zu können. Wie sind die Gaben, die Gott einem gab, in einem entstellt und verschüttet; und dürfen doch um Gottes Willen nicht gering geachtet werden.

Nichts bleibt als der Blick aufs Kreuz und das Buch; und die Notwendigkeit, über allem Gott die Ehre zu geben. Diese eine Notwendigkeit allein ist allem Zweifel enthoben. Und wäre alles Lüge, Wahnsinn, Täuschung – nur um dieser einen Lüge, dieses einen Wahnsinns, dieser Täuschung willen vermag ich zu leben.

An Stelle des Selbstmordes ist das Begreifen des Todes Christi getreten. So lebt man zwischen Tod und Tod. Ich fasse die «Christenfreude» nicht, obwohl ich weiß, daß ein übermächtiges Gefühl von Triumph die Worte vernimmt: *Deus defensor.*

Was soll geschehen zwischen Tod und Tod?

Ach, daß auch Gottes Befehle nur im Widerspiel erfahren werden dürfen! Manchmal deutet der *accusator cor* auf den Grund hin, obwohl sein Scharfsinn auch nur zur Hypothese ausreicht:

Gott ist der Schöpfer des Sein-Könnens. Die Freiheit konnte sein, ja, mußte Gottes Geschöpfe herrlich machen. Die Freiheit bedingte die Wahl in sich zu einer Abkehr von Gott. Da entstanden die Möglichkeiten der Abkehr: zu jedem Ja das Nein, zu jedem Licht der Schatten, zu jeder Ordnung die Rebellion, zu jeder Form die Verzerrung. Verloren aber war die Freiheit der Rückkehr zu Gott; nun muß er kommen, uns zu holen. Wann holt er alle? Er kann doch nichts verlieren, was er schuf? Er behält sich die Stunde vor – aber kann er sie verrinnen lassen? Wie kann ewige Verdammnis sein? Wie kann noch eine Sünde sein über den Tod des Einen hinaus? Wie müßte nicht dieses Einen

Tod das Leben aller bedeuten? Prädestination: um des «Widerspieles» willen gibt Gott in diesem Leben einigen – die die Verheißungen über Israel erben – den Glauben; solche Prädestination freilich erstreckte sich nur auf die Erdenzeit und sagte noch nichts aus über die ewige Verdammnis der anderen.
Die Schrift aber spricht von ihr. Ich kann daran noch nicht glauben. Ich kann mir größere Sühne nicht denken als die, welche geschehen ist. Um das, was geglaubt werden soll, allein kann es gehen. Und Glaube hat Stufen. Er hat es begonnen; er führt es fort. Noch heißt es für mich Mensch und Gott, und die Engel und Teufel sind fern. –

7. März 1936 · Sonnabend

2. Mose 33, 13–20

Dies ist wieder recht ein Wort zum letzten Kapitel des «Vater». Alles aber, was vom «Fürchte dich nicht» und vom «Namen» handelt, das gehört mir in der Schrift besonders.
Was ist aber das Leben in unserer Eremitage anders als ein Stehen in der Felskluft, an der der Herr vorübergehen will?
Hannis Glaube bleibt mir ein Geheimnis. Ich glaube, daß sie an den einen Gott in Christus glaubt, und daß ihr der Glaube an den Heiligen Geist und die Kirche fern ist. Ich glaube, daß der Glaube Stufen hat und daß Gott uns diese Stufen führt. Darum halte ich mich fern. Durch das Zusammenleben mit mir ist die Schrift in Hannis Leben getreten; das ist von mir alles, was sein darf.
Die politischen Vorgänge dieses Tages sind zu wichtig, als daß ich nicht die Zeitung mit den Fakten aufheben müßte. Was die Vertrauensfrage angeht: die tragische Entwicklung unseres nationalen Lebens bringt es mit sich, daß man nach den trüben Erfahrungen der letzten Jahre das Innenpolitisch-Trennende zum erstenmal über das Außenpolitisch-Verbindende stellen muß. Denn diese Regierung ist gottlos. Und daran scheiden sich die Geister. Um die Ehre Gottes geht es noch mehr als um die Ehre des Volkes. Und nur von dort her ist Vergebung zu erlangen für den falschen Entschluß, den man faßt.

Weil Deutschland das Land des Protestantismus ist, darum ist es eine so besondere, schwere, bittere, furchterregende Sache, Deutscher zu sein. –

23. März 1936 · Montag

Ich weiß deine Werke und deine Trübsal und deine Armut (du bist aber reich). *Offenbarung 2, 9*

Was bedeutet das, daß das Volk in der Wüste das Manna nicht aufheben durfte, sonst wurde es stinkend und madig! Jeden Tag muß das Wunderbrot von neuem gesammelt werden.
Die politische Hektik dieser Tage ist quälend und bitter. Deutschland ist nur noch bestimmt durch Lautsprecher, marschierende Kolonnen, Fahnen. In diesem unglücklichen Lande Fahnen, immerzu Fahnen. Warum heißt es am Sonntag noch «Wahl»? Warum muß die gewissenquälende Verknüpfung, die unheilvolle, von außenpolitischer Abstimmung und Pauschal-Anerkennung dieser Regierung sein? Das ist nicht eine von vielen Regierungen, der man mit Parlamentarismus, Individualismus begegnet. Das Nein reicht tiefer. Es ist das Nein gegenüber der Hybris. Nicht Frankreich –, Gott ist der Partner, um den es geht.
In der Art, wie in unserem Hause die kirchlichen Feste begangen werden, in der Wahl ihrer Geschenke für mich erweist Hanni ohne Frage Gott die Ehre als einem gar nicht bezweifelten und ihr doch fremden Gott, der keineswegs ein blasses höheres Wesen ist, sondern der Gott Christi. Und ich glaube, daß dies schon so war, ehe ich auftauchte, und noch so ist, als wäre ich nicht in ihr Leben getreten. Das ist mein völligster Verzicht: sichtlich und wissend nichts mehr wirken zu wollen. Es ist überhaupt nichts mehr da, als das, worin man verstrickt ist, durch eigene Schuld und Gottes Führung in Einem. Die Gebrochenheit des Protestantismus ist furchtbar, und es wäre unerträglich, wenn man sich allein mit seinem ganzen Glaubenswahnsinn wüßte und eben «der Protestantismus» nicht wäre! Wo ist der Trost im Glauben? Aufs Irdische gesehen: Gott behält sich alles vor. Sein

Wort hören und lesen zu können, so hart es oft ist, das ist alles. Wo hat die Hoffnung Raum im Glauben? Warum heißt es in der Sprache des Glaubens so oft ‹Hoffnung› und so selten ‹Ordnung›? Daß Gottes Ordnung in Christus besteht und Gott darüber allein die Ehre gegeben sein muß, das erscheint mir als der ganze, nie zu fassende, zu schwere Inhalt des Glaubens. Davor stehen wir mit unserem feigen, ängstlichen, aufrührerischen und verstockten Herzen – wir, die wir glauben. Und können in die Illusion der Freiheit der Ungläubigen nicht mehr zurück, leiden entsetzlich in allem in und um und an uns, was nicht Gott die Ehre gibt; und wo wir Gott die Ehre zu geben vermeinen, erschrecken wir am tiefsten vor der Lüge und Verwerflichkeit und Vergeblichkeit. Wir teilen alle irdischen Nöte der Ungläubigen, alle ihre Ängste, und tragen die himmlischen noch dazu. Gottes Ordnung besteht. Davon müssen wir nun leben. Und keine andere Größe scheint erreichbar, als die, die schon gegeben ist: von dem großen Gott gebrochen zu sein. In dem Geschrei und Lärm unseres Lebens möchten wir nun die Melodie des Chorals unseres Lebens immer deutlicher hören, horchen und können nichts dazu tun und können vom Horchen nicht lassen. Irdisch gescheitert und von Gott geschlagen, müssen ich und meinesgleichen doch jeden Tag von neuem überwältigt sagen: Seht, so erhält mich Gott, obwohl all mein Wesen und Leben nur noch nach dem Nicht-Sein verlangen darf.
Die schwerste Versuchung ist die, daß im Nicht-Sein mehr Hoffnung liegen kann als im Leben-Müssen. Die Lebensangst ist sehr viel größer als die Todesangst.
Denn Gott kann ohne uns handeln und durch uns gegen uns –.

30. März 1936 · Montag

> Der Gott des Himmels wird ein Königreich aufrichten, das nimmermehr zerstört wird; und sein Königreich wird auf kein ander Volk kommen und wird ewiglich bleiben. *Daniel 2, 44*

Die Aufgabe des deutschen Dichters vor seiner Nation in dieser Zeit? Buße zu predigen.
Die Aufgabe der deutschen Nation vor der Welt? das gleiche.

Aber die Hybris herrscht noch selbst in dem ehrlichen Kampf gegen den Versailler Vertrag vor. Und mit der Vollendung der propagandistischen Technik hat die Hybris erst ihr wahres Gesicht gezeigt –.

31. März 1936 · Dienstag

> Sie aßen alle und wurden satt und hoben auf, was übrig blieb von Brocken, zwölf Körbe voll. *Matthäus 14, 20*

Als ich noch bei Ullstein war – jeden Tag danke ich dafür, weder in ein Büro noch in einen Sendesaal, noch zu Interviews, noch auf Lektorat und Redaktion gehen zu müssen –, glaubte ich, unser Leben im Hause wäre nur durch «mein Opfer» möglich. Nun ist mir – auch wenn ich an das Geld denke, das ich gespart hatte oder von Versicherungen zurückbekam – deutlich gezeigt, daß auch das ohne mich geht. Nicht einmal Geld, das mir zusteht, geht ein – und das häusliche Leben geht weiter. Das Haus besteht ohne mich und über mich hinweg. Die Lösung von allem, die Verbannung aus allem ist immer völliger geworden. Und in allen Stücken verwehrt: die Illusion. Wie ist nun aber das? Darf ich im Glauben sowohl das Amt wie das Haus besitzen? Das Amt wie ein Pfarramt, das Haus wie ein Pfarrhaus?
Camões: Aus allen Schiffbrüchigen bleibt dem Dichter das Gedicht, und auch dessen Blätter schon vom Meere überspült[42]! Aber auch darin, daß immer noch das Gedicht bleibe, ist mir noch zuviel Illusion!
Und doch entbindet keine Enttäuschung von außen, kein Zweifel von innen – so lange bitterste äußere Not erspart bleibt – von dem Versuch des von außen abgelehnten und von innen fragwürdigen Werkes. So wahr Sümpfe ausgetrocknet werden und zum Ackerland gemacht werden sollen, muß auch abseits von der Frage nach Recht und Unrecht, Wert und Unwert immer noch dieser Versuch sein. Wo Gott am eindringlichsten zu einem spricht, dorthin muß man sich drängen. Freilich, das Herz ist verzagt; und der Geist ist verwirrt; und der Wille ist müde. Auch angesichts des neuen Buches, nach der bitter gestraften Freude am «Vater», besteht vorerst nur die Angst – neben der

beharrlichen Überzeugung, daß auch dieses wieder mein Stoff ist und hervorgewachsen aus dem eigenen Leben, obwohl historisch. Die Frage, ob historisch oder aktuell, wird nicht von den politischen Möglichkeiten und Unmöglichkeiten der Gegenwart her entscheiden. Wo sich das markanteste Gleichnis bietet: dort muß zugegriffen sein. Im ersten Pfarrhaus, am Anfang einer ganzen eigenen Entwicklung also, aber scheint mir die Frage nach der Sicherheit in der Welt und nach der Besitzlosigkeit am klarsten gestellt. Auch sehe ich keinen Bruch und keine Biegung in dem Wege: Beuthen–Potsdam–Wittenberg. Denn dies sind ja die Stationen der drei Brüder.

Aber meine ich denn, in meinen Enttäuschungen[43] um das Haus, noch das «Pfarrhaus» oder nicht vielmehr einen Winkel, mich verbergen zu können? Und müßte das Bedürfnis, sich zu verbergen, nicht allen «Erfolg» erst nach dem Tode wünschen, wenn diesem Verlangen nicht die Angst um Recht und Bestätigung der Arbeit widerspräche und also eine Wirkung auf Leser bange ersehnen müßte?!

3. April 1936 · Freitag

> Denn du lässest mich erfahren viele und große Angst und machst mich wieder lebendig und holst mich wieder aus der Tiefe der Erde herauf. *Psalm 71, 20*

Reinhold Schneider, dem ich einige Zeilen über den «Camões» schrieb, meldete sich für Gründonnerstag bei uns an. Bedarf auch er der Bestätigung? Denn der schreibt von «wohltuenden Worten»? Ist auch bei ihm das Schreiben eine solche Verwundung? Dem einzigen, den ich beneide; an dessen Auftrag ich nicht zweifeln könnte?!

6. April 1936 · Montag

> Heile du mich, Herr, so werde ich heil; hilf du mir, so ist mir geholfen. *Jeremias 17, 14*

Wie seltsam ist das, in unserer gegenwärtigen Lage die Katharina-von-Bora-Quellen zu lesen! Hanni sitzt viel bei mir und

näht; von unserer Arbeit gehen die Gedanken immer wieder einmal zu den Sorgen, und wir rechnen –.
Wie oft hat man nicht neu begonnen! Aber wie selten kommt es über einen, alle Anfangs- und Ordnungsversuche, die im Entstehen schon das Scheitern in sich tragen, zu lassen und neu zu beginnen lediglich mit Gott. –

9. April 1936 · Gründonnerstag

Redet mit eurem Herzen auf eurem Lager und harret. *Psalm 4, 5*

Nachmittags kam Reinhold Schneider. Gestern nacht hat er sein England-Buch beendet, nach dem Inhaltsverzeichnis sein gewaltigstes Werk! Auch von diesem Zusammensein galt wieder: alle Berührung mit dem Großen des Lebens löst Schmerz und Verehrung aus. Ich bange mich allmählich vor dem Zusammensein mit ihm. Sein großer Abgesang Europas wird weitergehen und immer stärker zum Choral werden. Er stellte es mir nicht völlig in Abrede, daß er noch einmal das jüdische Volk schreibt. Kann er überhaupt am Königtum des Alten Bundes vorüber? Auch er hat Hitler die Stimme verweigert. Aber auch er hat Tage zu dem Entschluß gebraucht, und seine Motive waren die meinen.

10. April 1936 · Karfreitag

Sei getrost und sei ein Mann und warte des Dienstes des Herrn, deines Gottes. *1. Könige 2, 2. 3*

Ein großes, großes Abendmahl. Ich erstaune immer mehr darüber, wieviel Glauben ich finde. Denn da ist wohl nicht alles Sitte! Am Abend hörte ich in der Marienkirche Hermann Dieners *Collegium musicum* mit Bachs «Kunst der Fuge». Nicht daß ich den großen Eindruck begründen dürfte: aber da war, was ich in der Musik so suche, das Gleichnis von der Potenz und ihrer Erfüllung, die Anordnungsmöglichkeiten und die ewige Ordnung – und dies alles immer wieder bezogen auf den Namen, der in Tönen «ins Buch des Lebens» eingeschrieben werden durfte: B–a–c–h. Die Kirche dicht gefüllt, viel sehr alte Leute, viel vorzügliche Jugend; mit der Liebe zu den Deutschen ist nicht so leicht fertig zu werden!

12. April 1936 · Ostersonntag

Ich will euch erlösen, daß ihr sollt ein Segen sein. Fürchtet euch nur nicht und stärket eure Hände. *Sacharja 8, 13*

Ein Morgen in Reif und Sonne und lichtestem Grün. Ich fuhr früh um sieben nach der alten Annenkirche in Dahlem zur Ostermette; Psalm, Evangelium, Epistel; frühreformatorische Lieder. Die Menschen standen bis zu den Altarstufen, saßen auf den Treppen zu Kanzel und Chor, hinter dem Altar.
Über dem ganzen Tag lag Stille, Glanz und Kühle. Aber unsere Eremitage bleibt über alle unsere Abkehr hinweg ein ungemein belebtes Haus. Denn zu dem Logierbesuch sagten sich nun auch noch die Topell und Oertel zum Kaffee an; seltsam, daß sie immer wieder noch mit uns zusammen sein wollen. Für uns war es noch einmal ein Blick in eine für uns vergangene Welt, in die wir durchaus nicht mehr zurückwollen.
Dürfen wir es in Zukunft so weit treiben, auch Gästen abzusagen?! Welche wirre Welt dringt mit allem ein – bis auf den einen: Reinhold Schneider.

13. April 1936 · Ostermontag

Ich habe mir vorgesetzt: Ich will mich hüten, daß ich nicht sündige mit meiner Zunge. *Psalm 39, 2*

Hanni fällt die Arbeit im Haus, mir die am Buch immer schwerer; und Hanni legte sich heut schon, noch ehe es dunkel wurde. Die Dankbarkeit für das, was man noch hat, hilft ja doch nicht, die auferlegten Mühen leichter zu bewältigen. Die Last der Zeit ist zu groß. Und jeder Einbruch der «Zeit» – wie der gestrige Besuch – wirkt verstörend nach. Denn die Auseinandersetzung mit der Zeit, die unabweisbare, erfolgt besser in der Kirche und am Schreibtisch und im häuslichen Leben, das den Kindern Maßstäbe zu retten sucht, die alle um sie verloren haben. –

17. April 1936 · Freitag

Wahrlich, wahrlich, ich sage euch: so ihr den Vater etwas bitten werdet in meinem Namen, so wird er's euch geben.

Johannes 16, 23

Dies Gebet steht mir im Vordergrund, drängt sich vor allen anderen hervor: die Bitte ums Pfarramt und Pfarrhaus. – An Stelle meiner morgendlichen Spaziergänge ist jetzt die Arbeit im Garten getreten, und es ist schön, das «Haus und den Acker des Jeremia» gar nicht mehr zu verlassen. Ein Tag von großem Glanz; die Kastanien haben Blätter, die Linden Knospen, das Blaue der Veilchen wird immer tiefer. Nicht vorstellbar, daß dies das gleiche Berlin ist, in dem ich einmal von Sender zu Redaktion, von Prominenten zu Verlag, von Filmgesellschaft zu Korrespondenzen gelaufen bin. Was mir der sich anbahnende Erfolg versagt hat, gibt mir nun die völlige Erfolglosigkeit und Isolierung. Nur daß dieses Leben ohne jede Sicherheit, allein im Glauben gelebt, ertragen werden kann, und das ist schwer. –

24. April 1936 · Freitag

Ich will gedenken an meinen Bund, den ich mit dir gemacht habe zur Zeit deiner Jugend, und will mit dir einen ewigen Bund aufrichten. *Hesekiel 16, 60*

Hans Nowak meldete sich wieder einmal: Hanni nahm mir das Gespräch ab; ich hörte nun durch diese Unterhaltung Näheres über Rehbergs[44] «Friedrich Wilhelm I». Darin lag doch ein Trost. Denn ich bin doch oft geneigt, mir bittere Vorwürfe über den Mangel an Konzentration und Intensität zu machen. Aber nun werde ich immer wieder belehrt, daß diese flinken Friedrich Wilhelms nicht einmal die Peripherie des Königs berühren. Ach, wäre nicht der Umfang des Buches, in dem ich immer wieder eine Formlosigkeit wittere, mir wäre nicht gar so bange darum, daß dieser mein wahrhaft «zeitgemäßer Stoff» von der politischen Mode überholt worden ist. Noch immer vermag ich mir das Buch nicht gedruckt vorzustellen und sehe bangen Wochen entgegen.

Ich habe die Antwort auf meine Frage nach meiner Zeitgemäßheit vom Film erhalten wollen. Ich habe sie ernsthafter und eindrucksvoller erhalten. Und nun glaube ich auch, daß die «Katharina von Bora», die mich nicht weniger erschüttert als der König und nicht weniger aus meinem Leben und also aus der

Sprache Gottes mit mir (entstellt durch Menschenohr!) hervorgeht, ein zeitgemäßer Stoff ist, dem vielleicht sogar die politische Mode erspart bleibt. – Im Bezirk der Kunst arbeitet es noch immer in mir, so tot ich mir den Menschen gegenüber erscheine, abseits aller AGAPE[45] –.

3. Mai 1936 · Sonntag (Jubilate)

Schrecklich ist's, in die Hände des lebendigen Gottes zu fallen.
Hebräer 10, 31

Dieses Wort steht im Neuen Testament –.
Das ist ein harter Kampf, in dem Gott uns das Geständnis entringen muß, daß wir seine rettende Hand ertragen wollen bis ans Ende auch eines noch so elenden Lebens. Selbstmord ist Sünde, die vergeben ist. Aber Gott redet noch, und der Selbstmord gelingt darüber nicht –. Gott muß es wissen, wie tief er uns herausschneiden muß aus dem, was wir uns gewählt haben. Welchen schweren, schweren Klang hat das Wort «Erwählung». Wie bitter sie in der Zeit ist, lehrt der Blick auf alles Märtyrertum. –

6. Juni 1936 · Sonnabend

Sei nur getrost und sehr freudig. Siehe, ich habe dir geboten, daß du getrost und freudig seist. Laß dir nicht grauen und entsetze dich nicht; denn der Herr, dein Gott, ist mit dir in allem, was du tun wirst. *Josua 1, 7. 9*

Stille, regnerische Tage. Abends um zehn Uhr die zweite Fassung des «Vaters» beendet.

10. Juni 1936 · Mittwoch

Kommet her und sehet an die Werke Gottes, der so wunderbar ist mit seinem Tun unter den Menschenkindern. *Psalm 66, 5*

Was ist schon wieder geschehen, seit ich diesen Spruch niederschrieb!
Die Angst vor dem Verkommen, wenn Hanni stirbt und ich – aus allen Beziehungen im Beruf gerissen – zurückbliebe, völlig der Willkür der Kinder ausgeliefert, die meine Lage vielleicht

einmal nicht verstehen oder auch nur überblicken können und vielleicht auch einmal von Männern beeinflußt werden – diese Angst hatte mich wieder zu dem Sorgen für meine «Sicherheit» getrieben, da Hanni weiter schwieg. Und der da in Wirklichkeit schweigt – wird Gott sein! Der Wille zum Weiterleben kam mir wieder so schwer an. Hanni fuhr daraufhin zum Anwalt, um wenigstens klarzustellen, daß die von uns angeschafften alten Sachen mir gehören, damit ich nicht als Bettler mit den Kindern zusammenbleiben muß, wenn sie, im Fall von Hannis Tod, mit mir zusammenbleiben wollen, und damit ich Zimmer vermieten kann, wenn sie sich von mir trennen. Auch Hanni sucht nach einer Möglichkeit, ob sie mir angesichts des unglückseligen Testaments ein Wohnrecht im Hause erwirken kann. Mein Zweifel an allen Sicherheiten hielt mich vor dem unfrommen Schritt nicht zurück. Die Bitterkeit war so groß, daß ich, der ich das Geschick der Juden mit ganzem Herzen teile, nicht nur durch höhere Gewalt, nun unter ihnen noch so viel wehrloser und ärmer und entrechteter sein muß – obwohl ich vor Gott zu alledem Ja sagen muß.
In der Panik lag wohl Ahnung –. Heut rief Dr. Pagel an, ich möchte um sechs zu ihm kommen. Ich glaubte, nun hätte er in all den Monaten das Manuskript doch gelesen und melde sich auf die Mitteilung von der Beendigung des Buches. – Aber er hatte mich nur bestellt, um mir mitzuteilen, daß ich mit meiner Ausweisung aus der Schrifttumskammer rechnen müsse. Eine neue «generelle Aktion», die die Letzten erfassen soll.
Auch jetzt bleibt nichts, als das Buch weiter durchzuführen. Hanni ist sehr müde – aber eben der Panik sind wir nicht mehr fähig.
Als ich durch das ungeheure Getriebe des Spätnachmittags fuhr, staunte ich, wie ich einmal diesem Berlin gewachsen war und rasch in ihm mich durchzusetzen vermochte. Heute, wenn ich nur in einer Zeitschrift blättere, die in gleichem Druck und gleicher Aufmachung so völlig verändert ist und doch die alten Namen mit neuen Gesinnungen enthält, aber auch Unantastbare wie Reinhold Schneider, komme ich mir wie ein Toter vor.

Dort war ein Aufsatz, da eine Novelle von mir; hier stand etwas über mich, war etwas von mir nachgedruckt. Und nun so früh diese Stille! Aber das sah ich deutlich: ich meine ja gar nicht mehr die Literatur, sondern dir Kirche.
Davon kann ich nicht los: auch die vernichtende, das Ich vernichtende Verehrung für Gottes Spur in der Welt kann ja nicht anders als gestaltend geschehen, weil der Glaube Frucht verlangt über Eigenwille und Selbstgericht hinweg. Selbst die Frucht muß noch Zeugnis sein, weil Glaube Leben ist.
Woher soll der Anspruch genährt werden, wenn ich nun nicht mehr veröffentlichen dürfte, für eine spätere Zeit schreiben zu können? Die Frage nach dem Gottesurteil in allem ist furchtbar.
Mir kam heut abend der Losungsspruch für den kommenden 30. 7. in die Hände: «Du hast gesehen, wie dich der Herr, dein Gott, getragen hat, wie ein Mann seinen Sohn trägt.» 5. Mose, 1, 31

28. Juni 1936 · Sonntag

> Herr, sei uns gnädig, denn auf dich harren wir; – sei unser Heil zur Zeit unserer Trübsal! *Jesaja 33*, 2

Reinhold Schneider war zum Kaffee bei uns. Wir saßen auf der Terrasse. Die Sonne war geschwunden; Donner grollte, ohne Regen; Glocken läuteten. Er erzählte von dem erschütternd geringen Absatz seiner herrlichen Bücher (außer den «Hohenzollern», die das siebente Tausend erreichten). Er erzählte von seinem Zusammensein mit dem «gefallenen Fürsten» Gerhart Hauptmann, der sich zwar mit dem, was ihm in Deutschland noch bleibt, bescheidet, aber doch sehr rege an Reklame und Publikumseffekte denkt. Ob Gerhart Hauptmann oder Leo von König – die Schneidersche Toleranz legt den etwas bitteren Gedanken nahe, daß seine freundschaftliche Beziehung zu uns eben auch nur von jener Toleranz lebt. – Denn dies ist ja unmöglich, daß die, die nicht wissen, was Kirche ist, sein «Weltgedicht» verstehen –. Aber: auf seinem Schreibtisch steht meine Neujahrskarte; in seinem Zimmer hängt allein noch das Bild[46], das ich ihm zum Geburtstag schickte.

Jedes Zusammensein mit Schneider und Hanni bleibt seltsam: der einzige Mann, die einzige Frau. Nie soll noch jemand hinzukommen. Das ist mein letzter Kreis.

Beide wollen sie, daß ich dem Verlag gegenüber kein Kompromiß mache. Ich werde aber eins schließen. Sonst geschieht – auch wenn ich nicht aus der Schrifttumskammer ausgeschlossen werde – nach der Isolierung von Presse, Film und Funk auch noch der letzte Bruch. Denn einen neuen Verlag finde ich unter dieser kulturpolitischen Konstellation nicht mehr. Angesichts meiner Müdigkeit und Bitterkeit ist das Kompromiß, das Weiterpaktieren viel schwerer als der Bruch; ja, in diesem Kompromiß, in dem ich die Form zerstöre und das Format zu retten suche, geschieht die «letzte» Brechung meines Willens; und nichts tröstet als die Hoffnung auf die «Bora», die sonst nicht sein könnte.

Vom modernen Italien erzählte Schneider, daß der Faschismus naiver, spielerischer, theatralischer als der Nationalsozialismus ist; aber auch dort die riesigen Bauten ohne Geld, die pompösen Autostraßen zu Zielen, die keiner braucht; die «organisierte» Freude, jener letzte Schritt der verzweifelten Völker.

Auch der Blick aufs eigene Leben lehrt ja, wie gerade die tiefe innere Unordnung sich hinter übertriebener Präzision und Organisation verbirgt; das gilt in hohem Maße für die modernen Staaten. Da ist alles klar, lebendig, geordnet, stark – über Elend, Traurigkeit, Verwirrung. Alles blüht, wächst, breitet sich aus in noch nicht dagewesenen Dimensionen; das alles ist ohne Maß und Grund, die formen und tragen. Einmal muß der Tanz bezahlt werden; und auf der Rechnung wird die eine Summe stehen: Krieg.

Man kann nicht zurückgezogener leben als wir; und dennoch lastet über diesem stillen Hause die Zeit in ihrer ganzen Schwere. Er war mein letzter Versuch mit Menschen; und ich muß mich damit bescheiden, daß meine «Königsgedichte» seine Tränen fanden –. Nun blühen auch die Lilien. Es sind unbeschreibliche Sommertage, die über alle Verwundung und Unruhe doch Milderung legen: Gottes Spur wie «Bach», «Gotik» – das, worum zu leben lohnt.

5. Juli 1936 · Sonntag

Sie haben – überwunden durch des Lammes Blut und durch das Wort ihres Zeugnisses. *Offenbarung 12, 11*

Das sind Tage, in denen alles nur ein einziger Glanz aus Sonne und Grün ist, wie kann ein Hochsommer in einer Weltstadt so herrlich sein!
Heut trieb es auch uns hinaus, ehe der neue Arbeitsabschnitt und die Auseinandersetzungen mit dem Verlage beginnen. Wir fuhren zum Charlottenburger Schloß und seinem Park: das ist ungemein schön, in Schlösser zu kommen, in denen man heimisch ist. Trostlos war der Eindruck der Stadt zwischen dem Schloß und der sanften, klaren, stillen Welt unseres Hauses, in das wir immer wieder förmlich heimdrängen, dessen Schönheit ein immer neues Geschenk ist; die Aussichtslosigkeit, die vor uns zu liegen scheint, läßt einen nur noch behutsamer mit dem noch immer Gewährten umgehen. Die Stadt war heiß, laut, wirr, zerrissen; grell der beginnende Schmuck zur Olympiade: ohne eine Spur von Festlichkeit, nur Reklame.

7. Juli 1936 · Dienstag

Joseph lag im Gefängnis; aber der Herr war mit ihm und neigte seine Huld zu ihm. *1. Mose 39, 20. 21*

Das Wort «richten» hat seinen Doppelsinn, der nur vom Religiösen her verständlich wird.
Immer wieder die gleichen, neuen Träume, daß ich nach Beuthen zurück muß ohne alles Geld, ohne jede berufliche Aussicht. Und immer das Gleiche: das Weinen. Ich kann mich gar nicht mehr erholen. Charlottenburg hat mich krank gemacht, so daß Hanni den Arzt holen wollte. Wie soll ich dem Militärdienst gewachsen sein; die Klammer der Jahrgänge wird nun enger; alle Einsicht, daß das Verhältnis zwischen Mann und Waffe nicht erlöschen darf, daß Preußentum ohne Soldatentum schwer möglich ist, schafft dennoch keine Gewöhnung an den Gedanken, in diesem Heer dienen zu müssen und in die entsetzliche Rüstungspsychose Europas mit hineingerissen zu sein, nun kennen lernen

zu müssen, was Giftgase und Tanks sind. «Das Menschliche muß ganz erfahren sein.» Der Eid! –
Friedlich und strahlend gehen die Tage hin: und welcher Aufruhr und Druck in unseren Herzen! Welche Mühsal, jeden Tag durchzuhalten! Da spielt sich alles nur noch mit Gott ab. Und quälend ist «diese Leiden über die Brüder in der Welt auch ergehen zu sehen», für die gar kein Trost ist als immer wieder zusammenbrechende, müde, kranke, irdische Hoffnung.
Wir verbittern uns nicht eine Stunde. Aber der furchtbare Ernst zieht unser Leben immer tiefer in sich hinein. – Auch die Dankbarkeit ist etwas, wozu allein Gott verhelfen kann.

8. Juli 1936 · Mittwoch

Der Herr hat Großes an uns getan; des sind wir fröhlich.
Psalm 126, 3

Der Kleppersche Familienverband, der so lange Zeit hindurch wegen meines Beitritts an mich herantrat, bis ich endlich nachgab, schreibt: «Wir mußten darüber nachdenken, in welche Lage unsere Mitglieder gesetzt sind, die in staatlichen und sonstigen Beamten- und Parteistellungen tätig sind, nicht arischen Personen und deren Nachkommen gegenüber, durch die neuen bezüglichen Gesetze und Verordnungen. Es wurde bedauert, daß wir dadurch Ihre Mitgliedschaft nicht bestätigen können.» Immerhin habe ich nun das erfahren, was mich am meisten interessiert: den Anteil der Theologen in der Geschichte dieser Familie. Der erste schlesische Klepper – die Familie stammt aus Thüringen – kam 1602 als Pfarrer nach Götzenhayn. Die älteste Urkunde nennt einen Pfarrer Frederich Klepper, 1415, in Nieder-Roßla bei Apolda. Nach dem Hessen-Darmstädtischen Pfarrer- und Schulmeisterbuch von Diehl gab es dort von 1552 bis in die Neuzeit Pfarrer Klepper.
Jenen «Plan» meiner Sicherung für die Zukunft habe ich fallen lassen; was soll ein «Wohnrecht», wenn mich die Kinder im Falle von Hannis Tod nicht bei sich behalten wollen, den Wunsch danach nicht äußern? So war Hanni auch nicht mehr beim Anwalt. Was sind Verträge!

13. Juli 1936 · Montag

Gott ist treu, durch welchen ihr berufen seid zur Gemeinschaft seines Sohnes Jesu Christi, unseres Herrn! *1. Korinther 1, 9*

Die Striche, über denen ich jetzt die Tage verbrachte – Abschnitt I–V – bedeuten noch immer ein Retten der Form und kein Zerstören; auch lassen sie sich noch in guten Proportionen vornehmen. Aber immer noch verlangen allein diese fünf Abschnitte, die ein Drittel des Buches darstellen, dreihundert Seiten. Wochenlang schweigen die Zeitungen über Österreich. Nun treten sie mit einem überraschenden Communiqué über die Wiederherstellung normaler Beziehungen zwischen Deutschland und Österreich hervor; was es für das Vordringen des Nationalsozialismus in Österreich bedeutet, vermag ich nicht zu ermessen, auch nicht, ob es den Zusammenbruch der Habsburger Restaurationspläne bedeutet.

20. Juli 1936 · Donnerstag

Die Geduld unseres Herrn achtet für eure Seligkeit.

2. Petrus 3, 15

Als ich am 10. Juni abends von dem so niederschlagenden Besuch bei Dr. Pagel kam, schrieb ich ins Tagebuch: «Mir kam heut abend der Losungsspruch für den kommenden 30. 7. in die Hände: ‹Du hast gesehen, wie dich der Herr, dein Gott, getragen hat, wie ein Mann seinen Sohn trägt.› 5. Mose 1, 31.» Seitdem habe ich oft an diesen Spruch gedacht, von ihm gelebt – am bängsten gestern abend auf diesen Morgen gewartet. Denn dieser Spruch hatte so stark zu mir geredet, daß ich das Datum und die Stunde des 10. 6., in der ich ihn fand, in der Losung vermerkte.

Der Tag begann so bedrückt.

Mitten in vergrämte Gespräche und sorgenvolle Besprechungen hinein kam der Anruf von Dr. Pagel: «Lang in Stuttgart hat das Manuskript geprüft, und der Eindruck war so positiv, daß sich der Verlag zu einem Band von 1000 Seiten entschlossen hat.» Wir wissen, was das heut bedeutet.

Nicht, als ob wir nun eine einzige äußere Hoffnung daran knüpfen! Aber die große Hilfe ist in dem «Zeichen», in der Verheißung, daß Gott weiterführt und trägt, der nahen, bestimmten Rede Gottes – dies ist das, was alle äußeren Sorgen, selbst die um den heut nach wie vor möglichen Ausschluß aus der Schrifttumskammer so weit zurücktreten läßt. –
Nach Pagels Anruf brauchte ich Hanni nur die Losung mit dem eingetragenen Datum zu zeigen. Und um des eigenen störrischen Herzens willen muß das angegriffene Tagebuch immer wieder sein.
In dem «Du hast gesehen» – aber ist eine Zäsur von Gott gesetzt. Und nur diese Maße gelten – nicht unsere verzweifelten Versuche, das Leben zu gliedern! Seltsam an Pagels Anruf war noch dies, daß er ausdrücklich sagte: «Eigentlich wollte ich Sie schon am Montag anrufen –».

14. August 1936 · Freitag

Ich harrte des Herrn; und er neigte sich zu mir und hörte mein Schreien und zog mich aus der grausamen Grube und aus dem Schlamm und stellte meine Füße auf einen Fels, daß ich gewiß treten kann; und hat mir ein neues Lied in meinen Mund gegeben, zu loben unseren Gott. Das werden viele sehen und den Herrn fürchten und auf ihn hoffen. –
Opfer und Speiseopfer gefallen dir nicht, aber die Ohren hast du mir aufgetan. Du willst weder Brandopfer noch Sündopfer. Da sprach ich: Siehe, ich komme; im Buch ist von mir geschrieben. Deinen Willen, mein Gott, tue ich gern, und dein Gesetz habe ich in meinem Herzen. *Aus Psalm 40*

Die 170 Seiten Striche sind erreicht; manche ohne inneren Protest. Am Mittwoch traf sich Dr. Pagel mit uns, mir aus Stuttgart zu berichten. Der am meisten gegen die Striche ist, ist der Stuttgarter Lektor Martin Lang, dem ich es verdanke, daß Dr. Kilpper, unmittelbar ehe er auf Urlaub ging, noch die tausend Seiten bewilligte. Nun hat es gar keinen Kampf mehr gegeben; am meisten verwundert es mich im Hinblick auf die religiöse und politische Einstellung des Buches.

Gestern sagte Hanni zu mir: «Das Schönste, war eine Frau erleben kann, ist mir ja doch zuteil geworden: wirklich als das gekannt zu sein, was man ist, und mit den Widersprüchen und Mängeln geliebt zu werden.» Über dem großen Frieden, der großen Zusammengehörigkeit zwischen uns, geht uns all die schwere Arbeit immer wieder erstaunlich gut von der Hand.

16. August 1936 · Sonntag

Der Herr ist treu; der wird euch stärken und bewahren vor dem Argen. 2. *Thessalonicher 3, 3*

Wie viele Etappen hat dieses Buch gehabt. Immer wieder war es «fertig» –. Aber ich glaube, nun soll ich es als abgeschlossen betrachten und nicht mehr danach fragen, daß aus den gestrichenen Partien in zusammengezogener Form nun wieder viel an verschiedenen Stellen eingebaut werden muß, daß neue Verknüpfungen geschaffen werden müssen und die Arbeit am «Vater» auch jetzt noch kein Ende nimmt.

17. August 1936 · Montag

So spricht der Herr Herr: Siehe, ich will meine Hand zu den Heiden aufheben und zu den Völkern mein Panier aufwerfen.

Jesaja 49, 22

An dem Sonnabend, an dem ich mich in Potsdam nicht entschließen konnte, zu Reinhold Schneider zu gehen, hat er an mich geschrieben; meine Verwundbarkeit ist noch so groß, daß ich auf Hannis und auf Schneiders Worte zu dem, was ich schreibe und nun wie die Königsgedichte und die Olympischen Sonette nicht veröffentlichen kann, noch nicht zu verzichten vermag; noch immer geht dann von solchem Brief etwas Heilendes aus; denn diesen Mann hat Gott ja zu groß und erschütternd und alle Maßstäbe verändernd in mein Leben gestellt. Er schreibt von den Sonetten: «... sie haben mir das Beste zugetragen, das in diesen Tagen gelebt haben mag, oder doch nicht in den Tagen, sondern in Ihnen, der Sie das Geschehen umgedichtet und erhoben haben. Daß Sie statt der Lebenden die Toten ziehen sahen durch das Brandenburger Tor, hat mich stark berührt; ich bin das Gefühl des bunten Scheines über unheimlich naher neuer Katastrophe nicht losgeworden und habe auch aus diesem Grunde mich allem fern gehalten. Was ist der Inhalt alles dessen, fragt Ihr 5. Sonett, und ich weiß keine Antwort. Wir haben glänzende Regisseure, aber keine Intendanten und keine Dichter (in jedem Sinne). Es freut mich von ganzem Herzen, daß der Verlag sich nun hat erweichen lassen und Friedrich Wilhelm und Ihnen 1000 Seiten zugebilligt hat. Sie werden sie füllen bis zum Rande. Die Begegnung[47] im ‹Inneren Reich› hat mir wohlgetan; mögen wir einander immer begegnen im inneren Reich und nahe bleiben!»

Gestern, als über dem ungeheuren Leben des luxuriöser, reicher, unheimlich lebendiger gewordenen Kurfürstendamms die Lautsprecher das Geläut der Olympiaglocke übertrugen, sagte ich zu Hanni: «Wäre es nicht pathetisch, könnte man nur sagen: es ist vielleicht die Totenglocke Europas.» Es ging einem durch und durch, das Unglück stand einem unabwendbar nahe vor Augen, als über diesen unbekümmerten Tausenden die Worte von überallher gesprochen wurden: «Ich rufe die Jugend der Welt nach Tokio 1940.» Was wird in diesen vier Jahren liegen!

28. August 1936 · Freitag (Saarow)

> In allen Dingen beweisen wir uns als die Diener Gottes: in großer Geduld, in Trübsalen, in Nöten, in Ängsten als die Traurigen, aber allezeit fröhlich. *2. Korinther 6, 4. 10*

Es kamen so herrliche Tage herauf, und im schwierigen Haushalt hatte Hanni einen solchen Abschluß erreicht und so umfassende Vorbereitungen getroffen, daß ihr großer Wunsch, für einige Tage zu entrinnen und der großen Erschöpfung nachzugeben, erfüllbar schien. Ich war schon wieder so in der Arbeit, daß mir der Entschluß fast schwerfiel – und an Wittenberg war jetzt gar nicht zu denken, obwohl mich nur dieses Ziel ruft; auch ist es diesmal Hannis, nicht meine Reise; so hat die Arbeit mich begleitet. Allen unseren Reiseplänen steht unser Horror vor Hotels im Wege: darum wählten wir Saarow, das Christliche Hospiz

«Haus Furche», in dem ich vor zehn oder zwölf Jahren, von der Studentenhilfe verschickt, viele Wochen war. –
Der Tag war strahlend schön, und Saarow fand ich wieder, wie ich es in Erinnerung hatte. Damals kannte ich Berlin und die Mark noch nicht, und Saarow war das Einzige und Erste. Heut besitze ich die Vergleichsmöglichkeiten. Wald und See sind hier lieblicher, ohne die große Schwermut und Düsterheit. –
Die erste Trennung vom Hause ist mir schwergefallen – obwohl wir ja gerade auf der Flucht vor dem komplizierten Hauswesen sind, das so an unserer Kraft zehrt. Alle Reise meint ja immer wieder nur die Heimkehr zu «Jeremias Acker»; die Frist ist vielleicht so kurz, in der das «tragische Idyll» noch gewährt sein darf angesichts des großen Gerichtes über die Völker.

7. September 1936 · Montag

Es soll die Herrlichkeit dieses letzten Hauses größer werden, denn die des ersten gewesen ist, spricht der Herr Zebaoth.
Haggai 2, 9

Die Arbeit läuft weiter, und Pagel und Stuttgart schweigen wieder einmal. Damit, daß das Buch nun noch zu Weihnachten erscheinen kann, darf ich wohl keinesfalls mehr rechnen; es ist wohl schon zu spät, als daß noch Zeit zu Auseinandersetzungen wäre.
Der große Nürnberger Parteitag, der voriges Jahr das Rassengesetz brachte, beginnt. Was wird sich diesmal aus der Spannung Moskau–Nürnberg ergeben; denn die programmatische Außenpolitik wird ja durchaus auf den Parteitagen proklamiert.

15. September 1936 · Dienstag

Ich habe es nicht im Verborgenen zuvor geredet; von der Zeit an, da es ward, bin ich da. *Jesaja 48, 16*

Anruf von Dr. Pagel: Dr. Kilpper, der zur Zeit krank ist, hat die 1000 Seiten auf den Brief hin bewilligt, eventuell «in zwei Bänden». Der gefürchtete Nürnberger Parteitag ist ohne neue Gesetze vorübergegangen und hat sich in antirussischer Propaganda erschöpft, deren Wert und Gefahren ich nicht zu ermes-

sen vermag; die Form schien mir nicht glücklich; und das, was gegen den Bolschewismus ins Feld geführt wird, ist ohne Leben und Kraft trotz all der ungeheuren Vitalität.
Das Wort Kirche ist weder in Bejahung noch Verneinung gefallen. Und zehnmal wird «Gott» gesagt, um nicht einmal «Christus» sagen zu müssen. Es geht ihnen um den Gott, der den Führer sendet.

17. September 1936 · Donnerstag

Hüte dich nur und bewahre deine Seele wohl, daß du nicht vergessest der Geschichten, die deine Augen gesehen haben, und daß sie nicht aus deinem Herzen kommen all dein Leben lang.

5. Mose 4, 9

Stuttgart teilte mit, daß Dr. Kilpper den dort vorliegenden Manuskriptteil in Satz gegeben habe; und Dr. Kilpper ließ mir durch Pagel sagen, daß das Buch nun in zwei Bänden (zum Preise von 9,60 Mark) herauskommen soll. Auch das: die ersehnten zwei Bände!
Es ist nichts geschehen, wozu Gott nicht sein Wort gegeben hätte. –

28. September 1936 · Montag

Suche deinen Knecht. *Psalm 119, 176*

Heut morgen sind nun doch die ersten Fahnen gekommen, 70 Seiten Manuskript. Davon geht eine Beruhigung aus: dies immer wieder gestrichene, ergänzte, überarbeitete, zusammengeklammerte Manuskript nun in den sauberen, glatten Fahnen zu sehen.
Mit der Abendpost kam Reinhold Schneiders England-Buch[48] mit der Widmung:
... denn das Blut der Edlen ist ihrer Könige Eigentum.

Calderon

Jochen Klepper,
treu verbunden in Streben, Hoffen
und Erleiden

Die ersten Fahnen und Schneiders Buch und seine Worte und die Entdeckung des Bibelwortes Psalm 119, 176 – es war ein guter Tag. Das Gefühl der Schwere aber will nicht mehr aus dem Herzen gehen; die Freuden sind andere geworden. –

10. Oktober 1936 · Sonnabend

Denn ich bin der Herr, dein Gott, der deine rechte Hand stärkt und zu dir spricht: Fürchte dich nicht, ich helfe dir! *Jesaja 41, 13*

Die Gewalt der Träume erschreckt mich mehr und mehr. In wie flüchtigen Minuten spielen sich Träume ab – und wie lange wirken sie in den Tagen nach – bis neue Träume sie ablösen.
Ein Traum, von dem ich fürchte, daß er politischer Natur ist: Ein entsetzlich großer Vogel beängstigt die Stadt, fällt die Menschen an, verfolgt einen ins Haus, hält alle in Furcht; und es hat im Traume eine besondere Bedeutung, wen er sich herausgreift, nur bleibt diese Bedeutung unklar.

17./18. Oktober 1936 · Sonnabend und Sonntag

Zuflucht ist bei dem alten Gott und unter den ewigen Armen. *5. Mose 33, 27*

Habt ihr auch je Mangel gehabt? *Lukas 22, 35*

Werde ich wieder verdienen? Das Gefühl vor den Töchtern ist oft qualvoll. Wie sollen sie es begreifen, daß die Zugehörigkeit zur Schrifttumskammer noch nicht «verdienen» bedeutet?! Werde ich je wieder erstatten können, was jetzt für mich ausgegeben werden muß, ohne daß ich es wie bisher verdiene? Bald wird die Zeit um sein, in der ich noch ungefähr von meinen Versicherungen leben konnte. Kann Beten für den Unterhalt eines Hauses so viel sein wie Arbeit? Gibt es eine Brücke zwischen dem Gebet und der Arbeit, die man leistet und die doch keinen Ertrag bringt? Ist es leichter für mich, daß auch Hanni nicht verdient, sondern von Besitz und seiner Erhaltung und Auswertung lebt? Darf alles nur im Hinblick auf Gott betrachtet sein? Daß keine Sicherheit für mich sein darf: das begreife ich aus meinem ganzen Wesen heraus, das derart auf Sicherheit drängt. Aber

dies Erhaltenwerden? Erbe und Sicherheit darf nicht sein – aber dürfte ich mich wieder selbst erhalten! In Schneiders neuem Buche ist ein altes Wort: «Beten und arbeiten soll der Mensch, bis ihm die Tränen kommen.» Das macht vor allem bis jetzt auf mich den größten Eindruck. Eher aber arbeitet man, bis man weint, ehe man betet bis zu den Tränen. Das ist erfahren.
Gestern abend kam mir der «Gedanke», daß es vielleicht, wenn die Politik nicht alles durchstreicht, einen Weg geben könnte, «Könige und Propheten», jenes undurchführbar scheinende Projekt in einem einzigen Roman zu schreiben, in dem nun endlich Jesaja enthalten ist, der mich so wie kein anderer Prophet gepackt hat: Jesaja und Kyros! Doch weiß ich nichts vom ersten Kyros und dem zweiten Jesaja – aber welche «Verlockung» liegt in diesen beiden Namen und dem, der dahinter steht. Ein Christus-Buch, in dem die Gestalt Jesu niemals zur Romanfigur erniedrigt zu werden brauchte, etwas, was ganz und gar unmöglich ist. Die Gestalt Jesu bleibt der Epik völlig verwehrt. Aber hier wäre es, das A und O alles dessen, was man jemals schreiben «möchte»!
Die «Bora» ist nun besiegelt. Das muß nun sein –. Und welcher Unterschied zum «Vater». Damals, als ich dieses Buch auf mich nahm, war ich ein wohlhabender Herr, der solches aus eigener Machtvollkommenheit tun oder lassen konnte. Aber dann kam dieses letzte Jahr, in dem allein «vom Worte Gottes» gelebt sein mußte. Und nun ein neues Buch, von vornherein völlig arm und doch ohne jeden Mangel, von Gott erhalten, aber schuldig an denen, die einem den Tisch decken!

2. November 1936 · Montag

Der Herr stand mir bei und stärkte mich. *2. Thimotheus 4, 17*

Wenn aber ein toter König sich über die Jahrhunderte hinweg seine Diener holt – wie ungleich mehr lebt die Jüngerschaft dessen, der gestorben und auferstanden ist, wie ungleich «wirklicher» ist noch jenes *«vivit»*. Es gibt kein Entrinnen: es «frißt» einen noch etwas anderes auf als der König von Preußen. – Wo

ist die Lindigkeit, die Milde, die Freundlichkeit der alten Christen? Ist es nicht wahr? Stand nur Richtung und nicht Zustand? Ach, das ist nur Aufgewühltsein und Ergriffenheit, aber eben jene Ergriffenheit (im tiefsten, klarsten, nüchternsten Sinne des Wortes) derer, die Gott sucht!
Nachts um dreiviertel zwei Uhr beendete ich die Bearbeitung des Buches, vier Jahre nach dem ersten Buche – auf den Tag. Das Gleichnis der letzten Silvesterliturgie vom unfruchtbaren Feigenbaum. –
So mühsam und wirr alles noch ist – fünf nahezu unlösbare Seiten, den letzten Bau von Potsdam und Berlin betreffend, habe ich in ein Sonderkuvert tun müssen – ist nun doch nur noch zu ordnen, zu tippen, einzufügen. Gestaltung – bis auf diese fünf vertagten Seiten, die einen der Erzählung so schwer faßbaren Gegenstand behandeln – ist nun nicht mehr! Welche Veränderungen hat das Buch noch durchgemacht!

4. November 1936 · Mittwoch

> Jesus Christus ist darum für alle gestorben, auf daß die, so da leben, hinfort nicht sich selbst leben, sondern dem, der für sie gestorben und auferstanden ist. 2. *Korinther 5, 15*

Auferstanden! Wie könnte Gott anderes schaffen als Leben! Wie könnte Christi Tod: Gottes – Selbstmord sein! Auferstanden! Ich habe es erst in den letzten Wochen begriffen!
Aber der allen gestorben ist, kann auch nur allen auferstanden sein. Doch um seines Geheimnisses willen läßt Gott es die einen erfahren und die anderen nicht, wie in allem die Scheidung und Entscheidung sein bleiben muß, seit die Menschen sich von ihm schieden. Am unfaßlichsten ist solche Gnade, denen sie widerfährt.
Stuttgart beginnt nun wieder zu quälen. Sie haben zu langsam gesetzt, bekommen jetzt Angst, daß sie den Überblick nicht bekommen können, wieweit nun Schriftseite und Druckseite sich decken werden und wieviel die neuen Verbindungen ausmachen. Sie errechnen einen Umfang, der dem ungekürzten Manuskript

sehr nahekommt, und reden von einer Katastrophe –; wieweit darf ich danach fragen, wenn eben alle Bereitwilligkeit nicht zu dem gewünschten Ergebnis führen konnte – und wenn Stuttgart jene Katastrophe nicht erwähnt, die hinter mir bereits liegt? Schon Langs Gutachten sprach von dem lückenlosen Gewebe. – Das ist nun ungleich mehr der Fall! –
Von nun an kann ich Reni und Hanni von der Tyrannei, mir helfen zu müssen, befreien. Die fünf Restseiten sind geschrieben, und ich kann mich nun ganz mit dem Technischen, Äußerlichen, befassen: Tippen der Verbindungen, einfügen, Korrekturen. – Kampf, schwerster Kampf wird dieses Buch bis zum Tage des Erscheinens wohl nun bleiben.
Aber diese entsetzliche Konzentration und Überorganisation – welche jedoch die Rettung bedeutete – hört nun auf; dieser fürchterliche Krampfzustand, in dem man sich halten mußte, wird sich nun lösen. Diese Schreckensnächte sind vorüber. Der neue Kampf liegt draußen, wird einen nicht so verzehren.

7. November 1936 · Sonnabend

> Wo ist solch ein Gott, wie du bist, der die Sünde vergibt und erläßt die Missetat den übrigen seines Erbteils, der seinen Zorn nicht ewiglich behält! Denn er ist barmherzig. *Micha 7, 18*
>
> Wo ist so ein herrlich Volk, zu dem Götter also nahe sich tun als der Herr, unser Gott, so oft wir ihn anrufen? *5. Mose 4, 7*

Wären nicht die Losungsworte des gestrigen Tages, von dem der neue Stuttgarter Brief datiert – ich könnte nicht mehr weiter. Daß das Buch Weihnachten nicht mehr erscheinen kann, an diesen Gedanken hatte ich mich gewöhnt. Schlimmer, zermürbend ist, daß sie nun einfach nicht weiter setzen, bis nicht aus den Fahnen und dem Manuskripttext die 280 Seiten herausgenommen sind, die sie nun über das 1000-Seiten-Format errechnet haben. – Es wird nicht danach gefragt, welche Veränderung das Buch in der neuen Fassung durchgemacht hat. Sie zählen die Zeilen; ich frage nach solcher Unbill nicht mehr. Wie Gott mir weiter hilft – zum «verlegerisch Möglichen» zu gelangen, danach nur darf gefragt sein; wie Gott mich durchhält bis zum Ende. Jetzt ist auch Hanni sehr müde und verzagt und möchte es nie wieder mit einem Buche so erleben – «so herrlich die Intensität war».

Was liegt nun noch vor mir! Wie soll ich es vor Hanni und den Kindern ertragen, nicht zu verdienen und weiter über diesem Buche zu sitzen und Opfer zu fordern! –

Gott gebe seinen Willen zu erkennen!

Entsetzliche Träume, in denen das Buch halbfertig erschienen ist, mitten darin abgebrochen – und das Haus stand verfallen, und wir hatten kein Geld, noch irgend etwas dafür zu tun!

11. November 1936 · Mittwoch

> Gedenke der vorigen Zeit bis daher und betrachte, was der Herr getan hat an den alten Vätern. Frage deinen Vater, der wird dir's verkündigen, deine Ältesten, die werden dir's sagen. *5. Mose 32, 7*

Angesichts all dieser Liebe und Fürsorge kann es nichts geben, als am Schreibtisch zu bleiben, zu Gott zu beten, daß er um Hannis willen dieses in meinen Augen gerichtete Werk zu Ende führen möge; das Werk mag gerichtet sein: aber Gott hat in ihm gesprochen und bleibt auch in allem Zusammenbruch der Retter, der er ist.

13. November 1936 · Freitag

> Die Losung: Wende dich zu mir, sei mir gnädig; stärke deinen Knecht mit deiner Kraft! *Psalm 86, 16*
>
> Siehe, ich bin bei euch alle Tage bis an der Welt Ende.
> *Matthäus 28, 20*

Nicht nur, daß Hanni mit Pagel telefonierte; nicht nur, daß sie den Arzt kommen ließ: sie hat auch Reinhold Schneider zu uns gebeten, damit er uns sage, ob eine Möglichkeit besteht, daß er mit seinem Verleger[49] über dieses Buch oder ein völlig neues («Die Bilder des Königs») verhandelt, wenn mit der Deva alles scheitern sollte. Denn all die neue Arbeit führt ja nicht zu dem von ihr gewünschten Ziel. –

Man hatte Schneider sogar schon die Fahnen geschickt, um rechtzeitig einige Kritiken zu haben, und Schneider hatte etwa 70 Fahnen gelesen, und in dem, was er sagte – trotz der ausdrücklichen Bitte um keine falsche Schonung in diesem Augenblick – lag ein Trost: das Buch, das mir ein Zerrbild geworden ist, ließ ihn noch nichts davon merken. Aber es ist ja etwas so völlig anderes, wenn Gott einem die Augen öffnet über alles, was man tut, und die Umstände, unter denen es geschieht. –

So bleibt Hannis Liebe und Schneiders Hilfsbereitschaft als eine große Hilfe. Sehr seltsam ist, was er von seinem Englandbuch erzählte: ohne Frage ist es das härteste, konzentrierteste seiner Bücher, und ich war der Meinung, es käme allenfalls für seine engsten, treuesten Leser in Frage. Nun ist es aber so gekommen, daß bereits jetzt die erste Auflage von 5000 verkauft ist. Zeitungen haben es in Leitartikeln besprochen. Welch ein wunderliches Volk sind wir. Frömmer und strenger kann ein Buch nicht sein: und nun wird dies so lebhaft verkauft, das von dem Gerichte Gottes über die Völker handelt. Freilich, es wird nach den bisherigen Kritiken, und das ist nun sehr entscheidend, von den Außenpolitikern behandelt und das Religiöse als schwierige Zutat hingenommen. Und dennoch scheint die Wendung zur Historie, die erst die Autoren ergriff, nun auch, entgegen aller sonstigen Mode, die Leser gepackt zu haben. Und zwar jene Historie, die das Heute nicht rechtfertigt oder gar verherrlichen soll, sondern gerade die, die es anklagt. Ist es nur die letzte Zuflucht ohnmächtiger Opposition? Oder sehnt die Zeit sich endlich doch nach dem, das allein sehnenswert ist?

Völlig neu war, was Schneider vom Kronprinzen erzählte, daß am Vorabend des «Tages von Potsdam», am 21. 3. 1933, Hitler, Göring, Goebbels noch beim Kronprinzen waren; und daß man ihn, damit er die konservativen Kreise freundlich gegen sie beeinflusse, immer in dem Glauben gelassen hat – Hitler selbst hat es ihm gesagt – daß das Ziel die Wiederaufrichtung der Hohenzollernmonarchie wäre. –

Unser Haus ist arm an Gästen geworden: aber dieser eine wiegt viele auf. Über seine große, große Toleranz lerne ich immer mehr umdenken: er schreibt das härteste Gericht über die Völker – und ist so milde in jedem einzelnen Fall, wo er es mit Menschen zu tun hat. Aber wie kann das Reich Gottes denn anders verkündet werden als in der Liebe? Auch, wo das Härteste gesagt sein muß; auch, wo der verblendete, gefallene Mensch kaum noch Freundlichkeit wert scheint – wie kann es anders sein?

17. November 1936 · Dienstag

Es wird nicht dunkel bleiben über denen, die in Angst sind.

Jesaja 8, 23

Noch einmal ist im Manuskript das letzte Kapitel beendet, und es geht nun an die Maschinenabschrift der letzten drei Kapitel: jenseits der von Stuttgart gesetzten Grenze; denn Zaubern war unmöglich. Es kann nur Gott anheimgestellt sein, daß ein Ende wird, wirklich ein Ende. Und er gebe einen völlig neuen Anfang: so furchtbar war der Ruf zur Ordnung, der durch die Mühen, das Versagen, die Schuld dieses Buches an mich erging. Bei den Menschen ist auch heute noch kein Ende abzusehen.
Über allen endlosen Zusammenbrüchen und Verzehrungen, in denen alle irdische Hoffnung erlischt, steht der eine Trost: Gott findet, den er sucht. Der Beruf ist eine so schwere Aufgabe für den Glauben geworden wie das Haus.

18. November 1936 · Mittwoch (Bußtag)

Die Losung: Ich bin der Herr, dein Gott, der deine rechte Hand stärkt und zu dir spricht: Fürchte dich nicht, ich helfe dir!

Jesaja 41, 13

Was ist verheißen? Daß Gott in der Angst der Welt einen beim Glauben erhalten will und im Glauben aus dem Gericht genommen hat! Nicht das, was das ungebärdige, wirre Herz als Berufung ergreifen möchte, ist die Berufung! Und nicht, was das bald begeisterte, bald verängstigte Herz als Gebet fühlt, ist das Gebet. Drei sind, an die allein wir uns zu halten vermögen: das Kreuz; das Sakrament; das Wort, das wir nicht auszulegen vermögen und von dem wir nur sagen können, wie es im Leben, eigenem und fremdem, wirkte. Zu viele, die sich berufen glaubten zu frommer Tat, haben wohl gerade durch ihr Werk im Widerspruch zu Gott gestanden, der das Werk verwerfen und die Person erwählen kann und es immer als der Rettende, Liebende tut. – Wo aber Bestimmung ist, so muß es ihm anheimgestellt sein, wie er einen in der Bestimmung zu seinem Dienste erhält, ohne den Auftrag anders als eben durch dieses Erhalten im widerspruchsvollen, leidensvollen, angezweifelten Dienste zu offenbaren! Die Schneidersche Klarheit: daß einer sein Werk weiß und viele, viele in einer diesem Werk so entgegengesetzten Zeit dieses Werk von ihm begehren, wird ein großes Rätsel bleiben. Denn daß er um die innere Tragödie des Protestanten weiß, ist mir nach dem Englandbuch kein Zweifel mehr.

29. November 1936 · Sonntag (Erster Advent)

Bereitet den Weg des Herrn und machet seine Steige richtig.
Lukas 3, 4

Lasset uns halten an dem Bekenntnis der Hoffnung und nicht wanken; denn er ist treu, der sie verheißen hat. *Hebräer 10, 23*

Vom gestrigen Abend:

Abendmahlslied zu Weihnachten

Mein Gott, dein hohes Fest des Lichtes
hat stets die Leidenden gemeint.
Und wer die Schrecken des Gerichtes
nicht als der Schuldigste beweint,
dem blieb dein Stern noch tief verhüllt
und seine Weihnacht unerfüllt.

Die ersten Zeugen, die du suchtest,
erschienen aller Hoffnung bar.
Voll Angst, als ob du ihnen fluchtest,
und elend war die Hirtenschar.
Den Ärmsten auf verlassenem Feld
gabst du die Botschaft an die Welt.

Die Feier ward zu bunt und heiter,
mit der die Welt dein Fest begeht.
Mach uns doch für die Nacht bereiter,
in der dein Stern am Himmel steht.
Und über deiner Krippe schon
zeig uns dein Kreuz, du Menschensohn.

Herr, daß wir dich so nennen können,
präg unseren Herzen heißer ein.
Wenn unsere Feste jäh zerrönnen,
muß jeder Tag noch Christtag sein.
Wir preisen dich in Schmerz, Schuld, Not
und loben dich bei Wein und Brot.

1. Dezember 1936 · Dienstag

Ich sehe an den Elenden und der zerbrochenen Geistes ist und der sich fürchtet vor meinem Wort. *Jesaja 66, 2*

Machet die Tore weit und die Türen in der Welt hoch, daß der König der Ehren einziehe. *Psalm 24, 7*

In all den wunden Tagen eine kleine Freude: ein Weihnachtskatalog der Buchhandlung der Berliner Missionsgesellschaft trug als Titel eine Strophe aus meinem Kirchenlied «Das Kirchenjahr» in den «Geistlichen Gedichten». –
Alles deutet darauf hin, daß Reinhold Schneider mit diesem seinem neunten Buche nun in wenigen Wochen berühmt geworden ist: und muß, auch bei allem Mißverstehen, nicht doch darin ein Positivum der Zeit erkannt werden, daß so viele Menschen überhaupt mit Schneider etwas anzufangen wissen?

3. Dezember 1936 · Donnerstag

Durch die herzliche Barmherzigkeit unseres Gottes hat uns besucht der Aufgang aus der Höhe, auf daß er erscheine denen, die da sitzen in Finsternis und Schatten des Todes, und richte unsere Füße auf den Weg des Friedens. *Aus Lukas 1, 78. 79*

Die bleiche, schwere Sonne in den kahlen Ästen! Welche Feierlichkeit geht von diesem müden, kühlen Lichte aus, wenn es für einen Augenblick über dem Adventskranz, den Bücherwänden aufglänzte! So schwer, so feierlich ist alles, als geschehe es zum letzten Male. – «Ich bin so zufrieden», sagt Hanni, «wenn nur kein Krieg kommt.» So tapfer, so freundlich, so blaß zog sie auch heute wieder in die Stadt, Weihnachtsbesorgungen zu machen: meist Dinge, die sie dann abends bei mir näht, um die Geschenke billiger zu machen.

5. Dezember 1936 · Sonnabend

So seid nun wach allezeit und betet, daß ihr würdig werden möget, zu entfliehen diesem allem, das geschehen soll, und zu stehen vor des Menschen Sohn. *Lukas 21, 36*

Ein Tag sehr außer der Reihe, weil neue Stuttgarter Fahnen nicht eintrafen und die letzte Bearbeitung erst recht begonnen werden kann, wenn die Korrekturen durchgeführt sind und die Stuttgarter Kürzungsvorschläge vorliegen. So sollte einmal alles getan sein, was vertagt war und erledigt werden muß. Die österlich zarten Vormittagsstunden gehörten dem Garten. Der Rasen glänzte wie an einem Märztag. Dann war ich zu meiner einzigen Weihnachtsbesorgung in der Stadt: eine Nürnberg-Bildermappe für Hanni; denn in unserer Bibliothek und unter unseren Bildern fehlt Hannis Vaterstadt völlig. – Obwohl nun soviel namhafte Autoren außerhalb des Reiches leben und hier nicht mehr erscheinen dürfen, ist das Aufgebot an Büchern nichtnationalsozialistischen Gepräges ungeheuer; die Bücher sind dick und die Preise hoch, und das Leben in den fünf Buchhandlungen, die ich aufsuchte, war rege. –
In diesen Tagen ist der «Literat Thomas Mann» mit seiner ganzen Familie expatriiert und sein Vermögen beschlagnahmt worden. Die Weihnachtsbücher: Flucht in die Geschichte! Flucht in die anderen Nationen! –
Südende lag so still, so dunkel, ganz durchströmt vom Abendglockengeläut. Das innere Auge aber wird die Bilder von Madrid nicht mehr los: Madrid ist wie ein Symbol dieser Tage geworden. Der Kampf des Glaubens, des Faschismus, des Kommunismus hat sich hier verdichtet wie nirgends und noch nie. Madrid ist

für die Hauptstädte des Erdteils zur furchtbaren Mahnung geworden. Dieses entsetzliche Schicksal – Kampf von Straße zu Straße, öffentlichem Gebäude zu öffentlichem Gebäude, von Haus zu Haus, ja von Stockwerk zu Stockwerk – unter den Bomben der Fluggeschwader kann vor ihnen allen liegen. Die illustrierten Zeitungen bringen alle als «aktuell» nebeneinander politische Propaganda, Adventsstimmungen, Bilder aus Madrid. –

6. Dezember 1936 · Sonntag (Zweiter Advent)

> Dieser Jesus, welcher von euch ist aufgenommen gen Himmel, wird kommen, wie ihr ihn gesehen habt gen Himmel fahren.
>
> *Apostelgeschichte 1, 11*

Eine Adventspredigt, die einen – von dem liebsten Liede dieser Zeit an «Mit Ernst, o Menschenkinder» – um nichts betrog. Sie war wie eine unmittelbare Fortsetzung meines gestrigen Abendgespräches mit Hanni über das Verblassen des «historischen» vor dem gegenwärtigen Advent. Auch über dieser Predigt lag der furchtbare Druck einer nahen politischen Katastrophe als Vor-Gericht Gottes. Und aus ihr sprach das gleiche Leiden unter der Hybris der Zeit, an dem wir mehr und mehr laborieren.
Kaum ist noch Raum für das «tragische Idyll», so völlig ist der Ernst der Zeit auch in die letzten Winkel der milden Zuflucht gedrungen! –

7. Dezember 1936 · Montag

> Die Finsternis vergeht, und das wahre Licht scheint jetzt.
>
> *1. Johannes 2, 8*

Eine recht seltsame Sache: Dr. Kilpper schreibt zum ersten Mal einen «richtigen» Verlegerbrief, läßt 500 Mark anweisen, sucht eine persönliche Besprechung. Und in erstem Begreifen, daß es ja zwischen uns beiden auch etwas Geistiges auszumachen gilt, schickt er mir einen Aufsatz aus dem Novemberheft der Neuen Rundschau: «Geschichte eines Romans. Von Thomas Wolfe». In dem Aufsatz erzählt Wolfe die fünf «Jahre der Qual», in denen dieses Buch[50] entstand: die fünf Jahre der rein irdischen Qual. Wesen, Leben, Umwelt, Temperatur: alles scheint – auch wenn man noch von Talent zu reden imstande sein möchte, um nicht undankbar zu sein vor Gott – mir denkbar entgegengesetzt zu sein. Aber was da von dem Leiden und Nicht-Werden, von dem Mühen und Nicht-Ernten von Jahr zu Jahr gesagt ist: es ist, als hätte ungewöhnliches Verständnis mir diesen Aufsatz in die Hand gespielt und als könnte ich aus diesen Abschnitten nun Zeile um Zeile übernehmen, auszusagen, was war und noch ist an Verzweifeltem (doch gilt es nur dem Irdischen). Auf eine neue Weise habe ich den Blick auf fremdes Leben tun müssen; noch nie war aber solche Spiegelung da!

9. Dezember 1936 · Mittwoch (Namenstag)

Und du, Bethlehem Ephrata, die du klein bist unter den Städten in Juda, aus dir soll mir der kommen, der in Israel Herr sei, welches Ausgang von Anfang und von Ewigkeit her gewesen ist.

Micha 5, 1

Die gefürchtete Unterredung mit Dr. Kilpper, in die ich mit einem Notizzettel voll banger Fragen ging. Diese Besprechung hat eineinhalb Stunden gedauert und endete damit, daß Dr. Kilpper nur sagte: «Sie werden wenig Verleger finden, die so viel für einen Autor zu tun bereit sind.»

Und nun ist ja wohl auch eine große Veränderung geschehen. – Ich habe in 80 Seiten seiner Striche gewilligt und für 20 gekämpft, die man mir lassen sollte; es waren sämtlich Stellen, die Kilpper für zu dichterisch hielt, als daß sie vom König erlebt sein könnten; und gerade sie waren sämtlich «wahr»: das Bild vom Mann im Spiegel und im Bilde; der Traum von den drei Tränenbechern – Dinge, die man bisher übersah; das Goldene Kabinett am Abend der Flucht; sie stehen alle auf dem Zettel, mit dem ich in den Kampf ging. Ich habe sie alle wiederbekommen! Freilich will ich dafür noch in IX und X andere Striche machen, die Kilpper noch nicht erwog: aber man will mich nicht darauf festlegen. Auf 1000 Seiten nicht mehr – auf 1050 auch nicht; bei 1070 scheint man den Stuttgarter Berechnungen nach nun angelangt zu sein. Ein Drittel wird als zweibändige, zwei Drittel werden als einbändige Ausgabe erscheinen! An 80 Buchhändler will man das Buch vorher zum Lesen schicken, damit die Intensität des «Starts» die verlorenen günstigen Umstände ausgleicht. – Bis zu dem im Frühjahr vorgesehenen Erscheinen des Buches soll ich monatlich 250 Mark bekommen. –

Von dem Buche verspricht er sich eine «Sensation» im guten Sinne; das kann ich nicht.

Er möchte, daß ich ihm einen Roman über die Deutschen Ordensritter schreibe, würde mich dafür auch nach Ostpreußen schicken. Ach, hätte ich es für den «Vater» gedurft! Von eigenen Plänen deutete ich – angesichts der Kilpperschen Abwehr weiterer historisch-biographischer Romane – nur an: das Thema «die Kirchen», beide Kirchen an der Wende, dargestellt an einem Menschenleben. Und daß ich der Flucht aus der Gegenwart in die Historie nicht traue, sondern auf die Dauer mehr an die Flucht vor dem Staat in die Kirche glaube. Und darin gab er mir merkwürdigerweise durchaus ernsthaft recht. So ist gesagt, daß ich als mein Thema für die Zukunft «Die Kirche» ersehne und daß man nichts anderes von mir erwarten soll. Doch bange ich mich vor dem Worte der Zukunft; es ist, wenn man es ausspricht, als wollte man Gott etwas entreißen!

11. Dezember 1936 · Freitag

> Kinder, es ist die letzte Stunde! Und wie ihr gehört habt, daß der Widerchrist kommt, so sind nun viele Widerchristen geworden; daher erkennen wir, daß die letzte Stunde ist. Wer ist ein Lügner, wenn nicht, der da leugnet, daß Jesus der Christus sei? Das ist der Widerchrist, der den Vater und den Sohn leugnet. Wer den Sohn leugnet, der hat auch den Vater nicht; wer den Sohn bekennt, der hat auch den Vater. *1. Johannes 2, 18. 22. 23*

Aus Stuttgart sind 500 Mark gekommen. Und der entsetzliche tote Punkt ist überwunden: die ersten Fahnen des neuen Schlußteils sind da.

Der König von England hat, noch vor der Krönung, abgedankt. Er will eine bürgerliche Frau heiraten, die sich für ihn scheiden ließ. Es bewegt uns sehr: in diesem Augenblicke europäischer Verwirrung hat der Entschluß Eduards VIII. eine ungeheure Bedeutung. Die furchtbare Fürstendämmerung, in offenbarer Schuld der Kronenträger, schreitet fort.

16. Dezember 1936 · Mittwoch

> Freuet euch in dem Herrn allewege! Und abermals sage ich: Freuet euch! Eure Lindigkeit lasset kund sein allen Menschen! Der Herr ist nahe! Sorget nichts! *Philipper 4, 4. 5. 6*

Die Umstände, unter denen diese Worte geschrieben sind!
Auch wo kein Funk, kein Ullstein, kein Ihlenfeld mehr ist: das, was die Unsicherheit des gar so freien Berufes ausgleichen könnte, ein wenig Friede, wird nicht gewährt. Stuttgart hetzt und quält mehr, als es verantworten kann. Wo kann ich noch Zeit sparen? Das Abschreiben von vielen Bibelstellen darf nicht mehr sein – auch aus anderen Gründen als denen des Zeitmangels nicht. Ebenso muß das Tagebuch endlich ernsthaft, nach immer wieder nicht durchgeführten Vorsätzen, eingeschränkt werden.
Der Ansteckungsgefahr wegen baten wir Schneider, nicht zu kommen. Das brachte uns nun seine Zeilen zu dem «Abendmahlslied zu Weihnachten»!
Ein milder Tag; am Abend rauschender Regen. – In allen Zweifeln an der Urteilsfähigkeit des Verlages hat es Hanni ausgesprochen freundlich berührt, daß Pagel ihr erzählte, Kilpper habe mir ja nicht einmal gesagt, wie sehr das Buch ihn als Vater getroffen habe. –

17. Dezember 1936 · Donnerstag

> Nachdem vorzeiten Gott manchmal und mancherleiweise geredet hat zu den Vätern durch die Propheten, hat er am letzten in diesen Tagen zu uns geredet durch den Sohn. *Hebräer 1, 1. 2*

Von entsetzten Briefen und Anrufen aus Stuttgart bedrängt, kam am Abend Pagel heraus: ich darf nicht mehr verbessern, sonst wird ein Neusatz daraus. Ich darf die durch die Striche entstandenen Brüche nicht ansehen – darf die mir immer klarer werdenden Mängel, die meine Schuld sind, nicht beheben. Die Fahnen müssen heraus – es ist schrecklich. Hast, Angst, Scham; kein Ausweg mehr. Was will Gott damit, daß dieses Buch, als so offenbar unzulänglich von mir erkannt, heraus soll? Nirgends sonst zeigt er mir eine Möglichkeit des Verdienstes! Für dieses verzweifelte Buch soll ich aber wirklich noch viermal 250 Mark bekommen; aber ich soll auf jeden anderen Maßstab verzichten als Kilppers verhängnisvoll positives Urteil. – Ich soll, nun ich durchs Buch verdiene, das Buch nicht mehr zu retten suchen, – und sein Anblick hat sich doch so völlig für mich gewandelt. Noch einige Wochen unter den neuen Bedingungen daran arbeiten dürfen! –

24. Dezember 1936 · Donnerstag (Heiliger Abend)

Gott sei Dank für seine unaussprechliche Gabe! 2. *Korinther 9, 15*

Wir beiden Alten bauten die Weihnachtstische auf: schweres, graues Gewölk am Himmel, manchmal zarte Sonne im Christbaum. Um Mittag noch ruhige Zeit für die Fahnen: 300 bis Weihnachten – wie es sein sollte. – Es war bitter, sie aus der Hand zu geben. – Wir mußten zur Mariendorfer Kirche, weil in Südende ein Deutscher Christ predigte. Die Mühe, Kurzreiters Christnacht aufzusuchen, lohnte; Renerle sagte: «So gut und so schroff.» Ich kann mich keiner so ernsten, so dringlichen, so feierlichen Christnacht entsinnen. Die Predigt über Jesaja 60, 1.2. Auf dem Heimweg von der Kirche sahen wir wieder überall in den Fenstern die leuchtenden Christbäume; überall war Einbescherung. Und nach der Heimkehr aus dem Gottesdienst war die Einbescherung bei uns mit großer Zufriedenheit der bescheidenen Damen, deren alljährliche Bewunderung für den Christbaum unversieglich ist. Mich rührte am meisten das Buch aus dem Bärenreiter-Verlag – Karten: Könige und Propheten – alle die Karten, die ich im Laufe der Jahre an Schneider schickte. Was von der Welt kam, bewegte mich nicht: so ist es nur noch «Geistliches», das mit der Welt verbindet: das Christophorusbild von Schneider; die Schriften von Meschkes.

Zu dem Festmahl brannten nur die Kerzen, und die Begeisterung beider Töchter, die nun schon in manchen anderen Haushalt Einblick haben, für unsere Feste ist groß; sie sind immer ganz mitgerissen von der Feierlichkeit, in die das Haus getaucht ist. Wie still war es bei uns vieren. Bilder ansehen – Nürnberg-Buch, Zeitschriften – spielte wieder eine große Rolle. Zum Abschluß sangen die Töchter.

26. Dezember 1936 · Sonnabend (Zweiter Weihnachtsfeiertag)

Der Herr hat mich den Weg geführt. *1. Moses 24, 27*

Ich, Jesus, bin die Wurzel des Geschlechtes David, der helle Morgenstern. *Offenbarung 22, 16*

Allmählich, immer stärker füllte sich der so strahlend heraufgekommene Tag mit Nebel und Dunkelheit. Der Baum steht herrlich und frisch wie an dem Tage, an dem ich ihn schmückte! Wunderbar ist früh im kühlen, dunklen Zimmer sein Duft; wunderbarer abends noch der Widerschein in dem glänzenden Holz der alten Möbel, der Schimmer über den alten, goldenen Heiligen; vom Garten her ist es ein märchenhafter Anblick, und in der Dunkelheit und Stille liegt das geliebte weihnachtliche Haus wie eine warme, lichte Insel; so zart, so klar, so friedvoll ist alles: von Jahr zu Jahr vertieft, verschönert, verklärt das Fest sich mehr und mehr: immer deutlicher wird der Abgrund der Zeit, über den es hingeht, und der Grund der Ewigkeit, auf dem es ruht. Welches Geschenk, nach allen Bedrohungen, Erschütterungen, Gefährdungen, es wieder, es noch einmal erleben zu dürfen; denn das ist nun dem Herzen eingehämmert: daß die Bilder und Zeichen des Festes vielleicht sehr bald hingegeben werden müssen. So verloren wirkt die Welt zu dieser heiligen Zeit. Aber so, nur so kann das Fest begangen werden: als Geschenk jenseits aller irdischen Sicherheit und Gewißheit!
«Das Ewige Haus» – das scheint der Titel für Katharina von Bora. Darin entscheidet sich Glaube und Sitte, «Tragik» und «Idyll» des Festes.

30. Dezember 1936 · Mittwoch

Fürchte dich nicht, glaube nur! *Markus 5, 36*

Um dreiviertel fünf Uhr nachmittags beendete ich wirklich und wahrhaftig den «Vater».
Ein Tag ganz im Nebel. Am Morgen bestellte ich den Garten zu den neuen Festen, indes der Christbaum schon mit frischen Kerzen besteckt war, holte vom Markt die Neujahrsblume für Hanni, die durch die Festeinkäufe gar zu lange auf dem Mark zu tun hatte und nachmittags noch einmal mit Renerle aufbrach: als sie heimkehrten, schrieb ich gerade das Kuvert für Stuttgart. Nun ist das schmerzensreiche Buch im Anblick des Christbaumes beendet; möge Gott seine Hände darüberhalten. Viel Schuld und Mängel haften an dem Buche, die nur Ihm anheimgestellt sein können.
Durch ein Meer von Nebel trug ich die letzte Fahnensendung zum Kasten, wie ich vor dem Fest noch spät an manchem Abend zur Post gepilgert war. Hanni hatte sich sofort in der Küche verschlossen, den Vorratskeller für gesperrt erklärt und alle möglichen Heimlichkeiten vorbereitet für morgen: so lag das Haus sehr hell in dem undurchdringlichen Abend. Hanni, obwohl sie alles weiß; die Kinder, obwohl sie vieles ahnen, gratulierten sehr.

31. Dezember 1936 · Donnerstag (Silvester)

Der Herr legte seine rechte Hand auf mich und sprach zu mir: Fürchte dich nicht! Ich bin der Erste und der Letzte und der Lebendige. *Offenbarung 1, 17. 18*

Mit den Morgenglocken, als die Laternen verlöschten, standen wir auf. Und durch den Fleiß der gesamten Familie lag das Haus, als die Mittagsglocken läuteten, zur Feier dieses Tages gerüstet: ohne Hast, ohne ein lautes Wort.
Mittags kamen auch die neuen Umbruchkorrekturen, schon bis zum IV. Kapitel, die letzten Stunden des Jahres bis zum Beginn der häuslichen und kirchlichen Feiern gerade füllend: es ist auch besser als «Muße»; sonst würden einen die Schwächen des Buches zu sehr beschäftigen. Sonne, zarteste Sonne, lauer Wind,

Rasen und Erde feucht; die herrlichen Alpenveilchen von Hannis Geburtstag sind nun der Schmuck auch noch dieses Festes! Ihr immer neues Blühen will kein Ende nehmen! Sagt es nicht alles: daß man dankbar feiern will? Aber eben nur diese eine Möglichkeit des Feierns besteht noch: in Kirche und Haus. Die umschlossen alles.
Die Jahresschlußandacht hatte ihren starken Wert wieder in den Bibelworten; die Kirche war viel voller als im Vorjahr. Und als müßte er ans Vorjahr erinnern, das das Gleichnis vom Feigenbaum zum Text hatte, gemahnte P. Rieger am Schluß der Ansprache daran, daß es ja recht eingeprägt würde: Es war das Wort des Jahres.
Der Heimweg: so dichter Nebel wie auch in diesem Nebelwinter noch nicht; der schöne, bleiche Lichtkreis um die Laternen, die dunkle Zeichnung des Geästes, ein schwerer Tannenast über die stille Straße hängend. Die Damen erwarteten mich in Abendkleidern, mit dem Schmuck von Mutter und Großmutter und Urgroßmutter. Das Festmahl wurde bei Kerzen eingenommen: und danach folgte Hannis und meine eigentliche Feier; man kann sie nur ein Kerzenfest nennen: die Lichter am Weihnachtsbaum waren angesteckt; der große Silberleuchter brannte auf dem Renaissancetisch; vor der großen Madonna die vier goldenen Sterne mit kleinen blauen Lichtern; auf dem Barocksekretär die Rubinleuchter; auf dem kleinen Tisch, an dem wir mit unseren Gläsern saßen, und auf dem Teetisch die roten Sterne mit gelben Christbaumkerzen; und alle Heiligenfiguren trugen ein kleines buntes Licht, der Engel über der Barockkommode auch; und der Heilige, der sonst das Schwert trägt, hatte auch eine Kerze genommen. Die Tanne duftete, das Silber wehte leise, die Kerzen brannten so still nieder: dies war die Möglichkeit, den Abschied von einem schweren Jahre in Erwartung eines unendlich bedrohten, von einer Weltkatastrophe bedrohten, Jahres mit den Seinen zu begehen. –

1937

Ist ein köstlich Ding, daß das Herz fest werde,
welches geschieht durch Gnade
Hebräer 13, 9

1. Januar 1937 · Freitag (Neujahr)

Meine Zeit steht in deinen Händen. *Psalm 31, 16*

Mit den Glocken zu den Neujahrsgottesdiensten erwachten wir. Der Frühstückstisch war mit den Neujahrsblumen der Töchter geschmückt. Im Hause mit seinen Blumen, über dem Garten mit seinen tautropfenbehängten, glänzenden Ästen, der stillen, feiertäglichen Straße ist die Stimmung eines Ostermorgens: auch zwitscherten Vögel. Die Sonne ist stark, die Schatten voller Kraft; es ist ein leuchtender, ein klarer milder Tag. Es ist alles neu und ein neues Fest. Und dieses seltsame Gefühl: Zeit zu haben – alte Arbeit nicht mehr da; neue noch nicht; die Staatsbibliothek geschlossen.
Nachmittags die freundlichsten Glückwunschschreiben von Reinhold Schneider; aus Stuttgart bereits eine erfreute Eingangsbestätigung «vor Tores- und Jahresschluß».
In der Mariendorfer alten Dorfkirche, noch einmal unter den Christbäumen, zum Abendmahl: dem ersehnten Abendmahl nach dem Buch. Überall ist es wieder, das «Fürchte dich nicht!» Kurzreiters Abendmahlsspruch: «Fürchtet euch nicht. Ich bin bei euch alle Tage bis an der Welt Ende.» Ein kleines Abendmahl: darunter die wenigen, die ich immer wieder in der Kirche sehe, mit denen einen also viel verbinden muß. –
Der Predigttext: «Seid fröhlich in Hoffnung, geduldig in Trübsal, haltet an am Gebet.»

2. Januar 1937 · Sonnabend

Fürchte dich nicht, glaube nur! *Markus 5, 36*

Dies der Spruch der heutigen Losung. So umklammert das «Fürchte dich nicht!» das alte und das neue Jahr.

5. Januar 1937 · Dienstag

Es wird zu der letzten Zeit der Berg, da des Herrn Haus ist, fest stehen, höher denn alle Berge, und über alle Hügel erhaben werden, und werden alle Heiden dazu laufen. – Es wird kein Volk wider das andere ein Schwert aufheben, und werden hinfort nicht mehr kriegen lernen. *Jesaja 2, 2. 4*

Die Materialmappen fürs neue Buch eingerichtet. – Hanni, die zu Besorgungen in der Stadt war, brachte mir die bestellten Quellen von der Staatsbibliothek mit. So soll die Arbeit nun zu Epiphanias begonnen werden: so geschieht's unterm Christbaum, ja, ganz dicht neben ihm; denn nun ich zur Arbeit nicht die große räumliche Ausdehnung brauche wie für die vielen Mappen zum «Vater» – vorerst nicht –, arbeite ich wieder an meinem kleinen Schreibtisch. Über dem Ende des alten und dem Anfang des neuen Buches der Christbaum: Gott lasse mich den Weg und das Ende finden, die er will.

13. Januar 1937 · Mittwoch

Ihr sollt nicht sorgen und sagen: Was werden wir essen, was werden wir trinken, womit werden wir uns kleiden? – Denn euer himmlischer Vater weiß, daß ihr des alles bedürfet.

Matthäus 6, 31. 32

In der Kreuz-Zeitung ist nun «Das Theater des Soldatenkönigs», unter Auslassung der wichtigsten Stelle, erschienen, so daß auch diese Arbeit, dieser Versand, obwohl drei Durchschläge schon zurückkamen, nicht umsonst war. Die Kreuz-Zeitung darf noch ihre alte Devise führen: «Mit Gott für König und Vaterland». –

14. Januar 1937 · Donnerstag

Ich rief dich bei deinem Namen und nannte dich, da du mich noch nicht kanntest. *Jesaja 45, 4*

Die letzten Spuren der «Vater»-Arbeit verpackt, verstaut, dem Anblick entzogen.
Seit gestern habe ich die Quellenarbeit an der Bora nun, seit der Unterbrechung durch die Stuttgarter Korrektur, wieder aufnehmen können. Die Entscheidungen bezüglich dieses Buches waren ja schon gefallen, als ich noch tief in der Arbeit am «Vater» steckte: so gibt es nun kein Ausweichen mehr, obwohl mich gegenwärtig nichts so erschreckt wie der Gedanke an einen zweiten historischen Roman. Aber daß der Entschluß gefaßt – gebe Gott, daß damit der Weg von ihm gewiesen – war, hilft über die furchtbare innere und äußere Müdigkeit hinweg. –

26. Januar 1937 · Dienstag

Geduld ist euch not, auf daß ihr den Willen Gottes tut und die Verheißung empfanget. *Hebräer 10, 36*

Am Tage der Beerdigung ihrer Mutter hat Lene Haacke sich nun darum bemüht, Mutter und mich auszusöhnen. Das ist ihr gutes menschliches und verwandtschaftliches Recht. – Aber die Hand Gottes kann ich noch nirgends anders als an meinem Herzen spüren. An der Versöhnlichkeit kann sich nichts ändern. Noch schweigt Gott, wie er auch zum Buche schweigt. Aber auch schweigend handelt er an uns. – Ich glaube, so ungeduldig und bange ich warte, vor Ihm ist es noch nicht an der Zeit. –

30. Januar 1937 · Sonnabend

Denn wir liegen vor dir mit unserem Gebet, nicht auf unsere Gerechtigkeit, sondern auf deine große Barmherzigkeit.
Daniel 9, 18

Heute ist es zehn Jahre her, daß ich in Beuthen in Vaters schwerer Krankheit meine einzige Predigt hielt. –
Gott gebe mir das Pfarramt und das Pfarrhaus auch als Schriftsteller. – Was das Eigenste der Existenz angeht, so redet «Das ewige Haus» eine noch viel dringlichere Sprache zu mir als «Der Vater»; so will es mir manchmal scheinen, wenn die Basis meines Lebens, die mich trägt, mir unerträglich vorkommt!

Abends kam Billum. Ich bin spät noch mit ihm zu Mutter[51] gefahren und habe sie gesehen: so zerquält, so entstellt, so verfallen, daß kein Zweifel mehr war an dem, was zu geschehen hatte. Hilde und Erhard, die im Nebenzimmer waren, sprach ich nur flüchtig.
Möchte es keine Erschütterung für Hanni sein. –

3. Februar 1937 · Mittwoch

> Jesus sprach zu seinen Jüngern: Was bekümmert ihr euch doch, daß ihr nicht Brot habt? Vernehmt ihr noch nichts und seid noch nicht verständig? Habt ihr noch ein erstarrtes Herz in euch?
> *Markus 8, 17*

Solche Worte sollten unter die Tischgebete aufgenommen werden!
Ein warmer, dunkler Regentag. Am Morgen, bei der Hausarbeit, noch viel Erzählen! Zwischen allem anderen höre ich nur immer wieder Hannis große Versöhnlichkeit Mutter gegenüber heraus.
In der Vermutung, daß Mutter bis zu Hannis Rückkehr aus den geheimen Ängsten und Zweifeln noch nicht herauskommt, rief ich sie an, ihr zu sagen, daß Hanni dafür ist, daß ich meinen Besuch bei Mutter bald wiederhole, damit sie es glaubt, daß sich nun nichts ändert.
Hanni meinte, ich hätte meinen Schritt vielleicht schon eher tun sollen.
Wenn er nur nicht zu früh war: denn ich war ja bereit seit Jahr und Tag. –
Ich hatte es nur als die ferne Möglichkeit für eine weitere Zukunft angedeutet, daß wir die für Mutter beruhigende Form eines Zusammenseins in dieser Form finden könnten: gemeinsam mit ihr etwa einmal in die Matthäus-Passion zu gehen. Und schon brachte Hanni heute aus der Stadt drei Karten für die Matthäus-Passion im Dom am 17. Februar mit.
Beide sind wir uns im klaren, daß die inneren Bedingungen nicht mehr untersucht und geprüft sein dürfen, wenn eine erträgliche, freundliche Lösung eingeleitet und behauptet werden soll. –

11. Februar 1937 · Donnerstag

Wir haben nicht einen Hohenpriester, der nicht könnte Mitleiden haben mit unsern Schwachheiten, sondern der versucht ist allenthalben gleich wie wir, doch ohne Sünde. *Hebräer 4, 15*

Wir waren für eine knappe halbe Stunde in Potsdam. Der Aufsatz «Die Bilder des Königs» kam von der «Literatur» zur Korrektur. Mir war nicht ganz geheuer, ob ich mich nach drei Jahren nicht in der Darstellung des heutigen Zustandes der drei Königsstuben irrte. Deshalb mußte die Fahrt nach Potsdam sein, und es ergaben sich auch einige Fehler. So stand ich noch einmal am «Ausgangspunkt» des Romans – und es war kaum zu fassen, daß dieser Winkel im Stadtschloß jemals diese Umwälzung in einem bewirkt hat! Heut stand ich dort «wie jeder andere Mensch» und diese Welt des Königs redete nicht mehr. Auch Hanni sagte, sie vermag es kaum mehr zu fassen, daß die Dinge dort einmal solche Sprache zu einem redeten. Das sind wunderliche Augenblicke, hinter deren Geheimnis man nicht kommt.
«Der Vater» war ein Vorgang der Ordnung; «Das ewige Haus» ist wie ein Prozeß der Entäußerung. In ihrer Schmerzhaftigkeit sind sie gleich. –
Wir waren die einzigen Menschen im Schloß. Wir sahen ein uns noch unbekanntes Selbstbildnis in braunem, sehr glatt anliegendem Rock zu straffem, weißem Hals- und Brusttuch. Ein strenges, weltliches, einfaches Gegenstück zu dem Selbstbildnis im priesterlichen Rock.

12./13. Februar 1937 · Freitag und Sonnabend

Es fehlte nichts an allem Guten, das der Herr dem Hause Israel verheißen hatte. Es kam alles. *Josua 21, 45*

Der Sonnabend-Anruf bei Mutter. Ein noch in der Beuthener Zeit liegender Traum von Mutter bewegte mich aber, nun, da die Matthäuspassion im Dom bevorsteht. Damals, 1934, hatte Mutter geträumt, ich führe sie in einen Dom und sagte: «Nun ist alles wieder, wie es war.» –
Das von Pagel mehrfach angekündigte Inserat im Buchhändler-

Börsenblatt wurde mir im Abzug geschickt: zwei Seiten, ein Exzerpt aus Langs gutgemeintem Gutachten. Peinlich empfinden wir die große Schlußwendung: Ein großer Erfolg ist dem Buche sicher!
Die Angstträume von dem Buch hören noch immer nicht auf; aber nun sehe ich es wenigstens als fertiges Buch. –
Von den Menschen nichts mehr zu erwarten – es ist ein billiges Resultat schwerer Erfahrungen. In ein entscheidendes Stadium rücken sie erst, wenn man es weiß, daß in den Menschen, von denen man nichts mehr erwartet, Gott an einem stündlich, streng und gnädig handelt.
Wie schwer kommt dieses neue Buch herauf. –

16. Februar 1937 · Dienstag

Jesus sprach: – Ich muß heute in deinem Hause einkehren!

Lukas 19, 5

Ein schwerer Tag. In dem Augenblick, in dem man mir – wie heute – im Verlag mit der größten Freundlichkeit und Anerkennung begegnet, «an mich glaubt», wo ich verzagt bin, droht wieder mit unverminderter Wucht alle alte Gefahr von der Schrifttumskammer her. Zunächst soll mein Aufsatz «Die Bilder des Königs» nicht erscheinen, nicht auf das Buch aufmerksam zu machen; ich brauchte doch wohl eine Ausnahmeerlaubnis. –
Mein klauselloser Ausweis von der Schrifttumskammer ist nichts, nichts wert. Die Deva hat jetzt mit grausamem Katz-und-Maus-Spiel den Autoren gegenüber die schrecklichsten Erfahrungen hinter sich[52]. Es soll alles so ohne Recht und Menschlichkeit sein. Gerade heute ist das schreckliche Rieseninserat erschienen. Es gibt nichts, als in Geduld abzuwarten, und zu wissen in wessen Händen alles ruht, und daß Gott auch, wo er straft, nur führt.
Heute schrieb Schneider sowohl an Pagel wie an mich, und ich merkte, welche Wohltat und Genugtuung seine Zeilen auch für Hanni bedeuteten; ich hatte ihm die gewünschten Vorschläge für die «Zerlegung» der Bibel in kleine «Themenkreise» geschickt. Er schreibt, was mich zum ersten Male über das Buch zu trösten vermag.

18. Februar 1937 · Donnerstag

Er berief die Zwölf und hob an – und gebot ihnen, daß sie nichts bei sich trügen auf dem Wege denn allein einen Stab, keine Tasche, kein Brot, kein Geld im Gürtel, aber wären geschuht, und daß sie nicht zwei Röcke anzögen. *Markus 6, 7–9*

Wieder überwältigte gestern die abendliche Stadt um die Zeit des Geschäftsschlusses und Theaterbeginns. Der Dom war restlos gefüllt, die Aufführung nicht von der Furtwänglerschen Großartigkeit, aber doch sehr, sehr schön, so daß man sie auch in dieser Wiedergabe unbedingt noch einmal hören möchte.
Diese Form des Wiedersehens – Hanni und Mutter sahen sich seit 1932 nicht – war vielleicht der erste richtige Schritt. Mutter sah noch sehr elend aus, war auch noch völlig unsicher; aber sie wirkte durchaus gepflegt und keinesfalls wie eine Sechzigjährige! Hier ist kein Erwarten mehr, nur noch Gewähren – worauf aber einfach Mutters Liebe trotz aller schlechten Einflüsse ein Recht hat.
So war nun Mutters Traum vom Dom und der Versöhnung nach drei Jahren erfüllt.

22. Februar 1937 · Montag

Das Geheimnis des Herrn ist unter denen, die ihn fürchten; und seinen Bund läßt er sie wissen. *Psalm 25, 14*

Ein nahezu lautloser Morgen zur Arbeit; Hanni zu Besorgungen in der Stadt, die Kinder in der Schule; Regen, Schnee und dunkles Gewölk, das Haus zum Wochenanfang wie zu einem Fest. Abends rief Kurt Meschke, auf der Durchreise wiederum zu einer Berneuchener Tagung in Lüneburg, an. Er nimmt meine Gedichte mit. Und ich solle einen Paulus schreiben. Davon gerade hatte ich mit Hanni nach der Matthäus-Passion gesprochen. Mit Jesaja und Paulus käme ich vielleicht von der Bibel «künstlerisch frei». Seit der Umgruppierung der Plastiken steht ja auch der Paulus «nicht ohne Beziehung» auf meinem Schreibtisch.
In einer Goebbels-Rede, speziell über die Aufgaben der Dichtung, ein bedrohlicher Satz laut Pressebericht: «Als das stolze

Ergebnis der Neugestaltung des Kulturlebens unter nationalsozialistischer Führung hob Reichsminister Dr. Goebbels hervor, daß der Reichskulturkammer als einer der ganz wenigen Organisationen außerhalb der Partei keine Juden, keine Halbjuden und keine jüdisch versippten Mitglieder angehören.»
Hoffnung ist nicht mehr; und der Glaube meint ja nie einen menschlichen Weg, sondern immer nur das göttliche Ziel. –

24. Februar 1937 · Mittwoch

> Fürwahr, er ist nicht ferne von einem jeglichen unter uns. Denn in ihm leben, weben und sind wir; wie auch etliche Poeten bei euch gesagt haben: Wir sind seines Geschlechts.
>
> *Apostelgeschichte 17, 27. 28*

Früh kam ein Brief von Dr. Pagel, der das erste Exemplar des Buches ankündigte, und mittags, gerade als unsere Hausarbeit getan war, traf gleichzeitig mit nochmaligem Anruf von Pagel das Buch ein, zusammen mit dem mir von Dr. Kilpper ans Herz gelegten Werk über den Deutschen Orden. Den blausilbernen Einband fanden wir bis auf den Rücken gar nicht übel, obwohl der schwarzgoldene schöner gewesen sein soll. Renis Freude, als sie aus der Schule kam, war rührend. Für Hanni und mich war mehr Bewegtheit als Freude. –
Und nachdem ich nachmittags der Rezensentenliste wegen noch einmal zu Pagel bestellt war, wurde ich doch sehr schweren Herzens; und Hanni mag es trotz aller unserer Ruhe nicht anders gehen. Die Goebbels-Rede habe ich – obwohl «versippt» doch blutsverwandt bedeutet – nicht zu pessimistisch interpretiert. Die Ausschlußaktion scheint nun ihrem trüben Ende entgegenzueilen. Doch bleibt die wohl bitter schwer zu erkämpfende Möglichkeit der Ausnahmegenehmigung. In diesem Moment ist alles das sehr hart.
Pagel zeigt mir Schneiders Brief; darin schreibt er nicht vom Religiösen, aber «Klepper hat dem König ins Herz geblickt wie noch niemand zuvor» und daß er an den Erfolg «des außerordentlichen Buches» glaube. –

Daß das Buch vor mir liegt, und das, was Schneider mir schrieb, muß für uns den Abschluß bedeuten. Noch bleibt das Gebet um Gottes Wort dazu. Schneiders Worte nehme ich dankbar als von Gott gewährten Trost. –
Während ich abends arbeitete, begann Hanni mit der Lektüre des zweiten Teiles, den sie noch nicht kennt.
Dr. Kilpper schrieb ich einen kurzen Dank und sandte ihm die «Geistlichen Gedichte».
Die erste private Buchbestellung, die beim Verlag einging, stammt von der Gemahlin[53] des Kaisers im Doorner Exil. So viel einen vom Kaiser trennt – der Gedanke bewegt einen, daß aller Wahrscheinlichkeit nach nun der letzte Kaiser im holländischen Exil vom «Mijnheer van Hoenslardyck» lesen wird. –

25. Februar 1937 · Donnerstag

> Ich dachte: Wohlan, ich will sein nicht mehr gedenken und nicht mehr in seinem Namen predigen. Aber es ward in meinem Herzen wie ein brennendes Feuer, in meinen Gebeinen verschlossen, daß ich's nicht leiden konnte, und wäre schier vergangen.
>
> *Jeremia 20, 9*

Das Erwachen war wieder fast so schwer wie nach der Funk- und nach der Ullstein-Entlassung. –
Die Kinder haben mir zum Erscheinen des Buches sechs Gläser für die tägliche Tafelrunde geschenkt, die als einziges im Haushalt fehlten.
Hanni war heute beim Anwalt; er hatte gerade ähnliche Fälle wie den unseren zu bearbeiten; und nachdem er bisher ausschließlich und radikal die Interessen der Kinder verfocht – gerade deshalb wollte ich aber, daß Hanni wieder zu ihm ging –, teilt er diesmal von vornherein unseren Standpunkt – unseren, seit Hanni sich den meinen so völlig zu eigen gemacht hat: daß der Einsatz für die Fortführungsmöglichkeit unserer Ehe nicht allein von einer Seite erfolgen darf. Auf meinen radikalen Verzicht auf meine «Sicherheit» antwortet sie mir nun, indem sie mir Anteil gibt an der «Sicherheit», die ihr noch gehört: Mitbesitz des Hauses. Das andere alles wird im Bora-Buche stehen. –

1. März 1937 · Montag

So ich im Finstern sitze, so ist doch der Herr mein Licht. *Micha 7,8*

Wir waren bei Reinhold Schneider zum Tee: seine häßliche Arbeitsstube ist durch die Fülle der Bücher, Exzerpte, Skizzen, Kunstblätter nun doch zu einer eigenen Schönheit gelangt. Und überraschend durch seine Bedeutsamkeit ist ein riesiges Porträt Schneiders von Leo von König.
Noch einmal versicherte uns Schneider seiner brieflich mitgeteilten Meinung zum «Vater». – Er hat jetzt unangenehme Rückfragen der Schrifttumskammer erhalten, spürt also unmittelbar die gegen ihn gerichtete Aktion.[54]
Schneider hat nun auch eine Luther-Ausgabe angeschafft. An Stelle Heinrichs VIII. hängt nun mein «König David im Arbor Jesse». Wir nahmen Schneider eine blaue Hyazinthe mit, die ihn überaus freute.
Heute in Schneiders Zimmer sah ich erst wieder, wie schön die Arbeitssphäre unseres Berufes ist: der Lichtschein der Arbeitslampe über den halbbeschriebenen und mit Zeilen eng bedeckten Bogen, die Bücherwände, die Studienbilder. Und hier wie dort zur Hand die Bibel.
Am betroffensten bin ich, wenn ich nach all dem Mühen, Quälen, Schleppen, Konstruieren nun – es sei Schneider oder Pagel – von meiner «Besessenheit» reden höre. –

2. März 1937 · Dienstag

Der Gerechte ist auch in seinem Tod getrost. *Sprüche 14, 32*

Von den Kirchenfragen her, von der Anmeldung unserer Kolonialforderung und der erhöhten, völligen Militarisierung Italiens her schien mir über diesem erschöpfenden Tage ein furchtbarer Druck, eine peinigende Beunruhigung zu liegen. Es ist eine große Gnade in dieser Zeit, von einem Arbeitsplan «besessen» sein zu dürfen, der kein *contra*, nur ein *pro* umschließt: *pro cruce.*
Die Geschäftigkeit im Winkel[55] ist mir furchtbar. Schneider muß los davon.

5. März 1937 · Freitag

Herr, tue meine Lippen auf, daß mein Mund deinen Ruhm verkündige. *Psalm 51, 17*

Geburtstag wie in der eigenen Jugend: Schnee, Ostereier, rosa Hyazinthen, Schneeglöckchen. – Wir bereiten dem Kinde alles sehr festlich, weil es keine Freundin hat, die zu Besuch kommt, und allein mit uns feiern muß. Doch hat ihr eine Klassengefährtin ein Geschenk gemacht.
Während der Einbescherung kam ein dicker Stoß politisch-rassischer Fragebogen von der Schrifttumskammer. –
Als erster nach dem Erscheinen des Buches meldete sich Bischoff mit einem Briefe, sehr freundlich. –
Die «Literatur» hat mir einen Abzug von Friedrich Wilhelms Selbstporträt von 1737 geschenkt, das sie im Aprilheft zu meinem Aufsatz veröffentlicht. Nun hängt es schon gerahmt, zu unserer Freude, neben den Bücherbrettern.
Heute erörterten wir am Morgen Hannis Übertritt zur Kirche und ihre Taufe durch Kurzreiter. Ich glaube, nun ist wieder ein weiter Schritt zurück getan. Es zieht sie zur Bibel; sie glaubt an Christus – und fern, fern ist ihr die Kirche. Immer wieder erkläre ich Hanni, von welch schlichter, geringer Art die Jünger Jesu waren. Aber ich muß wieder warten. Alles, alles steht allein bei Gott. –

7. März 1937 · Sonntag (Laetare)

Bringet dem Herrn die Ehre seines Namens; betet an den Herrn in heiligem Schmuck! *Psalm 29, 2*

Umgehend und ungleich wärmer denn je sendet Professor Hermann seinen Dank für das Buch und stellt ein späteres Schreiben zum Buche in Aussicht. Er schickt eine Schrift von sich mit, «Deutung und Umdeutung der Schrift», und eine Sammlung von 30 Bildern des Caspar David Friedrich, worüber Hanni sich nicht minder freute als ich.
Welchen Trost, welche Bestätigung bedeutete die völlige Übereinstimmung aller eigenen Gedanken mit Professor Hermanns neuer Schrift! –

13. März 1937 · Sonnabend

Glaubet an den Herrn, euren Gott, so werdet ihr sicher sein; und glaubet seinen Propheten, so werdet ihr Glück haben.

2. Chronik 20, 20

Wir waren in der Stadt gewesen, mir heute für die Romanhonorare ein Bankkonto einzurichten und beim Anwalt die Schenkung des halben Hauses an mich notariell zu machen. Nun ist dies alles so problemlos. Nicht einmal künftige Erbschaftssteuer für die Kinder – das letzte Bedenken galt diesem Umstand – kommt in Frage. –
Wieviel ist nun zum Abschluß gelangt: das Buch – der Mitbesitz am Hause – die Versöhnung mit Mutter –.
Dies alles muß geschehen im Gefühl und Bewußtsein der Schuld. Vom Werke gilt: «... was Gott annimmt, ist seine eigene Barmherzigkeit in unseren Werken, das ist die Gestalt Hiobs bzw. die Gerechtigkeit Christi für uns» Luther.
Möge Gott uns gnädig in allen Erschütterungen bewahren, die mit dem Erscheinen des Buches nun sehr bald über uns kommen können. Am 19. muß ich die ausgefüllten Fragebogen bei der Kammer einreichen; und noch bin ich zu schwach, als daß ich, von mir aus, der Unruhe und Niedergeschlagenheit Herr werden könnte; und von mir aus soll es ja auch nicht sein.
«Es ist ein köstlich Ding, daß das Herz fest werde, welches geschieht durch Gnade.» –

20. März 1937 · Sonnabend

Meine Seele ist stille zu Gott, der mir hilft. *Psalm 62, 2*

Im Propagandaministerium scheint es wieder heftige Auseinandersetzungen gegeben zu haben, so starke Umbildungen in Rundfunk und Ufa gehen aus den heutigen Pressemeldungen hervor. Konsequenzen für die Schrifttumskammer?
Wie fürs Buch als Geschenk kommt eine große Lukas-Cranach-Ausstellung nach Berlin! Hannis Freude war rührend.
So sehr wir alles gefährliche Spiel mit Apokalypse und Antichrist ablehnen –, das gemahnt an den Antichrist, wie seit heute zur

Karwoche an den Litfaß-Säulen riesige rote Werbeplakate des «Stürmer» kleben: mit dem Cruzifixus und einem Judengesicht und den Schlagzeilen: Vor 2000 Jahren der größte Ritualmord! Der «Stürmer» weist nach, wie Jesus Christus nur die Juden bekämpfte! –

27. März 1937 · Stiller Sonnabend

Ich will wachen über mein Wort, daß ich's tue. *Jeremia 1, 12*

So ist nun das Schwere, mit jeder Post erwartet, gekommen: der Ausschluß aus der Schrifttumskammer. – In solchen Stunden kann nichts gelten und geschehen als der Blick auf die Worte der Schrift.
Die sehr schöne, ungekürzte Aufführung der Matthäuspassion hatte wieder eine volle, volle Kirche gefunden, so viele Aufführungen der Matthäuspassion auch stattgefunden haben in dieser Passionszeit. Nachts bei der Heimkehr aus der Matthäuspassion atmete das Haus – die Schläferinnen, die drei, hinter den weißen Türen; die «Briefe», die Erfrischungen auf dem Klosterzahltisch – solche Liebe, solchen Frieden, war so völlig Zuflucht. Gott möge sie weiter gewähren. Den Ostersonnabend hatte Hanni heute schon so ganz nach meinen inneren Wünschen vorbereitet: den Tisch bestellt mit allem, was er in der Kinderzeit trug; und keine Hast, schon seit dem Gründonnerstagmorgen, im Hause. Draußen waren heute diesen Abend nur die Glocken festlich: der Abend war dunkel, kalt und regnerisch.
Pagel, den wir nur kurz am Telefon sprachen, war sehr niedergeschlagen; und hatte doch, als der ganze schreckliche Komplex wieder auftauchte, so siegesgewiß von der Ausnahmegenehmigung gesprochen.
Wir werden weiter arbeiten und weiter die stillen Feste begehen, so lange es gewährt ist. Denn nun liegt wohl eine lange, schwere Wartezeit vor uns; und sie darf nicht verloren werden für den Fall, daß ich die Ausnahmegenehmigung erhalte. –

28. März 1937 · Ostersonntag

Wenn du bis an der Himmel Erden verstoßen wärest, so wird dich doch der Herr, dein Gott, von dort sammeln und dich von dort holen. *5. Mose 30, 4*

Ostern und Hochzeitstag. Vom frühen Morgen an läuteten die Glocken. Ach, welches Erwachen mit so schwerem, verwundetem Herzen, Seite an Seite, unter so vollem, ernstem Geläute.
Die Kinder hatten uns den Frühstückstisch geschmückt, wie er alljährlich am Ostermorgen in den Jahren unserer Ehe geschmückt zu sein pflegte. Unaufhörlich läuteten noch die Glokken, brauste der Wind, fiel der Schnee. –
Hanni und ich haben uns die Wappenringe zum Feste und zum Erscheinen des Buches neu schleifen lassen, weil beider Steine zerschlagen waren. Das war ein seltsamer Augenblick: nach sechs Jahren so schwerer Ehe sich von neuem Ringe, die gleichen, anzustecken. –
Auf unsere gestrigen Zeilen hin rief Reinhold Schneider an; denn er wollte sie nicht glauben, konnte sie nicht verstehen und mag nichts anderes annehmen, als daß das Buch selbst mir wieder die Wege ebnen müsse.
Auch Schneider sagte von sich aus, was Hanni und ich uns schon versicherten: was es an innerer Hilfe bedeutet, daß dieser Schlag uns trifft, nachdem das Buch nun fertig und erschienen vorliegt. –

1. April 1937 · Donnerstag

Wir schreiben euch nichts anderes, als was ihr leset und auch befindet. Ich hoffe aber, ihr werdet uns auch bis ans Ende also befinden, gleichwie ihr uns zum Teil befunden habt. – Alle Gottesverheißungen sind Ja in ihm und sind Amen in ihm, Gott zu Lobe durch uns. *2. Korinther 1, 13. 20*

Heute schreibt Harald Braun, der von den Ereignissen noch nicht wußte: «... der Anfang ist Hochachtung, dann kommt das Erstaunen und dann Bewunderung ... Daß man nie und nirgends das Gefühl einer Inkongruenz zwischen Stoff und Gehalt hat,

sondern fortwährend um neue Einsichten, Übersichten und Ordnungen bereichert wird, hebt das Buch ernstlich über alles hinaus, was ich in den letzten zwei Jahren las.» –
Die Vorarbeiten fürs «Ewige Haus» haben es mit sich gebracht, daß ich aus meinen Tagebüchern die Notizen über Jahreszeiten, Wetter etc. exzerpiere. Hat mir auf diesem Wege Gott noch einmal so recht deutlich machen wollen, welchen Weg er mich bisher mit dem «Vater» geführt hat? Etwa, wenn da drei Tage vor dem Entstehen des Friedrich-Wilhelm-Planes steht:
«Eines Tages verlangt der Glaube das Äußerste von einem, und man muß Gott ein solches Wort hinhalten: ‹Nun, Gott Israels, laß deine Worte wahr werden.› Das ist für den Glauben das Schwerste.» Heute: «Ich rede es und tue es auch, spricht der Herr.» Hesekiel 37, 14.
Um einhalb drei zu Dr. Kilpper bestellt, der heute seine Berliner Besprechungen hat. Er war sehr ruhig, weil er nach der letzten Goebbels-Rede auf nichts anderes gefaßt sein konnte. Er hatte mich nur bestellt, mir Mut zuzusprechen, mir zu versichern, daß die Zahlungen weitergehen und daß er sie in einigen Monaten erhöhen zu können hofft. – Dann wollte er von meinen Eindrükken vom Deutsch-Orden-Stoffe wissen: er ließ sich rasch davon überzeugen, wie schwer zugänglich der Stoff der Epik ist. Gestern nun, was Kilpper erst durch mich erfuhr, sah ich den ersten Deutsch-Orden-Roman: von Heinrich Bauer. Der interessiert mich sehr um der dramaturgischen Lösung willen. So legte Kilpper diesen seinen Plan nun beiseite; und die Frage nach meinem neuen Plane kam. Ich brauchte nur kurz zu berichten – da war kein Widerstand, nur völliges Mitgehen und nur das Wort: «Ein herrlicher Plan.»
So steht in diesem schweren Augenblicke meines Lebens die ersehnte, die erbetene Möglichkeit meines Lebens vor mir: vom Bücherschreiben leben zu können – vom Schreiben der Bücher, die sich aus meinem innersten Leben wie ein entscheidendes Schicksal erheben!
Wie mildert Gott den härtesten Schlag, den wir erfuhren und auszuhalten erst beginnen müssen. –

Sie sehen alle nur die jüdische Frau als das Hindernis meines beruflichen Lebens – ich sehe, in Gottes Lichte vor mich gestellt, meine gesamte Vergangenheit als einen Wall vor einem neuen Leben: einen Wall, den nur Gott niederlegen kann in seinem Erbarmen und tröstend mit seinen herrlichen Verheißungen der Gnade und nicht des Erfolges.
Sie berufen sich alle darauf, daß gegen meine Person nichts vorläge. Gott weiß, was mich anklagt. Aber wessen er sich erbarmt, dessen erbarmt er sich. Unter gar keinem anderen Gesichtspunkt als dem des göttlichen Erbarmens darf das «Unrecht», das mir geschieht, angesehen werden.

2. *April 1937 · Freitag*

> Wir wollen euch nicht verhalten, liebe Brüder, unsere Trübsal, die uns – – widerfahren ist, da wir über die Maßen beschwert waren und über Macht, also daß wir auch am Leben verzagten und bei uns beschlossen hatten, wir müßten sterben. Das geschah aber darum, damit wir unser Vertrauen nicht aus uns selbst sollen stellen, sondern auf Gott, der die Toten auferweckt, welcher uns von solchem Tode erlöst hat und noch täglich erlöst; und wir hoffen auf ihn, er werde uns auch hinfort erlösen, durch Hilfe auch eurer Fürbitte für uns, auf daß über uns für die Gabe, die uns gegeben ist, durch viel Personen viel Dank geschehe.
>
> 2. *Korinther 1, 8–11*

Beinahe etwas fassungslos stehen wir davor, wie es sich um uns regt; wie die früheren Menschen wieder um uns auftauchen; wie sie wirklich und wahrhaftig helfen wollen!
Anruf Dr. Werner[56] auf meine gestrigen Zeilen: ich solle morgen um Eins zu ihm auf die DAZ kommen.
Anruf Pagel: Auch Dr. Fechter und Dr. Wirth/Deutsche Zukunft stünden nach ihrer gestrigen Besprechung mit Dr. Kilpper hinter uns, samt ihrer Beziehung zum Berliner Tageblatt. Und: die ersten dreitausend Exemplare des «Vaters» gehen dem Ende zu; Stuttgart druckt nach; ich solle die Druckfehler der ersten Auflage korrigieren. –
Heute habe ich es nun selber miterlebt, wie über mein armes

Buch die Gespräche hin und her gingen – ein «überraschendes, überragendes Buch».
Die Buchhandlung Amelang, teilt Braun uns mit, hat ein Sonderfenster gemacht: 15mal «Der Vater» in einer Reihe. – Pagel berichtete, daß Amelang zu 50 Exemplaren noch 20 nachbestellt hat. –

5. April 1937 · Montag

Du hast meine Seele vom Tode errettet, meine Füße vom Gleiten, daß ich wandle vor Gott im Lichte der Lebendigen. *Psalm 56, 14*

Der 40. Psalm. In all der Demut: «Siehe, ich will mir meinen Mund nicht stopfen lassen, Herr, das weißt du», denn «er hat mir ein neues Lied in meinen Mund gegeben, zu loben unseren Gott».
«Das ewige Haus» unterbrochen und die Korrekturen für die zweite Auflage des «Vater» begonnen. –
Mit den «Bildern des Königs», meiner vorerst letzten Veröffentlichung, erschien nun Reinhold Schneiders große Kritik über den «Vater»: «Friedrich Wilhelms Wiederkehr»[57]. Davon wird nun Friede ausgehen auf mich.

12. April 1937 · Montag

Er dachte an uns, da wir unterdrückt waren; denn seine Güte währet ewiglich. *Psalm 136, 23*

Mit Befremden, Erstaunen, ja, vielleicht mit Unruhe sehen Hanni und ich, wie sich auch die periphersten menschlichen Beziehungen nicht lösen lassen wollen: als dürfe unsere Flucht, nach der wir nach wie vor so verlangen, nicht sein. Jahre sind vergangen – die alten Menschen kehren wieder und sind so gar nicht gewandelt; gebe Gott, daß wir gewandelt sind, ein wenig gewandelt – daß Gottes Hand an uns nicht gar so unspürbar bleibe. Eines fasse ich nicht: wie sie alle mit ihrem Ausgehen, Treffen, Telefonieren, Schreiben, Konferieren wirkliche Arbeit noch bewältigen wollen; es hat da eine schreckliche Entwicklung eingesetzt; der Apparat ist bedeutsamer geworden als das Produkt. Nun sind sie wieder da, die Träume von Labyrinthen, jähen Abstürzen, quälerischen Tieren. –

16. April 1937 · Freitag

Er hat gesagt: Ich will dich nicht verlassen noch versäumen.
Hebräer 13, 5

Ohne solche Worte wäre es kaum zu ertragen. Am Morgen schreibt man sie nieder und am Abend sind sie durch die Ereignisse ausgelegt. –
Die Korrekturen für die zweite Auflage beendet, da ich nachmittags zu Pagel bestellt war.
Der Ausschluß ist nun von der Kammer im Buchhändler-Börsenblatt veröffentlicht. Darauf viele Anfragen von Buchhändlern, ob gegen das Buch etwas vorläge. So mußte Pagel zu den erreichbaren untergeordneten Stellen der Kammer. Gegen die Bücher von Autoren in meiner Situation unternimmt man jedoch nichts, plant aber generelle Maßnahmen. Ausnahmegenehmigung erörtert man nur noch in Fällen von Bedeutung; und mir bestreitet man sie. Das Buch hat man nicht gelesen und will es auch nicht. Von Autoren meiner Art spricht man, wie Pagel sagt, in einer nicht wiederzugebenden Weise. – Pagel tut nach wie vor alles, für Stimmen zu sorgen, die nun die «Bedeutung» meines Falles erweisen sollen; aber wie schwer wird das halten, diese künstlerischen und politischen Prominenten zum Lesen und zu einer Äußerung, die Presse in ihrer Kritikmüdigkeit zu Rezensionen zu bringen.
Pagel sagte, ohne dieses Buch wäre mein Kampf um die Ausnahmegenehmigung aussichtslos.
Viel Trost liegt darin, mit welcher Wärme Pagel von Kilpper und von sich aus immer wieder vom «Vater» und nun auch schon vom neuen Buche spricht, das er einen «Glücksfall» nennt, noch mehr als den «Vater». In all der Verwirrung und Belastung tut es wohl, zu spüren, wie sie mich in meiner bedrohten Lage beim Schreiben halten wollen. – Denn daß danach niemand fragte: das war am schwersten.

Ich kam spät heim, nach dem Abendbrot; ein schwerer Frühlingsregen war heraufgekommen. Hanni ist, angesichts dessen, was das künftige Buch anbetrifft, ruhig; darin liegt für sie der große Beistand. Aber sie begehrt dagegen auf, daß Pagel bei der Kammer nicht einmal Verleumdungen richtig stellen durfte; man wäre völlig orientiert, daß ich nicht schon 1931 geheiratet hätte, sondern später; daß ich geistig nur mit jüdischen Dingen befaßt sei; daß ich nur mit Juden verkehre; daß ich mit meiner jüdischen Schwiegermutter zusammenlebe. –
Woher kommt das alles? Was ist gemeint? Und ist nicht dieser maßlose Judenhaß ein Fiebermesser, der anzeigt, in welchem Aufruhr alles noch ist – fern aller Entwicklung, aller Festigung, allem Aufstieg?
Nun die Korrekturen beendet sind, wende ich mich wieder der Bora zu. Was da im Herzen und Geiste geschieht, weiß nur Gott; ich weiß es nicht. –

22. April 1937 · Donnerstag

Ich erkenne, daß du alles vermagst, und nichts, das du dir vorgenommen, ist dir zu schwer. *Hiob 42, 2*

Ein menschlich immerhin überraschender Schritt ist geschehen. Nacheinander riefen Frau Wieman und Matthias Wieman an. Wieman war meinetwegen und eines anderen Falles wegen bei dem für die Ausschlüsse zuständigen Staatskommissar Hans Hinkel, hat sich informiert und auf meinen Fall hingewiesen.

23. April 1937 · Freitag

Der Herr gewähre dir alle deine Bitten! *Psalm 20, 6*

Wenn man doch nicht von Tag zu Tag noch immer müder würde. Und Schmerzen, Schmerzen, Jahr um Jahr Schmerzen!
Gott braucht seinen Finger nur an eine unserer wunden Stellen zu legen, und gleich bricht unsere ganze Krankheit hervor, so verzweifelte Krankheit, in der nur ein Wort helfen kann: Dein Glaube ist groß! Dir geschehe, wie du willst. Und ward gesund zu derselben Stunde. Matthäus 15, 28.

24. April 1937 · Sonnabend

Was ihr habt, das haltet, bis daß ich komme. *Offenbarung 2, 25*

Stuttgart sandte die erste Zusammenstellung von Kritiken. Das Gesuch an den Reichskulturwalter Hans Hinkel ist heraus. – Ich darf und darf nach gar nichts anderem fragen als nach den Worten der Schrift.

25. April 1937 · Sonntag (Kantate)

Und der auf dem Stuhl saß, sprach: Siehe, ich mache alles neu! Und er spricht zu mir: Schreibe, denn diese Worte sind wahrhaftig und gewiß! *Offenbarung 21, 5*

Der April ist kälter und grauer denn je. Die Kirsch- und Aprikosenblüte, die zaghaft eingesetzt hatte, bleibt nun scheu wieder zurück. Linden in der Sonne vermögen kaum die Blüten in kleine Blätter zu verwandeln, und die im Schatten bleiben noch dunkel und kahl.
Die neuen Nachbarn, der Buchhändler Andrews und seine Frau, machten uns einen sehr artigen Besuch; über solches Beibehalten alter, guter Sitten sind wir immer hoch erfreut. Zumal unter den politischen Umständen: keine Fahne bei uns; der Ausschluß im Buchhändler-Börsenblatt. Die Andrewsschen Töchter durch die Schule über unsere Töchter ganz gewiß im Bilde.

26. April 1937 · Mein Tauftag

Du sollst dein Leben wie eine Beute davonbringen, darum daß du mir vertraut hast, spricht der Herr. *Jeremia 39, 18*

Der 66. Psalm.
Gestern habe ich den Versuch der notwendigen Arbeitsruhe am Sonntag unternommen, erzwungen, mir abgequält: so überaus schwer ist es noch. Denn ich kann nicht lesen – es ist, als faßte ich nichts; als vergäße ich alles sofort – so völlig, so erschreckend gehört das Gedächtnis allein der laufenden Arbeit. Und beinahe peinigend ist das Bedürfnis, wenn auch aufs einfachste, unkünstlerischste, klavierspielen zu dürfen – und als sei das meine einzig mögliche Entspannung, mein Ausgleich, meine Erholung; als

brauchte ich den Klang der alten Kirchenmusik, um endlich die Texte meiner Kirchenlieder fürs ganze Kirchenjahr schreiben zu können. Denn in Bach bin ich geborgen und gegründet wie in Luther; daran ist gar kein Zweifel. Matthäuspassion und Kunst der Fuge.
Heute vor acht Jahren lernten Hanni und ich uns kennen. – Man sieht als so erschwerend an, daß Hanni nicht Christin ist. Aber hier ist die Grenze aller Politik und Taktik. Warum sie es nur nicht ist?

27. April 1937 · Dienstag

> Sollte Gott nicht retten seine Auserwählten, die zu ihm Tag und Nacht rufen, und sollte er's mit ihnen verziehen? Ich sage euch: Er wird sie erretten in einer Kürze. *Lukas 18, 7. 8*

Unverändert graue Kühle: aber in dem jungen Grün das kleine Stück noblen alten Berlins ums Kastanienwäldchen so reizvoll. Wir waren in der Lukas-Cranach-Sonderausstellung: als Ausstellung keineswegs überwältigend, für meine Arbeit aber hochwillkommen.
Wieder ein Schreiben von Reinhold Schneider, das uns so ganz besonders wohltat. Rudolf Alexander Schröder hat ihm zugesichert, daß er in der Europäischen Revue über mich schreibt. Schneider gibt mir Einblick in die so hilfsbereite, so anerkennende Korrespondenz, die über mich geführt wird. Wirklich, es sind die Besten, die über mich schreiben werden. –
Zum ersten Mal empfand ich heute etwas wie Stolz: König, Jagow, Winnig, Taube, Schröder[58]. –

30. April 1937 · Freitag

> Es ist unmöglich, daß Gott lüge. *Hebräer 6,18*

Leo von König schreibt aus der Lektüre am «Vater» aus Alassio. Jürgen Eggebrecht sagt sich für Dienstag an. Er habe viel von mir erwartet, schon vor dem «Kahn», – den «Vater» aber doch nicht. Die DAZ hat nun noch mein Bild angefordert; ich habe

aber durch den Verlag mit allem Dank aus Gründen des politischen Taktes absagen lassen.
Das neue Buch hat so völlig eigene Schwierigkeiten, sein so völlig eigenes Schicksal, daß davor unwesentlich wurde, wenn ich nun in dem gemeinsamen Kampfe mit dem Verlage zu Pagel und Kilpper von dem neuen Buche entgegen meinem Vorsatz redete oder reden mußte. Gott, nicht ich, diktiert die Bedingungen, unter denen ein neues Buch entsteht.
Auf die vielen Fragen, die sonst jetzt an mich nach meinem neuen Buche gestellt werden, vermag ich freilich nicht mehr zu antworten und weiche glaubhaft aus. Da haben sich mir bittere «Vater»-Lehren gar zu schmerzhaft eingeprägt.
Den gegenwärtigen Wartezustand betrachte ich auch durchaus nicht als ein Zwischenstadium. Gott wird uns immer wieder in Wartezustände versetzen, die zusammen das eigentliche Leben ausmachen: Leben aus Pfingsten und Advent. «In der Welt habt ihr Angst.»

4. Mai 1937 · Dienstag

> Des Gerechten Gebet vermag viel, wenn es ernstlich ist. Elia war ein Mensch gleich wie wir; und er betete ein Gebet, daß es nicht regnen sollte, und es regnete nicht auf Erden drei Jahre und sechs Monate. und er betete abermals, und der Himmel gab den Regen, und die Erde brachte ihre Frucht. *Jakobus 5, 16–18*

Nach dem sonnigen Morgen umwölkte es sich. Aber aus dem Gewölk strömte wieder sanftes starkes Licht des Sonnenuntergangs. Eggebrecht zum Tee bei uns. Es war genau wie vor vier Jahren, nur daß es damals um den «Kahn» und heute, wenn auch nur in wenigen Momenten – denn er hatte sonst auch viel Interessantes zu erzählen – um den «Vater» ging. Wieder war er von einer uns auch nach so langen Jahren wieder völlig erschütternden Sensibilität mir gegenüber. Er weiß aus dem Buche alles von mir, der Dichtung und dem Glauben. – Und es ist seine Meinung, daß in mir eine «Zusammenfassung» des evangelischen Glaubens nun als deutsche Dichtung da sei – vielleicht vor einer großen Weltkatastrophe. – So soll es von mir aufgezeichnet sein,

was er sagte. Auch dies, daß ich meine «Stoffe» nie «wählen» werde. – Als er dies alles sagte – auch, daß mein Buch ja eigentlich ein Buch der Kanzel sei –, durchfuhr mich nur Johannes 21, 18: «Wahrlich, wahrlich, ich sage dir: Da du jünger warst, gürtetest du dich selbst und wandeltest, wohin du wolltest; wenn du aber alt wirst, wirst du deine Hände ausstrecken, und ein anderer wird dich gürten und führen, wohin du nicht willst.»
Unablässig wächst das Heer, durchdringt alles, wird Maßstab, Macht und Zweck.
Gott gebe, daß zugleich die Kirche wachse. – So, nur so kann deutsche Zeit werden. –

8. Mai 1937 · Sonnabend

Die vom Volk, so ihren Gott kennen, werden sich ermannen und es ausrichten. *Daniel 11, 32*

Der Gedanke an die nächste Zukunft des Volkes wird immer drückender. Hier Rom–Berlin; dort London–Paris; schließlich Paris–Moskau – es ist wie Stiche, die durchs Herz gehen. Spanien erscheint mehr und mehr als die tragische Ouvertüre des eigentlichen Dramas.
Heer und Kirche – das ist das große Thema/Gegenthema, das die Gedanken nahezu völlig in Anspruch nimmt. Das Staatsleben wirkt immer mehr als Umklammerung auf einen. Es geht in einem etwas Beunruhigendes und Lähmendes davon aus. –

15. Mai 1937 · Pfingstsonnabend

Ich habe dein Gebet gehört und deine Tränen gesehen.
2. Könige 20, 5

So wird Pfingsten nun wirklich ein Blütenfest sein, auf den Höhepunkt des Frühlings fallen: in sanfter Kühle blüht alles noch und alles schon, das am Mai gerühmt wird! –
Sieben Wochen sind seit dem Ausschluß vergangen. Die tiefe Müdigkeit sagt, wie schwer die Wochen doch waren.
Auf Hannis Vorschlag gingen wir in die Marienandacht in der Hedwigskirche: der Eindruck war aber noch leerer als in den

protestantischen Gottesdiensten, die sie kennt. Auch dort waren der Ernst dieser Pfingstzeit nicht begriffen. Wir gingen noch die Linden entlang, erschraken mehr denn je vor der Stadt außerhalb dieser einen, immer wieder freundlich zu uns redenden Straße, legten uns zeitig zur Ruhe und lasen. Denn ich will mich zum Feiertag zwingen. Die Rückkehr nach Südende war wie eine Befreiung: Stille, Kühle, dichtes Laub, blühende Kastanien unter dem zunehmenden Mond.

19. Mai 1937 · Mittwoch

Du, Herr, Gott, bist barmherzig und gnädig; – stärke deinen Knecht mit deiner Kraft. *Psalm 86, 15. 16*

Die Deutschen Christen: sie taufen im Namen des Volkes; sie reichen im Abendmahl das Brot als Leib der Erde und den Wein als Saft der Erde; sie verkünden das Johannesevangelium und setzen «Volk» für «Wort». –

Was die Kritiken angeht, so ist es, als ob das Goebbelssche Verbot nicht bestünde. Weithin gehen die Besprechungen vom «Vater» über das übliche Maß von Rezensionen hinaus und sind Aufsätze, zum Teil sogar mit Bildern des Königs. –

21. Mai 1937 · Freitag

Groß sind die Werke des Herrn; wer ihrer achtet, der hat eitel Lust daran. *Psalm 111, 2*

Eine zweite, eigentlich noch schönere, Vater-Kritik von Reinhold Schneider; in den Weißen Blättern, die auch den Abschnitt über Stralsund bringen. Wie oft hat Hanni es nun schon gesagt: «Schön, wenn einem so etwas auf den Frühstückstisch gelegt wird», und sie nennt es einen «großen Erfolg». Wenn ich ehrlich sein soll, so fehlt mir nun in den Besprechungen nur noch zweierlei: daß einer «Mijnheer van Hoenslardyck» erwähnen und daß doch einmal auch das Wort «Protestantismus» fallen möchte; sonst ergeben die Kritiken zusammen ein erstaunlich vollständiges Bild. Nein: dies fehlt noch – daß ich die Geschichte

dieses Fürsten des Barock weithin mit den Mitteln des Barock geschrieben habe.
Erstaunlich, welchen Vorrang Schneider der Dichtung vor der Wissenschaft in der Gestaltung eines solchen Lebens doch gibt. Fechter bezeichnet es sehr gut: ich bin an die Geschichte von der Seite herangetreten, von der sie ihren dichterischen Gehalt ganz von selber eröffnet.
Die Mängel des Buches erwähnt keiner; nur einmal, in einer der positivsten Rezensionen, fällt ein Wort von Längen und Breiten.
Nun erst – die Korrektur der zweiten Auflage mit ihren kleinen Möglichkeiten und erschreckenden Unmöglichkeiten war wie ein Abschluß – bin ich vom «Vater» los und gehöre allein noch den Schwierigkeiten des «Ewigen Hauses». –

24. Mai 1937 · Montag

Ich habe Lust, abzuscheiden und bei Christo zu sein.

Philipper 1, 23

Mit der Abendpost kam eine Karte, die mich weit mehr berührte, als der Anlaß zu rechtfertigen scheint: Ihlenfeld und Schneider schreiben gemeinsam aus Rom! Ihlenfeld: «Du fehlst uns im römischen Kreise.» Denn wartete ich im Grunde nicht allein auf Schneiders Urteil über das Buch und auf die Stimme des «Eckart»? Und als ich nun den schweren, schweren Schritt auf mich nahm, mich meiner Vergangenheit wieder zu stellen, die Fühlung mit den Menschen wieder aufzunehmen – fragte ich da nicht stärker und in besonderer Weise nach Ihlenfeld/Eckart, diesem Ausgangspunkt? Wird nun der Karte ein weiterer Schritt folgen? Warum ist es nur so, daß mir dort erst der Kreis geschlossen scheint? Es gibt zwischen Ihlenfeld und mir keinen geeigneteren Mittler als Reinhold Schneider. Der «Eckart» ist die Stelle, von der ausgeschlossen zu sein, mich weitaus am meisten trifft – trotz seiner 2000-Leser-Auflage! Das ist sehr, sehr schwer: vor seiner Vergangenheit nicht mehr zu fliehen, sondern ihr Stand zu halten, allein und ausschließlich gestellt auf Gottes Vergebung.

Und Professor Ahrens, mein alter Geschichtslehrer, soll das Buch bekommen. Den Anschluß an meine Schulzeit wiederherzustellen fällt mir am schwersten.

25. Mai 1937 · Dienstag

> Welchem ich gnädig bin, dem bin ich gnädig; und welches ich mich erbarme, des erbarme ich mich. So liegt es nun nicht an jemandes Wollen oder Laufen, sondern an Gottes Erbarmen.
>
> *Römer 9, 15. 16*

Die Waffenerfahrungen des spanischen Bürgerkrieges als eines Vorspiels der europäischen Katastrophen pressen einem das Herz zusammen. Wie muß es das Leben verwandeln, beschweren, endlich ganz mit tragischem Schicksal erfüllen, wenn Herz und Kopf sich tagtäglich mit der wachsenden Möglichkeit solcher Katastrophe auseinandersetzen müssen allüberall: die besten Köpfe und die besten Herzen. Die Macht aber liegt wohl weithin in den Händen der anderen.
In Italien werden von der Balilla, dem faschistischen Vorbild unserer HJ, nun auch die Vier- bis Achtjährigen als «Söhne der Wölfin» erfaßt!
Darin spricht die Zeit sich mit erschreckender Klarheit aus! –

2. Juni 1937 · Mittwoch

> Wer unter dem Schirm des Höchsten sitzt und unter dem Schatten des Allmächtigen bleibt, der spricht zu dem Herrn: Meine Zuversicht und meine Burg, mein Gott, auf den ich hoffe.
>
> *Psalm 91, 1. 2*

So völlig Harald Braun und ich uns beruflich auseinanderentwickelt haben, so völlig unberührt von aller zeitlichen Trennung bleibt die persönliche Beziehung, ja, das Verhältnis erwies sich gestern als wärmer und enger denn je.
Ohne daß etwa eine Spur von Interesselosigkeit vorgelegen hätte, brauchte ich von mir und uns fast gar nichts zu reden; nur über das Buch durfte ich wieder so viel Tröstliches hören. Und immer kehrt nun das gleiche wieder, das im Hinblick auf den so ersehnten «Niederschlag» des bisherigen Lebens so beruhigend, so

wahrhaft heilend ist: «der Riesenschritt der Entwicklung» und «daß ich in meinem Alter» (das ich selbst nicht gar so jung finde, zumal mir immer Schneiders Werk vor Augen steht) ein solches Buch vorweisen, so viel «wissen» kann. –

3. Juni 1937 · Donnerstag

Da sprach Nathan zu David: Du bist der Mann! *2. Samuel 12, 7*

Noch einmal zu meinem guten Harald Braun: in den beruflichen Plänen, in seinen Projekten mit Carl Froehlich geht es nur um das «Das will das Publikum nicht wissen», nie und nirgends aber um das «Das sollen die Deutschen dieser Zeit wissen» – wovon einen ja kein Zweifel an sich selbst, kein Selbstgericht *sub specie aeternitatis* entbindet. –

4. Juni 1937 · Freitag

Du stehest aber durch den Glauben. Sei nicht stolz, sondern fürchte dich. *Römer 11, 20*

Ein Brief von Schoepke-Merseburg[59] zitiert das Schreiben eines anderen Buchhändlers zum «Vater»: «– ich selbst habe ein paarmal telefonische Bestellungen von Frick (Innenminister) auf das Buch angenommen. Er schätzte es offenbar vor dem Ausschluß des Verfassers aus der RSK sehr.»
Weiter heißt es in Schoepkes Brief: «Im ‹Buchhändler im Dritten Reich› (Eher Verlag, Mai 37) werden Sie mit sehr viel geringerer Wertschätzung erwähnt.»
Eben ruft mich Eggebrecht zu dieser Notiz an: sie klärt die Buchhändler über die privaten Verhältnisse des «ausgeschlossenen Schriftstellers Johannes Klepper» auf, der «unmittelbar vor dem Umbruch eine Jüdin mit gleich dreiköpfigem Anhang heiratete und die Unverfrorenheit besaß, unter diesem jüdischen Schutz einen Roman über den Vater Friedrichs des Großen zu schreiben». Für manche, gewisse Buchhändler könnte dieser Umstand vielleicht gerade einen pikanten Reiz haben, das Buch noch auszustellen. Für die anderen teile man dies mit, um sie vor Schaden zu bewahren. Und durch die Maßnahme des Präsidenten der Reichsschrifttumskammer sei ja eine klare Regelung getroffen.

5. Juni 1937 · Sonnabend

Gottes Gaben und Berufung können ihn nicht gereuen.

Römer 11, 29

Mittags rief mich Pagel in die Stadt. Noch immer erschrecke ich sehr; aber es war nur zu Beruhigung und Trost gedacht. Gewiß springen einige Buchhändler nun ab, dafür legen sich andere doppelt ins Zeug; einige haben zurückgeschickt – und wiedergenommen; einer hat sofort 25 Stück nachbestellt. Und nun sagte Pagel mir, daß die zu Ende gehende Auflage ja überhaupt nicht 3000, sondern 5000 Stück betrug! – Pagel zeigte mir auch die vertraulichen Mitteilungen, die über mich – und Graf Keyserling, Walter Bauer, Gerhart Pohl, also eine gegen die Deva gerichtete Aktion – bei den Buchhändlern im Umlauf sind. Wieder sachlich falsche Angaben, die Kilpper richtiggestellt hat; wieder der «einseitig jüdische Einfluß».

Diese Mitteilungen aber sind ein Privat-Unternehmen – im Parteiverlag – des Vorsitzenden des Buchhändler-Börsenvereins und des Leiters der Fachschaft Buchhandel in der Schrifttumskammer. Mir war heute bei der Besprechung mit Pagel am wichtigsten, wie wirklich interessevoll er danach fragte, ob ich unter all den Belastungen nun das neue Buch auch weiter vorbereite. Ich kann da immer nur darauf hinweisen, welchen Beistand für mich das veränderte Verhalten des Verlages bedeutet. Und fast rührt es mich, welcher Unterschied zwischen dem «Vater», Bauers «Lichtstrahl» und Pohls «Brüder Wagemann», den drei umstrittenen Romanen, gemacht wird. «Wenn es in Ihrem Falle nicht gelingt», sagte Pagel, «so können wir mit allem Schluß machen. Dann ist es so weit.»

Doch ist mein Herz noch sehr schwer: so etwa, wie es in den Tagen vor der Ullsteinentlassung war, als ich die Bibelstelle niederschrieb: Daniel 10, 17–20. «Weißt du auch, warum ich zu dir gekommen bin?»

Und wie damals, vermag ich nur zu sagen, weil diese Frage sich sehr wohl als Frage des heimsuchenden Gottes verstehen läßt: Wäre mir ein leichteres Leben bestimmt – mein Leben hätte nicht den Spruch bekommen: «Fürchte dich nicht!» –

6. Juni 1937 · Sonntag

So ihr die Züchtigung erduldet, so erbietet sich euch Gott als Kindern; denn wo ist ein Sohn, den der Vater nicht züchtigt?
Hebräer 12, 7

Die allein durch die göttliche Rechtfertigung auch angesichts allen Wunsches nach Selbstvernichtung gewährte Aufgabe – wobei auf dem Wortbestandteil «Gabe» der Schwerpunkt ruht – glaube ich so erfassen zu dürfen:

Schriftauslegung durch Erzählung.

Erzählung, die zum Gegenstand hat Elemente, welche das Leben bestimmen: etwa «Ordnung», «Sicherheit». (Weitere könnten eben nur spätere Bücher so lapidar hinzufügen.)

Die Schriftauslegung und Begriffsbestimmung erzählt als von Gott geführtes Leben: ur- und vorbildliches, sinnbildliches Menschenleben; einzelnes, faßbares, aber umfassendes Leben: geschichtliches Leben von christlichem und dichterischem Gehalt. Ersteht aber dadurch aus der Polyphonie und Kakophonie als Ganzes die Symphonie unseres Lebens, so kann deren Thema nur der alles tragende, alle Entwicklung leitende, alle Abwandlung abschließende Choral sein. Der Choral unseres Lebens hat aus der Kakophonie unseres Daseins herausgelöst zu werden. Und um seinetwillen, der Gabe ist, hat das Grauen jener Kakophonie ertragen zu werden.

Vorerst aber will ich mich bescheiden mit dem Choralvers:

Daß ich ihn leidend lobe,
das ist's, was er begehrt.

Der begegnete mir im August 1935. Letztlich wird dieser Choral aber nur einen biblischen, und zwar «objektiven» Text haben dürfen: Also hat Gott die Welt geliebt. –

7. Juni 1937 · Montag

Rufe mich an in der Not, so will ich dich erretten, so sollst du mich preisen. *Psalm 50, 15*

Nach langer, langer Pause meldete sich auch wieder Harald Poelchau, und zwar nach sehr gründlicher Lektüre des Buches. Vom Ausschluß wußte er bereits durch mehrere Buchhändlerbekanntschaften; ich aber weiß, wie abgestumpft man heute dergleichen Vorgängen gegenübersteht, soweit man nicht ein berufliches Interesse an ihnen hat. Erfreut war ich, daß der Inhaber des Christian Kaiser-Verlags in München, der von einer Beziehung zwischen Poelchau und mir nicht weiß, ihm von dem «erstaunlichen Buche» schrieb. Ich aber halte mir jeden Tag von neuem die Inflation der Werturteile vor Augen, die schon seit langem über uns hereingebrochen ist. –

10. Juni 1937 · Donnerstag

> Richtet wieder auf die lässigen Hände und die müden Kniee und tut gewisse Tritte mit euren Füßen, daß nicht jemand strauchle wie ein Lahmer, sondern vielmehr gesund werde.
>
> *Hebräer 12, 12. 13*

Heute kam folgender Bescheid des Präsidenten der Reichsschrifttumskammer: «Betrifft Ausschluß aus der Reichsschrifttumskammer vom 25. März 1937.
Ich setze Sie davon in Kenntnis, daß ich auf Grund der fristgemäß eingereichten Beschwerde gegen meine obige Ausschlußverfügung diese einstweilig ausgesetzt habe und Sie bis zur endgültigen Entscheidung durch den Herrn Präsidenten der Reichskulturkammer in der Ausübung der kammerpflichtigen Tätigkeit nicht behindert sind.»
An Pagels Freude merkte ich, daß diese Interimsgenehmigung (bei Arbeit in Presse und Zeitschriften eine Lebensfrage) auch für den Weg des Buches sehr viel wert sein muß.
Damit nicht zu großes Telefonieren einsetze, benachrichtigte Hanni kurz die Frauen derer, denen wir dazu verpflichtet sind: Braun, Eggebrecht, Wieman, Mirbt, Bischoff.
Alle bewerten den Bescheid als Symptom so hoch. Ich aber weiß, daß die Vertagung einer endgültigen Entscheidung eine Zeit durchaus zur Wartezeit machen soll, so dankbar ich die Erleichterung meiner Lage hinnehme.

14. Juni 1937 · Montag

Dein Glaube hat dir geholfen; gehe hin mit Frieden! *Lukas 7, 50*

Anschließend war ich, ein Nolde-Buch für Wiemans Geburtstag zu besorgen, bei Buchholz, der mir sagte, daß er das Buch täglich verkauft. – Er prophezeite: kein rasches, sensationelles Aufsteigen der Auflagen; aber dafür nicht *ein* gutes Weihnachten, sondern zwei; und danach würde das Buch zwanzig Jahre lang weiter gekauft werden wie «alle guten Werke der Weltliteratur, die in der Stille wirken». Und ob ich wüßte, welche Verpflichtung dieses Buch bedeutet. Und daß es nun gar nichts machte, wenn mein nächstes Buch erst in drei Jahren käme; auch würde mich «Der Vater» so lange ernähren. Er, nicht ich, nannte diese erstaunlich eingeweihte Frist: drei Jahre.

17. Juni 1937 · Donnerstag

Ich erkenne, daß du alles vermagst, und nichts, das du dir vorgenommen, ist dir zu schwer. *Hiob 42, 2*

Die gestrige Pressenotiz über den privaten Umgang der Beamten mit Juden hebe ich als Ausschnitt auf. Es will und will nicht enden; einem so gestürzten Gegner gegenüber!
Renerle habe ich die Vorfreude auf die Reise getrübt, gerade indem ich sie durch Beschaffung eines Prospektes erhöhen wollte. Dieser Prospekt enthält ein «Misdroyer ABC». Darunter: «Juden im Sinne der Nürnberger Gesetze ist das Betreten von Strand und Kuranlagen verboten.» Ich bringe es nicht fertig, sie gegen die Reise zu beeinflussen, zumal Kurt[60] mit seinen kleinen Söhnen sich ja als Badegeistlicher in einer ungleich schwierigeren Lage befindet. –
Trotz der Kühle tranken wir auf Schneiders Wunsch, der unseren Garten so liebt, auf der Terrasse unseren Kaffee. Er war schmaler denn je. Er reist viel; er sitzt, nachdem er Gründonnerstag 1936 das «Inselreich» beendete, noch über den Exzerpten zum neuen Buch, dem «Lothar von Supplinburg»[61], das sagt mir genug über die Unabwendbarkeit der Erschöpfung. Alles

Gespräch bleibt restlose Übereinstimmung in dem Glauben an die eine Kirche, von dem ich nicht los kann.
Wodurch Rom den Umschwung in Ihlenfelds Verhalten zu mir brachte, vermag er nicht zu sagen; denn er sprach mit ihm nur so von mir, wie er auch schon im April mit ihm gesprochen hatte, als R. A. Schröder, wie ich nun erfuhr, bei Ihlenfeld für einen Eckart-Band meiner Gedichte plädierte. Dies freut mich sehr: denn R. A. Schröder ist ja für mich der letzte große Lyriker, der Beherrscher aller Formen, der letzte Meister – ohne Schüler. Um die Dichtung steht es verzweifelt. –
Meine Generation verlor ihre Väter im Kriege. Die jüngere Generation sieht ihre Väter widerwillig und ergeben aufmarschieren, zu Appellen gehen. Die Eltern beeinflussen ihre Kinder nicht mehr, setzen sich über nichts mehr mit ihnen auseinander, weil sie wissen, daß der späteren Berufsaussichten wegen der Weg durch die Staatsjugend sein muß. Die Jugend ist gesund, sportlich, und innerlich so leer, so stumpf. Die kleinen Staatliche Erfassung, Gliederung, Ordnung, Organisation er-
Staatliche Erfassung, Gliederung, Ordnung, Organisation er-
reichen den Höhepunkt, wenn die innere Ordnung verloren ist. –

20. Juni 1937 · Sonntag

Ich bin unter Gott. *1. Mose 50, 19*

In der Mariendorfer Kirche wurde heut der Organist durch einen jungen Soldaten vertreten. Das war ein wahrhaft preußischer Anblick: der junge Soldat im Gottesdienst an der Orgel. –
Die Zeitung heute noch undurchsichtig. Doch habe ich Hoffnung, weil ja das neue Kontroll- und Nichteinmischungsabkommen zur Lokalisierung des spanischen Krieges zwischen England, Frankreich, Deutschland und Italien so rasch, über alle ihre tiefen Zerwürfnisse hinweg, zustande gekommen ist. Es muß gelebt und gewirkt sein angesichts des Unterganges und im uneingeschränkten Dank für jedes Bild des Friedens.

24. Juni 1937 · Donnerstag (Johannistag)

Dein Knecht wird durch deine Rechte erinnert, und wer sie hält, der hat großen Lohn. *Psalm 19, 12*

Ein Morgen in Glanz, Dunst, Duft und von hochsommerlicher Schwere. – Ich arbeite. Exzerpieren, Gliedern, Ordnen, Auswählen, daß es einen schon wieder ganz benimmt. Das Gefühlsmäßige, das Gedankliche, das Religiöse – das ist, wie in einem schon weit zurückliegenden Arbeitsabschnitt, schon längst bewältigt. Bleibt die unbarmherzige Not der Stoffbewältigung und der Konstruktion.
Welch ein Wort, das mir begegnete: «Es ist nicht so wichtig, mit den Menschen über Gott, als mit Gott über die Menschen zu reden»! Denn beim Reden über Gott bleibt dem Redenden ja so viel Dekor! Ich fand das Wort in einer Geschichte des Pfarrhauses; und solche Worte werfen das Steuer herum! –
Der immer mehr sich zuspitzende Kirchenkonflikt, an dem die proklamierte Einigkeit des Volkes vor aller Welt auseinanderbricht, wird in der Presse völlig verschwiegen.

14. Juli 1937 · Mittwoch

Der Herr ist nahe bei denen, die zerbrochenen Herzens sind, und hilft denen, die ein zerschlagen Gemüt haben. *Psalm 34, 19*

Vier Stunden lang habe ich auf der Staatsbibliothek nur die notwendigsten Ergänzungsquellen zusammengestellt: Profan- und Kirchengeschichte; Landwirtschaft und Pest; Biographien der Nebenfiguren; Kulturhistorisches; Städtebilder. – Es kann einem schwindeln. Dabei sind die eigentlichen Bora-Hauptquellen nun abgegrast. Sie versetzen einen keineswegs in die Lage, daß man nun schon mit dem Schreiben beginnen könnte! So leer sind sie, so dünn, so starr, so leblos. Aber darauf beruht ja das «Recht» zu dem neuen Versuche.
Heute kommt manchmal die Sonne hervor, und dann ist es beinahe schwül. Eine Einladung von Harald von Koenigswald für Freitag nach Potsdam; ich werde sie annehmen, obgleich die Arbeit mich schon wieder verschlingt; aber die Rückkehr zu den

Menschen ist ja so gar nicht glanzvoll verlaufen, und so kann ich diesen Versuch nicht lassen; denn neben und nach Reinhold Schneider war Harald von Koenigswald der einzige, der sich mir aus meiner Funkzeit eingeprägt hatte.
Was aber die «Bedingungen» betrifft, unter denen ich zur Versöhnung mit meiner Familie bereit war: wie hat Gott die Bedingungen hinweggefegt und andere, ganz andere gestellt: die völlige Erwartungslosigkeit auf meiner Seite. Dies aber habe ich von vornherein gewußt, wie alles Menschliche vergeben sein kann. Denn der Mensch, wo er vergibt, braucht selbst – zur Vergebung Gottes hinzu – noch die Vergebung dessen, dem er vergibt und mit dem er versöhnt sein will in Gott.

15. Juli 1937 · Donnerstag

Der wird dich trösten, nach dem du genannt bist. *Baruch 4, 30*

Unmittelbar vor dem ungeheuer groß aufgemachten «Tag der deutschen Kunst» erfolgt eine recht bedrohlich aussehende, totale Umbesetzung der Kunst-Akademie. Die großen Namen Kolbe, Lederer, Sintenis, König, Nolde fehlen[62]; nie gehörte tauchen auf. – England scheint es zuwege zu bringen, eine europäische Entspannung im spanischen Konflikt herbeizuführen. Täglich liegt Kants Wort auf einem Zettel bei mir: «Die Hoffnungslosigkeit der Verfahren wird auf negativem Wege zu einer Anerkennung höherer Prinzipien führen.» –

16. Juli 1937 · Freitag

Selig ist der Mann, der die Anfechtung erduldet. *Jakobus 1, 12*

Wieder jähe Schwüle. Schon mittags um eins, auf seinen Wunsch, brach ich zu Harald von Koenigswald nach Bornim auf. Aber dieser Versuch erneuter Annäherung schien mir doch durchaus lohnend und der alte, flüchtige Eindruck von seiner echten Jugendlichkeit, Sauberkeit, Konsequenz bestätigt. Doch erschien er mir diesmal eher mehr englisch als preußisch. Seine Frau ist älter, härter, und alle ihre Weichheit scheint sich in der Liebe zu ihrem Mann und ihren Kindern zu erschöpfen, drei bezaubernden Kindern des einunddreißigjährigen Vaters. – Sie bewohnen, an der Landstraße und dem Walde gegenüber, ein kleines, altes Haus, das aber sehr gepflegt ist; schöne, alte Möbel, eine Terrasse unter zwei Kastanien, ein großer Garten in der Fülle aller Sommerblumen; doch kommt kein Haus, das wir kennen, dem unseren gleich, wenn dieses auch am nächsten ist. – Harald von Koenigswald machte einen weiten Spaziergang mit mir, der mir trotz aller Strapazen unsäglich wohltat; denn nun bin ich am Rande meiner Kräfte. Buchenwälder, Hügelwälder, die Kuppeln der Schlösser in den Wipfeln; in den Waldlichtungen Roggenfelder im Beginn der Ernte; fast lautlos und wie wenn es ohne Mühe wäre, arbeiten die Menschen. Der Roggen und Hafer freilich war kümmerlich. – Eine schöne Fahrt in der Abendsonne an Sanssouci, an der holländischen Straße vorüber. –

19. Juli 1937 · Montag

Die da halten an dem Nichtigen, verlassen ihre Gnade. *Jona 2, 9*

Was von ordentlichen Männern zum großen Tag der Deutschen Kunst in München geschrieben wird, macht müde und bitter: solcher Byzantinismus ist auch heute nicht nötig, obwohl die Sprache der Hybris, die Byzantinismus verlangt, aufs höchste beängstigend geworden ist: beängstigend, quälend, erregend. Nachdem solche Sprache geredet ist, kann nur noch Gott selber sprechen. Hier bleibt nur noch das Wort des alles entlarvenden göttlichen Gerichts. Ungemein abstoßend aber ist es, zu beobachten, wie männlicher Mut damit befriedigt wird, daß ein kampfeslustiger und – nach wie vor – zum Kampfe verpflichteter Journalist spaßige Sätzchen für den Kenner zwischen die Zeilen schmuggelt. Ohne Frage ist es hohe Zeit zur seelischen und geistigen Rettung Deutschlands: nun, da in solchen Tönen die vollbrachte Rettung gepriesen wird.

Die Freiheit, die mein Buch genießt, ist ein rechtes Problem, das viel, viel Gerechtigkeit bei dem Versuche einer Beurteilung erfordert. Zum Tag der Deutschen Kunst ist eine Sonderausstellung eröffnet worden: «Die Kunst der Entarteten.» Darunter Nolde, Dix[63]. So fremd sie mir sind: dies scheint mir ebenbürtig einer verlorenen Schlacht. –

23. Juli 1937 · Freitag

> Wer Gott dient, der wird nach der Anfechtung getröstet und aus der Trübsal erlöst, und nach der Züchtigung findet er Gnade.
>
> *Tobias 3, 22*

Ein Morgen in Regenschauern, ein Nachmittag in Sonne und Sturm. Reinhold Schneider kam zwischen Staatsbibliothek und einer Abendeinladung zum Kaffee, brachte mir alle seine Sonette 1927–1937 und Hanni einen großen Strauß edelster Rosen. Die Gespräche schwierig wie meist; wir wissen ja zuviel voneinander, und was wir an leichterem reden, soll ja nur die Möglichkeit schaffen, noch manchmal beieinander zu sein. Es sind recht eigentlich fingierte Gespräche. Eben hat er für sein Buch die Reise abgeschlossen, die wir für meins außer Wittenberg vorhaben: Magdeburg, Helmstedt, Braunschweig; für uns wird noch Gifhorn hinzukommen, wo die irdischen Wege für Katharina von Bora abgeschnitten waren, die Welt für sie recht eigentlich zu Ende war.

Von der Ausstellung «Deutsche Kunst» und «Entartete Kunst», mit deren Eröffnung nun eine Zeitenwende proklamiert ist, braucht man nur die Reproduktion zweier Bilder zu sehen, um zu wissen, was die Stunde geschlagen hat – und wie einfach im Grunde der Kampf ist: für die neue Deutsche Kunst Hubert Lanzingers Führerbildnis in silberner Rüstung auf dem Rappen; für die Entartete Kunst: Lovis Corinths Bildnis von Bernd Grönvold[64]. Oder das repräsentative Gemälde des Präsidenten der Kunstkammer, Ziegler, «Terpsichore», ein «Damenakt mit goldenen Stäbchen», und Lehmbrucks «Knieende», obwohl diese beiden letzteren nicht derart die Kluft zwischen Welten offenbaren.

Tony de Ridder, der schon im «Kahn» etwas Protestantisches entdeckte, schreibt im «Rotterdamschen Kurier» über den

«Vater». Abends las ich noch Reinhold Schneiders Sonette: es ist ungeheuerlich, welchen Einblick er nun gibt in Liebe und Glaube – die beide ohne Lösung scheinen; auch der Glaube. Die Tatsache, daß er die Gedichte gab – an den Gesprächen sicher genau so leidend wie ich –, muß unser Verhältnis verändern. Bedeuten sie den Abschied? Ist dies die Form, in der er mir sagt, daß er ins Kloster geht? Indes ich weiterleben werde unter dem *fortiter pecca* und *cor accusator*, *deus defensor* in der Welt, so hart es mich – in aller Dankbarkeit – ankommt.

27. Juli 1937 · Dienstag

Mein Volk wird in Häusern des Friedens wohnen, in sicheren Wohnungen und in stolzer Ruhe. *Jesaja 32, 18*

Ein Lutherwort, das über aller meiner Arbeit stehen soll: «Denn auch alles andere Schreiben soll in die und zu der (Heiligen) Schrift weisen –»; über aller Arbeit, deren Themen und Stationen so aus dem eigensten Leben völlig selbstverständlich und jeden Zweifel negierend hervorwachsen müssen wie der «Vater» aus den heimatsuchenden Fahrten nach Potsdam und «Das ewige Haus» aus dem Bau unseres Hauses auf dem «Acker Jeremias»! All solche Epik aber als Exegese! Und alle Exegese nur für «Grundbegriffe»: «Vater», «Haus». –

6. August 1937 · Freitag

Ja, Herr, allmächtiger Gott, deine Gerichte sind wahrhaftig und gerecht. *Offenbarung 16, 7*

Am Spätnachmittag kam Harald von Koenigswald zum Kaffee, er aß auch noch mit uns Abendbrot; und als der späte Abend kam mit seinen großen Sternen, holte ich uns gar noch die letzte Flasche vom Topellschen Friedrich-Wilhelm-Wein herauf. Er brachte alle Voraussetzungen mit, das Haus völlig zu verstehen (vom «Acker Jeremias», auf dem es gegründet ist, kann er ja nicht wissen). Er hat einen sehr schönen Aufsatz[65] über mein Buch geschrieben, in dem er ihm in der historischen Epik der letzten zwanzig Jahre einen Sonderplatz – allein neben Ricarda Huchs Großem Krieg in Deutschland – anweist.

Ich machte gestern die Erfahrung, daß die von mir so bewunderten, geachteten unbeirrbaren Monarchisten in ihrer Konsequenz und Sauberkeit die Idee der Monarchie nicht so rein erhalten, wie wir, die wir uns so weit, so tief verirrt hatten; wir erst haben, aus dem Schauder der Entfernung heraus, das volle Gefühl für die Unantastbarkeit der Idee gewonnen und die Gewißheit, daß die Aufgabe des monarchistischen Schriftstellers abseits von aller politischen Aktivität liegt und allein darin beruht, das Gleichnis in der Monarchie in seiner ganzen Strenge und Reinheit der Zeit bewußt zu machen.
Darin hat unser Mut und unsere Kampfbereitschaft sich zu erfüllen; und im übrigen hat Römer 13 gültig zu bleiben. –
Die neue Monarchie darf nur das Gleichnis im Auge haben; so kann es nur um dieses von Gott gesegnete und verfluchte Geschlecht der Hohenzollern und in ihm um sein Haupt gehen und nach des Kaisers Tode nur um den ältesten Sohn, den Kronprinzen. Um die unverletzliche Majestät des *deus absconditus* geht es, um ihr Bild; um das Gleichnis für die unverletzliche Majestät und die Auserwähltheit der Erstgeburt!
Nicht mehr das Menschenmögliche darf uns beschäftigen: das Menschen-Unmögliche hat den Anspruch auf uns. Meine Königsgedichte – die ganz dem Schmerz um die Halt- und Machtlosigkeit der blühenden Kronprinzensöhne entsprangen; einem Schmerz, wie ich ihn so um das Vaterland noch nie empfunden habe, – sind, völlig unbeeinflußbar von meinem Verhältnis zu dem alten, schuldigen, gerichteten Kaiser, durch mich hindurchgegangen, wie ich es so bei Gedichten überhaupt noch nicht erlebt habe. Zwei Jahre lang haben sie sich in den Händen nur ganz weniger Menschen befunden; nun plötzlich will man sie verbreiten, «weil sie endlich etwas klar aussprechen, was in den anderen verschüttet ruhte; weil sie etwas auslösen, das sich ihrer bedienen muß» –. Durch die alte Gräfin Keller, die letzte Hofdame der Kaiserin, sollte der Kronprinz mit seinen Söhnen, sollten die eigentlichen Empfänger sie erhalten. Einen Augenblick hat es mich bewegt; dann legte ich mein Veto ein wie auch gegen jegliche sonstige Verbreitung. Es bleibt bei Römer 13, dem Ge-

horsam gegen eine mir auch noch so entgegengesetzte Obrigkeit, die ich darum bitte – in all den Aktionen bei der Kammer – mich weiter so frei schreiben zu lassen vom Alten und vom Neuen Testament, wie ich nun zu schreiben beginnen durfte. –
Die aktuellen politischen Hoffnungen der Monarchisten sind mir verhaßt. –

15. August 1937 · Sonntag

Friede sei in diesem Hause! *Lukas 10, 5*

Der Gottesdienst zur 700-Jahrfeier[66] erkannte die großen Möglichkeiten solch feierlicher Weltstadtpredigt nicht: die Wolke der Zeugen in der gottlosen Stadt Berlin; die Kirchenlieder, die hier entstanden; die Städtegleichnisse der Bibel. – Vom Amt der Predigt und vom Amt der Historie entfällt nun ein gut Teil in dieser Zeit auf die Dichtung, und man kann nur um die Scharen von Evangelisten bitten; denn was sich an Autoren um den protestantischen «Eckart» und das katholische «Hochland» geschart hat, reicht an Zahl und Wert nicht aus. –

16. August 1937 · Montag

Christus ist geworden allen, die ihm gehorsam sind, eine Ursache zur ewigen Seligkeit. *Hebräer 5, 9*

Die Geschichte der Bibelübersetzung als das Kernstück in der Geschichte des «Ewigen Hauses» und des Schwarzen Klosters beendet.
Das neue Buch frißt mich schon wieder auf, zehrt wohl mehr an mir als alle Kammerangelegenheiten; das Buch, von dem Hanni sagt: «Dieses Thema hätte am Ende deines Lebens stehen müssen, weil kein etwaiges künftiges mehr d e i n Thema sein kann» –. In der Geschichte des Hauses die Entstehungsgeschichte der deutschen Bibel: die Bibel als der letzte Besitz – und dies in einer Zeit, in der die Bibel so umstritten ist und Häuser entstehen wie noch kaum zuvor.
Alles Schreiben ist Antwort auf Gottes dringlichste Anrede. Bibel und Haus angesichts der Bedrohung eines «Endzeit»-ähn-

lichen Zustandes: das war das große Thema der vergangenen Jahre –; ist es noch? –

18. August 1937 · Mittwoch

Die gepflanzt sind in dem Hause des Herrn, werden in den Vorhöfen unsers Gottes grünen. Und wenn sie gleich alt werden, werden sie dennoch blühen, fruchtbar und frisch sein. *Psalm 92, 14. 15*

Zu Volk und Kirche sehe ich nur den einen Weg: im Hause die Idee aufrechtzuerhalten, in der stillen Arbeit am Schreibtisch die Idee wachzuhalten. Mit den Menschen und mir geht es nach wie vor nicht. Doch suche ich alle Schroffheit künftig zu meiden.

Ich bin zu ihnen zurückgekehrt, Unrecht und Undank wiedergutzumachen.

Ich habe sie aufgesucht, für die Förderung meines Buches zu danken.

Ich habe mich, die Gefahren des rein häuslichen Lebens nicht unterschätzend, bemüht um Männer, die von ihren Berufen ausgefüllt sind und denen die Sorge um das Vaterland Lebenssache ist: denn es ist Zeit zu großer Sorge um den Staat und alle Berufe.

Ich kehre zu Hanni und dem Haus zurück, in das nun auch Reinhold Schneider nicht mehr einkehren wird. So sehr Hanni um Schneiders Weggang trauert, so sehr begrüßt sie die Rückkehr zum Eremitenleben. Nun werden wir nur noch die Einladungen erwidern. Im eigenen Hause kann man ja auch dem Zusammensein mit Menschen ein etwas entschiedeneres Gepräge geben.

Ich sprach mit Baronin von König, Leo von Königs Frau, ob wir nicht mit Baron Guttenberg (kath. Adel), Professor Kippenberg, Dr. Jagow (Kronprinzessin) Fühlung nehmen wollen, eine Sammlung von Schneiders Freunden und Anhängern ins Leben zu rufen, aus deren Ertrag man ihm in seiner neuen Zuflucht – ihn vor der Fortsetzung des Möblierten-Mieter-Martyriums zu bewahren – eine kleine Empirewohnung einrichtet in der Art des von ihm so geliebten Humboldtzimmers in Charlottenhof. Baronin König stimmte sofort lebhaft zu. –

21. August 1937 · Sonnabend

Fasset eure Seelen mit Geduld. *Lukas 21, 19*

Mehr und mehr erscheint mir die Überwindung als ein Kernstück des Glaubenslebens: Teilhaben, Teilnehmen an Gottes Gericht über einen selbst; Teilhaben, Teilnehmen an Gottes helfender, rettender Kraft, die sein Reich in das Reich der Sünde und des Todes einpflanzt: Überwindung also ist die eigentliche Heiligung, begreifbar erst jenseits der objektiven Rechtfertigungs-Erfahrung, in der Gottes Majestät alles ist! Ja, tragbar ist das irdische Leben dem Glauben erst als unausgesetzter Vorgang der Überwindung: als ständiges Kommen des Reiches Gottes in die eigene Verlorenheit. Damit fällt das Idyll, das Behagen und Beharren, die Ruhe vor der Sünde, das Genügen am Unwesentlichen; die totale Sünde ist hier ständig angegriffen. Gott greift uns an: das ist die Quelle dieser schweren, bitteren, oft so erschöpfenden, qualvollen Aktivität, die Überwindung heißt. Da fällt jedes Recht auf Friedlichkeit und Genuß: der völlige Kampfcharakter des Gottesfriedens wird offenbar. Seine Majestät streitet aus Liebe um jedes einzelne, wertlose, verlorene Ich in uns selbst. Auch nachdem seiner Ordnung Genüge getan ist, macht er uns noch im irdischen Leben schon teilhaftig des Bildes der Gerechtigkeit Christi «... ihr habt noch nicht widerstanden bis aufs Blut», obwohl alles durch Christus geschehen ist!! –
Die Überwindung steht in feindseligstem Gegensatz zum Sich-Abfinden: die Überwindung erst erweist das Gewicht der Geduld. Sie erkennt auch Glück nur an unter rechtfertigendem Gericht.

22. August 1937 · Sonntag

Wo der Herr nicht das Haus baut, so arbeiten umsonst, die daran bauen. *Psalm 127, 1*

Immer wieder sehe ich, daß ich mit aller dichterischen Autorität, die sich nicht von der kirchlichen Verkündigung herleitet, nichts beginnen kann. Was ist alles Wort, das sich nicht gründet aufs Johannes-Evangelium? Was sind alle Bücher, die nicht erschüttert Recht, Weihe und Notwendigkeit erfahren von dem einen Buche her, das allein das Amt des Buches so groß macht?

In der schweren und doch noch so gnädig-behüteten Wartezeit, in der mein neues Buch beginnt, muß mich am meisten beschäftigen, wie Gott alle Zeichen und besonderen Worte versagt. Das bange, schwache Herz will in allem das Gericht befürchten. – *Cor accusator, deus defensor*! Gott will zeigen, wie stark er den Glauben machen kann, wie er nicht mehr zu reden braucht vom Ich und Du, sondern einzig allein gründen und verweisen will auf die Worte, die Christus preisen!

Luther, dessen Erfahrungen ich von dem qualvollen *«volo, sed non possum»*[67] meiner Knabenzeit an in meinem Leben immer wieder aufbrechen und es beherrschen sah (was zu leugnen Undank wäre); die Stufenfolgen des Glaubens; der anfangende, der fortschreitende und der vollendete Glaube. Der erste entsteht aus Wundern und Zeichen oder großen Werken Gottes; der zweite glaubt dem bloßen Wort ohne Zeichen und Werke; man kann ihn nur durch das Leben, durch die Bitterkeit der Erfahrung gewinnen; der dritte, der vollkommene Glaube gibt sich selbst dar ohne Zeichen und Worte, er hat nichts Besonderes, das er glaube, denn er glaubt mehr, als ihm zu glauben kann vorgelegt werden, er nimmt alles, was da ist und geschieht, als von Gott kommend an und bezieht alles auf Gott und die unsichtbaren Dinge: «Der Gerechte lebt aus dem Glauben». –

26. August 1937 · Donnerstag

> Siehe, ich komme bald; halte, was du hast, daß niemand deine Krone nehme! *Offenbarung 3, 11*

Zum Tee bei Schneider; Potsdam nur gestreift; in seinen beiden Stuben vor Büchern kein freies Plätzchen mehr. Wir brachten ihm unser Abschiedsgeschenk mit: das Barockaltärchen, den Heiligen mit dem Kind, das ich mir recht vom Herzen reißen wollte und mußte. Auch brachte ich ihm seine Sonette wieder und behielt mir mit seiner Erlaubnis meine Abschirft. Über das, was wir schriftlich voneinander besitzen, hinaus gibt es keine Möglichkeit besserer Mitteilung. Nur sahen wir nun sein Leo-von-

König-Buch mit den herrlichen Reproduktionen. Und für uns war das Gespräch reizvoll und schön, als wir nun auf allen möglichen Wegen seine Wohnungspläne für Hinterzarten erkundeten. Es scheint sich für unser Vorhaben alles so gut zu fügen; seiner Bilder und abertausend Bücher wegen braucht er sogar einen Möbelwagen. Nun zeigte er uns gerade heute sein «einziges Besitztum, ein Geschenk», ein sehr schönes, edles Bett. Er mietet erst im Oktober. Das paßt glänzend. –

29. August 1937 · Sonntag

Wer seine Hand an den Pflug legt und sieht zurück, der ist nicht geschickt zum Reich Gottes. *Lukas 9, 62*

Das Besondere unseres Abschiedsgeschenkes verstehend, schreibt heute Schneider: «Ihnen und Ihrer verehrten Gattin möchte ich noch einmal herzlich für den letzten Besuch danken, der mich den ganzen Wert unserer Begegnung wieder hat empfinden lassen. Es gehört zu den schönsten Fügungen meiner ‹preußischen› Zeit, daß ich Sie antreffen durfte, und daß es gerade im Funkhaus geschah, ist wohl ein Zeichen dafür, daß auch die unseligsten Erfindungen des Menschen diesen nicht zum Unsegen sind. In Ihrem großen Buch und auf eine ganz wunderbare, einzigartige Weise in Ihren Gedichten sind, glaube ich, die schönsten Verheißungen enthalten, die diese schweren Jahre bisher haben sichtbar werden lassen. Hier ist schon etwas vollkommen Reines, das von den Irrungen der Vergangenheit nicht mehr betrübt ist, und nur mit einem solchen kann die neue Stunde anschlagen, die wir wunderbarerweise doch nicht vergeblich ersehnen. Mehr kann ich Ihnen nicht sagen; Sie werden, glaube ich, für die künftige Dichtung, die nur das Abbild einer reinen Seele sein kann, viel bedeuten. – Für den stillen Heiligen danke ich von Herzen. Er wird seinen Platz doch auf dem Schreibtisch behalten, hier wie dort. Denn ich habe so oft nach einem Punkte gesucht, auf den mein Blick sich richten könnte, wenn ich lieber beten als arbeiten wollte an meinem Tisch; der Heilige wird von nun an gerade an dieser Stelle stehen, wo ich eben doch das ‹Bild› suche und suchen muß.»

Ich muß heut viel an das Evangelium dieses Sonntags von den zehn Aussätzigen denken, vor dem der Gottesdienst so versagte. Als Aussätziger sich schon als rein im Tempel zeigen auf Christi Geheiß und aus seiner erlösenden Vollmacht: das ist die Möglichkeit, rein zu sein. Johannes 15, 3! Dieses Evangelium wird mir zu einem der hilfreichsten. –

1. September 1937 · Mittwoch

Jesus schwieg still. *Matthäus 26, 63*

Nach Kant nun Voltaire: vor der Reise noch einmal eine gewaltige Zäsur; ein Rückkehren in zehn Jahre lang Vertrautes in mächtigem, konzentriertem Ansturm. Welche Wandlungen auch hinter mir liegen; wie bindend auch die «biblischen» Romane vor mir liegen –: Voltaire, der allererste Plan, bleibt das gleiche, ungeheuerliche, atemberaubende Projekt; Leben, das noch einmal erzählt werden muß. Die Bilder stürzen nur so auf einen herein. Des Anlasses, «Die vollendete Einsamkeit», vergißt man, obwohl die Exzerpte sich strengstens an das Thema halten müssen[68]. –

3. September 1937 · Freitag (Helmstedt)

Heile du mich, Herr, so werde ich heil; hilf du mir, so ist mir geholfen. *Jeremia 17, 14*

Magdeburg.

Noch munterer morgendlicher Abschied von den Töchtern, noch ein Frühstück auf der Terrasse über dem besonnten Garten. Dann trennten wir uns am Potsdamer Bahnhof. Dort fuhr ich fünf Minuten früher als Hanni am Anhalter Bahnhof ab. Wie schön: an Potsdam und Brandenburg vorüber in das Land des neuen Buches! Aus Septemberglanz wurde Schwüle und graue Schwere. Die Wanderung durch Magdeburg vom Alten Markt den Breiten Weg entlang zum Dom führt durch drei Welten: eine graue, machtvolle Gotik – Spuren einer Renaissance in der Handelsstadt der Mitte – ein «dessauisches Rokoko» aus der Gouverneurszeit des Alten Dessauers. Wie wunderbar das edle, weltliche Preußentum des Domplatzes: der Dom, durch dichtes

Gesträuch über eine Brücke gesehen – im silbrigen Mittagslicht des Klostergartens am Kreuzgang: ein Hauch von Chartres-Bildern. So ohne alles Störende. Ganz allein in dem hohen, klaren, weiten Dom. In das schwere Grau der Steine, das silbrige Licht warme, verhüllte Ströme von Gold aus den Fenstern der Apsis, gezaubert von flüchtigen Sonnenstrahlen! Die klugen und die törichten Jungfrauen: der Einsatz des Buches! Beide lebten sie als Flüchtlinge hier: Katharina von Bora und Elisabeth-Christine! – Auch einen Blick in den Johannis-Kreuzgang getan; bei der Katharinenkirche und St. Ulrich.
Helmstedt.
Bunte, winklige, skurrile, arme, lebendige Stadt – vor bleiernem Himmel. Bis zum Abend steigern sich die Eindrücke so ungeheuer, daß ich nach dem Abendbrot in meinem Hotel nur meine Abrechnung mache und als Leichtestes die gesamte Reisekorrespondenz im voraus erledige. Die Eindrücke aufzuzeichnen, ist abends elf Uhr noch zu viel.

4. September 1937 · Sonnabend (Braunschweig)

Er ist stark und führt es aus. *Hiob 12, 16*

Mit noch stärkerer Wucht als in der Ordnung des täglichen Lebens erweist das Herz auf dieser ersten Reise nach dem Buch die ganze, die völlige, die flehentliche Hilfsbedürftigkeit vor Gott. Und gewaltiger denn je steht mir vor Augen, was dies ist: Theologie der Städte, gipfelnd in Rom und Wittenberg.
Der Morgen in Helmstedt kam trübe herauf, löste sich aber in immer zarteres, weicheres Sonnenlicht über dem blauen Hügelwald und seinem tiefgründigen Gürtel. Wochenmarkt auf dem Holzberg; zeichnende Mädchenschulen beim Kirchhof St. Walpurgis; ballspielende Knabenschule im alten, feierlichen Hofe des Julaeums.
Das Haus der Margarete Friedrich, darin ich Katharina von Bora auf der Flucht wohnen lassen werde: «Weil mir die Welt zuwider ist, erbarm dich mein, Herr Jesu Christ».
Den Langen Wall entlang gegangen, über alten Blumen-, Obst- und Rasengärten an altem Wallgemäuer; und an der langen

Klostermauer von St. Ludgeri eine Kastanienallee hinaus zum Taufkreuz Sankt Ludgeris. –
Braunschweig.
Die große Historie dieser Stadt – der alternde Heinrich der Löwe, der sich am Kamin die eigenen Taten aus Chroniken vorlesen läßt – Boras Flucht – Bugenhagen – Elisabeth-Christine und Philippine-Charlotte. – Aber selbst dieses alles, so nahe es mir ist, verblaßt vor dem ungeheuren Eindruck, daß ich nun in dieser einen Stadt das deutsche Mittelalter begreife. –
Wie ist all dies Balkenwerk der Häuser erschütternde Schrift des Heiligen, des Magischen, des Mächtigen, des Skurrilen; der ergreifende Eindruck des Domplatzes und des Alten Marktes. Was in Helmstedt hilflose Andeutung ist, ist hier nahezu Vollendung: die Kirchen und ihr Stadtbezirk um jede.
Vier Stunden bin ich wahrhaft durch die Stadt gepilgert. Es war wie ein notwendiges Hinausfinden, daß ich in der Abendsonne noch am Löwenwall und der Oker, den Partien der behäbigen Residenz entlang, ging – abends zog es mich noch einmal übermächtig zum Burgplatz. Das silberne, graue Licht in den Fensterrosen über den beschatteten Mauern. –
Möchten die Stichworte es mir zurückrufen, wenn es gilt, es zu schreiben. Um solche Städte muß man beten. Die steinerne Ruhe – die Magie des bunten Holzwerks – das letzte, volle Grün in der weichen Sonne des Septembernachmittags – die vom Abend umschlossene Welt des Domgevierts, das Silberlicht in den Fensterrosen, den Schatten des Löwen. – Diese Nächte sind nicht leicht. Ich habe noch niemals gebetet wie auf dieser Reise. Gott hilft nicht mehr «mit besonderen Worten und Werken» – und das bedeutet, mehr als alles auch darin enthaltene Gericht: er läßt den Glauben wachsen.

5. September 1937 · Sonntag (Braunschweig)

> Bewahre deinen Fuß, wenn du zum Hause Gottes gehst, und komme, daß du hörest. *Prediger 4, 17*

Strahlender Septembermorgen.
Gleich nach dem Frühstück ging ich noch einmal zum Altstadt-

markt, und um die Zeit, in der die Kirchen vor dem Gottesdienst geöffnet und bevor sie vor dem Gottesdienst geschlossen werden, war ich noch, wo sich mir nur das Portal einer Kirche auftat: in der Brüderkirche, beim Bugenhagendenkmal, mit ihrem hohen Lettner und der tiefreichenden Apsis; im dunklen Hintergrunde schimmernd der goldene Hochaltar; die Glocken setzten ein; der Kirchgang schien um alle Kirchen spärlich; in Sankt Katharinen mit seinem klaren, ruhigen, gotisch-reinen Schiff hörte ich noch das Schlußlied, in Sankt Andreas mit seiner schönen Gruppe der Heiligen Familie und den anderen ungeschlachten, hohen Reliefs an den Giebeln des Seitenschiffs begann gerade der Kindergottesdienst. Innen überall ein reiner Schnitt. Die Tierplastik in Braunschweig: vom Löwen bis zum Fabelvogel; überall das Welfenrößlein und Löwen.

Noch einmal bei Sankt Aegidien: das Wurzelwerk in der steilen, zerklüfteten Mauer. Diese Kirche und das Konventshaus, als Museum dienend und nicht übermalt, ist am reinsten in Fenstern, Gewölben und Pfeilern. Bilder Elisabeth-Christinens – vor allem aber, in allen Altersstufen, Sanssoucis Philippine-Charlotte! Ich brauche ja die Nähe des «Preußischen» noch so sehr: denn hier ist eine mir neue, mich wie alles Fremde bedrängende Welt. Meine Schicksalsströme bleiben Oder, Havel, Elbe. –

Mittags bedeckte sich der Himmel drohend; auch war es schwül; vom Spätnachmittag an wurde es immer zarter, lichter, kühler. Auf der Hinfahrt nach Gifhorn notierte ich mir jede Einzelheit von Katharinas Flucht; auf der Rückreise las ich als letztes für die «Vollendung der Einsamkeit»: Ludwig Richter.

Dazwischen lagen Stunden, die ich erschütternd nennen muß: nun weiß ich, wie sanft Katharinas Herz war, als sie hinter Gifhorn, ihrem Ende der Welt, vor den Waffen umkehren mußte. – Angesichts so sanfter Weite, reicher Erde - königlichen Schutzes. Zurück in Not vor Gott. Die Stadt in Sonntagsnachmittagsfrieden der Alten und reger Lebendigkeit der Jungen, vielen Spaziergängern und Menschen auf Bänken vor den Häusern wirkt sehr nördlich, ja, wie eine skandinavische Stadt, gemahnt an Ibsen und Knut Hamsun – nördlich namentlich durch die vielen Holz-

Obergeschosse, die bunten. Fachwerke seltener, ein einziger Stein-Renaissancebau über der in einem freundlichen, einfachen Klassizismus überarbeiteten Kirche; der schöne Außen-Fachwerkbau des Ratsweinkellers. Die Kirche und ihre Bäume in der Sonne, der bunte, üppige, reifende, doch leicht schon welkende Obst- und Blumengarten – Sommerblumen, Astern, Pflaumen, Birnen, Blaukohl – zwischen Kirche und Schloß. Der von dichtem, grünem Wassermoos bedeckte Schloßgraben – die Stille des Schloßhofes, der kleinen, kühlen, reinerhaltenen spätgotischen Schloßkapelle neben dem schönen Renaissanceturm; die lustige Jugend um den Tisch der großen Küche im Wirtschaftshaus; der derbe, gesunde Geruch nach warmen Kartoffeln.
Heimfahrt: Die Sonne wie in einem plötzlich hergewehten Nebel über der Heide, silbern, bleich. Verwehendes Gewölk vor Blau. Das Wolkenbild des «Gottesauges»: dann tiefrotgolden und groß noch einmal Sonne über der Heide, sich gewaltig verwandelnd: ein «Kelch». Dann «Die feurige Kugel des Krieges», glühend und kreisrund, über Bäumen, Dächern und Kirche des ersten Dorfes wieder jenseits der Heide auf der Rückkehr.
Noch ein letzter Blick auf Kirche und Rathaus des Altstadtmarktes, jenen klaren Ausschnitt feierlichster Gotik, liegt vor mir. Da vermag immer wieder das Deutschland der Eisdielen, Kinos, Parteistellen, «Stürmer»-Aushangkästen, der Geschäfte und der Restaurants und Autos noch einmal zu versinken.
Wie dankbar wird man für drei brennende Kerzen in einem alten Gewölbe am letzten Abend solch schwerer, ergreifender Städtefahrt. Als letztes vor der Nacht doch noch einmal bei der Burg Dankwarderode und dem Dom in ihrer größeren Stille unter den Sternen!
Noch liegt das Größte vor mir: Wittenberg. Die Pause davor wird sehr gut sein.

6. September 1937 · Montag (Weimar)

Siehe auf das Amt, das du empfangen hast in dem Herrn, daß du es ausrichtest! *Kolosser 4, 17*

Am letzten Morgen in Braunschweig noch ein ungemein erfrischendes Duschen und Schwimmen in dem schönen Stadtbad; dann fuhr ich schon zu Hanni und hatte einen ganzen Tag gespart. Glanz, Sonne, Milde – und nun brauchte ich nicht mehr «aufzupassen», las Ludwig Richter und sah die Schönheiten des Saaletales, seiner Burgen, Ufer, Weinberge, die ich so lieblich gar nicht mehr in Erinnerung hatte. Nachmittags um drei kam ich in Weimar an – auf dem Bahnsteig stand Hanni – mit dem Briefe der Schrifttumskammer: die Sondergenehmigung erteilt – der Brief am Tage unseres Reise-Aufbruches ausgegangen! Hanni, die schon am Sonnabend diesen Brief hatte, wollte dieses Schreiben mir doch selbst übergeben. Und wie schön das war, wie mußte das zwischen uns beiden sein: welche Dankbarkeit liegt über diesem Wiedersehen. – Wie unfaßlich wirkte solche Fügung – nachdem ich «Besonderes» von Gott nicht mehr erbitte!

Im Haus der Frau von Stein – im gleichen Zimmer, in dem ich vor wohl zwanzig Jahren bei den Schillerfestspielen wohnte, mit dem gleichen Sekretär von 1793 – hatte Hanni Blumen und Süßigkeiten aufgebaut und diesen wirren, wilden, fast grotesken Rest dieser einst so gepflegten, antik eingerichteten Pension etwas wohnlicher für mich gemacht. Die uralten Schwestern G. haben nur noch die Mansarden der Charlotte von Stein und einen Dielenplatz mit hübschen alten Möbeln. Was geblieben ist trotz Alter und Verfall, ist aber die ungemein angeregte Atmosphäre, die einst hier herrschte, als Theater, Universität, Literatur hier alljährlich aus und ein gingen, die meisten Gäste uns oft auch persönlich bekannt, wie Wieman. Wir essen, da wir allein sind, am Tisch der beiden alten Schwestern, und die Gespräche sind ganz so, wie sie in Weimar sein müssen.

Weimar selbst wird uns immer mehr zum Problem. Die Bildungsgrundlagen für solchen Kult sind ja gar nicht mehr da. – An der Zerstörung des Stadtbildes wird eifrig durch Parteineubauten gearbeitet. Überhaupt ist ja Weimar gar nicht als Stadt das Idyll, das man preist; schön eigentlich nur Park und Gartenhaus und unser Haus der Frau von Stein am Park, der Brunnen, die Lorbeerbäume vor dem Hause (nachts welche Sterne!).

Hanni lud mich gleich in das Residenzkaffee zum Kaffee ein, auf eine Terrasse gegenüber dem Renaissanceflügel des Schlosses – Sonne, rauschende, volle Bäume, viele vergnügte Menschen; immer wieder Schulklassen. Dann gingen wir an die Entdekkung des kursächsischen Weimar: das Weimar des Franziskanerklosters, des Cranachhauses, Luthers, Bernhard v. Weimars – worunter aber unsere Aufgeschlossenheit für das klassizistische Weimar nicht litt. Noch ein Weg ans Gartenhaus, süßer Heugeruch und zarte Kühle. –
Nach dem Abendbrot zu einem Glase Wein im «Weißen Schwan»; frühe zur Ruhe gegangen, denn in diesen Tagen war viel, viel vorgegangen.

8. September 1937 · Mittwoch (Weimar)

Da ich bekehrt ward, tat ich Buße. *Jeremia 31, 19*

Da uns in Weimar nicht viel hält, auf Hannis Wunsch und zu meiner Freude in die Lutherstädte Erfurt und Eisenach.
Kaum standen wir aber auf dem Bahnsteig, als wir uns gegenseitig gestanden, daß einer nur dem anderen zuliebe diese Fahrt machte. Wir scheuten die Strapaze ebenso wie die Kosten und beschränkten uns auf Erfurt; und dort nur auf die Herrlichkeit des Domes und Sankt Severis, das Augustinerkloster und Meister Ekkeharts Predigtkirche; die häßliche Wirrnis der Stadt nahmen wir um dieser Stätten und ganz besonders auch Luthers wegen auf uns, obwohl wir unter den Städten und der «Zeit» immer mehr leiden. Im Dome fühlten wir uns überreich belohnt: einmal echte alte Glasfenster; der «Erfurter Johannes», die ungeheuer bewegte Beweinung, die romanische Madonna und der bronzene Büßer, der Kerzenhalter! – Dann Luthers Handschrift, Luthers Stuhl, Tisch, Fenster, Laute, Schreibzeug. Wir fanden in Erfurt als Besonderheit eine schöne, edle, ruhige Spätgotik. Das schöne, derbe Gestühl der Predigerkirche.
Der Gedanke an Berlin ist uns nur freundlich, der Gedanke ans Haus ein Glück und ein Trost. In der Provinz wäre man ja im

bürgerlichen Zusammenleben unmittelbar bedroht: die Weltstadt mit ihren internationalen Rücksichten gibt größeren Frieden. Als Fremdenstadt hat Weimar wenigstens keine antisemitischen Schilder.
Dankbar bin ich, daß ich die für das neue Buch notwendige Studienfahrt machen darf; anders als «notwendig» zu reisen, ist vielleicht in Deutschland gar nicht mehr möglich.

10. September 1937 · Freitag (Wittenberg)

Die Jünger des Herrn waren alle in der Halle Salomos einmütig.
Apostelgeschichte 5, 12

Zeitiger Aufbruch von Weimar, Morgensonne, dann bewegter Himmel. Besonnter, kühler, klarer Vormittag in Torgau: kleine, nicht sehr lebendige Kreis- und Garnisonstadt. Ein hübscher Wall mit Gärten an der Mauer entlang, über der die Stadt- oder Massenkirche mit Katharinas Grab im Mittagslichte über reifenden Apfelbäumen lag. An ihrem Grabstein – über ihrem Sarge unter dem Chore gegenüber der Fürstengruft. Die Gasse, die gewundene zum Schloß, mit ihrem Sterbehaus heißt heute die Katharinenstraße. Der grandiose Komplex dieses mächtigen Schlosses und seiner unvergleichlichen Treppe. Am Elbufer, von dem hier sehr nüchternen Fluß – Ebene mit einzelnen Bäumen – her die gewaltigen Türme und Mauern und schönen Fenster des Schlosses zu betrachten, in dem Alexej von Rußland[69] mit der Braunschweigerin getraut wurde. Überall zweifache Erinnerung! Das schöne, alte Bauwerk, das dunkle, steile, zu dem die Nonnengasse ein wenig talwärts führt. Vor dem Schloß ein hübscher Straßennahme: die Wintergrüne.
Die Schloßkirche so wohltuend ohne Zutat, einfach weiß gestrichen, daß die Klarheit der Gewölbe und der doppelten Emporen voll wirkt. Die Stiftungstafel, die Luther selbst sah: er bei den Fürsten. Dies die erste protestantische Kirche, von ihm selbst eingeweiht. Sein steinerner Altartisch. Die Schwalbenorgel, nur im Schmuck der kupfernen und zinnernen Pfeifen, die Bach sich erdachte. So verständige Führungen. Wir waren so voll befrie-

digt von diesem Aufenthalt und lernten für das Buch so Wichtiges kennen. Bei der Marienkirche, an der Ecke, an der man zur Katharinenstraße hinaufgeht, das Haus der Torgauischen Artikel, der Grundlage der Confessio Augustana und aller heutigen Bekenntnisbewegung. –

Die «Flucht»fahrt Torgau–Wittenberg besonders notiert. Immer mehr sich bewölkender Himmel: beim Dorfe Vogelgesang ein kahler Baum mit einer Krähe. Hier soll der «Sturz» spielen, wie bei den sieben Kiefern hinter Gifhorn die «Umkehr».

Bei Pratau am Gelände von Katharinas Wachsdorf vorübergefahren. Und nun in dieser für mich wichtigsten Stadt – arm, eng, lebendig und für uns so reich. Jede Spur, die wir von dem Alten finden, macht so glücklich. Wir wohnen im Goldenen Adler, Luthers Gasthof. Ich meldete mich bei Lic. Thulin, dem Direktor der Lutherhalle, und wurde sofort mit Hanni hingebeten: ins Schwarze Kloster. Thulin führte uns sogleich selbst herum und stellte für die Tage unseres Wittenberger Aufenthaltes gleichsam das Augustinerkloster, die Archive der Lutherhalle und seinen Assistenten Jordan völlig zur Verfügung; ja, eine Frau Dr. Hofmann, Frau eines hiesigen «großen» Anwalts, gewann er sofort ganz für uns, die beste Wittenbergkennerin. Wir saßen in der Lutherstube, unterhielten uns über die gemeinsamen Bekannten aus den letzten vier Jahrhunderten; ein alter Pastor Angermann und seine Frau kamen noch hinzu, und wir waren am ersten Abend in unserem «Rom» fast wie alte Wittenberger.

Schön die Stunde der Dämmerung über dem Klosterhof und über Katharinas Hausgarten; in Luthers Hörsaal und Wohnstube. Das Hotel ein nicht billiges, sehr behäbiges, sogar ein wenig akademisches Provinzhotel mit zum Teil erstaunlichem Komfort. In Boras Stadt wollen wir uns alles erdenkliche Gute antun; dies ist unser eigentliches Reiseziel, ist unsere «Feier» der Sondergenehmigung, ist angesichts der Anstrengungen fast ein wenig notwendig. –

11. September 1937 · Sonnabend (Wittenberg)

Der Herr ist dein Trotz; der behütet deinen Fuß, daß er nicht gefangen werde. *Sprüche 3, 26*

Es ist kühl, grau, doch ohne Regen: also gut für Stadtbesichtigung. Ich fühle mich recht glücklich, in dieser, mit Potsdam, für mich bedeutsamsten Stadt sein zu dürfen und derart freundlich aufgenommen zu werden. Als wir gleich nach dem Frühstück wieder im Schwarzen Kloster und in der Lutherhalle waren und ich meine Aufzeichnungen in diesem für die Arbeitsmöglichkeiten vorbildlichen Archiv machte, erschien schon wieder Thulin und Frau Dr. Hofmann, uns für den Sonnabend- und Sonntagabend zu sich einzuladen. Und ich freue mich, hier so rasch «privat» weilen zu dürfen und einigen Einblick in die besten Häuser der Stadt gewinnen zu können – nun gar im Schwarzen Kloster einen Abend zu verbringen! – Alles Häusliche zieht mich ja so an.

Hanni ruhte nach Tisch; ich – mehr noch als in Helmstedt, Braunschweig, Gifhorn, Weimar – zeichne auf, zeichne auf! Denn da waren wir ja, nach der Lutherhalle, «vor dem Elstertor». Und vom Schwarzen Kloster her war der Blick «auf die Boos» und nach Wachsdorf hin getan. Und archivarische Miszellen. – Die Vollendung des Überblickes über alles, was über Katharina je geschrieben wurde. – Welch ein Glück, daß ich alles Wichtige nun bereits kenne.

Ich war zur kurzen Abendandacht in der Stadtkirche, die nach der Schloßkirche sogar schön wirkte. In der kleinen Schar drei Soldaten, die laut das Vaterunser mitbeteten: Potsdam in Wittenberg. Die ungeheuerlichen Städte! Es ist so ergreifend, wie Hanni im Gedanken an das alte Buch vom neuen spricht.

Der Abend im Thulinschen Hause. Die bunten Balken, die alte Treppe, die Laterne im Vorderbau – wahrhaftig, Eintritt in ein gelehrtes Haus des 16. Jahrhunderts. Bäumerauschen, Brunnenrauschen im Hof des Schwarzen Klosters, der entzückende Hofwinkel, in dem so überaus verständnisvoll Thulins Haus angebaut ist – mit unmittelbarem Durchgang zum Schwarzen Klo-

ster! Das Haus gepflegt und liebevoll, wenn auch nicht vorzüglich in Geschmack und Stil. Aber ich war wirklich dankbar, den Sonnabend-Abend in Wittenberg gerade hier verleben zu dürfen. Über diesem Abend lag guter Geist.
Über Katharinas Gärtchen rauschte der Regen. Und von der Laterne im Torwinkel waren die Bäume im Hof wundersam beleuchtet.

12. September 1937 · Sonntag (Wittenberg)

Fürchte dich vor der keinem, das du leiden wirst! *Offenbarung 2, 10*

Alle Studien in Sicherheit gebracht, für die diese Reise unternommen wurde; nun auch den Anfang der Flucht nach Magdeburg: Zerbst.
In der Stadtkirche zum Gottesdienst; nicht schlechter und nicht besser als in Berlin, doch voller; und das Musikalische sehr gut.
Dann fuhren wir nach Zerbst. Ein schöner, geschlossener Eindruck, auch unmittelbar fürs Buch (Die drei klagenden Frauen von Zerbst). Dies alles habe ich gleich genau auf der Fahrt und bei der Rast im Ratskeller in Dessau notiert, denn an des Dessauers Stadt wollten wir doch bei solcher Nähe nicht vorüberfahren. Leider wurde uns der Cranach-Altar in der Schloßkirche nicht gezeigt. –

14. September 1937 · Dienstag

So denn Gott das Gras auf dem Felde also kleidet, das doch heute steht und morgen in den Ofen geworfen wird: sollte er das nicht viel mehr euch tun, o ihr Kleingläubigen? *Matthäus 6, 30*

Dazu steht heute zu der Heimkehr in der Losung:

«Befiehl du deine Wege»

und

«O Vater, nimm die letzte Sorge noch!
Ich hielt sie fest bis heut – du kennst sie doch?
Du, dessen Hand viel tausend Wunder tut,
mein alles geb ich froh in deine Hut.»

Aber auch die «letzte Sorge» muß Gott selbst uns erst offenbaren wie die Sünde. –
Bei Sonne, wilden, schönen Wolken, Wind kehrten wir gestern zurück. Die Tage sind dunkler und kälter geworden – Laub und Gräser haben sich nicht verändert. Nur muß man nun schon heizen! Es ist Heimkehrzeit. Niemals kehrte ich dankbarer heim als diesmal: nun wirklich und wahrhaftig in unser Haus, in den neu geschenkten Beruf.
Eine große Erschöpfung kam trotz aller Heimkehrfreude nach. – Bald nach dem Frühstück und letzten Ordnen wurde ich gleich zu Pagel gebeten, der überaus nett war und mir Andreas' großes «Deutschland vor der Reformation» schenkte. Noch am 1. 9. hatte Kilpper einen großen Angriff meinet- und ähnlich gelagerter Autorenfälle wegen. Den Absatz findet auch Pagel schwächer als erwartet, jedoch durchaus ausreichend. Das Reichskriegsministerium empfiehlt den «Vater» nun für Heer, Marine, Luftwaffe.
Wiederaufnahme der Arbeit: Sichtung des Reiseertrages. Am Abend war ich bei Leo von König: mit Schneider, Jagow, Baron Guttenberg. Und so wurde nun – König war der mich fast zu freundlich herausstellende Wortführer – Schneider über die Entgegennahme des Geschenkes gefragt: und alle unsere Bedenken verflogen, so groß war seine Freude und Bewegtheit. Nun war aber gar kein Zweifel, daß die wahre Freude, ja die Entschiedenheit der Wahl bestimmt war von dem Geschenk des Kaisers: dem Schreibtisch der Hohenzollern, an dem nun Schneider nach seiner preußischen Epoche schreiben wird! Damit entscheidet sich aber auch für mich erst das «Bild». – So bleibt es bei der Art des Humboldt-Zimmers von Charlottenhof! Mönchszelle und Gelehrtenstüblein im immer fahrenden Schiff!
Beide Königs haben es mir von neuem angetan, und wieder war es wunderbar, in diesem Atelier einen Abend zu verbringen. Nun hat König auch nach Nolde noch Barlach gemalt, damit nach ihrer Vernichtung in Deutschland durch die Ausstellung «Entartete Kunst» diese Gestürzten wenigstens das Bewußtsein haben, daß ihr Gesicht vom besten Maler der Nachwelt erhalten

bleiben soll. Im Barlach-Porträt liegt restlos alles gelähmte Entsetzen des Alten, Geistigen vor dem Anbruch solcher neuen Zeit. In seiner geliebten mecklenburgischen Heimat schreiben sie ihm nun Drohbriefe und werfen ihm die Fensterscheiben mit Steinen ein. –

Einige sehr konzentrierte Minuten sprachen wir vom Bora-Stoff; und was Schneider über diese «Wahl» sagte, entsprach Hannis Worten. Hanni aber hält diesen Stoff für meinen «eigentlichsten, über den hinaus eine Steigerung für mich gar nicht mehr möglich scheint». – Dies Buch wird bitterschwer. –

19. September 1937 · Sonntag

> Wer zu seiner Ruhe gekommen ist, der ruht auch von seinen Werken gleichwie Gott von seinen. *Hebräer 4, 10*

Nachdem all die verordneten Mittel gestern versagt hatten, haben zwei Pantopon mir nach einem schrecklichen Abend den Nachtschlaf gebracht; ja, ich konnte heute sogar in die Kirche gehen, mußte sonst aber liegen: zum Teil im Liegestuhl in dem geliebten, sanft besonnten Garten. Was ist es nur? Die Reaktion auf das halbe Jahr des Wartens? Die Anstrengungen der Reise und die etwas zu bewegten, unregelmäßigen Tage nach der Rückkehr? Die Spannung Italien–Rußland, England und Frankreich im Zusammenhang mit dem Mussolinibesuch in Berlin, den gewaltigen Manövern und der zivilen Luftschutz- und Verdunkelungsübungswoche, die morgen beginnt? Wittenberg als Lutherstadt und Rüstungsindustriezentrum? Das Fehlen einer größeren Erholungspause zwischen Buch und Buch? Ich habe es doch in so schwerer Zeit noch so gut! –

24. September 1937 · Freitag

> Du nahest dich zu mir, wenn ich dich anrufe, und sprichst: Fürchte dich nicht! Du führest, Herr, die Sache meiner Seele und erlösest mein Leben. *Klagelieder 3, 57–58*

Die Ariernachweise bei der Schrifttumskammer eingereicht.
Ich habe die große Hoffnung, morgen mein Leben, meine Arbeit

wieder in die Hand bekommen zu dürfen. Hanni geht es wirklich und wahrhaftig besser. Hätte Gott mir für sie und mich eine leichtere, längere, «schönere», weitere Reise gewähren wollen – es hätte mich nicht unmittelbar nach der Genehmigung der Schrifttumskammer die Abrechnung der Deva erreicht, aus der so deutlich hervorgeht, wie nach einem herrlichen Einsatz der Verkauf des Buches ins Stocken geriet. Eine andere Reise als die unternommene wäre Hybris gewesen. Gott will den völligen Ernst. Auch verweisen die Arzt- und Apothekerrechnungen sehr auf Sparen: Hannis lange und noch anhaltende Behandlung und meine kurze, heftige Attacke, die genügt hat, mich für das Buch noch einmal völlig zu sättigen mit den «Gedanken» von Armut, Alter, Krankheit – diesem Dreiklang, der die Phantasie und das Herz immer wieder völlig bewegen und erfüllen muß. Es ist kaum vorstellbar, was das Vaterunser an Himmlischem und Irdischem umschließt. – Fast erschreckt es, wie gleichgültig die Näherstehenden an der Erteilung der Sondergenehmigung vorübergehen; von den Fernerstehenden, aber beruflich Verbundenen ganz zu schweigen. Einer hat zur Sondergenehmigung, außer Pagel, gratuliert: Harald von Koenigswald.

28. September 1937 · Dienstag

> Denn ich weiß wohl, was ich für Gedanken über euch habe, spricht der Herr: Gedanken des Friedens und nicht des Leides, daß ich euch gebe das Ende, des ihr wartet. *Jeremia 29, 11*

Die Zweijahrfeier des Hauses! Was umschließen diese beiden Jahre – für ein «hörend Ohr und sehend Auge, die beide der Herr macht» an «Gedanken des Friedens», die er über uns hat.

Es ist wirklich wie ein Festtag: Der Garten strahlt, die Zimmer sind erfüllt von Sonne, die schönsten Blumen, die ich Hanni und die Kinder uns schenkten, stehen umher.

Berlin soll sich während des Mussolini-Besuches in einem Aufruhr befinden, der die Olympiade an festlichem Getriebe weit in den Schatten stellt. Erstaunlich nüchtern aber die politischen

Witze, die Italiens Bündnisbruch aus dem Weltkrieg in den Mittelpunkt rücken, ferner den neuen Byzantinismus, endlich die «Imitation» des Faschismus durch den Nationalsozialismus. Der Schlager dieser Tage: «Du kannst nicht treu sein.» – Ungeheure Aufmärsche und Auffahrten.
Nun fühle ich mich völlig und bedingungslos, wenn auch müden Geistes und schweren Herzens, dem neuen Buche verschrieben. –

4. Oktober 1937 · Montag

Der Herr hat noch mehr, das er dir geben kann, denn dies.
2. Chronik 25, 9

In dieser Woche beginnt das Fest der deutschen (modernen) Kirchenmusik, literarisch und propagandistisch vorbereitet durch Ihlenfeld in Verbindung mit der Evangelischen Kirche und dem Reichsverband für evangelische Kirchenmusik. Neue Musik zu neuen Texten; diese sind aber nur von R. A. Schröder, sonst hat man auf sehr Altes zurückgreifen müssen. Das ist doppelt deprimierend, nachdem ich gerade Ihlenfelds und R. A. Schröders Urteil über meine Texte kenne. Hier, hier vor allem sind die, zu denen ich gehöre; und von ihnen werde ich am verletzendsten ausgeschaltet. Das wird mich nicht hindern, mir zum mindesten den Thomaner-Abend anzuhören und – weiter Kirchenliedtexte zu schreiben, soweit das in den Willen gestellt ist. Denn für Lyrik ist dies keine Zeit; sie bringt keine echte Lyrik hervor. Aber die Stunde für politische und geistige Dichtung ist da. Alle Wirkung kann ganz allein nur Gott anheimgestellt sein. –

5. Oktober 1937 · Dienstag

Da du mich in der Not anriefest, half ich dir aus; ich erhörte dich.
Psalm 81, 8

Starke Sonne, starker Wind, Blätterfall und schön die kleine, letzte Winterasternart in Blüte. Im Hause kühl, so daß wir heizen müssen, zumal heute Reinhold Schneiders Abschiedsbesuch stattfindet.

Abends. – So war ich also sehr kühl, nüchtern und gerüstet: aber der Moment des Abschiedes ging dennoch durch und durch. – Diesmal war nun viel Reales zu besprechen: die Mitteilung der Personen, denen er danken muß; Erörterung über die Wahl der Möbel unter rein praktischen Gesichtspunkten; Fragen des Transportes. Ohne Frage bleibt alles entschieden durch das Geschenk des Kaisers, in dem auch ich völlig den Höhe- und Schwerpunkt sehe. –
Letztes, was mich betraf: daß Schneider zu Hanni sagte: «Das neue Buch ist ja der eigentlich für ihn reservierte Stoff.» Und zu mir, wie unsere neuen Pläne sich begegnen: Zentrum seines neuen Buches wird Karl V. – So ist nun auch dies abgeschlossen. In den schweren Friedrich-Wilhelm-Jahren war der Eremit Schneider für uns die «Welt».

7. Oktober 1937 · Donnerstag

Ihr seid schon rein um des Wortes willen, das ich zu euch geredet habe. *Johannes 15, 3*

Plötzlich nun «Geistliche Lieder und Gedichte» von mir noch zur Kirchenmusikfestwoche, die heute beginnt! Verbessert, abgeschrieben, bei Ihlenfeld –.
Abends Thomanerchor. Der Chor so herrlich. Werke von Johann Nepomuk David, zweiundvierzigjährig. Prof. Straubes (Leipzig) Einsatz gewiß eine Garantie. Herrliche Einzeleindrücke – das Ganze noch so fremd, der Kirche so fern; das Fest scheint verfrüht. Die Prädikate sind wieder am Anfang verliehen. Alle Aufgeschlossenheit, alles unbedingte Interesse half nicht hinweg darüber, daß das Musikalisch-Ursprüngliche, das Kirchliche noch völlig zurücktritt, quälend zurücktritt hinter dem überaus Kunstreichen. – Zu früh, zu früh. Zu viel.
Kurt Ihlenfelds «Vater»-Kritik im «Eckart»: viel gutmachend. Zum ersten Mal der Vergleich mit Reinhold Schneider, der künstlerische Vergleich, die «konfessionelle» Gegenüberstellung!
Möchte noch einmal ein Fest kirchlicher Musik und Dichtung wiederkehren, das bei mir und anderen auf ausgereiftere Dinge

trifft, befreit ist von der Hast, dem nur Programmatischen, das allem jetzt anhaftet. Denn hier ist ein Feld – so unendlich bedeutsam angesichts all der politisch-olympischen Maifelder, Bückeberg und alledem –. –
Nun plötzlich sollte ich nach Ihlenfelds Vortrag sprechen. –
Wie gern hätte ich hier bessere, mir wirklich nahestehende Arbeit rechtzeitig geleistet, hätte man mich nicht derart spät einbezogen. Wes alles muß sich Gott erbarmen: der Blick auf Kalender, Uhr und Tagesplan ist furchtbar. –

9. Oktober 1937 · Sonnabend

> Das macht dein Zorn, daß wir so vergehen, und dein Grimm, daß wir so plötzlich dahinmüssen. Darum fahren alle unsre Tage dahin durch deinen Zorn; wir bringen unsre Jahre zu wie ein Geschwätz. Fülle uns frühe mit deiner Gnade. Der Herr, unser Gott, sei uns freundlich und fördere das Werk unsrer Hände bei uns; ja, das Werk unsrer Hände wolle er fördern! *Aus dem 90. Psalm*

Ich wende mich also von den Dingen.
Ich trenne mich also wieder von den Menschen.
Ich gehe also wieder ausschließlich an das Wagnis des Werkes, das ist: meiner «natur»gegebenen Art der Schriftauslegung.
Ich tue es mit furchtbar verwundetem Herzen.
Ich habe, wie noch gar niemals zuvor, begriffen, wie Gottes Ewigkeit sich erhebt über unserer sündigen Vergänglichkeit.
Da ist Natur. Da sind ja noch Menschen. Da ist Kunst. Da ist noch Wissenschaft. In allem Verfall noch Fülle und Weite. Aber ihnen sich zuwenden, noch so dankbar, heißt versäumen, was Gott einem vor Augen gestellt hat, damit es sich erfülle. – Noch nie habe ich so unmittelbar, so deutlich Gottes Gericht über Gottes-Dienst gesehen, wie in diesen Tagen des unerwarteten, ungeheuerlichen Kirchenmusikfest-Getriebes. –
Niemals darf die Wendung zur Einsamkeit in ungerechtfertigtem, abweisendem Hochmut erfolgen; sie kann nur geschehen in der Beugung vor Gottes ewigem Gericht über die Zeit.

12. Oktober 1937 · Dienstag

Gott Zebaoth, wende dich doch, schaue vom Himmel und siehe an und suche heim diesen Weinstock und halt ihn im Bau, den deine Rechte gepflanzt hat und den du dir fest erwählt hast.

Psalm 80, 15. 16

Zum ersten Mal hatten Hanni und ich unsere Wege nun bewußt getrennt, und so völlig «inkognito» ich mich nun an diesem Vortragsvormittag auch verhielt, so ging ich nun auch noch ohne Hanni hin. Wie alle Veranstaltungen der Kirchenmusikfestwoche war auch diese «Christlicher Geist und deutsche Dichtung in der Gegenwart» (Ihlenfeld) und «Das neue Kirchenlied» (Dr. Haufe von der Thomasschule Leipzig) übervoll, obwohl Rudolf Alexander Schröder erkrankt war und somit der Hauptreferent fehlte. Mancher gute Kopf, außerordentliche Aufgeschlossenheit, kein schlechter Geist und zwei völlig ausreichende, durchgehend fesselnde Vorträge.
So hörte ich, der ich so leide an der Schmalheit meiner bisherigen Leistung, «von der Kirche her» reden, so ernst, so wichtig, so heilend und bestätigend reden über mich – die Auswahl der Behandelten war sehr klein; Mechow, Bergengruen, Beheim-Schwarzbach, Schaper, Schröder, Winnig – als Epiker (mit «Trampeln» begrüßt) und Lyriker; fast war es mir noch zuviel, wie dann der Abschluß des Vortrages ganz die Wendung nahm hin zu meinem «Propheten» – als «einem Siegel alles dessen, was wir von der neuen kirchlichen Dichtung erwarten, erhoffen, erbitten». Zum ersten Male sah ich, so anonym und so völlig zufällig, wie Menschen sich meinen Namen notierten, meinen neuen kleinen Sonderdruck[70] in der Nebenausstellung kauften; auch war «Der Vater» mehrfach ausgestellt – wieder mit Schneider auf einem Tisch. Trotz meines sofortigen Verschwindens kam mir Dr. Haufe auf der Treppe nachgeeilt, mich mit seiner Frau aufs herzlichste als «Vater-Leser» ansprechend. Gerade von einem der Leipziger Thomasschule freut es mich so.
Es war, als wäre mir, in diesen rein kirchlichen Betrachtungen dieses Vormittags, fast zu frühe Ersehntes, Erbetenes gewährt.

Hier war ein Weg zu den Lesern, die ich suche und heute schon zu suchen gar nicht wage. Es war ein entferntes Vorausahnen dessen, was Gott vielleicht einmal gewähren könnte; ich aber muß sogleich zurück in sein Gericht der qualvollen Mühsal meiner Leistung: Qual und Mühsal, in der er spricht von seiner Gnade. Noch weist er einen engen, langen, steilen Weg. –

18. Oktober 1937 · Montag

Siehe, ich mache alles neu! *Offenbarung 21, 5*

Wie beharrlich, wie unentrinnbar hat die Schrift zu mir immer wieder geredet von Arbeit und Haus. Sie schwieg von Kindern. Sie schwieg vom Umgang mit Menschen. Sie schwieg von allem, was außerhalb des Hauses und der Arbeit liegt – es mag nun Geselligkeit, Kunst, Reisen, Wissenschaft heißen. Denn, wenn man nur nicht Augenblicksstimmungen sich hingibt, sondern geduldig wartet, wie Gott die Zeiten ordnet und begrenzt: so hat er ja noch immer in Schuld und Irrtum selbst unseres Hörens darauf gewiesen, wann und wo er besonders zu uns redete.
Hanni traf sich mit Felix M. aus Breslau, mit den Kindern, der aus seiner noch immer großen Praxis nach Ohio auswandert, weil der Zusammenbruch des Judentums in der Provinz so erschreckend fortschreitet. Furchtbar, quälend, empörend sind die «Reichsfluchtsteuern», die alle jüdischen Emigranten, auch so arme wie Hannis Neffe Ernst Stein, zahlen müssen.
M. trifft auf einen großen Ring von Bekannten und Verwandten, von dem er meint, er würde auch für Reni und Brigitte «funktionieren». So spricht Hanni immer wieder einmal von der Auswanderung der Töchter «nach dem Abitur»: und immer ist in mir dies unbegründbare, starre, vielleicht unverantwortliche «Nein», weil ich dem Glauben nichts gewiesen sehe als das Haus (mit dem, noch vom Entstehen an, für mich selbst das bitterschwere Buch «Das ewige Haus» gewiesen war). Gott möge gnädig darüber wachen, wenn wir immer Schuldigen und immer Irrenden ihm in solchen Entschlüssen nicht entrinnen zu dürfen glauben. –

31. Oktober 1937 · Sonntag

Siehe, um Trost war mir sehr bange. Du aber hast dich meiner Seele herzlich angenommen, daß sie nicht verdürbe; denn du wirfst alle meine Sünden hinter dich zurück. *Jesaja 38, 17*

Die kirchlichen Ankündigungen für das Reformationsfest sahen so bitter aus, daß ich mich entschlossen hatte, zur Grunewaldkirche hinauszufahren, weil ich dort wenigstens die Musik geborgen weiß. Da waren nun auch herrliche Chöre von Heinrich Schütz; und eine ernste, ausreichende Predigt. Mein Wunsch, zum Abendmahl zu gehen, war sehr groß: und hier war es möglich; denn nun sind viele Kirchen, in denen das Abendmahl kein Abendmahl mehr ist; die Worte der Schrift werden abgewandelt: Leib ist Volk, Blut ist Rasse. – Aber hier war nichts, was nicht streng nach der Schrift war. Die Abendmahlsgemeinde so klein, daß man es verstand und erfuhr: Wo zwei oder drei ... Über alles hinaus aber, daß die Worte, mit denen wir vom Altar entlassen wurden, nach Tagen großer Verzweiflung wieder waren: Jesaja 43, 1! –
Menschen, Musik, Bücher entbehren zu müssen, ist nicht so schwer wie der Verzicht auf alle Theologie. –
Den Helmstedt-Aufsatz[71], bis auf die Anschrift, endlich beendet. Doch noch zu lang. Dies war aber nun schon direkte Vorbereitung aufs Buch. – Nun ist wirklich «der eine Aufsatz neben dem Buch her» erreicht, alles andere abgestoßen; nun ist nur noch der über das Wittenberger Pfarrhaus-Archiv[72]. – Magdeburg war auch schon fürs Buch.

12. November 1937 · Freitag

Gott zürnt nicht wie ein Mensch, daß er sich nicht versöhnen lasse. Darum sollen wir uns demütigen von Herzen und ihm dienen und mit Tränen vor ihm beten, daß er nach seinem Gefallen Barmherzigkeit uns erzeigen wolle. *Judith 8, 13. 14*

Trübe und sehr kühl. Die Sichel des zunehmenden Mondes noch über dem kahlen Garten.

Ich schrieb ein neues Kirchenlied[73], wie oft, «wenn mir um Trost sehr bange ist»; diesmal über Offenbarung 21, 22.

«Mein Gott, ich will von hinnen gehen,
der Erdentag wird mir zu lang –»

Luther, wohl 1520: «Das letzte Wüten (der Dämonen) wird kommen, wenn ich mir selbst zur Last sein werde.»

14. November 1937 · Sonntag

Ich will, spricht der Herr, eine feurige Mauer umher sein und will mich herrlich darin zeigen. *Sacharja 2, 9*

Ein dunkler Novembersonntag, recht angetan, Gäste zu haben. Unserem berühmten Konzentrationsprinzip folgend, haben wir eingeladen, wem wir es nur schuldig waren. Es machte uns Freude, mit welch ungemeinem Eifer man zusagte und dann am Abend gar nicht gehen wollte.

So kamen: Frau Wieman und ihre Schwester, Frau Laubenthal, Frau eines Stuttgarter Funkmannes. Matthias W. tief in der Arbeit. – Die Topelline. – Das Ehepaar Friedrich[74]. – Professor Klatt, sehr wohlwollend und still. – Der unveränderte, immer gleich gute, herzvolle Harald Braun. Renis Entzücken über die große Geselligkeit war außerordentlich. Aber auch Hanni und ich waren aufs angenehmste berührt, wie schön sich die allgemein so gefährdete, ja zerrüttete Gastlichkeit im eigenen Hause meistern ließ. So etwas von allgemeinem Wohlwollen, allgemeiner Munterkeit, natürlichen Gruppenbildungen, glänzend und leicht geführten Gesprächen war noch nicht da.

22. November 1937 · Montag

Fasset eure Seelen mit Geduld. *Lukas 21, 19*

Die drei neuen Kirchenlieder, wenn die Kammer sie freigibt, erscheinen wieder bei Ihlenfeld.

Daß die Kammer die Manuskriptsendungen nicht weiterschickt, nimmt uns mehr mit als das Warten auf die Sondergenehmigung. – Wo soll das hinaus? Und dann lesen zu müssen, wie Deutschland seine Talente pflege ...

28. November 1937 · Sonntag (Erster Advent)

So lasset uns hinzugehen mit wahrhaftigem Herzen in völligem Glauben, besprengt in unsern Herzen und los von dem bösen Gewissen und gewaschen am Leibe mit reinem Wasser; und lasset und halten an dem Bekenntnis der Hoffnung und nicht wanken; denn er ist treu, der sie verheißen hat. *Hebräer 10, 22. 23*

Ein Morgen in zartem Reif. Die Sonne vom Aufgang an so stark und klar. Das Haus, als ich zur Kirche ging, lag ganz im Lichte. – Durch einen Fehler im Kirchenzettel geriet ich hier in den Gottesdienst des neuen Südender Pastors, den ich vor langem schon als Deutschen Christen hörte. Das macht nun doch großen Eindruck: wie nichts mehr davon übrig geblieben ist und spürbar nur die Rückkehr zu dem unverfälschten Evangelium.
Die Glocken des Nachmittagsgottesdienstes in der Dunkelheit. Klarer Sternenhimmel. Nach dem Abendbrot wurden die Lichter des Adventskranzes angezündet und zur abendlichen, wenn auch kurzen Runde saßen wir um den alten, großen Tisch, der nun, seit wir das Haus haben, seltsamerweise Schreibtisch und Eßtisch in einem wurde. Die vier Tannenleuchter brannten, und Äpfel, Nüsse und Renerles Backwerk waren auf dem schönen Zinngeschirr bereitgestellt. Dann strickte Hanni wieder, und ich schrieb. Wann wird es wirklich wieder Schreiben und nicht Exzerpieren sein?! –

2. Dezember 1937 · Donnerstag

Stärke mich, daß ich genese. *Psalm 119, 117*

Soll alles vergeblich sein? Der riesige Apparat, der nach meinem Ausschluß – aus politischem Protest überwiegend – in Bewegung gesetzt wurde? Wiemans Schritt? Der schöne, große, wenn uns auch leer erscheinende Presseerfolg? Ein Vierteljahr Sondergenehmigung: und die Manuskripte werden nicht freigegeben. Und wie lähmend und selbst in unserem Pessimismus noch bitter enttäuschend die heute eingegangene Abrechnung über das Quartal vom 1. Juli bis 1. Oktober: nur noch 935 Stück verkauft. Ist das Buch schon vorbei? –

Andrews schickten uns Hans Löschers «Alles Getrennte findet sich wieder», das im September erschien und nun schon die 10. Auflage hat. Ein ruhiges, schönes, unliterarisches Buch, das im Hinblick auf die Publikumspsychologie nun nahezu unlösbare Rätsel aufgibt. Ich vermute: Die Flucht vor der Zeit in die Historie ist vorüber, seit man «Markt» daraus machte. – Sie wird nun (Löscher hat es ausgelöst) abgelöst von der Jugend- und Familiengeschichte (der heute Alternden; ohne ideologische und politische Probleme). Neben Löscher haben nämlich den stärksten Erfolg Kennicots «Geschichte der Tilmansöhne» und «Die Barrings», ein Familienroman, der das Erstlingswerk eines Vierundfünfzigjährigen ist.
Bestand haben, wenn auch ohne äußeren Erfolg, kann wohl in der kommenden Zeit nur das Buch, das die Zuflucht in der Kirche erschließt. –

10. Dezember 1937 · Freitag

> Fasset eure Seelen mit Geduld. – So seid nun wach allezeit und betet, daß ihr würdig werden möget, zu entfliehen diesem allem, das geschehen soll, und zu stehen vor des Menschen Sohn.
>
> *Lukas 21, 19. 36*

Durch Vermittlung eines HJ-Lektors war ich auf der Kammer. Aber auch auf Grund dieser Vermittlung war es nicht möglich, an einen der entscheidenden Leute heranzukommen. Übrigens lag die Kammer mitten in der Arbeitszeit tot und leer, und der Eindruck der Ressortleiter, die ich aus ihren Zimmern kommen sah, war erschreckend; ich hatte Militarismus der SS erwartet, aber das waren fette, bleiche, abgründige Männer Ende Dreißig, besonders der Hitler-Imitator, der mich empfing und gleich abschob: er bearbeite das Ressort «Kalender und Astrologie beanstandeter Verlage». – Die Sekretärin des für mich zuständigen Mannes behandelte mich aufs frechste: es sei eben alles in der Schwebe; die Manuskripte steckten schon irgendwo bei ihnen, aber es sei eben sicher etwas mit ihnen los.
Ich fragte Dr. Jagow für den Fall, daß ich mich als Schriftsteller in Deutschland nun nicht mehr halten kann, ob es für mich Ar-

beitsmöglichkeiten im Brandenburgisch-Preußischen Hausarchiv gibt. Aber es ist alles vom Staate übernommen und nur Jagow selbst als Vertreter des Hohenzollernhauses zugelassen. Ich scheine weiter zurückgeworfen denn je. Denn das Buch und die Sondergenehmigung hatten noch einmal große Hoffnungen eröffnet. Unglück trennt nicht von Gott, nur die Sünde. Das lehren schwere Zeiten als Erstes und Letztes.

17. Dezember 1937 · Freitag

Der Feind verfolgt meine Seele und schlägt mein Leben zu Boden; er legt mich ins Finstere wie die, so längst tot sind. Und mein Geist ist in mir geängstet; mein Herz ist mir in meinem Leibe verzehrt. Ich gedenke an die vorigen Zeiten; ich rede von allen deinen Taten und sage von den Werken deiner Hände. Ich breite meine Hände aus zu dir; meine Seele dürstet nach dir wie ein dürres Land *Psalm 143, 3–6*

Den ganzen Tag wird es nicht hell. Die Stadt mag schon im Schmutz ertrinken; hier sind die stillen Straßen und großen Gärten noch weiß; nur Äste und Zweige sind ohne Schnee. Die Weihnachtstanne hat auch ihre Schneelast abgeschüttelt und hängt voll klarer, kleiner Tropfen.

Wieder bittere Nachrichten aus Palästina. Wer es kann, wandert nach Amerika weiter.

Italiens Austritt aus dem Völkerbund hat einen schon gar nicht mehr berührt. Der Völkerbund hat immer versagt.

Tragischer ist der chinesisch-japanische Krieg. Von den Leiden Spaniens steht kein Wort mehr in der Zeitung. –

Ich schrieb ein Weihnachtslied[75] zu Luthers Wort: «Sieh nicht an, was du bist, sondern sieh hier, was dir heut widerfährt, sieh den an, der zu dir kommt!»

Ein grauer Tag, der sich mit wachsender Dämmerung erfüllte! Auch ich habe mich mit «Weihnachtshandarbeiten» zu befassen: die schon vollzogene mehrfache Abschrift des Neujahrsliedes, die nun noch vorzunehmende des Weihnachtsliedes. Diese ersparen mir nun freilich viele Briefe, denen ich mich in diesem Jahr nicht hätte entziehen können. –

24. Dezember 1937 · Freitag (Heiliger Abend)

Heute erkennen wir, daß der Herr unter uns ist. *Josua 22, 31*

Herr, sei mir gnädig, heile meine Seele; denn ich habe an dir gesündigt. *Psalm 41, 5*

Ein dunkler, grauer, unbewegter Tag: zwar ist plötzlich Tauwetter gekommen, aber unser Garten ist weiß, und nichts fehlt zur Weihnacht!

Die Dunkelheit kam früh, sehr früh. Der Himmel hatte sich nicht einmal geöffnet.

Nun werden wir uns umkleiden; und diesmal werden mich beide Töchter in die Christnacht begleiten!

Schon, als wir uns zur Christnacht aufmachten, war hinter manchem Fenster Einbescherung. Die Töchter wollten in die Steglitzer Markuskirche, weil dort der bessere Chor ist. Aber es hätten Engel singen müssen, um diesen Pastor ausgleichen zu können. Und das Bedrückendste angesichts dieses vollen, vollen Gotteshauses vor den Lichterbäumen war, daß theologisch an dieser qualvoll schlechten Predigt nichts auszusetzen war! Ich war froh, daß Hanni nicht mit uns gekommen war: denn nur die Pastoren halten sie ja von der Kirche zurück. Die Lieder waren schön und schön gesungen. Die Töchter staunten, wie viele junge Männer, Soldaten und Matrosen, in die Kirche gehen. Wie festlich war Vaters Christnacht! Festlich war, wie rings um den Kirchplatz nach dem Gottesdienst die Fenster von Christbäumen strahlten, wie die Kirche mit ihren vielen Fenstern ganz im Lichte lag. Sonst waren die Straßen schmutzig und dunkel – winterlich nur noch die Gärten ums Haus. Wie still, wie völlig still liegt dieser Gartenteil von Südende am heiligen Abend! Da die Christnacht sehr lange gedauert hatte, waren wir um das große Einläuten der Weihnacht gekommen, während Hanni wiederum dies große, gewaltige Abendläuten hören konnte.

Es war dreiviertel acht geworden bis zur Einbescherung, zu der wieder mit dem kleinen Apostelglöckchen geklingelt wurde, nachdem ich die diesmal besonders reichlichen Lichter angesteckt hatte. Das Barockzimmer strahlte vom bunten Christbaum her, der – ohne Ketten, kleine Kugeln und gar zu viel Beiwerk – besonders schön wirkt: eine tiefgrüne, zarte, ebenmäßige Tanne, keine Silbertanne: goldene Nüsse, Silberglöckchen, rote Äpfel, nur die großen, bunten Kugeln, gelbe Lichter, der große Stern, die alte kleine Madonna, der Wachs- und der Rauschgoldengel und der friedvolle, klare Schleier des Silberlamettas!

Nach der Bescherung gingen wir sogleich zu Tische; wir speisten wieder vom großen Silber, vom weißgoldenen Service von Hannis Eltern, das wir fürs Fest wieder einmal hervorgeholt haben. Goldene Sterne mit gelben Wachslichtern standen um einen Kranz loser Tanne; im alten Blumenkübel zu den goldenen und roten Bändern weiße Alpenveilchen.

Dann wurden die Weihnachtsbücher, namentlich die mit Bildern, Schneiders «Leo von Koenig» und Fechters «Backsteingotik», durchgeblättert, danach die Stube wieder verdunkelt, weil nur im Renaissancezimmer die Tannenleuchter auf dem flachen alten Schranke brannten und der hohe Silberleuchter inmitten der zarten Pracht des Wintergartens angesteckt wurde. Da war nun der Punsch auf dem Teewagen arrangiert, mit viel Silber, altem Porzellan, Äpfeln, Nüssen in der Beuthener Bernsteinschale (von meiner frühesten Kindheit an war es Weihnachten so), Hannis herrlichem Weihnachtsgebäck. Mitternacht mit dem fernen Geläut einer Christnachtsglocke kam heran, ehe wir müde und zufrieden schlafen gingen; das Haus lag klar, zart in seinem Schmuck und nach all dem munteren Treiben so friedvoll und geordnet zur heiligen Nacht in der tiefen, tiefen Dunkelheit. Hanni schlief so müde ein, daß wir einander nicht einmal mehr danken konnten.

25. Dezember 1937 · Sonnabend (Erster Weihnachtsfeiertag)

Ihr wisset die Gnade unsers Herrn Jesu Christi, daß, ob er wohl reich ist, ward er doch arm um euretwillen, auf daß ihr durch seine Armut reich würdet. 2. *Korinther 8, 9*

Ihr seid alle Gottes Kinder durch den Glauben an Christum Jesum. *Galater 3, 26*

Als in der Kirche die Lichterbäume brannten, war es draußen

ganz dunkel. Predigt über 2. Kor. 8, 9. Auf dem Taufbecken in einem Kranz von Lichtern die Krippe. Da ich nicht singen und spielen kann, bin ich so dankbar, daß die Kirche doch wenigstens das alte Lied bereit hat. Allein mit einer alten Frau zum Abendmahl: daß diese größte Gabe zur Weihnacht noch so verschmäht bleibt – in so ernster Zeit!
Die Damen hatten, mich zu erfreuen, schon den Frühstückstisch antik für mich gedeckt. Familientisch, Schreibtisch, Tisch des Herrn: es sind drei große Dinge! Und daß das Letzte in der Schrift das Mahl des Lammes und die Himmelstadt ist.
Ich ordnete noch überall ein wenig, so daß der feiertägliche Glanz das Haus auch am Abend erfüllte, und machte mich nach Friedenau auf.
Ich traf bei Mutter, die sehr glücklich schien, Hilde, Erhard, Billum und unseren alten, guten, wilden Schuftel. Ich saß während ihres Abendbrotes bei ihnen, dann zündeten wir den Christbaum an, der sehr schön und hoch war und wirklich ein schönes Geschenk bedeutete, zumal der Gabentisch, nicht so die Tafel, sehr bescheiden war. Das letzte Weihnachten, das wir zusammen verlebten, war 1929 in Glatz bei Margot gewesen. Sie soll oft von mir träumen, wie es ja umgekehrt auch der Fall ist.
In Potsdam soll mein Buch der Weihnachtserfolg gewesen sein.

27. Dezember 1937 · Montag

> Da aber erschien die Freundlichkeit und Leutseligkeit Gottes, unseres Heilandes, – nicht um der Werke willen der Gerechtigkeit, die wir getan hatten, sondern nach seiner Barmherzigkeit.
>
> *Titus 3, 4. 5*

Harald Poelchau sandte eine sehr schöne Altdorfer-Karte; meine neuen Gedichte sind noch in seine Weihnachtspredigt in der Strafanstalt Tegel eingegangen.
Heute ging ich beizeiten wieder an meine Arbeit, bin aber noch recht kaputt – wie nach jedem Aussetzen!
Was Ihlenfeld zu den neuen Gedichten sagte, was Friedrich, Poelchau, Pfeiffer dazu schrieben, vor allem aber, was in Schneiders mit der zweiten Post erhaltenem Brief darüber steht, ersetzt

mir die Veröffentlichung vollkommen. Noch nie sind Gedichte von mir so aufgenommen worden.

28. Dezember 1937 · Dienstag

> Für ein jegliches Werk dankte er dem Heiligen, dem Höchsten, mit einem schönen Liede. Er sang von ganzem Herzen und liebte den, der ihn gemacht hatte. Und ordnete, die Feiertage herrlich zu halten, und daß man die Jahrfeste durchs ganze Jahr schön begehen sollte, loben den Namen des Herrn und singen des Morgens im Heiligtum. Der Herr vergab ihm seine Sünden – und machte einen Bund mit ihm. *Sirach 47, 9–10. 12–13*

Die Arbeit schritt heute wieder mächtig voran: 1200 Seiten noch so sorgsam überlegter Exzerpte sind aber noch immer kein ausreichendes Jahresergebnis der Arbeit. Aber die Sonntagsruhe wird nun festgehalten! –

31. Dezember 1937 · Freitag

> Und kündlich groß ist das gottselige Geheimnis: Gott ist offenbart im Fleisch, gerechtfertigt im Geist, erschienen den Engeln, gepredigt den Heiden, geglaubt von der Welt, aufgenommen in die Herrlichkeit. *1. Timotheus 3, 16*

Morgenglocken, Laternenschein, zarter Schneefall, frisches Feuer im großen Ofen. Frische Kerzen sind aufgesteckt, neue Tanne, zartes Grün für die Tafel bereit.
Als das Haus zum Jahresschluß gerüstet war, trat, genau um zwölf Uhr mittags, die Sonne aus dem grauen Himmel, hell aufstrahlend über einer schweren, schwarzen Wolke: und zum ersten Male stand nun auch der Weihnachtsbaum ganz in zartem Sonnenglanz! Das ist eine große Klarheit und Festlichkeit, mit der das geliebte Haus die letzten Stunden des Jahres erwartet. –
Zum Gottesdienst war ich allein in der Steglitzer Markuskirche: wieder war sie gut besucht; und Liturgie und Predigt hatte den Ernst dieser Stunde begriffen. Der Kirchplatz lag in tiefem Schnee, die Laternen unserer stillen Straße trugen Eiszapfen, die weißen Dächer glänzten gar so festlich zu dem feierlichen Abend. –

Hanni und Renerle ruhten im Weihnachtszimmer; mit einem Glase Rotwein saß ich bei ihnen. Als die Glocken zu den Nachtgottesdiensten läuteten, waren sie schon zur Ruhe gegangen; ich ordnete und verwahrte noch alles, schaufelte noch die Berge Schnees am Hauseingang fort – Glocken, Glocken, Schnee und Stille; welch ein Zauber, welche Weihe dieser letzten Nacht des Jahres!

Im Schlafzimmer brannten noch die Lichter in den Händen der Heiligen, die Kerze auf dem Haupt des Engels. Als Hanni um einhalb zwölf Uhr tief einschlief, löschte ich die Lichter aus: und tiefe Dunkelheit und Stille war zur Jahreswende, als das gewaltige Stundengeläut mit dem zwölften Glockenschlag anhob.

Das schwerste, schönste und bedeutsamste Jahr meines Lebens durfte beschlossen sein im Gebet. – Gott hat im alten Jahr «ein neues Lied» gegeben. Das muß nun geglaubt sein.

1938

Aber in dem allem
überwinden wir weit um des willen,
der uns geliebt hat.

Römer 8, 37

1. Januar 1938 · Sonnabend (Neujahr)

So seid nun geduldig, liebe Brüder, bis auf die Zukunft des Herrn. Siehe, ein Ackermann wartet auf die köstliche Frucht der Erde und ist geduldig darüber, bis sie empfange den Frühregen und Spätregen. Seid ihr auch geduldig und stärket eure Herzen; denn die Zukunft des Herrn ist nahe. Siehe, der Richter ist vor der Tür.

Jakobus 5, 7–9

Das war ein rechter Winter-Neujahrsmorgen: Schneekehren, Heizen, die Blumen für Hanni heraufholen und mit meinem Neujahrsgedicht aus der DAZ aufbauen. Das Glockenläuten setzte ein. Still und heiter das lichte Haus, der Morgen licht von Schnee. Mein «Schleiermacher»-Frühstück und der Kirchgang; Paul Gerhardt-Lieder und eine recht gute Predigt über Römer 8, das auch gestern schon in der Jahresschlußandacht anklang. Schon da war die «Wahl» meines Jahreswortes für 1938 entschieden: dies stand schon lange fest, daß es ein Wort der Überwindung sein müsse.

Mit der Dämmerung kam wieder Schnee.

Mutter und Tochter schafften in der Küche, ich las und schrieb, die Glocken zu den Nachmittagsgottesdiensten läuteten, dann galt es abermals die festliche Tafel zu rüsten mit all der Schönheit der gestrigen.

4. Januar 1938 · Dienstag

Du bist mein Helfer, und unter dem Schatten deiner Flügel frohlocke ich. *Psalm 63, 8*

Das war ein stiller, stiller Arbeitstag. Um nicht im Exzerpieren zu versinken und dieses zu begrenzen, beginne ich nun – obwohl große Müdigkeit mich recht quält – mit der Stoffverteilung und Organisation der ersten Kapitel. Vielleicht lassen sich auch einzelne Partien schon schreiben. Das wäre nach so langer Pause sehr wichtig: der Flucht ein Ziel zu setzen! –
Ich stürzte mich nun in die Anlage des ersten Kapitels: welch ein Wort ist das angesichts der Qual und Angst eines unwiderruflich begonnenen Buches: «Du bist mein Helfer, und unter dem Schatten deiner Flügel frohlocke ich.»
Hanni reagierte mit großer Freude, als Pagel am Telefon sagte, Kilpper wolle doch trotz meiner Bedenken «Die Briefe und Bilder des Soldatenkönigs».

11. Januar 1938 · Dienstag

Wir haben einen Gott, der da hilft. *Psalm 68, 21*

Immer wieder schneit es in unermeßlicher Fülle ins Tauen hinein. Die Stadt trostlos. Sehr schön das Charlottenburger Schloß in Schnee und Nebel eines dunklen Mittags. Südende auch heute weiß und friedevoll.
Tantalusqualen im Hausarchiv, wo ich mit wohltuender Zuvorkommenheit behandelt werde: die vielen, vielen Briefe Friedrich Wilhelms an seine unglückliche Ike[76] sind unleserlich.
Abends rief Ihlenfeld bei mir an, daß er zum Friedrich-Wilhelm-Gedenkjahr auch eine Arbeit von mir für die Eckart-Bücherei möchte. Wir einigten uns zunächst, da auch ein A. H. Francke-Gedenktag kommt, auf Freylinghausens und Franckes jun. Aufzeichnungen über den Herbstaufenthalt in Wusterhausen[77]. Die Weihnachtsgedichte wollte er sogar jetzt noch bringen; aber die habe ich ja der Kammer noch nicht einmal vorgelegt. Ja, alle neuen sollten auf einmal erscheinen.
Ich bliebe lieber bei der «Bora». Doch mag diese Arbeit, da ich

nun schon einmal im Hausarchiv stecke, nun noch mit hingehen, falls vom Material her alles klappt.
Kirchenlieder und immer wieder nur ein großes Buch: dahin verdichten sich alle meine Wünsche. Alles andere ist Täuschung und Flucht.
Mit meinen Gedichten ist das reinste Wunder geschehen: Ihlenfelds Eifer, Stählins Anfragen, Jagows Übereifer wegen des Nachdrucks in den «Weißen Blättern». All das bin ich noch gar nicht gewöhnt. Die entscheidende Frage bleibt, ob ich jemals den Weg ins Gesangbuch finde.

12. Januar 1938 · Mittwoch

Schüttet euer Herz vor ihm aus, Gott ist unsere Zuversicht.

Psalm 69, 2

Grauer Tag. Tauwetter. Der Garten noch weiß.
Um einviertelzwei Uhr die große Unterredung auf der Kammer, die auf Wunsch des Abteilungsleiters M. allein mit dem für mich maßgebenden Lektor Alfred Richard Meyer stattfand: gleich erkannte ich den «Munkepunke» meiner ersten Berliner Funkzeit wieder, er mich nicht. Die Besprechung – die deutlich spüren ließ, daß mir die Arbeit nicht mehr erschwert werden soll – dauerte über eine Stunde und fand in einer maßvollen, Vertrauen erweckenden, auf erstaunlich hohem Niveau stehenden Atmosphäre statt.
Man klagte mich «katholisierender Tendenzen» an! Man wendet sich – «beratend, nicht eingreifend» – gegen meine geistlichen Gedichte. Und nun wurde es ganz klar ausgesprochen: nicht gegen das, was Gott gilt, sondern «gegen die knechtische Haltung, wie sie der neue Geist bekämpft, der Gestalt Christi gegenüber». Nicht meine Ehe, nicht meine politische Vergangenheit standen zur Diskussion: da haben generelle Maßnahmen gesprochen!
Ich war nur glücklich, daß es also sofort um das Zentrale ging. Das war ungleich mehr, als ich von dieser Stelle je erwarten konnte. Denn nun ist die Sache nicht mehr meine, sondern Christi Sache.

Niemals kann ich mich zu Überspitzungen oder gar gewolltem Märtyrertum entschließen. Ich habe Ihlenfeld gebeten, nicht jetzt, wie von ihm beabsichtigt, im Februarheft meine neuen Weihnachtsgedichte zu bringen; das müßte man nach so loyaler Verhandlung als Affront betrachten.
Gemäß meinen Vereinbarungen mit A. R. Meyer habe ich sogleich nach meiner Heimkehr alle meine überblickbaren Pläne der Kammer angegeben: da ist klar genug zu ersehen, was von mir zu erwarten ist. Ich unterwerfe mich da jeder Kontrolle. Doch sah es an mancher Wendung so aus, als müßte es nicht immer so für mich bleiben.

13. Januar 1938 · Donnerstag

Deine Baumeister werden eilen; aber deine Zerbrecher und Verstörer werden sich davonmachen. *Jesaja 49, 17*

«Wie alles in der Bibel immer wieder mit dem Hause zusammenhängt», sagte Hanni heute auf diesen Spruch. Sie liest jetzt regelmäßig in ihrer Weihnachts-Losung.
Vormittags wieder im Hausarchiv; Dr. Mommsen, Enkel des berühmten, hilft mir sehr gefällig. Jagow bemüht sich sehr, das verschollene, aber registrierte Selbstbildnis Friedrich Wilhelms ausfindig zu machen. (Und ihm kam der Plan – es reservieren zu lassen zu meinem – 40. Geburtstag!)
Die Briefe des Königs, auch die an Ewersmann[78], gehen einem durch und durch!
Quellen über das Jahr 1527, vor denen mir das Herz stockt. Dort liegt wohl die Höhe des neuen Buches!

18. Januar 1938 · Dienstag

Ich, der Herr, behüte den Weinberg und feuchte ihn bald, daß man seine Blätter nicht vermisse; ich will ihn Tag und Nacht behüten. *Jesaja 27, 3*

Eben sah ich den furchtbaren Losungsspruch zum kommenden Geburtstag: 1. Samuel 2, 3 «Laßt euer großes Rühmen und

Trotzen, noch gehe freches Reden aus eurem Munde; denn der Herr ist ein Gott, der es merkt, und läßt solch Vornehmen nicht gelingen.»

Was soll solches Wort treffen in meiner schrecklichen Müdigkeit – gegenüber mir selbst? Was gibt es hier zu überwinden, wo alles nach Heilung schreit?!

Wem gilt dies?

Ach, ein wunderlicher Tag.

Im Hausarchiv lesen sie mich. Der Hobbing-Verlag schreibt auf «Vollendung der Einsamkeit» hin. Gerhart Pohl, für kurze Zeit wieder in Berlin, ruft auf «Vollendung der Einsamkeit» hin an; dies wäre «kleistisch»; und wie man weiter mein Buch rühme; Frau Andrews zu Hanni am Telefon: wie sie mit dem Buche lebten; Harald von Koenigswald: wie ich aus meiner Zurückgezogenheit heraustreten und Einfluß gewinnen müsse auf seinen Kreis Potsdamer Offiziere; eine Bekannte von ihm, die meine Gedichte besitze, habe das Neujahrslied auswendig gelernt; eine andere wollte es abschreiben; wie warm das Gedicht in der DAZ aufgenommen worden sei. Kann man sich an alles das klammern? Was sagte es von Gott? Im Hausarchiv «fertig». Nun muß ich zum Geheimen Staatsarchiv. Ich sehe bei alledem nur, wie ich für den «Vater» noch immer zu wenig gearbeitet habe. Das quält im Hinblick auf das neue Buch sehr. –

19. Januar 1938 · Mittwoch

> Führwahr, du bist ein verborgener Gott, du Gott Israels, der Heiland. *Jesaja 45, 15*

R. A. Schröder hat sich strikt dagegen gewendet, daß Ihlenfeld den D. theol. für ihn zu erwirken versuchte: dies verdiene keinen Lohn, daß er erst mit fünfzig bis sechzig Jahren erkannte, worum es geht.

Lang hatte die religiöse Literatur nur drittrangige Autorennamen aufzuweisen. Heute sind es die ersten. Und wie Ihlenfeld sagt: trotz der Kirche.

20. Januar 1938 · Donnerstag

Mose machte sich hinzu in das Dunkel, darin Gott war.

2. Mose 20, 21

Geheimes Staatsarchiv. Hier wie im Hausarchiv dieselbe Unordnung und völlige Gleichgültigkeit gegenüber den Friedrich-Wilhelm-Briefen. Dabei sitzt hier der Mann, der noch viel mehr Jahre als ich an den König setzt und die wissenschaftliche Biographie schreibt: Archivrat Hinrichs[79]. Er ließ mich sogleich zu sich kommen, wir sprachen lange, verständigten uns im Wissen um unsere Bezirke gut.

21. Januar 1938 · Freitag

Herr, Herr, woran soll ich werden, daß ich's besitzen werde?

1. Mose 15, 8

Bei Dr. Poensgen im Großen Schloß: es wird mir alles sehr leicht gemacht; großes Interesse – und große Unkenntnis des eigenen Materials auch hier! In Monbijou – seltsam: ohne die Last des schweren Buches wie einst –, das dritte Selbstbildnis zu sehen, das Jagow fälschlich suchen zu müssen und für mich «reservieren» zu können glaubte! Monbijou war durchsonnt, geheizt – in einem Zimmer gar blühende Primeltöpfe!

5. Februar 1938 · Sonnabend

Der Herr ist treu; der wird euch stärken und bewahren vor dem Argen. *2. Thessalonicher 3, 3*

Frühzeitig schon hielten mir die Töchter das Zeitungsblatt in der Küche entgegen:
Stärkste Konzentration in der Hand der Obersten Führung – Zusammenfassung aller politischen, militärischen und wirtschaftlichen Kräfte – der Führer übernimmt den Oberbefehl über die gesamte Wehrmacht – Göring Generalfeldmarschall.
Blomberg und Freiherr von Fritsch auf ihren Antrag aus gesundheitlichen Gründen zurückgetreten. Organisatorische und personelle Veränderungen in Heer und Luftwaffe. Ribbentrop

Außenminister. Die Botschafter in Rom, Tokio, Wien abberufen. Reichstag am 20. Februar: Regierungserklärung.
Und dies alles völlig unerwartet. Man kann weder raten noch fragen: daß Blomberg als Kriegsminister, Neurath als Außenminister gegangen sind und kein neuer Kriegsminister kommt, betäubt nahezu. Es ist ein Tag von solcher Schicksalsschwere, wie man ihn nur mit dem 30. 1. 1933 vergleichen kann: schwerer wohl als der Juni 1934. Es ist, als wäre der letzte Halt geschwunden – ungleich mehr als beim Tode Hindenburgs.

6. Februar 1938 · Sonntag

> Welcher schwach sein wird unter ihnen zu der Zeit, wird sein wie David. *Sacharja 12, 8*

Morgen im zarten Reif: dann immer strahlendere Sonne. Heute ist ein Tag, wo es einen unter den politischen Erschütterungen des Vortages ohne Frage doch zu Menschen drängt, denen etwas tieferer Einblick möglich ist.
Schoepke, der Merseburger Verleger und Buchhändler und einst in Obersekunda mein Mitschüler, war zwar zum Kaffee bei uns eingeladen; aber die besonderen Umstände dieses Tages machten es möglich, daß wir gemeinsam mit ihm zu Friedrichs zum Kaffee fuhren; dort trafen wir auf Dr. Classen vom Goverts-Verlag und auf Dr. Gründler von der «Zeitwende»; viele Stunden saßen wir zusammen, wie dieser schwere Tag es wohl bedingte. Wir redeten wenig und hörten viel. Was aber meinen Empfang, was ihrer aller Äußerungen und Fragen, meine Arbeit angehend, betrifft, so kann ich nur sagen: wir stehen aufs höchste überrascht und aufs tiefste bewegt vor derart weit geöffneten Türen!

7. Februar 1938 · Montag

> Gott, du hast mich von Jugend auf gelehrt, und bis hieher verkündige ich deine Wunder. *Psalm 71, 17*

Mit den Fotokopien der beiden «unleserlichen» Friedrich Wilhelm-Briefe bei Dr. Hinrichs im Geheimen Staatsarchiv in Dah-

lem, das nun auch ein neues Landhaus am anderen hat. In einer knappen Stunde war alles entziffert. Es sind herrliche Stücke. Die wenigen Zeilen, die ich im Hausarchiv hatte lesen können, hatten mich richtig geleitet: ganz «Vater» und *«In tormentis»* in einem. Die Abschriften aus dem Geh. Staatsarchiv fertig.
Anrufe Pagel, Dr. Poensgen, Professor Hildebrand-Monbijou (wegen der Bilder Friedrich Wilhelms I.): es geht alles so glatt, als lebte man in einer stillen Zeit. Ich fasse noch immer gar nicht all die Freundlichkeit und Höflichkeit. So schwer war es also, sich durchzusetzen?! Denn nun ist es wohl geschehen.
Mein Kopf schwirrt von hunderten und aber hunderten von Exzerpten, und nur die äußere Ordnung hält den zerspringenden Schädel zusammen.

8. Februar 1938 · Dienstag

> Mose berief alle weisen Männer, denen der Herr Weisheit gegeben hatte in ihr Herz, alle, die sich willig erboten und hinzutraten, zu arbeiten an dem Werke. 2. *Mose 36*, 2

Der Krieg ist stündlich nahe. Aber das Grausigste ist: mit einem 60-Millionen-Volk ist es wohl auch dann nicht «aus». Mit dem Volk der Reformation. –
Bereits wieder Zeilen und Zusendungen von Gründler und Dehn; nun sind sie alle da, die Protestanten: Eckart- und Furche-Verlag, Zeitwende und Christliche Welt. Doch ist, was mich mit ihnen verbindet, nicht gar so tief. Sie sind mir alle zu apologetisch eingestellt, halten mühevoll Ausschau auf die Welt und stehen nicht staunend und dankbar vor dem Reichtum des Christentums, den wir auch in dieser Zeit noch gebrauchen dürfen.

12. Februar 1938 · Sonnabend

> Die göttliche Traurigkeit wirkt zur Seligkeit eine Reue, die niemand gereut; die Traurigkeit aber der Welt wirkt den Tod.
> 2. *Korinther 7, 10*

Brigitte wieder eine heftige Angina. Muß operiert werden. – Ich zu ihrem Klassenlehrer, Dr. Matthaesius, bestellt. Freundlicher-

weise hatte er mir auch gleich Renerles Klassenlehrerin freimachen können, so daß sich die Geschicke beider Töchter in einem besprechen ließen.
So werden nun beide die Schule verlassen, ganz entgegen unseren Grundsätzen, nach denen man keine Desertion vor der ersten Schlacht dulden soll.
Bestimmend war hierfür, daß sie in ihrer besonderen Situation auch mit dem Abitur kaum etwas beginnen könnten; für Reni wäre es eine Quälerei.
Ferner: Matthaesius, der seine eigene Tochter auch abgehen läßt, sieht den Verfall des höheren Schulwesens von Jahr zu Jahr so fortschreiten, daß die Oberklassen ihm vergeudete Zeit zu sein scheinen. Steht Renerle nach dem erneuten Sturm auf die Juden in der Mode der Weg denn noch offen?
Nun müssen wir an die Entscheidung heran, die wir in meiner schwierigen Lage immer noch hinauszuschieben suchten.
Fast haben wir sie zu gepflegt erzogen. Juliane Meschke sagt: sie sind völlig junge Damen, keine Schülerinnen mehr. Ich habe Hannis Konsequenz immer wieder durchkreuzt mit den Thesen: ihnen ginge vieles verloren, was andere haben, und ihr Lebensalter brauche ein Ventil.
Das Gesetz über den Umbau Berlins ist heraus, ist schon in Kraft: die «Bereiche» für die neue Südstadt sind festgelegt. Es handelt sich um gewaltige Nord-Süd- und Ost-West-Achsen durch ganz Berlin. Zu diesem «Abbruchgebiet» gehört unser ganzes Villenteil von Südende! Auch wenn Jahre darüber hingehen sollten, Jahre zudem erfüllt von Kriegsangst! – es ist eine große Erschütterung. Es geht an die Fundamente des Rechtes. Und man erschauert vor der Hybris dieses armen Volkes. Es wird wieder einmal ein Turm von Babel gebaut! Gestern erst sah ich die Entwürfe der Monumentalbauten für ganz Deutschland.
Das Schwarze Kloster und der Bau der Festungsmauer in Wittenberg.
Das ewige Haus!
Was wird dem Glauben aufgegeben!
In gemeinsamer Sorge um unsere Häuser abends Anrufe zwi-

schen Andrews und uns. Welche neue Ungewißheit liegt nun über uns! Welche Erschütterungen von Woche zu Woche!
Zu unserer wirklich großen Freude und Überraschung hat für morgen Rudolf Alexander Schröder sich angesagt. Er kommt mit Ihlenfeld zum Abendbrot.

13. Februar 1938 · Sonntag (Septuagesimae)

Der Herr segne euch je mehr und mehr, euch und eure Kinder! *Psalm 115, 14*

Für Hanni galt es, das sehr vornehme, ja sogar zur Geburtstagsnachfeier sehr dekorative, kleine Abendbrot für R. A. Schröder zu rüsten, indes ich selbst die kleine Tafel deckte. Auch in so kleinem Kreise war es eine ungemein feierliche Atmosphäre. Und ohne Frage geht von R. A. Schröder niederdeutsches Behagen und weltmännische Leichtigkeit aus. Und meine besondere Liebe ist ja die schöne Höflichkeit des alten Mannes gegen den jüngeren. Und hier war mehr als Höflichkeit, war hohe Anerkennung, namentlich für meine Gedichte. Auch Hanni gefiel er sehr. Juliane M. kam gegen zehn Uhr hinzu; und gerade R. A. Schröder und gerade diese Gespräche – von der Form und ihrem Verfall; vom Kirchenlied; Leo von König; die Literatur in dieser Weltzeit –, das war ja nun das richtige für sie. Doch war ich mit den Gesprächen, soweit sie nicht Realia von Schröder selbst behandelten, nicht sehr zufrieden; seit Schneider ist Schluß für mich. Fassungslos stehe ich davor, daß mir – so gern man bei uns ist, so festlich und gastlich solche Stunden bei uns verlaufen – niemals die «eindrucksvollen, nachhaltenden Begegnungen» möglich sind, mit denen sich die anderen alten und jungen Dichter – vielleicht betrügen? Wir saßen bis nach Mitternacht im Barockzimmer beim Weine.

14. Februar 1938 · Montag

Ich freue mich und bin fröhlich über deine Güte, daß du mein Elend ansiehst und erkennst meine Seele in der Not. *Psalm 31, 8*

In allen Gesprächen zittert die Sorge ums Haus; der Gedanke, nach Beuthen zu gehen, tauchte flüchtig auf. Die Hoffnung, in die Brüdergemeine, nach Gnadenfrei, zu ziehen, hat auch Hanni in ihrer Müdigkeit so gepackt; daß sie da sogleich zur Kirche übertreten würde. Es beschäftigt sie ungeheuer. So groß ist wieder die Sehnsucht nach Zuflucht und nach Flucht aus Berlin, das uns mit den vielen Gästen und Anrufen ja doch immer wieder verschlingt und nun derart bedroht, nachdem jetzt schon die Arbeit täglich gefährdet ist. –

16. Februar 1938 · Mittwoch

Betrübet nicht den heiligen Geist Gottes, mit dem ihr versiegelt seid auf den Tag der Erlösung. *Epheser 4, 30*

Da Kurt Meschke so lange nicht hier war, heut unterwegs ist und abends wieder abreist, war es für mich nicht so ganz einfach, mich einem längeren Vormittagsgespräch zu entziehen, das ja zwischen uns sich immer wieder nur um die Kirche bewegen kann; jene jenseits aller politischen Aktualität stehende Kirche: das Leben in Christus angesichts des «Welt war Welt, Welt ist Welt, Welt bleibt Welt». Der Glaube des anderen ist ein großer Trost angesichts der Unfaßlichkeit des Glaubens. – Meist ist das Kernstück des Glaubens die «Führung»; nicht die Rechtfertigung. Die aber ist das A und O.

18. Februar 1938 · Freitag

Von der Zeit an – segnete der Herr des Ägypters Haus um Josephs willen; und war eitel Segen des Herrn in allem, was er hatte, zu Hause und auf dem Felde. *1. Mose 39, 5*

Wie habe ich um den Mitbesitz am Hause gekämpft. Hanni sieht sehr elend aus. «Wir haben es zu sehr lieb», sagt sie zu mir und: «wartest du auf einen Fingerzeig?» und zeigte nach oben. Wie hängt Hanni auch an Südende. Innerlich bin ich ganz ruhig: Gott ist der gleiche, ob er nimmt oder gibt!
Auf dem halbgerodeten Nachbargrundstück haben sie heute die Arbeit eingestellt. – So beginnt die Zerstörung, die völlige Ungewißheit!
Was heißt das, daß das Thema meines neuen Buches war: «Das ewige Haus»!

21. Februar 1938 · Montag

Mir ist eine große Tür aufgetan, die viel Frucht wirkt.

1. Korinther 16, 9

Dies darf nicht nur, es muß sogar geglaubt sein: entgegen allem Gottes- und Selbstgericht. So will es der gnädige Gott.
Großer Friede im Hause. Auch Hanni begreift es nun, daß diese Zeit nur gelebt sein kann wie eine «Endzeit»: nie mehr im Hinblick auf Plan und Sicherheit, Entschlüsse und Wünsche. Es ist ein Zustand der dauernden Bedrohung, in dem man dankbar sein muß für jedes Bild des Friedens. Sonst reibt man sich auf, und Gott bliebe stumm zu all der Wirrnis, all dem Leiden.
Manche Pläne in der Arbeit brechen angesichts solcher «Endzeit» zusammen; «Das ewige Haus» nicht.
Abends ein Brief von Reinhold Schneider: «Was Sie von dem zu befürchtenden Schicksal Ihres Hauses schreiben, hat mich sehr geschmerzt. Als ein ‹tragisches Idyll› haben Sie es ja selbst einmal bezeichnet, aber wir beide hätten doch wohl nicht vermuten können, daß das Schicksal Sie so rasch beim Wort nehmen und daran erinnern würde, daß wir nur im ‹Ewigen Haus› zu Hause sind. – Im inneren Sinne haben Sie den Weg nach Gnadenfrei[80] ja längst beschritten ... (Aber das Handeln, das Faktum bestimmt der Gedanke an die Töchter!) Eine eigentliche Heimat aber gibt es nicht mehr für uns; in diesen Tagen und Wochen lerne ich die nackte Angst kennen; in ihr zieht sich oft das ganze Zeitgefühl zusammen. Retten Sie Ihr Werk! Etwas müssen wir doch wohl ans andere Ufer werfen, während unser Boot hinunterschießt. Was wir geahnt haben, müssen wir wohl alles noch erleben; aber wir wollen uns an den Händen halten, so lange es geht.»
Auf mich wirkt jeden Tag jetzt am meisten, wie eben angesichts all der Müdigkeit, Angst, Verwirrung, des Gottes- und des Selbstgerichtes, das jede Stunde einfordert, uns nichts entbindet von den großen Arbeiten und von der Ordnung.
Was geglaubt werden soll, bestimmt allein Gott. Diese seine Gabe des Glaubens im auferlegten Schicksal zu begreifen und er-

greifen, ist das Wichtigste: es versöhnt; es macht geduldig; es ist das unablässig Treibende, wo man nur noch ruhen und allem sich entziehen möchte. –

7. März 1938 · Montag

Siehe, ich habe dir geboten, daß du getrost und freudig seist.
Josua 1, 9

Wieder umstreift eine Kommission das Haus, und es gibt einem noch den gleichen Stich durchs Herz wie beim ersten Mal!
Ein Vormittag, wie ich ihn hasse: Anrufe Pagel, Ihlenfeld, Jagow, Mommsen, Edda Reinhard; wichtig die Rückfrage bei A. R. Meyer – Schrifttumskammer: Ich soll erst in 14 Tagen wieder anrufen; eher sei Klarheit nicht zu erlangen; weder positiv noch negativ könne er mir etwas sagen. Meine Sache sei ihm nun weggenommen (leider, leider, leider!), und alle meine Manuskripte gehen ans Propaganda-Ministerium, wo gerade wieder große Umstellungen sind. –

12. März 1938 · Sonnabend

Wem ich aber gnädig bin, dem bin ich gnädig; und wes ich mich erbarme, des erbarme ich mich. *2. Mose 33, 19*

Von gestern auf heute in Österreich der Nationalsozialismus an der Macht. Deutsche Truppen zur Vermeidung von Blutvergießen nach Österreich entsandt. «Mit dem Mob wurde aufgeräumt.» Viele Juden verließen nachts schon Wien. Welch ein Los all der nach Österreich Emigrierten!
Weiter kommen Bücher: Ihlenfeld, worüber ich mich aber sehr freue, schickt alles, was von R. A. Schröder im Eckart-Verlag erschienen ist. Leopold Klotz[81] sendet ein Brüdergemeine-Buch zu Hirzels dazu und nennt mir Adressen, an denen mir sehr gelegen ist, wenn die ersehnte Brüdergemeine-Reise wirklich zustande kommt.
Hitler ist in Österreich. – Wird es noch einmal hingehen wie die Wiedereinführung der Allgemeinen Wehrpflicht, die Wiederbesetzung des Rheinlandes?

14. März 1938 · Montag

Bewahre mich, Gott, denn ich traue auf dich. – Du bist ja der Herr; ich weiß von keinem Gute außer dir. An den Heiligen, so auf Erden sind, an denen hab ich all mein Gefallen.

Psalm 16, 1–3

Gestern abend mußte ich mich dann legen; des Fiebers wegen ging es einfach nicht mehr. Heute muß ich's nun wieder versuchen.
Die neue Stockung bei der Kammer nimmt uns beide sehr mit! Ich lebe in einer ständigen Willensüberspannung. – Schneider schreibt mit seiner ganzen Melancholie; er schreibt von der Freude auf ein Wiedersehen Ende April. Und unterschreibt «Ihr getreu ergebener ...»
Ich verstehe allmählich die ständige Wiederkehr der Schneiderschen Klagen nicht mehr: all dies seelische Leiden ist doch heute unter uns eine selbstverständliche Voraussetzung. Er weiß gar nicht, welche Freiheit des Wirkens er besitzt.

17. März 1938 · Donnerstag

Haltet fest an der Demut. *1. Petrus 5, 5*

Plötzlich wird wieder einmal nach dem alten Filmentwurf «Der König und der Abenteurer» gefragt, nach «Vater» I, 6 und «Kaspar Hausers letzte Tage»; und zwar von der neu wiederaufgemachten «Bavaria», auf Veranlassung von Wieman. –
Morgens Reichstagssitzung und neue Triumphfahrt. Aber die Nationalsozialisten sind Sieger ohne alle Großmut. – Österreichische und deutsche Regimenter ausgetauscht. Über die Lage der Emigranten könnte man verzweifeln, denn sie dürfen, unter schwierigsten Bedingungen, nicht einmal mehr volle zehn Prozent ihres Geldes mit hinausnehmen. –

19. März 1938 · Sonnabend

Du gibst mir den Schild deines Heils, und deine Rechte stärkt mich; und wenn du mich demütigst, machst du mich groß.

Psalm 18, 36

Winnig-Manuskript[82] von der Kammer zurück – da von mir «zurückgezogen»?
Wieso? Welche Brücke will mir da A. R. Meyer wieder bauen? Ich telefonierte mit ihm, wobei ja leider nur Andeutungen möglich sind. Ohne die Schlußzeilen über Winnig könnte der Aufsatz als besonderes Manuskript im «Eckart» erscheinen. Also richtet sich das Ganze mindestens ebenso gegen Winnig wie gegen mich. Neue Verschärfungen liegen nicht vor, aber ich bin nun endgültig Meyer weggenommen und ans Propagandaministerium übergeben.
Wir müssen fest mit dem 1. Januar 1939 als Auszugstermin rechnen! Sonst steht nichts fest. –
Aus Stuttgart die ersten Fahnen von «In tormentis». Das Eckart-Buch beendet. –

21. März 1938 · Montag

Mit dir kann ich Kriegsvolk zerschlagen und mit meinem Gott über die Mauer springen. Gottes Wege sind vollkommen; die Reden des Herrn sind durchläutert. Er ist ein Schild allen, die ihm vertrauen. – Gott rüstet mich mit Kraft. *Psalm 18, 30. 31. 33*

Ein Frühlingsanfang, wie er nur sein kann: so glänzend, so weich, die erste Farbe: die hellgelben Forsythiensträucher!
Das Wolfenbüttler Archiv hat genau so versagt wie alle anderen. Nach der langen, von mir aus so präzisen Korrespondenz stellt sich nun auch dort heraus, daß nichts als ein Signum «F. W. I. an Philippine-Charlotte» besteht; auch diese Briefe sind verschollen.
Abends habe ich um neun Uhr die Reinschrift der «In tormentis»-Einleitung beendet. Der Bilderteil ist schon in der Umbruchkorrektur fertig, die erste Fahnensendung nach Stuttgart zurückgesandt. Von Fahnensendung zu Fahnensendung sind nun die Teil-Einleitungen zu den einzelnen Briefgruppen zu schreiben. Vor Mitternacht schloß ich die Arbeit ab.
Möchte das neue Lebensjahr mich ein Stück weiterbringen im «Ewigen Haus», diesem Buch, das nun auf so ernste Weise so seltsam stark bestätigt wird.

22. März 1938 · Dienstag

> Das Haus deines Knechtes wird bestehen vor dir. Denn du, Herr Zebaoth, du Gott Israels, hast das Ohr deines Knechtes geöffnet und gesagt: Ich will dir ein Haus bauen. Darum hat dein Knecht sein Herz gefunden, daß er dies Gebet zu dir betet. Nun, Herr Herr, du bist Gott, und deine Worte werden Wahrheit sein. Du hast solches Gute über deinen Knecht geredet. So hebe nun an und segne das Haus deines Knechtes, daß es ewiglich vor dir sei; denn du, Herr Herr, hast's geredet, und mit deinem Segen wird deines Knechtes Haus gesegnet werden ewiglich.
>
> *2. Samuel 7, 26–29*

Welch eine Geburtstagslektion!
Der Morgen in zartem, grauem Dunst; dann, immer wachsend, weiche Sonne. –
Ich arbeitete im «Erbgärtlein». Als Hanni herunterkam, das Frühstück zu dreien bei einer schönen, blauen Hyazinthe und einem großen Strauß gelber Forsythien.
In der «Christlichen Welt» erschien heute mein Aufsatz über die «Bedeutung des Pfarrhauses».

23. März 1938 · Mittwoch

> Du sollst anbeten vor dem Herrn, deinem Gott, und fröhlich sein über allem Gut, das dir der Herr, dein Gott, gegeben hat.
>
> *5. Mose 26, 10. 11*

Nach der ungewöhnlichen Frühlingswärme und Frühlingstrokkenheit heute sanfter, flüchtiger Morgenregen; dann Sonne, Zwitschern der Amseln, weicher Dunst.
Ihlenfeld rief zweimal an: In allem identifizierte er sich mit «Der König und die Stillen im Lande». Keine Veränderung, kein Strich. So geht das Manuskript nun ans Ministerium, d.h. offiziell noch an die Kammer. – Ihlenfeld heut so interessiert und warm unserer Lage gegenüber, voll der höchsten Anerkennung für Hannis Leistung; und voll so großen, mir nicht mehr gewohnten Verständnisses für die «Widerstandskraft, die wir im Innern unentwegt aufbringen müssen». Einladung mußte ich absagen. Bis um sieben saß ich bei Pagel: Striche, Striche. Abends

ging es dann zu Hause damit weiter. Über das Buch sind wir uns so völlig einig, mit meinem Text ist er so zufrieden: aber da spielen Kalkulationsfragen hinein, die ich nicht verstehe und denen ich nach dem Kalkulationswunder des «Vater» nicht zu widersprechen wage. –

27. März 1938 · Sonntag (Lätare)

Er ist unser Friede. *Epheser 2, 14*

Vor einem Jahr mein Ausschluß aus der Schrifttumskammer. Konfirmationsgottesdienst Kurzreiters in Mariendorf. Mutter und Hilde traf ich mit meinen Damen am großen Sonntagsfrühstückstisch an. Nun war das Gespräch besonders lebhaft, weil nach meiner ersten Absage nun gerade eine Frühstückseinladung der Kaiserin für mich und Hanni eingetroffen war, daneben noch ein Extrabrief. Und da ist ja nun angesichts so vieler Liebenswürdigkeit eine nochmalige Absage nicht möglich. –
Als Mutter und Hilde gegangen waren, beendete ich meinen DAZ-Aufsatz. Dann fuhren wir nach Nikolassee; und es kam mir wie Ferien vor, wieder einmal spazierenzugehen zwischen Landhäusern und Gärten an stillem, stürmischem, in Schatten und Glanz jäh wechselndem Vorfrühlingstag. Wir besuchten Vassilière, und er ging trotz des Sonntags mit uns auf das hochgelegene Gartengrundstück in der Teutonenstraße an der Rehwiese, das Hanni als einziges von all den vielen, die sie sah, so angezogen hat, daß sie darin eine Möglichkeit sieht.
Dort in Nikolassee könnten wir heimisch werden. Denn wenn es auch schon dicht besiedelt ist: überall blieb Garten, und in den Gärten der Wald gerettet: der stille See; die Kirche auf der Höhe; die gepflegte Freundlichkeit des Ortes.

28. März 1938 · Montag
Unser Hochzeitstag

Laß meinen Gang gewiß sein in deinem Wort. *Psalm 119, 133*

Sieben Jahre verheiratet; so schwer; und, wie Hanni sagt, doch

immer schöner geworden. Heute waren selbst ihr, die nie weint, die Tränen nahe.
Heut vor sechs Jahren hielten wir Einzug in Südende. Wird's in einem Jahr im neuen Hause sein? Was wird in einem Jahr sein? –

31. März 1938 · Donnerstag

> Hebet eure Augen in die Höhe und sehet! Sein Vermögen und seine starke Kraft ist so groß, daß es nicht an einem fehlen kann.
>
> *Jesaja 40, 26*

Um ein Uhr im Palais Wilhelms I. in den der Frau des Kaisers zur Verfügung gestellten Räumen zum Frühstück.
Zehn Gäste – was am Morgen vor der Abreise die Aufmerksamkeit erhöhte –, wir die einzigen Bürgerlichen. Gute Namen und ein lebhaft, herzlich, gewandt sich unterhaltender, zwangloser Kreis.

1. April 1938 · Freitag

> Dein Wort ist wohl geläutert, und dein Knecht hat es lieb.
>
> *Psalm 119, 140*

Wir rechnen alle Möglichkeiten des Mietens, Bauens und Vermietens durch und kommen doch immer wieder dahin, daß Mieten keine Lösung, innerlich gar keine Lösung, finanziell eine nur wenig überzeugende ist.
Hanni: «Man müßte dich deine schönen, schönen Sachen so ungestört schreiben lassen.» –
Aber das ist falsch. Das, was zum Schreiben wirklich notwendig ist als Schutz, hat Gott mir so gegeben, daß ich immer wieder staune.
Sonst aber muß es durchlebt sein: Der Sand muß blühen und der Sumpf von Ähren rauschen!
Es ist alles gewiesen mit den Themen der beiden Bücher, am stärksten, fast erschreckend, mit dem «Ewigen Haus».
Das Gesetz Potsdams und Wittenbergs ist auch das meine: die Ebene kennt keinen anderen Schmuck als das Licht des Him-

mels. Täglich danke ich Gott für die Gesundheit des Leibes: daß ich den Tod nur erfahre an abgehackten und der Axt bestimmten Bäumen!
Er bestimmt das Maß der Schwachheit, an dem er seine Stärke erweisen will. Das zielt auf alle Umstände unseres Lebens. –

3. April 1938 · Sonntag (Judica)

Meine Seele ist stille zu Gott, der mir hilft. *Psalm 62, 2*

Nach der Kirche saß Hanni mit an meinem Schreibtisch und entwarf Baupläne, namentlich mit Rücksicht auf das Projekt, ein ganzes Stockwerk vermietbar zu machen und uns sehr einzuschränken. –
Ich schrieb an den dringenden Einleitungen zu den Friedrich-Wilhelm-Briefen. Ich glaube, Renerles Lebensspruch ist: Josua 1, 9. Silex, Chefredakteur-DAZ, hat die Brüdergemeine-Reise grundsätzlich bewilligt und großes Interesse daran: nur geht es jetzt noch nicht: 1. «Wahl». 2. Geburtstag des Führers. 3. Italienreise des Führers. Da sind die Zeitungen gefüllt.

4. April 1938 · Montag

Der Herr, euer Gott, versucht euch, daß er erfahre, ob ihr ihn von ganzem Herzen und von ganzer Seele liebhabt. *5. Mose 13, 4*

Nachmittags ein Anruf vom Propaganda-Ministerium, Abteitung VIII – bei der ich nun offiziell liege –, Dr. Koch: Freigabe des DAZ-Vorabdruck-Manuskriptes; genaue Erkundigung nach der Behandlung meiner Manuskripte bei der Kammer; gut informiert über den «Vorgang»; Weihnachten habe er sich eingeschaltet. Er habe seinerzeit für Fälle wie den meinen die «Vorlagepflicht» als Überbrückungszustand vorgeschlagen und nicht geahnt, was die Kammer in der Praxis daraus machen würde; die Tendenz bestehe, mich von der Vorlagepflicht zu befreien; zum mindesten aber, alle Prüfung, wenn möglich, bis auf einen Tag zu beschleunigen. – Nach diesem Bescheid schien mir Hanni sehr glücklich.

5. April 1938 · Dienstag

Die Erde ist des Herrn und was darinnen ist, der Erdboden und was darauf wohnt. *Psalm 24, 1*

Renis Ausbildung scheint große Schwierigkeiten zu bereiten, so groß ist der Terror der Parteiorganisation in der Mode. – Schon das zweite Mal sagte Renerle: Nur nicht weg von uns, bloß bei uns bleiben, nicht ins Ausland. Und was bedeutete das auch: als Emigranten dürften sie nicht mehr zurück, und wir bekämen keine Devisen, zu ihnen zu fahren! – Hanni sagt, jetzt breche ihr manchmal wegen der Angst um die Zukunft der Juden in Deutschland nachts der Schweiß aus, vor allem in Gedanken an Anstellung und Auswanderung der Kinder. Unser Schlaf ist wieder elend wie in den bedrohtesten Zeiten. –

8. April 1938 · Freitag

Alles Fleisch soll erfahren, daß ich bin der Herr, dein Heiland, und dein Erlöser der Mächtige in Jakob. *Jesaja 49, 26*

Morgens Gartenarbeit, ich zog mich dann gleich nach dem Frühstück zurück, das Buch «In tormentis pinxit» zu beenden, d. h. die Spezialeinführungen abzuschließen. Um ein Uhr war der letzte Federstrich getan. – Mit der Morgenpost war auch der Vertrag eingetroffen; bei Herausgeberarbeiten sind es ja leider nur zehn Prozent; aber ich mag nicht protestieren: 1. weil dieser Prozentsatz üblich ist; 2. ich mich Pagel und Kilpper zu sehr verpflichtet fühle; 3. die Herstellungskosten sehr hoch waren; 4. die DVA sehr großzügig auch alle meine privaten Spesen getragen hat. – Bezüglich der Striche in den Briefen des Königs reklamiere ich noch immer. – Der Nachmittag verging noch mit Korrekturen.

9. April 1938 · Sonnabend

Ich gehe einher in der Kraft des Herrn; ich preise deine Gerechtigkeit allein. *Psalm 71, 16*

Einladung zur Dichter-Theologen-Tagung in Wittenberg Ende Mai. Ohne Frau. Doch hier nehme ich an.

Berlin muß indes erfüllt sein von den gewaltigen Aufmärschen und Betriebsappellen zum «Tag des Großdeutschen Reiches». Am Nachmittag schrieb ich ein «Abendmahlslied der Männer»[83] über 1. Timotheus 2, 8. Das ist mein Beitrag zu diesem Tag des neuen Reiches. Denn ein Zweifel am Ausgang der Abstimmung ist nicht möglich.
Die Arbeit am «Ewigen Haus» wieder aufgenommen. –
Da der Nationalsozialismus immer wieder eine Frage, die man vor der Welt bejahen muß, bei seinen Abstimmungen zusammenkoppelt mit einer Frage, die man vor Volk, Welt, Kirche, Gott verneinen muß, bleibt mir nun nichts übrig, als einen leeren Schein abzugeben. Danach, ob die Wahl wirklich geheim ist, darf nicht gefragt sein. Ich glaube, daß sie geheim ist. Ein glattes Nein ist mir nicht möglich.

12. April 1938 · Dienstag

> Er weckt mich alle Morgen; er weckt mir das Ohr, daß ich höre wie ein Jünger. Der Herr hat mir das Ohr geöffnet; und ich bin nicht ungehorsam und gehe nicht zurück. – Denn ich weiß, daß ich nicht zu Schanden werde. Er ist nahe, der mich gerechtspricht.
> *Jesaja 50, 4. 5. 7. 8*

Trotz meiner Absage noch einmal, thematisch so lockende, Einladung zu den «Studientagen zum Wortschatz der Kirche» beim Fürsten Schönburg-Waldenburg für zehn Dichter und Theologen, ausgehend von Erich Stange[84]. Die glatte Absage bringe ich diesmal nicht fertig; muß abwarten, wie es im August sein wird. Die Kirchenleute haben mich so rasch begriffen!
Ich schrieb heute ein Morgenlied[85] über Jesaja 50, 4.5.7.8, die Worte, die mir den ganzen Tag nicht aus dem Ohr gegangen waren. Ein Lebensspruch für Brigitte ist wohl 2. Timotheus 2, 13. Für Hanni ist mir noch nie einer eingekommen.

14. April 1938 · Gründonnerstag

> Sie werden sich ewiglich freuen und fröhlich sein über dem, was ich schaffe. Denn siehe, ich will Jerusalem schaffen zur Wonne und ihr Volk zur Freude. *Jesaja 65, 18*

Welch ein Gründonnerstag! Linde Kühle, weicher Glanz, blauer Himmel, blühende Kirschen- und Aprikosenbäume, leise wogende, nun schon licht begrünte Wipfel, Osterglocken und Stiefmütterchen, glänzender Rasen, Vogelgezwitscher, Glocken!
Früh wieder Anruf Ihlenfeld. Zum Herbst will er nun meine Gedichte in der gleichen schönen Ausstattung wie R. A. Schröders «Lobgesang» herausbringen. Ich kann mir nicht denken, daß Pagel dies erschwert; er mag einen künftigen Band haben. Daß die Gedichte erscheinen sollen, ist eine meiner größten beruflichen Freuden.
Noch beim sanften Licht der klaren, späten Sonne über den Kirschbäumen die Abendmahlzeit; ich fuhr nach Mariendorf, in die Dorfkirche zum Abendmahl. Viel Abendmahlsgäste, eine der besten Predigten Kurzreiters. Viel armes Volk; viel Männer, nicht nur alte. Bitter der Gemeindegesang – und der Kirchweg, der mich ja in Südende und Mariendorf nach wie vor niederdrückt. Hier setzt eine erste Sehnsucht nach Nikolassee ein, obwohl dort über stillen, weiten Gärten solcher österlicher Friede nun nicht mehr liegen wird wie hier über unserem «Acker Jeremias».

15. April 1938 · Karfreitag

> Aber das alles von Gott, der uns mit ihm selber versöhnt hat durch Jesum Christum und das Amt gegeben, das die Versöhnung predigt. 2. *Korinther 5, 18*

Gestern abend und heut vor dem Konzert schrieb ich ein Gründonnerstag-Kyrie[86].
Ich freue mich unsäglich auf die Matthäus-Passion – das erste Konzert nach so langer, langer Zeit! Still und besonnt lag das Haus und der Garten, als wir aufbrachen; still und klar lag es am späten Abend, wie im vorigen Jahr, als wir heimkehrten. Es war eine sehr gute, sehr festliche Aufführung, wenn auch der Alt diesmal nicht so großartig. Sonst dieselbe Besetzung wie im Vorjahr. Chöre und Orgel besser. – Die Kirche sehr voll, die Autoauffahrt durch zwei Straßen ungeheuer. Berlins sympathischstes Publikum: doch noch viel mehr Jugend, noch viel mehr

Männer. Der optische Eindruck bestimmt durch die Diakonissen und jungen Soldaten. – Die Choräle das letzte an protestantischem Ausdruck; von solcher Stärke und Gewißheit, solchem Zutrauen, daß Hanni es aussprach.

19. April 1938 · Dienstag

Der Herr Jesus Christus ist unsere Hoffnung. *1. Timotheus 1, 1*

Ich bin sehr glücklich und dankbar, wie zart, klar und geordnet der Werktag nach großen Festen immer bei uns anhebt. Da war wieder Sonne, Blumen, Heiterkeit der Frühstücksrunde; auch kam noch Osterpost; dazu, erfreulich, die Korrekturen des großen Aufsatzes für das Preußenheft des «Eckart». Ich merke, wie froh Hanni bei all den Sorgen um die Töchter über jedes Anzeichen beruflicher Lebendigkeit ist. –
Anrufe Pagel und Ihlenfeld; Ihlenfeld so anerkennend über die neuen Gedichte; der Gedichtband soll in 2000 Stück erscheinen; Pagel, was mich freut, will sie Ihlenfeld gar nicht gern lassen, und ich soll nun an Kilpper schreiben. Für einen neuen Band der «Stunde des Christentums» über Dichter und Bibel (sie begreifen die Themen!) soll ich bis an 20 Seiten schreiben.
Ich bin so glücklich über den Weg meiner Gedichte.
Für das Maiheft des «Eckart» mußte ich schnell noch einen kleinen Aufsatz über die preußisch-antikischen Gedichte von Johann Nikolaus Götz[87] schreiben. So lange noch die Korrekturen von *«In tormentis»* und «Der König und die Stillen im Lande» meine Hauptarbeitszeit beanspruchen, mag es gehen. Dann muß «Katharina von Bora» den ihr gebührenden Teil meines Tages wieder einnehmen.
Aber ich bin so dankbar, daß es gerade jetzt in Hannis tiefer Depression und Müdigkeit beruflich wieder so lebendig um mich ist; immer wieder sagt es Hanni, nahezu ergreifend, wie nur diese ihre zweite Ehe mit mir sie bewahrt vor jähem Altern und Apathie; wie die Ehe ein Halt für sie, die Ältere, vor der Zeit sehr Gealterte, geworden ist.
Und wahrhaftig: unsere Ehe hat ja einen Halt, der nicht von uns ist. Mir ist, als hätten die Chöre der Matthäus-Passion am Kar-

freitag für Hanni eine Bestätigung gebracht; als wäre ihr etwas begegnet, das jenseits allen Zweifels ist, der bei ihr aus dem Wissen um das menschliche Unvermögen, aus eigener Kraft zu glauben, kam. –

20. April 1938 · Mittwoch

Gott gedachte an Noah. *1. Mose 8, 1*

Es schrieb überaus herzlich und anerkennend D. Erich Stange wegen der August-Tagung «Zum Sprachschatz der Kirche». Wie oft fürchtete ich, daß ich der Bibel jeden Tag mehr Zeit zugestehe, als ich verantworten kann. Und nun sehe ich beglückt, wie man an mehreren Stellen zugleich gerade nach meiner Bibelarbeit fragt: das ist das Schönste, das mir im Beruf begegnete! – Ich schrieb heute ein Pfingstlied[88].

25. April 1938 · Montag

So spricht der Herr: Ein Weiser rühme sich nicht seiner Weisheit, ein Starker rühme sich nicht seiner Stärke, ein Reicher rühme sich nicht seines Reichtums; sondern wer sich rühmen will, der rühme sich des, daß er mich wisse und kenne, daß ich der Herr bin, der Barmherzigkeit, Recht und Gerechtigkeit übt auf Erden. *Jeremia 9, 22. 23*

Brigitte den ersten Tag auf der jüdischen Handelsschule. Hanni und Renerle bei der einzigen Schneiderin, die sich bereit erklärt hat, den Antrag für Renerle als Lehrling zu stellen.
Renerle soll bei der Vorstellung auf ihrer eventuellen Lehrstelle ganz schwermütig geworden sein. Dies gesellige Kind darf nicht allein zu zwei alten Fräulein kommen! –

27. April 1938 · Mittwoch

Der Herr sprach zu Mose: Du sollst reden alles, was ich dir gebieten werde. *2. Mose 7, 2*

Die Abendzeitung brachte uns wieder eine sehr einschneidende Nachricht, die vielleicht alle Baupläne zum Stocken bringen kann, wenn wir überhaupt nun doch mit einer Bauerlaubnis

rechnen dürfen. Aber Hanni sieht es ruhig an: in ihr herrscht nur noch die eine Frage vor, ob wir uns von den Kindern trennen müssen. Das neue Judengesetz und die Bereichgebietsangelegenheit treffen, unabhängig voneinander, für uns aufs bedrohlichste zusammen.
Das neue Gesetz:
Bestandsaufnahme jüdischen Vermögens, auch in arisch-nichtarischen Mischehen. Ausnahmen sind nur die persönlichen Gebrauchsgegenstände und der Hausrat. – Dann § 7: Der Beauftragte für den Vierjahresplan kann die Maßnahmen treffen, die notwendig sind, um den Einsatz des anmeldepflichtigen Vermögens im Einklang mit den Belangen der deutschen Wirtschaft sicherzustellen.

29. April 1938 · Freitag

Das Los ist mir gefallen aufs Liebliche; mir ist ein schönes Erbteil geworden. *Psalm 16, 6*

Es zehrt an allen Kräften, die zur Leistung nötig sind, dies dauernde und immer noch wachsende Unrecht an den Juden in Deutschland ohnmächtig mit ansehen zu müssen. Die Welt und das Volk gehen darüber hinweg. Es gibt nur eins, das einen vor dem Schlimmsten bewahrt: daß man selbst seinen Anteil tragen muß am Erleiden dieses furchtbaren Unrechts. Die jüdischen Frontkämpfer! –
Nun erwacht gar in Hanni der Wunsch auszuwandern. – Übrigens darf der Dr. h. c. und D. (theol.) an Arier mit jüdischen Frauen in Deutschland nicht mehr verliehen werden. – Die Pastoren werden, auch nachträglich, auf Hitler vereidigt.
Enges französisch-englisches Militärbündnis im Hinblick auf die Tschechoslowakei. Spanien vergessen –.

1. Mai 1938 · Sonntag

Ich nahm Ephraim bei seinen Armen und leitete ihn; aber sie merkten's nicht, wie ich ihnen half. *Hosea 11, 3*

Das stete Vorausblicken-Wollen und nicht Rückschau-Halten-

Mögen, das ist eine der hauptsächlichsten Tragödien des Menschen und des Judentums insbesondere.
Von den politischen Feiern des 1. Mai ist bei uns nichts zu spüren. Immer wieder neue Judengesetze: jetzt über die Vertretung vor Gericht.
In leisem Regen mit Hanni ein kurzer Gang ums Wäldchen. Dann arbeitete ich das 3. «Kahn»-Kapitel für den Bertelsmann-Verlag zur Novelle um, weil die kommende Woche so reich an Störungen ist! Hanni tippte sie gleich; das ist ihr noch, sagte sie, die beste Ablenkung.

3. Mai 1938 · Dienstag

Der Herr hat mich gedemütigt und der Allmächtige hat mich betrübt. *Ruth 1, 21*

Hanni war gestern der Hausangelegenheit wegen bei Rechtsanwalt Wergin, der stets die Rechte der Kinder so streng zu wahren bedacht ist. Als arischer Anwalt, tief betroffen von der wachsenden Rechtlosigkeit im Dritten Reich, sagte er, es gäbe nur eins und es sei ein Glück, wo diese Lösung überhaupt möglich sei: alles dem arischen Teil zu übergeben; zumal, da auch für ihn Vermögens-Anmeldepflicht besteht, eine Verschleierung nicht der Fall ist; nur daß er von ihm noch zustehenden größeren Rechten vorerst noch Gebrauch machen kann. So soll nun das neue Haus mein Haus sein. Ich sehe, wie Gottes freundlichste Verheißungen sich erfüllen. Aber dies alles geschieht unter einem Schatten, der alles mit dem letzten Ernst erfüllen muß.

4. Mai 1938 · Mittwoch

Gedenke, Herr, wie es uns geht; schaue und siehe an unsere Schmach! *Klagelieder 5, 1*

Dr. Koch-Ministerium gab mir heute den sofort von mir befolgten Rat, für die Dichter- und Theologen-Tagung in Wittenberg abzusagen, da die ganze Frage der Teilnahme an Tagungen und Autorenvorlesungen bei Autoren mit Sondergenehmigung grundsätzlich überhaupt noch nicht erörtert sei.

Hannis Wege wegen Renerles Lehrstelle waren wieder so vergeblich. Es drückt sie namenlos nieder, nun an all den einzelnen Stellen zu erleben, wie eiskalt und in der Stille die Juden in ihrer Existenz abgewürgt werden und wie es dem Staate immer wieder um ihr Geld geht. –

6. Mai 1938 · Freitag

> Der Herr, unser Gott, sei uns freundlich und fördere das Werk unserer Hände bei uns; ja, das Werk unsrer Hände wolle er fördern!
> *Psalm 90, 17*

Dann war ich in Renerles Sachen bei Anneliese Busch, der einzigen der größeren Berliner Modefrauen, von der ich in meiner Journalistenzeit 1930/31 einen menschlich positiven Eindruck hatte. Der gute Eindruck von damals hat sich bestätigt. Anneliese Busch, so natürlich und warm, ist bis jetzt die einzige Hilfsbereite. Aber auf wie engen Bezirk ist heute durch all die immer strengeren Maßnahmen solche Hilfsbereitschaft begrenzt, sie sucht die Adressen aller jüdischen Schneiderinnen zusammen, die sie kennt. Sie telefonierte für mich mit ihnen ...

Die von Frau Busch vermittelten Telefongespräche verliefen sofort wieder negativ. Nur eine Frau A. läßt Hanni und Renerle Montag zu sich kommen. Das ist so schrecklich: die Zukunft der Töchter aufzubauen im Glauben an die Möglichkeit vielleicht baldiger Trennung für immer. – An die Trennung von Renerle darf ich nicht denken, soll ich die Fassung bewahren. Welche Wunde hat dieses Kind in mir geschlossen! – Die Kinder sind noch so lebensfroh; und so sehr wir sie auf ihr ernstes Leben vorbereiten, will doch nun auch Hanni diese Lebensfreude ihnen, solange wir sie behüten dürfen, möglichst erhalten, ihr etwas nachgeben. Es hat etwas Neues, Schweres so nahe und drohend begonnen, und die Arbeit am «Ewigen Haus» ist so quälend gefährdet. Es ist ein Kampf, ein zermürbender Kampf, um jede Stunde der Arbeit. – Warum muß ich immer wieder an die Grenzen meiner Kraft?

8. Mai 1938 · Sonntag (Jubilate)

Ich habe den Herrn allezeit vor Augen; denn er ist mir zur Rechten, so werde ich fest bleiben. *Psalm 16, 8*

Da heute sowieso schon Rosi Darge und Nowaks angesagt waren, fügte es sich gut, daß auch Werner Milch[89] aus Wolfshau sich meldete. Hanni und ich deckten schöne, zarte, kleine Tische im Barock- und Renaissancezimmer und gaben den immer frohgemuten Töchtern ihren Sonntag frei.
Alle Gespräche waren im Grunde beherrscht von den Emigrantentragödien, und auch Werner Milch brachte gar keine anderen Nachrichten. Wir leben alle in der Erwartung schwerer Ereignisse, aber Hanni und ich lehnen es ab, den anderen zu folgen und laufend über jede Schwankung informiert zu sein. Da wird keine große Arbeit mehr.
Österreich erlebt nun fünf Jahre Nationalsozialismus konzentriert in wenigen Wochen. Der Antisemitismus der Straße ist in Wien sehr grausam.

10. Mai 1938 · Dienstag

Was soll ich reden? Er hat mir's zugesagt und hat's auch getan!
Jesaja 38, 15

Mit Ihlenfeld, der uns darum gebeten hatte, brachen wir zu Königs auf.
Im wunderschönen Königschen Hause war's ein fürstlich nobler Tee von höchst uneinheitlichen Einzelwirkungen. Zwischen zwanzig und dreißig Menschen, viel Adel. Aber das Ganze war ja doch nur Gesellschaft, und es war eigentlich nur quälend, als Schneider dann droben im Atelier aus seinem eben beendeten Las Casas-Manuskripte las; ich fand wieder die ganze Peinlichkeit und Sinnlosigkeit solcher Autorenvorlesungen bestätigt. Was er las, zeigte einen starken Wandel in der Darstellungsform: den Übergang vom Indirekten zum Direkten.
Schneider ist herzlicher zu uns denn je. Aber ich spüre deutlich, daß mein Verhältnis zu ihm nur vom Vergangenen lebt: von meiner unauslöschlichen Dankbarkeit dafür, daß er meinem

Leben eine so entscheidende geistige Erschütterung gebracht hat, die mich zu der Abkehr von Presse, Film und Funk lediglich durch die Lektüre seiner «Hohenzollern» bewog. –

11. Mai 1938 · Mittwoch

Er wendet sich zum Gebet der Verlassenen und verschmäht ihr Gebet nicht. *Psalm 102, 18*

Um sechs traf ich mich mit Hanni bei Rechtsanwalt Wergin. Wir haben all die trüben Eventualitäten mit ihm noch einmal durchgesprochen, namentlich auch alles das, was gegen das ausschließliche Übergehen eines neuen Hauses auf mich spricht, namentlich, daß etwa einmal nichtarische Stiefkinder von einem Arier nicht erben dürfen. Bei dem gegenwärtigen Rechtsstand rät er eindeutig, daß zunächst wenigstens das Grundstück ich als Arier erwerbe. Aber das Recht zum Grundbesitz hängt vielleicht doch noch am Reichsbürgerrecht.

12. Mai 1938 · Donnerstag

Da Hiskia den Brief – gelesen hatte, ging er hinauf zum Hause des Herrn und breitete ihn aus vor dem Herrn. *2. Könige 19, 14*

Warum nur diese Stelle immer wieder so auf mich wirkt? Hat man doch schon so viel in Briefen erlebt?
Mutter soll es, laut Hildes Anruf, etwas besser gehen. Ich bin der Menschen müder denn je. Was zehrt alles an der Arbeit. Die Zeitungskiosk-Aushänge bringen einen wieder in antisemitischem Sadismus zur Verzweiflung. Bedrohung, Lüge, Unrecht, Grausamkeit häufen sich stündlich. Wohl dem, der auf die Seite der Leidenden gehört. – So schwer es ist, dies zu sagen.
Der Bauentschluß fällt uns so furchtbar schwer. Im Hinblick auf die Zukunft der Kinder scheint doch alles verändert: das Haus wird ja keine Existenzgrundlage mehr in Deutschland für sie sein. Und doch sehen wir keine andere Lösung, das Bedrohte zu erhalten – sehen dem Glauben keine andere Aufgabe gewiesen. Alles andere wäre Fatalismus. –

13. Mai 1938 · Freitag

Mose redete, und Gott antwortete ihm laut. 2. *Mose 19, 19*

Um halbdrei trafen wir uns mit unseren Partnern bei Wergin, zahlten 2000 Mark an und schlossen, schweren und bewegten Herzens, den Kaufvertrag, auf meinen Namen.
Gott muß laut antworten – soll's hindurchgehen durch all das Schwere.
Holland hat heute die Einwanderung gesperrt, Ungarn ein Numerus-clausus-Judengesetz angenommen. Die Juden werden immer mehr eingeengt, wieder noch weiter auseinandergetrieben.

15. Mai 1938 · Sonntag (Kantate)

Ich will der Gnade des Herrn gedenken und des Lobes des Herrn in allem, was uns der Herr getan hat. *Jesaja 63, 7*

Die Kirche über der Rehwiese ist die schönste neue Kirche, die ich kenne. Im Gegensatz zu Südende war's ein richtiger, großer Kirchgang den Hügel hinan; eine gebildete, aus jung und alt sich zusammensetzende, nachher in Gruppen freundlichst sich begrüßende Gemeinde, die zu meiner großen, großen Freude vorzüglich sang.
«Sollt' ich meinem Gott nicht singen» war für mich das rechte Lied zu diesem Sonntag!
Das Musikalische war ausgezeichnet, die Orgel sehr gut, schön auch das Geläut, das uns dann die vielen, vielen Glocken von Südende wird ersetzen müssen. Die Predigt gut, der Text: Meine Lippen und meine Seele, die du erlöst hast, sind fröhlich und lobsingen dir. Psalm 71, 23.
Die Paul-Gerhardt-Lieder!
Ein merkwürdiges Zusammentreffen war's, daß mein ständiger, alter Kirchkumpan von Südende und Mariendorf, Geheimrat Stutz, gerade heute in der Nikolasseer Kirche saß! Es ist, als stünden wir unter einem Gesetz.
Ich fuhr sehr getröstet zu Hanni zurück.

16. Mai 1938 · Montag

Der Herr ist freundlich dem, der auf ihn harrt, und der Seele, die nach ihm fragt. *Klagelieder 3, 25*

Von halb acht bis halb eins war's ein recht aufregendes Telefonieren im Kreise, für Mutter. Nun ist aber alles klar: das an sich überfüllte Martin-Luther-Krankenhaus nimmt Mutter auf.
Die Kosten haben Erhard und ich fürs erste aufgebracht.
Abends bei uns lange Konferenz mit Vassilière. Wie er und wir auch rechnen: wir kommen ohne 10 000 Mark Hypothek nicht durch. Und wie wird diese sich verbinden lassen mit den Investitionsbedingungen des neuen Juden-Vermögens-Angabe-Gesetzes, dessen Einzelheiten noch keiner kennt?!
Und keine Zeit zur Arbeit, von der schließlich alles abhängt; von der nicht gewichen werden darf; die zum Glauben gehört.
Dies ist nicht Eigenwille: Das Haus muß gebaut, «Das ewige Haus» geschrieben sein. In nichts kündet sich an, daß Gott dies erläßt. –

21. Mai 1938 · Sonnabend

Seid stille und erkennt, daß ich Gott bin. *Psalm 46, 11*

Heute früh kam unsere neue Einkommenssteuer-Veranlagung: 458 Mark Nachzahlung; pro Quartal 140 Mark Vorauszahlung.
Vor der Steuer gelte ich von nun an als ledig; Frau- und Kinderermäßigung fallen bei Mischehe fort. Und was wird auf dem Gebiete solcher Sondersteuern noch kommen.
Da war's gerade heute ein rechter Trost, daß das «Deutsche Adelsblatt» anrief, daß es den von der «Deutschen Zukunft» nicht gedruckten «*In tormentis*»-Teil mit Bildern als Vorabdruck bringt; ferner, daß Hubele-Leipzig von der «Christlichen Welt», für eineinhalb Tage in Berlin, gleich nach seiner Ankunft anrief, ob er mich kennenlernen könnte. Er kam sogleich zum Kaffee; wir waren zu dreien, und er hat recht gut gefallen. Seine Frau ist Mischling; das hat ihn seine Universitätslaufbahn gekostet. Auch er ohne Bitterkeit und gerecht. Seine Frau fanatisch ungerecht, wie er sagt.

Hubele traf mit mir folgende Abmachung: je eine große Gesamtdarstellung R. A. Schröders und Reinhold Schneiders Schaffen. Das Zusammensein stand unter einem guten Stern. Prof. Mulert – «Christliche Welt» ließ mir sagen, «bei ihnen könnte ich schreiben, und wenn meine Frau von zehn Ammoniterkönigen abstammte». Die Konflikte der Tschechen mit den Sudetendeutschen nehmen immer gefährlichere Formen an. Es ist, als bereiteten die Zeitungsmeldungen nun schon aufs Schwerste vor. – Ich habe gegenwärtig 7 Beiträge in Druck und 13 Aufträge. Wie hilft das auch psychisch, zumal alles streng auf meiner Linie liegt, als wollte man wirklich nur noch mein Eigenstes.
Auch durch Hubele höre ich, daß von den untergeordneten Stellen in der Provinz noch immer verbreitet wird, es schwebe ein Verfahren gegen mich.

26. Mai 1938 · Donnerstag (Himmelfahrt)

Was soll ich reden? Er hat mir's zugesagt und hat's auch getan! Ich werde in Demut wandeln all meine Lebtage nach solcher Betrübnis meiner Seele. *Jesaja 38, 15*

Von Ihlenfeld sehr aufmerksam, vor seinem und R. A. Schröders Aufbruch zur Dichter- und Theologen-Tagung nach Wittenberg, zu einem hübschen kleinen Mittagsbrot eingeladen. Zum Glück fiel mir ein, daß heute sein Geburtstag ist, und ich nahm ihm Blumen und ein Friedrich-Wilhelm-Bild mit. Schröder war wieder sehr, sehr liebenswürdig und wiederholte seine Einladung aufs dringlichste. – Die neue Bibel-Revision verwerfen beide. In Wittenberg hatten Schröder, Winnig, Beheim, Taube und ich die einzigen Autoren neben 40 Theologen sein sollen.
Auch darin, daß ich nicht nach Wittenberg darf, darf in erster Linie nicht ein politischer Akt, sondern muß ein ernster göttlicher Spruch begriffen werden. –

31. Mai 1938 · Dienstag

Ich traue auf den Herrn. *Psalm 11, 1*

Hanni mit Renerle wieder auf dem Arbeitsamt, drei Stunden. Nun haben Frau J. und Topells Zwischenmeisterin, Frau K., sich bereit erklärt, Renerle zu nehmen; denn auch die Meisterinnen leiden ja sehr darunter, daß es keinen Nachwuchs mehr gibt. Aber der heutige Bescheid des Arbeitsamtes ergab, daß Renerle das unerläßliche Arbeitsbuch nur bekommen kann, wenn sie ihr Haushaltpflichtjahr in einem jüdischen Haushalt (ohne Mädchen und mit Kindern) abgedient hat. Man kann sich durch Sinn und Technik aller dieser Maßnahmen überhaupt nicht mehr hindurchfinden. Hanni nimmt es mehr und mehr mit. Renerle stellt sich zum Pflichtjahr überaus vernünftig.

Von vier Uhr an verlief der Tag höchst merkwürdig und überraschend. Ihlenfeld meldete sich mit Schröder und Beheim-Schwarzbach aus Wittenberg zurück und für den Abend an. Koenigswald wollte zu einem späten Kaffee kommen. Da faßte ich einen kühnen Entschluß, den Hanni trotz aller Anstrengung sofort verwirklichen half. Schröders «Prominenz» und die Tatsache seiner Durchreise ermöglichten es, eine improvisierte kleine Abendgesellschaft zu arrangieren, ohne vorherige Einladung und große Ausgaben: Zeit und Geld und Kraft zu sparen und aller unserer noch einzulösenden Verpflichtungen uns mit einem Schlage zu entledigen. Dieses Vorgehen bei mir als so viel jüngerem Gastgeber zu legitimieren, vergewisserte ich mich, daß Leo von Koenig sehr gern mit Schröder sich bei uns treffen wollte. Graf und Gräfin Luckner erschienen noch um einhalb elf, von einem Abendbrot bei Freunden aus. Schröders Schwester kam mit. Es war ein stolzer Autoverkehr vor unserem Hause.

Es war in der Hinsicht schöner und geschickter Aufmachung und zeitlicher Bewältigung unser größter Erfolg, und die Stimmung war so vorzüglich, daß man sich nicht einmal über die beiden Zimmer verteilte, sondern alles im Refektorium beisammen saß, wobei freilich die Gespräche der politischen Ressentiments etwas zu breiten Raum einnahmen: leider, es ist ein gewohnheitsmäßiges Reden in die Breite geworden. An Form und Lebendigkeit überboten sich die drei berühmten Alten, deren freudige Zusage uns doch recht stolz machte.

Ich habe mir den Abend als «Abschied von der Welt» gedacht. Ich war wie befreit, aller, aller Verpflichtungen nun ledig zu sein.

1. Juni 1938 · Mittwoch

Ich gedenke an die Taten des Herrn; ja, ich gedenke an deine vorigen Wunder. *Psalm 77, 12*

Zum letzten Male bei Mutter im Krankenhaus. Mit einer zweiten Röntgenaufnahme war man sehr zufrieden. Aber Mutter hat eine verkapselte Tuberkulose. Freitag kommt sie nun zu uns; von Hanni heißt's zu diesem Zeitpunkt das Äußerste verlangen.
Alle seit Wochen aufgesparten Antwortschreiben als Pfingstkorrespondenz erledigt, nach alter, bewährter Technik: 32 Stück. Schon wieder zwei Tage nicht am «Ewigen Haus» geschrieben. – Der Kampf um die Arbeitszeit ist sehr viel aufreibender als die Arbeit selbst.
Harald Poelchau meldete sich auch wieder einmal telefonisch, Bericht zu erstatten und Bericht einzuholen. Ernst Wiechert im Zusammenhange mit der Niemöller-Sache im Konzentrationslager. August Winnig hart daran vorbei. Sie sind nicht dankbar dafür, wieviel der Staat uns noch läßt.

3. Juni 1938 · Freitag

Laß dir an meiner Gnade genügen. *2. Korinther 12, 9*

Die Zusage von Milchs zunächst für zwei Monate von Renerles Pflichtjahr in Wolfshau. Ihre Freude groß. Und nun hat sie, die *conditio sine qua non* für jede künftige Arbeitsmöglichkeit, das Arbeitsbuch sofort bekommen. Mir scheint's die freundlichste Lösung dieser gar so dringlich aufgetauchten Frage. Für Renerle das erste: Kauf einer Windjacke fürs Riesengebirge. Um einhalb zwölf brachte Billum nun Mutter im Auto vom Krankenhaus zu uns, noch recht labil; sieht auch schlecht aus.

5. Juni 1938 · Sonntag (Pfingsten)

Ihr sollt am ersten Tage Früchte nehmen von schönen Bäumen, Palmenzweige und Maien von dichten Bäumen und Bachweiden und – fröhlich sein vor dem Herrn, eurem Gott. *3. Mose 23, 40*

Zum ersten Male will's an einem hohen Kirchenfeste nicht festlich werden in meinem Herzen und Hause und selbst im Gottesdienste nicht. Da kann's also durchaus sein, daß auch alle innere und äußere Bereitschaft nicht hilft. Aber der pfingstliche Geist muß Sieger bleiben. Gott hat sich noch immer, auch in allerschwersten Zeiten, zu seinen Festen in meinem Hause bekannt. Er tue es auch diesmal. Noch geht alles hinter dicken Schleiern an mir vorüber.
Das «Mittaglied» heute erst recht «fertig gedichtet» und Bore zu Pfingsten geschenkt. Nach neuen Kirchenliedern ist immer wieder der Friede, der im Herzen immer herrscht, auch in den Sinnen und Nerven.
Um zehn wurde es noch einmal zur Arbeit ganz still. Doch ist's so, als der einzigen Stille am Tage, kein haltbarer Zustand. –

9. Juni 1938 · Donnerstag

Du wirst erfahren, daß ich der Herr bin, an welchem nicht zu Schanden werden, die auf mich harren. *Jesaja 49, 23*

Ich war mittags zu dem umständlichen Vermessungsakt in Nikolassee. Auch in Nikolassee kann's, wie hier, auch im Politischen, wie mir scheint, eine gute Nachbarschaft werden.
Als ich heimkam in das stille, fast feierliche Haus mit seinen herabgelassenen Jalousien und Markisen, seinem tiefen, stillen Garten, begriff ich es – nach der Verlesung und Unterzeichnung auf unserem künftigen Sitzplatz im mittäglichen Garten in Nikolassee –, daß dieser wunderliche Zustand des Aufgebens und des Erwerbens, des Abbrechens und des Aufbauens nicht Zerspaltung, sondern doppelte Liebe bedeutet. –
Am 24. Mai glaubte ich, die Arbeit am «Ewigen Haus» mit wenigen Seiten Manuskript begonnen zu haben. Dann kam die Woche mit Mutter. Gebe Gott, daß ich nun anfangen darf. Das heutige Losungswort möge die Antwort sein auf meine Bitte. Ich bin grenzenlos müde. Aber da gibt's keine Flucht. –

19. Juni 1938 · Sonntag

Ja, ich will euch tragen bis ins Alter und bis ihr grau werdet. Ich will es tun, ich will heben und tragen und erretten. *Jesaja 46, 4*

Dieser eine Tag ist wieder Sommer, wenn's auch im Hause noch kühl ist. Der Himmel ist blau, nachdem der Morgen noch zwischen Grau und Bläue wechselte; die Sonne scheint stark, doch ohne Schwere; ein zarter Wind geht; alles Grün des nun dicht belaubten Gartens leuchtet. In Mariendorf zu einer besonders guten Predigt von Kurzreiter über Jesaja 46, 4 mit meinem lieben Liede «Sollt' ich meinem Gott nicht singen?» Bei der Heimkehr das Geläut und Choralsingen von der Fronleichnamsprozession in der Johanniskapelle und im Leinewebergarten über unserem Garten.

Ich schrieb ein Silvesterlied[90] über Jesaja 46, 4 und 5. Mose 32, 7. Das Gedichtbändchen für Ihlenfeld zusammengestellt.

Von Beuthen geträumt, wie man nur von einer verlorenen Heimat träumen kann.

22. Juni 1938 · Mittwoch

Mit dir will ich nicht ein Ende machen; züchtigen aber will ich dich mit Maßen, daß du dich nicht für unschuldig haltest.

Jeremia 30, 11

Mittags kamen die ersten fünf Exemplare von *«In tormentis pinxit»*. Zwei gingen nach Doorn.

Erhard und Brigitte blieben bei Mutter; Hanni und ich fuhren nach Potsdam, zum ersten Male wie in einer Flucht aus dem geliebten Hause! Und wie immer hat Potsdam, einer Reise gleich, seine Heilung geübt.

In Bornim mit Baron Falkenhausen[91], seinem Schwiegervater, bei Harald von Koenigswald in seinem herrlich blühenden Garten und auf der Terrasse zum Kaffee. In der Abendsonne der wunderbare Spaziergang zur Friedenskirche: durch uns unbekannte Buchenwaldwege, übers Teehäuschen, Belvedere, das Paradiesgärtlein, nun kennen wir Potsdam ganz. Abendsonne, Tannenduft und Jasmin, wie ich Jasminsträucher so mächtig noch nicht sah. Und Rittersporn und Rosen! Erst brannte in der

Kirche kein Licht: so hell war draußen noch der Sommerabend. Klar standen die unbewegten Wipfel in den Fenstern. Zwischen Orgelspiel und Gesang das Vogelzwitschern. Anders als Ramin kann auch Bach seine Musik nicht gespielt haben. – Und die Leisner wird immer mehr die große, große Sängerin des geistlichen Barockliedes. – Für uns war's so schön, wie wir nun doch allmählich zu Potsdam gehören, was es nun schon für ein Begrüßen vor und nach dem Konzert gibt: Falkenhausens und ihre Marwitz-Schwestern, und alle kennen den «Vater». Und Oertel wurde in Rom in der Pension «aus den deutschen Fliegerkreisen» davon erzählt. Oertel und Topell waren auch noch ins Konzert nachgekommen und luden uns nachher, mit dem Wagen, mit Koenigswald zur Erdbeerbowle in die Meierei im Neuen Garten ein. Da saßen wir noch am See, in Decken gehüllt. Und immer noch beleuchtete Boote auf dem Wasser, auch ein dunkles, großes Segelboot. Nachts um eins waren wir erst wieder daheim. Welcher Trost ist für uns die Nähe dieser lieben Stadt. –
Heut schien sie uns stiller, lebensvoller und schöner denn je. Soldaten in den Parks, Soldaten auch in der Kirchenmusik: Friedrich Wilhelms Stadt.
In der Friedenskirche sagte Hanni: «Deine Liedertexte einmal von der Leisner gesungen hören.»
Ich wünschte es mir auch von Rudolf Watzke. Am meisten: von der Gemeinde. –

24. Juni 1938 · Freitag

Diene Gott mit ganzem Herzen und mit williger Seele. Denn der Herr sucht alle Herzen und versteht aller Gedanken Dichten.
1. Chronik 28, 9

Ein überaus freundlicher und als Gespräch zwischen Fremden ganz erstaunlich inhaltsreicher Anruf der Leisner. In allem Prominentenhaß hatte ich in diesem einen Falle – um der «Gib mir den Sohn»-Arie aus «Otto und Theophano» willen im Hinblick auf meinen «Vater» – es noch einmal mit ein paar Zeilen versucht und diese überraschend warme Resonanz gefunden.
Um einhalbelf noch ein Anruf aus Schillersdorf. Brigitte soll

gleich mit ihrem morgigen Ferienbeginn kommen. So hat sie doch, da alle Bäder für Juden verboten sind, auch eine kleine Reise. Renerle darf wegen der Juden-Schilder auf keine Baude, zu keinem Tanz im nahen Krummhübel. Aber Milchs, trotz aller Arbeit, gleichen aus, was sie nur können. –

26. Juni 1938 · Sonntag

> Sei mir gnädig, Gott, sei mir gnädig! denn auf dich traut meine Seele, und unter dem Schatten deiner Flügel habe ich Zuflucht, bis daß das Unglück vorübergehe. *Psalm 57, 2*

Große Sonne und starker Wind. So tiefe Stille im Haus. Wir frühstückten nach der Kirche auf der Terrasse, erledigten Korrespondenz, sprachen – was selten geschieht – von den möglichen Plänen der künftigen Arbeit: Katharina von Bora, Voltaire, Paul Gerhardt und dem mich immer wieder so packenden Gedanken an ein Paulus-Oratorium. Und das Hauptgespräch: Einrichten in Nikolassee. –
Abends sahen wir uns den großen Olympia-Film an, der uns beide positiv fast überhaupt nicht berührte und negativ bedenklich stimmte. Wie fremd ist uns die Zeit; wie scheint sie nur voller äußerer und innerer Gefahren.

28. Juni 1938 · Dienstag

> Gedenke, Herr, an die Schmach deiner Knechte! *Psalm 89, 51*

Brigitte schreibt zufrieden aus Schillersdorf.
Heute zunächst einmal, ehe ich mich wieder an das «Ewige Haus» herantaste, den großen Bibelaufsatz für die «Stunde des Christentums» beendet: trotz aller Mängel mein vorläufiges «Testament».
Auf das «Ewige Haus» will ich nun täglich acht Stunden zu verwenden versuchen, für die laufenden Aufsätze täglich nur zwei Stunden darangeben, nun ich durch die vielen Korrekturen hindurch bin und der Gedichtband zusammengestellt ist.
Mir scheint, als klagten 1938 besonders viele Menschen darüber, daß ihnen dieses Jahr so zerrinne; und daß größere Pläne undurchführbar würden.

1. Juli 1938 · Freitag

Wir segnen euch, die ihr vom Hause des Herrn seid. *Psalm 118, 26*

Die ersten Hypothekenverhandlungen. Ich bin erstaunt, wie hohe Beträge uns von großen Versicherungsgesellschaften geboten werden: 22 000 Mark erste und 8000 Mark zweite Hypothek zu fünf Prozent Zinsen bei 99 Prozent Auszahlung und allerdings 1600 Mark Spesen. Bei solcher Höhe des Betrages müßte aber auch vielleicht die ganze «Jüdische Abgabe»-Seite dieser Angelegenheit sich klären lassen.
Beim Abendbrot sagte Hanni: «Alle Juden verkaufen, brechen ab, wandern aus; und ich baue mit dir! Wie ist es von Gott her? Denn ich frage ja nur noch danach.» Alle menschlichen Erwägungen sagen Nein; der Glaube Ja. Zum irdischen und zum «Ewigen Haus».

7./8. Juli 1938 · Donnerstag und Freitag

Nach deiner großen Barmherzigkeit hast du es nicht gar aus mit deinem Volk gemacht noch sie verlassen; denn du bist ein gnädiger und barmherziger Gott. *Nehemia 9, 31*

Eine internationale Tagung in der Schweiz; die fremden Nationen beraten über die Unterbringung der jüdischen Emigranten aus Deutschland und Österreich.[92]
In der «Zeitwende» erschien, mit großem «Vater» und *«In tormentis»*-Inserat und aufmerksam gebracht, der Aufsatz «Bekannte Pastorensöhne in der Literatur». Auch kamen dafür schon, ganz ungewöhnlich, 43 Mark Honorar. Und das Seltsamste: gestern, wie zu ihrer Reise, bekam Hanni einen Erbschaftsrest vom Hause ihrer Großmutter in Amberg: 500 Mark.
Nur mit Hanni zusammenbleiben und schreiben dürfen: mehr erbitte ich von Gott nicht mehr. –

10. Juli 1938 · Sonntag

Aber von Gottes Gnade bin ich, was ich bin. Und seine Gnade an mir ist nicht vergeblich gewesen. *1. Korinther 15, 10*

Windig und regnerisch. Flüchtige und schöne Sonnenlichter.

Beers «Neue geistliche Lieder» mit drei Vertonungen meiner Texte: «Kirchenjahr», «Ohne Gott», «Nur wie ein Fisch».
Die Kirche heute schön mit Lilien geschmückt. Geheimrat Stutz, des alten Kirchengefährten Platz in der zweiten Bank vor der Kanzel heute leer: gestern ist dieser große Kirchenrechtslehrer auf seinen Wunsch ganz still beigesetzt worden. Mit dem von ihm gewählten Spruche: Römer 8, 38. 39. Er starb, nach seinem 70. Geburtstag, an einem Herzschlag. – Mein Jahresspruch 1938: Römer 8, 37. Mein sonntägliches Haus so still.
Ich las heute, in völliger Zustimmung, Professor Hermanns «Theologische Anliegen zur Kirchenfrage».
Nun geht das Jahr nicht mehr wie in weiter Ferne jäh über mich hin: nun ist's in mein Bewußtsein eingegangen, daß Sommer ist. – Ich schrieb am Abend ein Kirchenlied, ein Geburtstagslied:

«Gott wohnt in einem Lichte,
dem keiner nahen kann –».

12. Juli 1938 · Dienstag

Das Reich Gottes steht nicht in Worten, sondern in Kraft.
1. Korinther 4, 20

Ich bereitete gestern ein kleines Abendbrot für Schwarz-Spandau vor. War eine sehr wichtige Besprechung. Der Eindruck gut, da er musikalisch beherrscht ist nur von zwei Epochen: Gotik und Reformation. Ich glaube, er kam gerade im rechten Augenblick, um mich vor einer großen Erstarrung in etwas formal Falschem zu bewahren – er kam zu mir, wie er sagte, weil er gesehen hat, daß es bei Schröder zu spät ist. An Andrews' Klavier hat er mir Demonstrationsunterricht erteilt: die frühen Choräle vorgespielt im Hinblick auf Rhythmik, Metrik, Reim – dann die späteren vom Barock an, deren Melodien im wesentlichen meinen und Schröders Texten zugrunde liegen: das sind Tänze! Einige dann völlig verflachte Kirchenmelodien der späteren Zeit hat er mir – als Schlager vorgespielt!!! Wir haben uns ausgezeichnet verstanden. Mann in meinem Alter, Schlesier. Die Wendung, die ich gemacht habe, mit dem Text der Bibel zu «dichten» (wie im Roman mit der Geschichte), hält er für den einzigen Weg zum neuen Choral, sonst wird nämlich Museum daraus, wenn wir die Alten mit einer Naivität nachahmen, die wir 1938 nicht mehr haben können. Von meinen bereits vorliegenden Texten kommt für die Musik nichts in Frage, so sehr er einzelnen Zeilen und dem gesamten Tenor der Texte nachtrauert. Wir machen als erstes ein ganz einfaches Oratorium für Chor und Gemeindechoral über das Evangelium vom verlorenen Sohn: rein als handwerkliche Übung.[93]

1. August 1938 · Montag

> Nun, Herr, wes soll ich mich trösten? Ich hoffe auf dich. Errette mich von aller meiner Sünde. *Psalm 39, 8. 9*

Ich konnte bereits am Morgen wieder am Schreibtisch sitzen, als wäre ich endlich wieder ein Schriftsteller.
Hanni war noch sehr lange bei Rechtsanwalt Wergin gewesen. Er gab, was das Haus angeht, von sich aus den gleichen Rat, den wir uns als Lösung überlegten: das Haus auf meinen Namen. Eine erste Hypothek von der Rheinischen Hypothekenbank. Eine zweite Hypothek von Hanni.
Denn alle nehmen an, daß der Arisierung der Geschäfte und aller Unternehmen die Arisierung des Grundbesitzes folgt. Der Ungewißheit solchen Ausweges sind sich heute wohl alle bewußt, die ihn wählen. Für mich selber ist's, wie für Hanni, voller Geheimnisse Gottes.

3. August 1938 · Mittwoch

> Ich will mich am allerliebsten rühmen meiner Schwachheit, auf daß die Kraft Christi bei mir wohne. – Denn, wenn ich schwach bin, so bin ich stark. *2. Korinther 12, 9. 10*

Die jüdischen Ärzte müssen ihre Praxis auflösen – mit Frist bis zum 1. 10.! Nur für die Behandlung von Juden soll es noch Sondergenehmigung geben. Das alles ist noch sterbenskrank, ja, immer kränker. Es bleibt der Gradmesser.
Und alle außenpolitische Entspannung ist nicht wahr: China-

Japan, Japan-Rußland, Spanien, Araber-Juden, Juden-Deutsche, Sudetendeutsche-Tschechen: es ist ein verhängnisvoller Sommer. –

5. August 1938 · Freitag

Sei uns gnädig, Herr, sei uns gnädig! Denn wir sind sehr voll Verachtung. *Psalm 123, 3*

Anruf bei Raeck, dem armen W. aus Breslau eine Inspizientenstelle im Schillertheater zu vermitteln. Dr. Raeck plädierte eifrigst für die Dramatisierung von «Der König und der Abenteurer» für Heinrich George im neu eröffneten Schillertheater.
Hanni schüttelte nur den Kopf; denn diesen Vormittag kamen noch zwei andere Anrufe: Dr. Pagel: die Tobis hat die Option auf den «Vater» erworben. Pauck-Tobis: am Dienstag Besprechung mit ihm, Köppen als Chefdramaturg, dem Produktionschef Vogel, der den «Vater» bereits begeistert gelesen hat, und mir über Verfilmung von «Der König und der Abenteurer». Nun haben Hanni und ich die gemessene Einstellung diesen Dingen gegenüber, freuen uns aber dankbar über jedes Zeichen von beruflichem Leben um uns, wo wir doch schon so oft verloren gegeben waren. Wir sind so glücklich, daß wir noch immer an Aufbau denken dürfen! 1938 in unserer Situation! –

9. August 1938 · Dienstag

Selig ist der Mann, der die Anfechtung erduldet; denn nachdem er bewährt ist, wird er die Krone des Lebens empfangen, welche Gott verheißen hat denen, die ihn liebhaben. *Jakobus 1, 12*

Morgens Anruf Ihlenfeld, daß wir uns einig sind, das nachgedichtete Abschlußlied nicht in das «Kyrie»-Bändchen aufzunehmen. Von «König und die Stillen im Lande» sind trotz des glühenden Sommers schon 1400 Stück verkauft. Darüber muß selbst Ihlenfeld staunen. Diesmal hatten wir nur mit einem ganz kleinen Leserkreis gerechnet.
Bei der Tobis fragten sie mich gleich, ob Schwierigkeiten vom Ministerium her zu erwarten seien. Als ich berichtete, umran-

dete Pauck sein Kalenderblatt mit dem Rotstift: zum ersten Male sei in diesen Räumen das Ministerium gelobt worden! –
So sieht die Einigung vorläufig so aus und wird so an den Kunstausschuß und den Aufsichtsrat weitergegeben:
Es wird eine Friedrich-Wilhelm-Trilogie bis zum neuen F. W. I.-Gedenkjahr 1940 erwogen.
Es werden vielleicht drei Treatments von mir erforderlich, in meiner Sprache, nicht mit dem filmischen Handwerk, dessen Erlernung ich jetzt keine Zeit widmen darf: 1. Der König und der Abenteurer. 2. Die Töchter (die gestrichene Nebenhandlung von der Demoiselle Koch und der Lietzenburger Kastellanstochter aus Kapitel IV–VI). 3. Grundling.
Werden diese geplant, so schreibe ich die Handlungsskizze mit möglichst viel Dialog in je einem Monat, zur zeitlichen Konzentration für mich noch dieses Jahr.
Aus dem Drehbuch scheide ich aus, weil sich die Arbeit über zweieinhalb Jahre verteilen könnte. Ich scheide auf meinen Wunsch und ganz gegen Willen der Tobis aus. –
Ich muß aber dem Regisseur und dem Hauptdarsteller zu Besprechungen vor Drehbeginn noch einmal acht Tage zur Verfügung stehen.
Ich muß dann endlich Drehbuch und Dialog – welcher Gegensatz zur Ufa! – noch einmal «dichterisch und historisch» überprüfen.
Nach meinen finanziellen Forderungen gefragt, nannte ich mein einstiges Angebot von der Ufa, da ich sonst über Erfahrungen nicht verfüge.

11. August 1938

Nicht uns, Herr, nicht uns, sondern deinem Namen gib Ehre um deine Gnade und Wahrheit! *Psalm 115, 1*

Freundlicher Anruf von Köppen: ob ohne nochmalige Rücksprache mit mir der Vertrag für drei Treatments à 1500 Mark ausgefertigt werden darf. Ich willigte sofort ein, weil mir bei so impulsivem Mitgehen jede Prätention oder gar jedes finanzielle Handeln mehr als verfehlt schien. Ich tat es, zumal da er mir

sagte, daß Pagel ohne jedes Ressentiment und nur erfreut mich, mit Kilpper, für ein Vierteljahr für diesen Zweck quasi freigibt.
Da Kilpper gestern in Berlin war, konnte Pagel gleich den ganzen Fall mit ihm besprechen; beide waren sich einig und sehen ihn im Hinblick auf den «Vater» sehr positiv, obwohl ja die endgültige Verfilmung mit dem Treatment-Auftrag noch in keiner Weise feststeht. Aber fast ist es unrecht, daran zu zweifeln, wenn man auf den gescheiterten Friedrich-Wilhelm-Film von 1934 zurückblickt und nun an den Umstand denkt, daß die Auflassung des Grundstückes in Nikolassee und der neue Filmauftrag auf den 250. Geburtstag des Königs fallen. Schwer ist's, gerade jetzt schon an 1940 zu denken, wo die Gedanken immerzu zum August 1914 zurückgehen.
Hanni und ich sind nur dankbar, freudig und bewegt. Die Trilogie als Ergebnis einer Besprechung ist auch ein Mirakel.
Hanni sagt, sie erschrickt fast davor, daß es mir nun in dieser Gefährdung meines Berufes so geht wie in meinen besten Zeiten. Aber ich gedenke all der Bibelworte, die in der verzweifelten Arbeit am «Vater» mir wie Verheißungen begegneten. Und Hanni weiß, woher dies alles zu uns kommt. Alles, was wir erleben, macht uns nur noch einiger miteinander und inniger zueinander.
Dieses zerrissene und bedrohte Jahr soll nun ein solches Geschenk sein!

17. August 1938 · Mittwoch

> Gott ist der rechte Vater über alles, was da Kinder heißt im Himmel und auf Erden. *Epheser 3, 15*

Diese Tage sind politisch so furchtbar schwer. Die außenpolitischen Spannungen; die wachsende Beunruhigung durch die Verschickung unzähliger Menschen zum Festungsbau im Westen; die ungeheuren Reservistenübungen überall, die Konzentration namentlich im Südosten; der Materialienmangel; die Hybris der Staatsbauten; und den Juden werden bei der wachsenden Wohnungsnot (Ärzte, Praxisräume und Wohnung!)

durch lauter Einkreisungsmaßnahmen gar die Wohnungen genommen –. Turmbau von Babel und Ausweisung der Juden: man erschrickt zu Tode. –
Land um Land sperrt seine Grenzen für die Emigranten. Manchmal denkt man, wenn diese Katastrophe ihren Höhepunkt erreicht hat, wird das Weltgericht des Krieges kommen.
So oft ich noch zu feiern oder mich zu freuen versuche, erscheint es mir als nicht nur fragwürdig, sondern als verdammenswert. Es ist zuviel Unglück zu nahe um mich und zuviel Unheil lastet über dem ganzen Erdteil. Nur die Kirchenfeste, die lassen sich immer begehen. Sonst löst alles Feiern und Sichfreuenwollen tiefste Niedergeschlagenheit aus. Das höchste Fest wird allmählich Sammlung zur Arbeit, so unbeschreiblich ist die Arbeit gefährdet. –
Hanni machte Anni Ihlenfeld und dem kleinen Bertram (geb. 23. 7.) ihren Besuch, ich überprüfte mit Ihlenfeld noch einmal den «Kyrie»-Umbruch. Ich freue mich, daß er eine Auflage von Fünftausend wagt. – Die Situationen sind noch so friedlich, wie man da beisammensitzt und Kinder um einen sind. Aber die Gespräche lassen einem das Herz zittern. Wir bauen Häuser und bekommen Kinder und planen Bücher: aber wir sind alle aufs Letzte bereitet.

18. August 1938 · Donnerstag

> Wir wissen, daß Trübsal Geduld bringt; Geduld aber bringt Erfahrung; Erfahrung aber bringt Hoffnung; Hoffnung aber läßt nicht zu Schanden werden. *Römer 5, 3–5*

Auch dieser Tag unruhig, so gestört.
Daß nun das neue Buch plötzlich nicht begonnen werden soll – ist's etwa ein ernstes Zeichen von Gott, daß ein so weitgehender Plan jetzt nicht sein darf? –
Renerle kam mit einem Strauß Nelken; sie hatte ihren «Ausgang», und der traf erfreulicherweise mit dem Abendbrotbesuch der beiden Wolfshauer, Pohl und Milch, zusammen. Milch rechnet nun schon fest damit, daß nach der Arisierung der Geschäfte die Übernahme alles jüdischen Grundbesitzes folgt; die-

ser Gedanke bewegt uns ja schon lange. Und das nun in Verbindung mit der Wohnungsnot. – An den jüdischen Dingen und dem, was sie als Symptom bedeuten, werden wir ganz krank. Uns ist, als könnten wir zu anderen bald nicht mehr reden und mit niemand als mit Renerle mehr lachen. Ich sehe mit Entsetzen, wie ringsum sich Nihilismus ausbreitet; und nur ein kleiner Kreis ist da, der zu völliger Gottergebenheit statt zum Nihilismus sich entwickelte.
Renerle will nun also unter allen Bedingungen, auch trotz Milchs Amerikareise, nach Wolfshau. Unsere bange Hauptfrage an Milch und Pohl gestern war: die Nähe der tschechischen Grenze in Wolfshau.

19. August 1938 · Freitag

Wenn ich mich fürchte, so hoffe ich auf dich. *Psalm 56, 4*

Menschen, Material, Pferde, Autos – auch aus der unmittelbaren Nachbarschaft – verschwinden bei den Fortifikationsarbeiten (Tank-Abwehr) im Westen. Zum ersten Male wird die allgemeine Unruhe, Bedrängung, Stumpfheit, Unzufriedenheit allerorten in der Bevölkerung laut, indes bei offiziellen Anlässen die Aufmarschierenden noch immer ungeheuer begeistert wirken. Die Befestigungslinie im Westen – militärisch auf weitere Sicht, sofern wir jetzt nicht zum Kriege treiben, notwendig – ist, gerade neben den ungeheuren Prunkbauten der Abbruchsgebiete, wie ein Symbol geworden, wie eine dämonische Zwingburg. Alles spricht nur vom «Westen» – dem, was dort geschieht, und dem, was sich dort ankündigt. Und immer erschreckender taucht in den Gesprächen das jüdische Konzentrationslager in einem Steinbruch bei Weimar auf.

23. August 1938 · Dienstag

Lasset euch niemand das Ziel verrücken. *Kolosser 2, 18*

Morgens Anruf Pagel: die Ufa hat die 5400 Mark für die «Kahn»-Rechte bereits überwiesen.
Bei der Tobis: ruhige, klare, von beiden Seiten in freundlichster

Haltung geführte Vertragsverhandlung, die in nichts von den vorher geführten Gesprächen abwich: ein Novum beim Film. Und alle, die mit mir verhandeln, kennen das Buch; die Gesprächsgrundlage ist da.[94]
Immer schlimmere Verschärfungen auch in Hotels für die Juden. Reisen ist nun anders als von Haus zu Haus eigentlich ausgeschlossen. Ab 1. 1. müssen alle Juden, ob getauft oder nicht, als zweiten Vornamen den Namen Israel, alle Jüdinnen den zweiten Namen Sara führen. Die Liste der Vornamen, die für neugeborene Judenkinder festgesetzt ist, bedeutet zu achtzig Prozent eine sadistische Verhöhnung.
Die biblischen, berühmten Namen sind den Juden gesperrt.
Das alles nahmen wir natürlich ohne Klage hin. Das deutsche Volk steht nicht dahinter. Und die Juden – und Hanni auffallend anhaltend und stark – fürchten ja Schlimmeres: die Ausweisung ohne alle Mittel. Hanni und ich tun auf jeden sorgenvollen Gedanken in die Zukunft einen dankbaren Rückblick auf Gottes Führung in der Vergangenheit. Und seit Hanni Christin werden will, bin ich viel ruhiger. Gott hatte so deutlich gemahnt.
Seit die Konferenz von Evian erwiesen hat, daß das Ausland den deutschen Juden nicht hilft, ist alles noch viel tragischer.
«Ohnmacht» und «Überwindung» im Sinne von Römer 8, 37 bis 39, das sind in den letzten Monaten die Pole meines Denkens geworden. –

25. August 1938 · Donnerstag

Das Gebot, das ich dir heute gebiete, ist dir nicht verborgen noch zu ferne; – denn es ist das Wort gar nahe bei dir, in deinem Munde und in deinem Herzen, daß du es tust. *5. Mose 30, 11. 14*

Um zehn Uhr war ich zur Grundsteinlegung in Nikolassee; ich ließ folgende drei Sprüche in der Südwestecke des Hauses einmauern: Haggai 2, 9; 2. Korinther 5, 1; 1. Korinther 3, 11. –
Den Gesamtplan der «Vater»-Trilogie für den Film entworfen.
Nun liegen doch noch einmal Friedrich-Quellen von der Staatsbibliothek bei mir: zu Grundling, Zar Peter, Clement, Dr. Eisenbart und Eckenberg.

29. August 1938 · Montag

Der Herr Zebaoth hat's beschlossen – wer will's wehren? Und seine Hand ist ausgereckt – wer will sie wenden? *Jesaja 14, 27*

Morgens ein langer Besuch bei Kurzreiter. Ich habe den Eindruck, als würde er sehr bald zur Taufe sich entschließen und sich mit dem begnügen, was ich ihm über Hannis Frömmigkeit und Verschlossenheit sagte. – Durch Kurzreiter erfuhr ich, daß in der Herrnhuter Brüdergemeine «Der Vater» kursorisch gelesen worden ist. Die Brüdergemeine kann sich kaum mehr behaupten.
In der Stadt, im Blick der Menschen auf die Schlagzeilen der Zeitungskioske, spürt man, daß sie aus ihrer Stumpfheit aufgewacht sind. Das Eigentliche, bei unserer einheitlich gelenkten Presse, muß man natürlich zwischen den Zeilen lesen.
Da ist nun nicht mehr die Rede davon, «daß der Krieg nicht unvermeidlich sei»; sondern nun taucht die Frage auf, «warum sich der Krieg nicht lokalisieren lassen sollte».
Alle Probleme außer dem sudetendeutschen werden verschwiegen; alles Augenmerk wird nur auf diesen einen Konfliktstoff gelenkt.

2. September 1938 · Freitag

Das Verlangen der Elenden hörst du, Herr; ihr Herz ist gewiß, daß dein Ohr darauf merket. *Psalm 10, 17*

Eineinviertel Stunde bei Dr. Koch; ich war nur in der Absicht hingegangen, ihn über den Stand der Filmangelegenheiten zu unterrichten. Nun erfuhr ich erst von allen Schwierigkeiten. Es wurde das wärmste und schwerste Gespräch, das wir je miteinander führten. Das Fortschreiten, die Verschärfung der antisemitischen Maßnahmen wird vielleicht auch vor den Sondergenehmigungen nicht Halt machen. Ich soll mich auf große Erschütterungen vorbereiten, und schon jetzt hat man meine – Scheidung erörtert. So weiß er nun, wo die Grenze ist: meine übrige Fügsamkeit kennt er. Denn selbst für den Aufenthalt bei Pohl und Milch, durchaus ein Problem, habe ich mir erst die

Genehmigung geholt. So war's nun von ihm ausgesprochen: Ehe oder Vaterland – als Entscheidung, vor die ich bald gestellt sein kann. –
Wieder steht es vor mir wie im September 1935, das Wort, das schwere Erschütterungen und großen Frieden in einem ankündigt: Daniel 10, 19.
Ich behalte alles ganz für mich. Diesmal, das erste Mal, auch vor Hanni.
Von der Unterredung im Ministerium zur plötzlich doch zustande gekommenen Auflassung bei Wergin. Das war schwer: so unmittelbar nach dem Gespräch mit Koch nun das Grundstück in Nikolassee zu übernehmen.
Plötzlich werden die Hypotheken gesperrt, gerade von den Hypothekenbanken. Und ich stehe mitten in den Verhandlungen. –
Auch wenn Friede bleibt: vor uns kann soviel Schweres liegen. Eins weiß ich: Gott ist kein Quäler, wenn auch der Richter und immer der Führer; und über allem der Vater.

3. September 1938 · Sonnabend

> Ich will schauen dein Antlitz in Gerechtigkeit; ich will satt werden, wenn ich erwache, an deinem Bilde. *Psalm 17, 15*

Frühstück noch einmal mit beiden Töchtern. Dann brachte Brigitte Renerle, die «so gern noch einmal zwei Nächte bei uns geschlafen hatte», zur Bahn. Und so kehrt das Pittel nach Wolfshau zurück. Ob es dort noch einmal so vergnügt sein wird?
Werner Milch, der schon wieder hier sein muß, schien mir am Telefon sehr bedrückt. –
Brigitte spricht so kalt von ihrer Emigration. Wir werden sie noch aufs beste ausbilden lassen, soweit die Möglichkeiten noch da sind.

6. September 1938 · Dienstag

> Fürchte dich nicht, denn ich habe dich erlöst; ich habe dich bei deinem Namen gerufen; du bist mein! *Jesaja 43, 1*

Das große Ordnen vor der Reise. Das Packen der Koffer. Mir zittert das Herz, als sei es eine große, große Sache und mir ist so

schwer zumute, daß ich ohne Bibel nicht einmal mehr reisen mag. –
Im Hinblick auf die Außenpolitik und auf das Judentum lastet der Nürnberger Parteitag schwer auf dieser Reise. Aber des Baues wegen und wegen der nahe bevorstehenden Heizperiode ist es nun die letzte Möglichkeit für mich, wegzufahren.

7. September 1938 · Mittwoch

> Nicht, daß du mich hättest gerufen, Jakob, oder daß du um mich gearbeitet hättest, Israel.
> Mir hast du Arbeit gemacht mit deinen Sünden und hast mir Mühe gemacht mit deinen Missetaten. Ich, ich tilge deine Übertretungen um meinetwillen und gedenke deiner Sünden nicht.
> *Jesaja 43, 22. 24–25*

Grau und kalt. Bis in die Stunde des Aufbruchs hinein, den Reiseentschluß bestätigend, die Anrufe. –
Am frühen Nachmittag, gerade bei der Einfahrt in die Berge, vor Hirschberg, lag die Sonne, hervorbrechend aus schwerem, schwarzem Gewölk, über der Landschaft. Das Haus am Fuße der Schneekoppe, schon geheizt, der runde Kaffeetisch nahe am Kachelofen, im Garten noch alle Sommerblumen.
Bei Milchs ist das Haus so voll, daß wir zu Pohl sollten. Bei Milchs sind alle Gäste Juden, die eine letzte Zuflucht in Deutschland suchten und deren Zuflucht selbst hier so bedroht ist.
Renerle und Frau Milch hatten uns in Krummhübel abgeholt; und Renerle, die sich hier wieder so wohl fühlt und die Weltstadt nicht braucht, fühlte sich vom ersten Augenblick an für ganz Wolfshau vor uns verantwortlich.

8. September 1938 · Donnerstag

> Plötzlich rede ich wider ein Volk und Königreich, daß ich es ausrotten, zerbrechen und verderben wolle. Wo sich's aber bekehrt von seiner Bosheit, dawider ich rede, so soll mich auch reuen das Unglück, das ich ihm gedachte zu tun. *Jeremia 18, 7. 8*

Gleich nach dem gemeinsamen Frühstück besuchten wir ganz rasch unser Renerle und machten einen kurzen Weg durch den

Ort und durch den Wald, hocherfreut, daß hier nichts an das Störende von Badeorten erinnert und daß der kürzeste Weg so lohnend ist, an soviel Schönes heranführt, immer wieder herrliche Ausblicke freigibt.
Ich habe gleich meine Arbeit am «König und Abenteurer» aufgenommen, habe meinen Arbeitsplatz in der hübschen, holzgetäfelten oberen Diele am breiten Fenster mit dem weiten Blick auf Berge, Höhenzüge, Täler, einen Bergbauernhof, Milchs Haus und Garten mit meinem Renerle, auf Brückenberg droben, die rauschende Lomnitz drunten. –
Hier sind geordnete Haushalte, wenn auch keiner von der Schönheit und Klarheit und den Werten des unsrigen. Aber Häuser: kein Hotel, keine Pension, kein Kurhaus – in die zudem Hanni keinen Zutritt mehr hätte. Für Menschen unserer Situation bildet sich eine ganz neue Form des Reisens heraus.

13. September 1938 · Dienstag

> Dieser Tag ist heilig dem Herrn, eurem Gott; darum seid nicht traurig und weinet nicht! – Und bekümmert euch nicht; denn die Freude am Herrn ist eure Stärke. Seid still, denn der Tag ist heilig; bekümmert euch nicht. *Nehemia 8, 9. 10. 11*

Die Arbeit geht fort. Auch Milch, der sehr gestört im Hause ist, und Pohl, der sich in diesen Tagen so gar nicht mehr in der Hand hatte, nehmen sie wieder auf.
Aber es ist sehr, sehr schwer.
Prager Sender: Sofort nach der Hitlerrede setzen Unruhen in den sudetendeutschen Gebieten ein. Belagerungszustand und Standrecht verhängt. –
Spät nach dem Bade abends ging ich noch einmal mit Pohl und Heintze zu Milchs hinüber, ausländische Sender zu hören. Denn um einhalb sechs hatte die Sudetendeutsche Partei an den Tschechoslowakischen Staat ein auf sechs Stunden befristetes Ultimatum wegen des Standrechts gestellt und die Verkündigung durch Rundfunk gefordert. Es war eine qualvolle Nachtstunde. Der Rundfunk sandte diesseits und jenseits der Grenzen Tanzmusik, und die Völker wurden im unklaren gelassen. Darf man noch

daran denken, daß die deutsche Generalität den letzten Übersteigerungen Hitlers nicht nachgibt? Ist Gott bei den Frommen und Tapferen? In der Stunde der höchsten Hybris des Dritten Reiches?
Friedevolle Mondnacht. Die Nacht der Kriegserwartung. Werden deutsche Truppen in die sudetendeutschen Standrechtsgebiete einrücken?

14. September 1938 · Mittwoch

Fürchte dich nicht! Friede sei mit dir! Und sei getrost, sei getrost!
Daniel 10, 19

Pohl war in Hirschberg. Von Hirschberg an die Gegend ein Heerlager. Noch heißt es: Manöver. – Die Bevölkerung bewunderungswürdig gefaßt, doch sehr niedergeschlagen.
Wir sind sehr glücklich, gerade jetzt bei Renerle an der Grenze zu sein. Auch ehe die Kriegsgefahr sich so verdichtete, war ja das einer der Hauptgründe gerade gegen dieses Reiseziel gewesen.

15. September 1938 · Donnerstag

Bei dem Herrn ist die Gnade und viel Erlösung bei ihm.
Psalm 130, 7

Im Hause gibt es außer den persönlichen Freundlichkeiten nur ein Gespräch: die Spannung gerade dieses Tages.
In den sudetendeutschen Gebieten noch immer die verhängnisvollsten Aufstände. – Die Engländer haben Chamberlain mit großen Ovationen nach Deutschland entlassen. – Viele Sudetendeutsche kommen über die Grenze. Offener Bürgerkrieg in der Tschechoslowakei? – Prag berichtet ruhig. –
Das Chamberlain-Communiqué dünn und undurchsichtig.
Nach dem Abendwege zu den letzten Funknachrichten noch einmal bei Milchs. Es sind noch einmal Tage der Freundschaft mit Menschen und Tieren. Aber in den Gedanken hat gar nichts Raum als die Politik. Nur eben noch das Interesse an den Menschen hier um uns; und soweit ich sie nicht weiß, lasse ich mir so allmählich ihre Geschichte erzählen.

Die ungeheure Erregung der deutschen Funkberichte und die Ruhe der tschechischen, die sich aber immer dichter häufen, machen das Bild der Lage immer uneinheitlicher. Man ist der Hypothesen müde. Gerade angesichts der Musik im Rundfunk wird man sich der Ohnmacht der Völker so bewußt – gefälschte Meldungen und Unterhaltungsmusik in diesen Stunden!
Alles, was man tut, ist nur wie eine Fiktion. Dabei habe ich nun meine Arbeit wieder in der Hand.
Aus Berlin etwas beunruhigende Nachrichten über Nachfragen bei Brigitte – anonym und polizeilich? –, wer der Eigentümer unseres Hauses sei. – Ich darf in alledem nur an die Bibelsprüche denken, die nun auch im neuen Haus schon eingemauert sind; nur an die Seiten, die wenigen, die vom «Ewigen Haus» schon geschrieben daliegen. –
Regenwolken und Nebel und tiefe Dunkelheit über Wolfshau. Die Lichter von Brückenberg schweben wie große Sterne darin.

16. September 1938 · Freitag

> Herr, gedenke mein nach der Gnade, die du deinem Volk verheißen hast; beweise uns deine Hilfe. *Psalm 106, 4*

Es sollen immer mehr Sudetendeutsche über die Grenze kommen. Auch in Hirschberg ist schon ein Flüchtlingslager eingerichtet.
Es bedeutet viel für mich, gerade jetzt noch einmal in Schlesien zu sein. Keine Steigerung und keine Entspannung in der politischen Lage. – Chamberlain wieder in London. Es soll aber noch eine zweite Zusammenkunft mit Hitler in Godesberg stattfinden. –
Meine Korrespondenz gilt weiterhin der Werbung zu Sammlungen für die schlesische Hochwassernot.
In England unentwegt Bittgottesdienste für den Frieden. Und wir, denen es am meisten nottut –?
Pohl sprach den ersten sudetendeutschen Flüchtling, einen Funktionär der Sudetendeutschen Partei, der seine Verhaftung fürchtete.

Ein weiterer sudetendeutscher Parteimann, der hierher geflohen ist, bestätigt die ruhigen Mitteilungen des Prager Senders und widerspricht den aufgebrachten Meldungen des deutschen Rundfunks. Von Stunde zu Stunde werden die Nachrichten substanzloser, indes die ganze Spannung fortbesteht.
Deutschland und die Sudetendeutschen: heim zum Reich. Prag: der tschechoslowakische Staat muß bleiben. –
Die Prager Regierung verkündet allen sudetendeutschen Flüchtlingen – auch den Parteileuten und Soldaten – Amnestie.

18. September 1938 · Sonntag

> Fürchtet euch nicht; denn Gott ist gekommen, daß er euch versuchte und daß seine Furcht euch vor Augen wäre, daß ihr nicht sündiget. *2. Mose 20, 30*

Beim Frühstück kam, mit sehr herzlichen Zeilen von Ihlenfeld, eine Sendung von fünf «Kyrie»-Exemplaren.
Die Kirche nicht so voll, weil im nahen Arnsdorf Kirchweih war. Die Predigt eines sympathischen jungen Vikars wegen mangelnder menschlicher Erfahrung für den Ernst dieses Sonntags nicht ausreichend. Die großen Kirchengebete der Agende begreift man gerade nach matten Predigten immer tiefer, und ich bin überzeugt, daß die Menschen – obwohl in Deutschland nichts dafür «angeordnet» ist – um den Frieden gebetet haben.

20. September 1938 · Dienstag

> Der im Finstern wandelt und scheint ihm kein Licht, der hoffe auf den Namen des Herrn und verlasse sich auf seinen Gott.
> *Jesaja 50, 10*

Der erste Zwischenfall in diesem Grenzbezirk: Handgranaten auf das tschechische Grenzhaus, das niederbrannte.
Nun ist die Jahreszeit, in der Caspar David Friedrich das Riesengebirge zu malen pflegte.
Der Kamm nun auch hier von den Tschechen kriegsmäßig besetzt. Aber noch wandern die Menschen allmorgendlich zur Schneekoppe hinauf. Wergin, Topell, Karbe, Pohls Bekannte,

Milchs Freunde – alle, die noch herkommen wollten, wagen sich nun nicht mehr von Berlin weg. Aus den knappsten Karten, die man hierher schreibt, klingt die ganze Unruhe, Niedergeschlagenheit, die psychische Arbeitsunfähigkeit, Müdigkeit und Gespanntheit, die Berlin beherrschen.

Den Glanz und die Stille dieser Tage nimmt man hin wie ein letztes Geschenk, dankbar und ernst. Alle Sensation und Panik lehnen wir ab.

Prag sendet heute Abend keine Berichte mehr. So ungeheure Vorgänge scheinen sich anzubahnen. Es sieht aus, als halten die großen West-Demokratien der Achse Rom und Berlin nicht stand; als trüge Hitler einen für Europa schicksalhaften Erfolg davon. Unsere Zeit begreift, was irdische Macht ist. Gott läßt sie zu ihrer Höhe gelangen, gelangen zur Hybris und Dynamis und Tyrannis.

Geht der Krieg an uns vorüber – ohne daß Gott den Frieden gibt? Die Seinen können den Frieden, sei was will an Machtproben in der Welt, doch nur von ihm nehmen: den echten Frieden im falschen. Und bei ihnen ist Deutschland.

Was auch kommen mag – nichts ist wohl so schwer, wie die Lage des deutschen Judentums im neuen Weltkrieg würde. Nichts, nichts so schwer wie der Krieg – vor dem wir vielleicht in diesen Stunden noch stehen.

Wenn aber Hitler sich ohne Krieg durchsetzt, – welche Konsequenzen für die Abhängigkeit Ungarns und Polens von Deutschland (auch in der Judenfrage), die durch Hitler einfach ihre an die Tschechoslowakei verlorenen Gebiete wiederbekommen. Das Südtirol-Problem darf nicht zur Sprache kommen.

Die Zusammenkunft in Godesberg ist auf Donnerstag verschoben.

Immer neue Briefe aus Berlin: alle in dem einen Ton, als sei geistige Arbeit nicht mehr möglich. – In diesen Tagen sind manche Menschen, Männer, die im Dritten Reich noch nichts gelitten haben, ins Ausland gegangen! Gottes Volk ist überall unter den Völkern, und Er ist der Herr seines Friedens!

21. September 1938 · Mittwoch

> Der Herr verläßt sein Volk nicht um seines großen Namens willen. *1. Samuel 12, 22*

Glanz und Wärme, Klarheit und Wind. Des Tages schweben die schönsten Schmetterlinge in all dem Gold und Blau. Des Nachts schreien die Hirsche in den Wäldern. Im Garten bunter Phlox und blaue Gladiolen. Post von Pagel, der um Korrekturen bittet, weil wieder eine neue Auflage vom «Vater» eingeleitet wird. Das ist eine große Freude. –
Auch in den gemäßigten, hier noch erlaubten Schweizer Zeitungen steht es nun: Die Kriegsgefahr gebannt durch unfaßliche, völlige Kapitulation Englands und Frankreichs vor dem Faschismus. Wir stehen, auch im Frieden, vor gewaltigen europäischen Vorgängen; wie sie politisch auch schillern mögen – der letzte Grund kann immer nur der Kampf des Unglaubens gegen den Glauben, auf alle Lager verteilt, sein.

22. September 1938 · Donnerstag

> Ich, ich bin euer Tröster. Ich lege mein Wort in deinen Mund und bedecke dich unter dem Schatten meiner Hände, auf daß ich den Himmel pflanze und die Erde gründe und zu Zion spreche: Du bist mein Volk. *Jesaja 51, 12. 16*

Die Arbeit schreitet voran, bleibt mir aber fremd. Im Film ist alles nach außen gewendet.
Chamberlain und Hitler in Godesberg. Stehen wir nun vor dem völligen Sieg des Faschismus in Europa?
Heute morgen, als wir ein Stück in den Eulengrund hinaufgingen, kam uns von den Grenzbauden her, nach zweieinhalbstündiger Wanderung, eine sudetendeutsche Bäuerin, überaus sympathisch, entgegen: mit ihren sechs Kindern, zwölf bis zweieinhalbjährig. Die zwanzigjährige Tochter hat sie schon gestern weggeschickt. – Auch sie: sie kann seit Tagen nicht mehr schlafen. – Sie bringt ihre Kinder in das nächste Flüchtlingslager; dann geht sie wieder zurück zu ihrem Vieh. – Und nun das Typische, Bedrückendste: es sei ja alles drüben ruhig, aber der

deutsche Rundfunk melde doch immerzu solche tschechische Greueltaten. –

Weichheit, Lindigkeit, starke Sonne, milder Wind. Im Glanz des Tages, in der sanften Dämmerung das Tal in zartem Dunst. Gerade in den Stunden von Godesberg sieht es aus, als käme noch der Krieg.

In der von allen Bundesgenossen – außer Rußland? – verlassenen Tschechoslowakei haben die Generäle die innenpolitische und außenpolitische Führung an sich gerissen. Ein lokalisierter Vernichtungskrieg? Mit der regulären deutschen Armee? Auffallender, doch zahlenmäßig spärlicher Grenzerdienst.

Abends, nach der Arbeit, spielten sie mir auf Schallplatten die Trauerrede Gottfried Benns auf Klabund vor –: «Der Dichter trinkt sein eigenes Blut – nur daraus schafft er – der Dichter ist sein eigener Gott – die Dichter sind Tränen der Nation – dem Traume nach, immer dem Traume nach –»! Darüber werden wir uns nie verständigen, Hanni und ich einerseits, die Literaturleute andrerseits. –

Diese maßlose Überschätzung der Literatur.

Nach den Abendberichten scheint Hitler alles konzediert zu werden.

23. September 1938 · Freitag

> Jaget nach dem Frieden gegen jedermann und der Heiligung, ohne welche wird niemand den Herrn sehen, und sehet darauf, daß nicht jemand Gottes Gnade versäume. *Hebräer 12, 14. 15*

Gestern abend und heute früh auch hier Schüsse zu hören. Ein Zwischenfall bei der Wiesenbaude, nahe der Prinz-Heinrich-Baude, die wir ja auf vielen unserer Spaziergänge klar hoch droben liegen sehen.

Nach Briefen aus Berlin gilt Wolfshau dort schon bei manchen als «evakuiert». –

Von Frankreich im Stich gelassen, von England nicht mehr gedeckt, scheint die Tschechoslowakei dennoch zu verzweifeltem, äußerstem Widerstande entschlossen. Die Godesberger Verhandlungen Hitler-Chamberlain sind von gestern auf heute ins Stokken geraten! Und nun, in der äußersten Zuspitzung, scheint der Kommunismus, scheint die Sowjetunion die Kapitulation der Demokratie vor dem Faschismus verhindern zu wollen. Alles spitzt sich von neuem zu! –

24. September 1938 · Sonnabend

Der Gott aber aller Gnade, der uns berufen hat zu seiner ewigen Herrlichkeit in Christo Jesu, der wird euch, die ihr eine kleine Zeit leidet, vollbereiten, stärken, kräftigen, gründen.

1. Petrus 5, 10

Als wir gestern noch bei Milchs die letzten, sorgenvollen Funknachrichten aus Prag und Straßburg hörten, bemerkten wir zwischen Koppe und Prinz-Heinrich-Baude Feuerschein in der Richtung des Schlesierhauses: in der Spannung dieser Stunden sehr erregend, erregend allein schon als nächtliches Bild. Heut rühmten sich die Brandstifter hier im Dorf ihrer Tat, das kleine Haus eines linksstehenden Sudetendeutschen, eines Fotografen, angesteckt zu haben; heute Nacht folge die Emma-Baude. – Das ist die Folge einer Rundfunkpropaganda, die die Gegenseite als «Mordbrenner», «Kommunisten» und «Hussiten» (!), «roten Mob», «Provokateure» systematisch dreimal am Tage hinstellt. – Von den deutschen Juden, die in der Tschechei die Notwendigkeit erneuter Emigration fürchten, wird als den «verwirrten Hebräern» gesprochen.
Um halb elf abends hatte in Godesberg nun doch noch eine Zusammenkunft Hitler-Chamberlain stattgefunden. Ein Communiqué wurde nicht ausgegeben. Heute Abreise Chamberlains. Ebenfalls kein Communiqué. In der Tschechoslowakei Mobilisation. –

27. September 1938 · Dienstag

Wandelt würdig vor Gott, der euch berufen hat zu seinem Reich und zu seiner Herrlichkeit. *1. Thessalonicher 2, 12*

Alles neigt sich eher dem Kriege als dem Frieden zu. Das waren hier drei schöne, schwere, seltsame Wochen.
So müde ich bin: ich bin braun und runder denn je. Auch Hanni

scheint mir erholter als nach Beuron[95]. Ich bin sehr glücklich und dankbar, daß sie in diesem schweren Jahr sechs Wochen Ferien haben konnte. Auch allem Politischen gegenüber ist sie ruhig und gefaßt. Rückkehr von Wolfshau nach Berlin.

28. September 1938 · Mittwoch

> Gott ist getreu, der euch nicht läßt versuchen über euer Vermögen, sondern macht, daß die Versuchung so ein Ende gewinne, daß ihr's könnet ertragen. *1. Korinther 10, 13*

Um solche Worte, die das Äußerste berühren, geht es nun dem Herzen.
Abschied von Wolfshau und Rückkehr nach Berlin, am dritten Jahrestag des Hauses – dem letzten; vielleicht im ernstesten Sinne.
So herzlicher Abschied von allen. Renerle brachte uns noch nach Krummhübel. War der Abschied von ihr schon der erste endgültige Abschied?
Auf der Rückreise: nichts von Unregelmäßigkeiten, Verspätungen, keine Truppentransporte, nirgends Militär! Pünktlich um neun Uhr abends in Berlin.
Berlin – fremd und häßlich – in großer Bewegung, da die große Viererkonferenz Hitler–Mussolini–Daladier–Chamberlain bekanntgegeben war, während im Lustgarten noch die große Kundgebung stattfand – die wohl der Mobilisation vorangehen sollte. –
Südende so still, das Haus so schön, so feierlich mit herrlichen Blumen.
Gleich ausgepackt. Denn der erste Tag Berlin kann ja keine Zeit lassen. Und so war ich Mitternacht mit allem wieder in Ordnung – zum Beginne der Arbeit hier oder vor dem Krieg?

29. September 1938 · Donnerstag

> Durch ihn ist alles geschaffen, was im Himmel und auf Erden ist, das Sichtbare und Unsichtbare, es seien Throne oder Herrschaften oder Fürstentümer oder Obrigkeiten; es ist alles durch ihn und zu ihm geschaffen. *Kolosser 1, 16*

Der erste Tag Berlin war recht erschreckend. Wirklich, als schlüge diese Stadt über einem zusammen und hielte einen dann eisern fest: diese von Kriegserwartung nun wahrhaft fiebernde, dabei matt gewordene Mammutstadt.
Das Licht so milde, zart und klar; das Haus so licht und still; der Garten so sanft. Wir frühstückten beim Geläut des Kapellenglöckchens. Dann begann – es läßt sich nicht anders sagen – der Tag zu rasen. Anruf über Anruf kam: Familie, Anwalt, Beruf. Um elf Besprechung mit Jannings, Hans Steinhoff (Regisseur von «Der alte und der junge König»). Jannings persönlich nett und höflich. Sachlich war's schwierig; so eifrig alle anderen meinen Trilogie-Plan durchzukriegen suchten, er fragte nur nach seinen Chancen, seiner Rolle, seinen Szenen! Eisern bin ich nun darin bestärkt, mich auf keine Filmarbeit über das Treatment hinaus einzulassen.
Mittagsbrot mit Pagel. Bericht von der Grenze, Bericht aus Berlin ausgetauscht. Berlin scheint mit den Nerven am Ende. Hier wie in Wolfshau: niemand arbeitet mehr. Gestern zog eineinhalb Stunden Militär durch Berlin. Tiefe Stille der Berliner. Das soll Hitler dazu veranlaßt haben, noch das Experiment der großen Konferenz in München zwischen ihm und Daladier-Mussolini-Chamberlain zu unternehmen.

30. September 1938 · Freitag

> Jetzt geht das Gericht über die Welt; nun wird der Fürst dieser Welt ausgestoßen werden. *Johannes 12, 31*

Wer ein Funkgerät hat, wußte es schon nachts um zwei; wir erfuhren es am Morgen aus der Zeitung «Volle Einigung in München». Alle Menschen, die heute miteinander sprachen, wirkten erschöpft und glückselig! Selbst die Stimmen am Telefon wirkten anders. Und nun am Abend noch die Hitler-Chamberlain-Erklärung «England und Deutschland wollen nie wieder einen Krieg gegeneinander führen». Jetzt ist es neun Uhr abends – in drei Stunden sollte der Krieg beginnen!

2. Oktober 1938 · Sonntag (Erntedankfest)

Der Name des Herrn ist ein festes Schloß; der Gerechte läuft dahin und wird beschirmt. *Sprüche 18, 10*

Keine offiziellen Dankgottesdienste. Aber selbst der laue, alte Pastor in Mariendorf hat den Erntedankfest-Gottesdienst zum ergriffenen großen Dankgottesdienst für die Erhaltung des Friedens gemacht, und bei dem Gesang von «Nun danket alle Gott» haben viele Menschen geweint. –
Jede Zeile, die man bekommt, atmet die Glückseligkeit über den Frieden. Und was das beste ist: die Glückseligkeit bleibt still. Alle sind überrascht von dieser Haltung des Volkes.
Immer wieder – mich so beglückend – begegnet mir die Gegenüberstellung: «Schneider – Klepper; Katholizismus – Protestantismus» bei Lesern, Kritikern, Buchhändlern! Was meine Leser von mir erwarten, ist genau das, was ich für mich als Leistung ersehne. In der Frage an mich muß ich dem göttlichen Auftrage nachfragen. Das ist so beseligend für mich: was meine Leser mich fragen. –

4. Oktober 1938 · Dienstag

Habe ich dir nicht gesagt, so du glauben würdest, du solltest die Herrlichkeit Gottes sehen? *Johannes 11, 40*

In der Stadt traf ich Zingler-Ullstein, der während seines Urlaubs den «Vater» gelesen und nun schon wieder zwei andere Ullstein-Leute zum Kauf des Buches bewogen hat. Er sagte: «Hier gibt es nur uneingeschränkte Bewunderung.» – Und er bestürmte mich förmlich wegen meiner Mitarbeit an der «Berliner Illustrierten» und an der «Dame». Ich möchte ihnen doch alles zuerst anbieten; ich würde bei ihnen das Dreifache verdienen. (Aber ich kenne den Preis an Kompromissen, den ich zahlen müßte!) So hat sich alles geändert. Ullstein, der mich so eingesperrt und dann so schmählich ausgebootet hat. Ich könnte jetzt wohl ein sehr wohlhabender Autor werden. Und nun ist man so gefeit gegen alles das. «Fest, doch obligant; obligant, doch fest.»
Herr Andrews macht mir einen Besuch auf die nachbarliche

Übersendung des «Kyrie» hin. Ihr Haus ist nun schon gerichtet. Unser Bau stockt in dieser Woche ganz. Andrews brachte mir von seinen neuen Verlagserscheinungen Mortons Palästinabuch «Auf den Spuren des Meisters». Stark, wie ich es noch nie erfuhr, erweist sich zwischen den Deutschen das bedrohte Christentum als das Verbindendste; nicht mehr das Gesellschaftliche, nicht mehr das Kulturelle: das Christliche ist's. Und dies wiederum scheint mir heute auf Tieferem zu basieren als auf politischem Ressentiment. Man hat etwas gespürt von apokalyptischer Angst.

Nun ist alles wieder in der Lebensweise fest gefügt. Aber die erste Woche Berlin, unfaßlich schnell vergangen, stellte starke, die Arbeit hindernde Anforderungen. Wann heißt die Arbeit: «Das ewige Haus»? Denn die Filmentwürfe: das heißt eine Pseudoform zusammenbasteln für etwas, das seine Form schon endlich hatte finden dürfen!

Und doch muß ich diese finanzielle Möglichkeit gerade im Hinblick auf das «Ewige Haus» als ein solches Geschenk Gottes betrachten, als gar nichts anderes.

Brigitte während unserer Reise, Hanni nach unserer Rückkehr mußten alle in ihrem Besitz befindlichen Ausweise auf die Polizei bringen zwecks Eintragung eines Juden-Vermerks. Hanni hat keine Ausweise. Auch nach dem Grundbesitz wurde gefragt.

5. Oktober 1938 · Mittwoch

Unser Glaube ist der Sieg, der die Welt überwunden hat.

1. Johannes 5, 4

D. Erich Stange schreibt zum «Kyrie», wie nahe doch das Amt des christlichen Dichters dem des Predigers steht ... Ein Pfarrer Knapp im Württembergischen schreibt, daß sein schwerkranker Vater das «Abendlied» oft Vers für Vers wiederholte und sich das «Kyrie» zu Bibel und Gesangbuch auf den Nachttisch legen ließ. Alles geht den ersehnten, erbeteten Weg.

Doch die Behinderung der Arbeitszeit bleibt ein furchtbares Problem. Was meint Gott hier? «Ich harre des Herrn; meine Seele harret, und ich hoffe auf sein Wort.» Psalm 130, 5.

6. Oktober 1938 · Donnerstag

Wir, die wir des Tages sind, sollen nüchtern sein, angetan mit dem Panzer des Glaubens und der Liebe und mit dem Helm der Hoffnung zur Seligkeit. *1. Thessalonicher 5, 8*

Bei Dr. Koch. Ich fragte ihn, ob er in meiner Sache noch die Sorgen, die er am 2. 9. aussprach, weiter hege; er sagte: nein. Er hofft, daß nun nach so großen politischen Vorgängen andere Aufgaben gefunden werden müßten als das Vernichten von schriftstellerischen Existenzen. Auch Heß, der Stellvertreter des Führers, hat sich in diesem Sinne geäußert. – Alles, was er sagte, war wieder nur helfend, fördernd, beruhigend. – Die Vorlesung im Leipziger Eckart-Kreis wollte er mir erlauben; er riet mir aber, nicht die Angriffe der immer emsig am Werke befindlichen «Neider» dadurch hervorzurufen, daß ich den Schritt von der Publikation – mit der sie sich nun allmählich abfinden müßten – zum persönlichen Hervortreten tue (das meinem Wesen ja sowieso ganz entgegengesetzt ist). So habe ich sehr gern nach Leipzig abgeschrieben. –
Nun erst sagte mir Pagel, daß auch Ihde, der Geschäftsführer der Schrifttumskammer, mit ihm über meine Wiederaufnahme gegen den Preis der Scheidung verhandelte. Pagel sagte zu Ihde: «Für manche Ehen käme ein solches Ansinnen in Frage, für diese nicht.» Und da er meiner Antwort gewiß war, hat er mir bis zu meiner heutigen Mitteilung überhaupt nichts davon gesagt. – Hanni aber sagte, sie hätte es ruhig die ganze Zeit über wissen können. Sie kann kein Ministerium mehr schrecken; ihr geht es nur noch um das, was zwischen uns immer entschieden war, und um den Glauben, auf dem allein alle Entscheidung sich gründet. Wie spät war's wieder, als nach Verhandlungen und Korrespondenz endlich die Arbeit begann. Auch hier, in die Stunden des Tages, muß Gott rettend eingreifen.

7. Oktober 1938 · Freitag

Sollte ihr Unglaube Gottes Glauben aufheben? *Römer 3, 3*

Heute fragte Pagel auf Grund eines Kontoauszuges der DVA an,

ob ich meine Monatszahlung erhöht haben wolle. Wie glücklich und dankbar muß ich sein, da nein sagen zu können. Mein Geld zu sparen für die schweren Jahre, die mit der Arbeit am «Ewigen Haus» noch vor mir liegen!
Anrufe, Anrufe, so daß Hanni schon wieder seufzt: Verreisen, heimlich und ohne Adressenangabe ...
Man ist wirklich ganz benommen, daß die Arbeit so bedroht bleiben will.
Die Träume: Brand, Zwangsarbeit, militärische Eilausbildung, Aufhören aller Einnahmen. Doch nicht mehr Jüdisches.
Wird Gott so sichtbar an den Juden Deutschlands handeln, wie er an Deutschland und den Völkern Europas gehandelt hat? Warum geschehen so wenig Übertritte zum Christentum, nun, wo von politischer Konjunktur dabei überhaupt nicht mehr die Rede sein kann?

10. Oktober 1938 · Montag

Seid getrost und unverzagt, alle, die ihr des Herrn harret!
Psalm 31, 25

Aus den Dankbriefen fürs «Kyrie» geht deutlich hervor, daß das «Abendlied» die Leser am stärksten berührt, das meine eiserne Lehre enthält: auf jeden Blick voraus einen zurück!
Rohexemplar der neuen «Vater»-Auflage: wirklich 13–15000. Nichts, nichts, was mit diesem Buche an Verheißungen der Bibel aus den schwersten Tagen des Entstehens nicht in Erfüllung gegangen wäre. «Und das nach Menschenweise –». Wie deutlich entsinne ich mich all der Worte.
Ein Passus in der Hitlerrede bei der Einweihung des Gautheaters Saarpfalz bezieht sich eindeutig und negativ auf ein Einwirken Englands in der deutschen Judenfrage. So wie man um den Frieden gebetet hat, muß hier weiter gebetet werden, daß Gott so rettend eingreifen möge in die dem Verhängnis zutreibenden Geschicke Europas. Obwohl kein Krieg war, spricht man von dem «Frieden von München».
Große Fortschritte im Filmtreatment. Einen Vorzug hat diese unbefriedigende Arbeit: ich lerne wieder zu konstruieren und

zu konzentrieren statt zu exzerpieren. Als ich das erste Mal am Friedrich-Wilhelm-Entwurf, 1934, für die Ufa arbeitete – Gott ließ, nun zeigt es sich, noch keine Arbeit, die ich als seine Gabe hinnahm, vergeblich sein! – war dies der Start für den Beginn des Buches, der Schritt von der Vorbereitung zur Ausführung. So will ich gleich nach der Treatmentablieferung an die Durchführung des «Ewigen Hauses» gehen und die weiteren Exzerpte aufs äußerste begrenzen: schreiben, schreiben, damit ich nicht in den Studien versinke. Hierbei hilft mir die freudlose Filmarbeit ohne Frage. –

15. Oktober 1938 · Sonnabend

Alle Völker auf Erden sollen erkennen, daß der Herr Gott ist und keiner mehr. *1. Könige 8, 60*

Brief von der DVA aus Stuttgart: Auszug aus dem sehr liebenswürdigen Schreiben eines holländischen Übersetzers, der zwei Probekapitel aus dem «Vater» übersetzt hat und sich um einen holländischen Verlag bemüht. Wie würde es mich freuen, wenn Holland die Liebe des Königs vergelten wollte. Spürt man nun endlich etwas von dem Kapitel «Mijnheer van Hoenslardyck»? Würde etwas aus der holländischen Ausgabe, dann wäre alles erreicht, worin ich mich dem König schuldig glaubte! Der «Mijnheer» und der «Makler», die waren noch unerfüllt gewesen.
Was nach dem Ärztegesetz zu erwarten war: nun sind auch die jüdischen Anwälte um ihre Existenz gebracht.
Wird nun unser 80-Millionen-Volk weiter so gegen den Rest seiner Juden vorgehen? Wann kommt hier die Grenze der Hitlerschen Macht? Es ist doch noch immer unser altes Volk, das dieses Dritte Reich werden ließ! Man spürt es doch noch überall: das alte deutsche Volk!

16. Oktober 1938 · Sonntag

Ich will Wunder tun, – und alles Volk soll sehen des Herrn Werk.
2. Mose 34, 10

Linder, sonniger Oktobertag. Blaue Weintrauben und bunte Astern in den Zimmern.

Kurzreiter nach dem Gottesdienst in der Sakristei besucht; am 26. Oktober kommt er nun zum Abendbrot und zu der Besprechung mit Hanni. Die Bekenntniskirche innerhalb unserer Gemeinde setzt ihm, der Professor Hermanns und meine Haltung teilt, hart zu. Und was es so schwer macht: ihr gehören überall die Besten an, auch wenn diese die Tragweite dieses Zusammenschlusses nicht erkennen. Kyrie-Lieder will Kurzreiter nun in der Gemeinde verwenden, und unsere Gespräche höre ich manchmal aus der Predigt heraus.

19. Oktober 1938 · Mittwoch

Deine Barmherzigkeit ist alle Morgen neu, und deine Treue ist groß. *Klagelieder 3, 23*

Die sehr angesehene Zeitschrift «Corona» will jetzt auch Gedichte von mir[96].
Erbitterter, in der Presse verschwiegener Kampf des Nationalsozialismus gegen den österreichischen Katholizismus.
In Berlin ein eigentümlicher Schwebezustand. Auch die im allgemeinen gut Informierten vermögen nicht mehr zu erfahren oder zu ermessen, welchen Kurs die Dinge jetzt nehmen; wer Sieger und wer Unterlegener ist; wohin wir steuern.
Über die geistige Freiheit im Religiösen trösten einen die vielen schönen neuen Herbstprospekte des Eckart-Verlages; und da ist – ich denke nur mit Dank, ohne jeden Groll an das Vergangene – kaum noch ein Prospekt ohne mich.

20. Oktober 1938 · Donnerstag

Des Gerechten Gebet vermag viel, wenn es ernstlich ist.
Jakobus 5, 16

Gegen die Anrufe werde ich immun; das ist ein Selbstschutz auf dem Höhepunkt. Die große Korrespondenz erledige ich mit Kurzbriefen. Was den Bau angeht, so haben wir weder vom Anwalt noch vom Architekten, noch von der Baufirma eine Assistenz; wir müssen alles weiter allein erledigen und organisieren. Der Film schreitet ungehemmt fort. Die Müdigkeit ist zum Verzweifeln. In den Zeitungen heißt es rüsten, rüsten. Die Abdrosselung der Juden wird nach dem alten Plane durchgeführt, die seelische Zermürbungstaktik ausgebaut. Der Kirche gegenüber hat der Staat sich nun in offener Ankündigung alle Machtmittel vorbehalten, politisierenden Pastoren, auch ihren Hinterbliebenen, das Gehalt zu sperren. Gilt dies auch sicher nur den prononcierten Anhängern der Bekenntniskirche, die für mein Empfinden sogar einen Schritt zurück tun sollen, so muß man sich doch sehr besorgt fragen, wer da die Grenze zwischen Politischem und Religiösem bestimmt. Über die Quälerei der Juden und den Raub, der an ihrem Eigentum geschieht, wenn sie, nachdem man ihnen die Existenzmöglichkeiten nahm, Deutschland verlassen wollen, gerät man allmählich in einen Zustand, der einer Gemütskrankheit nicht mehr unähnlich ist. Die Völker haben für den Frieden gebetet; werden sie dafür zu beten beginnen, daß Friede für die Juden wird? Werden sie begreifen, welche Gabe der Glaube ist, auf Grund dessen sie so beten dürfen?!

23. Oktober 1938 · Sonntag

> Ihr werdet euch freuen, die ihr jetzt eine kleine Zeit, wo es sein soll, traurig seid in mancherlei Anfechtungen, auf daß euer Glaube rechtschaffen und viel köstlicher erfunden werde denn das vergängliche Gold, das durchs Feuer bewährt wird. *1. Petrus 1, 6. 7*

Glanz, goldenes Licht, gelbe Blätter, blauer Himmel, zarter blauer Dunst in den Lichtungen gelber Gesträuche; Glocken.
Aber diese Nacht, wenn auch mit Mitteln, habe ich einmal so tief geschlafen, daß ich die Kirche zum ersten Male versäumte.
Hanni, die mir manchmal den Posteingang vorliest, hatte heute einen langen Brief von Renerle für uns; in ihrer Kinderhandschrift und ihrem Friedrich-Wilhelm-Stil bei aller Kinderzärtlichkeit! So enorm charaktervolle und absolut natürliche Briefe, aus denen die spätere Hanni spricht. Das Kindlein, ohne sich dessen selbst bewußt zu rühmen, arbeitet unermüdlich.
Die Wohnungen der jüdischen Anwälte – «die ehemaligen Judenwohnungen»! – sollen für «Abrißmieter» zur Verfügung gestellt werden, als wolle man das Ghetto erzwingen.
Ratloser Brief von Jenny L. aus Prag. Den Juden scheint zur

Zeit nur ein Land offenzustehen: das vom Krieg gequälte China. Das ist so grausig.
Die «guten, ernsthaften» Informationen, die wir aus den Kreisen der Redakteure erhalten, erweisen sich gar zu oft als ein für Männer unwürdiger, sensationeller politischer Klatsch. – Niemand weiß etwas, und alle sind bedrückt: das ist mein Eindruck.

25. Oktober 1938 · Dienstag (Richtfest in Nikolassee)

> Setzet eure Hoffnung ganz auf die Gnade, die euch angeboten wird durch die Offenbarung Jesu Christi. *1. Petrus 1, 13*

Kühle, Leere, Nebel: nur am frühen Nachmittag wieder ein weiches, flüchtiges Glänzen über dem Garten. Hanni hatte die abschließende Besprechung mit Vassilière über die einzelnen Kostenvoranschläge. Alle ästhetischen und praktischen Lösungen sind nun gefunden. Und nun erst beginnt sich Hanni unverkennbar auf das Haus zu freuen.
Heute um halbfünf das Richtfest.
Das 1. Treatment an die Tobis abgeschickt. Es schließt mit einem Richtfestkranz. –
Hanni wacht wie ein Löwe über meiner Arbeit und nimmt mir Besucher und Anrufe ab.

27. Oktober 1938 · Donnerstag

> Alle Dinge sind zusammengefaßt in Christo, beides, das im Himmel und auf Erden ist. *Epheser 1, 10*

Ernst Barlach ist gestorben. Über seinem Lebensabend stand auch ein *«In tormentis»*. Er, dem das Dritte Reich so viel angetan hat, war, wie sich nun herausstellt, Ritter des *Pour le mérite*.[97]
Viele Verhaftungen von jüdischen Polen in Berlin; auch Schülerinnen aus Brigittes Schule wurden aus dem Unterricht abgeholt. Römer 9–11 liest man mit bebendem Herzen.

29. Oktober 1938 · Sonnabend

> Wo du dich zu mir hältst, so will ich mich zu dir halten. *Jeremia 15, 19*

Das Ungewöhnliche, daß Hanni und ich zu stundenlangen Besorgungen, sogar mit Mittagbrotrast, in die Stadt fuhren. Denn Hanni hatte gestern entdeckt, daß im Antiquitätenviertel plötzlich noch einmal Renaissance- und Frühbarocktische aufgetaucht sind. Und das Problem meines Schreibtischs ist doch immer dringlicher geworden; der Beuthener ist zu klein und unbequem; der Eßtisch muß zu jeder Mahlzeit abgeräumt werden. Wir haben einen schönen, frühen Barocktisch gefunden, und als Lampe dazu einen schönen, hohen Zinnleuchter. Und da wir in Nikolassee für die dort fehlenden Räume mehr Schränke brauchen, haben wir noch einen sehr klaren, einfachen Renaissanceschrank, halbhoch, für das Refektorium gekauft, der reichlich Platz für Sachen hat.
Die polnischen Juden mit dem heutigen Tage ausgewiesen.
Polen scheint das nächste akute politische Thema zu werden: Danzig das Zentrum neuer Aktionen.
Brief aus Doorn.

30. Oktober 1938 · Sonntag

Mit ewiger Gnade will ich mich dein erbarmen. *Jesaja 54, 8*

Die Ausweisung der polnischen Juden – zum ersten Male fiel in der Presse das Wort Jude nicht – scheint abgestoppt, wenn nicht widerrufen zu werden. Die außenpolitischen Schwierigkeiten, die die Judenmaßnahmen in Deutschland draußen hervorrufen, scheinen so zu wachsen, daß ich fast auf eine internationale Vereinbarung zu hoffen beginne, nachdem die Konferenz von Evian, ohne Deutschland und Italien, so gescheitert ist.
Abends um halb zehn rief Ihlenfeld noch an: Werner Bergengruen sei aus München da, und er möchte uns gern zusammenbringen. So saßen wir noch zwei Stunden lang bei Ihlenfelds Tausenden von Büchern. Es galt, Bergengruen viel ungerechtfertigte Aggressivität auszureden: denn in der gleichen Situation wie ich, genießt er als anerkannter Autor[98] noch größere Freiheiten. – Übrigens erscheint mir als eine der schönsten Seiten des Erfolges die große Artigkeit, die mir nun die älteren Autoren entgegenbringen.

Rührend war Hannis Freude, als sie bei Ihlenfeld zwei neue Gedichtbände anderer Verlage fand, in denen wieder ich abgedruckt war. Den «Soldatenkönig und die Stillen im Lande» nennt Ihlenfeld sein bestes Eckart-Buch. –

1. November 1938 · Dienstag

> Er begehrt mein, so will ich ihm aushelfen; er kennt meinen Namen, darum will ich ihn schützen. *Psalm 91, 14*

Heute kam mein neuer Schreibtisch, in der Wohnung noch unvergleichlich schöner als in dem noch so gepflegten Antiquitätenladen. Es ist wirklich eine tiefeinschneidende Änderung: ein Schreibtisch, an dem ich nun den ganzen Tag ununterbrochen arbeiten kann; so seltsam und symbolisch die Einheit von Familieneßtisch und Arbeitstisch war.
Ein neuer Schreibtisch ist ganz gewiß ein Anlaß zum Gebet. Es soll ja der Schreibtisch werden für das «Ewige Haus».
Heute, am Vorabend von Hannis Geburtstag, kommt nun Pastor Kurzreiter.
Generaloberst Beck, der Chef des Generalstabs, zurückgetreten. Gar zu viele wußten, daß er der große Gegner des Dritten Reiches war. Alle politischen Vorgänge blieben völlig undurchsichtig. Mit Polen muß etwas schweben. Und ebenso gegenüber dem Heer, denn es sind auch sonst große personelle Veränderungen. –

2. November 1938 · Mittwoch

> Er wird deinen Fuß nicht gleiten lassen; und der dich behütet, schläft nicht. – Der Herr behütet dich; der Herr ist dein Schatten über deiner rechten Hand. *Psalm 121, 3. 5*

Wie im vorigen Jahr ist's lind und weich und sonnig. Hanni und ich frühstückten allein und lasen die mit der ersten Post eingelaufenen Geburtstagsbriefe. Während Hanni dann auf dem Markt war, baute ich den Geburtstagstisch auf; alles geschmückt mit den noch immer zarten Waldrebenranken aus dem Garten, echten Kerzen, vielen Alpenveilchen. Bei hellem Sonnenglanz

und beim Mittagsglockenläuten bescherte ich Hanni ein. – Dann lasen wir feierlich im Refektorium die zweite Post; von den Nürnbergern[99]; von Friedel; aus all den jüdischen Briefen spricht so deutlich, wie sie alle Hanni vor allem zu dem einen beglückwünschen, daß Hannis Leben noch Hoffnung und Aufbau kennt. Und das klingt durch alles, was Hanni sagt.
Seit Sonntag sitze ich, für den Eckart-Aufsatz[100], über Ina Seidels dickem Pfarrhausroman «Lennacker»: eine nicht unwillkommene Unterbrechung zwischen den Filmen. Sonst sage ich Buchbesprechungen ab, weil's eine gar so unproduktive Arbeit ist.
Die Abendpost brachte die Schillersdorfer Glückwünsche und den mir noch fehlenden letzten Teil der «Losungen» für das Jahr der Kirche. –
Genau wie wir stehen Meschkes erschreckt vor dem Faktum, mit welcher Gleichgültigkeit die Christen, auch in Deutschland!, an dem Geschick der Juden vorübergehen, geschweige denn, daß sie erkennen, wie ernst Gott hier mit den Christen redet. –

9. November 1938 · Mittwoch

Ich breite meine Hände aus zu dir; meine Seele dürstet nach dir wie ein dürres Land. Herr, erhöre mich bald. Tue mir kund den Weg, darauf ich gehen soll; – denn ich bin dein Knecht.

Psalm 143, 6. 7. 8. 12

Um mich wieder ganz dem Film zuwenden zu können, habe ich noch die «Las Casas»-Besprechung[101] gleich nach dem «Lennacker»-Aufsatz geschrieben, da ich sie weder den «Weißen Blättern» noch Schneiders wegen absagen kann. Allen anderen schreibe ich nun aber ab; auch, wo Aufsatzaufträge vorliegen, bitte ich um neue Termine im neuen Jahr.

10. November 1938 · Donnerstag

Willst du uns denn nicht wieder erquicken, daß sich dein Volk über dich freuen möge? Herr, erzeige uns deine Gnade und hilf uns! *Psalm 85, 7. 8*

Der junge Gesandtschaftssekretär vom Rath ist an den Folgen des Attentats gestorben. – Heute sind alle Schaufenster der jüdischen Geschäfte zertrümmert und in den Synagogen ist Feuer gelegt, doch ungefährlich. Daß die Bevölkerung wieder nicht dahintersteht, lehrt ein kurzer Gang durch jüdische Gegenden; ich habe es selber gesehen, denn ich war heute morgen gerade im Bayerischen Viertel. Was wird man an Maßnahmen wieder aus diesem neuen «Aufflackern der Volkswut» ableiten? Es ist ein neuer, furchtbarer Schlag. Viele glauben, daß es bei der wachsenden Wohnungs- und Geschäftsnot nun an die jüdischen Wohnungen und Läden geht, wie bei den Anwälten und Ärzten, und daß der Gedanke eines Barackenghettos immer näher rückt. – Im Reiche mehrere Synagogen niedergebrannt. –

Es ist so schwer, unter dieser ständigen Ungewißheit und Beunruhigung immerzu produzieren zu müssen. –

Leichter aber, daß es noch nicht «Das ewige Haus» ist, so sehnsüchtig wir auf das neue Buch warten.

Aus den verschiedenen «jüdischen» Gegenden der Stadt hören wir, wie ablehnend die Bevölkerung solchen organisierten Aktionen gegenübersteht. Es ist, als wäre der 1933 noch reichlich vorhandene Antisemitismus seit der Übersteigerung der Gesetze in Nürnberg 1935 weit-, weithin geschwunden. Anders steht es aber wohl bei der alle deutsche Jugend erfassenden und erziehenden Hitler-Jugend. Ich weiß nicht, wieweit die Elternhäuser da noch ein Gegengewicht sein können. –

Nach einer Auswahl, die unergründlich ist, werden jüdische Männer aus ihren Wohnungen von der Geheimen Staatspolizei weggebracht.

Wie man im Schlafe aufschrickt – als würden Hanni, Brigitte, Renerle abgeholt –, das sagt genug.

Hanni ist in der Vermögensangabeangelegenheit nun für diesen Sonnabend aufs Polizeiamt bestellt.

12. November 1938 · Sonnabend

Ihr Erlöser ist stark, der heißt Herr Zebaoth; der wird ihre Sache ausführen. *Jeremia 50, 34*

Die Morgenzeitung. Dr. Goebbels: «Deutschland wird auf die Schüsse Grünspans legal, aber hart antworten.» Waffenbesitz für

Juden bei schwerer Strafe verboten. Die Abendzeitung: «Juden dürfen kulturelle Veranstaltungen nicht mehr besuchen. Verordnung von Dr. Goebbels untersagt Zutritt zu Theatern, Kinos, Konzerten, Vorträgen und Ausstellungen ...» «eine der weiteren Maßnahmen, die mit Schärfe gegen die Juden durchgeführt werden.»

Brief von Toni Milch und Renerle, das ihr solchen Beistand bedeuten soll: auch Werner Milch weggebracht, und niemand weiß, wohin.

Mit welchen Gefühlen zu Besprechungen auf dem Bau! Zum ersten Mal stiegen wir auf Leitern im Hause hoch, sahen die Umrisse der künftigen Töchtermansarden und der oberen Wohnung; die Massivdecke zwischen dem Keller und unserer Erdgeschoßwohnung fehlt noch. Vom Fenster der Bodendiele der einzigartige schöne Blick auf den Kirchturm über Birken und Kiefern – wie ein Wald – und eine mächtige Tanne im sanften Lichte einer nach strahlendem Tage sinkenden Sonne. –

Auch in Italien die Ehe mit Juden verboten. Schrecklich die Ohnmacht der beiden Kirchen, die den Judenchristen nicht helfen können; die Ohnmacht der Frontkämpfer, die das furchtbare Unrecht an ihren Kameraden mitansehen müssen.

Eben Anruf Ilse: auch August weggeholt, das Geschäft (das mit arischer Kundschaft nach vorgestrigem Brief «wie Weihnachten» ging) demoliert. Hanni soll doch kommen[102].

13. November 1938 · Sonntag

Alle eure Sorge werfet auf ihn; denn er sorgt für euch.

1. Petrus 5. 7

«Eine Milliarde Mark Buße für das Pariser Attentat den Juden auferlegt. Ab 1. Januar keine jüdischen Geschäfte, Handwerker und Betriebsführer mehr. Weitere Verordnungen und Gesetze sind für die nächste Zeit in Aussicht gestellt.

Alle Schäden, welche durch die Empörung des Volkes (ja, das Volk ist empört; aber gegen wen –!) über die Hetze des internationalen Judentums gegen das nationalsozialistische Deutschland am 8. 9. und 10. 11. November 1938 an jüdischen Gewerbe-

betrieben und Wohnungen entstanden sind, sind von dem jüdischen Inhaber sofort zu beseitigen.
Die Kosten der Wiederherstellung trägt der Inhaber der betroffenen jüdischen Gewerbebetriebe und Wohnungen. Versicherungsansprüche von Juden deutscher Staatsangehörigkeit werden zugunsten des Reiches beschlagnahmt.»
Diese Meldungen füllen die erste Seite der Zeitungen.
Die Juden dürfen für keine «Idee» leiden. Aber den Judenchristen bleibt, was keinem von uns genommen wird: Glaube will unter allen Umständen bezeugt sein. –

14. November 1938 · Montag

Er ist dein Ruhm und dein Gott. *1. Mose 10, 21*

Gestern neue Goebbelsrede: Die Judenfrage wird endgültig gelöst. –
«Es ist eine Entwürdigung unseres deutschen Kunstlebens, daß einem Deutschen zugemutet werden soll, in einem Theater oder Kino neben einem Juden zu sitzen! – Jede Aktion des internationalen Judentums in der Welt fügt den Juden in Deutschland nur Schaden zu. – Die Judenfrage wird in kürzester Frist einer das deutsche Volksempfinden befriedigenden Lösung zugeführt! Das Volk will es so (!!), und wir vollstrecken nur seinen Willen!»
Ich weiß in diesen schweren Tagen nur, daß es Gott anheimgestellt sein muß, wie er den Glauben in uns bewähren will. Aber in der Welt haben wir Angst. –
Hanni und ich wollen alles mit uns abmachen und das Haus – Brigittes wegen, Renerles wegen – von allem Bedrückenden zu entlasten suchen, wo das Leben ihnen so furchtbar hart begegnet und so frühe sie auf so schweren Ernst verweist. Das treibt Hanni, die doch nie weint, immer wieder die Tränen in die Augen. – Die Nächte sind wieder so schwer.
Und daß man ebensoviel Ekel wie Schmerz empfinden muß.

15. November 1938 · Dienstag

Der Herr harret, daß er euch gnädig sei, und hat sich aufgemacht, daß er sich euer erbarme. *Jesaja 30, 18*

Gestern abend betete ich, daß Gott mich auf nichts hören lassen möge, was in meinem Herzen vorgeht, sondern daß er mich durch diese Tage führen möge allein durch sein Wort. – Da dachte ich: wie leicht kann da doch das Herz sich's nach den eigenen Wünschen suchen, wenn man täglich so viel Bibel liest. – Sehr stark mußte sich's da einprägen, als heute früh, als ein «Dank für Kyrie» von zwei fremden Graphikern zwei Sprüche aus dem «Kyrie» (Reformationslied und Abendlied) in schön entworfener Schrift, und einer vertont, eintrafen: «Ich liege und schlafe ganz im Frieden; denn allein du, Herr, hilfst mir, daß ich sicher wohne» (Psalm 4, 9) und «Wir haben einen Gott, der da hilft, und den Herrn, der vom Tode errettet» – dieser Spruch aber war es, den ich mir als Leitspruch für die immer wieder so gefährdete Arbeit am «Ewigen Hause» niederschrieb. –

17. November 1938 · Donnerstag

Vergib uns alle Sünde und tue uns wohl. *Hosea 14, 3*

Mit notarieller Vollmacht von Hanni – weil Hanni, bis sie die Kennkarte bekommt, doch keinen polizeilichen Ausweis für das persönliche Erscheinen hat – bei der Reichsbahndirektion zur abschließenden notariellen Verhandlung. Sie waren von der Polizei angewiesen, festzustellen, ob einer von uns jüdisch sei und mußten das auch in den Vertrag aufnehmen. Und das ist das Bezeichnende für die «Volkswut» in Berlin: nach einer solchen Feststellung werden die Menschen höflicher, interessevoller, herzlicher. – Über die Konsequenzen dieses Passus im Vertrage weiß man nichts. –

19. November 1938 · Sonnabend

Hüte dich, daß du nicht des Herrn vergessest, der dich aus Ägyptenland, aus dem Diensthaus, geführt hat. *5. Mose 6, 12*

Nun schreiben auch Meschkes von Selbstmorden in ihrem jüdischen Bekanntenkreise. Was den Glauben angeht, so machen sie nun das gleiche durch wie wir.

Wo nur die äußeren Einbrüche aufhören, geht die Arbeit fort.

Aber man steht fremd vor der Tatsache, daß man noch arbeitet. Pohl ist Werner Milchs wegen hier; Milch im Konzentrationslager Oranienburg-Sachsenhausen.
Menschen, die Einspruch erhoben gegen die Plünderung jüdischer Geschäfte, sind von der Straße weg verhaftet worden.

20. November 1938 · Totensonntag

> Der Herr bestätigt das Wort seines Knechtes und vollführt den Rat seiner Boten. *Jesaja 44, 26*

Hanni hat mich in die Kirche begleitet und war, wider mein Erwarten und entgegen meinem Eindruck, mit Kurzreiters Predigt sehr zufrieden.
Quälend die Nachrichten aus Nürnberg: da dort kaum mehr jüdische Geschäfte waren, hat man die Häuser demoliert und die Menschen schwer mißhandelt. Der alte Onkel Ludwig, nachdem die Exekutionsschar bis in den dritten Stock seines Hauses schon hinaufgedrungen war, ist im vierten Stock verschont geblieben, weil in der Morgenfrühe die Aktion eingestellt wurde.
Den Nürnbergern sind außerhalb der Vertragstermine die Wohnungen gekündigt, und wir suchen ihnen hier Zimmer, weil es doch Wohnungen nicht gibt.

21. November 1938 · Montag

> Siehe, ich habe vor dir gegeben eine offene Tür, und niemand kann sie zuschließen; denn du hast eine kleine Kraft und hast mein Wort behalten und hast meinen Namen nicht verleugnet.
> *Offenbarung Johannes 3, 8*

Koenigswald, von pommerschen Gütern zurückgekehrt und im Besitze eines neuen, glänzenden Herausgebervertrages: tief, tief niedergeschlagen und verstört und sein ganzer Adelskreis mit ihm. – Erfolgreiche, reichlichst verdienende, arische Deutsche wollen emigrieren.
Ungeheure Angriffe auf beide Kirchen in den prononcierten Parteiblättern – Angriffe, die es verstehen lassen, daß die Kirchen, ohnmächtig im Politischen, keinen öffentlichen Schritt für die Judenchristen unternehmen.

Die Töchter dürfen nicht mehr das Gefühl haben, daß wir ihrer Auswanderung im Wege stehen. So beginnen wir nun mit Verhandlungen für sie, zumal solche Vorbereitungen ja so lange dauern, daß sie inzwischen das Notwendigste, das wenige ihnen Gewährte – denn mit Handwerk-Erlernung ist es ja nun auch aus – noch lernen können.

23. November 1938 · Mittwoch

> Geduld aber ist euch not, auf daß ihr den Willen Gottes tut und die Verheißung empfanget. *Hebräer 10, 36*

Hebräer 10, 32–39 ist ein großer Text zwischen den Tagen der Judengesetze und dem ersten Advent. Es hat alles in einem aufgehört. Nur die Bibelworte bleiben so stark und leuchtend, auch wo sie Leiden ankündigen, und in allem «Seufzen der Kreatur» schimmert durch sie die «Verklärte Schöpfung» auf.

Zum ersten Male wird von katholischer Seite ein Schritt auf mich zu getan; ein Brief des Volksliturgischen Apostolates Klosterneuburg wegen Zusammenarbeit. Doch muß ich dessen Zeitschrift erst sehen. –

Die «Durchführung der Juden-Kontribution» in der Abendzeitung bekannt gegeben: «Bei Mischehen ist nur der jüdische Ehegatte mit seinem Vermögen abgabepflichtig» – «Ehegatten haften für die Abgabe des anderen Ehegatten als Gesamtschuldner. Das gilt nicht für Mischehen». Und darum sind wir keiner Klage fähig, vor allem im Gedanken daran, daß die Juden die Vermögensabgabe machen müssen und dann nicht weiterarbeiten dürfen.

Hebräer 10, 32–39!

Der Judenhaß der SS, »des Ordens des Nationalsozialismus», aber steigert sich so, daß er nicht nur Ghetto und Gelben Fleck und später sogar Ausrottung des «ins Verbrechertum absinkenden Judentums» «mit Feuer und Schwert» fordert, sondern nun bereits von der Abtreibung sagt: Jüdinnen dürfen sie nicht nur – sie sollen sie ausüben. –

Kampf gegen die Kirchen; Kampf gegen die Intellektuellen. Und wie nun: Kampf gegen den Kommunismus?

24. November 1938 · Donnerstag

Lasset uns halten an dem Bekenntnis der Hoffnung und nicht wanken; denn er ist treu, der sie verheißen hat. *Hebräer 10, 23*

Zu Dr. Wirths und Dr. Pechel, den Chefredakteuren der «Deutschen Zukunft» und der «Deutschen Rundschau» bestellt, die beide über meine engere Mitarbeit im neuen Jahr mit mir verhandelten, mit höchster Anerkennung und auch großer Anteilnahme an meiner Situation. Sie klagen so an, daß ich noch immer verteidigen muß.
Verzweiflungsvoll, wie der Mann und seine «öffentliche Meinung» heute auseinanderklaffen müssen und wie man auf dieser Basis mit Chefredakteuren spricht.
Ob Chefredakteur oder Bauhandwerker: «Wir mögen nicht mehr. Es lohnt nicht. – Wozu?»
Deutschland rühmt sich der höchsten Aktivität. Aber alle, die man einzeln spricht, klagen: «Es entsteht nichts mehr –.» Als eins der Hauptübel zeigt sich dabei die viele, viele Zeit, die alle vertun müssen, um die kompliziertesten Genehmigungen für primitivste Dinge zu bekommen.
Auch Hanni sagte es ganz von sich selbst: an Kunst würde sie nur, wenn wirklich auch geistliche Musik als für Juden verbotener «Kulturgenuß» gilt, einzig und allein die Kirchenmusik entbehren. – Über alles andere verlieren wir kein Wort.
Nihilismus und Apathie haben sich immer weiterer Menschengruppen bemächtigt: man arbeitet nicht mehr, vertut sein Geld zu leichtfertig, läßt sich hoffnungslos treiben.

25. November 1938 · Freitag

Der Herr redete mit Mose von Angesicht zu Angesicht, wie ein Mann mit seinem Freunde redet. 2. *Mose 33, 11*

Wann redet Gott wieder «wie ein Freund»? Er steht als Richter vor der Welt und einem selbst.
Bergengruen, einen in der Gleichheit der Situation zu sprechen, kam zu uns von Bayern über München: überall die gleiche Müdigkeit und Verbitterung. Frau Bergengruen ist so verzweifelt,

daß Bergengruen über Hannis Haltung ganz erstaunt war. So sehr wir Dinge von uns weisen, die noch im Dunkeln liegen, taucht nun allmählich in den Gesprächen immer mehr die Idee der Zwangsscheidung auf. Vorerst werden Scheidungen damit belohnt, daß die Mischlingskinder aus solchen Ehen arisiert werden. – Bergengruen arbeitet überhaupt nicht mehr. Eine seiner wesentlichsten Erfahrungen stimmt stark mit den meinen überein: In letzter Stunde gerettet werden, wo alle einen verloren geben, die die Dinge menschlich sehen; gerettet werden, als habe einen Gott alles Elend nur völlig im Geiste durchleben lassen wollen. – Dies unermeßliche, wirkliche Leiden um uns, vor dem man von dem eigenen nur schweigen kann.

Indes so viele Menschen, die man nahe glaubte, schweigen, schreiben welche, von denen man es überhaupt nicht erwartete, aufs intensivste: so Pfarrer Brinkmann-Hannover, der uns seine Predigt vom Sonntag nach den schrecklichen Vorgängen schickt. – Ein rührender Brief von dem Holländer, der sich mit der «Vater»-Übersetzung so plagt. – «Das Buch der Christenheit» mit «Das menschliche Wort und der göttliche Lobgesang» (meinem Testament –) und «Der Prophet» erschienen[103]. –

26. November 1938 · Sonnabend
Vorabend des ersten Advents

> Warum toben die Heiden, und die Völker reden so vergeblich? Die Könige der Erde lehnen sich auf, und die Herren ratschlagen miteinander wider den Herrn und seinen Gesalbten. – Aber der im Himmel wohnt, wird einst mit ihnen reden in seinem Zorn: «Ich habe meinen König eingesetzt auf meinen heiligen Berg Zion.»
> *Psalm 2, 1–2. 4. 5. 6*

Renerle schreibt oft; Weihnachten will sie nun möglichst doch zu «HiKlepper» kommen. Ihre Briefe: ein kleiner Friedrich Wilhelm, ins Weibliche übertragen; eine Liselotte von der Pfalz; vor allem: eine junge Hanni. Alles voller Herz, Charakter, Ehrlichkeit, Originalität.

Bischoff schickt seinen neuen Band Erzählungen «Himmel und Hölle». Kirchenmusikdirektor Werner-Potsdam schreibt mir, daß er zwölf Lieder aus dem «Kyrie» vertont hat und mich wegen weiterer Zusammenarbeit sprechen will. Schmidt-Tobis rief an, daß ich doch bloß das zweite und dritte Treatment abliefern soll; «Der König und der Abenteurer» ist sehr gut aufgenommen worden; einen Friedrich Wilhelm-Film will man nun in jedem Falle machen. Es freut mich alles; ich bin für alles sehr dankbar; aber es ist, als rühre sich das Herz nicht mehr. –

27. November 1938 · Sonntag (Erster Advent)

Machet die Tore weit und die Türen in der Welt hoch, daß der König der Ehren einziehe! *Psalm 24, 7*

Wieder begleitete mich Hanni in die Kirche; das erste Adventslicht brannte am Altar, und Kurzreiter hielt eine Predigt über Hebräer 10, in der am Eingang des Kirchenjahres und der Weihnachtszeit viel vom Karfreitag war. Da Kurzreiter den Schritt auf Hannis Taufvorbereitung zu nicht fertig bringt, suchten wir ihn in der Sakristei auf, und nun wird er am Donnerstag zu uns kommen.

Am frühen Nachmittag fuhr die Topell vor und brachte uns einen großen Dresdener Christstollen; dann fuhr sie uns zu Lamprechts, die uns dringlichst eingeladen hatten; und diesmal wollte Hanni sehr gern hin; nun ist er – weil er politischer Konzessionen, um Chefarzt zu werden, nicht fähig war – vom Martin-Luther-Krankenhause weg und hat – in Wohnung und Praxis fürstlich – sich niedergelassen: aber auch er ist der Zeit so müde, daß er einfach nicht anfängt, die Praxis zu eröffnen! Wir saßen, zum Teil mit den bezaubernden Kindern, beim Adventskranz. Aber nun geschieht es doch, daß die gefaßte, beherrschte Hanni plötzlich hemmungslos weint. – Unser Haus lag bei der Heimkehr so feierlich und still, und wir beide saßen allein beim strahlenden Adventskranz.

28. November 1938 · Montag

Aus Zion bricht an der schöne Glanz Gottes. *Psalm 50, 2*

Von früh bis abends Telefon, und Hanni bangt nun ernstlich um meine Arbeit, obwohl sie mir abnimmt, was sich nur abnehmen

läßt. Und durch Fräulein Anni entlastet, exzerpiert nun Hanni auch wieder für mich, hat sich auch den kleinen Beuthener Schreibtisch dafür eingerichtet.
Vor dem Furtwänglerkonzert – dem ersten, in dem nun keine Juden im Publikum sein werden – war Kirchenmusikdirektor Werner-Potsdam zum Tee bei uns und spielte mir bei den guten Andrews – die auch einen schönen, großen Adventskranz haben – zwölf meiner «Kyrie»-Lieder vor, bis auf das »Morgenlied» für mein Gefühl sehr schön; doch während Gerhard Schwarz alles herber, strenger, härter machen würde, ist nun gerade das Subjektive, Gefühlsmäßige betont, ohne aber etwa ins Gefühlvolle abzugleiten. Doch lerne ich von Schwarz mehr, weil Werner sich völlig dem vorhandenen Text anpaßt. Er möchte nun vor allem ein Oratorium mit mir machen. Und so werden wohl eines Tages meine beiden liebsten Pläne zur Durchführung kommen: «Paulus» und «Die himmlische Stadt» – wenn nur überhaupt noch einmal stetige Arbeit möglich wird.
Die «Kyrie»-Vertonung ist eine schöne Besonderheit dieses ernsten Advents. –

1. Dezember 1938 · Donnerstag

Herr, ich warte auf dein Heil! *1. Mose 49, 18*

Die menschliche Härte feiert heute Orgien. Denn keiner der über die Regierungsmaßnahmen empörten, den Juden gegenüber mitleidigen arischen Deutschen bietet Hilfe an. Keiner stellt sich vor, wie es wäre, wenn ihn auch nur eine kleine Abgabe getroffen hätte. Werden wir die Schiffskarten für Ilse aufbringen, deren Vorweisung ebenfalls gefordert wird. Und diese kann man wenigstens in deutscher Währung bezahlen. Die Auswanderung wird immer dringlicher: das Geld ist zu Ende; das Geschäft darf überhaupt nicht mehr aufgemacht werden. Und nur der Auswanderungsnachweis führt bei den Verhafteten zu rascherer Entlassung aus dem Konzentrationslager. August Freund aber ist in dem gefürchteten Konzentrationslager von Weimar, während Sachsenhausen-Oranienburg, wo Professor Landsberger und Werner Milch sind, in besserem Ruf steht.

3. Dezember 1938 · Sonnabend

Ich will, spricht der Herr, eine feurige Mauer umher sein und will mich herrlich darin erzeigen. *Sacharja 2, 9*

Die Abendzeitung brachte – nachdem es nun eine Pause und gewisse Auflockerung der quälenden Judengesetze gegeben hatte – die Bekanntgabe von Judenbann-Bezirken: alle «kulturellen» Institute, alle Bäder, Straßen im Regierungsviertel. Es sollen bald so viele folgen, daß den Juden geraten wird, die im Zentrum und Norden liegenden, heute schon und noch fast rein jüdischen Straßenzüge zu beziehen, wie Münz-, Linien- und Grenadierstraße. Auch rein jüdische Lokale werden angeordnet werden. Die Wohnungsaufgabe im Westen wird angeraten.
Viele Juden halten diese psychischen Quälereien nicht mehr aus.
Es soll in diesem Monat schon 5000 jüdische Selbstmorde gegeben haben. Zu aller Not dies Quälen.
Es werden noch weitere «einschneidende Durchführungsverordungen» ergehen. Dies heute war die «erste».

4. Dezember 1938 · Sonntag (Zweiter Advent)

Ich weiß, daß der Messias kommt, der da Christus heißt.
Johannes 4, 25

Eine große Freude war mir, daß Rudolf Alexander Schröder nicht aus Berlin wegwollte, ohne uns gesehen und gesagt zu haben, wie er an uns denkt in all dem Schweren. Er kam – leider war Hanni noch nicht da – gegen Abend im Wagen heraus, mit Ihlenfeld.
Alle erwarten nun den großen Schlag des Staates gegen die Kirchen.
Hanni traf bei Brasch's mit den Remak's und Tau und Frau Milch, die zur Erledigung der Auswanderungsangelegenheit hier ist, zusammen. Brasch und Tau, die genau so wie wir alle Psychose ablehnen und z. B. den Zionismus genau so skeptisch sehen wie den Nationalsozialismus, rieten dennoch Hanni dringend, für Renerle und Brigitte nicht die Aufnahme in einen der

Jugendlichentransporte zu versäumen; diese sind eine der wirklichen Hilfsleistungen. Die Jugendlichen werden in englische Familien aufgenommen. Renerle soll sich große Sorgen machen, daß Brigitte und sie bei unserem «Widerstand» gegen die Emigration allein in aussichtsloser Situation zurückbleiben. –
Nun rührt viele Menschen ein apokalyptischer Schauer an. –

6. Dezember 1938 · Dienstag

> Des Herrn Wort ist wahrhaftig; und was er zusagt, das hält er gewiß. *Psalm 33, 4*

Wieder neue Judengesetze, alle gegen den Besitz gerichtet. Daß Juden Grundbesitz nicht mehr erwerben dürfen, trifft auf eine schon verjährte Situation. Ein selbständiges Disponieren über Geld und Eigentum gibt es für Juden nun überhaupt nicht mehr. Sie können zu Verkäufen gezwungen werden. Manche lassen nun schon freiwillig ihre Beamtenpension verfallen und wollen nur heraus. Wie Grundstücke, dürfen Juden auch Gold und Juwelen nicht mehr erwerben. –

8. Dezember 1938 · Donnerstag

> Freuet euch in dem Herrn allewege! Und abermals sage ich: Freuet euch! Eure Lindigkeit lasset kund sein allen Menschen! Der Herr ist nahe! Sorget nichts! *Philipper 4, 4–6*

Renerle soll in Wolfhau doch recht hin- und hergerissen sein zwischen dem Abschied von Milchs und dem drohenden Abschied von uns; zwischen der Furcht, in kein fremdes Land aufgenommen zu werden, und der Angst, es könne doch wiederum zu schnell geschehen, daß sie von uns weg muß. – Wir riefen unser tapferes, verständiges Pittel abends an. Aber all das ist schon wie ein Fegefeuer. Wir beruhigten es, es brauche den Weggang von Milchs nicht zu überstürzen. –
Immer wieder, auch bis zum Ertragen des Letzten – der Zwangsscheidung, von der die Menschen soviel reden! – entschlossen, sagt Hanni: «Menschen helfen uns nicht.»

9. Dezember 1938 · Freitag

Ihr sollt in Freuden ausziehen und im Frieden geleitet werden.
Jesaja 55, 12

Beim Frühstück kam ein Rohrpostbrief der Kaiserin, daß sie mich heute um fünf Uhr erwarte.

Hanni und Renerle – die sind also für mich die ganze Welt. Ich erschrecke, wie wenig mir die Kunst bedeutet. Sie ist wohl auch zu sehr belastet mit wirklicher Qual. Unter den vielen leeren – es gibt auch böswillige – «Kyrie»-Kritiken der herrliche, anonyme Aufsatz von Werner Milch in der «Deutschen Rundschau»: «Barocktradition».

Um halb fünf Uhr fuhr ich in die Stadt. Die Straßen schon völlig abendlich: ungeheuer viel Licht, ungeheures vorweihnachtliches Treiben um die tannengeschmückten Geschäfte. Ich wunderte mich, daß man es ganz, ganz ohne Bitterkeit sehen kann; man ist dem Äußeren des Festes nur sehr ferngerückt. Etwas unheimlich: das drängende Leben Unter den Linden, vorüber an dem öden Seiteneingang zum Palais Kaiser Wilhelms I., durch den man in das Berliner Asyl zu der Frau des gestürzten Kaisers gelangt. Sie empfing mich aufmerksam allein zum Kaffee; auch hatte sie mir, um mir eine Freude zu bereiten, ein Service der Königin Luise decken lassen. Sie sagte, sie habe geahnt, daß meine Bitte um dieses Zusammensein zu zweien etwas Ernstes und Dringliches bedeute – eine Rücksichtnahme gegen sie.

Wir haben mit großer Wärme und Offenheit von dem beiderseitigen schweren Kummer gesprochen. Man hat mir die Kaiserin als «nazistisch», «antisemitisch» hingestellt; ich dürfe mir mit einer Bitte für die Töchter nichts vergeben. Wie anders war dann alles. Sie kennt ihre Ohnmacht, die in Deutschland gleich groß ist wie in Holland; sie kennt die Starrheit der Holländer. Aber ich müsse, sagte sie mir mit einer Herzlichkeit, die nichts mehr mit «*tenue*» zu tun hat, glauben, daß nur Widerstand von außen es sei, wenn sie die Töchter nicht in holländischen Familien unterbringe. Denn daß das streng überwachte Doorn ausscheidet, ist ja für uns selbstverständlich. Sie wolle sich sogar bemühen, die Töchter nahe beieinander unterzubringen. Ach, möchte der Spruch dieses Tages Jesaja 55, 12 den Töchtern im Zusammenhang mit diesem Gespräche gelten.

11. Dezember 1938 · Sonntag (Dritter Advent)

In ihm wohnt die ganze Fülle der Gottheit leibhaftig, und ihr seid vollkommen in ihm. *Kolosser 2, 9. 10*

Mit Hanni in der Südender Kirche. Sehr ernste, sehr erfahrene Adventspredigt für eine sehr kleine Gemeinde von Kurzreiter; schon nach der dritten Predigt, die sie von ihm hört, begreift Hanni, warum ich ihm gegenüber fünf Jahre hindurch so viel Geduld aufbrachte. In der heutigen Predigt klang manches von Kurzreiters Besuch bei uns an. –
Renerle schreibt, daß sie am Dienstag kommt – immer in der Hoffnung, «daß es nicht zu schnell geht».
Da der Judenbann die Kirchen nicht nennt, halten wir die Frage der Kirchenkonzerte für ungeklärt und wagten uns in die Mariendorfer Kirche zu einer Adventsmusik ehemaliger Domchorsängerknaben; schön in den ganz alten Chorälen, sehr gut in den Orgelpartien (Bach und Händel), schwach in allem Neuen und nicht tief. –
Hanni und ich können nicht anders: wir hoffen irdisch nichts mehr; aber wo wir von Gottes Freundlichkeit gesungen und gepredigt hören, wird unser Herz weit; wir wissen, was Qual, Ekel, Müdigkeit, Verzweiflung ist – aber wir können nicht irre werden an Gott als dem Vater, Herrn, Führer und Schöpfer. In der «Times» eine große Rede von Baldwin über die Kindertransporte, zu denen wir auch Renerle angemeldet haben. Renerle will nun am Dienstag kommen.

15. Dezember 1938 · Donnerstag

Sie werden über deinen Namen täglich fröhlich sein und in deiner Gerechtigkeit herrlich sein. *Psalm 89, 17*

Nachmittags fuhren Hanni und ich unserem Renerle bei seiner Rückkehr aus Wolfshau bis Schöneweide entgegen; und wir haben Renerle einen schönen Empfang mit Blumen, Torte, Süßigkeiten und dem Adventskranz bereitet. Renerle gibt sich fest und munter – aber welchen schweren Ernst hat sie nun erfahren; man kann sie beim Erzählen gar nicht ansehen, ein so weher Zug liegt um den Mund dieses kindlichen Gesichtels. – So hat sie nun noch die Nacht von Werner Milchs Wiederkehr miterlebt – bis früh um sechs haben sie mit Pohl und Martel zusammengesessen; und was keiner glaubte: er w i l l nun die Auswanderung, er, der so fanatisch an Deutschland hängt. Ich habe immer gesagt: der vorletzte, der Deutschland verläßt, ist Werner Milch; die letzten sind Hanni und ich. Der vorletzte geht nun. – So schwer war es also im Konzentrationslager.

Ihlenfeld rief mich an, und wir trafen uns wegen einer vergeblichen Hilfsaktion für jüdische Pastoren. Er war verzweifelt über das, was nun gleichzeitig an allen Enden beginnt: Vernichtung des Judentums, Kampf gegen Kirche und christliche Schule, Einführung der «Volksweihnacht». –

Aller Eingeweihten hat sich vor diesem Weihnachten Lähmung und Entsetzen bemächtigt, indes der Staat Glück, Aufstieg, Macht proklamiert und die Planung der Prunkbauten, vor deren Hybris wir erzittern, zum Fest in den Vordergrund rückt. –

Ihlenfelds und meine Einstellung wieder völlig gleich. Auch ihm ist nun die Obrigkeit zertrümmert. Auch er sieht in allem dem Schweren nur den Anfang des Tragischen. Auch er kann im Glauben nicht irre werden.

In aller ihrer Liebe zu uns ist Renerle doch fest entschlossen auszuwandern.

Abends saß sie noch allein mit uns und erzählte Quälendes. Damit Hanni und Renerle sich erst wieder einmal recht haben, schlafen sie jetzt zusammen, und ich habe mein Lager in meinem Arbeitszimmer. Ein wunderbares Gefühl, Renerle noch einmal unterm Dach zu haben.

16. Dezember 1938 · Freitag

Ihr wisset die Gnade unseres Herrn Jesu Christi, daß, ob er wohl reich ist, ward er doch arm um euretwillen, auf daß ihr durch seine Armut reich würdet. *2. Korinther 8, 9*

Gegen Abend in der Hilfsaktion für die beiden Pastoren, deren einen Pagel als früheren Universitätsprofessor gut kannte, bei Pfarrer Dreß im Grunewald, der auch nicht mehr, obwohl Arier, Dozent sein kann. Er hatte alle die Verbindungen, die mir als nicht ganz aussichtslos bezeichnet wurden. Diese erste Begegnung mit einem der führenden Pastoren der Bekenntniskirche fiel gut aus, ja, bewegte mich: denn mein «Kyrie» lag bei ihm; den «Vater» hatte er eben verschenkt; und *«In tormentis pinxit»* bekommt er von seiner Mutter zu Weihnachten. – Was Dehn mir schon schrieb: Der «Vater» wirkt nun stark in diesen Kreisen. Auch nehmen die Pastorenzuschriften noch kein Ende.

17. Dezember 1938 · Sonnabend

> Da aber erschien die Freundlichkeit und Leutseligkeit Gottes, unseres Heilandes, – nicht um der Werke willen der Gerechtigkeit, die wir getan hatten, sondern nach seiner Barmherzigkeit.
>
> *Titus 3, 4. 5*

Ungeheures Treiben in der Stadt. Denn ich war wieder unterwegs, da früh bereits zweimal Pfarrer Dreß anrief und nun auch noch ein Brief von Meschkes kam: ein englisches Hilfswerk holt die judenchristlichen und Mischehen-Pastoren herüber, freilich ohne mehr garantieren zu können als den Übergang ins völlig Ungewisse. Pastor Ölsner, auch ein Jude, empfing mich mit der gleichen Freude wie Dreß, ja, kannte mich noch besser. So fand ich gut bereiteten Boden. Pastor Arnold-Glogau ist bereits aus Sachsenhausen entlassen; im zweiten Falle, Ehrenberg-Bochum, war es höchste Zeit. Er war vergessen; man wußte nicht, wo er sei!

Harald von Koenigswald zum Tee bei uns, beim Adventskranz. Er schrieb gleich hier an seinen Schwager, der Bankdirektor in Essen ist, wegen unserer Zwischenkredit-Kalamität. Dann brachen wir gemeinsam – bei eisigem Wind – zum Hauskonzert bei Frau Stahlberg auf: welche herrliche Möglichkeit des Ersatzes für große Konzerte. Der junge Professor Chemin-Petit hat ein wunderschönes kleines Kammerorchester, von dem wir – in einem Kreis von etwa 120 Menschen – ein Concerto grosso von

Händel in g-Moll, ein Bach-Klavierkonzert und ein Bruckner-Streichoktett hörten: nach Klang und Struktur restlos durchgearbeitet.

18. Dezember 1938 · Sonntag (Vierter Advent)

> Was betrübst du dich, meine Seele, und bist so unruhig in mir? Harre auf Gott! Denn ich werde ihm noch danken, daß er meines Angesichts Hilfe und mein Gott ist. *Psalm 42, 12*

In Mariendorf in der Kirche – Kurzreiters Weihnachtsfeier mit den Kindern. Um halb vier fuhren wir dann, von Fräulein Anni als dem Taufzeugen begleitet, wieder nach Mariendorf. Wir mußten, da Kurzreiter noch eine Kindertaufe hatte, in der Brauthalle warten, und da wurde seltsamerweise plötzlich eins der schlechten, modernen Glasfenster zum großen Eindruck: Katharina von Bora und Luther als Brautpaar vor Christus. – Immer wieder sah Hanni hin. – Nun versteht Hanni völlig, warum ich so zu Kurzreiter halte: so würdig und festlich hat er die Taufe und Trauung gestaltet; auf dem Altar waren die vier Lichter des Adventsbaumes angezündet, sonst nur die Altarkerzen; kein Mensch, keine Musik, nur Gottes Wort, das aber voll solchen Gewichtes, so bewußt gewählt: Worte der Freude in unserem großen Kummer, unserer Bedrohung, um die er ja im vollen Umfange weiß. Die Taufrede für Hanni war so bedacht, und ausdrücklich gab er ihr ein Wort, das für den alten Geheimrat Stutz so bedeutsam war, als Predigttext, auf Hanni abgewandelt: «Sie zog ihre Straße fröhlich» (Apostelgeschichte 8, 26–39) gipfelnd in dem Stutz'schen Sterbespruch: Römer 8, 38. 39. – Hanni am Taufstein bei den Adventslichtern war ein ergreifendes Bild. Ihr Taufspruch: 1. Timotheus 6, 12 «Kämpfe den guten Kampf des Glaubens; ergreife das ewige Leben, dazu du auch berufen bist.» Die Einsegnung der Ehe vollzog er ohne Ansprache – warum: er begründete es mit zarten und warmen Worten – mit der Epistel dieses vierten Adventssonntags: Philipper 4, 4–7.

Auch bewies er das besondere Zartgefühl, diese ernste Taufe und Trauung mit uns in seiner Pfarrwohnung im Gemeindehaus

nach der kirchlichen Feier an seinem Tische feiern zu wollen; und auf Hanni, die große Wirtin und Gastgeberin, machte diese kleine adventliche Kaffeestunde einen großen Eindruck, wie etwas ganz Besonderes, denn wir hatten ja keine Feier als die kirchliche beschlossen.
Dann war es aber daheim doch noch einmal wie eine Feier; die Töchter, denen Hanni erst vor dem Aufbruch zur Kirche von der Taufe sagte, erwarteten uns mit großen, weißen Chrysanthemen. –

20. Dezember 1938 · Dienstag

> Wir haben desto fester das prophetische Wort, und ihr tut wohl, daß ihr darauf achtet als auf ein Licht, das da scheint in einem dunklen Ort, bis der Tag anbreche und der Morgenstern aufgehe in euren Herzen. *2. Petrus 1, 19*

Worum ich so oft, so lange betete, einen Bibelspruch für Hanni: nun, gestern, einen Abend nach der Taufe, ist er mir zuteil geworden wie die Worte für die Töchter lange schon: Lukas 1, 45. Renerle sagte ich gestern ihren Spruch Josua 1, 9, und sie nahm ihn so ernst, so bewußt – so erfahren auf!
Hannis Kennkartenbild ist zu einem erschütternden Zeitdokument, einer schweren Anklage geworden. –

24. Dezember 1938 · Sonnabend (Heiliger Abend)

> Heute erkennen wir, daß der Herr unter uns ist. *Josua 22, 31*

> Heute ist diesem Hause Heil widerfahren. Denn des Menschen Sohn ist gekommen, zu suchen und selig zu machen, das verloren ist. *Lukas 19, 9. 10*

Davon steht auch etwas in den Briefen, die in reichlicher Zahl eingingen, als Hanni und ich allein frühstückten; denn die Töchter schliefen lange. Als ich aufstand, brannten noch alle Laternen in den stillen Straßen; an dem winterlichen Weihnachtswetter hat sich nun nichts mehr geändert: Dach, Garten, Straße liegen verschneit.
Die häusliche Geschäftigkeit war groß, der Wintertag über Häu-

sern und Gärten verhüllt und still und ernst. Zum ersten Male gingen wir alle zur Christnacht: Hanni, die Töchter, Fräulein Anni. Während der Christnacht schob Renerle immer wieder ihre Hand in meine. – So freudig Kurzreiter Hanni und mir zu Taufe und Trauung gepredigt hatte, so ernst und streng war seine Christnachtpredigt. Nach der Christvesper bliesen die Posaunenbläser Turmchoräle, und der große Adventsstern im Kirchtor wehte hin und her in eisigem Wind. Wir gingen durch verschneite Straßen heim; in vielen Fenstern strahlten schon die Weihnachtsbäume, und nun steckte ich die Lichter an unserem zarten, feierlichen, bunten Baume an und klingelte mit der alten Apostelglocke. Die Freude über die Gabentische schien mir größer denn je. Die Töchter hatten wieder, wie früher, die Couch als Weihnachtsplatz: über und über bedeckt mit eleganten, schönen, praktischen Dingen, von denen ja sie wie wir es wissen, daß sie wie eine Auswanderungsausstattung sind. Während ich Hanni den Beuthener Barockschreibtisch als ihren Weihnachtswunsch überlassen hatte, wurde mir zum ersten Male auf meinem «neuen», alten, großen Schreibtisch aufgebaut, und obwohl die Gaben diesmal nun wirklich viel einfacher und spärlicher waren als in anderen Jahren, bedeutete dieser Weihnachtstisch eine ganz besondere und wohl unvergeßliche Freude für mich. Denn zum ersten Mal erfuhr ich, daß so Weihnachtstische nur im Dichterhause möglich sind: die Weihnachtsbriefe von Lesern; die Büchersendungen des eigenen Verlegers und die schönen Quempasbücher des Bärenreiter-Verlages, alte Weihnachtslieder, denen nun Gerhard Schwarz und ich neue hinzufügen sollen; die Notenblätter von Gerhard Schwarz mit den Vertonungen meiner Weihnachtslieder; und, was Hanni genauso rührte wie mich: mein Neujahrslied, von Frau Pagel schön und edel handgeschrieben, nachdem sie doch nun schon meine drei DVA-Bücher ausstattete. Immer wieder mußte ich heute am Heiligen Abend auf den alten, schönen Eichentisch mit den Notenblättern und der Handschrift des Neujahrsliedes blicken.

Den ganzen Abend bis Mitternacht saßen wir beim Kerzenglanz des Silberleuchters, der Lichtersterne auf dem Tisch, den Ker-

zen zu Füßen der Madonna; und auf der Höhe des Heiligen Abends strahlten noch einmal die Lichter des zarten, bunten Weihnachtsbaumes mit seinem goldenen Engel und seinen kleinen silbernen Glocken, den roten und goldenen, grünen und silbernen Glaskugeln, der Nürnberger Madonna und dem «Herzen Jesu»; wunderbar war die Stille des Abends, wunderbar der Duft von Wachskerzen und Tanne. Und die Blumen von Hannis Taufe – zartes Grün, Tanne, Rosen, weiße Chrysanthemen in mächtiger Vase – waren der besondere Schmuck dieses ernsten Festes. Über den verschneiten Gärten standen große Sterne, und in der zwölften Stunde hörte man noch einmal fernes Glockenläuten einer Christnachtsmette. Die Engel und Hirten empfangen im Kerzenglanze der Weihnachtsstube ein eigenes Leben. Keiner, dem der schwere Ernst dieses Heiligen Abends nicht bewußt war; und doch war das lichte, kleine, festliche Haus von Heiterkeit und Lebendigkeit erfüllt, von Zufriedenheit und Dankbarkeit nicht minder.
Ach, aus diesem hohen Feste wieder zurückfinden dürfen in die gefährdete Arbeit!
Bei den Noten auf meinem Weihnachtstisch liegt die letzte Adventspredigt, die Pastor Brinkmann mir schickte, liegen die Pastorenbriefe, als wäre das Ersehnte Wirklichkeit geworden: Dichterhaus, das das Pfarrhaus spiegeln darf, von dem ich im «Ewigen Haus» für alle Pfarrhäuser schreiben möchte.
«Alles Getrennte findet sich wieder» – das ist auch ein Trost zu Weihnachten.

25. Dezember 1938 · Sonntag (Christfest)
Erster Weihnachtsfeiertag

Sehet, jetzt ist die angenehme Zeit, jetzt ist der Tag des Heils!
2. Korinther 6, 2

Hanni und ich frühstückten allein. Kurzreiters große Christpredigt ernst, würdig. Weihnachtspredigt ganz für dieses schwere Jahr 1938. Unter den strahlenden Christbäumen war Hanni dann mit mir zum ersten Mal zum Abendmahl. Der Spruch: Fürchte dich nicht, glaube nur! (Markus 5, 36). Mit uns waren

nur ein Bekannter vom alten Stutz und ein frischer, junger Mensch; das machte auf Hanni einen großen Eindruck.
Mit der neuen Auflage des «Vater» bin ich so sehr zufrieden; sie enthält nun sachlich, stilistisch und druckmäßig keinen einzigen Fehler mehr.
Vor unserem Christbaum stehen alle, die in unser Haus kommen, als wären sie hier nun auf das eigentliche Weihnachten getroffen. Aber das letzte von diesem Christbaum kann man ihnen ja nicht sagen: Hosea 14, 9.

27. Dezember 1938 · Dienstag

Es ward eine dicke Finsternis in ganz Ägyptenland drei Tage. – Aber bei allen Kindern Israel war es licht in ihren Wohnungen.
2. *Mose 10, 22. 23*

Das ist ein großes, ernstes, feierliches Wort nach den Weihnachtstagen 1938.
Die DVA schreibt in einem Brief vom Heiligen Abend: «Wir haben vorsorglich noch einmal einen Nachdruck Ihres Romans ‹Der Vater› vorgesehen».
Immer wieder hilft Gott, auch mit äußeren Freuden, auf die ich so gar nicht mehr zählte, in der tiefen Müdigkeit auf. Ich meinte, es wäre zu diesem Weihnachten an Festesfreude genug mit Hannis Taufe und unserer Trauung.
Hanni meldet aus der Stadt, daß in den Geschäften gekauft wird wie vor Weihnachten.
Und wieder bringt sie die schreckliche Nachricht von jüdischen Selbstmorden aus der Stadt mit.

28. Dezember 1938 · Mittwoch

Die Finsternis vergeht, und das wahre Licht scheint jetzt.
1. Johannes 2, 8

Nachts erwachte ich, das Bibelwort im Ohr, an das ich lange, lange nicht dachte: Johannes 11, 40 «Habe ich dir nicht gesagt, so du glauben würdest, du solltest die Herrlichkeit Gottes sehen!» Ich erwachte in dem Bewußtsein, daß dies Gottes Wort für mich zum Neuen Jahr ist.

29. Dezember 1938 · Donnerstag

Daran sollt ihr den Geist Gottes erkennen: ein jeglicher Geist, der da bekennt, daß Jesus Christus ist in das Fleisch gekommen, der ist von Gott. *1. Johannes 4, 2*

Endlich wieder am Treatment vom «Goldenen Schiff» geschrieben. Wenn es schon nicht das «Ewige Haus» sein darf – wenigstens doch schreiben dürfen, wenigstens nicht diese furchtbare Stockung, die ja immer mehr an die Existenzfrage rührt! Dabei ging es auch heute wieder mit Anrufen und Briefen hin und her, so daß es nicht eine ruhige Arbeitsstunde gibt.
Die Aktionen für Brigitte in London bisher völlig resultatlos, wie alles, alles auf diesem Gebiete. Hanni und ich freilich atmen auf, daß es zu einer überstürzten Auswanderung der Töchter nicht kommt.
Der große, große Ausgleich, den dieses von außen so bedrohte, in seinen häuslichen Idyllen so furchtbar erschütterte Weihnachten uns bringt, sind die Briefe – die Leserbriefe, die Pastorenbriefe; und die Lieder. In dieser Weihnachtszeit singen mein «Weihnachts-Kyrie» die Betheler Kurrende und der Betheler Schwesternchor der Potsdamer Nicolaikirche. – Die Bibelworte am Morgen und die Briefe des Tages: die helfen immer wieder aus der Müdigkeit und Verwirrung auf. –
Unser Leben scheint in allen Fugen zu beben: und doch ist alles aufs schönste gekommen. –

31. Dezember 1938 · Sonnabend (Sylvester)

Ich will der Gnade des Herrn gedenken und des Lobes des Herrn in allem, was uns der Herr getan hat. *Jesaja 63, 7*

Nur hier draußen ist noch Winter. Bis zum Kirchgang wurden die Zimmer für den Abend gerüstet. Wir, Hanni und ich, waren in Kurzreiters Jahresschlußandacht in Mariendorf, der Kirche, die nun so viel für uns umschließt. Herrlich die Bibelworte der Jahreswende. Bald nach dem kleinen, rein familiären Abendessen erschienen die Gäste, die Männer zu Renerles Entzücken in Smoking und Frack. Alle, wodurch die Festzimmer noch feierlicher wurden, brachten Blumen: rosa Nelken, rote Nelken, rote und blaue Tulpen, rosa Azaleen.

In beiden Zimmern waren behagliche Sesselgruppen arrangiert mit kleinen Tischen, und all die schönen kleinen Sachen, die es zu Bowle und Punsch gab, waren auf dem kerzenschimmernden Renaissancetisch und dem Barockschreibtisch hergerichtet: der eine ganz in Gold, der andere ganz in Silber gehalten. Zum Empfange brannten die Lichter des Weihnachtsbaumes, alle Leuchter und die Lichtersterne zu Füßen der Madonna und des Schmerzensmannes und unter dem Cranachbilde. In Munterkeit und Wohlwollen wurden die Stunden bis Mitternacht hingebracht, so lebhaft, daß ich um halb zwölf überhaupt erst das erste Mal nach der Uhr sah. Mit den Geschwistern hatte ich schon früher telefoniert und sehr viel beruhigendere Nachricht über Mutter erhalten. Während nun alle heiter und lebhaft im Refektorium feierten, rüstete ich das Barockzimmer zur Mitternacht: steckte die Kerzen am Weihnachtsbaum zum zweiten Male an, schmückte das Zimmer mit Leuchtern und den schönsten Blumen, Hanni richtete einen Tisch mit neuen Weingläsern; und mit dem Glockenschlag zwölf wurden die Türen zur Terrasse geöffnet, das große Glockengeläut über dem Garten zu hören. Der lag im Schnee. Und nachdem es den ganzen Abend so völlig still ringsum gewesen war, stieg nun – doch ohne alles Lärmen – ein reizendes Feuerwerk auf, in dem der Garten immer wieder in neuem Glanze, neuen Tönungen aufleuchtete. Und alle, auf denen – auch den Jüngsten – so viel Schweres lastet, spürten an diesem Abend nur das Festliche.

Dank und Vertrauen überwiegen an dem Ende dieses schweren Jahres und angesichts eines so ernsten Jahresbeginnes alle Sorge, alle Angst, allen Kummer. Und über allem Feiern – das Hanni und ich uns an und für sich stiller wünschten – steht schon das herrliche Verheißungswort des neuen Jahres: Johannes 11, 40.

1939

Habe ich dir nicht gesagt, so du glauben würdest du solltest die Herrlichkeit Gottes sehen?

Johannes 11, 40

1. Januar 1939 · Sonntag (Neujahr)

Es hat euch noch keine denn menschliche Versuchung betreten; aber Gott ist getreu, der euch nicht läßt versuchen über euer Vermögen, sondern macht, daß die Versuchung so ein Ende gewinne, daß ihr's könnet ertragen. *1. Korinther 10, 13*

Dies war der Text von Kurzreiters Predigt: einer «meiner» wichtigsten Sprüche. Der Neujahrsgottesdienst stärker als die Jahresschlußandacht, die Kirche nicht voll. Hannis Taufe wurde abgekündigt: «Übertritt aus der Glaubenslosigkeit: einer».

5. Januar 1939 · Donnerstag

Sei getrost, dein Glaube hat dir geholfen. *Matthäus 9, 22*

Hanni sagt, auch wenn ich nicht wäre, würde sie nicht aus Deutschland herausgehen, solange sie hier nur das Notwendigste zu leben hätte. Die Töchter bleiben fest dabei, daß sie ins Ausland wollen. Und all das ist zwischen uns so ohne Konflikt und Problem.

Auch alle herrlichen Empfehlungen, die Werner Milch hat, haben ihm nicht zur Vorlassung auf dem amerikanischen Konsulat verholfen, und für Freunds haben er und wir gar nichts ausgerichtet. Dabei ist Amerika doch der «Anwalt» der Juden in Deutschland. Alles, außer dem englischen Schritt für die Pastoren und der privaten, ohnmächtigen Menschlichkeit der amerikanischen Affidativs, ist tief deprimierend. – Die Spannung zu Amerika ist ungeheuer stark. –

8. Januar 1939 · Sonntag

Mit dem Schatten seiner Hand hat er mich bedeckt. *Jesaja 49, 2*

Das ist ein großes, großes Wort nach all dem weihnachtlichen Glanze. Ich lese «Das Tagebuch eines Landpfarrers» – mir ist's wie der letzte, mögliche Zugang zu Reinhold Schneider. Es ist aber auch wie eine tiefe Verwandtschaft zwischen Bernanos[104] und mir in dem ständigen Bewußtsein für die unablässig spürbare Gegenschöpfung des Satanischen. Da sind Worte, die Erfahrungen so ausdrücken, wie man sie selbst ausdrücken möchte: «Wenn die Vorsehung durch ein Wunder irgendwo einen Zufluchtsort einrichtet, wo der Frieden erblühen kann, dann kommen die Leidenschaften und ducken sich im Herankriechen, und wenn sie sich eingeschlichen haben, dann heulen sie Tag und Nacht wie Raubtiere» – und lassen alle Bilder des Idyllischen wie Schatten zerwehen! So möchte ich fortfahren. –

9. Januar 1939 · Montag

Sei getrost! denn der wird dich trösten, nach dem du genannt bist. – Siehe umher gegen Morgen und schaue den Trost, der dir von Gott kommt. *Baruch 4, 30. 36*

Die Boykottmaßnahmen des Auslandes gegen Deutschland und der Devisenmangel wirken sich immer spürbarer aus: stundenlang stellen sich die Menschen nach Kaffee an.
Harald Poelchau rief nach langer, langer Zeit wieder einmal an, nach unserer Situation zu fragen und seine Quäkerbeziehungen uns anzubieten. Sein Vater ist gestorben; in diesen Weihnachtstagen ihrer Trauer haben sie in ihren Morgenandachten die «Kyrie»-Lieder gelesen. Und auch von anderen sagte es mir Poelchau: das für mich Unfaßliche ist geschehen; das «Kyrie» ist in die Häuser gedrungen. –

10. Januar 1939 · Dienstag

Der Geist des Herrn hat mich gesandt, – zu verkündigen ein gnädiges Jahr des Herrn. *Jesaja 61, 1. 2*

Erfahrungsgemäß folgt auf jeden Arbeitstag ein Korrespondenz-

tag, auf jeden Korrespondenztag ein Besuchstag, darauf ein Verhandlungstag. – Soll man darauf einen neuen Plan aufbauen? Alles Schwere hat einen in das neue Jahr begleitet, vor allem wieder diese quälende Behinderung, ja Verhinderung der Arbeit. Begleitet hat einen aber auch das, was einen mit so großer Dankbarkeit erfüllt: vor allem die immer engere und breitere Verbindung von Pastoren und meiner Arbeit.
Fornaçon, ein sympathischer junger Theologe aus Königsberg, besuchte mich auf der Durchreise von Hamburg nach Königsberg, brachte mir eine Weihnachtsliedvertonung aus dem «Kyrie»; berichtete mir, wie sie in Theologiestudentenkreisen nun schon wiederholt meine Lieder sängen, und bat mich im Auftrag eines bekenntniskirchlichen Kreises, zu einer Vorlesung nach Königsberg zu kommen, wo ich auf eine feste «Vater»- und «Kyrie»-Leserschaft treffen würde. In Ostpreußen freut mich das besonders. Dankbar sagte ich auch hier ab.
Siegbert Stehmann[105] sagte ich ab. Aber des Abends fand sich dann Harald Koenigswald ein, dem ich nicht absagen darf. Würde ich auch noch die Vorlesungsreisen machen – meine Arbeit wäre mit dem «Vater» begonnen und abgeschlossen zugleich. Und die Besprechungsexemplare, die meiner harren! Bei all den Absagen habe ich die seltsame, klare Überzeugung, daß dies mit Gottes Willen geschieht; daß ich nicht zu Vorlesungen fahren soll; daß Gott den Augenblick des persönlichen Auftretens mir weisen wird; die Frage der Leser nach mir ist solcher Hinweis bei weitem noch nicht. Ich sage ohne jeden inneren Zweifel ab, ohne mich damit für die Zukunft entscheiden zu wollen. Gott kennt die Krankheit, die in mir geheilt, von ihm allein geheilt sein muß, ehe ich in Person unter die Menschen treten darf. –

11. Januar 1939 · Mittwoch

> Jesus sprach: Gehe hin in dein Haus und zu den Deinen und verkündige ihnen, wie große Wohltat dir der Herr getan hat und sich deiner erbarmt hat. *Markus 5, 19*

Die Zeit von halbdrei bis sieben ist wieder mit Anwaltsverhandlung, Notariatsakt, Bankkorrespondenz draufgegangen. Nicht

nur, daß dauernd gezahlt werden muß, gipfelnd in der Kontribution: nun wird einem auch noch immer wieder die Zeit genommen, durch Arbeit die Verluste wieder einzubringen. – Aber dies alles ist die eine Ungerechtigkeit der Welt. – Noch einmal Ruhe vor Behörden und Banken. – Morgen um drei wieder beim Rechtsanwalt. –
Wegen Wergins arger Überlastung waren wir heute bei seinem alten Sozius Scholz. Nur ich darf vom Anwalt noch beraten werden; Hanni müßte sich an einen der neuen Rechtskonsulenten für Juden wenden. Zum ersten Male ist nun heute für Hanni bei dem Auflassungsvormerkungsantrag das «Sara» akut geworden.
Wir sind mürbe, müde und verwirrt, aber so dankbar, daß der Kampf um Nikolassee überhaupt noch geführt werden darf; und welche finanzielle Beziehung haben nun die Neuauflagen des «Vater» für uns erlangt, von der inneren Bestätigung ganz zu schweigen. Ein Ehepaar richtet sich immer wieder gegenseitig auf – am gemeinsamen Glauben.

12. Januar 1939 · Donnerstag

> Ich will einen ewigen Bund mit ihnen machen, daß ich nicht will ablassen, ihnen Gutes zu tun. *Jeremia 32, 40*

Anruf von Pagel, er erwarte mich mit Kilpper. Und in der freundlichsten Weise – damit ich nach den Treatments ja an «Das ewige Haus» gehen könne – wurde mir von Kilpper ein Kredit für die Fertigstellung des Baues bis zur Genehmigung des Polizeipräsidenten und die Auszahlung der Reichsbahn bewilligt! Ich soll bloß das Bora-Buch schreiben.
Am Abendbrottisch fand ich frohe, dankbare Damen vor. Es ist wie eine große Erschöpfung. – Es war ja so viel auf einmal: die Zuendeführung des Baues ohne das Geld von der Reichsbahn – die teuren Auswanderungsausstattungen für die Töchter, die jeden Tag hohe Barbeträge erfordern – die Kontribution, deren 2. Rate schon im Februar fällig ist.
Nun ist das Geld für Bau und Kontribution da. Der Spruch dieses Tages. – Es ist wie ein großer Abschluß eines Kampfes, der alle Arbeitszeit und Arbeitskraft verzehrte.

16. Januar 1939 · Montag

Wirf dein Anliegen auf den Herrn; der wird dich versorgen.

Psalm 55, 23

Alle Aktionen für Brigittes Auswanderung an dem auch in allen anderen Fällen beobachteten totalen Versagen des Jüdischen Hilfsvereins, der unumgehbaren Vermittlungsstelle, gescheitert. Wir sind froh darüber, weil wir ihr doch wenigstens eine abgeschlossene Ausbildung mitgeben möchten.

Schneider schreibt sehr ausführlich und herzlich. Er hört an der Sorbonne eine Vorlesung über Dürer und die Reformation: «Der Professor ... liest über Luther, mit nachdrücklichem Hinweis auf Staupitz; es ist fast wie eine persönliche Begegnung mit Ihnen in Paris.» – Er schickt mir Murillos «Küche der Engel»: «Und ob nicht vielleicht doch die Idee des ‹Ewigen Hauses› vor einem solchen Bilde anklingen könnte?» Eben darum geht es ja weithin: die unablässige, alltägliche Verklärung des Irdischsten von der Schrift her! – Ferner schreibt er: «An große Bücher denke ich nicht mehr; nur an möglichst eindringliche Symbole.» – Zu dem so ernstlichen, die eigene Produktivität in Frage stellenden Problem der Überlastungen mit Buchbesprechungen warnt Schneider aus seiner hier besonders großen Erfahrung: «Wenn ich Ihnen einen Rat geben dürfte, wäre es der, nicht erst anzufangen und Besprechungen grundsätzlich abzulehnen. Ich habe mich zu tief darauf eingelassen.»

Und so werde ich es nun nach Erledigung der übernommenen Verpflichtungen auch halten, desgleichen mit der übrigen Arbeit für Zeitschriften und Zeitungen.

Ein großer Buchplan ist heute eine furchtbare Last. – Ich rede mir immer wieder zu: Die Belastung der Arbeit ist nicht unerträglich. Du bist nicht zu den Schanzarbeiten gekommen. Du hast nicht erneut um deine Sondergenehmigung kämpfen müssen. Es ist nicht alles Geld weggenommen worden.

Die reiche Hilde Stern – Werner Milch mit seinen glänzenden Verbindungen – die blutarmen, von der Angst zu zehnfacher Aktivität getriebenen Freunds – alle stehen sie vor der gleichen Resultatlosigkeit; alle machen sie mit Deutschland und dem Ausland und dem Judentum die gleich bitteren Erfahrungen. –

22. Januar 1939 · Sonntag

> Wende dich zu mir, sei mir gnädig; stärke deinen Knecht mit deiner Kraft! *Psalm 86, 16*

Um dieser Worte willen habe ich mich für immer damit abgefunden, daß Ruhe, Friede, Aufbau und Gewißheit nicht einmal erbeten sein dürfen. Aber den «Seinen» kann Er alles das geben. – Mit dem Vaterunser ist alles gesagt. –
An der Resonanzlosigkeit anderer Künstlerleben sehe ich immer wieder, wie dankbar ich sein muß für die weite, tiefe Aufnahme, die der «Vater» und in erstaunlichem Maße das «Kyrie» gefunden hat. Für *«In tormentis»* fehlt den Menschen noch der Blick. Da wird dem König noch immer etwas versagt.

24. Januar 1939 · Dienstag

> Fürchte dich nicht! Denn derer ist mehr, die bei uns sind, als derer, die bei ihnen sind. *2. Könige 6, 16*

Der Haupteindruck in allem, allem Schweren ist: dieser Staat hält sich nur durch rasende, nicht eine Sekunde aussetzende Unruhe aufrecht: ein Moment der Ruhe, und er bräche zusammen. Es braucht im privaten Leben gar nichts Besonderes zu geschehen: die tägliche, fürchterliche Erschöpfung ist dennoch völlig begründet. Und nun: diese furchtbare Unruhe des öffentlichen Lebens wird erzwungen durch krampfhafte und krankhafte Überorganisation aller Lebensbezirke. –

27. Januar 1939 · Freitag

> Es wird das Zepter von Juda nicht entwendet werden noch der Stab des Herrschers von seinen Füßen, bis daß der Held komme; und demselben werden die Völker anhangen. *1. Mose 49, 10*

Dies der Losungsspruch des heutigen Tages: 80. Geburtstag des Kaisers. Ein halbes Jahrhundert wäre er nun Kaiser. – Es geht einem durch und durch.

Der Reichstag zum 30.1.39 von Hitler zu der Entgegennahme einer Regierungserklärung einberufen; die allgemeine Spannung wird also erhöht.
Franco, der Mussolini und Hitler Spaniens, hat also nun Barcelona. Von den anfänglichen christlichen Nebenströmungen dieser spanischen Bewegung ist nichts mehr zu spüren. –
Zum Beruf: je mehr man offiziell totgeschwiegen wird, desto mehr freut einen der Intensitätserfolg – und die Auflagenhöhe! Die gute Leserschaft läßt sich nicht irremachen. – Pastorenbesuche sage ich nach wie vor nicht ab. Aber einmal – ach, wenn nicht sehr bald äußere Ruhe, ein wenig Ruhe kommt – wird auch dieser Strich gezogen werden müssen.
Die Jahrgänge 1902–1905 sollen nun – nach Gerücht – vom Militärdienst zurückgestellt werden. Ich würde doch eine große Erleichterung empfinden, wenn auch die große Unruhe um den Hausbau nicht gleich die Arbeitsunterbrechung durch die auf ein Vierteljahr heraufgesetzte Reservistendienstzeit käme. Italien zieht gerade 60 000 Mann des Jahrganges 1903 ein. –

31. Januar 1939 · Dienstag

Herr, du bist mein Gott! dich preise ich; ich lobe deinen Namen, denn du tust Wunder; deine Ratschlüsse von alters her sind treu und wahrhaftig. *Jesaja 25, 1*

Zum ersten Mal sprach Pagel es aus, daß er beim «Vater» nicht nur noch mit dem 20., sondern dem 30. Tausend rechnet. Dieser Gedanke ist mir noch völlig fremd. – Stuttgart wollte groß propagieren; Pagel und ich sind für größere Reserve. Wozu herausfordern?

3. Februar 1939 · Freitag

Weil denn die Elenden verstört werden und die Armen seufzen, will ich auf, spricht der Herr; ich will eine Hilfe schaffen dem, der sich darnach sehnt. *Psalm 12, 6*

Zum Abendbrot kam Gert Pohl. Es ist wie an dem Sonntag in Wolfshau. Das Haus lebt, lebt. Sie saßen alle im Refektorium; ich beendete nebenan «Das goldene Schiff», – dazwischen rief

Ihlenfeld an: für die Neuauflage des «Königs und die Stillen im Lande» bekomme ich noch einmal 250 Mark; das «Kyrie», obwohl der Ausdruck falsch sei, gehe auch nach Weihnachten «toll»; dabei haben wir's doch als einen ganz kleinen, flüchtigen Versuch am Rande empfunden, und als wir die religiösen Gedichte ausschieden, gar nicht mehr ausreichend für ein Bändchen. Für einen neuen Sammelband, große kirchliche Persönlichkeiten, wollte ich Bodelschwingh oder, was mich noch mehr lockte, Blumhardt schreiben. Aber nun bleibe ich fest: ich kann mich nur auf die Jahre 1526 bis 1552 beschränken. Ich muß sehr dankbar dafür sein, daß – sobald die äußeren Störungen aussetzten – die Arbeit am «Goldenen Schiff» sofort stockungslos weiterging.

8. Februar 1939 · Mittwoch

Wer Dank opfert, der preiset mich; und da ist der Weg, daß ich ihm zeige das Heil Gottes. *Psalm 50, 23*

Bei Dr. Privat[106]: dessen jüdische einstige Schwägerin in London, die mich kennt, scheint den Töchtern helfen zu können. Sie arbeitet in einem Emigrantenhilfswerk, hinter dem – auch für Dissidenten und Juden (rel.) – wieder der Bischof von Chichester steht, dessen Hilfsaktionen bisher die einzigen positiven Eindrücke sind. –
Reichsleiter Rosenberg, der Kirchenfeind, der «Beauftragte für die gesamte geistige und weltanschauliche Erziehung der NSDAP», Chef des außenpolitischen Amtes der Partei, hat gestern vor der auswärtigen Diplomatie und ausländischen Presse in Berlin gesagt: «Für den Nationalsozialismus wird die Judenfrage in Deutschland erst dann gelöst sein, wenn der letzte Jude das Territorium des Deutschen Reiches verlassen hat.» Ferner, z. B.: «Daß Alaska mit seinem herben, nordischen Klima für die Juden zu schade wäre, liegt auf der Hand.»
Furchtbar schwer ist bei dem gegenwärtigen Stand der Dinge die Lage der arischen Frauen mit jüdischen Männern. –

10. Februar 1939 · Freitag

Ich will harren auf deinen Namen, denn deine Heiligen haben Freude daran. *Psalm 52, 11*

Der alte Papst ist gestorben: im Anblick welcher Ohnmacht des Vatikans! Sein letzter Konflikt mit der Welt war sein Kampf gegen die faschistisch-nationalsozialistischen Rassengesetze. So modern dieser Greis war: das Krankhafte moderner Wandlungen hat er stets sogleich erkannt. –
Und nun, nach Francos Sieg, wird Spanien Deutschland und Italien folgen.
Der Papst erstrebte die Vereinigung mit der Ostkirche und der englischen Kirche.

13. Februar 1939 · Montag

Der Herr hat mir das Ohr geöffnet; und ich bin nicht ungehorsam und gehe nicht zurück. *Jesaja 50, 5*

Werner Milch schreibt, daß seine Lunge doch nicht gesund ist. Und keinerlei Fortschritt in seiner Auswanderung. Dabei sollten übermorgen seine Vorlesungen an der New Yorker Hochschule beginnen.
Tappolet, ein Schweizer Kirchenmusikmann, schreibt mir, daß in einer gekürzten Fassung mein Abendlied nun in das neue evangelische Kirchengesangbuch der deutschen Schweiz kommt. Nun ist da, was ich erst am Ende meines Lebens für möglich hielt, ja, nach dem Tode. Das begreife ich immer mehr: für den Gemeindegebrauch tut Kürze not.
Das ist wunderbar: einmal erschöpft sein vom Schreiben, nicht von Verhandlungen. Ich könnte unentwegt schreiben.
Wir fuhren – da Kirchenkonzerte nicht mit dem Judenbann belegt sind – in die Johann-Walther-Vesper des Reichsverbandes für Evangelische Kirchenmusik in der Gustav-Adolf-Kirche in der Jungfernheide. Am Abend folgte dann Prof. Dr. Arnold Scherings gediegener und nobler Johann-Walther-Vortrag mit einem zweiten herrlichen Konzert, Chor und Orchester, zum Teil mit alten, zum Teil mit rekonstruierten Instrumenten. Eine

einzigartige, konzentrierte, umfassende Studienmöglichkeit, wie sie eben nur Berlin bietet. Wie reich ist unser Leben geblieben! Auf der Heimfahrt sagte Hanni, sie möge eben nur mit einem historischen Schriftsteller verheiratet sein, weil es ein so zehnfach gelebtes Leben sei. Wie wunderbar war's gestern: die ganze innere und äußere Umwelt dieser Musik so genau zu kennen! Ich fand sehr starke Bestätigung meiner Auffassung. –

14. Februar 1939 · Dienstag

Ich flehe vor deinem Angesicht von ganzem Herzen; sei mir gnädig nach deinem Wort. *Psalm 119, 58*

Pünktlich vor dem Tag der zweiten Kontributionsrate hat die Tobis die 1000 Mark gezahlt, die nach Ablieferung des «Goldenen Schiffes» fällig waren. Ich reflektiere gar nicht darüber, daß genau all mein Filmgeld auf die Kontribution daraufgeht. Gott hat's uns eben damit schon vorher gegeben; und in höheren Auflagen kann er's wiedererstatten, so wie er's getan hat nach der Verheißung in all meiner Verzweiflung in der Arbeit am «Vater»: «Ich will euch die Jahre erstatten, welche Heuschrekken, Käfer, Geschmeiß und Raupen, sein großes Heer, so er unter euch schickte, gefressen haben». –
Wieder das Papstgeläut. Für diese Papstwahl wird mehr gebetet werden denn zuvor in langen, langen Jahren. Nun wird Franco in Spanien sehr bald von Frankreich und England als Staatschef anerkannt werden.
Trotz mancher abgestoppten Maßnahme gegen die Juden muß es zu denken geben, daß Hanni zwischen erster und zweiter Rate schon gepfändet werden sollte, als das Finanzamt meine Zahlung für Hanni falsch gebucht hatte. Wie sollen die Juden die zweite Rate aufbringen, wo sie nicht weiterarbeiten dürfen und ihre Grundbesitzverkäufe noch nicht genehmigt sind, wie wir ja an unserem Falle genau verfolgen können? Die nächste Rate ist schon wieder im Mai fällig.
Die schuldlos geschiedene Frau ist im neuen Gesetz völlig rechtlos gemacht; der Ehebruch des Mannes erfährt jede rechtliche und finanzielle Unterstützung. Das, in Verbindung mit den

Skandalen um die Ehen führender Persönlichkeiten, wird das Volk sehr stutzig machen.

16. Februar 1939 · Donnerstag

So bekräftige nun, Herr, Gott, das Wort in Ewigkeit, das du über deinen Knecht und über sein Haus geredet hast, und tue, wie du geredet hast! 2. *Samuel* 7, 25

Abends beim späten Abendbrot ein Anruf, der uns so freute: die Evangelisch-Theologische Fachschaft der Universität Berlin. Da mich die junge Theologenschaft als den Dichter ihrer Theologen-Generation empfände, bäten mich die in einem der neuen Studentengemeinschaftslager Ende Februar vereinigten vier Fachschaften von Berlin, Rostock, Greifswald und Kiel, zu ihnen zu kommen, ihr Gast zu sein und einen Abend bei ihnen zu lesen. Ich sagte wie immer ab. –

17. Februar 1939 · Freitag

Jesus Christus ist der Eckstein, auf welchem der ganze Bau ineinander gefügt wächst zu einem heiligen Tempel in dem Herrn, auf welchem auch ihr mit erbaut werdet zu einer Behausung Gottes im Geist. *Epheser* 2, 20–22

Hanni und ich haben uns nun fürs Spinett entschieden. Das Messen im Bau hat den letzten Ausschlag gegeben. Und wo, wenn nicht bei uns, sollte wohl ein altes Instrument seinen Platz finden – könnte man fragen. Wird es uns Musiker mit alten Instrumenten ins Haus bringen? Wir werden Chemin Petit und Kirchenmusikdirektor Werner darauf aufmerksam machen. –

18. Februar 1939 · Sonnabend

So gehe nun hin: Ich will mit deinem Munde sein und dich lehren, was du sagen sollst. 2. *Mose* 4, 12

Neupert hat mir das Spinett «zum Ansehen und Anhören» über Sonntag geliehen. Es sieht in den alten Stuben gar zu reizend aus und erfüllt sie mit einem ihnen sehr gemäßen Klang. Hanni versucht sich an den Chorälen der Matthäuspassion. Auch hören wir doch nun einmal die Vertonung meiner Lieder, von denen die von Beers-Paris schwach sind. –

20. Februar 1939 · Montag

Siehe, ich breite aus den Frieden wie einen Strom. *Jesaja 66, 12*

Dr. Privats Schwägerin schreibt bereits direkt wegen neuer Unterlagen und scheint sich als zuverlässig zu erweisen. Ach, ginge es nun nur nicht zu schnell mit den Töchtern. Aber sie wollen es wie die anderen halten.

24. Februar 1939 · Freitag

Ich bin gekommen um deinetwillen! *Daniel 10, 12*

Die 150. «Vater»-Kritik ist ein großer Aufsatz im «Deutschen Pfarrerblatt».
Nun schon wieder etwas Neues, von dem man gar nicht weiß, wie man es ansehen soll, ob als neue Schikane, letzte Konsequenz oder ein Eingeständnis latenter deutscher Wirtschaftsnot (nun können die jüdischen Auswanderer nur noch Kleidung und Möbel mitnehmen): «Alle Juden deutscher Staatsangehörigkeit und alle staatenlosen Juden müssen die ihnen gehörenden Gegenstände aus Gold, Silber und Platin sowie Edelsteine und Perlen binnen zwei Wochen an die eingerichteten öffentlichen Ankaufsstellen abliefern. Die Ablieferung erfolgt gegen Entschädigung. Die Richtlinien über die Bewertung und die Festsetzung der Entschädigung hat der Reichswirtschaftsminister erlassen.»
Wir stellen den Antrag beim Reichswirtschaftsminister, ob Schmuck als Entschädigung für die Kontribution auf mich übertragen werden kann. Doch sehe ich diese Sache pessimistischer an, da ja eine Entschädigung vom Staat für den Schmuck festgesetzt wird. Aber was will uns das alles noch bedeuten, nachdem uns die Zwangsscheidung erspart blieb!
Bisher hat auch in allen Geldangelegenheiten Gott längst vorgesorgt: was mich oft mit Scham erfüllte.
Abends um halb elf noch Anruf Pauck: Herr von Demandowski, der bisherige Reichsfilmdramaturg und nunmehrige Produk-

tionschef der Tobis, will morgen das «Vater»-Projekt vorgelegt haben. Da das kurze Gesamtexposé, das ich für die Tobis entwarf, in den Händen von Jannings ist, kommt sich P. morgen früh schnell einen Durchschlag bei mir abholen. –

28. Februar 1939 · Dienstag

Gedenke alles des Weges, durch den dich der Herr, dein Gott, geleitet hat. *5. Mose 8, 2*

Hanni in unseren diversen Steuersachen auf den verschiedenen Ämtern. Alle trotz der «Johanna Sara» gefällig.
Ein merkwürdiger, ungezeichneter Aufsatz über Luftschutzdisziplin in der DAZ, der wie eine psychologische Kriegsvorbereitung für die Frauen wirkt. Vielleicht nur eine Luftschutzwerbung – aber der Unterton klingt gefährlich.
Die vorletzte Manuskriptsendung, wie immer je 50 Seiten, an die Tobis abgeschickt.
DAZ: «Thüringens evangelische Kirche schließt Juden aus». Das habe ich nicht für möglich gehalten. Ich sehe darin das Ungeheuerlichste, das bisher im Dritten Reich geschehen ist. –
Noch vier Szenen! Doch der fehlende Schlaf macht sie schwer.

1. März 1939 · Mittwoch

Du bist der Gott, der mir hilft; täglich harre ich dein.
Psalm 25, 5

Man darf alles, alles vor Gott bringen. Das Zusammentreffen von Beendigung des Baues und dritter Kontributionsrate hat alle Schrecken verloren.
Dr. Privats Schwägerin bearbeitet die Sache der Töchter nun wirklich – als erste von allen, an die wir uns wandten! – ernsthaft und zuverlässig. Für Renerle – unter 18 – besteht keine Aussicht; für Brigitte ist der Antrag gestellt.
Die Diphtherie hat bei Renerle eine Wandlung gebracht: sie will noch nicht auswandern.
Trotz des katastrophalen Schlafes kann ich mein Tagespensum aufarbeiten. Aber in dem Zustand, den der Anfang eines neuen,

großen Buches verlangt, bin ich nicht. – Die drei Filmtreatments werden nun doch ein Manuskript von über 500 Seiten. Was hat auf den Monaten auch dieser Arbeit gelastet: die Kriegserwartung im Herbst; der 9. November; die Kontribution; die Sperrung des Geldes von der Reichsbahn. –
Aber immer muß weiter gearbeitet sein, weil Gott immer wieder führt, hilft und schützt. Auch der vieljährige Plan des «Ewigen Hauses» muß angepackt werden, obgleich alle Welt vom Krieg im Frühjahr spricht: Tunis hat die Tschechoslowakei abgelöst. Die Mächtegruppierung ist dieselbe.

3. März 1939 · Freitag

Das Reich Gottes – ist Gerechtigkeit und Friede und Freude in dem heiligen Geiste. Wer darin Christo dient, der ist Gott gefällig und den Menschen wert. *Römer 14, 17. 18*

Nach einem Tage ist die Papstwahl beendet. Pacelli – mit den deutschen Verhältnissen besonders vertraut, in England, Frankreich und Amerika hochangesehen –, der Kardinalstaatssekretär Papst Pius' XI., ist gewählt und hat den Namen Pius XII. angenommen. Nicht ein seelsorgerischer Papst, wie das politische Rom und wie Berlin es wünschten, sondern ein hochpolitischer Papst ist gekommen. Für diese bedeutungsvolle Papstwahl müssen auch die Protestanten beten.

4. März 1939 · Sonnabend

So demütigt euch nun unter die gewaltige Hand Gottes, daß er euch erhöhe zu seiner Zeit. Alle eure Sorge werfet auf ihn; denn er sorgt für euch. *1. Petrus 5, 6. 7*

Gleich nach dem Frühstück schrieb ich wieder weiter und beendete bis um zwölf Uhr das letzte Treatment, so daß ich Hanni, die um eins mit Hartmann auf dem Bau verabredet war, nach Nikolassee begleiten konnte. Das Haus steht nun ohne Gerüst da. Daß es an jeder Ecke einen Baum hat, umrahmt es schön. –
Heute kam die DVA-Abrechnung vom Weihnachtsquartal: 20 «Kahn» (!), 673 *«In tormentis pinxit»* (was Pagel ausreichend findet); «Vater»: zweibändige Ausgabe 61, einbändige Ausgabe

4184 Stück. Hanni war beim Eintreffen der Abrechnung ganz auffallend froh und stolz.
Zweite Auflage von «Soldatenkönig und die Stillen im Lande» gleichzeitig mit dem 18. und 19. Tausend des «Vater» erschienen. (Vorerst aber erst in Stuttgart fertig.) Heute vor zwei Jahren holten die Töchter die ersten 10 «Vater»-Exemplare von der DVA ab.

5. März 1939 · Sonntag (Reminiscere)

> Ich will euch tragen bis ins Alter und bis ihr grau werdet. Ich will es tun, ich will heben und tragen und erretten. *Jesaja 46, 4*

Das ist der Losungsspruch an Renerles 17. Geburtstag.
Nach der Rückkehr aus der Kirche baute ich meinem Renerle droben auf der oberen Diele vor seinem Krankenstübel den Geburtstagstisch mit Ostereiern, Goldbändern, Frühlingsblumen und Frühlingszweigen auf. Und von den eleganten Dingen, die das Kindlein erhielt, hoffe ich noch immer, daß sie noch nicht für Renerles Auswanderung sind.
Damit Renerle nicht so allein sei, habe ich in der oberen Diele vor ihrem Krankenzimmer, so daß sie es durch einen Türspalt sah und hörte und unterhalten werden konnte, eine kleine Kaffeegesellschaft arrangiert: blauer Lichterkranz mit gelben Kerzen; lauter kleine Tische auf der Diele, im Gang, bis ins Birkenzimmer, goldene Bänder von der Ampel übers Treppenhaus, wo das Pittel es sieht, Weidenkätzchen, Birkengrün, Margeriten. Und beim Renerle Tulpen, Hyazinthen, Tausendschönchen. Und das Kind war hochzufrieden. –

9. März 1939 · Donnerstag

> Weh den Verzagten! denn sie glauben nicht; darum werden sie auch nicht beschirmt. *Sirach 2, 15*

Das Darlehen der Deutschen Bank und der DVA sind nun schon ausgegeben.
Alle dringen immer in mich, ich müsse reisen; nur Hanni weiß, warum's nicht geht. Ich denke manchmal, daß, wenn's von

Gott her an der Zeit ist, noch große Reisen vor mir liegen: gewährt er den «Voltaire», Genf, gibt er den «Paulus» – Rom, Korinth, Athen! – Und dann ist's vielleicht wieder so, daß Hanni mit mir reisen kann!
Abends kam Lic. Käte Staritz. Dieses Wiedersehen und die Bekanntschaft mit Hanni nach dreizehn Jahren ist so wunderschön geglückt, und Hanni behielt Käte Staritz nach ihrem anstrengenden Sitzungstage über Nacht da, so daß wir behaglich drei Stunden zusammen sitzen konnten, alle in der herzlichsten Aufgeschlossenheit für einander. Und nun war das Schönste für mich: ich durfte zuhören, und Käte Staritz erzählte uns vom Amte einer Theologin. Dabei war so ganz besonders interessant für uns, daß sie gerade die Emigrantenbetreuung der Breslauer Judenchristen unter sich hat. Auch sie findet, daß in Berlin alles objektiver und beruhigender ist.
Zweierlei machte großen Eindruck auf mich: von meinen Mitschülern haben sich so viele das Leben genommen; von den Kommilitonen, wie ich nun hörte, sind mehrere geistes- und gemütskrank geworden. Die Jugend des Krieges –! Erschreckend, wie viele politisch und kirchlich umgefallen sind! Zwischen uns war alles so klar.
Das zweite: ich glaube, ein gutes Gedächtnis zu haben. Und nun sah ich aus Kätes Erzählungen, daß kranke, wirre, verzweifelte Dinge, die gefährlich klingen, mit mir los waren; und daß wie in einem tiefen Schlaf alles, alles in eine Schicht völligen Vergessens versinken durfte und daß in mir, obwohl jede Erinnerung ausgelöscht war, nur das Gefühl lebte: «Wäre Hanni nicht gekommen, wäre ich verrückt geworden.» Nun sagte Hanni: Jetzt glaube sie es!

10. März 1939 · Freitag

Mein Gott ist meine Stärke. *Jesaja 49, 5*

Fräulein Hirsch in London hat überaus zuverlässig gearbeitet: das Permit aus London für Brigitte ist da. Und bereits ein Brief vom Berliner Britischen Konsulat, daß Brigitte den Paß fürs Visum beschaffen soll, Brigittes Freude, als wir's ihr nach der

Schule bei Tische sagten, war so groß und ehrlich, daß Hanni und ich, zumal wir ja alles nur aus Gottes Händen nehmen, jeden schmerzlichen Gedanken zurückstellen und nur dankbar sind.
Brigitte geht nun nicht mehr in die Handelsschule; wir lassen sie aber noch bei der Telschow in Porzellanmalen und bei der Rießer in Graphik ausbilden. –

14. März 1939 · Dienstag

> Darum so begürtet die Lenden eures Gemütes, seid nüchtern und setzet euere Hoffnung ganz auf die Gnade, die euch angeboten wird durch die Offenbarung Jesu Christi. *1. Petrus 1, 13*

Gestern hieß es in der Schlagzeilen: «Bedrohliche Verschärfung», heute «Die Lage unhaltbar geworden», «Der Brandherd Europas». Doch betont man die Möglichkeit einer Lokalisierung des neuen Tschechenkonfliktes. Der Laie muß sich fragen: wie kann der tschecho-slowakische Reststaat ihn heraufbeschwören, wenn er nicht das deutschfeindliche Ausland hinter sich weiß?
Hanni bekam auf ihre Eingabe wegen der Schmuckablieferung vom Reichswirtschaftsministerium rasch Bescheid. Die Frage ist generell gelöst. Jüdische Frauen arischer Männer brauchen nicht abzuliefern. Und das bedeutet ja vor allem immer wieder die Anerkennung der Mischehe! Der Schmuck der Töchter ist ganz unwesentlich, zumal ja Brigitte doch nichts mit hinausnehmen dürfte.
Löschung von Hannis Hypothek von 20 000 Mark auf dem Haus in Nikolassee. Damit ist nun Hannis ganzes Vermögen auf mich übertragen.
Nun ist Hanni Katharina von Bora noch ähnlicher. Sie sagt, es sei schön, allen Besitzes ledig, ihn dennoch zu genießen.
In der Stadt die Abendzeitungen: eine selbständige Slowakei ausgerufen, was ja nur durch deutschen Beistand möglich scheint. Die Lage der Deutschen unter den Tschechen wird so hingestellt, daß man noch immer mit dem Einmarsch unserer Truppen rechnen muß. –
Wergin sagt, in seiner arisch-jüdischen Klientel mache niemand

die positiven Erfahrungen wie wir. Alle hätten entsetzlich Schweres durchzumachen. Viele Selbstmorde von Juden. Eine neue Panik ist hervorgerufen durch die willkürliche und über alles Erwarten geringe Abfindung bei der Schmuck- und Silberabgabe.
Alles zum Beginn des «Ewigen Hauses» fertig. Der Tagesplan dafür eingerichtet.

15. März 1939 · Mittwoch

Zu Abram geschah das Wort des Herrn: Fürchte dich nicht, Abram! Ich bin dein Schild und dein sehr großer Lohn.

1. Mose 15, 1

Der Losungsspruch des heutigen Tages ist zugleich der Leitspruch des ersten Kapitels vom «Ewigen Haus». Gebe Gott, daß es nun wirklich der bisher immer wieder aufgehaltene Beginn des Buches sei. In welcher neuen politischen Bewegtheit geht er vor sich!
Wieder scheint Hitlers dynamische Risikopolitik sich gegen die juristisch-diplomatische Politik der großen Westmächte zu behaupten. Wieder folgt der Revolution ohne Blutvergießen ein dritter «Krieg ohne Schlacht» (ach, daß die Juden nicht immer wieder die einzigen Opfer sein müßten!).

20. März 1939 · Montag

Schaffe uns Beistand in der Not; denn Menschenhilfe ist nichts nütze. *Psalm 108, 13*

Paris und London haben – an Chamberlains 70. Geburtstag – ein diplomatisches Wochenende erlebt wie am Vorabend eines Krieges. Es ist zuviel geschehen: die Verkürzung der deutschen Südostgrenze von 2000 auf 60 Kilometer; die Erwerbung der Skoda-Werke; der Verzicht auf jede vorangehende diplomatische Fühlungnahme mit dem Ausland. Die Erbitterung gegen Deutschland ist unvorstellbar; man hatte Hitler geglaubt, daß er die Grenzen des Volkstums respektieren und territoriale Forderungen in Europa nicht mehr stellen werde. Nun steht alles gegen uns, außer Italien, dessen Politik mit der deutschen ja so eng verquickt ist. Auch Sowjetrußland ist nun wieder auf dem Plan. Und den «Frieden von München» haben alle *ad acta* gelegt. –

22. März 1939 · Mittwoch

Ich will das Verlorene wieder suchen und das Verirrte wiederbringen und das Verwundete verbinden und des Schwachen warten.
Hesekiel 34, 16

Mein 36. Geburtstag.
Gott kennt die Daten und Termine der Menschen. – Jeden Tag «studiere» ich ein Kirchenlied. Heute war, welch ein Geburtstagslied!, an der Reihe: «Ich singe dir mit Herz und Mund, Herr, meines Herzens Lust» von Paul Gerhardt.
Vor dem Frühstück fand in meinem Zimmer auf dem Beuthener Barocktisch die Einbescherung statt: zwei gelbe Kerzen in den roten Beuthener Biedermeierleuchtern schmückten ihn, blaue Hyazinthen und ein blaues Seidenband.
Ich bekam von Hanni Seeckts Erinnerungen, die ich mir sehr wünschte, und Luther, dargestellt von Zeitgenossen mit reichem Bildmaterial an Lutherstätten, Briefkarten und Briefbogen mit dem Aufdruck «Nikolassee. Teutonenstraße 23»! Renerle hat mir die Sammlung «Kamerad Pferd», Pferdebilder und Pferdegeschichten geschenkt, zu Studien für Katharina von Boras Pferde. Brigitte malte mir als erste Arbeit bei der Telschow einen überraschend gut gelungenen KPM-Aschenbecher[107], und als «Schrift» den heutigen Losungsspruch, als wirklich aufmerksamen Dank für die Ausbildung bei der Telschow und der Rießer.
Das Frühstück zu vieren dauerte lange, weil die Briefe diesmal doch zum Teil sehr allgemeines Interesse unserer kleinen Runde beanspruchten. Da war vor allem Renerles bezaubernder Geburtstagsbrief aus dem hohen Märzwinter von Wolfshau mit klugen und warmherzigen Beobachtungen. Meschkes mit dem sechzehn Seiten langen sehr ernsten, ersten Bericht [aus Schweden[108]], der so gut und einfach gehalten ist, wie mir noch kein Brief von ihnen erschien. Herzlicher, langer Anruf vom Ge-

burtstagskumpan Koenigswald, der aber abends nicht kommen kann. Und Karbe mit der großen politischen Meldung, bevor die Presse sie brachte: das Memelland von der litauischen Regierung an Deutschland zurückgegeben. –
In der Tschechoslowakei wie im Memelland das gleiche: als erstes der massenweise Versuch der Juden, zu fliehen.

28. März 1939 · Dienstag

> Wo der Herr nicht das Haus baut, so arbeiten umsonst, die daran bauen. – Es ist umsonst, daß ihr früh aufstehet und hernach lange sitzet und esset euer Brot mit Sorgen; denn seinen Freunden gibt er's schlafend. *Psalm 127, 1. 2*

Unser achter Hochzeitstag! Sieben Jahre in Südende. In diesem Jahre hat dieser Gedenktag Hanni viel mehr beschäftigt als sonst. – Was hinter mir liegt, weiß ich aus der «Wusterhausener Schlafkrankheit», die mich – leider nur des Tags – seit Beendigung der Treatments befallen hat. –
Kurt Meschke ist da! Er kommt auch am Abend. Ein guter Teil meiner Erschöpfung ist darauf zurückzuführen, daß gar so viel Menschen kommen. Das Absagen, wo wir eingeladen sind, hilft nicht annähernd. – Und Briefe und Telefone. Und die «Aktionen» für andere, über denen das Eigene zerrinnt.
Ehe die abendlichen Gäste eintrafen, ein Brief von Juliane (Meschke), wie der Abschied vom Amt am schwersten war. Und wie nun die Zweifel kommen, ob der Abschied vom Amt und von Deutschland richtig war. – Ich halte mich daran, daß «denen, die Gott lieben, alle Dinge zum besten dienen» müssen. – Und daß man das «Laienpriestertum» und also die Gemeinde und das Jüngertum erst außerhalb des Pfarramtes begreift, zumal, wenn man, wie Meschkes und ich, zu einer derart katholisierenden Verehrung fürs Pfarramt und Pfarrhaus neigt. –
Manchmal gibt es wirklich Tage, in denen man das Urchristentum begreift: haben, als besäße man nicht; freuen mit den Fröhlichen; weinen mit den Traurigen, herbergen und teilen. Über alledem die Forderung des Wachens und Betens; und des Wirkenmüssens, solange es Tag ist. Und dies letztere dauernd von

allem anderen bedroht! – Nur insoweit sie Schicksal ist, bleibt einfache Festlichkeit im Hause tragbar. –

31. März 1939 · Freitag

Ich liege und schlafe und erwache; denn der Herr hält mich.
Psalm 3, 6

Gerhard Schwarz rief an: ob wir, da er in Berlin ist, nächste Woche zusammen Lieder für den Bärenreiter-Verlag arbeiten können; die vier Weihnachtslieder aus dem «Kyrie» sind für das Weihnachtsheft, das Quempasheft, schon angesetzt. –
Anruf Pagel. Von der Tobis aus wäre alles perfekt; nur hat er mit einer Mehrforderung die Verhandlungen noch verzögert, da die Tobis doch wohl nur an einen Friedrich-Wilhelm-Film denkt und immer noch zwischen den drei Treatments schwankt.

3. April 1939 · Montag

Herr, du bist meine Zuversicht, mein Teil im Lande der Lebendigen. *Psalm 142, 6*

Gleich früh rief Schneider an und kam bald zu uns heraus, mit herrlichem weißen Flieder für Hanni und einem Inselbändchen für mich, seiner mir noch unbekannten Novelle «Elisabeth Tarakanow».
Er bindet sich noch sehr an andere Menschen; besuchen und besucht werden –. «Ob man's glaubt oder nicht, ob man es wahrhaben will oder nicht», sagt er, der Bescheidene, «man gehört der Öffentlichkeit.» Die Flucht nach Freiburg war völlig vergeblich.
Es geht ihm wie uns: er ist des Kultes mit dem Ausland nicht fähig; es hat ihn nichts dort gehalten. Er sieht es genau wie ich: es geht nicht um die Völker untereinander, sondern um die Völker vor Gott. Und da steht's mit allen gleich bitter. – Auf alle Vorwürfe der Ausländer aber kann auch er nur erwidern: «Versailles». – Schneider sagt: er hat innenpolitisch nie aufs Heer vertraut. Es ist nur Waffe.
Der Kürze seines Aufenthaltes wegen bat er, daß wir ihm morgen nachmittag einige Leute einladen. Und nun sage man:

Nein. – Man kann nur noch Gott bitten, «daß man nicht der Öffentlichkeit gehöre», – ehe Person und Werk reif dafür ist. Schneider hat die großen Pläne *ad acta* gelegt; er arbeitet nur noch am Vormittag; «im Gespräch zu wirken, ist vielleicht heute das Wichtigste». Das fasse ich nicht. Selbst unser Gespräch heute war ja im Grunde in wenigen Momenten völlig erfüllt. Ich glaube an diese unsere Wirkung nicht, weder meine noch seine.

Es ist gelungen, all die angesagten Besuche auf morgen zu konzentrieren. Wir atmen auf. Bei solchen Konzentrationsversuchen staune ich immer wieder, mit welchem Eifer die Menschen einander kennenlernen und einander wiedersehen wollen, indes Hanni und ich nur noch «das zerstörte Paradies» in aller Geselligkeit zu erkennen vermögen!

Anruf an Anruf – jeder Anruf, der kommt, bedeutet so und so viel ungeschriebene Zeilen. Im Buche aber, soweit es Bibelexegese durch gelebtes Leben darstellt, darf man vielleicht wirken –. Denn da wird alles langsam, unter schweren Prüfungen Gottes.

Die Geselligkeit und die Vorlesungen – und die Exzerpte: die sind die gar zu einfache Flucht aus der von Gott auferlegten Not des Schaffens, in dem er bezeugt sein will, wenn er seine Gnade gibt zu dieser Not.

4. April 1939 · Dienstag

Du bist der Trost Israels und sein Nothelfer. *Jeremia 14, 8*

Nach frühem Regen weiche Sonne: zum ersten Male feuchte Wärme des Frühlings. Einen schönen, feierlichen und behaglichen Nachmittagsempfang für Schneider gerüstet, weil wir nun immer mehr wissen, daß er darauf großen Wert legt und welche Freude es ihm macht.

Dann freilich saß er müde, aber immer von einem kleineren Kreise umgeben, in einem seiner bei uns für ihn traditionellen großen Sessel. Erst war's ein feierlicher Empfang im Barockzimmer, bei dem uns Bücher und herrliche Blumen für Hanni

mitgebracht wurden; dann im Refektorium eine wunderschön gedeckte lange Kaffeetafel, der Männer wegen mit Rauch- und Cognactischen, danach im Barockzimmer Sesselgruppen, kleine Tische, herrlicher Rotwein. Es kamen: Harald von Koenigswald mit seinem Schwiegervater, Exzellenz Falkenhausen; Alexander Zinn[109], der seine Komödie auch gerade an die Terra als Film verkauft hat, gepflegter, alter, sehr sicherer Mann, früherer Hamburgischer Staatsrat; der reizende, einfache Hans Pflug[110], Gerhard Schwarz; Ihlenfeld, Dr. Wolde, Wolf von Heintze, der enthusiasmiert von dem wirklich lebhaften Nachmittag war, der auch über des armen Schneider Müdigkeit hinwegtrug; und selbst angemeldet, weil er durch Schneider von dem Nachmittag hörte, zu unserer wirklich großen Freude: Pagel, unmittelbar nach einer Verhandlung mit Schmidt-Tobis. Unser geliebtes, immer wieder so bewundertes Haus ist in solchen Stunden so festlich, daß, glaube ich, die Problematik der Geselligkeit keinem bewußt wird. Es wirkte wahrhaftig nicht so. –
Ich bin unsagbar stolz auf Haus und Frau – unsagbar dankbar. Ich staune, wenn ich in der Zeitung blättere, immer wieder, wieviel Bekannte einem in den Zeilen begegnen!
Aber Hanni läßt sich durch alles das nicht beirren; sie freut sich über die darin ausgesprochene Anerkennung, will dies aber nicht mit dem Ausfall der Freude über das dauernd behinderte Bora-Buch bezahlen. –

8. April 1939 · Stiller Sonnabend

Und es war der Rüsttag, und der Sabbat brach an. *Lukas 23, 54*

Das Haus, indes so nahe Häuser schon fallen, schickt sich zu seinem letzten großen Feste. Nun ist der Tag, in dem im Hause alles sein Gepräge erhält von dem Grablegungschristus unter dem Madonna-und-Kind-Bilde; dabei ein großer Strauß Palmkätzchen.
Die Töchter so munter und unbeschwert. In der Küche Backen und Silberputzen; das Haus bereitet wie zu seinem ersten, nicht zu seinem letzten Feste.

Anrufe von Gästen, die sich ansagen; Einladungen, die der eigenen Gäste wegen abgesagt werden dürfen. Nun bin ich dessen innerlich Herr, weil ich's verstanden habe, daß es um den Rest des gerichteten paradiesischen Zusammenlebens im gewährten, bedrohten Garten Eden des Hauses geht. – Reisen und Anregungen sollen wohl für mich nicht sein. Gott bestimmt die Erfahrungen, die ich für meine Arbeit machen muß. Ich komme heute wieder zum Arbeiten. Ja, so mußte es sein: «Der Vater». – «Das Haus». – Wie liebe ich den Ostersonnabend! Auf den Abend zu ist alles schon Fest. Um sechs, als das Kapellenglöckchen läutete, lag noch einmal ferne, kühle Sonne über den herben Gärten. In der achten Stunde, beim überlieferungstreuen Abendbrot des Ostersonnabends, läuteten die Glocken von all den Türmen rings. –
Am Abend die Zeitungsmeldung, daß die faschistische Politik keinen Osterfrieden kennt: Italien hat Albanien besetzt. –
Den Abend ruhige Arbeit, aber doch noch immer mit einem sehr kaputten Kopf. Kühler Abend. So still, als gäbe es keine Weltstadt und keine Weltpolitik.

9. April 1939 · Ostersonntag

> Gott aber sei Dank, der uns den Sieg gegeben hat durch unsern Herrn Jesus Christus! *1. Korinther 15, 57*

In dieser Nacht hatte ich einen Traum, nach dem ich es nun ahne, warum es im Glaubensbekenntnis heißen muß: «Niedergefahren zur Hölle»; und 1. Petrus 3, 19 «Und hat gepredigt den Geistern im Gefängnis». Und Epheser 4, 8–10!
Vom Läuten zu den Ostermetten erwacht. Denn heute finden in vielen Kirchen drei Gottesdienste statt. Ein strahlender Morgen von gläserner, herber Klarheit, zart, kühl und durchsonnt, wie auch der ganze Tag blieb, immer wieder erfüllt von Kapellenglocken und großem Kirchengeläut. Zartgrüne Sträucher, gelbe Forsythien, kahles Geäst, Krokusse und Primeln.
In der sehr vollen Südender Kirche im durchaus feierlichen Ostergottesdienst. Renerle und Fräulein Anni waren tief enttäuscht vom Domgottesdienst. Der Dom überfüllt. Sehr voll auch

die Friedenauer Kirche. Und überall fällt es auf: die Fülle junger Menschen, junger Männer, Soldaten! Geschieht es unter der Überlast des staatlichen Anspruches?
Von den Töchtern eine Kunstmappe als Ostergeschenk, «Arbeit und Feier im Mittelalter», für Kostümstudien zum neuen Buch. Gerade heute eine große Erklärung leitender kirchlicher Persönlichkeiten, die den Protestantismus zum Knecht des Nationalsozialismus und Luther zum Vorläufer Hitlers machen will.
Und das angesichts dieser ergreifenden Bereitschaft des Volkes zum Christentum, nicht nur etwa zu einer allgemeinen Religiosität! Hart kommt mir der Gemeindegesang an; hart die «Agende»; es herrscht ein furchtbarer Verfall der Liturgie, und Feierlichkeit herrscht in den Gottesdiensten kaum mehr: Gottes Wort ist noch da; Feier und Gottesdienst nicht mehr.

11. April 1939 · Dienstag

Auf dich, Herr, sehen meine Augen; ich traue auf dich, verstoße meine Seele nicht. *Psalm 141, 8*

Die große «Verzweiflungsaktion» läuft: den angesagten Gästen wird abgesagt; Mitarbeitsanfragen ebenso; Hanni verleugnet mich am Telefon; so schwer mir solche Schritte fallen: es muß sein. – Die Bäume sind in den Himmel gewachsen. Und all das ist durch die eine Leistung des «Vater» nicht gerechtfertigt. Meine Schlaflosigkeit war weniger durch unsere Sorgen und Schwierigkeiten bedingt, als durch die Angst vor den vermeidbaren Störungen der Arbeit. Ich war wie verstört. –
Es sagt genug, wie lange ich kein Kirchenlied geschrieben habe. – Weder Person noch Leistung kommt alles das zu; Person und Leistung aber sind durch all das Interesse, all die Freundlichkeit für die Zukunft aufs schwerste gefährdet. – Es ist aber auch viel Gedankenlosigkeit in all dem Zusammenschluß- und Geselligkeitsbedürfnis der Kreise um uns.
Mit einem wahren Feuereifer, in all ihrer Müdigkeit, nimmt Hanni die radikale Umstellung vor. Sie will ein neues Buch und gerade dieses neue Buch sehen. Alle anderen Arbeiten wären Ausflüchte. –

Die radikale Umstellung ist ein Bruch vor allem auch mit der Eitelkeit.

16. April 1939 · Sonntag (Quasimodogeniti)

Siehe, wir kommen zu dir; denn du bist der Herr, unser Gott. – Wahrlich, es hat Israel keine Hilfe denn am Herrn, unserm Gott.

Jeremia 3, 22. 23

Schneider, des wissenschaftlichen Teiles seiner Arbeit müde, will «der Phantasie mehr Raum lassen» (wie ich das verstehe!) und fährt für eine Papstnovelle in die Abruzzen. Ich schrieb viel nach der sehr gestörten Woche. –

21. April 1939 · Freitag

Welchen nichts davon verkündigt ist, die werden's mit Lust sehen; und die nichts davon gehört haben, die werden's merken.

Jesaja 52, 15

Eine freundliche Einladung von Adalbert Alexander Zinn nach Hamburg, bevor er am 6. Mai verreist. Das würde an sich mit den Tagen von Brigittes Abreise von Hamburg zusammenpassen. Aber wie wird einem da sein?
Brigitte hat ihren Paß; zunächst von jedem anderen nur unterschieden durch das große, rote «J» und den Namen Sara; gültig für ein Jahr, für In- und Ausland.
R. A. Schröder schickt das eben erschienene zweibändige Buch seiner «Reden und Aufsätze». Unter den sechs darin aufgenommenen Bücher-Essays: «Der Vater». Das ist viel.
Ich denke immer wieder an eine Mittagsstunde aus dem November 1936, in dem ich *in tormentis* den «Vater» beendete. Hanni und die Töchter saßen noch bei Tisch; ich mußte lesen. Eine fragte, wohl Renerle: «Warum dauern andere Bücher bei anderen Schriftstellern nicht so lange?» Eins sagte: «Dafür ist's bei Jochen dann große Kunst.» Da bekam ich vor Verzweiflung einen Heulanfall, so schlecht und kaputt erschien mir das Buch. Seiner Mängel bin ich mir auch heute bewußt, aber nun liebe ich es heiß und erkenne ihm auch zu, daß es in der Produktion dieser Jahre einen guten Platz beanspruchen darf. – Doch diesen

schönen, gesunden Erfolg hatte ich auch nach den großen Besprechungen niemals erwartet!
Nun glaube ich, Meschkes Entschluß, von ihnen noch wohl als Schuld empfunden, ist zu Recht gefaßt. Die Sonderstellung der Pastoren gegenüber den anderen Beamten hört auf. Kurt wäre mit aller Wahrscheinlichkeit so frühe pensioniert worden. Punkt um Punkt weicht die Kirche zurück. Wahrhaftig, ein Gericht über dem Hause Gottes hat angefangen. Die Kirche fürchtet sich vor dem Staat, nicht vor Gott. Das sage nun ich mit meiner mir so oft zum Vorwurf gemachten «Obrigkeitsmystik». –

23. April 1939 · Sonntag (Misericordias Domini)

> Redet mit Jerusalem freundlich und predigt ihr, daß ihre Dienstbarkeit ein Ende hat; denn ihre Missetat ist vergeben. *Jesaja 40, 2*

Mir ist es noch unfaßlich, daß ich nun wirklich in der Lage sein soll, «Das ewige Haus» von Rücklagen zu schreiben: 7000 Mark Guthaben bei der DVA und 12 500 Mark Anteil am Film-Honorar! Davon behalte ich 2500 Mark gleich für die neuen, hohen Steuern zurück und für einzelne kleine Garderobenanschaffungen. Das andere bleibt auf dem Honorarkonto bei der DVA.
Käme es nicht von Gott – mir wäre bange davor, wie all das Ersehnte in Erfüllung geht. So aber sind mir die Worte der Bibel eingeprägt, in denen Gott während der Arbeit am «Vater» zu mir redete, in denen alles Schwere und all das Gute vorbereitet war.

24. April 1939 · Montag

> Siehe, ich bin mit dir und will dich behüten, wo du hinziehst.
> *1. Mose 28, 15*

Dazu der Liedervers:

> Wir reisen, Herr, in deinem Namen,
> sei du Gefährte, Weg und Stab;
> die Helden, die zu Jakob kamen,
> send auch zu unserm Schutz herab;
> mach Aus- und Eingang so beglückt,
> daß uns kein Fall das Ziel verrückt.

Als die heutige Losung noch aufgeschlagen auf dem Schreibtisch lag, rief Brigitte an: Sie hat auf dem Britischen Konsulat das Visum erhalten. Noch ehe sie nach seinem Worte fragte, bietet Gott es ihr zu ihrem Schutze an. «Glauben wir nicht, so bleibt er treu. Er kann sich selbst nicht verleugnen.» – Auf Renerle wirkte dies sehr; Hanni las es zweimal.
Hanni fuhr sogleich in die Stadt zu Brigitte, den Schiffsplatz zu buchen; und zwar für ein Schiff am 10. Mai.
Anruf Joachim Konrad, der frühere Kommilitone, der unlängst zu meinen Büchern schrieb[111]. Er ist für einige Tage in Berlin; seine Bitte, mich besuchen zu können, wagte ich nicht abzuschlagen, so sorgenvoll klang sein Anruf. Ich weiß, was auf ihm lastet, der so glücklich begann: Pastor, Lic., Dr. Privatdozent, Vater von vier Kindern – viel Unglück mit unheilbarer Krankheit zweier Kinder; Pfarramt und Dozentur verloren; als Bekenntnistheologe aus Schlesien ausgewiesen! Er in Ostpreußen, seine Frau in der alten Gemeinde.
Anruf Pagel: beim Aufsetzen des Vertrages wollte die Tobis noch einen Punkt abgeändert haben. Für zwei weitere «Vater»-Filme, da doch nun nur einer gedreht wird, hatte Pagel zwei Jahre Option eingeräumt. Man will drei Jahre, zahlt dann aber bei weiterer Optionsverlängerung immer 1000 Mark. –
Trotz aller diplomatischen Offensiven und Gegenoffensiven ist politisch bis zu Hitlers Reichstagsrede am 28. alles in der Schwebe. – Doch der englische Botschafter kehrt von London nach Berlin zurück.

27. April 1939 · Donnerstag

Mir ist gegeben alle Gewalt im Himmel und auf Erden.

Matthäus 28, 18

Zinn schreibt aufs freundlichste, daß er mit dem besten Hamburger Hotel Fühlung genommen hat, damit wir eventuell mit Brigitte dort wohnen können, ohne mit dem Namenszusatz «Sara» Schwierigkeiten zu haben. In Zinn scheinen wir einen neuen Freund gewonnen zu haben.
Der zu Ende gehende Bau und Brigittes bevorstehende Auswan-

derung: die stellen in jeder Weise hohe Anforderungen. Selbst eine Hanni bewältigt kaum mehr die Organisation!
Längerer Anruf Pagel: der Entwurf des Filmvertrages ist da. Nun muß Pagel unterschreiben; dann bedarf es des entscheidenden Schlußaktes: der Rückbestätigung der Tobis. – Der die Einzelabmachungen begleitende Normalvertrag ist, sowohl was die Rechte wie die Treatments anging, noch genau so ver- und halsbrecherisch wie eh und je! Da darf man gar nicht hinsehen, will man nicht alles scheitern lassen!
Pagel schloß in seiner guten Art das Gespräch mit der kleinen Nachbemerkung, daß eine Neuauflage des «Vater» eingeleitet sei: das 20. Tausend.
Wie können Hanni und Renerle sich mit einem freuen!
England hat die – allerdings sehr begrenzte – Wehrpflicht eingeführt!
In England herrscht nun wirklicher Haß gegen die Deutschen. Von Andrews englischen Verwandten hörten wir Einzelheiten.

29. April 1939 · Sonnabend

Gedenket seiner Wunderwerke, die er getan hat, seiner Wunder und der Gerichte seines Mundes. *Psalm 105, 5*

Renerle träumt von Krieg und Flucht in Wolfshau; ein Auto wollte der Familie über die Grenze helfen, konnte aber immer nur einen mitnehmen. Renerle: «Zuerst muß der Jochen fort.» So etwas erzählt sie völlig unbefangen und absichtslos.
Es ist nahezu bewegend, mit welcher Innigkeit und Zärtlichkeit bei uns ein häuslicher Tag beginnt. – Aber Renerle hat erst heute wieder zu Hanni gesagt: spätestens im Herbst will auch sie nach England; und Brigitte hat abgelehnt, ein späteres Schiff als das am 10. abzuwarten. Beide sind aus Tatkraft und Lebenslust zu dieser Entscheidung gelangt. Beide sprechen voll der größten Dankbarkeit davon, wie gut sie es bei uns haben: aber sie wollen dies aufs Haus begrenzte, für Beruf und Ehe zukunftslose Leben nicht mehr, so sehr wir alles Für und Wider ihnen bewußt zu machen suchen. Nach dem, was wir ihnen hier gegenwärtig an Besitz noch hinterließen, fragen sie nicht. Darin liegt bei aller

Unerfahrenheit doch eine gewisse Größe. – Zum ersten Male sagte heute Hanni: «Ich will meine Kinder behalten.» Aber sie wollen nun ihr eigenes Leben. Dabei ist alles bei ihnen ohne jede Emigrantenpsychose.

7. Mai 1939 · Sonntag (Kantate)

Du bist der Geringen Stärke, der Armen Stärke in der Trübsal, eine Zuflucht vor dem Ungewitter, ein Schatten vor der Hitze.

Jesaja 25, 4

Vor einem Jahr war ich das erste Mal in Nikolassee in der Kirche. Heute bei Kurzreiter nun doch noch einmal in Südende. Aber was Gott vom neuen Hause verhieß, hat er gehalten. Sehr gute Predigt Kurzreiters. Aber wie primitiv war Kirchenmusik und Kirchengesang in den Südender Jahren.

Fornaçon schickte als Kantate-Gruß – diesen Sonntag liebe ich besonders – eine Vertonung meines Morgenliedes. Nun sind's schon über 50 «Kyrie»-Melodien. Daß ich gar kein Kirchenlied mehr schreibe, sagt genug über alle diese Monate.

Wie der Zustand des Hauses jetzt auch sei: den Umzugstermin des 22. Mai will Hanni nun nicht mehr abändern. Und mir scheint's gut, daß er sich für Hanni gleich an Brigittes Abreise schließt; trotz der Anstrengung.

Über dem Abschluß von Brigittes Kindheit und Jugend bei uns steht nun das Gefühl von etwas völlig Unerfülltem. –

Gerade deshalb hatte ich sie halten wollen. –

9. Mai 1939 · Dienstag (Brigittes Auswanderung)

Mache dich auf und richte es aus; der Herr wird mit dir sein!

1. Chronik 22, 16

Als wir nach dem Frühstück mit Brigitte aufbrachen, sagte Hanni nur zu mir: «Nimm dir doch ein Beispiel an mir.» Und das kann man wahrhaftig.

Der Zug war voll, aber Hanni und Brigitte hatten gute Plätze. Viel Juden im Hamburger Zug, von vielen Juden begleitet. Aber das übrige Publikum bemerkte sie gar nicht. Es ist sehr, sehr viel leichter für meine drei, daß sie gar nicht jüdisch aussehen.

Renerle bestand darauf, daß wir vom Zuge weggingen, bevor er abfuhr; denn nun war's um ihre große Fassung doch geschehen.
Von den wenigen, die vom Plan des «Ewigen Hauses» wissen, sind doch schon soviel Gerüchte im Umlauf, daß der Verlag schon Bestellungen auf meine «Katharina von Bora» hat, wie überhaupt die Buchhändler sehr nach meinem neuen Buche fragen sollen.
Welcher unendliche Trost ist von meinem Beruf her gekommen! Jetzt ist Hanni mit Brigitte schon am Schiff. Es ist ein so tiefer Eingriff – manchmal denke ich, ein Eingriff, den Brigitte vornimmt, dessen Gott sich aber annimmt. –
Es war ein Abschied, ein Abschluß so ohne Erfüllung.
Um elf traf ich mich mit Renerle am Lehrter Bahnhof. Hanni kam sehr ruhig und nur ein wenig abgespannt zurück. Brigitte war munter bis zum Schluß, wurde beim Abschied von Hanni am Hafenomnibus nur einen Augenblick blaß. –

11. Mai 1939 · Donnerstag

Welche auf ihn sehen, die werden erquickt, und ihr Angesicht wird nicht zu Schanden. *Psalm 34, 6*

In der – überfüllten – Matthäuskirche in Steglitz zur Uraufführung von R. A. Schröders «Osterspiel» mit der Musik von Hermann Simon. Schöne dichterische Einzelzüge. Die Musik im Niveau mehr als schwankend. Kammerorchester schön. Chor gut. Laienspielaufführung anmaßend, unfähig, hart am Blasphemischen. Und nun dazu noch christlicher, gesellschaftlicher, literarischer Snob-Betrieb. Ich sprach Schröder, seine Schwester, Suhrkamp[112], der nun den S. Fischer-Verlag hat. Ich traf P. Hans Dannenberg, einen früheren Kommilitonen, und seine reizende junge Frau und nahm sie noch mit zu uns; Hanni hatte sich zeitig gelegt, war ihrer großen Müdigkeit wegen auch nicht mit ins «Osterspiel» gekommen. Welche Verständigung mit beiden Dannenbergs auf der ganzen Linie. Leider haben sie in ihrem schönen Pfarrhaus kein Kind.

12. Mai 1939 · Freitag

> Der Geist des Herrn wird über dich geraten; – da wirst du ein anderer Mann werden. *1. Samuel 10, 6*

Das ist ein herrliches und großes Wort!
Die erste Nachricht von Brigitte! Eine Karte aus Le Havre.
Ich freue mich sehr, nun das letzte Stück Weges kennenzulernen, das Katharina von Bora gegangen ist. Morgen Mittag fahre ich nach Leipzig; Hanni lockte es nicht; es ist doch wohl gar zu wenig Altes da. Ja, nur so reisen: den Romangestalten nach!
Renerles Bekannte können nicht verstehen, daß sie nicht auswandern will. Es ist rührend, Renerle so munter sagen zu hören: «Ich habe doch hier alles, was ich brauche und mir wünsche – und mehr.»

13./15. Mai 1939 · Sonnabend · Sonntag · Montag
Die Reise nach Leipzig und Nimbschen

> Wie heilig ist diese Stätte! Hier ist nichts anderes denn Gottes Haus, und hier ist die Pforte des Himmels. *1. Mose 28, 7*

Am Sonnabendmorgen mit Hanni auf dem Bau. Vom Bau fuhr Hanni, die ungeheuer viel Besorgungen in der Stadt hatte, mit mir zum Anhalter Bahnhof, und das ungewöhnliche Ereignis einer Reise, allein, wurde Wirklichkeit! Die Zeit des jungen Birkengrüns und der Apfelblüte machte selbst die Fahrt durch die leere Ebene schön. Und wo gar keine Landschaft mehr ist, war es ein so interessanter Einblick in die Ausdehnung der Rüstungsindustrie, der Truppenübungsplätze (vorbildliche Kasernenbauten), der Reichsautobahn. – Auch habe ich an «Modernem» sehr die Sachsen studiert, und die Leipziger «helle», witzig, verbindlich, vif und aufgeschlossen empfunden.
Sofort nach der Ankunft machte ich mich an die Entdeckung des alten Leipzig: und wieder fiel vor dem allmählich darauf geschulten Auge Schicht um Schicht des Neuen ab. Die Leipziger Höfe! – Ein großes Volksfest, das «Leipziger Löwenfest», mit erstaunlich offenem, politisch sarkastischem Einschlag wirkte sogar dekorativ-belebend.

Schöner, einfacher Gottesdienst in der Nikolaikirche, mit wunderbarer Kantate der Thomaner, mit dem Gewandhausorchester, unter Straube. In der Thomaskirche wohnte ich anschließend einem Abendmahlsgottesdienst von ferne bei; mit feierlicher Liturgie erwies auch er, wie stark in Leipzig allenthalben die Reformation zu spüren ist.
Danach: Grimma. Ich mietete mir ein Auto, und ließ mich ans Kloster Nimbschen fahren, aber auch an alle alten Stätten des überraschend hübsch gelegenen Grimma. Wie schön, daß ich in der Klosterruine war, die Bäume, in Katharinas altem Kloster gewachsen, im jungen Laube sah! Nach der Rückkehr an Bachs Grab. Im alten «Kaffeebaum», dem Treffpunkt der Musiker und Buchhändler. Montag frühzeitig fuhr ich auf Altenburg zu nach Kieritzsch, dem Gute, in dem Katharinas Zülsdorf als einstiges Nachbargut aufgegangen ist. Schon mit dem nächsten Zuge fuhr ich nach Leipzig zurück, reiste nach Wittenberg, und fuhr auf Katharinas Güter Wachsdorf und die Boos; Thulins und Angermanns traf ich nicht an, nur Jordan; weilte kurz im Wohnzimmer des Schwarzen Klosters, blickte in Bores Gärtlein, sah den dichten Flieder an dem Brunnen des Hofes blühen. Und schon um halb sieben war ich wieder in Berlin; das zärtliche Kindlein holte mich am Südender Bahnhof ab und erzählte mir von Brigittes guter Ankunft in London und von der herrlichen, herzlichen Aufnahme, die sie vorerst in einem reichen Apothekerhause in Croydon gefunden hat. Hanni bereitete mir nach der «Reise» einen richtigen kleinen Empfang und las mir beim Abendbrot gleich Brigittes so beruhigenden und beglückenden Brief vor, jene wunderbare Bestätigung für unsere einzige «Weisheit»:

Mit Sorgen und mit Grämen
und mit selbsteigener Pein
läßt Gott sich gar nichts nehmen.
Es muß erbeten sein.

Dieses Wort hat uns durch die ganze Vorbereitung von Brigittes Auswanderung getragen und unserem Hause alle Bitterkeit und Erregung einer Emigration völlig erspart. –

19. Mai 1939 · Freitag

Es sollen dir danken, Herr, alle deine Werke und deine Heiligen dich loben. *Psalm 145, 10*

Zum letzten Mal, mit Hanni, auf dem «Bau»; wenn ich das nächste Mal hinauskomme, ist's «Das Haus». Und doch scheint's noch weit bis dahin: so unfertig ist noch alles. Ich hatte so gehofft, daß der fertige Bau eine Woche würde trocknen können. Dazu kam es nun nicht. Welche Poesie der alten Dinge. Wir nahmen in zwei Koffern die gebrechlichen Heiligenfiguren mit hinaus. So haben nun als erste der Schmerzensmann, die Hirten, die Engel und die lieben Heiligen Einzug gehalten! –
England und Rußland finden noch immer nicht die Formel der bolschewistisch-demokratischen Einigung gegen Faschismus und Nationalsozialismus. Rußland steht nun wieder so im Vordergrund.
Heute wird in Berlin das italienisch-deutsche Militärbündnis unterzeichnet. –

20.–25. Mai 1939 · Montag bis Donnerstag
Einzug in Nikolassee

Ich betrachte meine Wege und kehre meine Füße zu deinen Zeugnissen. *Psalm 119, 59*

Renerles Bericht an Brigitte und Meschkes – der ist wohl das beste Dokument dieser Tage. Renerles Lebenslust, der Glanz ihres Wesens haben alle unsere Mühen heiter gemacht. Welches Geschenk auch der Brief mit all den guten Nachrichten von Brigitte!
Nun habe ich meine Helferpflichten gegen meine geplagten Damen erfüllt, bin mit allem Eigenen eingerichtet; man beginnt wieder Boden unter den Füßen zu fühlen.
Man möchte überströmen vor Dank –. Und manchmal ist mir's, als spürten nun schon die anderen Menschen, wie Gott über uns wacht. –
Hanni entsinnt sich, da die Gesetze über das Wohnen der Juden heraus sind, immer wieder, wie ich einmal sagte: «Wenn Gott

es will, so kann er in Gesetzen ‹Lücken› für uns schaffen.» Es ist so gekommen.
Dieses Haus ist erbetet.

28. Mai 1939 · Pfingstsonntag

Und ich will meinen Geist in euch geben, daß ihr wieder leben sollt, und will euch in euer Land setzen, und sollt erfahren, daß ich der Herr bin. Ich rede es und tue es auch, spricht der Herr. *Hesekiel 37, 14*

Hanni und ich gingen zur Kirche: welch feierlicher schöner Kirchgang war's an diesem trüben, rauhen Pfingstmorgen, der Weg über die Rehwiese, den Steig zum Kirchhügel empor, der von den Kirchgängern reich bevölkert war. Die Kirche war wunderschön mit Birken, Goldregen- und Weißdornzweigen geschmückt, mit Flieder. Auch Hanni hatte ihre große Freude an dieser gut singenden Gemeinde. P. Dr. Wieses Predigt gut und ernst und klug. Zum ersten Male hörte ich Hanni das Vaterunser mitbeten.
Renerle und Anni erwarteten uns an schön geschmücktem Frühstückstisch. Und es war reiche Pfingstpost eingetroffen; von den Freunds kam sogar ein Kästchen Grapefruits. Vor allem: an ihrem Geburtstagsmorgen, dem 19. Geburtstag, ein langer, munterer Brief von Brigitte. Von der früheren Sekretärin von Furtwängler hat Brigitte bereits eine Theaterkarte für die «Verkaufte Braut» gehabt. –

30. Mai 1939 · Dienstag

Beweise deine wunderbare Güte, du Heiland derer, die dir vertrauen. *Psalm 17, 7*

Zuschrift zum «Vater» von einem deutschen Pastor aus Polen: «Herrn Pfarrer Jochen Klepper.» Auf dieser Karte steht das Lutherwort, das so völlig aussagt, was mich angesichts der neuen Maßnahmen gegen die Kirche bewegt: «Es ist hier mehr Betens not, denn Ratens. Denn wider Gewalt ist kein Rat, sondern allein Gebet. Das gebe euch der barmherzige Gott von Herzen und kräftiglich zu vollbringen» (1531).

Die Einkreisung des privaten Lebens durch die gleichberechtigten Mächte Staat und Partei geschieht heute nach einem Einzug sehr rasch und gründlich: Volksfürsorge, Luftschutz, Ortsgruppen-Block und -Zelle; der Obmann, ein alter, ehemaliger Buchhändler, suchte mich heute eine halbe Stunde auf, und es ging alles sehr sachlich und ruhig ab. Auf Diskretion darf man bei dieser Umklammerung von den verschiedensten Stellen her kaum hoffen.

Am Abend waren Milchs nach dem endgültigen Abschied von Wolfshau bei uns. Noch acht Tage sind sie hier, sich von ihren Freunden zu verabschieden. Zunächst gehen sie zu Werners Verleger in die Schweiz, dann nach England. Daß Werner Milch auf gar so kurze Abwesenheit von Deutschland hofft, ist wohl eine Autosuggestion, die ihm den bitterschweren Abschied erleichtern soll. –

31. Mai 1939 · Mittwoch

Der Herr macht im Meer Weg und in starken Wassern Bahn.

Jesaja 43, 16

Ich erhielt einen Brief, der mir bis jetzt als die Krönung meines «Vater»-Erfolges erscheint, der mich bewegt und mich sehr dankbar stimmt, auch wenn ich, wie in allen vorangegangenen Fällen, eine Absage erteilen muß: bei der 125-Jahr-Feier der Preußischen Hauptbibelgesellschaft und der v. Cansteinschen Bibelanstalt soll ich in der Dreifaltigkeitskirche in Berlin einen Vortrag über den «Einfluß der Bibel auf die heutige Kultur» halten. Wie man hier an mich schreibt, es kann einen nur beschämen.

Äußerlich: nach dem Wunsche des Ministeriums darf ich nicht zusagen; kann es auch nicht, um nicht die Bibelgesellschaft zu belasten. Innerlich: es gehört tief in meinen Glauben hinein, daß ich dergleichen noch nicht tun soll.

Die Kirche, nun sie immer mehr abgesondert wird, hält – etwas zu taktisch – rege Ausschau nach «ihren» Laien. –

5. Juni 1939 · Montag

Der Herr bewahrt die Seelen seiner Heiligen. *Psalm 97, 10*

Endlich wieder geschrieben! (Hanni sagt: Ein Tag ist schon nicht verloren, wenn du so etwas Schönes schreibst!): Die deutsche Umdichtung[113] des ambrosianischen Hymnus *«Iam lucis orto sidere»* für den Kirchenmusik-Kreis des Burckhardthauses (evangelische Jungmädchenverbände), der mich darum gebeten hatte; leider während der Umzugstage.
Hier kann nur noch Gott helfen, daß ich wieder zur Arbeit komme.
Die Alten und die Jungen gleich müde. –
Die Österreicher scheinen sehr unglücklich.

6. Juni 1939 · Dienstag

Wenn du den Herrn, deinen Gott, suchen wirst, so wirst du ihn finden, wenn du ihn wirst von ganzem Herzen und von ganzer Seele suchen. *5. Mose 4, 29*

Fast verzweifelt beginne ich heute im neuen Haus «Das ewige Haus». Wie oft habe ich im alten Hause geglaubt, es sei der Beginn: und durfte und durfte nicht über der Arbeit bleiben!
Wieviel Gefangene und Vertriebene sind durch unser Haus gegangen!
Es ist seltsam: man sagt «unser Haus» und meint das alte und neue in einem!

3. Juli 1939 · Montag

Gott zürnt nicht mit mir. *Jesaja 27, 4*

Wie hat mich – 1931 schon –, als ich solchem Projekt unmöglich gewachsen sein konnte, der Plan eines Danzig-Romans beschäftigt! Kiepenheuer fand damals – wir verhandelten wegen der «Großen Directrice» – das Thema «nicht mehr interessant». Nun ist Danzig das Hauptproblem geworden: der Friede hängt davon ab! –
Welche Gerüchte haben die Völker wieder über das Wochenende gequält und verwirrt: der geplante deutsche Putsch in Danzig.

Die große Entscheidung, ob das englisch-französisch-russische Bündnis zu den russischen Bedingungen zustande kommt, ist noch immer nicht gefallen. –

9. Juli 1939 · Sonntag

Herr, so du willst, kannst du mich wohl reinigen. *Matthäus 8, 2*

In der Kirche, die auch in den Ferien recht gut besucht ist, eine überraschende gute und reife Predigt des jungen P. Lilge über 1. Petrus 3, 8–17: Not der damaligen und der heutigen Gemeinde. Der Sonntag muß wieder Arbeitslücken der Woche ausfüllen.
Das Haus ist nun ein beendetes Werk. Der Gedanke an das Buch, das in ihm entstehen soll, ist schwer. Was Bauen ist: unsere Zeit, unser Land läßt's einen wieder begreifen. –
Die Zoller und Packer bei der jüdischen Emigration: das ist ein Stück Geschichte der Deutschen geworden. Ein hohes Lied der Menschlichkeit. –
In welche namenlose Unruhe blickt man rings um sich! –

21. Juli 1939 · Freitag

Nun, unser Gott, wir danken dir und rühmen den Namen deiner Herrlichkeit. *1. Chronik 29, 13*

Während man überall nur ein «Unmöglich» hörte, ist es Juliane [Meschke] gelungen, nun auch ihrer Schwester Annemarie eine Stellung in Schweden zu verschaffen. Sie darf auch das Kind mitbringen. Ob Werner Öhlmann folgen darf? Ob Wehrpflichtige jetzt überhaupt die Ausreiseerlaubnis bekommen? Autos und Motorräder werden bereits wieder registriert, Urlaube für August gesperrt.
Kommt Krieg: für Hanni darf ich hoffen, daß sie arischen deutschen Frauen gleichgestellt bleibt. – Aber Renerle! Das ist der quälendste Gedanke. Renerle sagt: «Wenigstens im Kriege richtig dazugehören.» In einem solchen Worte liegt die ganze Tragödie.
Immer muß ich an den Spruch des Jahres denken: Johannes 11, 40.

Brigitte scheibt nun doch von Bangigkeit «des Nachts». Hanni will Renerle auch für den Kriegsfall hierbehalten; Renerle selbst äußert nichts. Ob überhaupt jetzt die Möglichkeit bestünde, Renerle rasch nach England zu bringen, überblicken wir nicht.

24. Juli 1939 · Montag

Der Herr bestätigt das Wort seines Knechtes und vollführt den Rat seiner Boten. *Jesaja 44, 26*

Die Tage, in denen Menschen da waren, wirken in unheimlicher Erschöpfung nach.
Endlich habe ich wieder Kirchenlieder geschrieben:
Das «Christbaum»-Lied Hosea 14, 9 und ein Abendlied Trostlied[114] Jeramia 15, 16.

27. Juli 1939 · Donnerstag

Ich erkenne, daß du alles vermagst, und nichts, daß du dir vorgenommen, ist dir zu schwer. *Hiob 42, 2*

Gerhard Schwarz hat nun schon das Christbaum-Lied vertont. Er schreibt, immer auf der Reise: «Die Form, die Sie hier gefunden haben, entspricht dem Gesetz des alten Liedes. Ich glaube fest, daß von hier aus der Weg weiterführt. Freilich werden wir damit rechnen müssen, daß Wort und Weise nicht so ohne weiteres angenommen werden.»
Ich will nun, um endlich zu einer Lösung zu kommen, deutlich unterscheiden zwischen Lesegedichten («Kyrie») und Liedern («Der verlorene Sohn», «Christbaumlied»), die ohne die Vertonung überhaupt nicht veröffentlicht werden sollen. –

28. Juli 1939 · Freitag

Ist jemand in Christo, so ist er eine neue Kreatur; das Alte ist vergangen, siehe, es ist alles neu geworden! *2. Korinther 5, 17*

Die Filmgesellschaften künden ihre Produktionsprogramme für 1939/40 an. «Der Vater» ist bei der Tobis als einer der drei großen – wie es so schön heißt: Groß- und Spitzen-Jannings-Filme der neuen Jahresproduktion angekündigt, doch wieder stur als

Behandlung des Vater-Sohn-Konfliktes; nur eine Zeitung schreibt richtig und vorsichtig: ein Film aus der Zeit F. W. I. Das Ganze beginnt eigentlich wieder recht degoutierend. Und doch ist's bei der heutigen Überbewertung des Filmes so wichtig für mich beim Ministerium.
Hannis und Renerles Reisepläne haben etwas Quälendes: alles gesperrt, alles verboten an Badeorten, Schlössern etc. In Städten dem Zufall ausgeliefert, ob sie ein Hotel aufnimmt oder nicht. Und doch will Hanni Renerle das Opfer bringen, weil Renerle so gern noch etwas von Deutschland sehen möchte.
Der «Vater» war mit *«In tormentis»* abgeschlossen. Die Filmangelegenheit wird nicht dem «Vater» dienen, sondern sie ist ein großes Geschenk an Geld fürs «Ewige Haus».

1. August 1939 · Dienstag

Gott wird meine Seele erlösen aus der Hölle Gewalt; denn er hat mich angenommen. *Psalm 49, 16*

Der Kriegsausbruch ein Vierteljahrhundert her – welch ein ruheloses, unheilschwangeres Vierteljahrhundert.
Durch Pauck-Tobis erfuhr ich, daß die Presseankündigungen über die «Vater»-Verfilmung gar keinen realen Hintergrund haben können. Mir ist völlig bewußt, warum ich mich von diesem Film nicht so ganz leicht löse. In diesen drei Treatments habe ich noch einmal etwas von der sinnlichen Freude künstlerischer Arbeit gespürt, während ich nun nur noch gar nichts anderes als Qual empfinde angesichts der Stoffe, die mir zu groß sind und an denen ich nicht vorüberkann. Denn außer ans «Ewige Haus» vermöchte ich ja nur an «Paulus» und an «Voltaire» zu denken. Freude des Schreibens empfinde ich überhaupt nicht mehr. Und die Bibel als Kernstück meiner Pläne bildet einen fast unerträglich strengen Maßstab. –

7. August 1939 · Montag

Wo soll ich hingehen vor deinem Geist? *Psalm 139, 7*

Schon heute früh um acht Uhr kam das Klavier, in der Tat eine

Ideallösung für die neuen, kleinen Wohnungen. Nur, weil's äußerlich zu den alten Möbeln nicht schön sein kann, hat es seinen Platz in dem hellen, puritanischen Kämmerchen bekommen, das mit Schreibmaschine und Wandschrank unser Büro ist.
Gerade heute abend schreibt P. Brinckmann, den ich so schätze, von der «Hilfe» durchs Trostlied. –
Mich selber weiß ich nur im Tod, im Leben kaum zu trösten. Das Problem meines Lebens ist die Heiligung geworden, jener Zusammenfluß von Glaube und Ethik, der gewährt sein könnte – Wirklichkeit werden muß?!
Der Glaube ist eine Gewißheit. Die Heiligung nicht.
Hanni, die in der Stadt war, brachte mir ein großes Choralbuch mit. So habe ich nun zum ersten Male gespielt. Es ist ein eigenes Gefühl, daß nun ein Instrument im Hause ist.
Renerle sagte nur: «Nun wirst du noch melancholischer werden.» Ich erhoffe das Gegenteil –.

13. August 1939 · Sonntag

Ich vertilge deine Missetaten wie eine Wolke und deine Sünden wie den Nebel. Kehre dich zu mir: denn ich erlöse dich.
Jesaja 44, 22

Die Kirche sehr, sehr voll. Nun hebt sich für mich schon deutlich der Stamm der Gemeinde ab.
Stiller, langer und dringend notwendiger Arbeitsabend.
Längerer, über die politische und verlegerische Situation recht bedrückter Anruf von Ihlenfeld. R. A. Schröder ist schwer krank, schrieb ihm geradezu einen Abschiedsbrief, in dem er uns grüßen ließ.
Italien und Deutschland treten völlig einig auf. Man bangt vor der Forderung, die Italien als Gegenstück zu Danzig erheben wird. –
Beunruhigende Nachrichten aus Königsberg, als stünde der Einmarsch in Danzig unmittelbar bevor. Nach dem gegenwärtigen Stand der Bündnisse wäre damit der Kriegsfall gegeben.

16. August 1939 · Mittwoch

> Gott, schweige doch nicht also und sei doch nicht so still; Gott, halt doch nicht so inne! *Psalm 83, 2*

Man spricht keinen Menschen, der noch auf Frieden hoffte. – Erwachen und Zur-Ruhe-Gehen treffen einen in der gleichen Müdigkeit.
Hanni sagte heute, daß sie die Filmdinge doch heimlich viel mehr mit Groll erfüllten, als sie zugäbe; und was mich besonders rührte: «– der Pastoren wegen, die nun vielleicht sehr enttäuscht werden».
Selbstverständlich lastet auch auf mir alles, was «Resultatlosigkeit» heißt. Ich kann nicht nur für Geld arbeiten.
Heute war wieder «starker Bau» im Hause, wie Hanni-Bore es noch immer liebt und ich einmal so sehr geliebt habe, bis es sich zur ernsten Gefährdung der Arbeit auswuchs.
Abends kam Topell heraus. Es gab nur das eine Gespräch, den Krieg. Der Verstand aller sieht logisch Schritt für Schritt alles dem Kriege zudrängen; und das Gefühl keines einzigen hält für möglich, daß er wirklich kommt. –

17. August 1939 · Donnerstag

> Sie lassen sich nicht sagen und achten's nicht; sie gehen immer hin im Finstern; darum müssen alle Grundfesten des Landes wanken. *Psalm 82, 5*

Nach den kirchlichen Verlagen tritt nun auch die Gesangbuchkommission des Brandenburgischen Konsistoriums an mich heran und sucht die Fühlung mit mir. Diesem unpersönlichen Hervortreten verschließe ich mich nicht. Die Arbeit am Kirchenlied ist das einzige, was ich neben dem «Ewigen Haus» noch durchführe. Erzählung für den «Eckart»; Bugenhagen-Biographie für die Reihe der «Eckart»-Bücher mußte ich absagen.
Reni sagt: «Was auch in einem Kriegsfall die Juden trifft, – ich habe ja nichts anderes durchzumachen als das, was auch Tausende von anderen Juden aushalten müssen». So fest ist sie ent-

schlossen zu bleiben. Es ist ein ganz bewußter und überlegter Entschluß. Und er wird ja nicht nur ihre Sache sein, sondern von Gott her kommen. –

18. August 1939 · Freitag

Bei dem Herrn findet man Hilfe. Dein Segen komme über dein Volk! *Psalm 3, 9*

Jeden Tag treibt die einheitlich gelenkte Presse, genau nach der Methode der tschechischen Krise, den Konflikt weiter dem Gipfelpunkt zu.
Das Haus ist fertig. Am 8. 8. 38 hatten die Ausschachtungsarbeiten begonnen; am 25. 8. 38 war die Grundsteinlegung. Nach einem Jahre steht nun das Haus. In welcher geschichtlichen Stunde.
«Der Nervenkrieg» ist ein internationales Schlagwort geworden. Aber mehr noch ist's ein Krieg gegen Seele und Geist.
Die Volkskarteikarten für die Erfassung der Zivilbevölkerung wurden heute abgeholt. Hanni und Renerle müssen ihre besonderen Karten auf der Polizei abholen und sie selbst wieder hinbringen.

22. August 1939 · Dienstag

Verlaß mich nicht, Herr! Mein Gott, sei nicht ferne von mir!
Psalm 38, 22

Wieder ein Hochsommertag voller Glanz.
Die Schlagzeilen der Zeitungen so groß wie noch nie.
Welch wunderbares Sommerbild: die heiter belebten Ufer des Sees, eine sanfte Waldhöhe mit dem Turm der Kirche von Wannsee, auf dem See unter ihr achtzehn weiße Segler, die dann langsam in der Mittagssonne mit dem warmen Wind über den See glitten. Das schwimmend zu sehen, ist herrlich. Die Möwen und Schwäne! Sanfte Nachmittagsonne eines heißen Tages über dem in allen Tönungen von Grün leuchtenden Garten. Des Abends die sich füllende Mondsichel in weichem Gewölk über den dunklen Kiefernwipfeln.

Große, bunte Sträuße von Phlox aus Südende, rote Rosen von Kurt Ihlenfeld, der mit Oberkonsistorialrat Söhngen um fünf zu einer fast dreistündigen Besprechung zu mir kam. Es war ein wirklich interessanter, diesmal kirchenbehördlicher Besuch, die Gesangbuchreform und sogar liturgische Fragen betreffend. Ganz besonders stand der Mangel an Trauliedern zur Debatte, und das Tauflied. Für diese beiden Gebiete bittet man am dringlichsten um meine Mitarbeit. Und ich habe mich ja längst schon so entschieden: nur noch Arbeit am Kirchenlied und am Roman. Nur hatte ich nie für möglich gehalten, daß die Kirche so rasch meine Mitarbeit in so direkter Weise suchen würde. – Leider erschöpfen mich auch solche Besprechungen in einer nahezu unfaßlichen Weise.

25. August 1939 · Freitag

> Fürchtet euch nicht vor denen, die den Leib töten, und die Seele nicht können töten; fürchtet euch aber vielmehr vor dem, der Leib und Seele verderben kann in die Hölle. *Matthäus 10, 28*

Heute ist's, als ginge es nun nur noch um Stunden bis zum Ausbruch des Krieges mit Polen, dem England und Frankreich, das Kernproblem begreifend, weiter ihren Beistand zusagen.
Die großen Demokratien sehen die Dämmerung ihrer Macht. Welche «Weltmächte» haben wir nicht in der jüngsten Politik zusammenbrechen oder ausscheiden sehen: die Dynastien, den politischen Katholizismus; das Judentum.
Die Schlagzeilen der Abendzeitungen treiben weiter auf den Höhepunkt zu. Das äußere Gesicht der Zeitungen hat sich in den letzten Tagen völlig verändert. Den deutschen Forderungen werden die italienischen folgen. –
Die Regierungszentren nicht nur Europas in Kriegserwartung. Friedensappell des Papstes, dessen Stimme vor der neuen Sprache, die geredet wird, verhallen muß.
Mobilmachung in Polen. Frankreich wird in der Press schonender behandelt als England.

27. August 1939 · Sonntag

Zuflucht ist bei dem alten Gott und unter den ewigen Armen.

5 Mose 33, 27

Das war der Text der einen der beiden heutigen Predigten; der der anderen – in verhängnisvoller Begrenzung auf die wahre Kirche, die allein das Strafgericht eines Krieges überstehen werde – war das 6. Jesajakapitel. Um der Schwere dieses Sonntags willen sprachen beide Pastoren, Dr. Wiese und Lilge. Die Lieder waren sehr bedacht gewählt: Flemings «In allen meinen Taten», Gellerts «Ich hab in guten Stunden», Paul Ebers «Wenn wir in höchsten Nöten sein». Die Kirche war nicht voller als sonst, die Gemeinde sehr ernst. Nun sind schon viele Männer einberufen. Hanni war wieder mit mir in der Kirche. Noch einmal ist es wie ein Tag des Anhaltens für Verhandlungen. Denn zu dem polnischen Angriffsakt, auf den die deutsche Propaganda abgestellt war und der die Situation England gegenüber sehr erleichtert hätte, ist es nicht gekommen.

Danzig ist nun nur noch ein Teilproblem, war es ernstlich natürlich immer, wie ja ohne Frage über «Systemzeit» und Nationalsozialismus hinweg große deutsche Probleme auszutragen sind.

Der «Parteitag des Friedens», der am 2. 9. beginnen sollte, ist abgesagt.

Für Teile des Heeres und der Luftwaffe wurde eine mehrtägige Postsperre eingeführt. – Einschränkungen des Bahn- und Luftverkehrs. – Ab morgen wird eine Bezugscheinpflicht für eine Reihe lebenswichtiger Verbrauchsgüter eingeführt. –

Heute scheint das Schwergewicht in London zu liegen: nach vierstündigem Bericht des englischen Botschafters in Berlin bei seiner Regierung zweimal Kronrat.

Friedlich sitzen die Menschen in ihren Gärten: aber wie sorgenvoll sind ihre Gesichter; welche Gedanken bewegen sie!

Alle Menschen, denen man begegnete, wirkten sehr gefaßt und ernst.

Der Ton der Rundfunkmeldungen viel ruhiger als im Vorjahr bei der Tschechenkrise. Man scheint den ganzen Sonntag verhandelt zu haben. Die inoffizielle Mobilmachung wurde nur in einem Nebensatz berührt: man erwarte alle Disziplin und alles Verständnis von den Hausfrauen, die nun ihre Männer und Söhne hätten zur Wehrmacht gehen lassen müssen. –

30. August 1939 · Mittwoch

Wisset, daß ihr dazu berufen seid, daß ihr den Segen erbet.

1. Petrus 3, 9

In der Politik trotz Mobilmachung in so vielen Ländern und trotz unablässiger diplomatischer Aktionen kein Schritt voran und kein Schritt zurück. Wie Koenigswald zu uns kam, so ruft Ihlenfeld an, so schreiben Schröder und Schneider: bestimmte Gruppen drängt es in so schweren Tagen zusammen; nur ich bringe von mir aus keinen Schritt auf Menschen zu mehr fertig. Es ist, als habe ich mich selbst mehr und mehr allenthalben ausscheiden müssen. Das kann nur Gott wieder heilen. –

31. August 1939 · Donnerstag

Ach, daß du den Himmel zerrissest und führest herab!

Jesaja 64, 1

Dieses Wort hat man von Jahr zu Jahr mehr begreifen lernen.
Gesamtmobilmachung in Polen befohlen.
In Deutschland Ministerrat für die Reichsverteidigung gebildet.
Und alles soll wirklich nur psychologisches Druckmittel von Nation zu Nation sein?
In Berlin wieder nächtliche Besprechung mit dem englischen Botschafter. Es geht ja um den ganzen Rest des Versailler Vertrages. Die Völker werden in völliger Unklarheit gelassen und – hoffen, hoffen. – Chamberlain in der gleichen Nacht beim König von England.

1. September 1939 · Freitag

Suchet den Herrn, solange er zu finden ist; rufet ihn an, solange er nahe ist. *Jesaja 55, 6*

Der zweite Spruch der Losung heute ist: «Sehet, jetzt ist die angenehme Zeit, jetzt ist der Tag des Heils.» 2. Korinther 6, 2.

Wie die Stunden dieses schweren Tages ablaufen, soweit es die große Politik betrifft, das halten Zeitungen und Dokumente fest.
Uns erreicht die Nachricht von dem Beginn der Kämpfe gegen Polen über Dr. Panick frühzeitig, da für sechs Uhr er als Arzt, um sieben sie als Ärztin an ihre schon vorher bezeichneten Kriegsdienststellen berufen wurden.
Um zehn Uhr hörten wir in der Zimmermannschen Wohnung die Übertragung der Reichstagssitzung mit der Führerrede. Selbst das junge Renerle erschrak: Kein Wort von Gott in dieser Stunde. – Das ist der stärkste Eindruck dieses bitterschweren Tages. Es mag ehrlicher so sein; aber nun wird erst allen bewußt werden, was mit Deutschland ist. – Die Rede klang sehr ernst. Der Anfang der Kämpfe soll eine Apotheose des Willens sein.
Um halb acht abends der erste Fliegeralarm, nachdem wir gerade – was vor kurzem noch Übungssache war, nun Ernst – das Haus verdunkelt hatten. Er wurde bald beendet.
Aus den Abendmeldungen erfuhr man, daß die deutschen Truppen auf der ganzen Linie in Polen eingedrungen sind und die ersten Bombardements stattgefunden haben.
Alles wartet auf Englands Entschlüsse.
Ein Stimmungsbericht der DAZ sucht lauter schöne Gründe dafür, daß die Berliner heute gar so ernst und still waren und es zu patriotischen Kundgebungen nicht kam.

2. September 1939 · Sonnabend

Er nahm sie auf und trug sie allezeit von altersher. *Jesaja 63, 9*

Ich zeichne nur auf, was nicht in den Zeitungen steht. Die Menschen sind abgehetzt und bedrückt.
In den enger zusammenlebenden Gruppen sucht man ganz besonders freundlich zueinander zu sein.
Trotz der Erwartung nächtlicher Fliegerangriffe haben wir, wie erschöpft, geschlafen; selbst ich zum ersten Mal seit langem, gerade diese Nacht. Wir empfinden es als ein großes Glück, gerade in den ersten Tagen der Umstellung noch nicht voneinander getrennt zu sein. Renerle ist besonders zärtlich. Hanni sieht wieder

so schlecht aus wie im November. Wir tun alles weiter wie immer. Ich glaube, die meisten halten es so.
Die Sondergenehmigung zwei Jahre her.
Zwischen Mann und Frau rühren Blicke, Worte, Gesten jetzt ans letzte.

3. September 1939 · Sonntag

O du Kleingläubiger, warum zweifelst du? *Matthäus 14, 31*

Mit Hanni in der Kirche, die heute sehr voll und sehr ernstgestimmt war. Gott kann von diesem Volke nicht lassen.
Es kommen jetzt zu viele Besuche, die ein Symptom der erregten Tage sind. Uns bedeuten sie ein Negativum. Wir wollen keine Prognosen, die der furchtbaren deutschen Zwiespältigkeit entspringen. Wir können nicht aus Bitterkeit gegen das Dritte Reich Deutschland den Untergang wünschen, wie viele es tun. Das ist ganz unmöglich. Wir können auch in dieser von außen so bedrohten Stunde nicht hoffen auf Rebellion und Putsch. – Nur Pagels Besuch tat uns wohl. Mit ihm und Ihlenfeld stimmen wir am meisten überein. Auch darin, daß man sich den Blick nicht trüben lassen darf für das, was wirklich für die Nation ausgetragen wird. Pagel hoffte noch nach einer interneren Nachricht auf eine Begrenzung des Polenkrieges auf Grund von Mussolinischen Vermittlungsaktionen, die Fristen bis zum heutigen Abend, elf Uhr, vorsahen. – Kaum war er heimgefahren, da brachte Fräulein L. die eben am Rundfunk gehörte Sondermeldung: England greift in den Krieg ein –.
An diesem fast verklärt zu nennenden ersten Septembersonntag nun diese furchtbare Entscheidung, um die alles noch in Hangen und Bangen war – und in letztem Hoffen.
Ein strahlender, herrlicher Tag ist's in klarem Glanze, weichem Winde, tiefer Verwobenheit der reifenden, noch in voller Buntheit blühenden Gärten, in denen die efeu- und geißblattumwachsenen Kiefern so ernst und feierlich wirken. Es ist die vollendete Stille, Friede, der unverlierbar scheint.
Der dritte so herzliche Brief vom «Deutschen Pfarrerblatt», das mich ja durch meine ganze Jugend begleitete und in dem meine

allerersten Veröffentlichungen, noch aus meiner Studentenzeit, erschienen und das nun – was mich doch bewegt – das Bild meines Hauses für die Pfarrhäuser bringen will.

Das Bibelwort, das diesen Tag bestimmt, ist Römer 14, 8: «Leben wir, so leben wir dem Herrn; sterben wir, so sterben wir dem Herrn. Darum, wir leben oder sterben, so sind wir des Herrn».

Die Aufgabe ändert sich nie und heißt immer: Glauben bezeugen.

Aufrufe an Ost- und Westarmee, Partei, Volk: in den beiden letzteren taucht nun der «jüdische Weltfeind» wieder sofort auf. –

Nun ist von «jenem Herrgott» die Rede, der «denen hilft, die sich zu helfen entschlossen sind».

Keine nationalen Kundgebungen und, was am meisten auffällt: Danzig ist deutsch, und es wird nicht geflaggt, weil diesmal das «spontane Flaggen» nicht befohlen wurde; beides wohl, um die Stimmung zu erkunden. Erst heute wartende Mengen auf dem Wilhelmsplatz.

5. September 1939 · Dienstag

> In der Zeit meiner Not suche ich den Herrn; meine Hand ist des Nachts ausgestreckt und läßt nicht ab; denn meine Seele will sich nicht trösten lassen. *Psalm 77, 3*

Auch diese Nacht war wieder ruhig. Wie man das gelernt hat, dafür zu danken. Wir haben es freilich schon im November begriffen, als soviel Leid über die jüdischen Häuser kam. –

Nun ist's ein neues Seufzen, über die hohen Kriegssteuern für die, die nicht im Felde sind. Der Schritt von der Einschränkung zur Entbehrung scheint bereits nahe zu sein. Aber alles gilt nichts gegen die nur scheu vorgebrachten Gefallenennachrichten.

Ich arbeite weiter, kann aber keine lobenswerte Haltung darin erblicken, auch ist's eine gänzlich kraftlose Leistung; und doch sehne ich mich nur nach ihr.

Es ist so furchtbar, daß es nach allen Kämpfen um die Arbeit nun gleichgültig geworden ist, ob man arbeitet oder nicht. Es ging mir durch und durch, als Hanni heute «noch einmal» nach Potsdam wollte. Es war ein Tag voll immer reinerer Klarheit, immer reinerem Glanze, von wunderbaren Beleuchtungen. Potsdam war sehr verändert. Das Leben der vitalen Stadt so reduziert. Die Dampfer auf der Havel lagen still; auch kein Boot war zu sehen; und fast nur Militärautos und requirierte Wagen; endlose Reihen von Lastautos zur Soldatenbeförderung und übende Truppen am Rande der Stadt und der stillen Parks, die man sonst kaum einmal ohne Scharen von Menschen sah. Wir gingen durch den Park von Sanssouci, mit Renerle, durchs Paradiesgärtlein, übers Belvedere und kamen zu Hans Pflugs Haus am Waldrand; wir sprachen aber nur Frau Pflug, er ist schon eingezogen; er ist vier Jahre älter als ich und körperlich sogar schwächer. – Dann gingen wir nach Bornim zu Koenigswalds. Friede, Friede über dem paradiesisch reich blühenden Garten, aus dem wir mit riesigen, bunten Sträußen heimkehrten in die gleiche Stille, den gleichen Frieden. –

6. September 1939 · Mittwoch

Ziehet an den Harnisch Gottes. *Epheser 6, 11*

Die Hoffnung taucht auf, daß Frankreich so lange nicht eingreift, wie auch Italien nicht marschiert; die Hoffnung, daß England mit dem vollen Einsatz zögert, bis ein Regierungswechsel in Polen ihn erübrigt. – Hoffen, hoffen, wo einer nur die fernste Möglichkeit ahnen zu dürfen glaubt.
Gott schweigt noch über diesem Kriege.

10. September 1939 · Sonntag

Siehe, selig ist der Mensch, den Gott straft; darum weigere dich der Züchtigung des Allmächtigen nicht. Denn er verletzt und verbindet; er zerschlägt, und seine Hand heilt. Aus sechs Trübsalen wird er dich erretten, und in der siebenten wird dich kein Übel rühren; in der Teuerung wird er dich vom Tod erlösen und im Kriege von des Schwertes Hand. – Und wirst erfahren, daß deine Hütte Frieden hat, und wirst deine Behausung versorgen und nichts vermissen. *Hiob 5, 17–20. 24*

Ich hab's ja schon so oft erlebt.
In der Kirche waren wieder sehr viel Menschen, wenn auch nicht so viel wie am ersten Kriegssonntag. Gute Predigt von P. Wiese über Psalm 68, 20, dies große und mir so teure Wort.
Es war eine große, feierliche Stille vor dem Regen, als wir mit den Gästen unseres Hauses auf der Terrasse saßen. Aber wieder erwies sich, daß das Zusammensein mit Menschen weder vertieft noch ablenkt. Nun wird ja auch der Kreis spürbar kleiner. Politische Hypothesen gibt es so viel wie Menschen; danach fragt man nicht mehr. Aber wenn man spürt, wie die Deutschen gar nicht mehr wissen, was sie Deutschland überhaupt wünschen sollen, dann quält es einen sehr. Man selbst ist in die Zweifel und Ungewißheiten mit einbezogen. In diesem Kriege wird auf alle Freiwilligen bis jetzt verzichtet. An die Stelle der Freiwilligkeit – das gilt selbst für die Versorgung der Soldaten- und Reservistenzüge mit Liebesgaben, die 1914 für die Daheimgebliebenen eine so große Rolle spielten – ist die totale Organisation getreten.

12. September 1939 · Dienstag

Seine Knechte werden ihm dienen und sehen sein Angesicht; und sein Name wird an ihren Stirnen sein.

Offenbarung Johannes 22, 3.4

In all den gerechtfertigten sehr schweren Sorgen dieser Wochen darf die Frage an die Zukunft nie lauten: Was soll mir genommen werden?, sondern es darf gefragt werden: Was will Gott mir mit diesem Strafgericht und dieser Prüfung geben? Denn Er kann nicht zerstören, wie die Welt zerstört.
Ich glaube nicht, daß jemals in christlicher Zeit ein Krieg so wenig als Strafgericht angenommen und begriffen worden ist wie dieser, der sich nach Menschenwillen sogar erst noch steigern soll. –

13. September 1939 · Mittwoch

Es wird ein Stern aus Jakob aufgehen und ein Zepter aus Israel aufkommen. *4. Mose 24, 17*

Pastor Koch-Essen schreibt, daß ihn im Falle der Einberufung das «Kyrie» begleiten würde; Pastor Noltensmeier-Wien, das

«Kyrie» habe ihm in den vergangenen Tagen auch den gangbaren Weg aus der Not gezeigt, die ihn angesichts seiner ersten Kriegspredigt bedrängte. Bin ich auch sehr illusionslos, ja ungerechtfertigt abweisend gegenüber dem Zutrauen zur Wirkung der Dichtung, so steht doch ohne Frage fest, daß Gottes Wort, wie und wo es eingefangen ist oder was es sich auch gefangengemacht hat, wirken muß. So allein sehe ich auch den Erfolg des «Vaters» an.

Darum kann ich auch in all der peinigenden Müdigkeit nicht lassen vom «Ewigen Haus», so sehr dieser große Plan gerade jetzt wieder auf mir lastet, so undurchführbar nach menschlichem Ermessen er gerade jetzt erscheint.

Mit dem Kriegsbeginn habe ich gleichsam die immer wieder verstörte, gestörte, ja zerstörte Arbeit wieder ganz von neuem aufgenommen im Vertrauen auf meinen Spruch für dieses Kriegsjahr: «Habe ich dir nicht gesagt, so du glauben würdest, du solltest die Herrlichkeit Gottes sehen?»

14. September 1939 · Donnerstag

> Ich achte es noch alles für Schaden gegen die überschwängliche Erkenntnis Christi Jesu, meines Herrn. *Philipper 3, 8*

Während der Tobis-Kulturfilm-Vorschlag vorerst noch große Zurückhaltung erfordert, verlangt ein Ihlenfeldscher Plan für die Eckart-Bücher sofortige Bereitschaft, denn in ihm geht es um den Kern der Arbeit: Bibelsprüche mit Auslegungen fürs Feld; das Vaterunser für die Front; Gesangbuch-Auswahl für die draußen. – Solche Dinge besorgen heute die namhaftesten Autoren. Die Zeit der Traktätchen ist vorüber.

Aus den Briefen zum «Kyrie» sehe ich – ob Laien oder Theologen schreiben – so ergreifend deutlich: die Gewißheit des Trostes, die brauchen sie am meisten. – Und die gibt die Schrift so überreich, daß man es sein Leben lang «exegesierend» nicht wird «ausdichten» können. –

Daß jetzt, wo so vieles stockt ringsum, nach der eigenen Arbeit gefragt wird und man nicht ausgeschlossen ist, hilft sehr. –

18. September 1939 · Montag

Sei nur stille zu Gott, meine Seele; denn er ist meine Hoffnung. *Psalm 62, 6*

Am späteren Nachmittag waren Ihlenfeld und Siegbert Stehmann zu langer Besprechung über das «Vaterunser»-Buch und das Buch «Das halte fest!» (Bibelsprüche und Auslegungen für diese schwere Zeit)[115] bei mir. Mit meinem dringlichsten Anliegen, einem Weihnachtsbuch 1939, konnte ich mich all der neuen äußeren Schwierigkeiten, Autoren und Druckereien betreffend, nicht durchsetzen, so einig wir uns über die Wichtigkeit gerade dieses Dienstes waren. Das Einverständnis und sofortige gegenseitige Begreifen mit Ihlenfeld wie immer, mit dem jungen Stehmann auf gutem Wege. – Er wollte, ich sollte als Flugschrift eine Rede zum Weihnachten 1939 schreiben, «die die Pastoren reißend abnehmen würden». Aber das war mir zu vermessen.

1. Oktober 1939 · Sonntag (Erntedankfest)

Alle gute Gabe und alle vollkommene Gabe kommt von oben herab, von dem Vater des Lichts, bei welchem ist keine Veränderung noch Wechsel des Lichts und der Finsternis. *Jakobus 1, 17*

Hanni, Renerle und ich sind heute ganz allein.
An strahlendem Morgen, schimmernd von taufeuchten Bäumen, still und grün wie im Walde, durchwoben von zartblauem Glast, ein sehr feierlicher, sehr würdiger Erntedankfestgottesdienst im Kriege. Die Kirche voll wie an den höchsten Feiertagen, die Kinder der Gemeinde in den Gottesdienst mit einbezogen: die Kette der Zeugen reißt nicht ab. Das bewegt einen in dieser Zeit sehr. Die Altarkerzen brannten über den Blumen, den Schalen mit Früchten und Körben mit Gemüsen, den Erntegaben aus den Gärten von Nikolassee. –

14. Oktober 1939 · Sonnabend

Es ist Zeit, daß anfange das Gericht an dem Hause Gottes. So aber zuerst an uns, was will's für ein Ende werden mit denen, die dem Evangelium Gottes nicht glauben? *1. Petrus 4, 17*

Besuch von Pfarrer Dreß, der nun an der Dahlemer Kirche, der Hochburg der Bekenntniskirche, ist und – aus genau denselben Gründen wie ich immer mehr davon abrückt. Als Lazarettpfarrer bei den Schwerverwundeten des Dahlemer Oskar-Helene-Heimes hat er positive Eindrücke; von Pastorenfeindlichkeit dort nichts; viel Schlesier und Westfalen. Ihre Kriegserlebnisse fürchterlich. Und wie muß es nur in denen aussehen, die bereits im Weltkrieg waren und nun «zum Anlernen» wieder mit hinaus mußten.
Ich sollte in diesem Lazarett lesen, auch auf einem – seiner Zusammensetzung nach bestimmt interessanten – internen Abend führender Dahlemer Leute. Es bleibt aber bei dem alten, dem strikten Redeverbot[116] für mich.

15. Oktober 1939 · Sonntag

> Er ist der lebendige Gott, der ewiglich bleibt, und sein Königreich ist unvergänglich, und seine Herrschaft hat kein Ende. Er ist ein Erlöser und Nothelfer, und er tut Zeichen und Wunder im Himmel und auf Erden. *Daniel 6, 27. 28*

Ein Oktobersonntag von ergreifender Schönheit. Es läßt sich nicht anders sagen.
Die Fülle in der Kirche läßt nicht nach. Hanni und Renerle holten mich ab, und wir gingen über die Rehwiese und den Nikolassee zum Großen und Kleinen Wannsee. Von solcher Schönheit waren die Seen noch nie. Nach Regenmorgen stiller, warmer, strahlender Mittag; das Wasser so blau, wie im Sommer nie; Halbinseln mit Gärten, in denen alle Farben in den sanftesten Tönungen leuchteten, über sattem, grünem Rasen; am Ufer vor uns hellgelbe Kastanien; auf dem See ein letzter Segler, drei Boote. Wir sind so glücklich über die schönen, schönen Spaziergänge, die wir hier haben. Den ganzen Tag, bis um fünf Uhr, nun schon um fünf, die Sonne sank, standen die Terrassentüren offen, die Gartenmöbel wurden noch einmal hervorgeholt; an allen spürt man die scheue Ergriffenheit ob all des Friedens. – Über den lichten Häusern, den Terrassen, Gärten, dem schönen, dicht umwachsenen Hügelweg, auf dem die

Frauen im Gespräche standen, über den rauschenden Wipfeln, den wehenden Blättern – es war der erste Tag des großen Blätterfalls – schwebte ein fernes, mattgoldenes Licht: ein Licht, wie ich es nur aus den Landschaften meiner Träume kenne, die von einem Glücksgefühl, für das es kein Gleichnis gibt, erfüllt sind: den seltenen Träumen, die jedoch immer wiederkehren.

Wenn Frühling der Jugend, der Sommer der Reife, der Herbst dem beginnenden Alter entspräche – was müßte der Oktober des Lebens umschließen: Erfüllung, Wunschlosigkeit, Stille, Seligkeit, die über jedem gelben, welkenden Blätterbaum goldene Paradiesbäume aufleuchten sieht!

Und wie schwer sehe ich das Alter vieler, vieler Menschen! –

Ein Lied[117] über das mir so nahe gekommene Wort «Zuflucht ist bei dem alten Gott und unter den ewigen Armen» geschrieben. Und ein Weihnachtslied über «Nun ruht doch alle Welt und ist still und jauchzt fröhlich. Auch freuen sich die Tannen».

27. Oktober 1939 · Freitag

> Ich weiß wohl, was ich für Gedanken über euch habe, spricht der Herr: Gedanken des Friedens und nicht des Leides, daß ich euch gebe das Ende, des ihr wartet. *Jeremia 29, 11*

Stuttgart teilt mir mit, daß nun auch von *«In tormentis pinxit»* eine Neuauflage erscheint. Auch das hilft tragen: wie die Bücher ihren Weg weitergehen, während ich durch Sorgen und Störungen immer wieder zu solcher Stagnation der Arbeit gezwungen werde. Denn daß ich jeden Tag viele Stunden am Schreibtisch sitze und meinen festen Plan durchzuhalten versuche, besagt noch nicht gar so viel für die Leistung.

Eigentlich hält mich bei der Arbeit nur der Gedanke aufrecht – denn ihre Last ist ungeheuer –, daß Gott es so beschlossen hat: er will auch durch unsere vergänglichen Werke wirken. Des Doppelsinnes des Wortes Vergehen bin ich mir immer bewußt. Auch das wird immer klarer: Glaube ohne Heiligung ist wie die Konzeption einer Dichtung ohne ihre Gestaltung. Wie die Konzeption einem keine Ruhe läßt, sondern gegen alle Widerstände

Gestalt werden will, sie sei noch so torsohaft: so läßt auch der Glaube einen nicht ruhen in aller Schuld, allem Schmerz, aller Sorge; er muß das Leben ergreifen. Man kann nicht dagegen an, obwohl Welt «Welt war, Welt bleibt, Welt ist».
Die Menschen, die wir sprachen, leiden sehr, wie dieser Krieg bei Militär und Bevölkerung, sowohl was die Stimmung über die Liebestätigkeit wie den Patriotismus und den Reflex großer, militärischer Leistungen angeht, eisern organisiert ist. Alles ist geleitet, geregelt, hier unterdrückt, dort hochgetrieben. Ein Eishauch liegt über der Volksseele. Es ist ein Triumph der Organisation und der Propaganda, der mir bange macht. –
Von der Dämmerung an Regen. Es ist wie tiefer November.

6. November 1939 · Montag

David stärkte sich in dem Herrn, seinem Gott. *1. Samuel 30, 6*

Post von Brigitte. Wir wissen noch nicht einmal, auf welchem Wege. Der Brief stammt vom 11. Oktober.
Wir atmen sehr auf. –
Immer wieder hören wir, wie sich aller Juden eine quälende Unruhe bemächtigt, je näher die Jahrestage der Novemberschrekken kommen. Auch ich träumte, ich sähe Hannis Gesicht, entstellt, auf dem «Schweißtuch der Veronika», und es sprach: «Ich habe Angst.» Dann: daß wir uns das Leben nehmen wollten, und es Renerles wegen nicht taten.
Juden dürfen ohne Genehmigung der Geheimen Staatspolizei ihren Wohnort nicht verlassen. Abends haben sie sich in ihren Wohnungen aufzuhalten. Davor fürchten sie sich so, weil sich in den Wohnungen der Nürnberger Juden voriges Jahr so Schreckliches abspielte.
All das wird nicht mehr publiziert, sondern nur in der jüdischen Gemeinde bekanntgegeben. Dadurch erfahren wir es erst immer auf Umwegen.
Renerle kam gerade von Hilde Adler zurück: auch die war gewarnt worden: es schwebe eine Aktion auch gegen die Frauen. Und sie steht wenige Tage vor ihrer Auswanderung.

Sofort hatte Renerles Gesicht wieder den scharfen, leidenden Zug um den Mund, mit dem sie im Dezember aus Wolfshau zurückkam.

9. November 1939 · Donnerstag

Wenn ich mitten in der Angst wandle, so erquickst du mich.
Psalm 138, 7

Ja, mitten in der Angst!
Gestern abend, nach Hitlers Rede vor den Alten Kämpfern der Partei bei ihrer Erinnerungsfeier, ist in München im Bürgerbräukeller ein Sprengstoffattentat verübt worden, nachdem Hitler gerade vorzeitig aufgebrochen war. Man weiß noch nicht den Täter: aber was eben noch den Menschen, die davon erfuhren, durch den Sinn ging als erschreckender Gedanke, war nach einer Stunde publizierte Drohung: Strafe den Juden, Strafen, gegen die die Novembermaßnahmen des Vorjahres noch milde waren.
In der Stadt war so sehr merkwürdig, daß keinerlei Erregung oder Spannung wahrzunehmen war, außer daß mehr Menschen vor den Zeitungsaushängen standen. Kann man denn von Jahr zu Jahr so Schweres erleben – und immer weiter arbeiten – mit so zusammengepreßtem Herzen und betäubtem Kopf?
Gibt es noch einen Weg, daß Neues, Entsetzliches von den deutschen Juden abgewendet wird?
Auch der Krieg – als dürfe uns die doppelte Belastung nie mehr erspart bleiben – wird wohl nun, nach der gestrigen Münchener Rede, in eine neue Phase treten. Eben hatte er wieder ein neues Prädikat erhalten: «Der unkriegerische Krieg». Bald, sehr bald kann er der «totale Krieg mit allen Mitteln» sein. Stille – wir kennen seit langem immer wieder nur die Stille vor neuem Entsetzen.
Aber Gott war bei uns selbst immer wieder zur Seite.
Renerle ist heute nicht bei uns.
Für was alles müssen wir in dieser Nacht vielleicht schon bangen? –

10. November 1939 · Freitag

Ach, Herr, höre, ach Herr, sei gnädig, ach Herr, merke auf und tue es, und verzieh nicht um deiner selbst willen, mein Gott. *Daniel 9, 19*

Von Tag zu Tag wird es nun wieder schwerer, und kaum fasse ich, wie Hanni und ich so ruhig sind. Am Morgen noch vermied die DAZ, das Attentat in Beziehungen zum Judentum zu setzen; und das Verhalten dieser Zeitung ist symptomatisch; sie ist wie ein letzter Wall. In der Abendausgabe ist nun die Propaganda ganz groß aufgenommen: Juden, Juden, Juden.

Und bereits ein Vorschlag, für den arischen Partner einer Mischehe noch eine «Anfechtungsfrist» für ein Jahr zu geben, damit er seine Ehe scheiden lassen kann und die «endgültige Bereinigung des jüdischen Problems möglich wird». Unser Renerle ist nun schon die zweite Nacht nicht bei uns. –

Der Bärenreiter-Verlag schickt weiter schöne Buchgeschenke und will für eine Matthias-Claudius-Briefausgabe ein Vorwort von mir, «dessen ganze Arbeit auf die Bibel gegründet ist».

Wie söhnt es einen aus, wie dankbar macht es einen, daß die Arbeit so verstanden ist. –

13. November 1939 · Montag

Der Herr ist deine Zuversicht; der Höchste ist deine Zuflucht. Es wird dir kein Übel begegnen, und keine Plage wird zu deiner Hütte sich nahen. *Psalm 91, 9. 10*

Der Krieg heißt nun auch noch der «Warte-Krieg», in England gar «der komische Krieg»: und doch hält nur die Scheu vor so unermeßlichem Grauen die Heere und Völker zurück.

Das Paradoxe der Situation recht anschaulich zu machen, waren heute Peter Körner, der Sohn des Reichstheaterkammerpräsidenten, und Curt Götz jr.[118] zum Abendbrot bei uns. – Wir widmeten uns den jungen Leuten, weil uns doch immer sehr viel daran liegt, Renerles Freunde zu kennen.

17. November 1939 · Freitag

Ich aber will zu Gott rufen, und der Herr wird mir helfen. *Psalm 55, 17*

Ein unruhiger und bedrückter Tag.
Wir bekamen den Bescheid, daß Hanni die Kontributionsnachzahlung in der vollen Höhe zu entrichten hat.
Ich war auf dem Finanzamt Zehlendorf, wo ich auf einen sehr unfreundlichen Dezernenten stieß. Dann fuhr ich gleich zu Justizrat Scholz, der aber den Sachverhalt nur bestätigen konnte. Maßgebend ist der Stand der jüdischen Vermögensangabe vom Sommer 1938. Die genehmigten Übertragungen von Hannis Vermögen auf mich ändern daran nichts. So müssen nun wieder 2450 Mark von meinem Verlagskonto abgehoben werden.
Daß nach dem schönen «Vater»-Erfolge (30.. Tausend) das «Ewige Haus» nun doch in so schweren Sorgen geschrieben werden muß! Mir kam heut Paul Gerhardts Lied: «Auf den Nebel folgt die Sonn» und das Lutherwort vor Augen: «Wer Gottes Gnade ersehnt, muß es dulden, daß Gott wunderlich mit ihm umgeht.» –
Anruf von Schneider, Zeilen von Koenigswald – ob Briefe oder Gespräche –, aus allem klingt einem das gleiche entgegen: daß es ja so nicht mehr weitergehen kann; daß in dem Volke etwas vorgeht, das nicht mehr in Agonie verrinnen kann.
Dem gegenüber die Lebensfreude der Berliner Abende. Finde sich hindurch, wer kann! –

23. November 1939 · Donnerstag

Ich rief zu dem Herrn in meiner Angst, und er antwortete mir.
Jona 2, 3

Meschkes haben also von Hilde Adler Nachricht wegen Renerle erhalten. Sie bemühen sich, sie nach Viggbyholm zu bringen, zu dem Adoptivkind einer dortigen Deutschlehrerin. Gleichzeitig haben Curt Götz-Sohn, seine Mutter und Curt Götz-Vaters Schwester einen Schritt bei dem hiesigen Attaché der Schweizer Gesandtschaft eingeleitet, den sie gut kennen. Auch ist der Vater Götz ja Schweizer geworden und hat seinen großen Besitz dort. Das für Juden sonst Unmögliche, die Einwanderungserlaubnis, soll hier möglich gemacht werden, wenn sich ein Haus findet, das Renerle aufnimmt.

Wir wagen es – auch innerlich – nicht mehr, uns zu widersetzen; und auch Renerle hat nun das Zutrauen zu Deutschland verloren. Hanni und ich sind aber ganz ruhig. Nach Schweden würde Renerle sehr ungern gehen.
Intensive Arbeit, starke Ausnützung des Tages: und doch kein Vorwärtskommen. Ist nun wirklich etwas Entscheidendes in einem gelähmt oder gebrochen? –

28. November 1939 · Dientag

Es müssen dein sich freuen und fröhlich sein alle, die nach dir fragen; und die dein Heil lieben, müssen sagen allewege: ‹Der Herr sei hoch gelobt!› Denn ich bin arm und elend; der Herr aber sorgt für mich. Du bist mein Helfer und Erretter; mein Gott, verziehe nicht! *Psalm 40, 17. 18*

Hanni und Renerle waren beim Orgelbauer Schulze und seiner Schweizer Frau in Spandau. Frau Schulze wird versuchen, ein Schweizer Haus – in erster Linie Tappolets – für Renerle zu finden, das sie aufnimmt. Doch kann sie sich auch dann nicht denken, daß die Vollmachten des hiesigen Attachés für eine jüdische Einwanderung, die einfach unmöglich scheint, ausreichen.
Eva-Juliane schreibt heute, daß sie keinen Wege sehe, Renerle nach Schweden zu holen. Dabei ist es ihr durch die Tatsache, daß sie jetzt jeden Tag Briefe mit der gleichen Bitte bekommt, besonders dringlich geworden, indes Renerle nur im äußersten Notfall nach Schweden und recht gern nach der Schweiz möchte. Für Hanni und mich bedeutet der so jäh aufgetauchte Auswanderungsplan keinen entscheidenden Schmerz mehr. Bangt man sich doch jeden Monat vor dem Polenprojekt der Regierung; fürchtet man doch bei jeder Lebensmittelkarten- und Bezugsscheinausgabe, Renerle möchte nicht mehr berücksichtigt sein.
Nun ist's drei Jahre, daß ich den «Vater» beendete – und das neue Buch noch so weit. –

5. Dezember 1939 · Dienstag

Aus Zion bricht an der schöne Glanz Gottes. *Psalm 50, 2*

Erst seit dem vorjährigen Weihnachten ist mir klargeworden,

wie das Dichterhaus seine ganz eigenen weihnachtlichen Zeichen hat: die schönen Schriften, die man von eigenen Gedichten erhält, die Notenblätter, auf denen sie vertont sind, die Jahrbücher, Kalender, Sammelwerke mit den eigenen Beiträgen zum Fest.
Dieses Jahr erfahre ich's auch im Advent, daß Leser Adventsgrüße schicken: alles mit solcher Wärme. Und was das Wichtigste ist: immer wieder sind es Zeichen der Frömmigkeit der Deutschen.
Ihlenfeld rief mich an: «Kyrie» 6.–8. Tausend.
Es ist für Hanni und mich ein solches Gefühl der Erfülltheit, daß Freude zu wenig ist als dessen Ausdruck. –

6. Dezember 1939 · Mittwoch

Da ich den Herrn suchte, antwortete er mir und errettete mich aus aller meiner Furcht. Welche auf ihn sehen, die werden erquickt, und ihr Angesicht wird nicht zuschanden. *Psalm 34, 5. 6*

Heute gelangte die Reichskleiderkarte zur Verteilung, auf die man seine gesamte Kleidung zu beziehen hat. Im Rathaus hingen bereits zwei große Plakate: «Juden erhalten keine Kleiderkarte». Hanni und Renerle waren auf meiner Familienkartothekkarte gestrichen. Der Beamte sagte nur: «Es muß ja später eine Regelung kommen. So geht es ja nicht.» – Wie hatte ich bisher für Hanni und Renerle sorgen können! Noch ist dies alles da. – Mich wundert am meisten, daß die Regierung diesen Einblick in ihre Warenknappheit gibt.
Wo ist nun die Grenze der äußersten Maßnahmen? Es macht so müde. – Wie hat man die Bitte sprechen gelernt: «Unser täglich Brot gib uns heute.» –

8. Dezember 1939 · Freitag

Darum seid ihr auch bereit; denn des Menschen Sohn wird kommen zu einer Stunde, da ihr's nicht meinet. *Matthäus 24, 44*

Mit den antisemitischen Maßnahmen geht es trotz der Vernichtung des Judentums weiter: nicht nur keine Kleider, keine Wäsche, sondern auch keinerlei Nähmittel. Und keine Schuhsohlen.

Und heute war, ehrlich erregt und bekümmert, Frau Dr. E. (NSV) bei mir, die neuen Lebensmittelkarten zu bringen; auch auf diesem einschneidenden Gebiet nun Sonderregelung für Hanni und Reni. Es soll sich um den Aufdruck eines roten J auf ihre Karte handeln, besondere Einkaufszeiten, Entzug der Rationen an Schokolade und Pfefferkuchen etc. Am Dientsag wird den Juden das Nähere auf der Kartenstelle bekanntgegeben. Möge keine einschneidendere Beschränkung der Ernährung kommen! –

Wann wird ein Ende sein?

Aber welche Wohltat, wie hier in diesen Angelegenheiten alles nur eines Sinnes ist. In anderen Stadtteilen könnte das anders sein.

Nur die Anonymität ist nun nicht mehr möglich. – In ganz Nikolassee sollen, nach Frau E.s Kenntnis, im ganzen noch drei jüdische Familien sein.

Da die antisemitischen Maßnahmen so unpopulär geworden sind, veröffentlicht man sie nicht mehr. Es werden einem kleine rote Handzettel zugeteilt. Heute kamen meine Freiexemplare vom 30. Tausend «Vater». Mein Leben verläuft in seltsam gegensätzlichen Linien. Es ist sehr schwer, in diesen Tagen zu schreiben.

In Renerles Sache rührt sich in der Schweiz noch immer niemand. –

10. Dezember 1939 · Sonntag (Zweiter Advent)

> Ich weiß, Herr, daß des Menschen Tun steht nicht in seiner Gewalt, und steht in niemands Macht, wie er wandle oder seinen Gang richte. *Jeremia 10, 23*

Heute nacht ist's uns klargeworden,
wie mein Taufspruch alle Angst meines Lebens ankündigt: «Fürchte dich nicht» – Jesaja 43, 1 –
wie Hannis Taufspruch für ihr weiteres Lebens von Kämpfen weiß, in denen ihr Glaube sich bewähren muß: «Kämpfe den guten Kampf des Glaubens; ergreife das ewige Leben, dazu du auch berufen bist» – 1. Timotheus 6, 12 –

wie aber unser Trauspruch, auf den ich so lange Jahre unserer Ehe warten mußte, uns sagt: «Freuet euch in dem Herrn allewege. Und abermals sage ich: Freuet euch! Eure Lindigkeit lasset kund sein allen Menschen! Der Herr ist nahe! Sorget nichts! sondern in allen Dingen lasset eure Bitten im Gebet und Flehen mit Danksagung vor Gott kund werden. Und der Friede Gottes, welcher höher ist denn alle Vernunft, bewahre eure Herzen und Sinne in Christo Jesu!» – Philipper 4, 4–7.
Sehr ernste Predigt des jungen P. Lilge über Lukas 21 – auch von der Endzeit, und daß unsere Zeit sie noch nicht sei, sprachen wird diese Nacht. Noch ist's nicht die unerträgliche Ungerechtigkeit und Trübsal der Endzeit – aber soviel ist's in unserem Leben, daß wir Christi Worte von der Endzeit mit unserem Herzen zu begreifen vermögen. In unserem Leben, auch in unserem, nach manchem Leben zuvor, fängt dieses an zu geschehen.
Wie folgt heute eine Gemeinde einer Predigt, wie singt sie die alten Lieder, in denen nichts von «Adventszauber» ist! Und der adventliche Schmuck der Kirche gemahnt nur noch an den Befehl: «Laßt eure Lenden umgurtet sein und eure Lichter brennen und seid gleich den Menschen, die auf ihren Herrn warten.» Lukas 12, 35. 36.
Hanni geht es wie mir: nachdem im Vorjahr unsere Verzweiflung über den möglichen Abschied von Renerle so groß war, sind wir nun ganz ruhig, arbeiten an der Auswanderung in die Schweiz mit aller inneren Geduld.
Unser Herz wird darüber nicht bitter.
Immer wieder frage ich mich: Wie groß muß die Herrlichkeit der verklärten Welt sein, wenn unser arges und gequältes Herz allein in ihrer Erwartung von solchem Glanz erfüllt sein kann!
Ich glaube, daß Gott mich das «Ewige Haus» schreiben läßt – obwohl ich abschließen mußte mit der Welt, nur noch die Trennung von Reni wünschen darf; und Hanni, daß sie nicht alt werden möge, wenn Deutschland so bleibt. Nur auf Gottes Gabe darf ich noch hoffen. Und das muß sein, auch wenn ich nur noch

Zusammenbruch sehe. Aber Gott, der ja auch im Irdischen unendlich gnädig an mir gehandelt hat und handelt, will, daß ich keine seiner herrlichen und freundlichen Verheißungen für Zeit und Ewigkeit je vergesse. So muß ich's glauben: die Ehe; das Buch; das Haus. –

14. Dezember 1939 · Donnerstag

> Jauchzet, ihr Himmel, denn der Herr hat's getan; rufe, du Erde hier unten; ihr Berge, frohlocket mit Jauchzen, der Wald und alle Bäume darin. Denn der Herr hat Jakob erlöst und ist in Israel herrlich. *Jesaja 44, 23*

Um einhalbvier erschien ein Trüpplein Studenten und Studentinnen, zwei Theologen, ein rer. pol., zwei Medizinerinnen: eine Kurrende, mir meine Lieder und andere, alte Adventslieder zu singen: aufs schönste. – Und das mir, der ich mich so nach den Liedern der Festzeit im Hause sehne! Das war eine feierliche Dämmerstunde; am strahlenden Adventskranz war's so festlich und schön: die Singenden mit der großen Kerze, den «Kyrie»-Büchlein und den Notenblättern, der Flöte. – Das Schönste: Nach «Die Nacht ist vorgedrungen», «Morgen- und Abendlied» das «Gründonnerstag-Kyrie». – Und nun: «Wie soll ich dich empfangen» – «Mit Ernst, o Menschenkinder» – «Wie schön leuchtet der Morgenstern». Das war eine fast ergreifende Freude.
Im Eckart-Verlag aber wird täglich von den Buchhandlungen wegen der neuen «Kyrie»-Auflage gemahnt.

16. Dezember 1939 · Sonnabend

> Seid getrost und unverzagt, alle, die ihr des Herrn harret!
> *Psalm 31, 25*

Zum Tee Braschs. Sie, die immer so zuversichtlich waren, sind so bedrückt. Er ist jetzt der Leiter des Jüdischen Kulturbundes. Es gibt in Deutschland noch 200 000 Juden, davon 90 000 in Berlin. Noch immer stehen wir unter dem Eindruck des Adventssingens in unserem Hause. Wohl hat sich mir eingeprägt, wie schwer die Adventszeit der vergangenen Jahre war: aber wie ist auch immer wieder eine besondere, große Freude gerade um die

Weihnachtszeit gekommen, als wolle Gott dem zagenden Glauben sichtbar auch im Äußerlichen helfen, vom Inneren ganz zu schweigen!

17. Dezember 1939 · Sonntag (Dritter Advent)

> Wie groß ist deine Güte, die du verborgen hast für die, so dich fürchten, und erzeigest vor den Leuten denen, die auf dich trauen!
> *Psalm 31, 20*

Recht tiefe Predigt von P. Wiese über Johannes im Gefängnis: wie Jesus ihm nicht hilft und doch so hoch von ihm redet.
«Trotz» der Nähe des Festes die Kirche fast voll. Welch ernste Adventspredigten können die Menschen nun ertragen. Das Lied, das mir sehr fehlen würde, müßte ich es einmal missen: «Mit Ernst, o Menschenkinder». –
Ein stiller, friedevoller Tag, allein mit Hanni. Vor einem Jahr war Hannis Taufe, unsere kirchliche Trauung. Ein Wunder erscheint einem der Friede der Vorweihnachtszeit so tief in einem Kriege. –
Wie hätte ich das im Herbst gedacht, diese Adventszeit noch zu Hause verleben zu dürfen. –

24. Dezember 1939 · Sonntag (Vierter Advent)

> Heute erkennen wir, daß der Herr unter uns ist. *Josua 22, 31*

Wir waren eine stattliche Zahl, die zur Kirche zog. Zur Kriegschristnacht mußte nun die Kirche auf dem Hügel im Dunkel liegen. Obwohl schon um vier Uhr eine Christnacht abgehalten worden war, war auch die spätere um sechs Uhr sehr voll. Wir haben das Bedürfnis, die Feier des Heiligen Abends nun auch wirklich auf den Abend zu legen. Die Kirche war schön geschmückt. Der Kerzenglanz der hohen Tannen berührte in der tiefen Dunkelheit besonders stark. Tannenkränze und Tannengirlanden um Fenster und Chor. Ehe die Feier begann, brannten die Lichter des Adventskranzes nieder. Der Feier mangelte nichts an Wort und Lied, wenn sie auch nicht die ganze Fülle und Schwere dieser Weihnacht umschloß.
Und nun versammelten sich die Frauen in der Diele, und ich

steckte die Lichter des ersten Christbaumes im neuen Hause an, und alle Schönheit und Feierlichkeit der Südender Weihnacht schimmerte wieder auf. Hanni und ich bescherten uns auf unseren lieben, alten Schreibtischen ein. Renerles Freude war noch einmal so rührend und zärtlich, kindlich und überschänglich. Für mich war das schönste: die Lutherausgabe des Christian-Kaiser-Verlages. Es war eine große Freude und Zufriedenheit. Den Gästen wurde bei dem Christstern einbeschert.
Dann versammelten wir uns im kerzenstrahlenden Refektorium am großen Tisch, der wiederum mit Kerzen, roten und goldenen Bändern, Tannengrün und den Schätzen Bores geschmückt war. Glas um Glas mußte aufgetragen werden. Denn nun ward es doch ein Fest, reich an Gästen. Nicht die Einsamen kamen, wie wir es dachten. Sondern die Nachbarn und Hausgenossen. Und das ist ein rechtes Zeichen für das, was Nikolassee uns brachte. Und man nahm es besonders dankbar auf, weil es doch ein Weihnachten war, an dem keiner des anderen Christbaum am Fenster sehen durfte. –
Und so war es nun ein volles und hübsches Weihnachtssingen zum neuen Instrument; ein Singen, wie ich es mir fürs neue Haus nicht von ferne erhofft hatte. Die Schar der Sänger versammelte sich im kleinen «Klavierkämmerchen», die Türen zum Weihnachtszimmer und dem Refektorium standen offen, die Lauschenden saßen dort beisammen. –
Auf Hannis Weihnachtstisch lagen nun all die neuen Bücher mit meinen Beiträgen: «Pfarrerspiegel», «Vaterunser», «Das halte fest», «Evangelische Weihnacht», Kalender und Weihnachtsliederbuch. Und doch war's ein Jahr so gehemmter und verstörter Arbeit und ohne große Leistung.
Die Vollmondnacht nur spürbar als eine ferne Helligkeit über grauem, dichtem Gewölk.

25. Dezember 1939 · Montag (Erster Christtag)

Das ist gewißlich wahr und ein teuer wertes Wort, daß Christus Jesus gekommen ist in die Welt, die Sünder selig zu machen.

1. Timotheus 1, 15

Wieder war's am Morgen nebenan im Weihnachtszimmer der süße Duft, – der herbe und würzige zugleich der Tanne in der Morgenkühle. Hanni war mit mir im Festgottesdienst, zu dem, dem argen Wetter zum Trotz, viele Menschen gekommen waren. Auch Hanni hatte es sich gewünscht, heute zum Abendmahl zu gehen. Das ist unser größtes Geschenk unter den Christbäumen der Kirche. Wir waren sechs Menschen. Zum Abschied begrüßte P. Wiese sie alle. Und da er uns allein nicht kannte, fragte er nach dem Namen. Und nun diese Freude, daß ich «der Schriftsteller Jochen Klepper?» sei und zu seiner Gemeinde gehöre. Wir sollen ins Pfarrhaus, Pastor Wiese will zu uns kommen. Nun erst ist's ganz Heimat hier. Ich kann dem Pfarrhaus meiner Gemeinde nicht fremd sein, darf aber wiederum keinen Schritt tun, mich bekannt zu machen. Hannis Freude über Wieses Überraschung war so rührend. –

29. Dezember 1939 · Freitag

Ich hoffe darauf, daß du so gnädig bist; mein Herz freuet sich, daß du so gerne hilfst. Ich will dem Herrn singen, daß er so wohl an mir tut. *Psalm 13, 6*

Sehr herzlich schreibt wieder Kilpper. Das, was er mir für das neue Jahr wünscht, scheint freilich unerfüllbar: Es möge den glücklichen Abschluß des neuen Buches bringen –. Dazu war das alte Jahr zu belastet, zu gehemmt, zu verwirrt. –
Heute schrieben endlich Tappolets wegen Renerle. Sie nehmen sie, nicht nur fürs erste, gern und suchen auch noch weiter für sie. Die Einwanderungsverhältnisse in der Schweiz sind aber so schwierig, daß die Einreise- und Aufenthaltserlaubnis von der hiesigen Schweizer Gesandtschaft beschafft werden muß. –
Renerle ist heute früh in voller Skiausrüstung strahlend nach ihrem geliebten Wolfshau abgereist. Das ist die schönste Silvester- und Neujahrsfeier für sie und der reichliche Ersatz für alles, was wir ihr hier nicht mehr bieten können. –
Ich kann nun nicht mehr anders, als mir Renerles Auswanderung zu wünschen. – Dort liegt die einschneidendste Veränderung und Wandlung, die dieses Jahr gebracht hat. –

31. Dezember 1939 · Sonntag nach Weihnachten (Silvester)

Wir wissen, daß der Sohn Gottes gekommen ist und hat uns einen Sinn gegeben, daß wir erkennen den Wahrhaftigen, – in seinem Sohn Jesus Christus. Dieser ist der wahrhaftige Gott und das ewige Leben. *1. Johannes 5, 20*

Reiner, weicher, dichter Schnee. Im Aufsteigen leuchtete die Sonne des endenden Jahres matt, fern und groß auf. Dann verhüllte Schneegewölk das Himmelslicht. Der Himmel wurde dunkler von Stunde zu Stunde; die Erde war still und weiß.
In der gar leeren Kirche eine sehr befriedigende Predigt über Simeon und Hanna. –
Im Silvesterabend leuchtet noch einmal die hohe Feier des Heiligen Abends auf, klingt tröstlich und friedevoll nach.
So endet nun das Jahr, über dem für mich stehen durfte: «Habe ich dir nicht gesagt, so du glauben würdest, du solltest die Herrlichkeit Gottes sehen?» Und ist es einem einmal gegeben – gilt dieses Wort nicht jedem Jahr?
Es endet in Frieden und Gnade ein zerrissenes, schweres, reiches Jahr. Es kann nur enden in Dank und Lob und mit dem Blick – den die Welt so erschreckt – auf die Zuflucht bei dem alten Gott und unter den ewigen Armen!
Wir gingen mit Ilse Jonas zur Jahresschlußandacht in voller Kirche. In der Liturgie, sehr eindrucksvoll, die Gebote und die Seligpreisungen. Und die Predigt über «Meine Gedanken sind nicht eure Gedanken –»
In unseren Abendgesprächen hatte sich's unvermerkt so stark gezeigt, wie wir alle drei nun Wünsche an das Leben nicht mehr haben, lebenssatt sind in dem nur von der Bibel her verständlichen Sinne, mit dem biblischen Wort aber auch sprechen müssen: «Es ist genug», und ohne daß es Absicht und Führung des Gespräches war, brach die Jahres- und Jahrzehntwende an über einem Gespräch vom Stern von Bethlehem.

1940

Zuflucht ist bei dem alten Gott
und unter den ewigen Armen

5. Mose 33, 27

3. Januar 1940 · Mittwoch

Wir haben desto fester das prophetische Wort, und ihr tut wohl, daß ihr darauf achtet als auf ein Licht, das da scheint in einem dunklen Ort, bis der Tag anbreche und der Morgenstern aufgehe in euren Herzen. *2. Petrus 1, 19*

Den Arbeitsplan des alten Jahres fürs neue wieder voll in Kraft gesetzt.
Soll denn – was die Briefe dieser Festzeit täglich sagen – meine arme, mühevolle, zersplitterte Arbeit wirklich etwas bedeuten für diese Zeit?
Noch immer Menschen. Wir suchen alles, was seit Jahr und Tag verlegt ist, auf die zu Ende gehende Festzeit bis Epiphanias zu vertagen.
Der große politische Vorgang dieser Tage ist, daß in großen, repräsentativen Besuchen Vatikan, Mussolini, das Königshaus sich zusammenfinden, Spanien sich der italienischen Politik angleicht, Frankreich als Italiens Hauptgegner freundlich kommentiert wird, Italiens Verhältnis zu Rußland erkaltet.

4. Januar 1940 · Donnerstag

Die Könige zu Tharsís und auf den Inseln werden Geschenke bringen; die Könige aus Reicharabien und Saba werden Gaben zuführen. Alle Könige werden ihn anbeten; alle Heiden werden ihm dienen. – Er wird leben, und man wird ihm Gold aus Reicharabien geben. – Täglich wird man ihn segnen.

Psalm 72, 10. 11. 15

Trotz neuer Bitten der «Zeitwende» nur noch Lieder und Roman. Es ist hohe Zeit.
Wie habe ich mich in der ganzen Weihnachtszeit danach gesehnt, es endlich schreiben zu dürfen: das Ineinander von Tod und Weihnacht im Sterben Katharina von Boras. Und noch bin ich bei der Osternacht ihrer Flucht.
Der «Voltaire»-Plan, nach zwölf Jahren der Treue, scheint mir mit dem alten Jahr abgestorben. Er ist für mich der herrlichste Stoff für die Epik. Aber er läßt die zentrale, einfache Aussage über das, was not tut, nicht zu. Der Vater: F. W. I. – Die Mutter, das Haus: K. v. B. – Der Einsame, Besitz- und Heimatlose: Paulus? Aber welche Veränderung meines Lebens wäre das, welche räumliche, beängstigende Weite! –

14. Januar 1940 · Sonntag

> Das Geheimnis ist des Herrn, unseres Gottes; was aber offenbart ist, das ist unser und unserer Kinder ewiglich. *5. Mose 29, 28*

In der Kirche waren nun wieder 140 statt 40 Menschen, und hoffentlich ergibt sich auch erneut der gleiche Eindruck, den die Zeit vom Kriegsausbruch bis zu den Festen bot.
Immer wieder fällt mir in den Briefen an mich auf, wie es von meiner Arbeit nicht mehr nur heißt «für die Kirche», sondern auch «für das Volk».
Und das alles darf ich schon mit einem so schmalen Gesamtwerk, einem gerade erst begonnenen, erleben! Das Pfarramt der Kaiser-Wilhelm-Gedächtnis-Kirche hat mein Weihnachtslied «Sieh nicht an, was du selber bist» als Weihnachtsgruß an alle Gemeindeglieder versandt. Und nun ist die Zahl der Dankbriefe so groß, daß man mir davon berichtet. Das alles ist eine solche Hilfe, wenn man angesichts der schweren, wirren Zeit verzagen möchte am neuen, großen Buch. Wie weiß Gott einen immer wieder am Werke zu halten. Während wir unter dem Eindruck in die Tiefe wachsender Christlichkeit stehen, macht mich sehr betroffen, was Professor Hermann mir heute schreibt: vier Hörer im Dogmatik-Kolleg, zwei im Seminar!
Nachmittags besuchten uns Herr und Frau Pastor Wiese; es war

ein längerer Besuch und natürlich abseits vom Gesellschaftlichen. Etwas schwierig dadurch, daß er erstens in mich drang, der Bekenntniskirche beizutreten; zweitens, daß er mich für einen Vortrag oder eine Vorlesung im Gemeindehaus gewinnen wollte; und beides mußte ich doch abschlagen. Und wieder sah ich bestätigt: die Bekenntnispastoren haben nicht mehr das Gefühl dafür, daß noch Gemeinde da ist außerhalb dieser Gruppe. Das verstand er wohl nicht recht, was für mich so entscheidend ist: daß Spaltung nur geschehen dürfe wider menschlichen Willen, aufgetragen und aufgezwungen von Gott. – Wir sprachen davon, daß doch der Maßstab die Abendmahlsgemeinde sein müsse. Und da freilich, gestand er, verändere sich das Bild dieser guten Gemeinde Nikolassee sehr trübe. –
Sehr wohl tat uns, was Pastor Wiese, ehe er von unseren Verhältnissen wußte, von dem furchtbaren Versagen der Kirche gegenüber der Judenpolitik des Dritten Reiches sagte.
Nachdem ich nun erlebt habe, wie man mit seiner Arbeit im Dienst der hohen Feste stehen darf, beginnt man nun bereits wieder wegen Beiträgen für die Passionszeit bei mir anzufragen. Aber ich bleibe nun fest. Auch innerhalb des geistlichen Bereiches gibt es ja die Gefahr der Zersplitterung. –

17. Januar 1940 · Mittwoch

Gott ist nicht ein Mensch, daß er lüge, noch ein Menschenkind, daß ihn etwas gereue. Sollte er etwas sagen und nicht tun? Sollte er etwas reden und nicht halten? *4. Mose 23, 19*

Brinkmann, der den ganzen Polenfeldzug in vorderster Linie als einfacher Soldat mitgemacht hat, ist nun plötzlich Divisionspfarrer geworden und sehr glücklich, im Kriege sein Amt zu behalten. Namentlich durch die Pfarrer erfahre ich doch immer wieder über den Weg des «Vaters» bei den Offizieren. Als Pfarrer macht Brinkmann mit den Offizieren die gleichen guten Erfahrungen wie Hegel, ebenso mit dem katholischen Amtsbruder. Ich werde aber nie darüber hinwegkommen, daß der deutsche Offizier den jüdischen Frontkämpfer des Weltkrieges preisgege-

ben hat. Das bewahrt mich davor, jemals noch auf Menschliches zu hoffen. Hier lag die äußerste Probe.
Nachts im Traum – es dauerte sehr lange, bis ich von diesem und nicht vom Südender Hause träumte – sah ich das Haus mit eingestürzter Ostwand, zertrümmertem Dach, umgebrochenen Tannen. Dies Gefühl des verzweifelten Schmerzes kann man fast wie eine Erfahrung betrachten. –
Nachdem ich für Gerhard Schwarz das Prinzip der freien Form «bis zum Rest» durchgeführt habe, will er zu meiner Freude nun doch wieder auf die Linie der Kyrie-Lieder zurück. Vom Heldengedenktaglied schreibt er nur: «Es ist wunderbar!» Es war sehr schwer.

20. Januar 1940 · Sonnabend

> Was du jetzt geredet hast, will ich auch tun; denn du hast Gnade vor meinen Augen gefunden, und ich kenne dich mit Namen.
>
> 2. *Mose 33, 17*

Wie gehört dieses Wort zu meinem Taufspruch; man kann es nicht lesen, ohne an Jesaja 43, 1 zu denken
Einmal, in meiner Ullsteinzeit, habe ich so beten müssen, daß ich's nie vergessen kann, Gott möge meine Zeit nicht vergehen lassen über so sinnloser Arbeit. – Und bald kam meine Ullsteinentlassung, die, so furchtbar sie einen traf, der sichtbare Anfang der Gebetserhörung war. Und nun muß ich bitten, daß Gott – wenn nun Unruhe über alle Welt verhängt bleiben soll – mir gewähren möge, in aller Unruhe zu arbeiten.
Die Unruhe ist groß. Und ich leide doppelt darunter, weil ich wieder so völlig im Schreiben am «Ewigen Haus» bin.
Als Schmerzlichstes rückt nun ganz in den Vordergrund, Renerles Auswanderung zu ermöglichen. Es bleibt nur noch der eine Ausweg: Tappolets in Zürich, die so gutherzig und gutgläubig auf Renerle warten. Aber mit der Einreisegenehmigung ist's fürchterlich. Gegenwärtig verhandelt Dessoir für sie mit einem Neffen, der Sekretär beim Bundesrat ist. Der aber will grundsätzlich die Schweiz vor aller Überfremdung schützen. –

Für die Wehrkreisbücherei des Generalkommandos Posen sind 100 «Vater» unterwegs.

25. Januar 1940 · Donnerstag

Suchet den Herrn, alle ihr Elenden im Lande, die ihr seine Rechte haltet; suchet Gerechtigkeit, suchet Demut, auf daß ihr am Tage des Zorns des Herrn möget verborgen werden.

Zephanja 2, 3

Die Renerle zuliebe angenommene Einladung bei Paul Bildt brachte doch auch für uns einige Überraschungen: nicht nur, daß man alle meine Arbeiten kannte oder verschenkte; sondern vor allem: Kenntnis der religiösen Dichtung, der wesentlichen Berliner Pastoren; Kreuz und Kruzifix, nicht etwa als Antiquitäten, in der Wohnung; erklärungsloses Verständnis in allen entscheidenden Dingen, die Kunst und Glauben betreffen. – Das Theater in seiner hohen äußeren Blüte finden Bildts menschlich und kulturell zugrunde gegangen. – Von all unseren bekannten Schauspielerinnen weiß er nur eine, die evangelisch-kirchlich ist: Maria Koppenhöfer. Von den Männern keinen! – Auch er hält für unmöglich, den Menschen künstlerisch darzustellen, ohne ihn gesehen zu haben unter dem göttlichen Licht, das erst offenbar macht, was im Menschen ist.
Bildt, der aufs Publikum angewiesene Mann, kann die Gemeinde nicht entbehren. Diesmal haben wir es nicht bereut, unter Menschen gegangen und Arbeitszeit verloren zu haben. –

30. Januar 1940 · Dienstag

Ich hebe meine Augen auf zu den Bergen, von welchen mir Hilfe kommt. *Psalm 121, 1*

Immer wieder sehe ich mein Leben dem Zusammenbruch ausgeliefert, obwohl ich weiß, daß Gott ihn jeden Tag aufhalten kann. Aber in meinem Beruf ist nur Bestätigung; es ist, als wolle Gott mich ganz fest bei der Arbeit halten, die äußerlich sinnlos gemacht wird und für die ich mich zu müde fühle. Alles, alles ist bedroht; aber der Wirkung meiner Arbeit werde ich immer wieder vergewissert. Je mehr mir zerstört und genommen werden soll, desto deutlicher wird es mir gezeigt, daß Gott auch alle äußere Hilfe geheftet hat an meine Arbeit. Und in ihr ist seine Nähe wie im Gottesdienst. Die schwere, große Arbeit an dem bedrückend weiträumigen Buch muß sein. Was hilft all mein äußerstes Begrenzen! Am schwersten trage ich an der Angst um Renerle; heute taucht zum ersten Mal in der Presse ein Hinweis auf die «Umsiedlungspläne» für «volksfremde Bevölkerungsteile» auf.

Vom 10. 1. ein langer Brief von Brigitte. Weihnachten hat sie «deutsch» mit Ostermanns gefeiert.

Ach, wenigstens um Brigitte keine Angst! Als Jüdin – doch als Einwohnerin englischer Städte? Weihnachten war sie in einer Christmesse; und trotz des Krieges: eine deutsche Ansprache. Nachdem Deutschland noch Monate um Frankreich warb und es von England zu trennen suchte, ist nun die ganze Propaganda umgestellt auf «Haß gegen Frankreich». Und England und Frankreich stehen uns in nichts nach. – Plötzlich angesetzte Rede Hitlers – als zweifle einer noch daran, daß die anderen «den Kampf haben sollen, den sie wollen». In dieser Rede walteten nun «die Götter». –

Auch die Sprache, die Gott durch diesen harten Winter mit dem ganzen Erdteil spricht, wollen die Staatsmänner nicht verstehen. Mit der Kohlenversorgung wird es immer schwieriger. Schulen werden schon geschlossen.

3. Februar 1940 · Sonnabend

Bis hieher hat uns der Herr geholfen. *1. Samuel 7, 12*

Unter dem brüchigen Schutz des Umstandes, daß mein Gesuch für Hanni bei Hinkel noch läuft, haben wir es noch einmal gewagt, in ein Konzert zu gehen und das herrliche F-Dur-Konzert für Orgel und Orchester von Händel gehört. Und dann traf auch schon die Ablehnung des Gesuches ein, daß «dem Antrag auf Genehmigung zum Besuch von deutschen Kulturstätten für Ihre volljüdische Ehefrau aus grundsätzlichen Erwägungen nicht entsprochen werden kann.» –

9. Februar 1940 · Freitag

Erwache und begegne mir und siehe drein. *Psalm 59, 5*

Und wieder ist's ein herber, strahlender Wintertag geworden (13 Grad Kälte). In den tulpengeschmückten Zimmern der feierliche Teetisch, ganz in Sonnenlicht getaucht, für den «Pfarrkonvent», der sich heute bei uns zusammenfand: Pastor Wiese mit seiner Frau, Pastor Gollwitzer-Dahlem, der jetzt führende Mann der Bekenntniskirche (trotz allem Trennenden positive Begegnung), Pastor Grosch von der Kaiser-Wilhelm-Gedächtniskirche, die Lizentiatin Käte Staritz und später noch die «Frau Vikarin Jonas», die sich nach Jahren bei uns wiedertrafen. Über der Teerunde war ein wunderbarer Sonnenuntergang, eine so sanfte Dämmerung. An solchen Nachmittagen erfahre ich immer viel über den Weg des «Vaters». Und des letzten Weihnachtsliedes. Für mich hatte der Tag wieder viel von schönsten väterlichen Pfarrhauserinnerungen; dabei weiß ich in Dankbarkeit, daß in solchen Pastorenzusammenkünften in unserem Hause die Gespräche eine Weite und Tiefe erreichen, wie sie «meine» alte Diözese Freystadt-Neusalz nicht erreicht hat, so sehr ich auch jetzt noch an Gesprächen laboriere.
Im Hintergrund und im Mittelpunkt aller Gespräche die Drohungen der Zeit, die manchmal etwas von den Schrecken der Endzeit annehmen. –

14. Februar 1940 · Mittwoch

In der Welt habt ihr Angst; aber seid getrost, ich habe die Welt überwunden. *Johannes 16, 33*

Ein sehr schöner Brief vom Dekan der theologischen Fakultät Leipzig, wo ich am 28./29. 2. lesen soll. Dieser Brief macht mir diesmal meine unerläßliche Absage ausgesprochen schwer. – Das Lesen und Sprechen wäre bei dieser Fülle der Anfragen wie ein eigener Beruf; den hat Gott mir noch nie gewiesen, sondern mir immer das «Nein» vor Augen gestellt; trotzdem weiß ich, daß dieses «Nein» ein «Noch nicht» sein kann. Es ist für mich keine periphere Angelegenheit, sondern reicht in die tiefsten, innersten, beladensten Schichten des Herzens. Auch solche Art des Sich-Selbst-Verleugnens kann uns von Gott gesetzt werden. Ich trage viel schwerer daran, als einer nur ahnen kann. Noch immer fasse ich es nicht, daß ich den Theologen soviel bedeuten darf. –

19. Februar 1940 · Montag

> Sollte aber Gott nicht auch Recht schaffen seinen Auserwählten, die zu ihm Tag und Nacht rufen, und sollte er's bei ihnen lange hinziehen? Ich sage euch: Er wird ihnen ihr Recht schaffen in Kürze. *Lukas 18, 7. 8*

Hanni und Renerle bei Pastor Grüber, dem Leiter der großen Hilfsstelle für Judenchristen, der sich uns so bereitwillig angeboten hat – wenn auch ohne Hoffnung. –
Nach dem Gespräch schien es nicht mehr ganz so hoffnungslos. Jedenfalls behandelt Grüber – um des «Vaters» Willen! – Renerles Sache als besonderen Fall. Er ist unbedingt dafür, daß Renerle weggeht. Ja, er meint, man könne von diesen Dingen nur noch sagen, Satan sei am Werk. – Das Gerücht stimmt: aus Stettin sind 1200 Juden nach Lublin deportiert, ohne alles Eigentum, mit dem notwendigsten Proviant und Gepäck. Auch ganz alte Leute sind darunter. Vor den Mischehen wurde haltgemacht. Und zum ersten Male auch vor den Judenchristen. – Dieser Vorgang in Stettin stellt Grübers schwerste Sorge dar. –
Als ich von diversen nachbarlichen Kriegshilfsdiensten zurückkam, erwartete mich Hanni mit der Nachricht, Pagel habe angerufen: vom 35. Tausend «Vater» seien schon die letzten Pakete ausgeliefert; das 36.–40. Tausend sei im Druck!
Soll's wirklich möglich werden, daß über allen Hindernissen, Belastungen und Verlusten Gott das «Ewige Haus» werden läßt?
Dabei bin ich innerlich schon so völlig auf Soldatwerden eingestellt. Kann's sein, daß vor und nach dem Soldatsein das Buch weitergeschrieben werden darf – dieses Buch, das noch soviel mehr als der «Vater» mein eigentliches Buch zu werden versprach?

29. Februar 1940 · Donnerstag

Aber der Herr wandte sich nicht von seiner Barmherzigkeit und änderte nicht sein verheißenes Werk. *Sirach 47, 24*

Das verheißene Werk – wie habe ich gelernt, nur noch auf das Wort Verheißung zu sehen.
In den kommenden Tagen ist's nun drei Jahre her, daß der «Vater» erschien. Daß drei Jahre hingegangen sind, ohne daß das neue Buch stark im Werden ist, bedrückt mich furchtbar. Und wie lange können die Belastungen und Hemmungen noch dauern! Ja, auch vom Werk habe ich mich schon gerissen. Über Wirkung und Erfolg, die der «Vater» über alles Erwarten brachte, liegt Trauer und Sorge.
Die Schwierigkeiten bei den Schweizer Behörden veranlassen jetzt Tappolets zu täglichen Schreiben. –
Heute schrieb ich nun ein Hochzeitslied[119], über unseren Trautext Philipper 4, 4–7.

2. März 1940 · Sonnabend

Weißt du nicht? Hast du nicht gehört? Der Herr, der ewige Gott, der die Enden der Erde geschaffen hat, wird nicht müde noch matt; sein Verstand ist unausforschlich. *Jesaja 40, 28*

Kilpper will der Papierkalamität wegen schon das Papier für das «Ewige Haus» bereitstellen lassen. – «Ich bitte Sie deshalb, meine heutige Anfrage nach dem Stand und den Aussichten der Arbeit an Ihrem neuen Buch nicht als Mahnung oder Drängen auffassen zu wollen.» – Ach, was hilft hier fremdes Mahnen und Drängen; mein eigenes Wollen und Sehnen? Die Zeit wird mir entrissen, kaputt gemacht. Auch Hanni erschrak heute beim Eintreffen von Kilppers Brief, daß drei Jahre seit dem Erscheinen des «Vaters» vergangen sind und an den Druck des neuen Buches noch nicht entfernt gedacht werden kann. – Und das alles ist noch nicht eigentlich der Krieg, der freilich alles entreißen und kaputt machen könnte. Es ist ein durch und durch in Unordnung (Überorganisation, Überbeanspruchung, Überwachung)

geratenes Staatswesen, das nicht mehr produzieren läßt, sondern «erfaßt». Weil alle mit all dem Ihren «erfaßt» sind, ordnen sich die Leistungen der Menschen untereinander nicht mehr. – Bei den deutschen Juden aber ist's schon die lähmende *tabula rasa.*
So wenig ich lese: den Guardinischen «Pascal» lese ich in kurzen Abschnitten mit großer Intensität. Immer deutlicher wird mir der Zusammenhang des *«Le moi est haïssable»*[120] mit der christlichen Selbstverleugnung. –
Hitler und Außenminister Ribbentrop empfingen den amerikanischen Unterstaatssekretär Sumner Welles mit dem hiesigen amerikanischen Geschäftsträger. Soll man noch einmal eine schwache Hoffnung auf Verhandlungen haben?
Ein halbes Jahr Krieg.

3. März 1940 · Sonntag (Laetare)

> Lasset uns aufsehen auf Jesus, den Anfänger und Vollender des Glaubens. *Hebräer 12,* 2

Auch diesen Sonntag habe ich immer ganz besonders geliebt. Die Kirche war wieder sehr voll.
So verschüttet ist in den Gottesdiensten das Göttliche. So drängt das Menschliche sich hervor. Und doch bekennt Gott sich zu der Armseligkeit und Unechtheit unserer Gottesdienste.
Zum Tee Professor Beyer, der Leipziger Kirchenhistoriker. – Ich ließ mir viel von der Leipziger theologischen Fakultät erzählen, die innerlich hervorragend geschlossen, äußerlich schwer bedroht ist. Als die Leipziger Universität nun im Verlaufe der ersten Kriegsmonate wieder geöffnet wurde, sollte die theologische Fakultät geschlossen bleiben. Der Lehrstuhl des Systematikers bleibt unbesetzt. – Schwerer Kampf um die Thomaner, die nur noch als ein weltlicher Chor und unter der Trennung von der Thomaskirche bestehen bleiben sollen. Ihre Konzertreisen sind ihnen verboten! Und so ist alles auf allen Gebieten. Ohne daß ich die Parallele herausforderte, klagte Professor Beyer: Nur verhandeln, nur telefonieren, nur Eingaben machen – und kaum noch jemals die eigentliche Arbeit leisten dürfen! – Die theologische Fakultät Leipzig hat noch 50, die Berliner 35 Hörer. –

Mir ist's als sei es den Theologen eine heimlich oft ersehnte Bestätigung ihres Wirkens, daß Gott nun die Dichter sagen läßt: «Was ihr treibt, ist uns, die wir es nicht treiben müßten, das A und O.» Abends rief P. Grüber noch einmal an, mit Informationen für Renerle; so interessevoll nimmt er sich ihrer an, daß er selbst am Sonntagabend Zeit für sie findet. Als Hanni ihn fragte, ob wir ihm eins meiner Bücher zum Dank schicken dürften, sagte er: «Die besitzen wir alle – auch alle, in denen er mit einem Beitrag vertreten ist.»
Die Ankunft des amerikanischen Unterstaatssekretärs des Äußeren hat völlig geheimgehalten werden müssen. Erst nach dem Empfang durfte die Presse berichten. Sonst ist nichts zu erfahren. Auch Heß und Göring haben jenen Sumner Welles empfangen.
Die Theologen sprechen von einer «starken Laienbewegung durch die Dichter». Kennzeichnend für sie ist, daß die Dichter nichts Eigenes wollen, sondern in Liebe, Dankbarkeit, Ehrfurcht dem Kern einer so zerfallenen Kirche gegenüberstehen – vielleicht ist's bei Ina Seidel etwas kühler, vielleicht bei Winnig etwas repräsentativer: aber die Kirchendichtung, nicht mehr wegdenkbar trotz aller Mängel im einzelnen, ist da. – Und mich bewegt im besonderen der Anteil, den Hanni daran nimmt «nachdem in der Literatur alles das so verschüttet war». – Ich selbst gestehe, daß mir eine dankbar wahrgenommene «Bestätigung» die christlichen Naturwissenschaftler sind: ein Planck, der Biologe Hartmann. –

4. März 1940 · Montag

Herr, gedenke an mich, wenn du in dein Reich kommst.
Lukas 23, 42

Genauso herzlich, wie Professor Beyer zu mir sprach und an mich schrieb, schreibt nun heut an mich Professor Bornkamm-Leipzig und sendet mir, als Spezialist für die für mich so wichtige sächsische Kirchengeschichte, drei seiner Schriften über die Reformation in Sachsen.
Beim Abendbrot sprach Hanni so rührend davon, wie sie gar

nichts anderes sein möchte – obwohl ursprünglich der Malerei mehr zugetan, als die Frau eines Schriftstellers. Und wie nur so der Umgang mit namhaften Menschen für sie tragbar sei, wenn er die Frucht des Werkes bedeute und «ohne Zutun» und «ohne gesellschaftlichen Ehrgeiz» sei.

5. März 1940 · Dienstag

Uns, Herr, wirst du Frieden schaffen. *Jesaja 26, 12*

So will ich dies Losungswort des heutigen Tages getrost auf uns drei beziehen, die wir Renerles neues Lebensjahr in so großen Sorgen um Renerle beginnen.
Der 18. Geburtstag – in all seinem schweren Ernst doch von soviel Zauber erfüllt, wie er ja von Renerle selbst ausgeht!
Dunkelheit, Sturm, wehender Schnee. Auf dem Barocktisch in meinem Zimmer unter dem zarten Engel der Lichterglanz, die durch den Krieg spärlicheren, rareren Gaben, viel zartes Grün, Azaleen, Tulpen, Primeln, Veilchen, Alpenveilchen, Maßliebchen – nach diesem harten Kriegswinter alles Kostbarkeiten.
Niemand ist leichter zu erfreuen und zu begeistern als unser in seinem jungen Leben mit soviel Kummer und Sorge und Furcht belastetes Renerle. So haben wir ihm denn auch alles Erdenkliche angetan, zumal doch alle Glückwünsche und Gaben der Freunde fehlten. Wir haben im Esplanade soupiert.
Das Esplanade war voll; nachher in der Edenbar sehr voll. Und wie ich mir's für Renerle wünschte: elegantes Publikum und Bühnenprominenz. Ein seltsamer Eindruck: die verdunkelte Riesenstadt, die verdunkelten Eingänge, dann die Lichterfülle der vollen Restaurants mit gepflegten, heiteren Menschen; natürlich viel Uniformen. Die verdunkelten Weltstadtbahnhöfe – ein recht deprimierender Eindruck. Die von Schneewolken verhüllte Nacht, in der Stadt tiefdunkel, hier draußen erhellt vom unberührten, neuen Schnee. Hanni und ich haben jedes Verständnis für «Ausgehen» verloren.
Wir haben dem Kind sein Fest bis Mitternacht gefeiert und alle Wünsche erfüllt. –

7. März 1940 · Donnerstag

Du hast deinen Namen über alles herrlich gemacht durch dein Wort. *Psalm 138, 2*

Lange Feldpostbriefe der Wartenden. – Fritz Werner, statt Kirchenmusikdirektor nun Unteroffizier, will vaterländischen Kantatentext; sehr, sehr schwer. Doch er schreibt: «Volk, nicht Partei». – Da ich aber weiß, daß es sich um eine Kantate für Feiern der Partei handelt, kann ich es nicht, so sehr mich jetzt oft Sonette vom Vaterland beschäftigen.

14. März 1940 · Donnerstag

Ihr seid teuer erkauft; darum so preiset Gott an eurem Leibe und in eurem Geiste, welche sind Gottes. *1. Korinther 6, 20*

Bei Staatssekretär von Kühlmann, der R. A. Schröder nahesteht, einem Diplomaten des kaiserlichen Deutschlands und der Nachkriegszeit von hohem Ansehen, um seine Hilfe für Renerles Einreiseerlaubnis in der Schweiz zu erbitten. Ich traf auf große Höflichkeit des alten Mannes und Hilfsbereitschaft. Er will mir die Beziehung zu Burckhardt[121] vermitteln, der bis zum Kriege jetzt der Völkerbundskommissar für Danzig war und den «Vater» gelesen hat. Gerade gestern ist Professor Burckhardt zu kurzem inoffiziellem Aufenthalt in Berlin eingetroffen. Aber will Gott denn seine Führungen und Fügungen so sichtbar machen?
Gerade heute wurde uns auch wieder bewußt, in wie unnatürlicher Angst Renerle aufwächst – dies lebensfrohe Kind. Zwei SS-Männer der Totenkopf-SS (die die jüdischen Maßnahmen unter sich hat, Konzentrationslager, Deportation usw.) fragten nach Renerle. Wir waren sehr, sehr erschrocken. Denn kann es nicht jede Stunde hier wie in Wien, Stettin heißen: Deportation? – Als ich nun wieder als der Arier auftreten konnte, meinten sie: «Dann ist ja hier alles gut.» Hier – und «dort»? Das blonde, blauäugige Renerle sahen die sehr adretten, korrekten, jungen SS-Männer ganz betroffen an. Als sie dann als Ariernachweis meinen Paß zu sehen verlangten, fragte ich den einen, ob ich mir nun für Renerle Sorgen machen müsse. – Er sagte sehr ruhig und sicher: «Nein, Sie haben für Ihre Stieftochter nichts

zu befürchten.» Aber was mag da wieder im Gange sein? Wir denken, daß es sich zur Zeit vor allem um Wohnungen und Besitz für die ins Reich geholten Baltendeutschen handelt; in den Ostgebieten wird es so gehalten. Die Juden müssen ihnen alles übergeben.
Heute fragte mich Renerle zum ersten Male, was einer glaube, der sich taufen läßt. Da sich mir das Wort so sehr eingeprägt hat: «Es ist nicht wichtig, mit einem Menschen über Gott zu sprechen, sondern mit Gott über den Menschen», war es das erste wirkliche Gespräch über den Glauben mit Renerle. Sie war sehr bewegt und ganz, wie ich sie mir auch hier vorstellte. «Ihr» Spruch im «Kyrie» Josua 1, 9, den ich für sie erbetet habe, ist wohl doch schon ein starker Halt in ihrem bedrohten jungen Leben.

16. März 1940 · Sonnabend

> Er begehrt mein, so will ich ihm aushelfen; er kennt meinen Namen, darum will ich ihn schützen. *Psalm 91, 14*

Ich erhielt heute die Weihnachtsabrechnung über den «Vater»: 8232 Exemplare. Von Weihnachten zu Weihnachten hat der Leserkreis des «Vaters» sich genau verdoppelt. Aber auf uns lastet zu schwer, daß von Jahr zu Jahr nichts Neues entsteht. Und dabei: Wie lebt es in mir in aller meiner Müdigkeit! Ich bin so zermürbt. – Die Polarität und der Dualismus meiner Natur und meines Schicksals – mein ganz besonderes Los – erschöpfen mich allmählich. Aus welchem Zwiespalt kommt mein Glaube!
Nun, unmittelbar vor seiner Abreise, kam der ersehnte Anruf: um vier Uhr sollte ich zu Professor Burckhardt kommen. Diese Begegnung zähle ich doch zu den wesentlichen Berührungen mit Menschen. Einer der wichtigsten Diplomaten vor dem Ausbruch dieses Krieges, der lauter dasteht vor allen Parteien: geleitet von einer tiefen Frömmigkeit, letztlich in allem der Kirche – über den Kirchen – dienend. Wir kamen – nachdem er sogleich für Renerle allen Beistand zusagte, ihr auch sein Haus öffnen will, mir, wenn Renerle in die Schweiz käme, die Möglichkeit schaffen möchte, sie besuchen zu können – in die wesentlichsten,

herzlichsten Gespräche, die dadurch vorbereitet waren, daß er den «Vater» so intensiv gelesen hatte. – Die politische Zukunft sieht er sehr ernst an. In die schwebenden Verhandlungen hat er nur wenig Zutrauen, da es in ihnen ja nur um Machtproben geht. Renerles – und zwar baldige – Auswanderung hält er für dringend geraten.
Der schweizerische Gesandte hier in Berlin, Minister F., ist in der Angelegenheit vorerst noch zurückhaltend. Unmittelbar nach dem Gespräch mit mir war nun bis zur Abfahrt Burckhardts gerade ein Zusammensein zwischen diesen beiden angesetzt! So konnte er noch alles mit mir besprechen; und er war nicht ohne Hoffnung!
In allem Kummer sind Hanni und Renerle so sehr stolz, wer alles sich für unser Kind einsetzt. Ich meine, daß gerade in religiöser Hinsicht dies sehr auf Renerle wirkt.

19. März 1940 · Dienstag

Ich will gedenken an meinen Bund, den ich mit dir gemacht habe zur Zeit deiner Jugend, und will mit dir einen ewigen Bund aufrichten. *Hesekiel 16, 60*

Das blasse Renerle frühe nach Wolfshau abgereist, nachdem es sehr ungewiß war, ob nicht eine Reisesperre verfügt wäre oder noch verfügt würde. Aber es ist ihr gelungen. Sie rief vom Görlitzer Bahnhof aus noch einmal an. Ungeheurer Reiseverkehr nach dem Riesengebirge. Wie seltsam ist das alles im Kriege.
Mittags in der Schweizer Gesandtschaft. Der Minister betonte die grundsätzliche Unmöglichkeit, entschloß sich aber mit dem Hinweis auf Burckhardt zu einem «Ich werde es also tun»: nämlich den Antrag mit seiner Befürwortung zur letzten Entscheidung nach Bern einreichen. – Das war nun die letzte Aktion, die ich unternehmen konnte. Und nun heißt's warten und beten und gar nichts anderes mehr. –

20. März 1940 · Mittwoch

Denn sie waren alle zugleich mit einerlei Kette der Finsternis gefangen. *Weisheit 17, 18*

Professor Dessoirs Neffe, Sekretär im Bundesrat, schreibt heute aus Bern: es sei angesichts der generellen Maßnahme für Renerle nichts zu machen, da «der Fall nicht interessant genug sei», die Norm zu durchbrechen. An den untergeordneten Stellen ist der Antrag also so gut wie abgewiesen. Nach Ostern fährt nun Pastor Grüber in die Schweiz und will zu erfahren suchen, ob die Aktion «von oben» nun läuft.

22. März 1940 · Karfreitag (Mein 37. Geburtstag)

> Der Herr wird dir seinen guten Schatz auftun, den Himmel, daß er deinem Land Regen gebe zu seiner Zeit und daß er segne alle Werke deiner Hände. *5. Mose 28, 12*

Auf diesen Losungsspruch des heutigen Tages weist mich auch der überraschende Glückwunsch von Pastor Lilge hin, damit das Wort mir heute recht gehöre. Mein Renerle wünscht mir als erstes «Zeit, Zeit, Zeit!!!» und, daß ich nicht in den Krieg müsse. Wie hätte ich es für möglich gehalten, diesen Tag noch zu Hause feiern zu dürfen. – Ein sehr liebenswürdiger Brief von Staatssekretär von Kühlmann mit einem Buch von ihm.
Noch vor dem Kirchgang wurde ich an den mit blauen Hyazinthen geschmückten Geburtstagstisch geführt; das Hauptgeschenk ist eine sehr kleine Bibel für den Tornister, wenn ich fort muß.
Was ist's für ein Geburtstagsmorgen, den man inmitten des gedrängt vollen Gotteshauses beginnen, an dem man mit der Karfreitagsgemeinde singen darf: «O Haupt voll Blut und Wunden.» Eine groß zu nennende Predigt von P. Wiese. Dann kamen all die raren Frühlingsblumen ins Haus: Kätzchen, Schneeglöckchen, Veilchen, Maßliebchen. Das waren zwei schöne und festliche Vormittagsstunden; sonst gehörte der Tag ganz uns, mit großer Stille und Muße, dem feierlichen kleinen Fastenmahl: und nun – dazu fühlt Hanni sich wieder fähig – als die große Feier des Geburtstags und Karfreitags: die Matthäuspassion in der alten Garnisonkirche!
Es war eine schöne, feierliche Aufführung in der vollen, vollen Kirche. Die uns so vertrauten Solisten: die Leisner, Merz-Turner

und Watzke, der herrliche Christus-Sänger. Nun geht man in der Matthäuspassion wie in einem wohlbekannten Garten ein und aus. –
Es war wohl einer meiner schönsten, wenn nicht der schönste Geburtstag: der Gottesdienst, die stille, häusliche Feier, die Matthäuspassion. Und dieser Geburtstag überhaupt im Kriege ein solches Geschenk. –

28. März 1940 · Donnerstag

Alles, was Odem hat, lobe den Herrn! Halleluja! *Psalm 150, 6*

Wieder ein strahlender Brief vom Kindlein, das sich auch die mißglückte Wintersportreise zum Fest macht. Abends sprach ich Renerle telefonisch, weil ich ihm die heute stundenlang ausgefüllten Schweizer Formulare zur Unterschrift hinsandte. – Ich spürte sehr bedrückt, wie Renerle erschrickt, wenn von Fragebogen und Formular die Rede ist, weil sie gleich denkt, es handele sich um Recherchen der Gestapo. Das zeigt die ganze Krankhaftigkeit der Zustände. Ebenso die Aufregung um einen Einschreibebrief für Renerle – ihrer Unterschrift wegen; denn in Wolfshau weiß man nicht, daß sie Jüdin ist, und hier liegt die Gefahr für Gert Pohl.
Ich habe nun in diesen Tagen Vorlesung, Vortrag und Teilnahme bei der Kirchenmusiker-Theologentagung des Reichsverbandes für Kirchenmusik und des Konsistoriums abgesagt: aber habe ich die Zeit für die Arbeit verwenden dürfen?!
Und war nicht bei all diesen Absagen immer die Zeit der zweitwichtigste Grund? Hier bin ich geschlagen von etwas, das ich nicht nennen kann.
Ist's eine Prüfung Gottes? Ist's der Teufel, der Gottes Werk auch am «Ewigen Haus» hindern will? Und nun lastet das Zwiespältigste auf mir: das Betreiben von Renerles Auswanderung.

1. April 1940 · Montag

Der Herr hat mich den Weg geführt. *1. Mose 24, 27*

Und bei dieser Gewißheit muß es bleiben. Auch dieser Tag ist im Gedanken an die Arbeit wieder zum Verzweifeln. Bis halb vier Aktionen für Renerle. Auf der Kartenstelle. Hanni und Renerle müssen ihre Lebensmittelkarten nun doch wieder vorlegen. Hannis Karten bleiben wenigstens «unverändert». Bei Renerle ändert es sich von Austeilung zu Austeilung. – Viele Briefe nach der Schweiz geschrieben. P. Grüber, der in Bern war, hat erfahren, daß der Chef der Fremdenpolizei weder im Besitz des Tappoletschen Antrages vom 12. 2., noch eines Hinweises von Professor Burckhardt ist. –

Hans Nowak, der nicht wegen «Prominenz», sondern als Schwerkriegsverletzter noch der Schrifttumskammer angehörte, ist nun auch auf Sondergenehmigung gesetzt. Drei alte Damen in Stettin, darunter eine Tante von Ed Nowak, sind mit nach Lublin deportiert worden und alle drei schon tot.

Warum muß so jäh und stark, wie Gebete nur ganz selten sind, gerade dies gebetet sein: «Gott, hole uns heim», dessen Sinn verborgen bleibt?

3. April 1940 · Mittwoch

> Gott ist ja mein König von alters her, der alle Hilfe tut, die auf Erden geschieht. *Psalm 74, 12*

Mit ihrer Unterschrift versehen, sind nun Renerles Antragsformulare an die Schweizerische Gesandtschaft abgegangen, desgleichen eine Mitteilung an Burckhardt, damit die Schritte übereinstimmend erfolgen. –

Meinen Aufsatz über den christlichen Roman zur Broschüre erweitert; da ich kein großer Freund von Broschüren bin, hätte ich Ihlenfelds Drängen nicht nachgegeben, wäre mir damit nicht die Möglichkeit geschaffen, Professor Hermanns mir so wichtigen Einwand zu berücksichtigen: «Ist denn das Handeln Gottes nicht oft wirklich nicht zu erkennen? Und wenn die künstlerische Intuition dabei fehlgreift, handelt dann nicht auch sie nicht christlich?»

Das soll mein Abschied sein von dem Gebiet auch dieser Tätigkeit. Wenn auch vielleicht nicht für immer, so doch, bis das neue Buch und ein neues Bändchen Kirchenlieder geschrieben sind, vielleicht aber darüber hinaus. Denn ich befinde mich ja immer wieder nur zu leicht in der Gefahr, das Dichterische in mir zu unterdrücken oder gar zu fliehen, weil der Schaffensvorgang bei mir so quälend geworden ist. –

11. April 1940 · Donnerstag

> Sprich zu meiner Seele: Ich bin deine Hilfe! *Psalm 35, 3*

In Renerles Sache müssen wir immer wieder neue Briefe in die Schweiz schreiben. Das Wesentliche läßt sich aber nicht erfahren, ob ein Schritt von Professor Burckhardt erfolgt ist. Ein Versagen dieses ausgezeichneten Mannes würde mich schwer treffen. Dieser Eindruck war doch zu ungewöhnlich.
Nach unserem zweiten Gespräch – es nimmt sie noch immer sehr mit – hat Renerle sich zur Taufe entschlossen. Es waren nur die Äußerlichkeiten – genau wie einst bei Hanni –, die sie zurückhielten, die Scheu vor religiöser Frage und Antwort im Unterricht. Hätte Hanni 1938 ihre Taufe nicht verheimlicht, sagte Renerle, sie hätte sich damals sogleich mit ihr taufen lassen; sie habe damals nichts anderes «gedacht» als heute.
In der Losung steht heute der Spruch: Jeremia 31, 3 und Johannes 15, 16. –

16. April 1940 · Dienstag

> Das ist eine große Gnade, daß Gott den Sündern steuert, daß sie nicht fortfahren. 2. *Makkabäer 6, 13*

Morgens waren Hanni und ich bei P. Wiese in der Sprechstunde. Renerle hat sich nun doch zu dem Natürlichsten entschlossen, sich bei ihm taufen zu lassen, nicht bei Kurzreiter. Bei vielen Pfarrern hätte es uns heute geschehen können, daß sie solche Taufe abschlügen; so ist der Zustand in der Kirche nun doch.
Immer wieder bin ich in diesen Tagen bewegt und überrascht, wie tief und klar alles, was den Glauben betrifft, in Renerle ist; wie gerade das «Ich glaube, daß ich nicht aus eigener Kraft» und «Ihr habt mich nicht erwählt, sondern ich habe euch erwählt» sie durchdringt. Wie spürbar ist hier Gott am Werk gewesen. Renerle hat Gott wirklich allein in Christo gesucht und

gefunden. Von allgemeiner Religiosität ist hier keine Rede. – Für mich ist's ein großer Abschluß.
Reinhold Schneider schreibt aus dem Dom-Pfarrhaus in Dresden, daß man mich dorthin einlade; und daß sich in Dresden «die Geschichten unserer Kirchen verschlingen so innig wie die Stengel und Blätter der Wunderblume, an der das Wort erblüht. Auch Katharinas Weg ging nicht vorüber».

25. April 1940 · Donnerstag

Stärke uns den Glauben! *Lukas 17, 5*

Wind und Wärme. Sonne und weicher Dunst. Die Knospen ganz junger Kastanien beginnen sich zu Blättern zu entfalten. Die erste Birke steht in zartem Grün. Die Ahornbäume haben sich mit ihren lindgrünen Knospenkronen geschmückt.
Alljährlich habe ich sehr darunter gelitten, wie das eigene Werk so gefesselt zurückbleibt hinter dem starken Fortschreiten der Natur. Dieses Jahr, wo das Werk gelähmter ist denn je, geht es mir nicht so: Ich bin nur erstaunt und bewegt, daß ich diese erste Wiederkehr des Frühlings in Nikolassee noch daheim miterleben darf.
Tappolet schickt mir einen Brief von Professor Burckhardt, der uns sehr bedrückt: «Nach Ihrer Mitteilung habe ich leider das Gefühl, daß die Angelegenheit Frl. Steins dilatorisch behandelt wird. Ich bin in so vielen Einreise- und Aufenthaltsangelegenheiten um Hilfe angegangen worden, daß meine Möglichkeiten zur Zeit etwas verbraucht sind. Am wirksamsten wäre es, wenn Herr Klepper nochmals persönlich bei Herrn Minister F. vorsprechen würde. Als Referenz stehe ich jederzeit zur Verfügung.»
Wie herrlich war hier alles von Gott gefügt – und was machen nun wir Menschen wieder daraus. Nur Tappolets sind so treu – gerade sie, mit denen ich die Korrespondenz eingestellt hatte.
Ich habe noch einmal sehr dringlich an Burckhardt geschrieben.
Was kostet dies alles für Zeit und Kraft, geduldig und gesammelt zu bleiben.
Der Krieg in Norwegen scheint sehr ernst zu verlaufen.

26. April 1940 · Freitag

So erkennst du ja in deinem Herzen, daß der Herr, dein Gott, dich gezogen hat, wie ein Mann seinen Sohn zieht. *5. Mose 8, 5*

Mein Tauftag.
Das Schreckliche des eigenen, das Gnädige des göttlichen Weges im eigenen Leben lasten auf dem Herzen.
Wo überall ich absage und ablehne, muß ich sagen: der Arbeit wegen. Der wahre Grund ist: Ich ertrage es in dem immer quälenderen Zustand, was Gott in einem zu wirken vermag und was der Mensch in sich zerstört, nicht, von den kirchlichen Kreisen so begehrt zu werden. Ich bin nicht der, dem dies alles zukommt. Ehe Wirkung von mir ausgeht, muß noch etwas gar Entscheidendes von Gott in mir gewirkt sein; nicht, als gäbe es Gott gegenüber auch nur eine Bedingung. Aber dies kann ja nur Gott selbst sein, der unter für mich so großen Schmerzen mir die Möglichkeiten des ersehntesten Wirkens zeigt und in meinem Herzen zugleich mich zurückweist, so daß ich's einfach nicht vermag, hervorzutreten dort, wo es allein für mich sinnvoll ist: in der Kirche.
Die Fragen der kirchlichen Kreise nach mir hören nicht auf. Jetzt wieder ist's die Hauptbibelgesellschaft durch ihren Präsidenten Burckhardt, die meinen Rat für die dichterische Seite des neuen, sehr gewissenhaften und theologisch tiefen «Probe-Testamentes» will; für mich eins der wichtigsten Stücke in der Zusammenarbeit zwischen Dichtern und Theologen, zudem so tief mit Luthers Arbeit, in einem kleinen Ausschnitt, verbindend. Präsident Burckhardt war heute lange bei mir; auch hier, wo alles mich hindrängen müßte, spüre ich nur das: es darf noch nicht sein. – Noch heißt es nicht: überhaupt nicht. –

27. April 1940 · Sonnabend

Ich bin arm und elend; mein Herz ist zerschlagen in mir. – Stehe mir bei, Herr, mein Gott; hilf mir nach deiner Gnade!

Psalm 109, 22. 26

Alle diese Worte der Schrift, eins ums andere, erfährt man als

vor allem zum eigenen Inneren gesprochen. Aller Heilung und Hilfe geht nach wie vor die Vergebung voran.
Pagel rief an: nach einer Mitteilung aus Stuttgart werde gleich anschließend an das 36.–40. Tausend des «Vaters» das 41. bis 45. Tausend gedruckt. Ach, unter dem Schutz des alten Buches doch noch nach allen verzweifelten, fast vergeblichen Ansätzen das neue Buch beenden dürfen; und reiße der Krieg auch die Arbeiten noch einmal mitten entzwei: Psalm 68, 21 – das ist ja für mich selbst der Spruch dieses Buches.

28. April 1940 · Sonntag (Rogate)

Eile mir beizustehen, Herr, meine Hilfe! *Psalm 38, 23*

Nach so vielen Jahren des Wartens ist es nun Wirklichkeit geworden: der gemeinsame Kirchgang mit Hanni und Renerle.
Etwas ganz Seltenes: eine Radfahrt, mit Renerle durch die hübschen Villenstraßen zu Pagels, Bücher von dem Katharina-von-Bora-Studium zurückzubringen.
Unablässig die treuesten Briefe von Tappolets: Renerles Antrag ist nun in Bern eingegangen. Also hat die gefürchtete hiesige Gesandtschaft verhältnismäßig rasch gearbeitet.

2. Mai 1940 · Donnerstag (Himmelfahrt)

Im Schweiße deines Angesichts sollst du dein Brot essen, bis daß du wieder zu Erde werdest, davon du genommen bist. Denn du bist Erde und sollst zu Erde werden. 1. *Mose 3, 19*

Von diesem Worte her begreift man viel von Himmelfahrt.
Mich erreichte eine geheime Nachricht: Krüppel, Schwachsinnige, Jugendliche und Senile, die als unheilbar gelten, werden aus den Unterbringungsanstalten herausgezogen, nach unbekanntem Ort gebracht – nach einiger Zeit erhalten die Angehörigen die Urne mit der Asche; der Patient wäre gestorben und einer Infektionsgefahr wegen eingeäschert worden. Diese Nachricht, die um ihrer Schrecklichkeit willen wohl nicht einmal Gerücht werden wird der hohen Strafen wegen, habe ich von dem Leiter einer der größten christlichen Anstalten, die in der ganzen Welt berühmt ist.

Von Monat zu Monat wird das Unglück in der Welt größer, so daß man das den Juden auferlegte Leid nicht mehr isoliert sieht; das wirkt auf Hanni und Reni sehr stark.

5. Mai 1940 · Sonntag (Exaudi)

Es kann die Stadt, die auf einem Berge liegt, nicht verborgen sein.
Matthäus 5, 14

Grau, still, verhängt und kühl. Die Wintersaat steht noch so niedrig, daß die Felder wie weite, grüne Wiesen wirken. Allenthalben die leuchtende, schwebende, zarte Kirschblüte. Da und dort noch Reste von Vorfrühlingshochwasser. Noch viele Bäume kahl. Das Ganze aber durch Kirschblüte und Birkengrün zart und schön. Große, stille Weite. Flüchtige, kühle Regenschauer. Wir waren nämlich unterwegs. Renerle hatte sich eine wunderschöne Überraschung ausgedacht. Adamek, der noch immer die Tarnung der Reichsautobahnen gegen Fliegersicht durchführt und darum den «roten Winkel», die Genehmigung, sein Auto zu fahren, besitzt, nahm uns auf der Dienstfahrt nach Halle mit nach Wittenberg, so daß ich mit Hanni und Renerle, der großen und der kleinen Bore, zusammen in Wittenberg war. Und das bedeutet mir ja viel mehr als eine große, schöne Reise: vor allem, wenn Renerle wirklich noch in die Schweiz gehen sollte.
Der besondere Reiz dieser Fahrt war nun doch, daß sie direkt von Potsdam nach Wittenberg führte: durch das ärmste, sandigste Gebiet der Mark Brandenburg, die Zauche.
Für Wittenberg gilt außer dem Worte Matthäus 5, 14 leider auch das bittere: «Ich weiß deine Werke und deine Arbeit und deine Geduld und, daß du die Bösen nicht tragen kannst; und hast versucht die, so da sagen, sie seien Apostel, und sind's nicht, und hast sie als Lügner erfunden; und verträgst und hast Geduld und um meines Namens willen arbeitest du und bist nicht müde geworden. Aber ich habe wider dich, daß du die erste Liebe verlässest. Gedenke, wovon du gefallen bist, und tu Buße und tu die ersten Werke. Wo aber nicht, werde ich dir bald kommen und deinen Leuchter wegstoßen von seiner Stätte, wo du nicht Buße tust.» Offenbarung 2, 2–5. Dennoch bedeutet es

mir so viel, daß dort, wo Wittenberg sein Erbe, wenn auch unter mancher politischen Entstellung, wahrt, uns ein so herzliches Verhältnis mit den Leitern der Lutherhalle, des Predigerseminars und des Pfarrhausarchivs samt ihren Frauen und gar Kindern verbindet.
Nach der Besichtigung aller Stätten, die ich Renerle nun zeigen durfte, fuhren Reni und Adamek nach Halle weiter; und Hanni und ich besuchten Thulins; er ist gerade Professor geworden. Schon auf dem Wege ergaben sich neue Einladungen – aber wir waren ja mit der Uhr in der Hand da, genossen dennoch den Ausschnitt einer gar behaglichen theologischen Sonntagsrunde. Daß es soviel wirkliche Freude bereitet, Freude und Stolz, wenn man erscheint!
Nun kenne ich Wittenberg wirklich. Heute ist's eine vitale Soldatenstadt. Soldaten auch, statt in Kino und Café, an allen Lutherstätten.

6. Mai 1940 · Montag

> Dieweil du hast bewahrt das Wort meiner Geduld, will ich auch dich bewahren vor der Stunde der Versuchung, die kommen wird über den ganzen Weltkreis, zu versuchen, die da wohnen auf Erden. *Offenbarung 3, 10*

Telefongespräch mit Ihlenfeld: Wir bereiten nun die dritte, erweiterte Auflage des «Kyrie» vor!
Endlich schrieb ich wieder ein Lied[122], endlich. Ein Himmelfahrtslied über den 47. Psalm.

10. Mai 1940 · Freitag

> Mußte nicht Christus solches leiden und zu seiner Herrlichkeit eingehen? *Lukas 24, 26*

Nun ist der Krieg, der gar schon der «Halbfriede» hieß, der große Krieg geworden. Die deutschen Truppen sind in Holland, Belgien und Luxemburg einmarschiert. Diesen Morgen erfolgte die Mitteilung.
Aus der Schweiz die definitive Absage für Renerle: Der Kanton Zürich verweigert den nachgesuchten Aufenthalt – Überfrem-

dung – Belastung des Arbeitsmarktes – die Wiederausreise ist nicht gesichert.
Ich vermag mich nicht zu freuen, daß unser Kind uns bleibt. Zwar ist die Sorge um die Deportation zurückgetreten, seit der ganze Vorgang wegen Überlastung der polnischen Gebiete stockt. Aber nun sind's die Arbeitseinberufungen der deutschen Juden und Jüdinnen zu öffentlichen Arbeiten.
Sosehr Renerle anerkennt, wie gut sie es immer noch bei uns hat, ist sie doch sehr bedrückt. So ohne Plan, so ohne Zukunft – bei ihrer Lebensfreude und Klarheit!

13. Mai 1940 · Pfingstmontag

Wir haben nicht empfangen den Geist der Welt, sondern den Geist aus Gott, daß wir wissen können, was uns von Gott gegeben ist.
1. Korinther 2, 12

Ich schrieb ein Bußtagslied[123] über Daniel 9 und das «Herr, erbarme dich unser – Christe, erbarme dich unser» der sonntäglichen Liturgie; nun erst, mit dem Himmelfahrts-, dem Oster- und dem Bußtagslied, ist das «Kyrie» abgeschlossen, und ich freue mich der erweiterten Auflage, die diese vollständige Form des gar zu schmalen Bändchens ermöglicht.

15. Mai 1940 · Mittwoch

Wir müssen durch viel Trübsale in das Reich Gottes gehen.
Apostelgeschichte 14, 22

Nun habe ich, glaube ich, etwas gefunden, das dem Kinde wieder Lebensfreude und seine alte Frische gibt: Reiten. In Fräulein Mertens Reitschule im Grunewald fragt kein Mensch nach der Rasse der Reiter. – Und solche Gelegenheit muß man sofort wahrnehmen. Ein wahrer, listenreicher Kampf aber um die Reitgarderobe ohne Kleiderkarte und Bezugschein! Aber nun ist's wieder unser munteres Renerle.
Tappolets schreiben, wie die besorgtesten Eltern nicht anders schreiben können. In welch gute Hände wäre Renerle dort gekommen. Er hat noch einmal petitioniert und bekam den Bescheid, «irgend noch etwas zu unternehmen, sei völlig aussichts-

los. Es sei ausgeschlossen, jemand jetzt noch hineinzubekommen; unter der verschärften Kriegslage versucht man umgekehrt, Ausländer noch abzuschieben, die bereits die Aufenthaltsbewilligung hatten. Da würde auch so jemand wie Prof. Burckhardt nichts mehr machen können.»

30. Mai 1940 · Donnerstag

Alle Völker auf Erden sollen erkennen, daß der Herr Gott ist und keiner mehr. *1. Könige 8, 60*

Ein stiller, verhängter Tag. Leichter, flüchtiger Abendregen. Wir hatten gemeint, als wir in der «Deutschen Zukunft» – dieser letzte Hort journalistischer Noblesse muß nun auch verschwinden – lasen: «Der Vater» 55. Tausend, es sei ein Druckfehler. Aber Pagel konnte nur bestätigen, daß das 46.–55. Tausend in Auftrag gegeben sei. Ach, nun nur eins: daß endlich mehr vor mir liegen möchte als diese armseligen ersten 100 Seiten «Ewiges Haus»!
Um seiner herrlichen «Fischer von Lissau» willen hatte ich meine Reserve durchbrochen und an Willy Kramp geschrieben. Er schreibt aufs herzlichste und in wirklicher Verbundenheit zurück. Als Heerespsychologe schreibt er mir, «wie der ‹Vater› nicht nur in den uns nahestehenden christlichen Kreisen, sondern auch etwa unter Offizieren den gleichen starken Eindruck macht wie auf uns.»

9. Juni 1940 · Sonntag (Renates Taufe)

Gott ist mein König von alters her, der alle Hilfe tut, die auf Erden geschieht. *Psalm 74, 12*

Renerle hat der Tag so viel bedeutet, und sie hat ihn als so feierlich empfunden, so klein die Feier gehalten war. Für mich hat nun zehnjähriges geduldiges Warten seine Erfüllung gefunden.
P. Wiese hatte den Gottesdienst sehr würdig gestaltet mit schönem Blumenschmuck des Altars und Orgelspiel, obwohl außer Fräulein Anni nur noch – der ebenfalls so schön singende – Pastor Lilge und Frau P. Wiese der Feier beiwohnten. Renerle war

sehr ergriffen, aber in den Antworten und im Aufsagen des Glaubensbekenntnisses sehr sicher. P. Wiese hielt eine längere Ansprache – über den gleichen Text, den P. Kurzreiter für Hannis Taufe wählte: den Kämmerer aus dem Morgenlande. Am Schluß der Predigt stand Psalm 97, 11: «Dem Gerechten muß das Licht immer wieder aufgehen und Freude den frommen Herzen.»

«Der Herr ist mein Licht und mein Heil; vor wem sollte ich mich fürchten! Der Herr ist meines Lebens Kraft; vor wem sollte mir grauen!» Psalm 27, 1. Dieser Spruch steht ja dem sehr nahe, den ich Renerle in ihr «Kyrie» schrieb und den sie ganz als den Spruch ihres Lebens angenommen hat: «Siehe, ich habe dir geboten, daß du getrost und freudig seist. Laß dir nicht grauen und entsetze dich nicht; denn der Herr, dein Gott, ist mit dir in allem, was du tun wirst.» Josua 1, 9. Das Lied der Tauffeier war Paul Gerhardts: «Ist Gott für mich, so trete gleich alles wider mich.» In Spruch und Lied war das Besondere von Renerles Erfahrungen und ihrer Lage ausgedrückt. Sonst fehlte nichts als der Hinweis auf ihren Namen[124], der nun erst seinen Sinn erhielt: «Renata». –

11. Juni 1940 · Dienstag

Es soll geschehen, wer den Namen des Herrn anrufen wird, soll selig werden. *Apostelgeschichte 2, 21*

Am Nachmittag fand der Empfang für den Kronprinzen von Sachsen, der seinen Besuch bei mir angesagt hatte, statt.

Mit Pater Georg von Sachsen, dem Jesuiten, weiß ich mich einig darin, daß niemals die gemeinsame politische Bedrohung den ökumenischen und irenischen Antrieb geben kann, sondern daß zwischen den Konfessionen nur das eine einigend wirken kann: die Verehrung des göttlichen Geheimnisses und die Erkenntnis der menschlichen Schuld in der Spaltung der Kirchen. – So einfach der Kronprinz als Pater sich gibt, ist er im Umgang mit Menschen doch ganz der sichere und gewandte Fürst. –

Der gesellschaftliche Rahmen ist keine Lösung für den Umgang mit Menschen; nur das Gespräch am Familientisch oder am

Schreibtisch schaffen sie. Mir ist alles Abschied, nicht Anknüpfung, Verbindung, Aufbau. –

20. Juni 1940 · Donnerstag

Samuel sprach: Ist's nicht also? Da du klein warst vor deinen Augen, wurdest du das Haupt unter den Stämmen Israels.

1. Samuel 15, 17

Die deutschen Truppen in Metz, in Straßburg – jeder Tag bringt eine solche Meldung.
Mir ist in diesen Wochen, als würde mein Wesen auf seinen Kern zusammengepreßt; aber dieser Kern ist gespalten; und vielleicht morsch. Meine Erschöpfung ist weniger durch die Umstände als durch das innere Wesen bedingt. Jene sind noch erträglich; dieses ist unerträglich. Und wüßte ich nicht von Luther und Pascal – ich müßte vergehen.
Der Glaube ersteht in immer neuen Einbrüchen, denen jedesmal der völlige Zusammenbruch voranzugehen droht. Was ist's? Daß die Heiligung nicht die Bewährung und Bestätigung des Glaubens wird, sondern vielmehr immer wieder durchlitten werden muß: «Wenn der unsaubere Geist von dem Menschen ausfährt, so durchwandelt er dürre Stätten, sucht Ruhe und findet sie nicht; so spricht er: Ich will wieder umkehren in mein Haus, daraus ich gegangen bin. Und wenn er kommt, so findet er's gekehrt und geschmückt. Dann geht er hin und nimmt sieben Geister zu sich, die ärger sind denn er selbst; und wenn sie hineinkommen, wohnen sie da, und es wird hernach mit demselben Menschen ärger denn zuvor.» Das ist schlimmer als der Krieg.
Die Sprache gegen Frankreich wird immer erbarmungsloser. Das Unheil von Versailles soll nicht enden. –

21. Juni 1940 · Freitag

Sei du mir nur nicht schrecklich, meine Zuversicht in der Not!

Jeremia 17, 17

Glanzvoller Sommeranfang!
Früh zur Eintragung in die Stammrolle gemeldet.

Über die Abstammung der Ehefrau mußte für die Stammrolle eine besondere Erklärung abgegeben werden, was dem Polizeibeamten gar nicht behagte und jedem natürlich Fühlenden zuwider sein muß. Wir sind über alles das nun hinweg.
Heute: «Die Vergeltung gegen England begann.»
Am Abend hört man im Rundfunk, am gleichen Tage, den ersten Ausschnitt der Waffenstillstandsverhandlungen mit dem besiegten Frankreich im Walde von Compiégne – im gleichen Salonwagen, an der gleichen Stelle, an der November 1918 Marschall Foch der deutschen Delegation die Bedingungen diktierte. Es geht einem durch und durch. – Möchten die Bedingungen nicht rückwärts-, sondern vorausschauen! – Morgen wissen wir mehr!

23. Juni 1940 · Sonntag

Ich will auf den Herrn schauen und des Gottes meines Heils warten; mein Gott wird mich hören. *Micha 7, 7*

Wie fremd mir meine Berufssphäre ist, sehe ich am besten daran, welche Aufregung um den Angriff in der Neuen Literatur[125] auf mich ringsum herrscht. Ich muß immer wieder Entgegnungen verhindern.
Jedoch habe ich niemals meinen Beruf als verfehlten Beruf empfunden; auch habe ich ihn sehr geliebt; aber er ist kein eigenes Ziel, kein Selbstzweck, kein eigener Wert geworden.
Ich möchte vermeiden, daß das Erlöschen der künstlerischen Kraft in mir zu einem Erlöschen der Lebenskraft wird. Dazu brauchen Hanni und Reni den Schutz meiner Existenz zu sehr. Sonst: ich wüßte nichts Schöneres als den Tod: nach all den irdischen Zusammenbrüchen Anfang ohne Ende und immer am Ziel und immer daheim sein! –

4. Juli 1940 · Donnerstag

Bewahre meine Seele und errette mich, laß mich nicht zuschanden werden; denn ich traue auf dich. *Psalm 25, 20*

Selbst von den Studien zur Arbeit her kommt eine große Lähmung. Der Blick auf die christliche Geschichte kann sehr verpflichtend wirken – er kann aber auch nahezu völlig lähmen.

Nur Gott steht immer gleich vor einem. Und dieser Aussage ist nicht zu entrinnen. Darum kann ich mir die Arbeit nicht leichter machen, kann Stoffe nicht wählen. Dem *moi haïssable* ist nicht erlaubt, sich zu verbergen.
Ich, der ich mich in immer engere Begrenzungen zurückgezogen habe, stehe zuletzt vor dem Grenzenlosen ganz allein.
Ich bin wie verschüttet unter der Last der Geschichte des Glaubens: die großen Taten Gottes und der Mensch! –

8. Juli 1940 · Montag

Ich will sie mehren und nicht mindern, ich will sie herrlich machen und nicht geringer. *Jeremia 30, 19*

In meinem Leben sind so oft alles beherrschende, alles verdunkelnde Probleme aufgetaucht, die lähmend auf der jeweiligen Gegenwart lasteten: als unmittelbare, unabwendbare Zukunft. Aber bevor sie Gegenwart wurden, hat unfaßliche, überwältigende, wenn auch oft sehr schwere Führung sie in aller ihrer Realität ins Nichts verkehrt. Was alles im eigenen Leben zu bestimmen drohte, sank plötzlich am Rande dieses eigenen Lebens hin. Daher kommt, daß ich den dringlichsten Problemen unserer Zukunft – einschließlich des «Ewigen Hauses» – einen beherrschenden Raum in Gefühlen und Gedanken nicht mehr einräumen kann. Trachtet am ersten ...

11. Juli 1940 · Donnerstag

In meines Vaters Hause sind viele Wohnungen. *Johannes 14, 2*

Ich habe nicht gewußt, was ich auf mich nahm, als ich das «Ewige Haus» zu schreiben begann. Aber Gott hat es ja von Anfang an gewußt, und bei ihm steht auch das Ende. Wäre dies nicht: ich müßte es hinlegen.
Von den Gerüchten um englisch-italienische Verständigung, Balkankrise, glaube ich, daß es sich um die üblichen Produkte der professionellen Gerüchtemacher handelt. Mit einer Spannung im Osten mag es anders aussehen, auf weitere Sicht.

15. Juli 1940 · Montag

Hier ist Geduld der Heiligen. *Offenbarung 14, 12*

Ich arbeite wieder nur über den Quellen, um im Falle einer Einberufung wenigstens endlich die Vorarbeiten im notwendigsten abgeschlossen zu haben.
Fräulein Rießer, Brigittes graphische Lehrerin, besuchte uns. Es ist also wahr: die Mischlinge waren zwar bisher mit im Kriege, kulturelle Berufe dürfen sie aber nach neuer, genereller Regelung nicht ausüben; es gibt für sie keine Sondergenehmigung mehr. Man muß nun abwarten, wie das die Frontkämpfer unter den Mischlingen abzuwenden suchen. Oder sollte für sie doch eine Ausnahme gelten? Die Teilnahme am Kriege 1914/18 hat keine Ausnahme begründet! Die Entlassung der Mischlinge aus dem Heeresdienst muß große Sorge machen. Sie wird uns nun Fall um Fall bestätigt.
Das sehe ich immer mehr: wie die Zeit in ihrer Dichtung Brot braucht, Brot, das auf das Brot des ewigen Lebens weist. Für Literatur ist überhaupt kein Raum mehr. Aber wir bleiben mit ihr überschwemmt.

17. Juli 1940 · Mittwoch

Nun, Herr, das Wort, das du geredet hast über deinen Knecht und über sein Haus, werde wahr ewiglich, und tue, wie du geredet hast. *1. Chronik 17, 23*

Woche um Woche noch weiter begraben in Studien. Und keine neuen Kirchenlieder. Aber das hat auch – wie Kirchenlieder nie entstehen können im Zustand der Zerrissenheit – seinen Grund darin, daß ich in dieser Zeit – wenn ich nicht schlafen konnte oder im Garten morgens arbeitete – zu stark, ja, wie gehetzt, in Gedanken und Vorstellungen, bis in jede Einzelheit, die positiven und die negativen Möglichkeiten durchlebt habe, die im Ansatz meines Lebens einst beschlossen waren, es war ein Leben «in den anderen Lösungen». Das ist sehr gefährlich und sehr erschöpfend, zumal der Traum vollendet, was etwa dem Tag erspart bleibt: wie die Anklage so heiß ersehnter Kinder, die ich mit Hanni nicht haben kann. – Zweierlei bleibt unverrückt: Beruf und Ehe. – Was ist das Ganze, das einen in solchen Wochen, in denen es im geheimen auf Tod und Leben geht, mit sich reißt? Ich glaube, erstlich und letztlich ist es eine Umschreibung für die Unfaßlichkeit der göttlichen Vergebung und der Gewißheit, daß Gott einen – auch wenn alle Teufel in das gereinigte Haus der Seele zurückgekehrt sind – dennoch unwandelbar führen will. – Es ist zugleich in unsäglicher Verzweiflung und in endlicher Tröstung das Erfassen der Dreiheit, unter der unser Leben verläuft: Ebenbild Gottes, das ohne Christus, und bis wir bei ihm sind, verloren ist – Bild, das allein möglich ist durch Gottes Hilfe, aber immer zugleich als unsere Lüge – Zerrbild dessen, was wir von Gott her jeder sein sollten: das wir nun von uns aus sein müssen im furchtbaren Schicksal der Polarität und des Dualismus. – Ich weiß, ich weiß, was Heilsungewißheit ist. Aber wo mündet schließlich alles? Im gehorsamen und vertrauenden Glauben!

18. Juli 1940 · Donnerstag

Unsre Seele ist entronnen wie ein Vogel dem Stricke des Voglers; der Strick ist zerrissen, und wir sind los. *Psalm 124, 7*

Auch Renerles Leben, in dem ihr politisches Schicksal und die dadurch bedingte, letztlich deprimierende und sinnlose momentane Freiheit – in Verbindung mit unserem Bestreben, ihr alle erdenklichen Ausgleiche an Lebensfreude zu schaffen – eine gar zu schwierige Diskrepanz bilden, soll nun seine Ordnung bekommen. Alle Probleme mit Renerle werden im Gespräch mit ihr als ebenbürtigem Partner gelöst; hier war ein Problem. Die Gegenwart angesichts ihrer ungewöhnlich ungewisen Zukunft ist für Renerle so zu gestalten, daß sie das Schwere ausgleicht, aber fähig macht, etwa künftiges, noch schwereres Los zu ertragen. Das Gefühl der sinnlosen Freiheit muß schwinden.

23. Juli 1940 · Dienstag

Ich will euch trösten, wie einen seine Mutter tröstet. *Jesaja 66, 13*

Was mir Jahr um Jahr fürs Herz und immer noch sachlich fürs

«Ewige Haus» fehlt: zum Erntebeginn auf dem Gute des Spandauer Johannesstiftes. Die Felder lagen zum Beginn der Mahd waldumkränzt unter blauem Himmel, weißen Wolken. Die vier Flakgeschütze und die beiden Bunker im Ährenfeld. Soldaten und Schnitter, jeder an seinem Werke. Der junge Inspektor, der Bore und mich außer dem wirtschaftlichen Leiter des Johannesstiftes führte und mir alles erklärte, was heute in der Ernte ist, wie es 1540 war, war gerade aus dem norwegischen Feldzug zurückgekommen; ein starker Eindruck: was für ein Mann, Soldat, Landwirt, Christ.

Das Johannesstift Spandau ist wie ein unmittelbares Erbe von Friedrich Wilhelm I. und August Hermann Francke. Dort habe ich auch besondere Freunde.

Von starkem Kolorit zuvor der Kaffee in dem armen, strengen, schweizerisch-klassizistischen, vornehmen Salon des Orgelbauers Schulze. Seine eben aus der Schweiz zurückgekehrte Frau berichtete uns die näheren Umstände von Brigittes Telegrammwechsel mit ihr. Jetzt herrscht leider Briefsperre zwischen England und der Schweiz.

Immer wieder Razzien, Kontrollen, quälende Gerüchte in den jüdischen Angelegenheiten, die Renerle sehr mitnehmen. Hanni und ich haben abgeschlossen; aber der Gedanke an Brigitte und Renerle! In Rumänien ist nun fast alles wie in Deutschland; in Frankreich fängt es an.

26. Juli 1940 · Freitag

Der Herr wird für euch streiten, und ihr werdet still sein.

2. Mose 14, 14

Juden haben nur noch eine Stunde Einkaufszeit pro Tag, abendliches Ausgangsverbot, Arbeitspflicht (für oft sehr schwere und sehr niedere Arbeit), von der Renerle bisher wirklich wie durch ein Wunder befreit ist, und täglich zudem die Bedrohung des Judentums nach Kriegsende durch die Presse, keine Kleiderkarten, Auflagen für die Lebensmittelkarten, gesperrte Bezüge ihres eigenen Geldes, den Zwang, nach dem Kriege allen Grundbesitz zu verkaufen – alles das aber ist nicht das harte Los, das alle für die Juden in Deutschland während des Krieges erwartet haben. Nichts aber, was noch als «endgültige», bittere «Regelung» kommt, kann so schlimm sein wie das, was ein verlorener Krieg heraufbeschworen hätte. – Denn scheint auch der Krieg gegen England nicht einfach – an dem Siege zweifeln wir nicht.

(Da die Juden beim Verkaufen ihres Grundbesitzes im Preise ja gedrückt wurden – was ihnen, sofern sie auswandern konnten, fast gleichgültig war, da sie doch kein Geld mitnehmen durften –, müssen solche arischen Gelegenheitsgewinnler nun eine Ausgleichszahlung zugunsten des Reiches leisten; dies aber auch dann, wenn der jüdische Verkäufer heute noch im Lande ist.)

Die Ungerechtigkeit in der Welt so offen, so nahe miterlebt zu haben, ist eine elementare Erfahrung. Verwertbar ist sie nicht. Und erholen kann man sich von ihr nicht mehr. Und dennoch will das Herz sich ganz dem Leben verbinden. Familie, Haus, Arbeit. Nur hat es das Ende aller Dinge nahe gesehen.

Wenn Hanni und ich um keines Menschen Tod mehr zu trauern vermögen, so hat diese Erfahrung starken, negativen Anteil daran: vornehmlich das Zerreißen der Familien!

Was Glaube ist, hebt sich immer klarer ab. Der Glaube allein hat den positiven Anteil daran, daß wir unfähig wurden zur Trauer und selbst einander nicht mehr zu wünschen vermögen, das Leben möchte lang sein; wir könnten nicht einmal um Brigitte, um Renerle trauern! Das ist aus einem geworden. Und dennoch ist umgekehrt eine Fähigkeit zur Freude – und vornehmlich eines durch den anderen und gerade durch Renerle geblieben.

27. Juli 1940 · Sonnabend

> Ich hebe meine Augen auf zu den Bergen, von welchen mir Hilfe kommt. *Psalm 121, 1*

Die innenpolitische Frage «Was wird die Armee nach dem Friedensschluß tun?» gibt es für uns drei nicht mehr. Die Armee hat sich entschieden. Und unseres Erachtens hat es auch die Kirche getan, so vieles bei Heer und Kirche heute noch in eine andere Richtung zu deuten scheint. – Das Dritte Reich steht. Ich glaube, von dieser Einsicht aus muß man nun sein Verhältnis zu Kirche und Staat ordnen. Die sichtbare Kirche bleibt für die unsichtbare eine große Aufgabe, darf nicht zum Gegner werden. –

29 Juli 1940 · Montag

Herr Herr, meine starke Hilfe, du beschirmst mein Haupt zur Zeit des Streits. *Psalm 140, 8*

Der heute gefeiertste Künstler ist der Bildhauer Arno Breker, den wir auch persönlich kennen; er vereinigt die drei heute wesentlichsten Elemente: Monumentalität, Klassizismus, Naturalismus; alles zudem in einem wagnerischen Stil; alles propagandistisch. Ein Leo von König aber steht heute völlig abseits und im Hintergrund; ein Reinhold Schneider kann die Regierungseinladung nach Portugal nicht annehmen. Es wird immer unfaßlicher, immer schwerer zu tragen, daß wir nicht die deutsche Kunst sein sollen; daß man uns höchstens im Winkel duldet; freilich kommen viele der besten Deutschen freiwillig zu uns in den Winkel; das ist unser Erfolg trotz unserer Bedrükkung. Von Unterdrückung mag ich noch nicht reden, so viele es tun. Neben der unsichtbaren Kirche ein heimliches Deutschland: es ist nicht leicht für die, denen Ordnung etwas Selbstverständliches ist und die ein derart positives Verhältnis zu Volk und Staat haben.

31. Juli 1940 · Mittwoch

Gelobet sei Gott, der mein Gebet nicht verwirft noch seine Güte von mir wendet. *Psalm 66, 20*

Eine der wesentlichsten Krisen, die das «Ewige Haus» mit sich gebracht hat, ist die Krise dem Protestantismus und Luther gegenüber überhaupt. Nicht im Hinblick auf den Katholizismus, sondern auf den Abfall innerhalb des Protestantismus und Luthers selbst: Abfall von dem Gottgewirkten; Vordrängen des Menschlichen und Teuflischen; Ausbleiben der Heiligung: das Kernproblem bis heute, bis ins tiefste Ich! –

5. August 1940 · Montag

Solches machst du dir selbst, weil du den Herrn, deinen Gott verlässest, so oft er dich den rechten Weg leiten will. *Jeremia 2, 17*

Der Verzicht auf Gäste, Besucher, Vorlesungs- und Vortragsreisen bedeutet, daß man die Freuden des Berufes durchstreicht und nur seine Lasten behält. Da muß man wissen, was man tut. – Ich sehe aber überhaupt nur noch eine Lebensmöglichkeit, nachdem ich die Last meines Lebens ganz begriff: die Überwindung. Jene Überwindung, von der in Römer 8 die Rede ist.
Keins der Probleme des realen, faktischen, schweren, meines Lebens ist gelöst, ja ins Nichts aufgelöst worden, ohne daß die Lösung nicht ein völlig neues, noch schwereres in sich barg; das entscheidende Beispiel bleibt: Rettung vor Beuthen durch die Ehe; und was die Ehe dann zu völlig ungewöhnlichem Schwerem (diese glückliche Ehe!) brachte, liefert alles Eigene immer wieder dem Zusammenbruch aus. Es gibt Zeiten, in denen mich die Sorge um Renerle halb wahnsinnig macht. Und dann tritt Gott vor einen und läßt einem sagen, daß er einen den rechten Weg leiten will, wir ihn aber verlassen. Auch der Glaube, der uns rechtfertigt und selig macht, ist etwas, das von Gott unausgesetzt gerichtet werden muß.
Heute abend besuchte uns eines der Mischehepaare von Nikolassee, Schillers, die sich das schöne Barockhäuschen am Waldrand geschaffen haben. Wie wir es in Südende gehalten hatten, waren beide zu gleichen Teilen als Besitzer eingetragen. Und weil nun Juden keinen Grundbesitz mehr haben dürfen, beantragten sie die Übertragung des Ganzen auf ihn, den arischen Teil. Das wurde nur unter der Bedingung genehmigt, daß Frau Schiller vom Erbe ausgeschlossen wird! Ein Mann in unserer Situation soll nicht einmal für seine Witwe gesorgt haben dürfen! Daß, wenn sie mich überlebt, Hanni dies Haus behalten dürfe, haben wir in unseren Gedanken angesichts der Gesetze ausgeschlossen; aber daß der Wert erhalten bleibt, das mußte man immer noch hoffen, muß ich heute noch, obwohl nun durch den Fall Schiller eine ganz neue Gefahr auftaucht. Der erste Mann von Frau Schiller

ist im Weltkrieg gefallen; der zweite, jetzige, war im Weltkrieg Offizier. – Daß die Armee ihre Kameraden preisgibt – und nun bei den Mischlingen von neuem sich dazu anschickt –, ist für uns alle eine der größten Erschütterungen.
Hätte ich nicht den auf geistige Produktivität angewiesenen Beruf – es wäre nicht so entsetzlich schwer, wie es nun ist. Wiederum ermöglicht nur die Kunst, das eigene Unglück in einen Anlaß zu verwandeln, noch größeres, größtes, symbolisches Unglück in seiner Beziehung auf Gott zu begreifen. Dies dauernde Verwandeln des Eigenen und Begreifen des Fremden bedeutet aber eine religiöse Erhöhung. –

11. August 1940 · Sonntag

Glaubet an den Herrn, euren Gott, so werdet ihr sicher sein.
2. Chronik 20, 20

Renerle wieder in Potsdam. Bei Hanni Trude Weill, zum Klavierspiel. Jedes Zusammensein mit Juden: eine Lawine von Sorge, Angst und Verzweiflung, die für uns endlich alle auf Renerle zielen; und auch die Zukunft unserer Ehe bleibt in völliger Ungewißheit. Dem Menschen kommt es hart an, nur noch mit dem Blick über die Welt hinaus durchs Leben gehen zu müssen. Es gibt kaum einen Schmerzensruf der Psalmen – außer denen vom physischen Leiden –, der nicht durchlebt wäre.
Es ist furchtbar, wenn in dem Begriffe Vaterland das Väterliche ganz für einen ausgelöscht wird und der Drohung weicht. Schwer, schwer tut das himmlische Vaterhaus sich uns auf. –
Wir waren zu einem sehr schönen Klavierkonzert (Bach, Brahms, Schubert) im Marmorpalais, einer geschlossenen Veranstaltung des Musikinstitutes für Ausländer. Dort hatte ich uns Zugang verschafft. Denn ich muß sehr erfinderisch sein, wenn ich dann und wann noch eine Möglichkeit erspähen will, daß wir drei gemeinsam Musik hören «dürfen»! Zum ersten Male machte die Potsdamer Gesellschaft auf uns einen makabren Eindruck.
Die Englandoffensive scheint begonnen zu haben, jedoch nicht

mit dieser Eindeutigkeit und Endgültigkeit wie die im Osten, im Norden, im Westen. Eine große Luftschlacht. –
Abendlicher Weg zu dreien an der geliebten, stillen Rehwiese, deren Wege immer tiefer von vollen Wipfeln überwölbt sind. In zerrissenem schwarzem und grauem Gewölk die Sichel des neuen Mondes.

14. August 1940 · Mittwoch

Jesus sprach zu seinen Jüngern: So oft ich euch ausgesandt habe ohne Beutel, ohne Tasche und ohne Schuhe, habt ihr auch je Mangel gehabt? Sie sprachen: Niemals. *Lukas 22, 35*

Die dritte große Luftschlacht über England. Aber Inland und Ausland spüren, daß es noch nicht «der eigentliche Krieg» ist.
Das kranke Renerle wird aus der Nachbarschaft mit Blumen und Büchern bedacht. Ihr Zustand gefällt uns noch gar nicht.
Abends rief Pagel an: das 56.–65. Tausend des «Vaters» ist in Druck gegeben. Was anderes soll da das Herz bewegen als die Losungssprüche dieses Tages: Lukas 22, 35 und 1. Mose 39, 5: «... und war eitel Segen des Herrn in allem, was er hatte, zu Haus und auf dem Felde.» Möchte uns Gott nur Renerle im Hause lassen. Welche Gedanken ließ die Erkrankung wieder aufkommen: wie dies alles sein müsse im Falle einer Deportation.

25. August 1940 · Sonntag

Da ich ihre Wege ansah, heilte ich sie und leitete ich sie und gab ihnen wieder Trost. *Jesaja 57, 18*

Welch großes, freundliches Begrüßen ist's jetzt jeden Sonntag an der Kirche, heimatlich wie in Beuthen. Auch das erinnerte daran: daß der Pastor auf Gastpredigt nach dem Gottesdienst mit kleinem Kreise sich bei uns einfand. Während P. Wieses Urlaub predigte heute hier Gollwitzer; auch hier vor sehr voller Kirche mit vielen «Nachgereisten». Während wir privat wieder ausgezeichneten Konnex mit ihm fanden, konnten wir in der Predigt – obwohl er uns ganz als *homo religiosus* erscheint – wieder nicht den großen Prediger entdecken, als der er gilt; die «Bann-

kraft» schien mir wieder von einigen politischen Sätzen auszugehen. Zudem formt ihn das feudale Berlin als, heute positiv, «bäuerlichen Typ».
Soldaten ist es neuerdings verboten, auf ihren Stuben und Quartieren Gespräche über Religion zu führen: als so reale Macht schätzt man den Glauben ein.

28. August 1940 · Mittwoch

> Herr Herr, sei du mit mir um deines Namens willen; denn deine Gnade ist mein Trost. *Psalm 109, 21*

Unversehens haben die Menschen sich von dem Gedanken des raschen, endgültigen Sieges gelöst und auf einen zweiten Kriegsherbst, ja -winter, umgestellt. – Der Sommer hat durch die «skandinavische Speisekammer» und den «holländischen Garten» den Deutschen sehr geholfen; daneben Frankreichs Gärten, Erz und Holz des Nordens, Rumäniens Erdöl. In den gegenwärtigen Luftkämpfen sieht niemand mehr den Beginn der großen Offensive gegen England.

29. August 1940 · Donnerstag

> Tröste mich wieder mit deiner Hilfe, und mit einem freudigen Geist rüste mich aus. *Psalm 51, 14*

Ein freudiger Geist – diese Worte dürfen dem beschwerten Herzen nicht ganz fremd werden.
Heute bekam Renerle die Aufforderung, sich mit Arbeitsbuch und Kennkarte auf dem Arbeitsamt zu melden, am Montag. Das bedrückt uns sehr, denn mehrere Mädchen in Renerles Alter und Lage arbeiten schon zwangsweise hier in der Rüstungsindustrie. – Renerle sagt: «Nur einmal das Gefühl haben dürfen, daß es nicht immer noch schwerer kommt.»

Deine Gnade ist mein Trost. *Psalm 109, 21*

Meinem Kinde

Nun sich das Herz von allem löste,
was es an Glück und Gut umschließt,

komm, Tröster, Heiliger Geist, und tröste,
der du aus Gottes Herzen fließt.

Nun sich das Herz in alles findet,
was ihm an Schwerem auferlegt,
komm, Heiland, der uns mild verbindet,
wo uns die Welt nur Wunden schlägt.

Nun sich das Herz zu dir erhoben
und nur von dir gehalten weiß,
bleib bei uns, Vater. Und zum Loben
wird unser Klagen. Dir sei Preis!

30. August 1940 · Freitag

Ich stärke dich, ich helfe dir auch, ich erhalte dich durch die rechte Hand meiner Gerechtigkeit. *Jesaja 41, 10*

Ich sprach einen der leitenden Männer der Inneren Mission, der gerade von einer Konferenz mit den wichtigsten Kollegen, u. a. Bodelschwingh, aus Hannover zurückkam. Man hatte sich aus den verschiedenen Anstalten gegenseitig die Zahlen derer mitgeteilt, die als «unlebenswertes» Leben (Kriminelle, Krüppel, Irre) vom Staat für die Vernichtung angefordert wurden. Es sind bereits 15 000 getötet. Der glimmende Docht wird ausgelöscht, das zerstoßene Rohr wird zerbrochen.
Renerles Erfassung durch das Arbeitsamt – durch die Konstellation des «arischen Haushaltes» schien sie aus allen Listen verschwunden, die die anderen Altersgenossinnen da oder dort erfaßten – bedeutet eine ungeheure Gefahr für die eventuell für eine Deportation anzulegenden Listen; sie kann nun vielleicht nicht mehr in unserem Haushalt, wie man das nennt, untertauchen.
Das ist so schwer: kein eigenes Kind zu haben; sein Stiefkind so zu lieben, daß man ein eigenes um nichts anders haben möchte – und es dann in dieser entsetzlichen, wachsenden Bedrohung zu wissen. –

2. September 1940 · Montag

> Ich danke dir ewiglich, denn du kannst's wohl machen; ich will harren auf deinen Namen, denn deine Heiligen haben Freude daran. *Psalm 52, 11*

Dieser Tag gehört Renerle.
Von halb sieben bis halb zwei war es auf dem Arbeitsamt gewesen, mit vielen Gefährtinnen, und ist für Siemens, also für die exponierte Rüstungsindustrie, bestimmt. In diesen neuen schweren Abschnitt geht Renerle, wie ihr Bibelspruch es sagt: getrost und freudig. Der Ton auf dem Arbeitsamt war freundlich. An solchen Tagen habe ich plötzlich unversehens immer wieder einmal ihre Hand in meiner, als wäre sie noch klein und wir gingen zur Christnacht. Das ist ihr wohl unbewußt. –
Die andere Seite der Zwangsarbeit: viele verarmte Juden begrüßen sie als ihre vorläufige Rettung.
Wie den Entwurf zu «Frickfrack und Elvira» hat Renerle nun auch das Manuskript der «Großen Directrice» verschlungen. Manchmal meine ich, daß beide Buchfragmente für mich nicht verloren sind: daß sie in dem, was Wert an ihnen hat, wiederkehren können in «Voltaire», der Darstellung des einsamen, ungläubigen Menschen, die mich nicht losläßt. –
Nikolassee bekommt Einquartierung: wir wissen nicht, ob Militär oder Evakuierte. Auch hier scheiden sich wieder die Geister: so viele suchen sich dieser Verpflichtung zu entziehen.
Hanni, die auch sehr ruhig ist, und ich werden alles tun, um Renerle in den kommenden Strapazen zu pflegen und um auszugleichen, wie wir nur können, daß ihrem Leben noch ein wenig Jugend bleibt. Denn vor allem unseretwegen ist Renerle nicht mit Brigitte nach England gegangen; es wäre damals durch die gleichen Verbindungen genau so wie für Brigitte möglich gewesen. –
Eine weitere Scheidung der Geister: die einen freuen sich, daß Deutschland sich aus den besetzten Gebieten versorgen kann; die anderen bangen sich auch um die Zukunft dieser Nationen.

4. September 1940 · Mittwoch

Wenn ich mich fürchte, so hoffe ich auf dich. *Psalm 56, 4*

Heute ist's kühl und grau. Aber der Nachmittag erfüllt sich mit reinem, klarem Licht, einer sanften Wärme und milden Gedämpftheit; alles leuchtete, schimmerte und war doch verhalten und ferne. Die letzten freien Tage des Kindleins ein wenig auszuzeichnen, waren wir mit ihm in Stahnsdorf spazieren: Heidelandschaft in der Sonne, Birken, Kiefern, Erika: Kapellenglokkenläuten von den Waldfriedhöfen her.
Gollwitzer ist aus Berlin verwiesen und hat Rede- und Predigtverbot in ganz Deutschland. Er nahm noch Abschied von uns.

5. September 1940 · Donnerstag

Sei mir gnädig, Gott, sei mir gnädig! Denn auf dich traut meine Seele, und unter dem Schatten deiner Flügel habe ich Zuflucht, bis daß das Unglück vorübergehe. *Psalm 57, 2*

Wir trafen P. Gollwitzer, der sich nach seiner Ausweisung aus Berlin zunächst in Potsdam aufhält, das Dringlichste abzuwikkeln und einzuleiten. Welche Unruhe über uns allen.
Renerle war früh zum ersten Mal aufs Arbeitsamt bestellt, zur ersten Eignungsprüfung; sie ist für die Siemens-Schuckert-Werke vorgesehen. Der Ton war wieder korrekt und freundlich, wenn auch sehr nachdrücklich. Zwei Wendungen: «Sie wissen, was es heißt, daß Sie als Jüdinnen in Berlin wieder arbeiten dürfen» und «Besser, arbeiten in Berlin als in Lublin.» – Siemens soll unter den besonderen Verhältnissen das beste sein. Daß die Arbeit bezahlt wird, unterscheidet sie ja doch nicht unwesentlich von bloßer Zwangsarbeit; hier liegt für Renerle auch ein kleines Moment der Freude. –

7. September 1940 · Sonnabend

Fürchte dich nicht und zage nicht! Gott der Herr wird mit dir sein und wird die Hand nicht abziehen noch dich verlassen, bis du alle Werke im Hause des Herrn vollendest. *1. Chronik 28, 20*

Welch ein Wort für mich in meiner besonderen Lage! Renerles

Eignungsprüfung und Vorstellung bei Siemens-Schuckert. Akkord-Feinarbeit; wochenweise abwechselnd Tag- und Nachtschicht; welche Sorge bei den Luftangriffen! Der Ton auch dort freundlich. Aber heute war Renerle doch so bedrückt, daß sie am letzten freien Sonnabend nichts mehr unternehmen möchte. Am Montag ärztliche Untersuchung und Dienstantritt.
Von neun bis drei meine Musterung. Vorzüglich im Ton, auch unter den vierzig Gemusterten. Militärisch sehr guter Eindruck von Stabsarzt, Major, Leutnant, Feldwebel, Unteroffizier, sorgfältige Musterung. Ich bin kriegsverwendungsfähig/Ersatzreserve I. Darüber freue ich mich, und das hat Hanni auch gefreut. Mit der Einberufung, wurde uns bekanntgegeben, hat unser Jahrgang in absehbarer Zeit noch nicht zu rechnen; mit ihm ist nun die Musterungslücke vom Weltkrieg her geschlossen.

9. September 1940 · Montag

> Du hast aber doch ein Panier gegeben denen, die dich fürchten, welches sie aufwarfen und das sie sicher machte. *Psalm 60, 6*

Renerle war heute zur ärztlichen Untersuchung bei Siemens. Trotz ihrer Zartheit: volltauglich. Und sofortiger, anschließender Arbeitsbeginn, Herstellung von Plättchen für Lampen. Der Ausweis: «Renate Sara Stein, Montiererin.» Sehr bedrückend im Hinblick auf die Fliegeralarme die Arbeitszeiten; abwechselnd eine Woche Früh-, eine Spätschicht: 6.10–14.40 Uhr; 14.40–23.10 Uhr. Die Jüdinnen müssen aber immer noch eine Viertelstunde eher sich versammeln. Jeden zweiten Sonntag Sonntagsarbeit. Stundenlohn 50 Pfennig, 75 Pfennig pro Tag Steuerabzug. Später dann Akkordarbeit. Und das alles ohne eine Hoffnung für die Zukunft. Oder liegt hier ein Anfang? Beim Gutenachtkuß sagte Renerle: «Es war so schön.» Und war doch schon schwer und zwiespältig. –
Luftangriffe und Renerles Fabrikarbeit haben nun jeden Gedanken an eine Reise ausgeschaltet. Hanni fehlt sie sehr, aber sie betrachtet sie als das geringste Opfer, das der Krieg verlangt. –

12. September 1940 · Donnerstag

Wenn ich mich fürchte, so hoffe ich auf dich. *Psalm 56, 4*

Hanni hat jetzt doch Sorge, ich möchte Renerle in der Zeit ihrer unfreiwilligen, schmerzlichen Freiheit in meinem Bestreben, auszugleichen, was ihr auferlegt und versagt wird, doch zu sehr verwöhnt haben. Aber hier ging es doch um die Illusion einer schönen, unbelastet scheinenden Jugend – ach, eine sehr schwache Illusion, die Renerle schon recht bewußt mitzuretten versuchen mußte!
Renerle arbeitet bei Siemens im fünften Stock eines älteren Fabrikgebäudes; von der Verwaltung aus ist alles ordentlich organisiert (Mitbenutzung der Kantine usw.), der Ton unter den subalternen Vorgesetzten aber wenig nett, und Renerle muß sich noch sehr wappnen. Renerle ist mit der Herstellung undefinierbarer Plättchen beschäftigt (600 pro Tag, doch genügend Anlerntage). –
Von der Firma Siemens aus findet Renerle weiter alles recht in Ordnung. Unter den Gefährtinnen schließt sie sich erst an eine etwas an. Sowohl beim Arbeitsamt wie bei Siemens erregte Renerle durch ihr arisches Aussehen einiges Befremden.

13. September 1940 · Freitag

Ich will auf den Herrn schauen und des Gottes meines Heils warten; mein Gott wird mich hören. *Micha 7, 7*

Heute nacht träumte ich einen seltsamen Traum, so intensiv und beängstigend, daß Hanni mich weckte: ein alter Kupferstich begann zu leben; Adam und Eva drangen in das Paradies ein; Christus und Maria verließen es; Gott stieg weinend von seinem Thron.

15. September 1940 · Sonntag

Es ist unmöglich, daß Gott lüge, so daß wir einen starken Trost haben, die wir Zuflucht haben und halten an der angebotenen Hoffnung. *Hebräer 6, 18*

Das erste Mal, daß ich Hanni ein Wort der Schrift und des

Herrn erwähnen hörte, war mahnend vor Renerle, sie möge sprechen lernen: «Dein Wille geschehe.» –

20. September 1940 · Freitag

Sei mir ein starker Hort, dahin ich immer fliehen möge, der du zugesagt hast, mir zu helfen; denn du bist mein Fels und meine Burg. *Psalm 71, 3*

Manchmal denke ich, weil ich die Kühle, das Abendwerden, den Herbst, das sich neigende Jahr so liebe, wird meine eigentliche Zeit vielleicht einmal das Alter sein. Das Joch habe ich ja nicht nur in der Jugend getragen; ja, je besser es mir ging, desto schwerer wurde auch das Joch. Dabei bleibt das Letzte unaussprechliches Geheimnis, nur zwischen Gott und mir aussprechbar. Paulus –. «Laß dir allein an meiner Gnade genügen.» –

5. Oktober 1940 · Sonnabend

Herr Herr, meine starke Hilfe, du beschirmst mein Haupt zur Zeit des Streits. *Psalm 140, 8*

So glücklich und dankerfüllt Hanni über unsere finanzielle und meine berufliche Lage ist, spüre ich doch, wie sehr sie die anhaltende Stockung in meiner Arbeit bedrückt. Es ist nicht leicht zu erfahren, daß, was auch Luther so fest und gewiß nicht weniger schmerzlich glaubte, Gott uns selbst dann erhalten kann, wenn uns unser Vermögen in der Arbeit verläßt.
So geduldig wir alles erwarten und jede vorzeitige Sorge ablehnen, lastet doch neuer Druck auf uns: Renerle hat bei Siemens festgestellt, daß auch Frauen, eine sogar älter als Hanni, aus Mischehen dort erfaßt sind.
Ich habe jahrelang, in meinen besten Jahren, nichts geschaffen. Aber ich habe in ihnen das Vaterunser beten gelernt und fand alle meine Gedanken und Gefühle und Erfahrungen allein darauf bezogen.
Nun helfe mir Gott zum Werk in seinem Dienst.
Auch in seiner zweiten Spätschichtwoche ist das Renerle vor Alarmen unterwegs bewahrt worden.

18. Oktober 1940 · Freitag

Ich bin ein Gast auf Erden. *Psalm 119, 19*

Viel unterwegs mit Hanni zu Besorgungen für meine Einberufung: es ist wieder eine große, diesmal unerwartete Einberufungswelle. Als wir abends heimkamen, saß Renerle droben stopfend in ihrer grünen Mansarde! Entlassen bei Siemens: es ist wirklich und wahrhaftig wahr! Und wirklich der Grund: daß Renerle «die Stieftochter eines bekannten Schriftstellers ist». Frei für Umschulungskursus. Wieviel leichter wird mir nun die Trennung fallen. Renerle hat zufällig in ihren Siemenspapieren die Notiz zu sehen bekommen: «Freizustellen für Umschulungskursus für die Auswanderung, auf Anweisung der Gestapo.»

21. Oktober 1940 · Montag

Ich will nicht auf euch werfen eine andere Last; doch was ihr habt, das haltet, bis daß ich komme. *Offenbarung 2, 24. 25*

Heute habe ich bereits die Familienunterstützungsregelung für die Dauer meiner Einberufung in Angriff genommen; der Höchstsatz beträgt 200 Mark für die Frau, 30 Mark pro Kind. Ein Unterschied zwischen arischer und nichtarischer Frau soll angeblich nicht gemacht werden. Es müssen wieder sehr viel Formulare ausgefüllt und Unterlagen beigebracht werden. Ich erwarte gar nichts, lasse aber nichts unversucht, was getan werden kann. 19 Unterlagen sind beizubringen! Renerle war heute auf dem Arbeitsamt zur Schließung ihres Arbeitsbuches. Ihr wurde gesagt – von dem bezeichneten Manne (der sonst von Juden sehr gefürchtet ist) –, sie möge vor Juden sagen, sie sei krankheitshalber entlassen. Sie wurde mit großer Zuvorkommenheit behandelt und sagt, sie habe noch keinen krasseren Gegensatz erlebt als ihr erstes und ihr zweites Erscheinen auf dem Arbeitsamt. Ich bin so glücklich, daß sie nun so entscheidend einmal als meine Stieftochter anerkannt wurde. –

29. Oktober 1940 · Dienstag (Hirschberg)

Jauchzet, ihr Himmel, freue dich, Erde, lobet, ihr Berge, mit Jauchzen! Denn der Herr hat sein Volk getröstet und erbarmt sich seiner Elenden. *Jesaja 49, 13*

So sind wir doch noch gereist; gereist, das Landhaus zu besichtigen. Sehr wesentlich war für uns die Erfahrung, daß wir also noch miteinander reisen können: Ausweise werden nur vom Ehemann verlangt; dieser kann auch alle Anmeldungseintragungen für Mann und Frau vornehmen. Auch für Kinder und Stiefkinder!
Italien im Kriege mit Griechenland: dem letzten Lande, das sich durch eine englische Garantie in den Krieg reißen ließ.
Vielleicht kann ich überhaupt nur so mit Freuden reisen: in die Heimat, dort etwas «Eigenes» zu suchen. Aber ein Zwang zu diesem Domizil liegt nun nicht mehr vor. Hanni und ich dürfen noch zusammen reisen; es ginge nach den Eintragungen auch mit Renerle! Nur ohne mich wäre es nicht möglich.

30. Oktober 1940 · Mittwoch (Hirschberg-Schreiberhau)

Euch aber habe ich gesagt, daß ihr Freunde seid. *Johannes 15, 15*

Die Fahrt nach Schreiberhau: in herrlichen, tiefen Bergwinter. In Niederschreiberhau zu dem Landhaus hinaufgestapft: bis an die Knie im Schnee!
Das Haus eine Enttäuschung: die Ausführung für den Preis von 28000 Mark viel zu minderwertig; die Lage in einer Siedlung über dem Bahnhof abseits des ländlichen hübschen Ortes, der noch nicht so sehr Badeort ist, hielt nicht entfernt, was das Photo versprach.
Auf der Fahrt nach Oberschreiberhau hinauf gestand mir Hanni, daß sie dieses Haus nicht möchte, und mir fiel ein Stein vom Herzen.
Trotz dieser Enttäuschung waren es wunderschöne, wenn auch sehr kurze Nachmittagsstunden in dem winterlichen Oberschreiberhau, und wir fühlten uns wie auf einer weiten Reise.
Wir trafen Vaters letzten Kantor, Rothe, wieder, der nun Rektor

in Schmiedeberg und Leutnant beim Wehrmeldeamt in Hirschberg ist und einer der ganz wenigen war, der zu unserer Hochzeit einst beim Beuthener Boykott Blumen schickte. Auch er weiß kein Haus im Gebirge.
Die schlesische Betulichkeit, Redseligkeit, Geschäftigkeit, Freundlichkeit, die Zärtlichkeit der Sprache haben uns wieder so gefangen, daß wir ein Landhaus nirgends anders als in Schlesien haben möchten. Solche ständige Verbindung mit der Heimat hätte auch ihren tiefen Sinn. Aber der Plan muß nun, lange, ruhen.

2. November 1940 · Sonnabend (Hannis 50. Geburtstag)

> Gott, dein Weg ist heilig. Wo ist so ein mächtiger Gott, als du, Gott, bist? *Psalm 77, 14*

Die Nacht zum Geburtstag war seltsam. Es war eine Sternennacht, die sich erst allmählich bewölkte.
Es war ein Viertel zehn. Renerle und ich begannen den Geburtstagstisch aufzubauen; Hanni und Fräulein Anni backten und kochten: da kam der früheste Fliegeralarm, den wir bisher erlebten. Und zeitweise wurde das Schießen so heftig – es ist auch ein Bombenblindgänger ganz in der Nähe, nahe der Potsdamer Chaussee, niedergegangen –, daß wir unsere Vorbereitungen wieder unterbrechen und in den Keller mußten. Trat Ruhe ein, so wurden sie beim Scheine einer Kerze wieder fortgesetzt. Da nun gerade um Mitternacht eine längere Stille war, fand um zwölf die Einbescherung statt: im Silberleuchter brannten die fünf großen Kerzen, die Blumen und die zarten grüne Ranken um die Gaben auf dem Beuthener Barockschreibtisch leuchteten gar wundersam. Mein Hauptgeschenk waren eine hohe Glasvase für langstielige Blumen, ein mächtiger Tonkrug für die Madonna im Refektorium, die drei erlesen gerahmten Stiche vom Potsdamer Stadtschloß und Monbijou und Wittenberg, die sich als eine wirkliche Geburtstagsüberraschung erwiesen. So saßen wir nun bis zur Entwarnung mit einem Glas Wein am Geburtstagstisch; wir lasen Lottes Geburtstagsbrief aus Nürnberg: aus dem sprach die Zeit am furchtbarsten; nach den Judenevakua-

tionen in Baden und Pfalz leben die Nürnberger («Stadt der Parteitage») und Münchener («Hauptstadt der Bewegung») in der Angst vor baldiger Deportation!

Um eins kam die Entwarnung, um drei bis drei Viertel fünf – ein neuer Alarm.

Am Geburtstagsmorgen rief Hanni gleich bei P. Grüber an, der uns – was wir vermuteten – sagte, daß es sich bei der jüdischen Evakuation in Baden und der Pfalz nach Rückfrage bei der Gestapo – vorerst? – um eine harte Sonderregelung für das westliche Grenzgebiet und die neu hinzukommenden eroberten Gebiete handele. –

Für Hanni bedeutet ihr 50. Geburtstag nicht die mindeste Alterspsychose, wie es bei einem so erfüllten Leben in so schwerer Zeit auch gar nicht anders sein kann.

Hannis Freude über die drei wirklich herrlichen, uns so nahestehenden Stiche ist sehr groß. Gleich am Montag sollen sie das Haus schmücken. Das Refektorium mit der zeitgenössischen Cranachkopie und dem Wittenbergstich, den einfachen Renaissancemöbeln ist nun recht ein «Wittenberger Zimmer», das Barockzimmer ein «Potsdamer Zimmer» geworden!

Der Fliegeralarm diese Nacht dauerte von halb drei bis vier Uhr.

3. November 1940 · Sonntag

> Siehe, Gott ist mein Heil, ich bin sicher und fürchte mich nicht; denn Gott der Herr ist meine Stärke und mein Psalm und ist mein Heil. *Jesaja 12, 2*

Ein großer, feierlicher Reformationsfest Gottesdienst, auch wenn – wie immer nach nächtlichem Fliegeralarm – die Glokken schweigen mußten. Das Abendmahl, mit dem wir drei nun Hannis neues Lebensjahr recht eigentlich erst begannen, war mit der großen Festliturgie in den Gottesdienst eingebaut: einmal eine sehr wesentliche Erhöhung der Feierlichkeit, sodann aber auch eine wirkliche Probe, ob die Gemeinde nun das Wesentliche und Entscheidende zu tragen vermag. Und diesen Eindruck hatten wir nun allerdings. Auch war das Abendmahl reich besucht genug, um seinerseits die Anwesenheit einer so zahlreichen Gemeinde zu tragen. Zur Linken hatte ich Hanni und Renerle, zur Rechten P. Lilge; das war ein warmes und starkes Gefühl. Es muß einen sehr erstaunen, wie sich, wie nach einer streng eingehaltenen Vereinbarung, der Stamm der Gemeinde an den gleichen Festtagen zum Abendmahl zusammenfindet; es ist Gott, der so deutlich ruft.

12. November 1940 · Dienstag

Nun aber sind auch eure Haare auf dem Haupt alle gezählt.
Matthäus 10, 30

In den Sorgen der gleichen Situation schreibt mir Josef Winckler, dessen neues Buch gerade erscheint, daß nach dem Abkommen mit Frankreich, die Juden Badens und der Pfalz in das gefürchtete Pyrenäenlager Perpignan aufzunehmen, alle Juden aus Baden und der Pfalz deportiert wurden außer den Mischehen.
Über den Pohlschen offenen Brief an mich im Umbruch des Dezemberheftes der «Deutschen Rundschau» über meine Schrift «Der christliche Roman» ist Ihlenfeld so aufgebracht, daß er den von ihm für diese Auseinandersetzung vorgesehenen Beitrag zurückgezogen hat. Er haßt wie ich die literarischen Fehden. Im Deutschen Pfarrerblatt läuft darüber eine warme, aber unklare Diskussion.

17. November 1940 · Sonntag

Siehe, hier bin ich. Der Herr mache es mit mir, wie es ihm wohlgefällt. 2. *Samuel 15, 26*

Auch an diesem verschleierten Novembersonntag, der in Regensanftheit endete, leuchteten die Mittagsstunden herrlich. Renerle und ich waren in der Kirche, die recht voll war, weil der Bußtag nun schon heute begangen wurde. Nachbarschafts- und Leserbesuch. Am Nachmittag ein überaus subtiles Hauskonzert – Telemann, Bach, Händel – mit alten Instrumenten bei der Cembalistin Schlee-Michalke, zu dem uns auch Renerle begleitete.

Unsere Sonntage haben nahezu eine Vollendung; der Werktag hat sie nicht; das Buch beherrscht ihn nicht mehr; er erstickt in immer neuen Gefährdungen. Dabei ist fast erschreckend, wie gebieterisch der Plan des Buches bleibt, das ich nach menschlichem Ermessen als gescheitert ansehen müßte.
Eine primitive Ethik meint, man könne einen Strich unter Vergangenes ziehen und neu beginnen. Der Glaube sieht die Dinge ganz anders: in einer dauernd bedrohenden und bedrohten Welt muß Gott aus Lasten und Trümmern unseres Lebens sein Werk unter uns errichten.
Raum und Frist, in denen man denken kann, sind immer enger geworden. Das Ende des Krieges – Renerles Zukunft – angesichts solcher Ungewißheiten lassen sich außerhalb des Glaubens gewisse Schritte nicht mehr tun!

18. November 1940 · Montag

> Mein Herz ist fröhlich in dem Herrn; – denn ich freue mich deines Heils. *1. Samuel 2, 1*

Erst jetzt – Hanni und Renerle, die sehr blaß aussieht, waren noch einmal den ganzen Vormittag unterwegs – sind die von der Jüdischen Gemeinde aus sehr umständlichen Formalitäten für Renerles Aufnahme in den Modekursus erledigt, und heute beginnt sie mit einem Kursus in Modezeichnen und Schnittanfertigung (in Papier, da es Stoff doch nicht gibt). Renerle freut sich darauf, so fremd ihr das Milieu ist. Man wollte wieder einmal durchaus nicht glauben, daß Renerle Jüdin ist.

24. November 1940 · Sonntag

> Der Herr ist gütig und eine Feste zur Zeit der Not und kennt die, so auf ihn trauen. *Nahum 1, 7*

Mit Renerle in Potsdam. Das Glockenspiel über der lichten, morgendlichen Stadt. Im Totensonntagsgottesdienst.
Danach das Brahms'sche Requiem, das – trotz sehr guter Solisten – nicht den erwarteten Eindruck auf uns machte. Wie viele Bekannte hatten wir auch in der Potsdamer Garnisonkirche zu

grüßen. Das freute uns sehr. Renerles Sinn für Musik ist sehr erschlossen. Ach, die schwere Sorge um Reni. An der bin ich müde geworden in allem Glauben; aber der allein wird uns hindurchhelfen. Nach Tische erst gab mir Hanni den morgens eingetroffenen Bescheid, daß meine Einberufung für den 2. 12. vorgesehen ist und daß ich mich morgen auf meinem Wehrbezirkskommando zu melden habe. Hanni und Renerle sind sehr traurig, daß nun die Einberufung doch noch vor Weihnachten erfolgt. Aber auch dadurch will Gott reden. –

25. November 1940 · Montag

Heute ist diesem Hause Heil widerfahren. *Lukas 19, 9*

Mit Renerle in der Stadt, doch noch wenigstens einige Weihnachtsbesorgungen für Hanni zu machen, außer der Taube des Heiligen Geistes und einer Handtasche, die Renerle besorgte. Dem Kind konnte ich noch manchen Wunsch ablesen, Ring und bestimmte Bücher. Aber für Hanni fand ich nur ein Schinkelbuch und eine Kunstmappe über Chartres. Alles andere wären Verlegenheitsgeschenke gewesen.

Am Nachmittag war ich auf das Wehrmeldeamt bestellt, meinen Einberufungsbefehl entgegenzunehmen: am 3. 12. bei der 5. Fahr-Ersatzschwadron 3, Fürstenwalde. – Man gewann, da Sonderwünsche überhaupt kaum mehr berücksichtigt werden konnten, den Eindruck – bei einem freundlichen und verständigen Unterofffizier –, daß alle Truppenteile überfüllt sind; zum Schluß war man bei der Zuteilung ganz ratlos, wohin die Leute zu stecken seien. Flak, Artillerie, Nachrichten – alles besetzt.

Als Weihnachtsgeschenk ließ ich für Hanni auch kommen: die von Clemen herausgegebenen Briefe Luthers an Katharina.

Hanni und Renerle sind mit dem Bescheid des Wehrmeldeamtes sehr zufrieden (ich wäre gern «aktiverer» Soldat geworden, nehme aber alles, auch dies «Sinnlose», aus Gottes Hand); Renerle sagt: «Der liebe Gott steht uns doch bei.» Denn manche kommen zur Ausbildung gleich nach Polen. Heute waren es al-

les andere Gesichter als bei der Musterung. Viele waren erregt und bedrückt. Gott gebe, daß ich auch zu Hannis und Renis Bestem Soldat werden darf.
Graf Matuschka – von Koenigswald veranlaßt – ist es nicht gelungen, mich zum Infanterieregiment 9 nach Potsdam zu bekommen, da ihm ein anderer Jahrgang zugeteilt worden ist.
Es hätte die Möglichkeit bestanden, Sanitäter zu werden, wo alles sinnvoll wäre. Aber da hat mich eine seltsame Furcht gefaßt, gerade die weichen und dienenden Züge in mir zu verstärken, wo es um das andere geht. Für etwaigen Mangel aber hätte ich mich zur Verfügung gestellt.

28. November 1940 · Donnerstag

Ich will dem Herrn singen, daß er so wohl an mir tut. *Psalm 13, 6*

Es ist so seltsam und erschütternd: die große, schwere Frage nach dem eigenen, neuen Anfang ist für mich unlösbar verknüpft mit der Frage nach der Lage der Kirche beim Kriegsende. Die ist zur Existenzfrage für uns geworden! Die ist zur Frage nach Deutschland geworden. Es steht bitter um die Kirche: der Braunschweiger und der Naumburger Dom sind für weltliche Feiern enteignet, stehen für Gottesdienste nicht zur Verfügung.
Die jungen Theologen und Theologinnen, die noch nicht im festen Amt sind und wie viele Bekenntnis-Vikare keins finden, werden für «gemeinnützlichere Zwecke» umgeschult.
Der Leiter des Warthegaues meldete mit Stolz, daß es dort keine Kirche mehr gebe.

30. November 1940 · Sonnabend vor dem Ersten Advent

Der Herr wird unser Friede sein. *Micha 5, 4*

Auf der Preußischen Staatsbank, der alten Seehandlung, an der Herr Schiller tätig ist, hat er erwirkt, daß ich einen Koffer mit allen Arbeits- und Materialmappen zum «Ewigen Haus» in den neuen Luftschutz-Tresor bringen durfte, in dem die Staatlichen Museen ihre kostbaren Schätze für die Kriegsdauer untergebracht haben. So steht nun der Bora-Koffer neben dem Schutzkasten für den Kopf der Nofretete –! So schwere Not das Buch bedeutet: der letzte Blick auf den Koffer fiel mir bitterschwer.

1. Dezember 1940 · Sonntag

Siehe, dein König kommt zu dir. *Matthäus 21,5*

Es heißt nun, aus allem zu gehen. Aber da steht geschrieben: «Siehe, dein König kommt zu dir.»
So sehe ich es nun noch zu Hause Advent werden! Und welcher Glanz, welche Verwandlung: Sonne und Rauhreif!
Auf dem Frühstückstisch mit seinem Tannengrün brannte ein weißes Licht. Der Adventskranz stand auf dem alten Schränkchen neben dem Schmerzensmann, für den Abend bereit. Am Kronleuchter des Barockzimmers hängt der goldene Adventsstern. Wir drei gingen zur Kirche, die gefüllt war wie zu einem hohen Feste, geschmückt mit Stern und Kranz und Adventsbäumchen. Die große Feiertagsliturgie wurde gehalten, das täglich jetzt mein Herz bewegende «Wie soll ich dich empfangen?» gesungen, auch «Macht hoch die Tür», Hannis «erster Choral». Nach freundlichem Gruß von der Kanzel betete P. Wiese zum ersten Mal «für die, die gerade in diesen Tagen einberufen werden». Die Gemeinde für sich beten zu wissen, geht doch sehr ins Herz. Der Abschied von den Pastoren, von Kirchgängern; von den Nachbarn – überall spüre ich, welche Sympathien Hanni entgegengebracht werden; und was bedeutet das für uns!
Mit Frau und Kind und einem schönen, großen Christstern für Hanni kam Pagel, Abschied nehmen, so herzlich und verständnisvoll. Er kam mit einem klaren Plan, mich, wenn die Kriegslage es gestattet, nach meiner Ausbildung freizubekommen; kann mir auch, trotz Koch, das Soldatsein beim Propagandaministerium nicht helfen – beim Heere, sagt er, sei er dessen gewiß, weil zu viele hohe Offiziere meine Leser sind; davon hätten welche schon bald nach dem Erscheinen des «Vaters» bei meinem Ausschluß eingegriffen, wenn ich damalss schon Soldat gewesen wäre. Schneider drang gestern geradezu in mich, meine «einzigartige Situation den hohen Offizieren gegenüber auszunützen»

und mich für die Arbeit freistellen zu lassen. Aber das ist falsch: ich muß erst Soldat sein. Und Hanni, ja Renerle hat dafür ein so klares Verständnis.

Post wegbringend gönnte ich mir mit Renerle noch einen kurzen Weg an der Rehwiese im Reif der Dämmerung. Die zarte Sichel des «Christmondes», die früh erstrahlenden Sterne. Wir trafen noch Pastor Lilge, und diese kurze Begegnung umschloß so viel, was Nikolassee, die liebe neue Heimat, mir bedeutet. So groß war die Freude. Und im Abschied machte er mir das spröde Männergeständnis, daß ihn nichts so an seine Nikolasseer Gemeinde binde wie die Beziehung zu mir. Daß in meiner Kirche für mich gebetet wird, das weiß ich fest. Renerle sagte: «Der Abschied heute morgen in der Sakristei war so bewegt.» Und sie wolle nun jeden Sonntag in die Kirche gehen, sonst sei es kein Sonntag.

Am Abend leuchteten im Refektorium die Kerzen des Adventskranzes, die Kerze beim Schmerzensmann, mein Karfreitags-Geburtstagslicht, war angezündet. Noch einmal die geliebten Gesichter um den Adventskranz. Was umschließen diese Stunden! Wie jeden Advent, so erschien auch heute mein Lied «Du bist als Stern uns aufgegangen» –.

Im Herzen ist Friede und Dank. Denn Gott schweigt nicht über dem Unbekannten. Und von Hanni und Reni her trägt mich ein Strom von Liebe in die Zeit der Trennung.

2. Dezember 1940 · Montag

> Hilf du uns, Gott, unser Helfer, um deines Namens Ehre willen; errette uns und vergib uns unsre Sünden um deines Namens Ehre willen. *Psalm 79, 9*

Der letzte Tag vor dem Aufbruch: morgen früh neun Uhr Sammelstelle Deutschlandhalle. Nun gilt es, die Hand ans Letzte zu legen.

Ich gehe, Gott befohlen; und ich befehle Gott das Meine an.

«Zuflucht ist bei dem alten Gott und unter den ewigen Armen.»

Weihnachten 1940 · Der Kriegs-Weihnachtsurlaub

Wie sollte er uns mit ihm nicht alles schenken. *Römer 8,32*
Der Geliebte des Herrn wird sicher wohnen; allezeit wird er über ihm halten. *5. Mose 33, 12*

Das große, unerwartete Geschenk des Weihnachtsurlaubs, nachdem die schwere Soldaten-Adventszeit gelebt war im Aufblick zu dem Kreuz im Lichthof der Kaserne, dem Kreuz zwischen den Reiterfahnen, zwischen den Fenstern mit dem Blick in den Kiefernwald.
Sonntag, den 22.12., am frühen Nachmittag durfte ich von Fürstenwalde aufbrechen – mit der Fähre durch die schmale Fahrtrinne der vereisten Spree. Die Glocken läuteten. Ein stiller, grauer Tag von mäßiger Kälte, der Waldboden mit leichtem Schnee bedeckt. Um einhalb sechs traf ich in Nikolassee ein. Hanni holte mich ab – und erkannte mich erst nicht. Auf dem Balkon des geliebten Hauses stand der Christbaum bereit. Auf dem Kaffeetisch brannten die Lichter des Adventskranzes. So habe ich den Beginn des Advents zu Hause erleben, den Beschluß des Advents zu Hause feiern dürfen! Später kam das Kindlein heim, um dessentwillen ich Weihnachtsurlaub erhalten habe. Und nun erst erfuhr ich die freudige Nachricht von Brigittes Verlobung! Das Haus so liebevoll zum Fest gerüstet.

25. Dezember 1940 · Mittwoch (Erster Christtag)

Der Tag erstrahlte im Glanz der Weihnachtssonne. Wohl fehlte manche traditionelle Äußerlichkeit – aber was ist es für ein reiches, behütetes, gesegnetes und nun nur noch tieferes Fest. Die Kirche sehr voll, die Predigt sehr schön. Mir fehlte das Abendmahl – und da sprach P. Wiese nach dem Weihnachtsevangelium mein «Abendmahlslied zu Weihnachten». Fast war's zuviel für das bewegte Herz. Wie wärmend war es: wie uns wieder die Pastoren in der Kirche, die Kirchgänger von allen Seiten mit so warmen Wünschen begrüßten! Hier, hier ist Heimat.
Von Jahr zu Jahr ist Weihnachten tiefer und reicher geworden.

So habe ich das Weihnachtsevangelium noch nie gehört wie dieses Jahr. Die Schwere des Jahres wird getragen von der Gnade dieses Festes. –
Ich war aus allem gegangen: ich bin in alles heimgekehrt; ich muß nach dem Feste wiederum aus allem gehen. Aber das Gleichnis bleibt von der endgültigen Heimkehr ins himmlische Vaterhaus und die ewige Heimat. – Noch nie war mir ein Weinachten so erfüllt von der Erwartung der Wiederkehr dessen, der Weihnachten gekommen ist. Daß er wiederkommt: das ergreift uns am tiefsten.
Den Gottesdiensten gab es ihr besonderes Gepräge, daß die vielen hier arbeitenden ausländischen Proletarier dichte Reihen füllten, kein Wort verstehend, nur dem Anblick des weihnachtlich geschmückten Altars hingegeben.

27. Dezember 1940 · Freitag

Und wieder früh das Haus im Lampenschein, wieder an dem milden Wintermorgen feiner, leichter Schnee auf Dächern, Tannen, Kiefern, Wegen, Hängen. Der Tag blieb verhängt und dunkel. Die Gabentische sind abgeräumt; der herrliche Christbaum bleibt in seiner ganzen Pracht, auch der Tannenschmuck der Zimmer. Über der Tür vom Barock- zum Renaissancezimmer schwebt nun als Supraporte die Taube des Heiligen Geistes.
Über allen schweren Gefühlen des Abschieds – denn wir sollen ja nun so rasch von Fürstenwalde zur Fronttruppe kommen – steht der Dank und das Vertrauen, in denen Hanni und ich völlig eins sind. Wie wird das beschwerte Herz von dem Geschenk dieser Weihnachtstage leben!
Die Kriegslage ist sehr viel ernster, als nach den Siegen des Sommers einer glauben möchte.
Noch einmal umfängt mich all die weihnachtliche Schönheit und Geborgenheit zum Abschied.
Aufbruch und Heimkehr sind Gott anheimgestellt.
Gott sei an dieser ernsten Jahreswende mit mir, den Meinen und dem Meinen. Das Herz ist schwer, der Sinn von Dank erfüllt.

Mit der Einberufung Jochen Kleppers zur Wehrmacht brechen die regelmäßigen Tagebucheintragungen ab. Vom gleichen Zeitpunkt an, dem 5. Dezember 1940, liegen Briefe vor, die Frau Hanni Klepper täglich oder einen um den anderen Tag an ihren Mann schrieb.
Auf Grund des erhalten gebliebenen Briefwechsels zwischne Jochen Klepper und seiner Frau Hanni berichtet der Schriftsteller Dr. Karl Privat über die Zeit der Einberufung Kleppers u. a.:
Brigitte hatte sich im Dezember mit Karl Molnar verlobt, einem Maschinenbauingenieur, der aus Österreich emigriert war (die Nachricht kam am 6. Februar von einer Freundin in USA). Am 23. April starb Kleppers Mutter. Auf die Nachricht hin erhielt Klepper in der ersten Maihälfte einen Sonderurlaub. Zur selben Zeit wurde Renate für einen Konfektionsbetrieb dienstverpflichtet, und schließlich erhielt im Juli Wilhelm Klepper (Billum) seine Einberufung zu einer Kraftfahr-Ersatzabteilung. Über all diesem Geschehen aber steht das Wort Kleppers, das ein Februarbrief wieder aufnimmt: «Es gibt nichts Tröstlicheres, als daß wir beide Kreuz und Stern sehen.»
Im engeren und weiteren Umkreis blieben Frau Klepper manche menschlichen Enttäuschungen nicht erspart, die sie nicht allen ihren Briefen anvertraut hat. Sie nehmen zu, je größer die persönlichen Schwierigkeiten für sie und Renate werden. Je mehr der Ring der Angst sich schließt, um so dringender wird das Verlangen nach Jochen Kleppers Rückkehr aus dem Felde. Während Klepper fast bis zuletzt an der Überzeugung festhält, die Seinen «draußen», als Soldat, mehr schützen zu können als zu Hause, hat Frau Klepper diese Hoffnung längst aufgegeben: «Ich will Dir die Illusion, daß Du uns durch Dein Verbleiben draußen mehr nützen kannst, nicht rauben. Ich bin nach allem, was man hier hört und sieht, anderer Meinung» (30.6.41). Der Besuch des politischen Leiters, die Ankündigungen neuer Maßnahmen, «erschütternde Berichte aus Breslau» erhöhen das Gefühl der Angst, ohne Jochens Gegenwart allem Kommenden wehr- und schutzlos preisgegeben zu sein. Frau Klepper hatte eine sehr gute Witterung für das Künftige, Drohende («Wir, die wir stündlich

dem Tod ins Auge zu sehen gewohnt sind» 18.8.41), und die Entwicklung hat ihr recht gegeben. Jochen Klepper war im Feld, Soldat, der, nachdem die Lücken in der Ausbildung geschlossen waren, sich darauf vorbereitete, «eine wesentlich soldatischere Existenz» zu führen, er war trotz der stets wachen Sorge um die Seinen den Vorgängen in der Heimat zu fern, um sie in ihrer erbarmungslosen Deutlichkeit sehen zu können. Es ist darum nur zu verständlich, daß der Ruf der Frau Klepper nach Jochens Heimkehr immer dringender wird, besonders, nachdem im Reichsgesetzblatt die Verordnung über das Tragen des Judensternes vom 20. September an erschienen war, eine Maßnahme, die Renate schwerer als alles bisher traf. Von jetzt an leiden Renate und ihre Mutter unter der Gegenwart fast soviel wie unter dem Gedanken an die Zukunft. Zu allem Kummer und aller Sorge kommt nun auch mehr und mehr das Gefühl des Isoliert- und Verlassenseins: «Es kümmert sich ja niemand um uns»; und gewiß wollte sich mancher aus menschlicher Schwäche durch den Verkehr mit den beiden Frauen nicht belasten, von denen die jüngere den Judenstern trug. Nach einer Karte von Gollwitzer (6. 10. 41) schreibt Frau Klepper, daß dies nun die Menschen in ihrem Umkreis unterscheide, ob und wie sie sich bei ihnen melden.

Während Renate noch ihre letzte Hoffnung auf Kleppers baldige Rückkehr setzte und eigentlich nur noch im Hinblick auf seine Wiederkehr lebt, fordert ein Artikel der Berliner Börsenzeitung Maßnahmen zur Lösung der Judenfrage «ohne jede Sentimentalität». Frau Kleppers Gedanken bewegen sich nur noch im Bannkreis der Angst: Welches werden die nächsten Maßnahmen sein? Deportation? Vielleicht früher als man erwartet? Mit «Zittern und Beben» füllt sie die neuen Haushaltslisten aus, alles deutet auf eine mögliche zwangsweise Änderung hin, und nach alledem – auch Pfarrer Wiese ist verhaftet worden – die Frage: «Vielleicht bekehrst Du Dich nun zu unserer Anschauung und zu unseren Wünschen.»

Da taucht in einem Briefe Kleppers von Mitte September (am 4.10. traf er erst in Nikolassee ein) der Satz auf: «An den Ge-

danken meiner Entlassung habe ich mich gewöhnt» – einer Entlassung allerdings nicht auf eigene Initiative, die hätte er wohl in dieser Richtung kaum ergriffen, sondern auf Grund einer Verfügung, die Klepper bald danach vor Poltawa erreichte: daß er aus dem Heer wegen «Wehrunwürdigkeit», im Hinblik auf seine «nichtarische Ehe», zu entlassen sei. Seine Vorgesetzten hatten zwar für den Obersoldaten Klepper, der Autor des «Vater» war, noch Schritte unternommen, aber er war nicht mehr zu «halten». Von diesen Bemühungen erfuhr Frau Klepper erst Anfang Oktober, und sie begriff sie nicht, sie hoffte nur auf die Heimkehr, unter welchen Umständen auch immer. Ihr letzter Brief ins Feld vom 8.10.41 endet mit den Worten: «Ich schließe es wie ein Geheimnis in mir ein, daß Du vielleicht so bald schon da bist.»

1941

Nach der Entlassung vom Wehrdienst

8. Oktober 1941 · Mittwoch

Mein Volk soll meinen Namen kennen zu derselben Zeit; denn ich bin's, der da spricht: Hier bin ich! *Jesaja 52, 6*

Um nicht ganz mit leeren Händen heimzukommen, besorgte ich in Fürstenwalde noch schöne Rosen für Hanni und Nelken für Renerle. Der Wald im Osten und dann der heimatliche Wald im Westen Berlins war noch so herbstlich-schön, und in der weichen Dämmerung bot Nikolassee, noch so reich an Blumen, ein so friedvolles, schönes Herbstbild. Es war ums Dunkelwerden, als ich heimkam; und Renerle kam mir die Treppe entgegengeeilt, sehr schmal, sehr blaß und sehr anlehnungsbedürftig, als könne sich durch mich alles ändern; und ich weiß doch, daß dies nicht der Fall sein kann. Und weil sie Renerles Jubel hörte, kam auch schon Hanni ins Treppenhaus; es war nun doch noch eine sehr unerwartete Heimkehr, denn Hanni hatte nur die erste Nachricht von bevorstehender Entlassung und dem Divisionsantrag[126] und überblickte die Situation noch nicht klar. Es war ein so behütetes und doch so trügerisches Bild: beide so elegant, ihr Abendbrottisch so besonders schön gedeckt. Und alles so bedroht; und Renerle so gequält, obwohl sie alle Konsequenzen, die mir bewußt sind, noch immer nicht klar sehen will. Meine Entlassung bedrückt Hanni und Renerle nicht, so völlig überwiegt die Freude, mich überhaupt und gerade jetzt bei sich zu haben. Auch Hanni sieht sehr, sehr angegriffen und mitgenommen aus.

Den ersten Abend hatten wir ganz für uns, zumal in Nikolassee niemand meine Heimkehr bemerkt hatte. Der Abend gehörte

der Auflösung meines letzten Soldatengepäcks, den Erzählungen dessen, was, hier wie dort, nicht hatte in den Briefen stehen können. Es war kein Gefühl, auch kein den Augenblick verhüllendes, von Freude in meiner Heimkehr, so tief es einen anrührt, wieviel Liebe und Schönheit einen umfängt; so tief der Dank geht, unversehrt aus diesem Kriege heimzukommen. Aufs Irdische gesehen habe ich nur das Gefühl, einem Abgrund entgegenzuleben – angesichts dessen ich mich klammere an die Bibelworte über unser dreier Leben.
Nun mag es wohl in letzter Tiefe gehen. Ich komme aus dem Kriege, aber der Zukunft vor allem gilt das Gefühl, das mich bei der Heimkehr beherrscht: «Ich bin hindurch» (Römer 8).
Das Schicksal heißt für mich «Überwindung», die Aufgabe «Trost». Das ist mir immer klarer geworden. Das «Ewige Haus» ist nichts als ein Buch von Überwindung und Trost.
Bin ich nun, von Engeln geleitet, an dem Ort, den Gott mir bereitet hat?

9. Oktober 1941 · Donnerstag

> Ich will dir ein Freudenopfer tun und deinem Namen, Herr, danken, daß er so tröstlich ist. *Psalm 54, 8*

Welch vergebliche Hoffnungen setzt Renerle auf meine Anwesenheit! Und ich weiß doch, daß meine Sondergenehmigung und mein «Name» gar nichts bedeuten und daß ich einen Schutz nur bedeute, soweit Gesetze und Verordnungen ihn – für Hanni – durch mich vorsehen. Alles andere ist doch gescheitert. Noch immer einmal will Renerle fröhlich und lebenslustig sein wie bisher, aber es ist so gebrochen, nur noch wie ein Schatten seiner selbst, so wie es auch äußerlich beängstigend zart geworden ist.

12. Oktober 1941 · Sonntag

> Bewahre mich, Gott; denn ich traue auf dich. *Psalm 16, 1*

Der erste Gottesdienst, so erwartet, war recht leer, innerlich und äußerlich. Und dennoch war der erste Kirchgang hinauf zum

Hügel, unter den herbstlichen Birken, im Geläut etwas Besonderes.
Nach dem Gottesdienst gab es natürlich mancherlei Begrüßungen, danach die Besuche in Haus und Nachbarschaft, da mich zu viele schon gesehen hatten: aber all diese Freundlichkeit, die Hanni und Reni gegenüber so ausgesetzt und versagt hat, sehe ich nun sehr ernüchtert, erkaltet und abgewandt, so wenig mich der Krieg sonst gewandelt hat.
Ja, ich habe das Unglück der Völker gesehen und stets so nahe an dem mystischen Unheil des einst auserwählten Volkes. Muß es alle Schuld selbst abbüßen? Rettet es Gott, indem er es durch «unschuldiges und stellvertretendes Leiden» Christus ähnlich macht? Wirkt er das Seine unter den Juden durch die Judenchristen, deren äußeres Schicksal sich nicht unterscheidet? Schon erfährt man von den Schwierigkeiten, die sie unter den anderen Juden haben. –.

13. Oktober 1941 · Montag

Ihr werdet aus Gottes Macht durch den Glauben bewahrt zur Seligkeit, welche bereitet ist, daß sie offenbar werde zu der letzten Zeit. *1. Petrus 1, 5*

Deutschland bietet mir nach meiner Heimkehr ein einziges, trübes Bild. Es ist ein Seufzen ohnegleichen bei allen, denen es um das wahre Deutschland geht. (Wie seufzen z. B. meine katholischen Kameraden.) Die Brüchigkeit all der Fiktionen von Einheit, Aufstieg usw. hat etwas Quälendes und Erregendes.
Daheim und draußen: alles scheint jetzt den totalen Sieg der Partei zu erkennen. Die Partei hat über Volk und Heer gesiegt. Ihr Staat steht durch eiserne Härte.
Meine Heimkehr aus dem Kriege ist wohl noch viel schwerer, als eine Heimkehr 1918 war. Denn wer bangte sich davor, daß die Seinen von ihm gerissen werden!

15. Oktober 1941 · Mittwoch

Ich harrte des Herrn; und er neigte sich zu mir und hörte mein Schreien und zog mich aus der grausamen Grube und aus dem

Schlamm und stellte meine Füße auf einen Fels, daß ich gewiß treten kann. *Psalm 40, 2. 3*

Nun, nachdem ich eine Woche zu Hause bin, gelingt es, wieder meinen geregelten Tagesplan aufzunehmen.
Am Schreibtisch verbrachten wir auch den Abend. Alles neu ordnend, einrichtend, wiederbeginnend, wird mir, ein wenig erschreckend, bewußt, wie vielfältig gegliedert auch ein so zurückgezogenes, gesammeltes Leben wie das meine ist.
Heute abend, was mich sehr erschütterte, sollte ich Renerle ausmalen, «wie ihre Jugend verlaufen wäre, wenn nicht –»
Renerle sagte, sie vermöge nicht zu denken, daß Gott nicht weiterhelfe, nachdem er uns durch acht, fast neun Jahre Drittes Reich so wunderbar hindurchgerettet hat.

16. Oktober 1941 · Donnerstag

Ist meine Hand nun so kurz geworden, daß sie nicht erlösen kann? Oder ist bei mir keine Kraft, zu erretten? *Jesaja 50, 2*

Ich hatte – Renerles Stellung und Zustand vorausgesetzt – mit Hanni verreisen wollen, weil man ja befürchten muß, daß die gegenwärtige Lösung ohne den Gelben Fleck nicht endgültig Gutes bedeutet; augenblicklich hätte sie eine Reise ermöglicht. Aber wir können uns des Kindes wegen gerade in diesen Tagen nicht zur Reise entschließen, kommt Renerle doch allabendlich mit Nachrichten aus ihrem Betriebe zurück, daß Juden sich sofort zur Räumung ihrer Wohnungen bereithalten müssen, und zwar nur mit ganz wenigem Gepäck; und das bedeutet: Barakkenlager oder Deportation (Litzmannstadt-Lodz). So auch in Schillers und Trude Weills Bekanntenkreise. In Schlesien z. B. ist dies alles schon sehr weit gediehen. Man überblickt schon mancherlei Erfahrungen, von denen die bitterste die Trennung der Familien in Männer- und Frauenlager ist. Und dies alles, nachdem das Tragen des Gelben Flecks unter der Bevölkerung zu keinerlei Schwierigkeiten führte. Es geht um die Wohnungen; warum aber auch um allen Besitz?
Für Renerle klammern wir uns an irdische Hoffnungen nur noch an die eine: daß sie keine Wohnung hat.

17. Oktober 1941 · Freitag

Ich bin erfüllt mit Trost; ich bin überschwänglich in Freuden in aller unsrer Trübsal. 2. *Korinther 7, 4*

Hanni war lange in der Stadt, und indes machte mir über Mittag Ihlenfeld in sehr herzlicher Weise einen Begrüßungsbesuch, brachte mir Gedichte, für Hanni schöne Chrysanthemen; mit ihm kann ja von allem so gesprochen werden, wie es in seiner letzten Wirklichkeit ist. Auch er ist so hoffnungslos. Und auch er hat doch so lange wie ich nach Brücken zu der neuen Zeit gesucht. – Schon bei einem solchen intimen, einzelnen Besuch sehe ich, daß ich jetzt unter Menschen nicht zu gehen vermöchte, und nun gar unter unbeteiligte, gedankenlose. Mit Ihlenfeld habe ich mich in allem heute wieder sehr verstanden, eben auf der letzten, tiefsten Grundlage.

Den vorläufigen häuslichen Frieden genieße ich dankbar jede Stunde. Dies alles ist von einer vollkommenen Schönheit, aber das Herz zittert immerzu: nicht mehr von Angst, aber von Schmerz. –

18. Oktober 1941 · Sonnabend

Wo nicht dein Angesicht vorangeht, so führe uns nicht von dannen hinauf. 2. *Mose 33, 15*

Häusliche Stille am Schreibtisch. Bild, Bild.

Sonnabend kommt das Kind zum Glück schon mittags aus dem Dienst, so daß ihr dieser Tag doch mehr gehört. Heute hat sie Besuch von Erda Steinke, die als Studentin zuletzt als Straßenbahnschaffnerin in Leipzig dienstverpflichtet war. Wie gern und leicht würde sich Renerle mit dergleichen abfinden.

Immer wieder verdichten sich die Deportationsgerüchte. Gilt es den Wohnungen? Gilt es den Personen überhaupt? Und nichts, nichts läßt sich prophylaktisch tun. Und wenn dies Furchtbare eintritt? Dann kann nur Dr. Flesch, der sich jetzt ganz zurückhält, den Namen jenes Mannes von der Geheimen Staatspolizei nennen, der Renerle von Siemens weghalf. – Welche Nachrichten für Renerle wird uns der nächste Brief von Meschkes bringen?

19. Oktober 1941 · Sonntag

Du bist mein Schirm; du wirst mich vor Angst behüten, daß ich errettet gar fröhlich rühmen kann. *Psalm 32, 7*

Renerle beschäftigt sich, sie, die Sorglose, damit, ob sie für den Fall, daß sie abgeholt wird, schon alles bereithalten soll, um dann nicht das wenige Gewährte zu vergessen. – «Sie hat sich mit dem Gedanken abgefunden», sagte Hanni. Und als ich zu Hanni sagte: «Und wir nicht im Grunde auch schon, weil wir nicht mehr hoffen?», weinte Hanni zum ersten Male wieder seit den furchtbaren Novembertagen 1938. Bei Brigittes Auswanderung hat Hanni nicht geweint.
Renerle sucht uns immer wieder klarzumachen, wie schön die Jahre seit Brigittes Weggang für uns waren und wie sie sie nie missen möchte. Aber geschieht es nicht nur, um unsere Selbstvorwürfe zu beschwichtigen? Am schwersten ist es, wenn das Kind noch lacht, so schattenhaft dies Lachen ist.
Während doch nur das Wort der Schrift die irdische Hoffnung ablöst, lastet gerade in «Renerles Psalm» das Wort so auf mir: «Denn mein Vater und meine Mutter verlassen mich; aber der Herr nimmt mich auf». Man bangt sich um jede tägliche Heimkehr unseres Kindes.

20. Oktober 1941 · Montag

Ich will sie lehren und meine Hand und Gewalt ihnen kundtun, daß sie erfahren sollen, ich heiße der Herr. *Jeremia 16, 21*

Renerle liegt der Gedanke an den Selbstmord fern. Sie hofft, alles, was kommen kann, zu überstehen, weil sie jung sei und Millionen – denn nun, durch den Osten, sind es Millionen – ihr Schicksal teilten. Doch sie ist nun durch verschiedene nervöse Störungserscheinungen so kaputt, daß sie nicht in den Dienst gehen konnte.
Hanni sagt, der Selbstmord, der ihr so oft nahe war, stehe ihr jetzt ferner; sie möchte – das «Ewige Haus» noch geschrieben sehen. Nur eins habe ihr festgestanden: trenne uns eine Zwangsscheidung und müsse sie außer Landes, ich aber hier-

bleiben, so sei sie zum Selbstmord entschlossen, weil er nicht die unvergebbare Sünde sei, von der die Bibel sagt.
Wir wissen, was der Selbstmord in unserem Falle wäre: dreifacher Mord, Ungehorsam gegen Gott, Preisgabe der Geduld, Flucht aus der Führung Gottes, Behaupten der negativen dem Menschen belassenen Macht, Hinwerfen des Vertrauens –.
Aber es ist nicht die unvergebbare Sünde gegen den Heiligen Geist, ist nicht mehr als die Sünde, die der Christ unter dem *fortiter pecca* mit sich schleppt bis ans Ende. Ach, auch unser bis ans Ende getragenes Leben ist ein gar schlechtes Zeugnis für Gott. Ich kenne keinen Christen in der «Heiligung».
Wir hatten – und dadurch erfuhren wir erst von Renerles Entschlossenheit zu leben – nur den Wunsch, daß Renerle sich nicht etwa allein mit Selbstmordgedanken quäle, sondern wisse, daß wir bereit sind, mit ihr zu sterben. Und nun ist es so gekommen, daß ich es bin, der den entsetzlichen Wunsch am inständigsten hegt. Das Kind hat entschieden. Es hat das Erstaunliche gesagt, daß wir, selbst wenn es «draußen» wäre, seinetwegen nicht leben sollten. Aber der Lebenswille des Kindes bindet uns.
In allem ist kein Zerfall mit Gott, trotz der Bereitschaft zu so furchtbarer Sünde. Die Sünde, die unser Leben noch bringen wird, ist nicht geringer.
Vielleicht spricht bei mir die Furcht vor dem Weiterschaffenmüssen mit: nicht etwa die Sorge, die nur zu berechtigte, daß Bücher meiner Art gar nicht werden erscheinen dürfen. Dies nämlich betrifft auch alle anderen christlichen Autoren.
Die radikale Lösung der Judenfrage, die Konfiskation der Klöster, die Abschaffung der konfessionellen Schule, die Möglichkeiten zur Tötung lebensunwerten Lebens – dies alles wird nun durchgeführt, während das Heer im Felde gebunden ist. Nachher können die Offiziere die Hände in Unschuld waschen. Auch diese Brücke ist nun diabolisch gebaut.
An alle Werktätigen ist im Zusammenhang mit dem Gelben Fleck ein Flugblatt verteilt, ein grausiges, für die Behandlung der Juden. Und das angesichts dieser so ganz andersartigen Haltung der Bevölkerung.

Heute habe ich Minister Frick, der so oft den «Vater» verschenkt hat, auf Renerles Bitte um eine Audienz gebeten; wir haben noch einmal an Meschkes geschrieben und uns mit der Tochter der in Schweden lebenden Familie des Ministers Schacht in Verbindung gesetzt –; ohne Hoffnung.
Ich tue alles. Ich bete; das ist ungleich mehr. Aber als Mensch hätte ich mit Hanni und Renerle sterben mögen, sterben auch um des «Satans Engel» willen. Ich werde so ruhig weiterleben, wie ich gestorben wäre. «Christus lebt in uns –». Er muß es erweisen.
Wir wissen auch von Gottes Macht, daß er den Selbstmord noch in der Ausführung hindern kann, wissen, daß ich tot sein könnte und Hanni und Renerle weiterleben müßten.
Das Kind ist so abgefunden mit allem und hofft doch noch so, daß es an ihm vorübergehe.
Hanni ist so tätig, so fleißig, so dankbar, daß sie nun um mich nicht mehr in solcher Sorge sein muß. Aber es ist doch wie eine große Enttäuschung in uns beiden, daß durch Renerle der Schritt zum Selbstmord nicht nahegebracht, sondern ferngerückt ist.
Nun verwehrt Gott gerade in Renerle – ihrem Lebensmut, aus dem der Glaube wachsen kann – unseren Selbstmord.
Sollte denn nun der Engel von mir gehen? Ich war so wunderbar durch den Krieg geführt; und nun das Dunkel der Heimkehr. –

22. Oktober 1941 · Mittwoch

Ich will die müden Seelen erquicken und die bekümmerten Seelen sättigen. *Jeremia 31, 25*

Heute mittag schon, wider Erwarten und obwohl ich die Telefonnummer gar nicht angegeben hatte, rief das Ministerbüro des Innenministers an, daß sich Minister Frick morgen um einhalbeins für mich zum Empfang bereit halte. Nun heißt es, das Herz fest in Händen zu halten, daß man nicht wieder hofft und nicht wieder sichtbare Führungen erkennt, wie damals, als es um Renerles Auswanderung nach der Schweiz ging, und in allen meinen militärischen Angelegenheiten. Und doch muß Gott alles zugetraut sein, und versagt er's, darf kein Zweifel, keine Bitterkeit entstehen –. Wir waren über diesen Anruf sehr überrascht.

Allgemeine Erledigungen und Korrespondenz fressen mich noch immer auf, und nur durch Luthers Predigten vermag ich mich allmählich an das «Ewige Haus» heranzutasten. Luthers Predigten zu lesen, bedeutet freilich eine Heimkehr ganz für sich.

Abends kam Karbe und erzählte uns, daß sich eben Sigrid Schacht, die Nichte des Reichsbankpräsidenten, für zehn Tage aus Stockholm in Berlin, bei ihm gemeldet habe. Es greift alles wieder ineinander wie im Falle Burckhardt; und gerade das macht einem so bange.

23. Oktober 1941 · Donnerstag

Du bist gekommen zu dem Herrn, daß du unter seinen Flügeln Zuversicht hättest. *Ruth 2, 12*

Renerle ging wieder in den Dienst. Ich war zur Audienz bei dem Innenminister. Zum mindesten kein rein negativer, sondern ein problematischer Eindruck; was am meisten für ihn spricht, ist, daß Frick gequält aussieht. Die Formen beherrscht er sehr sicher, ob die Haltung einer gewissen Menschlichkeit mehr ist als eine Pose, läßt sich nicht entscheiden; auch nicht, ob ihn die Dinge so beschäftigen, wie er es wirken ließ. Die persönliche Artigkeit war groß; und dieser Weg ist nicht endgültig abgeschlossen, abgeschnitten.

Unterdes war Hanni bei der alten Talka Gerstel, deren 70jährige Schwester Nanni nun – nachts um drei Uhr aus ihrem Zimmer abgeholt – nach Lodz deportiert ist. – Die Selbstmorde sollen sich so gehäuft haben, daß den Juden in den «Sammel-Synagogen» Scheren, Nagelfeilen etc. abgenommen werden. Auch sonst, noch in den Wohnungen, viele Selbstmorde. Weiterhin bringt die arische Bevölkerung den Juden Lebensmittel; vor der Synagoge in der Levetzowstraße soll es zum ersten Mal nahezu Demonstrationen gegeben haben. –

Um ein halb sieben kam Renerle heim, sehr bedrückt, weil aus ihrem Betrieb nun auch wieder einer verschwunden und fortgebracht ist. Renerle, Hanni und ich sind heute – indes all dies verzweiflungsvolle Unheil weitergeht – doch viel ruhiger. Das Entsetzlichste steht nicht so unmittelbar vor einem. So führt Renerle zwar ein Leben ohne alle Freude – aber doch in behütendem Elternhause, nicht so furchtbarer Trennung und Gefahr preisgegeben.

In die Auswanderung nach Schweden, gelänge sie – obwohl sie auch dann noch keine endgültige Lösung darstellte –, haben wir drei ja nun auch innerlich eingewilligt, ja, hoffen auf sie als letzte irdische Hoffnung. –

Immer wieder muß ich mich fragen: bedeutet der beharrliche Wunsch zu sterben einen «Bruch» im Glauben, einen Bruch mit Gott? Und immer wieder, ohne etwas zu beschönigen, muß ich sagen: Nein. Denn was auf Erden war mir mehr als das Evangelium? Was auf Erden habe ich mehr geliebt, verehrt, an was mich mehr gebunden gefühlt, an was mehr geheftet als an alles, was Glaube und Kirche heißt? So ist es auch bei Hanni. Und bei Renerle fordert, in aller Schwere der Erfahrungen und so auch dem Ernst ihres Glaubens, ihre Jugend ihr Recht. Das quält so. – Familienweise jüdische Selbstmorde. An Reni treten ja durch den Betrieb diese Dinge immer sofort heran.

Die dienstverpflichteten Juden verdienen, durch hohe Abzüge, im Akkord entsetzlich wenig. Und nur Reni braucht doch nicht davon zu leben.

Von Hannis Tante Nanni leben drei Kinder in drei Ländern verstreut, all ihr Eigentum – ihr gehörte das große Gerstel-Geschäft in Köln – war hin; nun ist das letzte mit ihr geschehen.

Hanni sagt, die Kartenangelegenheit berühre sie angesichts der Deportationen überhaupt nicht mehr. Ja, es ist, als wäre selbst der Gelbe Stern schon ganz in den Hintergrund getreten. Die Bevölkerung so vorbildlich.

25. Oktober 1941 · Sonnabend

Ich bin ein elender Mann, der die Rute seines Grimmes sehen muß.

Er hat mich geführt und lassen gehen in die Finsternis und nicht ins Licht.
Er hat seine Hand gewendet wider mich und handelt gar anders mit mir für und für.
Er hat mich vermauert, daß ich nicht heraus kann, und mich in harte Fesseln gelegt.
Er hat meinen Weg vermauert mit Werkstücken und meinen Steig umgekehrt.
Er hat mich mit Bitterkeit gesättigt und mit Wermut getränkt.
Ich sprach: Mein Vermögen ist dahin und meine Hoffnung auf den Herrn.
Gedenke doch, wie ich so elend und verlassen, mit Wermut und Galle getränkt bin!
Du wirst ja daran gedenken; denn meine Seele sagt mir's.
Das nehme ich zu Herzen, darum hoffe ich noch: Die Güte des Herrn ist's, daß wir nicht gar aus sind; seine Barmherzigkeit hat noch kein Ende, sondern sie ist alle Morgen neu, und seine Treue ist groß.
Der Herr ist mein Teil, spricht meine Seele, darum will ich auf ihn hoffen.
Denn der Herr ist freundlich dem, der auf ihn harrt, und der Seele, die nach ihm fragt.
Es ist ein köstlich Ding, geduldig sein und auf die Hilfe des Herrn hoffen. *Aus Klagelieder 3, 1–26*

Steht dies also über meiner Heimkehr? Es ist nicht gut, unversehrt und behütet von der Front heimzukommen und nur den Tod zu ersehnen.
Zum zweiten Male wird Klagelieder 3 zum Ausdruck dessen, was ich erlebe. Beim ersten Mal war es (3, 37) beim Ausschluß aus der Schrifttumskammer. –

26. Oktober 1941 · Sonntag

Ich habe dich je und je geliebt; darum habe ich dich zu mir gezogen aus lauter Güte. *Jeremia 31, 3*

Dies war der Spruch beim heutigen Abendmahl, dem ersten nach meiner Rückkehr. Vielleicht ist unser Leben wirklich nur noch ein Leben von Abendmahl zu Abendmahl.

Es waren etwa dreißig Menschen zum Abendmahl, darunter Frau Thomas und Hanni als getaufte Jüdinnen und Friedmann als Mischling. Das Abendmahl war wieder sehr feierlich mit der Festtagsliturgie in den Hauptgottesdienst eingebaut.
Ich schrieb den von Frick gewünschten Brief an ihn, der noch einmal alles darstellt.
Hanni und ich sind ganz allein.
Eins – das Abendmahl steht ja ganz für sich – war auch in der Kirche endlich «Heimkehr»: Paul Gerhardts «Sollt ich meinem Gott nicht singen?» –

29. Oktober 1941 · Mittwoch

Laß dir an meiner Gnade genügen; denn meine Kraft ist in den Schwachen mächtig. *2. Korinther 12, 9*

Frick ließ mir meinen Brief vom 25. bereits durch seinen persönlichen Referenten bestätigen, und wir dürfen daraus wohl entnehmen, daß er bei dem, was er mir zugesagt hat, bleibt. Hanni beruhigt es doch sehr, überhaupt – was so schwer hält – etwas «Schriftliches» in der Hand zu haben. – Der Brief lautet: «Im Auftrage von Herrn Reichsminister Dr. Frick teile ich Ihnen auf Ihr Schreiben vom 25. 10. 41, in dem Sie Ihre häusliche und persönliche Lage nochmals referieren, mit, daß Sie wegen des Verbleibens Ihrer Stieftochter Renate Stein bei Ihnen sich keine unnötigen Sorgen zu machen brauchen. Sie fällt nicht unter die Maßnahmen, die in Verbindung mit dem Evakuierungsprogramm zur Zeit durchgeführt werden.»

30. Oktober 1941 · Donnerstag

Wer bin ich, Herr, Herr, und was ist mein Haus, daß du mich bis hierher gebracht hast? *2. Samuel 7, 18*

Der Tag stand wieder ganz im Zeichen der Anrufe und Aktionen, der hoffnungslosen, für Renerle.
Wie schön schien alles wieder ineinanderzugreifen: Karbes Freundin Sigrid Schacht ist eine gute Bekannte von Kurt Meschke; sie lernten sich durch ein «Vater»-Gespräch bei einem

Schulfest in Stockholm kennen. Als sie jetzt, zur Reise nach Berlin, zum Flugplatz fuhr, traf sie Kurt! Aber die Nachrichten lauten schlecht: in seiner unentschiedenen Lage sperrt sich Schweden gegen jede Einwanderung.
Jetzt soll ich die Beziehungen zur Schwedischen Kirche aufnehmen.
Man berät, handelt – und weiß doch, daß man nur noch passiv sein kann. Druck, Druck und Unruhe.
Das Schlimmste ist, daß der Bestechung noch Wege offenstehen. –

4. November 1941 · Dienstag

Du bist der Gott meiner Stärke; warum verstößest du mich? Warum lässest du mich so traurig gehen, wenn mich mein Feind drängt? Sende dein Licht und deine Wahrheit, daß sie mich leiten und bringen zu deinem heiligen Berg und zu deiner Wohnung, daß ich hinein gehe zum Altar Gottes, zu dem Gott, der meine Freude und Wonne ist, und dir, Gott, auf der Harfe danke, mein Gott. *Psalm 43, 2–4*

Eine Einladung, die ich nicht ablehnen konnte und wollte, weil ich überhaupt jeden Besuch dort schuldete: beim Kronprinzen von Sachsen. Ich war erst bei ihm im Canisiuskolleg – solch modernes Mietshaus-Kloster ist sehr garstig. Dann gingen wir zur Frau von Kracker, die den Empfang gab. Die Gastgeberin bezaubernd durch ihre Güte, die all das Gesellschaftliche – sehr großer Form, Tradition und Konvention – überstrahlte. Und diese Freude, daß ich überraschend in ihr Haus kam, diese wirkliche Freude auch anderer Gäste. So skeptisch Hanni und ich sind: manche meiner Leser müssen den «Vater» und das «Kyrie» wirklich lieben. Ich glaube ja nun schon lange zu wissen, worauf ich verzichte, indem ich vor meinen Lesern nicht spreche und lese. Es war wieder eine jener katholisch-evangelisch-monarchistischen Zusammenkünfte – was ich vorher nicht wußte –, gegen die ich so große Bedenken habe: manch guter und bekannter Name, wie Gertrud Bäumer, die ich noch aus meinen Anfängen aus Berlin kannte, August Winnig; die kirchlichen

Verleger, Furche-Verlag, Dr. Hans Lilje, sonstige Literatur- und Kirchenkreise, wie der Prior des Berliner Dominikanerklosters. Vor dem «intellektuellen» Teil, Vortrag und Diskussion, die ich in solchen Zeiten der Ohnmacht so peinlich empfinde, verabschiedeten ich und die Bäumer uns mit den nötigen artigen Begründungen. In der Tat scheinen all diese Kreise unter einer wirklichen Depression durch die jüdischen Dinge zu stehen: gerade die Kreise, in denen immer ein politisch begründeter, berechtigter Antisemitismus zu finden war.
Ich hörte durch Prinz Georg Ereignisse, die meine Entlassung doch noch in anderem Lichte erscheinen lassen. Gleichzeitig mit uns Männern in Mischehe und den Mischlingen sind aus dem Heer entlassen alle doch erst kürzlich eingezogenen Jesuiten und 21 Prinzen der Häuser Hohenzollern, Wettin, Wittelsbach und Habsburg, nachdem auch sie vorher nicht mehr befördert werden konnten! Es ist auch keine Angelegenheit mehr allein des OKW und des Führers als Obersten Befehlshabers der Wehrmacht, sondern die Gestapo ist als Instanz eingeschaltet.
Prinz Georg macht einen sehr viel mehr verbitterten Eindruck als früher. Der Fürst im Priester ist doch stark in ihm spürbar. Der Katholizismus wächst an Intensität immer mehr. Unter den namhaftesten Offizieren der neuen Wehrmacht, den berühmten Fliegern Mölders und Galland, hat wenigstens der Katholizismus zwei mutige Verteidiger gefunden. Wären es mehr: sie wären eine Macht.
Es ist doch so gekommen, daß man laut stöhnt – sich oft dabei ertappt.
Prälat Lichtenberg, der in der Hedwigskirche für die katholischen Juden gebetet hat, ist auch verhaftet. –

8. November 1941 · Sonnabend

> Da dieser Elende rief, hörte der Herr und half ihm aus allen seinen Nöten. *Psalm 34, 7*

Erst mit dem heutigen Sonnabend bin ich hindurch; nun kann es zugleich und bereits als der große Jahresabschluß gelten, und

nun erst gewinnt die Arbeit ihren vollen, festen Platz: das, worauf Hanni und ich am meisten gewartet haben.
Nun kommen, von uns abgelehnt, all die Einladungen, die in der Zeit meiner Abwesenheit an Hanni und Renerle hätten ergehen müssen.
Von den Gedanken an die Kameraden geht für uns noch eine gewisse Wärme aus. Sonst ist alles so kalt geworden; wahrhaftig nicht durch uns.

9. November 1941 · Sonntag

Wir warteten auf die selige Hoffnung und Erscheinung der Herrlichkeit des großen Gottes und unseres Heilandes Jesus Christus.
Titus 2, 13

Der häusliche Sonntag war wieder sehr lebhaft. Renerle empfing Jugend bei sich zum Tanz, nette und artige Jugend, und immer wieder macht es so großen Eindruck auf sie, wenn wir ihr die Wohnung zur Verfügung stellen und uns für einen Sonntag mit den Mansarden begnügen.
In der blauen Mansarde, die doch soviel Stimmung hat, hatten wir P. Lilge zum Kaffee, der sich nachmittags zu einem Besuch angesagt hatte.
Als ich im Felde war, hat er sich ja neben Ihlenfeld als der Treueste gezeigt. Ich besprach mit ihm die Probleme der Abendmahlsfeier für die wenigen jüdischen Gemeindeglieder.

12. November 1941 · Mittwoch

Sprich zu meiner Seele: Ich bin deine Hilfe! *Psalm 35, 3*

Das ist vielleicht das Zerrüttendste an dieser Zeit, daß sie dem Beten das freudige Amen geraubt hat. Aber der in uns ist, ist größer als der, der in der Welt ist.
Heute war ich bei dem schwedischen Legationspfarrer Forell für das Kind. Was ich nicht erwarten konnte: er war völlig über mich im Bilde. Vor zehn Tagen war er in Schweden, um den dortigen Behörden die Not der deutschen Juden ans Herz zu legen; diese Reise benützte er, um über eine schwedische «Vater»-

Übersetzung zu verhandeln, wie er schon lange für mich, Schröder, die Seidel warb, «damit man in Schweden sähe, daß das alte Deutschland auch in der neuen Dichtung noch lebe».
Denn in Schweden ist es nun soweit, daß man in Deutschland nur noch das Dritte Reich sieht.
P. Forell schreibt an den Rektor von Viggbyholmsskolan[127], der Meschkes erlaubt hat, Renerle zu sich zu nehmen, und sich selbst um die Einreiseerlaubnis für sie bemüht.
Was das bedeutet, daß Renerle zu Menschkes soll!
Fügung scheint in Fügung zu greifen; aber unser Herz bleibt davor starr und stumm, wahrhaftig nicht aus Unglauben, sondern aus der tiefsten Beugung vor Gott.
Heimgekommen fand ich einen Brief von Juliane vor, der von all jenen Schwierigkeiten berichtet, von denen mir auch P. Forell sagte: Schweden, soweit Deutschland nicht die Ausreise unmöglich macht, nimmt nur noch Juden auf, deren nächste Verwandte schon in Schweden leben, um in diesem schwachen Maße das Auseinandergerissenwerden der Familien zu verhindern; ferner jüdische Kapazitäten.
Man wird müder und müder. Mein Schlaf ist wieder ganz hin, auch Mittel helfen nur noch selten.
Jeder kleinste Funken Hoffnung läßt das Kind sofort wieder so aufleben; und wir wissen doch, daß der Glaube jenseits aller dieser Hoffnungen bestehen muß. –

16. November 1941 · Sonntag

> Abraham glaubte dem Herrn, und das rechnete er ihm zur Gerechtigkeit. *1. Mose 15, 6*

Weihnachten vorbereiten, das Haus pflegen, Gäste empfangen und zu Gast sein, ordnen und arbeiten: alles ist nur noch wie zum Schein. Es geschieht, aber wie in einem luftleeren Raum.
Wird einmal eine Zeit kommen, in der man in seinem Tagebuch dies alles als die Geschichte der wunderbaren göttlichen Führung wieder liest? Dazu führe ich Tagebuch.
Oder wird man eines Tages alle Habe aufteilen und jedes solche Dokument seines Lebens vernichten und so ruhig aus dem Le-

ben gehen, wie wir es alltäglich jetzt vermöchten? Alle Entscheidung liegt bei Renerle, die immer noch auf Schweden hofft.
Daß Gott uns gerade jetzt so straft mit Gottesdiensten, in denen alles stumm und leer bleibt. Und wie habe ich mich im Felde nach den Gottesdiensten gesehnt, wie wissen wir auch jetzt nichts Tieferes, Lieberes, Höheres als alles, was Gott in Christus heißt!

17. November 1941 · Montag

> Erbauet euch auf euren allerheiligsten Glauben, betet im Heiligen Geist und erhaltet euch in der Liebe Gottes, und wartet auf die Barmherzigkeit unsers Herrn Jesus Christus zum ewigen Leben.
> *Judas 20, 21*

Was wir aus Karbes Munde nur für vage Gerüchte aus dem leidigen Milieu der künstlerischen Berufe hielten, bestätigt sich diesmal. Es geht also um die Mischehen der Künstler, und zunächst gerade der Schauspieler, die die beachtlichsten Privilegien besaßen. Durch den Fall Joachim Gottschalk ist plötzlich alles offenbar geworden. Er wurde zu Hinkel zitiert wegen der Goebbelsschen Alternative: Beruf oder Ehe. Er antwortete: Ehe und einen anderen Beruf, und sei es: Arbeiter. – Hinkel: Auch das würde ihm nichts nützen; er habe die künftigen Erlasse in seiner Mappe; Gottschalk würde seine Frau nicht bei sich behalten und sie nicht vor der Deportation bewahren können. (Die Gottschalksche Ehe stellt den günstigsten Fall dar: er Arier, ein Kind, alle christlich, berufliche Sondergenehmigung.)
Gottschalks haben aus ihrem Tod kein «Fanal» gemacht. Der Selbstmord, in den sie ihren Jungen einbezogen, erfolgte durch Veronal und Gas, in aller Stille. Bildts haben sie gut gekannt und wissen, daß beide fromme Christen waren.
Als wir von Gottschalks Tode hörten, nahmen wir an, daß er vielleicht von den Künstlern mit Sondergenehmigung deren Entzug abwenden könne.
Inzwischen geht aber alles schon weiter. Schon wieder sind zwei der Mischehen-Theaterleute, der Regisseur Felsenstein, der schon in der Schweiz gewesen war und mit seiner Frau mit gro-

ßen Zusicherungen zurückgeholt wurde, und der Schauspieler Fiedler zu Goebbels oder Hinkel beordert worden.
Gründgens, der als Intendant der Staatstheater seine Schauspieler beruhigen wollte, versprach, sich zu informieren, hat sich aber noch bei keinem wieder gemeldet. Außer ihm setzt sich noch immer wieder Hermine Körner ein, wohl die letzte große Schauspielerin, die viel mit Frau Göring verkehrt.
Auch dies – denn Bildts werden mit Hermine Körner über uns sprechen – wollen wir um Renerles willen noch versuchen, haben ja aber nicht einmal mehr Hoffnung für das Kind allein.
Für uns ist eine Erleichterung, daß Renerle außer uns niemand hat. Sie für den äußersten Gefahrenfall im Sinne des Selbstmords zu beeinflussen, ist weniger grausam, als sie dem Schicksal der Deportation auszuliefern, das zunächst Zwangsarbeit im Elend und bei wachsendem Mangel im Kriege Verhungern und Erfrieren heißt. Viele aber werden erschossen, von Frauen hörten wir es glaubhaft noch nicht. Das Furchtbarste ist, daß die Familien auch in der Deportation getrennt werden. Bei einem Transport aus Breslau ist der arische Teil, der mit in die Deportation gehen wollte, nicht mit über die Grenze gelassen worden.
Daß wir das «Ewige Haus» nicht als letzten Ertrag unseres Lebens – und das wird Hanni schwerer als mir – zurücklassen, ist wohl schwer, aber was besagt es, gemessen daran, daß ein so lebensfrohes Geschöpf wie Renerle durch unsere Beeinflussung sterben soll, ohne so müde zu sein wie wir; ohne zu ahnen, was in der Welt an Unglück vor uns läge.
Das Unglück der Juden verkürzt uns nicht den Blick und verengt uns nicht das Herz dafür, welch namenloser Jammer jetzt auf der Welt überhaupt und in Europa besonders herrscht. Aber wiederum sind die Juden ein «Urbild».
Was für eine Welt, in der eine so liebevolle Tochter wie Eva B. so ruhig von dem Entschluß ihrer Eltern spricht, im Falle der gewaltsamen Trennung – und das muß ja geschehen, sobald sie sich ankündigt – zu sterben; in der Eltern – denn was heißt hier noch Stiefvater? – den Tod eines so geliebten Kindes wünschen und nach dem am Leben bleibenden Kinde nicht mehr fragen.

Gerade an den über das allgemeine Privileg hinaus mit Vorrechten ausgestatteten, «prominenten» Mischehen scheint nun die SS, mit furchtbaren Machtmitteln ausgestattet, als Träger und Vollstrecker der Hitlerschen Gedanken ihre Macht erproben zu wollen.

Später.

Wir sind einen großen Schritt weiter.

Wie jeden Abend haben wir Renerle erzählt, was am Tage vorfiel, hat Renerle uns berichtet, was im Betrieb sich ereignete. Dabei sagte sie, daß die achtzehnjährige Elisabeth A. und sie entschlossen wären, sich im Falle der Deportation das Leben zu nehmen. So war es nicht so quälend für uns. So wollen wir, tritt dies Schreckliche ein und vermag kein Frick noch sonst jemand es abzuwenden, uns drei mit Gas vergiften. Einen Augenblick freilich weinte Renerle sehr, und sie weint wie Hanni fast nie. Und das Mitleid mit Renerle läßt nun manchmal auch Hanni weinen.

Erstaunlich ist Renerles Einsicht, in der sie will, daß wir nicht am Leben bleiben sollen, wenn ihr die Auswanderung nach Schweden noch gelingt und Hanni und ich dann etwa getrennt werden. Denn wollte Renerle leben, so wollten Hanni und ich ihr dies Schreckliche nicht antun, uns das Leben zu nehmen. Hier sind wir aber nun entbunden. Diese Qual will sie uns nicht aufbürden, denn für uns wäre es kein ertragbares Leben mehr, während ihr Leben, wenn auch sehr schwer, beginnen könnte.

Jeder Tag, jede Situation zeigt es: wir haben nur uns drei. Das macht es leichter. Auch bei Hanni ist es ein Tod aus Mitleid. Und bei Renerle wäre er es, wären wir die Bedrohten und nicht sie selbst.

Wir wissen, daß Gott noch alles wenden kann. –

19. November 1941 · Mittwoch (Bußtag)

> Mein Gott, betrübt ist meine Seele in mir; darum gedenke ich an dich. *Psalm 42, 7*

Ihlenfeld kam von Vorträgen in Ostpreußen und Thüringen zurück; er sagt, es sei, als wäre der «Vater» eben erst erschienen,

so erfülle er meine Leser. Er müsse im Weihnachtsheft des «Eckart» ihnen etwas von mir bringen.
Schon nach kurzer Zeit konnte ich ihm eine Heilige-Drei-Könige-Erzählung zusagen, in der – jedoch nicht etwa autobiographisch – die Erlebnisse meines Kindertheaters verschmolzen sind mit der geheimnisvollen Geschichte der alten Gräfin Schlabrendorff-Seppau, die eine «Mohrin» war. Der alte Sanitätsrat Demel in Beuthen hatte sie noch gut gekannt; Alfred von Schlabrendorff lebte längere Zeit in unserem Hause. Dieser Plan vermochte mich plötzlich als erster wieder lebhaft zu beschäftigen, gerade durch seine Beschränkung, auf die mein mürber, müder, von Schmerzen wie nur je geplagter Kopf angewiesen ist.
Unter dem Druck, unter dem er steht, mußte Kurt Ihlenfeld ablehnen: 1. ist die Mohrin aus rassischen Gründen unmöglich; 2. ist unmöglich, daß sie aufs Englische angewiesen war; 3. geht nicht das christliche Thema.

21. November 1941 · Freitag

> Gott ist nicht ein Mensch, daß er lüge, noch ein Menschenkind, daß ihn etwas gereue. Sollte er etwas sagen und nicht tun? Sollte er etwas reden und nicht halten? *4. Mose 23, 19*

So sehr wir apokalyptische Stimmungen ablehnen – für viele Menschen gilt nun 1. Petrus 4: «Es ist das Ende aller Dinge nahegekommen.» Aber es ist, als vermöchten wir drei nicht «zu beharren bis ans Ende». –
1. Petrus 4, 7–9 zitiert heute Charlotte Staritz in einem Brief an Hanni, in dem sie von Käte Staritz berichtet, die das getan hat, was wir an den anderen Pastoren vermißt haben: «Meine Schwester Käte befand und befindet sich noch durch diese Aktion in einer recht gefährlichen und ungeklärten Lage. Sie hatte, als die Stern-Verordnung herauskam, an alle Breslauer Amtsbrüder ein Schreiben gerichtet, das die Geistlichen auf die aufbrechende Not für unsere Gemeindeglieder, die durch diese Verordnung betroffen werden, aufmerksam machen sollte. Sie hatte auch in dem Schreiben Hinweise und Vorschläge gegeben,

wie man verhüten könne, daß der Gottesdienst durch irgendwelche Provokationen gestört werde und wie die Gemeinde sich in taktvoller Weise der gezeichneten Gemeindeglieder annehmen könne. Dieses Schreiben wurde von der Stapo beschlagnahmt, d. h., nachdem es den Amtsbrüdern zugestellt worden war, nur die restlichen Exemplare. Es wurde an sämtliche Parteistellen, bis zum Ortsgruppenleiter, weitergegeben und nun in Parteiversammlungen von dem ‹Weib› geredet, das die Juden protegiere. Das Konsistorium beurlaubte Käte unter Weiterzahlung des Gehalts, aber sie sollte Breslau verlassen. Kätes Arbeit (Fürsorge für die getauften Juden) liegt z. Z. völlig brach, für eine Vertretung ist bisher noch nicht gesorgt worden.»
Ich war heute nach seiner Rückkehr in Renerles Sache bei Dr. Lilje. Er sieht in Renis Falle positive Möglichkeiten, eben in dem auch von Forell angestrebten Zusammenwirken mit dem schwedischen Kirchenmann Söderström. Selbst an den Erzbischof will er sich wenden, da man gerade diesen Männern gegenüber so für uns deutsche evangelische Autoren eingetreten ist, damit Schweden Deutschland richtig sehe. Vor allem begriff Lilje sofort, daß der ungewissen Lage Schwedens wegen gleich ein Schritt für Renerle in Amerika erfolgen muß, ehe eine Kriegserklärung es unmöglich macht. Liljes Verbindungen zur Amerikanischen Kirche[128] sind genauso fundiert wie die zur Schwedischen Kirche; und gerade morgen ist er mit seinen Verbindungsleuten zusammen.
In diesem Zusammenhang erwog Lilje, ob man nicht für uns drei besser zusammen verhandle, da ich doch alter Funkmann sei und die Amerikanische Kirche eigene Sender besitze. Was ich für Renerle als erschwerend ansehe, könne vielleicht sogar erleichternd sein. – Hanni und ich sind zur Auswanderung bereit. – Die Dringlichkeit, Renerle nach Schweden zu bringen, erkennt Lilje vollkommen.
Als ich heimkam, war ein Brief der Jüdischen Gemeinde, über die alle Mitteilungen der Gestapo gehen, da: «Frau Renate Stein, Teutonenstraße 24» mit Vermerk des Briefträgers: «Empfänger Teutonenstraße 24 unbekannt.» Für uns kein Zweifel:

die übliche Aufforderung an Juden, die Wohnung zu räumen und die Listen für das Eigentum aufzustellen, auf der Gemeinde vorzusprechen – jener Vorgang, der die Deportation einleitet. Der Brief trägt die Nummer 5833. Wir ließen ihn noch uneröffnet.
Renerle kam abends mit der Frage heim: «Ist die ‹Kündigung› da? Heute haben sie alle mit dem Buchstaben S bekommen.»
Sie war also völlig vorbereitet.
Nun muß der Frick-Brief erweisen, ob er hilft.
So schnell schon ist es dahin gekommen.
Und gleich beim Abendbrot gab das Postamt ein Telegramm an mich durch: «Stockholm. Veranlaßt Referenz von Söderström und Forell über Reni. Kurt Meschke.» Es muß also auf meinen Brief nach meinem Besuch bei P. Forell hin ein Schritt erfolgt sein.
Wie werden unsere Herzen hin und her gerissen. Die Angst um das Kind steigt nun aufs höchste.
Renerle sagt, sie lese jeden Tag die Losung, ob Gott in ihr etwas zu unsrer gegenwärtigen Angst sage. «Aber was hat Gott versprochen, das er halten wolle?» Ich weiß nur die eine Antwort: «Daß Christus unser Erlöser ist.»
Aber das menschliche Herz kann nicht anders, als an die Bedrängnis des Augenblicks denken.
Immer wieder sagen Hanni und Renerle so ergreifend: «Daß du jetzt da bist.» – Aber ich bin vor Gott ganz scheu geworden; das, was nicht geschehen durfte.

23. November 1941 · Sonntag
(Totensonntag und letzter Sonntag des Kirchenjahres)

Siehe, wir preisen selig, die erduldet haben. *Jakobus 5, 11*

Zum Frühstück Karbe und Sigrid Schacht; ihre Vermittlung in Renerles Sache brauchen wir zur Zeit gar nicht so, da doch stärkere Helfer gefunden sind, immerhin jedoch – P. Forell – im Zusammenhang mit ihr.
Anruf P. Forell: heute um fünf soll ich mit Renerle zu ihm und Söderström ins «Excelsior» kommen, also gleich nach Söderströms Ankunft.

Renerle lernte dann aber – im Hotel mußte sie ihren Judenstern ängstlich mit einer Mappe verdecken und wartete lieber in P. Forells Auto – nur Forell kennen, da Söderström krank zu Bette lag. Dennoch führte er ein fast anderthalbstündiges Gespräch mit mir. 1. Er kennt Rektor Sundberg, Viggbyholmsskolan gut. 2. Er geht am Freitag in Stockholm in Renis Sachen zu dem ihm wohlbekannten Dezernenten des Einwanderungsressorts. 3. Morgen senden Forell und Söderström gemeinsam die aus Stockholm angeforderte Referenz von der Schwedischen Gesandtschaft aus mit dem Kurierflugzeug ab, so daß die Referenz Dienstag schon in Stockholm ist. 4. Die Hauptsache sei, daß die Auswanderungsgenehmigung mit Frick besprochen sei. Denn Schweden verschanze sich bezüglich der Einwanderungsgenehmigung dahinter, daß sie angesichts der deutschen Sperre gar keinen Sinn habe. Wiederum müsse man nun sehr vorsichtig sein, damit Schweden nicht eine «Nazi-Schiebung» wittere.
Wie erinnert alles an Professor Burckhardt! Auch die Verbindung von Diplomat, Kirchenmann, gepflegtem «Herrn» in Söderström; seine christlich-humanitäre Mission in dieser Zeit, die genau der Burckhardts entspricht; der ausgezeichnete Konnex im Gespräch, in dem das Kirchliche freilich stark durchsetzt war mit dem mir nun schon so schmerzlich gewohnten Literarisch-Gesellschaftlichen. Doch bot mir dies den Ausweg aus dem Politischen; denn für den Deutschen ist es ja nun bitterschwer, vor Ausländern über sein Vaterland zu sprechen.
Hanni kämpft um die Zeit für mich, «wenigstens das Bora-Material abzuschließen».

24. November 1941 · Montag

Erfreue die Seele deines Knechtes, denn nach dir, Herr, verlangt mich. *Psalm 86, 4*

Beide haben wir den Wunsch, daß Renerle Weihnachten schon in Schweden verlebt.
Jetzt ist aus Renerles Betrieb auch eine 49jährige taubstumme Frau deportiert, deren Sohn zum Unglück auch noch in Rußland steckt.

Kriegsverletzte Juden aus dem Weltkrieg haben Kleiderkarte und normale Lebensmittelkarten, müssen aber den Stern tragen.
Es ist ein solches Seufzen im Lande.
Für die Deportations-«Reise» muß jeder Jude 200 Mark bezahlen.

25. November 1941 · Dienstag

Die Strafe liegt auf ihm, auf daß wir Frieden hätten. *Jesaja 53, 5*

Der Tag begann und schloß mit einem Telefongespräch mit Lotte in Nürnberg. Hugo – 64 Jahre, Oberlandesgerichtsrat a. D. – und Lotte[129] werden übermorgen in ein Judenlager in Riga deportiert. Lotte ist sehr gefaßt. In Nürnberg kam alles ohne längere Vorbereitung, und dort werden zuerst die Beamten, die noch ihre Pension bekamen, deportiert.
So nahe ist nun alles gerückt. Es gibt keine Möglichkeit mehr, die Augen auch nur einen Augenblick davor zu schließen. Auch will man es nicht. Es muß ja für den schlimmsten Fall noch so viel bedacht werden.
Renerle wird in dem Entschluß zum Selbstmord, wenn die Auswanderung scheitert und die Deportation unentrinnbar wird, immer fester, so sehr sie noch hofft.

26. November 1941 · Mittwoch

Verlasset euch auf den Herrn ewiglich; denn Gott der Herr ist ein Fels ewiglich. *Jesaja 26, 4*

Jedes Moment der Erregung fällt weg: doch alles, was von innen oder draußen jetzt an einen herantritt, bestätigt den Entschluß zum Tode, der vor Gott bei alledem bleibt, was er immer war.
Ich sollte wieder in Braunschweig lesen, sage aber natürlich ab. Es ist ja nun wieder ganz anders gekommen, als es mir im Felde erschien.
Und daß nun selbst meine Kriegserinnerungen schriftstellerisch brachliegen müssen. Dieses kann ich nicht schreiben, weil ich aus dem Heer entlassen bin; jenes nicht, weil es zu kirchlich ist.

Und endlich muß jetzt das Vorlegen von Arbeiten beim Propagandaministerium möglichst ganz vermieden werden. Zur Arbeit am «Ewigen Haus» aber – für eine weitere Sicht – bin ich noch nicht frei, noch nicht fähig.

30. November 1941 · Sonntag (1. Advent)

> Durch die herzliche Barmherzigkeit unsers Gottes hat uns besucht der Aufgang aus der Höhe, auf daß er erscheine denen, die da sitzen in Finsternis und Schatten des Todes. *Lukas 1, 78. 79*

«– die da sitzen in Finsternis und Schatten des Todes.» So haben wir dies Wort des 1. Advent noch nie gehört. Menschlich gesehen halte ich unser Verhängnis für unentrinnbar; der Advent hat dennoch nichts von seiner Leuchtkraft eingebüßt; hier eben geht es um etwas, das nicht menschlich ist.
Die Predigt über Psalm 12, 6: «Ich will eine Hilfe schaffen dem, der sich darnach sehnt.» Es war die erste Predigt, die P. Wiese seit seiner Verhaftung und Erkrankung hielt. –

2. Dezember 1941 · Dienstag

> Ich sehe ihn, aber nicht jetzt; ich schaue ihn, aber nicht von nahe. Es wird ein Stern aus Jakob aufgehen, und ein Zepter aus Israel aufkommen. *4. Mose 24, 17*

Heute kam zum zweiten Male das Schreiben der Jüdischen Gemeinde, die mit der Zusammenstellung der zu Evakuierenden beauftragt ist, an Renerle. Ich war sofort bei der Gemeindestelle, wo all die unglücklich Hinzitierten in Scharen warteten. Als Arier wird man peinlicherweise sofort abgefertigt (unter anderem von einem Juden, der 1914/18 als 38jähriger im Felde und kriegsverletzt war). Die unterste Stelle war einfach dazu verpflichtet, die «Räumungsliste» für Renerle auszufüllen. Obwohl ich mir vorgenommen hatte, den Frickbrief nur als äußerste Reserve einzusetzen, mußte ich nun zum mindesten den Sonderfall der Audienz bei Frick erwähnen. Darauf wurde ich sogleich zur obersten Stelle geführt. Wieder berief man sich auf die Verpflichtung, die Listen, die alle Personalien des Haushalts umfasse, ausfüllen zu müssen. Solche Erfassung machte mir aber die größte Sorge. So mußte ich nun mit dem Frickbrief operieren, zumal man mir nur so schwache Tröstungen gab wie: «Die Sache würde sich doch wohl durch den arischen Haushalt günstig klären. – Ein Parallelfall sei auch positiv entschieden worden; von der Behörde (Gestapo) habe der arische Stiefvater die Genehmigung erhalten, daß seine Stieftochter bei ihm und seiner Frau bleibe. – Es seien ja noch drei Tage Spielraum für solche Aktion, zwischen der Zustellung des Deportationsbescheides und der Deportation selbst. – Im Dezember fänden keine Transporte mehr statt.» Nach Vorlegen des Frickbriefes erreichte ich nun folgendes: Die Liste wurde nicht von mir ausgefüllt und das Schreiben an Renerle zurückgenommen und für die Behörde mit dem Vermerk versehen: «Laut vorgelegtem Schreiben des Persönlichen Referenten des Herrn Reichsministers des Innern vom ..., an den Stiefvater von Renate Stein, Herrn ..., kommt R. St. für eine Evakuierung nicht in Frage.» Für uns gibt es nur noch solch etappenweise Lösung.

8. Dezember 1941 · Montag

> Spräche ich: Finsternis möge mich decken! so muß die Nacht auch Licht um mich sein. Denn auch Finsternis nicht finster ist bei dir, und die Nacht leuchtet wie der Tag. Finsternis ist wie das Licht.
>
> *Psalm 139, 11. 12*

Auch dieser Tag geht ganz in Dämmerung hin. Die Nachricht vom Kriege zwischen Japan und Amerika. «Roosevelts und Judas Werk», «Getreu den Befehlen des Weltjudentums», «England, dieses dem Kontinent vorgelagerte Protektorat», «Der höchstbezahlte Knecht des Judentums», «Satanische Hirne des Judentums» – alles nimmt nur noch diese eine Wendung und verdichtet sich für uns zu dem Gedanken, daß wir über den Anfang des kommenden Jahres hinaus kaum werden am Leben bleiben können.

Das Unheil wächst und wächst; und in diesem neuen Ansturm erreicht es uns vielleicht unter den ersten Opfern. –

Nun alle große Arbeit nicht mehr entstehen kann, werde ich

wohl auch kein Gedicht, kein Kirchenlied mehr schreiben können; es geht von innen und von außen nicht mehr, obwohl die Liebe zu Gott sich nicht wandelt. Aber im Vertrauen und im Gehorsam und in der Hoffnung ist ein Bruch.
Ich träume manchmal, ich sei wieder Soldat, und träume es ohne die Beziehung zu der Entlassung. Sonst träume ich schwer, ja, es geht bis zu beängstigenden, furchtbaren Unwettern und dem Traum von einem vernichtenden Zusammenstoß der Sterne. Ich träume von Verfolgung und Flucht, und das Erwachen bestätigt, wie nahe alles dies ist. –

16. Dezember 1941 · Dienstag

> Wir haben desto fester das prophetische Wort, und ihr tut wohl, daß ihr darauf achtet als auf ein Licht, das da scheint in einem dunklen Ort, bis der Tag anbreche und der Morgenstern aufgehe in euren Herzen. *2. Petrus 1, 19*

Vermag der Stern auch noch in unseren Herzen aufzugehen? Ist es nicht so, daß unsere Sterne untergehen, wir aber wissen, daß der Morgenstern aufgeht über unseren Untergang hinweg; und untergehend noch, durch fremde und durch eigene Schuld können wir den Blick an gar nichts anderes mehr heften als an jenen Morgenstern, der in unseren Herzen nicht mehr aufgehen soll.
Der dunkle Morgen brachte viel Post, darunter einen langen Brief von Kurt und Juliane, der uns die endgültige schwedische Absage für Renerle mitteilt. Hanni und ich haben nicht mehr gehofft. Aber das Kind konnte nicht anders, als immer noch hoffen, so sehr auch die Zukunft ganz Schwedens in Frage gestellt ist. –
Renerle nahm den Meschkeschen Brief sehr ruhig auf; sie sagt, seit dem Eintritt Amerikas in den Krieg habe sie keine Hoffnung mehr gehabt. Manchmal ist einem bange vor der eigenen Ruhe.

17. Dezember 1941 · Mittwoch

Er wird unser Friede sein. *Micha 5, 4*

Nach dem «Ewigen Haus» fragt Gott nicht mehr; ich bin auf unheimliche Weise von allem entbunden; ich komme einfach nicht mehr zur Arbeit; heute sind wieder die Z.schen Angelegenheiten an der Reihe. Äußerlich nimmt es einen so in Anspruch; innerlich steht es einem so fern.

Das Kind, das Kind! Was will alles andere davor besagen.

Es gibt ein Bibelwort ums andere, das man nicht mehr in den Mund nehmen zu dürfen glaubt; so jenes: «Ich werde nicht sterben, sondern leben und des Herrn Werke verkündigen.»

Immer tiefer aber werden wir in die Vaterunser-Bitte geführt: «Und führe uns nicht in Versuchung.»

Rätselhaft ist, daß man sich an allem Schönen und Guten, das einem noch begegnet, freut. –

Drei von Renerles Kolleginnen sind für die nächste Deportation am 6. Januar bestimmt. Welches Weihnachten für die getauften Juden, denen nun dieser Termin mitgeteilt ist.

20. Dezember 1941 · Sonnabend

Wie der Hirsch schreit nach frischem Wasser, so schreit meine Seele, Gott, zu dir. *Psalm 42, 2*

Nun werden auch die Juden deportiert, die als Partner einer Mischehe mit Rücksicht auf diese – arische Ehegatten wie Mischlingskinder – getrennt von ihrer Familie gewohnt haben. Während Hilde bezüglich unserer Zukunft so zuversichtlich bleibt, sehen wir Schritt für Schritt die Katastrophe auf uns zukommen. In alledem das unfaßliche Glück: uns gehörte noch eine Adventszeit, wir gehen noch einem Weihnachten gemeinsam entgegen.

Am Abend Aufruf von Dr. Goebbels über alle Sender: Um Wintersachen für die Soldaten an der Ostfront.

Es scheint, als habe man wirklich nicht mit diesem Winterfeldzug gerechnet und als sei nichts da und nichts mehr aufzutreiben.

Wieder hören wir von den Massenerschießungen von Juden im Osten. –

22. Dezember 1941 · Montag

Ihr wisset die Gnade unsers Herrn Jesus Christus. *2. Korinther 8, 9*

Wenn auch vielleicht nicht der schwerste Tag meines Lebens, so doch der meiner größten Verzweiflung.
So weit also hat einen die Verzweiflung gebracht, daß auch ich zu jener Hellseherin ging, zu der so viele Künstler, aber selbst Offiziere gehen. Wohl war sie sympathisch; wohl wirkt sie sehr sympathisch – aber ich sehe nur, wie aus dem Aberglauben der Meineid entspringen soll. Renerle (wie sinnvoll wäre es dabei dem Herzen!) sei mein Kind. Dort läge auch die Rettung für unsere Ehe.
Aberglaube, Meineid, Selbstmord – welche Gedanken! Welche entsetzlichen Zeichen der Ausweglosigkeit, während Gott doch den Weg zu Ihm für uns weiß, würden wir auch auf Erden so grauenerregend auseinandergerissen. –

24. Dezember 1941 · Mittwoch (Heiliger Abend)

Es soll nicht mehr gehört werden die Stimme des Weinens noch die Stimme des Klagens. *Jesaja 65, 19*

Tiefe Dunkelheit, als wir aufstanden. Und der Morgen – wie wahr ist dieses Wort – graute nur, um immer mehr sich umdunkelnden Stunden zu weichen. Sturm und Regen und wogende Tannenkronen, Kiefernwipfel, eine stetig wachsende Verhüllung hin zu der Heiligen Nacht, die ja nicht die fröhliche und die glückliche, sondern eben die Heilige heißt und den furchtbarsten Ernst zu bergen vermag.
Ich wüßte nicht, was diesem Tag des Heiligen Abends gefehlt hätte an all dem häuslichen Zauber, den er je und je besaß, vom Aufbauen der Gabentische an bis zum Anstecken der Lichter am Baum, von der kleinen Bescherung für die gute Bülow an bis zum Austragen der kleinen Geschenke in die Nachbarschaft, vom mittäglichen Tee im Lampenschein beim Heimkommen des

Kindes bis zum Anzünden kleiner Tannenzweige, damit das ganze Haus erfüllt wäre von weihnachtlichem Duft.
Wie alljährlich waren alle Vorbereitungen so abgeschlossen, daß wir vor der Christnacht noch eine kleine Weile völliger Ruhe und Muße hatten. Wir gingen alle vier zur Kirche, zur zweiten Christmette, um sechs, weil wir es ja lieben, daß die große Feier wirklich auf den Abend des Heiligen Abends fällt. Als die Glokken läuteten, saßen wir schon in der Kirche, jedoch nicht auf dem gewohnten Platz, sondern dahinter, weil Renerle mit ihrem gelben Stern hinter einer Säule verborgen sein wollte. – Am Vormittag war eine Dame der Jüdischen Gemeinde bei mir gewesen und wollte Renerles Personalien und eine Abschrift des Frickbriefes, weil nun die Angelegenheit erst an die Behörde ginge. Unter dem Vorwand, ich müsse mir nach den Festen erst eine ministerielle Erlaubnis für solche Abschrift beschaffen, konnte ich wieder einen Aufschub gewinnen, zugleich auch den Anlaß, Fricks persönlichen Referenten, Dr. Langsdorff, um Rücksprache zu bitten.
Und die Christnachtpredigt enthielt einen Abschnitt über «den Gott, der Rat und Hilfe weiß, wo wir keinen Ausweg mehr sehen«, der zu uns hin gesprochen war; auch sonst gedachte die Predigt diesmal aller, die mit schwerem Herzen der Weihnacht entgegengehen.
All das Qualvolle dieser Weihnacht mußte durchlitten sein, als ich, Hanni und Renerle noch einmal neben mir, in der Christnacht saß.
Dann gelang es, so schön wie jedes Jahr, für unser Kind den Heiligen Abend zu feiern.
Hanni aber kamen vor dem Feste Zweifel an unserem Entschluß zum Tode.
Ich aber vermag zu Gott nur zu beten, uns sterben zu lassen, ehe die große, mir unausweichlich scheinende Stunde der äußersten Versuchung kommt, der ich nicht mehr zu widerstreben vermag.
So habe ich es Weihnachten noch nie gebetet: «Und führe uns nicht in Versuchung. Sondern erlöse uns von dem Übel.»
Wir wissen, in welcher Wende wir stehen.

Weihnachten ist da, und noch immer schreit das Herz: «Ach, daß du den Himmel zerrissest und führest herab!»
Und er ist doch herabgefahren; und wir glauben es fest. Und sind doch in so entsetzliche Verwirrung und Versuchung und Verirrung geraten.
Der Gedanke an das Weihnachten der Kameraden trat zurück hinter dem Gedanken an das Weihnachten der deportierten christlichen Juden. Vielleicht ist bei ihnen heute «Kirche» wie nirgends sonst.
Zu diesem Heiligen Abend wurden mir in Briefen so viele Bibelworte geschrieben. Aber sie meinen alle die Errettung aus der äußeren Not; sie meiden das Wesentlichere.
Ganz gewiß kann Gott aus der äußeren Qual erretten, aber zu dieser Weihnacht und mancher hat er viele, viele an sie durch die Menschen ausliefern lassen.
Dies ist nicht das Entscheidende. In Römer 8 steht alles.

25. Dezember 1941 · Donnerstag (Erster Weihnachtsfeiertag)

Gott ist geoffenbart im Fleisch. *1. Timotheus 3, 16*

Von vielen Worten der Heiligen Schrift ausgeschlossen, darf ich dies bewahren. Dies besteht über einen selbst hinweg.
Wir, Hanni und ich, waren in der Kirche, einem großen Gottesdienst mit dem Abendmahl; wir waren auch zum Abendmahl, obwohl mich Angst und Entsetzen noch im Gottesdienst zurückzuhalten drohten, Angst, daß wir nicht zum Abendmahl gehen dürften. Aber noch ist die Hoffnung, daß Gott uns, auch wenn er uns den Menschen übergibt, in der «Stunde der Versuchung» bewahrt vor uns selbst. – Es war das erschütterndste Abendmahl, dessen ich mich entsinnen kann, denn während wir unter den Weihnachtsbäumen am Altare knieten – es gingen wohl dreißig Menschen mit uns –, sang die übrige Gemeinde die Strophen von «Fröhlich soll mein Herze springen –»
«Gottes Kind, das verbind't sich mit unserem Blute –»
«Sollt uns Gott nun können hassen –»
«Sollte von uns sein gekehret, der sein Reich und zugleich sich selbst uns verehret?»

Hanni hatte sich einen stillen Feiertag gewünscht. Wir waren ganz für uns, nur wir drei. Da freilich nehmen die Gespräche die Wendung zum Schwersten, denn in jedem Herzen, in jedem von uns dreien, mahnt und ruft Gott. Um nichts anderes geht es: zu Weihnachten auszulöschen – nicht zu sterben, sondern auszulöschen in aller Qual und allem Elend, die Gott auch über die Seinen kommen ließ und läßt, und einzugehen allein in sein Licht, indes das Menschliche im Herzen zerbricht.

Es ist das Weihnachten, an dem der Crucifixus das große, große Geschenk war.

«Und führe uns nicht in Versuchung. Sondern erlöse uns von dem Übel.»

Die Weihnachtslieder gehen uns nicht aus dem Ohr, nicht aus dem Herzen.

«Sollt uns Gott nun können lassen –» «Sollte von uns sein gekehret –»

Renerle war nicht mit zum Abendmahl. Man hat noch keine Lösung für die christlichen Sternträger «überlegt». – Welche Worte schafft diese Zeit, wie dies nun zum grausigen *terminus technicus* gewordene: die «Sternträger» –

Heute war kein Jude mit dem Stern in der Weihnachtskirche.

Das schwere Weihnachten der unterworfenen Völker.

28. Dezember 1941 · Sonntag nach Weihnachten

> Dieweil wir in der Hütte sind, sehnen wir uns und sind beschwert; sintemal wir wollten leber nicht entkleidet, sondern überkleidet werden, auf daß das Sterbliche würde verschlungen von dem Leben. 2. *Korinther 5, 4*

Es kam auch heute Gast um Gast, und um des Kindes willen nehmen wir es gern auf uns. In der Dämmerstunde, beim Kerzenschein war's wieder ein großer Teetisch, und die Zimmer leuchteten nur so von all den Blumen und den sanften, schönen, edlen Farbtönen der alten Sesselsamte. Auch kam, da sie wohl ein großes menschliches Interesse gewonnen hat, jene «Hellseherin»; und nur noch ihre oft bewiesene Hilfsbereitschaft Juden gegenüber steht zur Debatte, während ihre fürs Allgemeine negativen, fürs Persönliche für uns positiven «Gesichte» keine Rolle für uns spielen; diese Verirrung ist abgetan und alles, was aus ihr hätte folgen können an vielleicht verhängnisvollen Schritten, von uns abgelehnt, während ich an dem Gedanken an unsern Tod, auch unter der Einwirkung von Weihnachten, nicht mehr vorbeikann; hier kann nur noch Gott retten, ich traue mir die Kraft zur Einwilligung in das Schwerste nicht mehr zu, wohl kann sie aber eines Tages gerade von Hanni und Renerle und dem, was Gott in ihnen wirkt, ausgehen. –

30. Dezember 1941 · Dienstag

Gott, du bist mein Gott, frühe wache ich zu dir. Es dürstet meine Seele nach dir. *Psalm 63, 2*

Es ist alles erledigt, was im alten Jahr noch erledigt sein sollte, an das ja vom Werke her zum ersten Male keine Forderung gestellt war. Schon über diesem Tage liegt die große Feierlichkeit eines in Schmerzen und dennoch in so viel Dank zu Ende gehenden Jahres.
Es ist wie zu der Zeit der Christgeburt: man kann vor auswegloser innerer und äußerer Not nur noch des Wunders harren. Für den Silvesterabend des Kindes ist gesorgt – Hans und Ed Nowak haben uns eingeladen; wären wir auch lieber daheim – für Renerle freuen wir uns.

31. Dezember 1941 · Mittwoch (Silvester)

Bist du doch unser Vater. *Jesaja 63, 16*

Die Bibellesung der Losung für den Silvesterabend ist der 27. Psalm: «Laß mich nicht und tue nicht von mir die Hand ab, Gott, mein Heil!»
Heute lege ich nun meine Soldatenlosung mit all den Eintragungen aus all den Ländern, in die mich der Krieg geführt hat, aus der Hand.
Es hat sehr schwer gehalten, daß auch dieses Jahr auf unseren Weihnachtstischen und denen der Geschwister wie alljährlich das Losungsbüchlein für das neue Jahr lag.

Reif und Nebel, und nach langer Morgendunkelheit ein tiefverhüllter Tag (sechs Grad Kälte). Blumen, Kerzen, Tannengrün sind zur häuslichen Silvesterfeier frisch geordnet, ein letzter Rundgang durchs ganze Haus ist gehalten, alle Unrast daraus verbannt, und frühe kann die feierliche Stille des letzten Tages sich ausbreiten. Die letzten zwölf Stunden brechen an.
Unser Kind kam heim. An einem zauberhaft gedeckten Tisch hielten wir beim Kerzenschimmer unser sehr bescheidenes Silvestermahl; Dämmerung und Feierlichkeit erfüllten die geschmückten Räume. Danach gingen wir zur Jahresschlußandacht, die sehr voll und deren Stärkstes wieder die Schriftverlesung und das gemeinsame Vaterunser war.
Kirchgang im Rauhreif. Auf dem Heimweg für einige freundliche Augenblicke bei Glums.
Dann blieb uns bei der Heimkehr noch eine kleine, stille Weile für unser Kerzenfest, für den Christbaum. Von Mal zu Mal scheint einem dieser weiche Glanz in den alten Räumen herrlicher – es ist die Stunde, zu der unsre sakralen Plastiken ihre höchste Schönheit enthüllen.
Die Silvesternacht war milder geworden, der verhüllte Himmel vom verborgenen Monde erhellt. Über allem stand nur das Bewußtsein, Hanni und Renerle an meiner Seite zu haben.

1942

Wer ist aber, der die Welt überwindet, wenn nicht,
der da glaubt, daß Jesus Gottes Sohn ist

1. Johannes 5, 5

1. Januar 1942 · Donnerstag (Neujahr)

Siehe, ich breite über Jerusalem Frieden aus wie einen Strom.

Jesaja 66, 12

Alles, alles muß G o t t tun.
Das Herz erzittert vor dem neuen Jahr, als habe man eine Weite des Grauens betreten, sei in sie hineingewiesen.
Welches Gewicht haben an diesem Neujahrsmorgen die einzelnen Strophen des Liedes «Nun laßt uns gehn und treten» – gehabt. Der einzige Kalender, den wir heute erhielten, ein Kalender christlicher Soldaten, schließt mit meinem letzten Lied. Um vier begaben wir uns zu einem kleinen Neujahrsdiner zu Schillers.
Es war sehr behaglich bei Schillers, und dennoch blieb das Herz so zusammengepreßt; so blaß, so elend, so appetitlos ist unser Kind, das doch die menschgewordene Lebensfreude war! Es wird sehr schwer, Renerle noch abzulenken.
Zwischen dem Kirchgang und der Neujahrsfeier bei Schillers: noch immer die Briefe.
Ich habe während der ganzen Festzeit die Erfahrung gemacht, daß das Herz in diesen Feiern, die die letzten sein mögen, alle vorangegangenen, von Kindheit an, in Dankbarkeit noch einmal mitgefeiert hat. Das galt auch für diesen Neujahrstag in seiner Zukunftslosigkeit.
Der Aufruf Hitlers zur Jahreswende ist wieder erfüllt von dem

maßlosen Haß gegen das Judentum. Und nun wissen wir ja, durch fast neun Jahre, was jeder solcher Haßausbruch für die Betroffenen an realem Schicksal bedeutete.
Eine Qual ganz für sich ist der unschöpferische Zustand, in den ich seit 1939 geraten bin; also doch, seit es um die Trennung von den Kindern ging, nachdem so viele und so schwere andere Krisen überstanden waren.

2. Januar 1942 · Freitag

> Solches habe ich mit euch geredet, daß ihr in mir Frieden habet. In der Welt habt ihr Angst; aber seid getrost, ich habe die Welt überwunden. *Johannes 16, 33*

In das neue Jahr, sofern es nicht umflossen ist von dem «gottseligen Geheimnis« der Festzeit, vermag man sich kaum hineinzutasten. Ist es denn nur noch ein Zustand des Ausgeliefertseins? Kommt uns Gott im neuen Jahre denn nicht mehr entgegen? Oder heißt er uns denn nicht, zu ihm zu kommen, wie Petrus über das Meer schritt? Es ist ein Gefühl des Versinkens und Zermalmtwerdens zugleich.
Der quälendste Gedanke ist: ich werde bei der Fülle neuer Einberufungen neu eingezogen, während Renerle noch vor der Deportation bewahrt ist – und dann, dann geschieht das Entsetzliche, wir können nicht zusammen sterben.
Oder ist das Jahr unseres Todes da? Oder das Jahr des größten Wunders in unserem Leben? Eine Mitte gibt es wohl nicht mehr – es geht um den Tod oder das Wunder oder die grenzenlose Qual. So gern und willig ich Soldat war – der Gedanke an meine Einberufung hat etwas Furchtbares: denn er umschließt auch nicht die leiseste Hoffnung für Renerle.
Man gerät in einen ganz dumpfen Zustand, der aber scharf geschieden ist von der Ergebenheit in Gottes Willen.

3. Januar 1942 · Sonnabend

> Des Herrn Auge sieht auf die, so ihn fürchten, die auf seine Güte hoffen, daß er ihre Seele errette vom Tode und ernähre sie in der Teuerung. *Psalm 33, 18. 19*

Heute besuchte uns Fräulein Neumann, die Leiterin der aufgelösten Modeschule, auf der Renerle soviel lernte. Fräulein Neumann ist jetzt auch in einem der mit der Evakuierungsvorbereitung beauftragten Büros der Jüdischen Gemeinde angestellt. Ich muß nun die Kopie des Frickbriefes herausgeben, kann es nicht länger hinauszögern. Aber zu Frick oder auch nur Dr. Langsdorff gehe ich nicht, denn natürlich habe ich doch den Brief zu solcher Verwendung erhalten. Und ich möchte nicht eine Situation heraufbeschwören, daß man mir sagt, der Brief könne weiterhin seine Wirkung nicht tun. Die Auswahl für die Deportation ist völlig geheimnisvoll, hinter das System der Reihenfolge nicht zu kommen. – Ich konnte mit dem Einsatz des Frickbriefes auch nicht mehr warten, damit nicht eines Tages seine Wirkung durch einen Ministerschub verloren ist. Noch ist Frick der Innenminister und zuständig. –

7. Januar 1942 · Mittwoch

Ich sehe aber an den Elenden und der zerbrochenen Geistes ist und der sich fürchtet vor meinem Wort. *Jesaja 66,* 2

Meschkes schreiben wieder einen ihrer rührenden Briefe, hinter denen soviel Tat steht. Auch Konsul Hellberg, der engste Freund des schwedischen Ministerpräsidenten, hat für Renerle nichts vermocht.
Renerle wird nun innerlich doch auch recht zum Zerrbild: Hoffnung, Angst, das Bedürfnis, aus ihrem armen Leben herauszuholen, was noch möglich ist, die ständige Gefährdung und Bedrohung.
Jeder Tag bringt neue Hilfsaktionen für Renerle. So ohnmächtig sie erscheinen, so umständlich sie sind, darf ich nichts außer acht lassen. Ich vertraue keinem dieser Schritte. Nun also wieder die Schweiz –. Und ich weiß doch, daß in alledem der Weg nicht mehr da ist.
Über allem entsteht in meiner Arbeit nichts mehr. Das erschöpft mehr als alle Leistung.
Ich bin allmählich verzweifelt, daß in mein Leben keine Ord-

nung mehr zu bringen ist, ohne die Schaffen doch unmöglich ist.
Renerle und ich werden über alledem zum Zerrbild, Hanni nicht. Denn sie hat mit allem Schluß gemacht, und wo Renerle und ich es nicht vermochten, möchte sie es und will nur das eine: daß ich schreibe bis zu dem Tage, an dem alles für uns zusammenbricht.

9. Januar 1942 · Freitag

Es soll geschehen, wer den Namen des Herrn anrufen wird, soll selig werden. *Apostelgeschichte 2, 21*

Bei Baronin Stengel, die die Einreiseerlaubnis in die Schweiz bekommen soll; ihre Reise hat in Wirklichkeit den Grund, die Möglichkeiten der Adoption für jüdische Freunde zu erkunden; sie hat uns selbst angeboten, sich für Renerle mit Tappolets in Verbindung zu setzen. – Auf mich wirkt entsetzlich niederdrückend, daß alle Helfer jetzt immer gleich die ganze Skala auf der Zunge haben: Adoption im Ausland, Scheinehe, andere Vaterschaft.
Noch nie aber habe ich gehört, daß gutsituierte, hilfsbereite arisch-christliche Kreise sich zusammengetan hätten, Juden nach ihrer furchtbaren finanziellen Beraubung mit Subventionen zu helfen, ihnen heimlich Zuwendungen in Höhe des Verlorenen oder auch nur eines Teils des Verlorenen zu machen.

10. Januar 1942 · Sonnabend

Schrecken ist um und um; sie ratschlagen miteinander über mich und denken, mir das Leben zu nehmen. Ich aber, Herr, hoffe auf dich und spreche: Du bist mein Gott! *Psalm 31, 14. 15*

Jeden Tag geht es nun so weiter: Nachrichten über die Bestechungssummen, die an SS-Leute für Arisierungsvorgänge, falsche Pässe gezahlt werden, für illegale Transporte über die Schweizer Grenze; Nachrichten über illegale Vaterschaften, die konstruiert werden; Scheinehe; Adoption; unsinnige Gesuche

an die höchsten Stellen, indiskutables Paktieren mit der Unterwelt. – Was soll das alles uns?
Heute war eine Vikarin bei uns, die, bei Siemens dienstverpflichtet, eine Jüdin dort kennt, die – mit großen Offiziersverbindungen – durch eine Hilfsaktion von Frau Sauerbruch, der Frau des großen Arztes, und Frau Goebbels arisiert wurde. Nun soll ich mich an Frau Sauerbruch wenden. Dabei wird der letzte Schritt doch immer Geheimnis bleiben und bei solchem Ausnahmefall unwiederholbar sein.
Alles dies ist nicht der Weg, der Weg Gottes mit uns vor den Menschen.
Das Ergebnis für mich ist lediglich, daß ich mit drei Schlafmitteln früh um halbsechs noch wach liege und meine Migräne immer quälender wird. Renerle wird nur noch mehr hin und her gerissen.
Anrufe, Anrufe, die mich doch so seltsam erschöpfen. Das «Evangelische Deutschland» schreibt: «Zur kirchlichen Stellung evangelischer Juden haben die evangelischen Kirchen und Kirchenleiter von Sachsen, Hesen-Nassau, Schleswig-Holstein, Thüringen, Mecklenburg, Anhalt und Lübeck eine Kundgebung und entsprechende Kirchengesetze erlassen; die kirchliche Mitgliedschaft von Judenchristen wird danach in den betreffenden Kirchengebieten aufgehoben.»

11. Januar 1942 · Sonntag

Sei nicht ferne von mir, denn Angst ist nahe; denn es ist hier kein Helfer. *Psalm 22, 12*

Bei dem Deportationstransport, der heute nacht nach dem Osten abgeht, hatte Renerle dabei sein sollen. Bei diesem oder dem nächsten.
Renerle ist noch immer sehr angegriffen.
Trotz Gästen war der heutige Sonntag wohltuend still; die Gäste waren Ilse Jonas von Potsdam aus und vorübergehend Frau Marx. Dadurch, daß man nur zuzuhören brauchte, war der Besuch ganz wohltuend, wie sich ja überhaupt diese Bezie-

hung zu Ilse, nunmehr auf Hanni und Renerle ausgedehnt, wohl schon im 20. Jahre bewährt.
Wo man mit Menschen aus der kirchlichen Arbeit spricht, hört man nur von immer größerer Einengung von außen bei immer stärkerem Bedürfnis von innen her.
Wir sprachen auch, theoretisch, über den Selbstmord, und waren uns einig, was alles er an Hinwerfen des Vertrauens, an Auflehnung gegen Gott bedeutet; daß er schwerer wiegt als der Mord, weil man Gott keinen Raum in der Zukunft des eigenen Lebens mehr läßt; daß der Selbstmord von Christen in dieser Zeit das Zeugnis für das Evangelium belastet (obwohl Gott dieser Zeugen nicht bedarf); daß Selbstmord so besonders gefährlich ist, weil er in so erregten Zeiten so leicht um sich greift. Aber eine andere Sünde als alle übrige Sünde ist er nicht. Auch er kann uns von Gott nicht trennen.
Ein sehr bekannter Nervenarzt sagte Ilse Jonas aus den Erfahrungen seiner Praxis: «Für alles, für alles gibt es einen Ausweg. – Nur für die Juden in Deutschland nicht.»
Diesmal, so unglücklich der Moment scheint, habe ich mich Hannis Reiseplänen überhaupt nicht widersetzt, so elend sieht Hanni aus.
Jede Trennung von Renerle hat ein so lastendes Gewicht.
Fräulein Neumann hat mir Renerles Papiere, die Deportation betreffend, von der Jüdischen Gemeinde wieder alle zugestellt und versichert, daß ich jetzt «unbesorgt» reisen könne.
Auch der Gedanke an die Möglichkeit meiner Wiedereinberufung hat den Entschluß zu der Reise mit Hanni mitbestimmt.

13. Januar 1942 · Dienstag (Hirschberg)

> Stricke des Todes hatten mich umfangen und Schrecken des Verderbens hatten mich getroffen; ich kam in Jammer und Not. Aber ich rief an den Namen des Herrn: O Herr, errette meine Seele!
> *Psalm 116, 3.4*

Renerle sagte: «Du kannst dich wohl gar nicht von deinem ‹Häuslin› trennen.» Renerle war über unsere Abreise ganz vergnügt, einfach, weil ihr glückliches Temperament aus jeder Ver-

änderung sich eine Illusion zaubert, diesmal wohl die, Herrin des Hauses zu sein.
Die Reise war nicht so kriegsmäßig wie befürchtet. In Hirschberg wohnten wir im «Braunen Hirschen», wie am 10. Oktober 1940 vor meiner Einberufung, als wir das Haus in Schreiberhau besichtigen fuhren. Das ist wohl der hübscheste Winkel von Hirschberg: der Blick auf die Gnadenkirche, den Friedhof, Pastorat und Kantorat. Und nun hatte es auch frisch geschneit. Die Verdunkelungsdepression, der man an jedem Ort neu erliegt, war bald überwunden. Meine Reisedepression auch, merkte ich doch, wie zufrieden Hanni schon im Zuge war.

14. Januar 1942 · Mittwoch (Hain im Riesengebirge)

Jesus spracht zu ihnen: Was seid ihr so furchtsam? Habt ihr denn keinen Glauben? *Markus 4, 40*

Hanni zog es so nach den Bergen, in die Stille, zur Ruhe, daß wir am Morgen gleich mit der Talbahn – über den schönen Schloßplatz von Warmbrunn – durch einen kalten Wintermorgen durch Schnee, wechselnd Nebel und Sonne, nach «Himmelreich» und von dort nach Hain fuhren, um sogleich vom schönsten Vorgebirgswinter umfangen zu werden. Die Lage von Hain, der kleine, sich mit der gewundenen Bergstraße hochziehende Ort ist sehr viel hübscher, als wir es auch nach Erhards Beschreibungen erwartet hatten. Still und doch nicht ohne Lebendigkeit, freundliches winterliches Treiben. Pferdeschlitten, Hörnerschlitten, großer Friede.

16. Januar 1942 · Freitag

Setzet eure Hoffnung ganz auf die Gnade, die euch angeboten wird durch die Offenbarung Jesu Christi. *1. Petrus 1, 13*

Welcher Winterglanz! Die Tage haben – auch bei unserer Müdigkeit und Resignation und Depression – etwas Mitreißendes. Zudem ist es meine erste wirkliche Winterreise.
Früh mußten wir freilich ins Dorf hinunter, rasch wieder Post an das Kind wegbringen; denn es hatte wieder sehr besorgt ge-

schrieben, da es von der Jüdischen Gemeinde die Aufforderung zur Abgabe von Wintersachen, Skiern, Pelz erhielt.
Wir suchten uns dann einen neuen hübschen Nebenweg zu unserer Höhe hinauf, wohnen wir doch ganz hoch droben im Dorf, gingen auch noch ein Stück weiter hinauf, weil der Ausblick auf den klaren Kamm so großartig war, weil die verschneiten Wälder unter dem blauen Himmel ganz in strahlendem Glanze standen, kein Lufthauch bei der strengen Kälte – 17 Grad – sich rührte. Mittags-, Berg- und Winterfriede von vollendeter Schönheit.
Gleich nach Tische brachen wir wieder auf – selbst Hanni, die so müde ist, ließ es heute keine Ruhe. Wir gingen durch den hohen Winterwald den gemächlich steigenden und fallenden Weg nach Agnetendorf, begegneten im Walde nur Holzfällern mit ihren Fuhren, und ich spüre immer wieder, welche Liebe zu Pferden ich habe, keineswegs nur zum Reitpferd.
Nach einer kurzen Rast im Gasthaus, die Hanni noch ausdehnte, fuhr ich mit einem Bauernschlitten, der mich überholte, hinauf zum Landsitz Gerhart Hauptmanns, der recht erträglichen und, gemessen an heutigen Prominentenansprüchen, bescheidenen Kopie eines Renaissanceschlößchens auf einem dichten, wunderbaren Tannenhügel mit dem Blick hinunter aufs Tal von Agnetendorf, das ja wirklich noch viel mehr ein Riesengebirgsdorf als ein Badeort ist, und dem Blick hinauf auf die Schneegruben. Das Gebirge war blaßblau und stand in völliger Klarheit hinter einem zarten Glast.
Gerhart Hauptmann und Knut Hamsun sind ja wohl die letzten, die das Fluidum der Dichterfürsten umgibt.
Insofern lockte mich ein Besuch auf seinem Landsitz.
Wir hatten in Berlin erwogen, ob wir uns zu einem Besuch bei Gerhart und Margarete Hauptmann ansagten, zu dem natürlich mannigfache Beziehungen vorliegen: über seinen Sekretär; seinen Verleger Peter Suhrkamp, der S. Fischer übernommen hat; über Leo von König, der ihn malte; über Rudolf Alexander Schröder.
Denn daß Hauptmann mich kennt, glaube ich nicht. Wir kamen

aber davon ab: denn Hanni will wenigstens hier einmal keine Menschen; dann sagte ich mir, daß ich ja zu Hauptmann über seine schlesischen Dramen hinaus kein Verhältnis habe; endlich aber verbot es der Respekt vor dem noch immer schaffenden Greis, der nun in diesem Jahr 80 Jahre alt wird. Freilich weiß ich, daß Prominente lieber Störungen als die völlige Wintereinsamkeit auch nur vorübergehend ertragen, und nun gar ein so geselliger Zecher wie der alte Hauptmann.
Vergeblich bemühte ich mich um einen Pferdeschlitten für Hanni zur Heimfahrt. Aber kaum waren wir hinter Agnetendorf in den Wald eingebogen, überholte uns ein junger Bauer im Pferdeschlitten – und nun war's in der weißen Dämmerung eine wunderbare Heimfahrt nach Hain durch Wald und Schnee. Dann stiegen wir durch den sternenreichen Winterabend – welcher Glanz der Venus! – zu «Marthas Höhe» empor. Einem abendlichen Gebirgsdorf gibt auch die Verdunkelung nichts Lastendes. Es ist großer Friede, große Schönheit.

19. Januar 1942 · Montag

Ich habe meine Gerechtigkeit nahe gebracht; sie ist nicht ferne, und mein Heil säumt nicht. *Jesaja 46, 13*

Ich stehe vor der niederdrückenden Erkenntnis, daß ich noch einmal – obwohl ich ganz gewiß über einen Fundus schriftstellerischer Fähigkeiten und Fertigkeiten verfüge – mühselig schreiben lernen muß; – gleichsam in «Etüden». Solche Etüden sind «Ghiorghi» und «Der goldene Berg», für die von innen und außen keinerlei zwingender Anlaß vorliegt, ohne den ich eigentlich nichts mehr schreiben wollte, weil der jeweilige große Buchplan Zwang genug in sich trägt und alles beherrscht. Aber eben, um wieder ein Buch schreiben zu können, bedarf es der Etüden.

20. Januar 1942 · Dienstag

Gottes Gaben und Berufung können ihn nicht gereuen.

Römer 11, 29

Wir haben festgestellt, daß es ein Land- oder Bauernhaus auch hier nicht mehr zu kaufen gäbe. Aber solche Gedanken waren ja

für uns auch nur noch ein schmerzliches Spiel. Stehe ich doch dem Fortgang des Lebens nur noch mit furchtbarer Bedrücktheit gegenüber.
Zwei Briefe von Renerle. Sie berichtet von einem sehr unsympathischen Anruf des Politischen Leiters von Nikolassee, der ja wirklich etwas Teuflisches, Gespenstisches hat. Was für Menschen sollten sich auch für solche Inquisitionsämter sonst hergeben? Und für uns in unserer besonderen Lage ist solcher Mann eben sehr wichtig. Leider verläßt einen das Bewußtsein für das, was in Berlin auf einen wartet, überhaupt nicht. Ach, daß wir nicht wenigstens unser geliebtes Haus für uns selbst haben; daß wir beim Bauen dem Erfolg des «Vater» so wenig trauten. Freilich, nun gibt die Papierknappheit unserer Vorsicht wieder recht.
Für mich bedeutet diese kleine Winterreise das Wiedersehen mit deutscher Landschaft überhaupt. –
Ich war den ganzen Nachmittag und Abend allein im Schreibzimmer und schrieb. Darum geht es ja für mich vor allem: wieder das Gefühl kennenzulernen, stundenlang schreiben zu dürfen. Die Leistung selbst steht noch gar nicht zur Debatte. Dazu bedürfte es eines langen Genesungsprozesses von innen, einer Schonzeit von außen her –!
Wie soll dieser Krieg mit seiner besonderen Last für Hanni, Renerle und mich überstanden werden –! Immer wieder, auf den stillsten und schönsten Spaziergängen schüttelt es einen, was alles geschehen ist, noch geschieht, noch geschehen kann.
Und doch – trotz alles Versagens und Versiegens in einem – dieser unfaßliche Friede mit Gott.

21. Januar 1942 · Mittwoch

> Es sei euch kundgetan, daß den Heiden gesandt ist dies Heil Gottes; und sie werden's hören. *Apostelgeschichte 28, 28*

Renerle schreibt jeden Tag ausführlich; hin und wieder hat sie einen Gast. Heute konnte uns Renerle einen Brief von Brigitte senden, der über Pfarrer Rohr – Schweiz kam. Er muß mehrere Wochen zurückliegen, denn er redet Brigittes Schwiegereltern[130] mit großem Optimismus zu, den Karl – wohl doch noch etwas zu jugendlich mit 32 Jahren – wohl zu weitgehend mit Glaube verwechselt; jedoch glaube ich, daß Brigittes Taufe und kirchliche Trauung gerade unter Karls Einfluß erfolgt ist. Nun haben sie die furchtbare Nachricht von der Deportation der Eltern, dem Tode des Vaters, der Verlassenheit der Mutter im Ghetto von Litzmannstadt noch vor sich.

24. Januar 1942 · Sonnabend

> Freuet euch in dem Herrn allewege, und abermals sage ich: Freuet euch! *Philipper 4, 4*

Sooft Tauf- und Trauspruch einem begegnen, bleiben sie einem die große und besondere Gabe des Lebens.
Des großen Winterglanzes ist kein Ende. Welch wolkenloser, blauer Himmel. Wie umhüllt einen in der strengen Kälte von 20 Grad – die, ohne Schnee, auch Berlin hat – die Sonne mit Wärme. Wir gingen heute vom unteren Dorf her in all dem Mittagsglanz nach Hain hinauf zum grandios vereisten Hainfall – wieder, ohne einem Menschen zu begegnen. Heute redeten die gewaltigen Steine, auf denen oft hohe Tannen und ganze Baumgruppen wachsen, ihre besondere Sprache zu einem. Überall leuchtete der blaue Himmel in die winterliche Waldschlucht. Zum ersten Male rauschte hoch droben Winterwind durch die Wipfel und trug in weichem, glänzendem Wirbel Kaskaden aufschimmernden Schneegestäubes von den Ästen.
Juliane schreibt, daß eine Adoption für Renerle in Schweden ausgeschlossen sei. Söderström, «ehrlich traurig», war mit ihnen anläßlich eines Vortrages zusammen; er will die Bemühungen für Renerle noch einmal aufnehmen; es gäbe jetzt manchmal ein solches Hin und Her in den Maßnahmen; man müsse auf eine andere Welle hoffen; man müsse zur Zeit eben nur warten können. – Er gedenkt, mich wieder in Berlin auf seiner neuen Reise zu sehen.

25. Januar 1942 · Sonntag

> Ein geängstet und zerschlagen Herz wirst du, Gott, nicht verachten.
> *Psalm 51, 19*

Nun ist das Gebirge, sind die Täler, das Dorf von großem Schneefall verschleiert. Vor den einzelnen kleinen Schneeflokken stand man wirklich wie vor großen Wundern: Sterne, ebenmäßige, glitzernde Sterne.
Renerle schreibt uns täglich und scheint sich, während sie doch sonst jede veränderte Situation als etwas Herrliches auskostet, sehr nach uns zu sehnen.
Hanni und ich, so seltsam ist das Schicksal gekommen, sind uns nicht zum Verhängnis geworden, Renerle und ich sind es. Renerle bin ich zum Verhängnis geworden, weil sie, genau spürend, daß sie «das Kind» für mich ist, trotz aller Abenteuerlust und trotz mancher Last, die damals schon hier auf ihr ruhte, meinetwegen nicht mit Brigitte nach England ging; ich zerstörte ihre schönsten Jugendjahre: und das wäre noch die mildeste Lösung, wenn dieser entsetzlichen Jugend noch ein anderes Leben folgte. Renerle aber ist mein Verhängnis, weil in meinen für das Schaffen wohl wichtigsten Jahren alle Arbeit so qualvoll durchkreuzt ist. Hanni aber steht nun mit allem eigenen Unglück zwischen dem besonderen Unheil, das über mich und Renerle hereingebrochen ist und vielleicht sehr bald für uns drei zum Tode führt. Die Mischehe, so sehr ist man nun an das Verzerrte, Quälende gewöhnt, ohne Renerle wäre sie, wie die Dinge bisher sich gestalteten und zur Zeit noch liegen, nicht unerträglich. Was mit Renerle zusammenhängt, das kommt dem Unerträglichen nahe. Das Gewicht solcher Worte hat man nun sehr genau erkannt.
Es ist wie im Felde: auch ohne Gottesdienst, so sehr man ihn entbehrt, verleugnet sich und versagt sich dem Herzen der Sonntag nicht. –
Viel Post, in deren Beantwortung Hanni und ich uns teilen.

27. Januar 1942 · Dienstag

> Saget Dank allezeit für alles Gott und dem Vater, in dem Namen unsers Herrn Jesus Christus. *Epheser 5, 20*

Nun rüsten wir die Heimfahrt. Nach der Weihnachtszeit war die kleine Winterreise wieder ein geschlossener Kreis zu einer Zeit,

von der ich am Ende des vorigen Jahres oft meinte, wir würden in ihr nicht mehr am Leben sein. Ist das wie eine neue Weise unseres Lebens – daß sich noch ein kleiner Kreis an den anderen schließt?
Ich hatte nicht geglaubt, daß wir hier zwei Wochen würden bleiben dürfen, ohne durch eine Schreckensnachricht oder nur einen schwierigen Fall nach Hause zurückgerufen zu werden. –

28. Januar 1942 · Mittwoch (Hain/Nikolassee)

Deine Güte ist besser denn Leben. *Psalm 63, 4*

Sehr freundlicher Abschied. Wir fuhren mit dem Auto, mit einem anderen Hotelgast, nach Hirschberg und wollten in den Antiquitätenläden noch ein paar Kleinigkeiten zum Mitbringen einkaufen, eine solche Minderwertigkeit und solcher Wucher, daß fast mein alter Jähzorn noch einmal auflebte. Sonst schien uns Hirschberg trotz der schönen Kirchenpartie und des Ringes sehr öde, garstig, unfreundlich – die Warenknappheit, die vielen geschlossenen Läden; mit meiner ganzen Liebe zu den schlesischen Kreisstädten stand ich samt Hanni ratlos da.
Um viertelelf abends waren wir wieder daheim – fanden das Haus so schön bereitet vor. Renerle sah ohne Frage wesentlich wohler aus. Es gibt ja wirklich nur die eine große Freude: das Kind, das Haus. –
Wie schön lag bei der Ankunft das weiße Haus im Mondschein da. Man vermag nicht zu fassen, wenn man in die Schönheit und den Frieden seiner Räume tritt, was es umschließt an Angst.

29. Januar 1942 · Donnerstag

Unsre Augen sehen auf den Herrn, unsern Gott, bis er uns gnädig werde. *Psalm 123, 2*

Dr. Kilpper schreibt mir, daß er als Generaldirektor aus der Deva ausscheidet; sein Sohn übernimmt als Geschäftsführer die Verlagsabteilung[131]. So glaube ich nicht gleich an große politische Hintergründe des Vorganges; die schwierige Verlagsführung mag Kilpper, der schon lange rechte Herzbeschwerden hatte, in der Tat überlastet haben. Kilpper schreibt, er betrachte uns weiter als Verleger und Autor; ich vermerke jede Artigkeit besonders gern, aber großen Eindruck macht alles derartige wie dieser Wechsel nicht mehr auf mich.

Auch in all diesen, oft quälenden menschlichen Beziehungen – siehe Haus, siehe Verlag, siehe die große Enttäuschung an der Division, siehe Familie – gilt: «Lasset euch dünken, daß ihr dem Herrn dienet und nicht den Menschen» Epheser 6, 7.

Und hier ist der einzige Punkt, in dem ich Hannis Einfluß nicht nachgeben zu sollen glaube, obwohl ich sehr wohl weiß, daß mir gerade ein guter Schuß Härte fehlt. Die muß ich an wichtigerem Orte beweisen.

31. Januar 1942 · Sonnabend

> Deine Gerechtigkeit steht wie die Berge Gottes und dein Recht wie eine große Tiefe. *Psalm 36, 7*

Ich las die gestrige Führer-Rede, die die alte Sprache redet von der Vernichtung der Juden in Europa. Alles gipfelt in dem Ruf: Munition und Waffen!

Über alledem wurde so friedevoll der Sonnabend-Abend eingeläutet.

Es ist seltsam: Während ich keines neuen Kirchenliedes mehr fähig bin – glaube ich, ließe man mir von außen ein wenig Ruhe, «Das ewige Haus» wie aus einer unauslöschbar eingeprägten Erinnerung schreiben zu können. Es ist hier eben so, daß das fremde Leben, Katharinas, völlig in mir dominiert. Der Technik des Schreibens suche ich mich ja nun seit Hain in den «Etüden» wieder zu vergewissern. –

4. Februar 1942 · Mittwoch

> Fürchtet nur den Herrn und dienet ihm treulich von ganzem Herzen; denn ihr habt gesehen, wie große Dinge er an euch tut.
> *1. Samuel 12, 24*

Juden erhalten nunmehr weder Mehl noch Brötchen noch Kuchen noch Rasierseife.

Bei Todesfällen müssen sie auf die Bestattung in Berlin ein-

einhalb Wochen warten: Überlastung durch die zwanzig bis dreißig täglichen jüdischen Selbstmorde, von denen durch die Isolierung der Juden das Volk nichts erfährt.
In einer Zeit, in der mich so vieles fast zu zerbrechen scheint, kommt immer wieder soviel Bestätigung von der Anhänglichkeit der Kameraden her. Mein Stab lebt also weiter in erträglichen städtischen Verhältnissen. Von meiner Kompanie lebt nur noch knapp die Hälfte. –

5. Februar 1942 · Donnerstag

Gott hat mich lassen wachsen in dem Lande meines Elends.
1. Mose 41, 42

Wie Meschkes aus Schweden, so schreiben auch Tappolets aus der Schweiz, daß eine Adoption Renerles Nationalität nicht ändern würde. – Der undurchführbare Vorschlag, Renerle solle auf ärztliches Attest in ein Schweizer Sanatorium kommen, bleibt so dunkel und verklausuliert, daß ich bei der Schweizer Gesandtschaft nicht einmal Rückfrage halten kann. Wegen eines Passes mich an Frick zu wenden, ist aber überhaupt nicht möglich, wenn ich eine Einwanderungserlaubnis für Renerle in Schweden oder der Schweiz hätte. Zu der Frage nach dem zugesagten Paß kommt es ja nun durch die Haltung dieser Länder gar nicht; insofern würde der sonst einschneidende Ministerwechsel kaum noch eine Erschütterung bedeuten; und der Frickbrief kann durchaus noch weiter seine stille Wirkung tun.
Die elenden, elenden Nächte. Das Herumquälen mit der Arbeit am Tage. Dieses verzweiflungsvolle Entgleiten dessen, was man im Beruf schon fest hatte. Die Last der unerhörten, damit aber nicht erlassenen Gebete, die man durch sein Leben schleppt. Das ergreifende häusliche Glück. Man beginnt, verbringt, beschließt den Tag wie ein Kranker. Dabei altere ich viel weniger als andere Menschen. –

7. Februar 1942 · Sonnabend

Glaubt ihr nicht, so bleibt ihr nicht. *Jesaja 7, 9*

In dieser Woche – obwohl ich nun nahezu von Schlaflosigkeit

reden muß – habe ich endlich mein volles Tagesprogramm einmal wieder regelmäßig durchführen können. Das nimmt mir schon die fatalistische Resignation, es gäbe überhaupt keine Arbeitswoche mehr für mich, sondern nur noch die schweren, quälenden Störungen durch all die sinnlosen und doch unabweisbaren Schritte, zu denen unsere Situation uns zwingt. –

9. Februar 1942 · Montag

Herr, sei mir gnädig, denn ich bin schwach! *Psalm 6,3*

In den kurzen Intervallen, in denen ich nach drei Uhr zu schlafen beginne, muß mich Hanni auch noch immer wieder einmal wecken, so stöhne ich in diesen kurzen Strecken elenden Schlafes.

Heute nacht träumte ich, daß – so wie ich in Rußland planlos Flüchtlingsströme aneinander vorbei aus Städten und in Städte irren sah – in ganz Deutschland, im ganzen besetzten Gebiet alles floh und ratlos umherirrte, hin und zurück, nach allen Richtungen und aus allen Richtungen: Deutsche, Norweger, Polen, Holländer, Franzosen, darunter die Juden all der Völker.

Die Etüde «Ghiorghi» beendet. Einmal wieder etwas beendet. Katharina-von-Bora-Material kann wieder in Erwägung gezogen werden. –

11. Februar 1942 · Mittwoch

Stehe auf, Herr; Gott, erhebe deine Hand, vergiß der Elenden nicht! Warum soll der Gottlose Gott lästern und in seinem Herzen sprechen: Du fragest nicht danach? Du siehest ja, denn du schauest das Elend und den Jammer; es steht in deinen Händen.
Psalm 10, 12–14

Besuch von Frau Bildt. Durch sie erfuhren wir, wie die Sache des Regisseurs Felsenstein weiterlief. Zu Hinkel bestellt, wurde er von Herrn von Loebell empfangen, der auch mit meiner Sondergenehmigungsangelegenheit zu tun hatte. Es wurde nun nicht mehr mit so zugespitzten Drohungen gearbeitet wie gegenüber dem armen Gottschalk; aber L. erklärte, es sei der Wunsch des Führers, daß alle Kulturschaffenden in Mischehe sich scheiden ließen. Felsenstein entgegnete, eher würden wir wohl alle den Weg von Gottschalk gehen. – Seitdem ist nichts mehr erfolgt. Es scheint, als habe Gottschalk und seine Frau mit dem Selbstmord ein Opfer für uns andere Künstlermischehen gebracht, das wenigstens für eine Frist für uns wirksam ist.

16. Februar 1942 · Montag

Fürchte dich nicht, denn ich habe dich erlöst; ich habe dich bei deinem Namen gerufen; du bist mein. *Jesaja 43, 1*

Heute, heute erst habe ich die «Ewige-Haus»-Mappen wieder in meiner Kommode im Arbeitszimmer eingeordnet, habe zum ersten Male wieder Quellen, die bei der Einberufung abgebrochenen, bestellt. Hanni sah es und sagte sehr glücklich: «Endlich.»

Ich will, nachdem zwei Wochen normaler Lebensführung sich als möglich erwiesen haben, nun auch die Arbeit am «Ewigen Haus» wieder aufnehmen. Denn das Stadium, das wir drei jetzt durchleben, betrachte ich als eine uns gewährte Pause unserer Schicksalsschläge. Vielleicht kann auch in Pausen noch etwas entstehen. In jedem Falle, solange Gott unser Leben noch so behütet, besteht die Verpflichtung, es noch einmal mit dem großen Buch zu wagen.

Vorher, seit ich aus dem Felde zurückkehrte, war äußerlich und innerlich, vor allem aber von außen her, keine Möglichkeit dazu. –

19. Februar 1942 · Donnerstag

Der Herr richte eure Herzen zu der Liebe Gottes und zu der Geduld Christi. *2. Thessalonicher 3, 5*

Mit dem Telefon ist es wieder einmal nahezu unheimlich, so viele Anrufe. Ihlenfeld machte mir eine kurze Visite.

Den «Goldenen Berg», den er noch im Manuskript für den «Eckart» mitnehmen wollte, gab ich nun nicht. Auf einem Felde nach dem anderen gilt nun für mich der Rückzug. Das Los, für den Schreibtisch auf ungewisse Zukunft zu schreiben, teilen aber viele deutsche Autoren mit mir, wenn auch vielleicht

bei den meisten der Verzicht nicht so radikal sein muß wie bei mir. Wieder sagte mir Ihlenfeld, ich könnte allein von den Vorlesungen leben. Und: ich könne mir «von der Nachfrage nach dem ‹Kyrie›, für das nun kein Papier mehr bewilligt wird, gar keine Vorstellung machen.» Das ist nun das Schicksal meiner besten Jahre: Verzicht und noch einmal Verzicht.
Schneider, der Weihnachten einen Sonderdruck seiner unveröffentlichten Sonette erscheinen ließ, soll auf Grund dieser Sonette Schreibverbot haben. Nun ist die geistige Freiheit wirklich fast völlig hin, und die Papierknappheit ist zum unfehlbaren politischen Mittel geworden.

25. Februar 1942 · Mittwoch

Dies ist eure Stunde und die Macht der Finsternis. *Lukas 22, 53*

Hitlers Botschaft aus seinem Hauptquartier zum 22. Jahrestag der Parteigründung ist wieder von dem furchtbaren Haß gegen die Juden, von der entsetzlichsten Drohung erfüllt. Und man weiß, was es heißt, wenn dieser Mann droht. – Immer wieder, bis zur Erfüllung unserer Leiden oder zu der Rettung durch Gott (hinter beiden aber stehen keine verschiedenen Ziele, sondern steht nur eines) werden unsere Tage beladen sein mit Angst, Verwirrung, Müdigkeit.
Auf den ihm durch Kurier gesandten Brief hin hat Prof. Burckhardt sich nun gemeinsam mit Tappolets doch noch einmal für Renerle verwendet – selbst ein Burckhardt vergeblich.
Kameradenbriefe, Briefe auch von unseren Offizieren, letzte Bilder von mir als Soldat unter den Kameraden.
Traum: in einer Schlacht wurde der Befehl zum Fliehen gegeben, bei einem furchtbaren Sabotageakt; ich floh – plötzlich mit den toten Eltern, anderen Toten, an denen man hing. Aber Verwundete riefen mich zurück, noch schwerer Verwundete zu bergen – und ich konnte nicht bei den Toten bleiben.

26. Februar 1942 · Donnerstag

In der Welt habt ihr Angst, aber seid getrost, ich habe die Welt überwunden. *Johannes 16, 33*

Es ist nun in wenigen Tagen fünf Jahre her, daß der «Vater» von keinem neuen Buche, außer dem «Kyrie», gefolgt (*«In tormentis»* und «Die Stillen im Lande» gehören zum «Vater»), erschien: ein Gedanke, der mit zu denen gehört, die meine Nächte so verzweifelt machen. Dabei waren diese fünf Jahre, die die Höhe des Lebens bedeuten müßten, erträglich, weil sie ausgefüllt waren von dem wachsenden Erfolg des «Vaters»; sie waren am erträglichsten in den zehn Monaten, in denen ich Soldat war.
Nun reißt der Erfolg, wenn auch nicht die Wirkung des «Vaters» jäh ab; dazu der Verzicht auf jedes andere Hervortreten; und in diesem abgedrosselten Zustand, angesichts all unserer anderen, schweren Belastungen, geht es nun, während wir materiell dabei vom Kapital zehren, das wir im Verlagskonto, Gott sei Dank, schaffen durften, in den nochmaligen, entscheidenden, Jahre einfordernden Versuch, «Das Ewige Haus» als den uns durch nichts ersetzlichen Buchplan durchzuführen; und das in dem Bewußtsein, daß nur tiefgreifende politische Wandlungen das Erscheinen des Buches ermöglichen könnten. Politische Wandlungen! Es geht also schlechthin um eine Wundertat Gottes. –

2. März 1942 · Montag

> Den Frieden lasse ich euch, meinen Frieden gebe ich euch. Nicht gebe ich euch, wie die Welt gibt. Euer Herz erschrecke nicht und fürchte sich nicht. *Johannes 14, 27*

War es einmal Barrabas, der mich in der Passionszeit am stärksten beschäftigte, so ist es nun Pilatus – vor den letzten sieben Worten Christi am Kreuz die letzten sieben Worte der Menschen über Christus.
Hanni ist unterwegs, unterwegs und müht sich, für die Märzgeburtstage etwas herbeizuschaffen, was für Renerle erstaunlicherweise auch gelingt.
Für mich ist es ein ruhiger Arbeitstag. Die abendliche Heimkehr der Frauen erfüllte das Haus mit so besonders spürbarem freundlichem, freudigem Leben! Im Osten immer wieder: «Schwere

Abwehrkämpfe.» Vor einem Jahr begegnete mir der Spruch von dem Engel, der vor mir hergesendet ist. Bin ich nun an dem mir bereiteten Ort? Ist so die Gabe des *deus absconditus*? Der Glaube möchte «Ja» sprechen und danken. Aber die Müdigkeit, die gerade jene Heimkehr bewirkte, will nicht weichen. –

5. März 1942 · Donnerstag

Da sie hörten, daß der Herr die Kinder Israel heimgesucht und ihr Elend angesehen hätte, neigten sie sich und beteten an.

2. Mose 4, 31

Unseres Kindleins 20. Geburtstag! Unter wie namenlos schweren Zeichen, die kaum ertragbar wären, stünde über ihnen nicht das Zeichen des Kreuzes. Ich hatte nicht geglaubt, daß wir Renerles 20. Geburtstag erleben.

Rosen, Tulpen, Nelken, Freesien und Osterglocken schmücken das Geburtstagszimmer und die Tafel für Renerles Gäste, zur abendlichen Einbescherung und Feier, wenn das Kind aus dem Dienst kommt. Zwei rote Lichtlein – für jedes Jahrzehnt eines: mehr war nicht möglich.

Um halb sieben ging ich das Geburtstagskindlein, immer noch in starkem Wind und Schneefall, abholen. Es kam aus dem Dienst, beide Arme voller Blumen von seinen armen Kollegen und Kolleginnen.

So fand nun in der Dämmerstunde die Einbescherung im Barockzimmer statt; auch Hilde war schon erschienen. Hanni und Renerle haben sie zu meiner Freude sehr gern um sich, und Hilde feiert doch so furchtbar gern Familienfeste mit. Und das war es ja nun wirklich; für mich besonders schön, da ich doch voriges Jahr so fern war. Hilde nahm als einziger Gast an dem kleinen Geburtstagsessen teil; und danach gab es im Geburtstagszimmer einen kleinen Empfang für die Gratulanten, ganz wie Renerle sich solche Feierlichkeit vorstellt: die Damen im Abendkleid, die Männer in Schwarz, (unser letzter) Sekt im Stehen gereicht. Daran schloß sich ein sehr behaglicher und heiterer Abend. Im Refektorium waren zwei bezaubernde Teetische gedeckt. Bore hatte wieder gezeigt, was sie durch ihr Sparen und

Einteilen noch zu backen vermag, und die Festlichkeit war erhöht durch die vielen schönen Blumen, die noch gebracht worden waren: Rosen, Tulpen, Primeln, Narzissen, Mimosen. –

12. März 1942 · Donnerstag

Die Blinden will ich auf dem Wege leiten, den sie nicht wissen; ich will sie führen auf den Steigen, die sie nicht kennen.

Jesaja 42, 16

Heute schreibt mir Professor von Soden, der Marburger Kirchenhistoriker: «Käte Staritz ist am 4. März hier im Auftrag der Stapo verhaftet worden. Die Gründe sind nicht bekannt geworden, ebenso wenig die Stelle, von der der Auftrag ausging.» ... «Hier in Marburg ist nichts geschehen, was zu ihrer Verhaftung Grund geben könnte; es sei denn, daß es ihr zum Vorwurf gemacht würde, daß sie neben ihren theologischen und sprachlichen Studien im Kindergottesdienst und im kirchlichen Religionsunterricht ausgeholfen und in der hiesigen Frauenhilfe wie im Evangelischen Frauenbund je einen Vortrag über biblische Themata gehalten hat.»

Ob es solche «illegale» kirchliche Tätigkeit der in Schlesien vom Amte suspendierten Vikarin ist, ob es Schneiders Versendung von Privatdrucken heute nicht zu veröffentlichender Gedichte ist – hier steckt das gleiche Problem.

Dies ist nicht Gottes Weg, uns zu Bekennern und Märtyrern zu machen. Wir müssen lernen, daß Gott auch ohne uns wirken kann. Wissen wir, was Gott in uns wirkt, indem er uns zu dieser Zeit Schweigen auferlegt? Auch Hanni, die so temperamentvoll, so gradlinig, so entschieden, so kämpferisch, so rechtlich denkend, so aktiv ist, stimmt vorbehaltlos mit mir überein: für uns und die in irgendeinem Sinne unsersgleichen sind, heißt es schweigen, tragen, warten; und nicht hoffen auf das Irdische. Im Irdischen kann uns Gott zugrunde gehen lassen; er hat es je und je auch an den Frömmsten getan. Es steht bei ihm, wodurch er wirken will.

Noch ist es aber in uns völlig ungeklärt, ob die Ruhe und Geduld aus der Vorbereitung auf den Selbstmord als *ultima ratio* kommt oder aus dem Glauben. – Ich möchte meinen: von uns aus der Vorbereitung auf den Selbstmord; von Gott aus aber ist auch dies Führung zum Glauben hin.

16. März 1942 · Montag

> Ihr werdet meine Zeugen sein – bis an das Ende der Erde.
> *Apostelgeschichte 1, 8*

Gerade angesichts eines solchen Wortes erschrecke ich manchmal vor dem Gedanken, jene Zurückgezogenheit, Zurückhaltung, jenes Schweigen, die ich mir auferlegte, seien schon der Anfang der Herauslösung aus dem Leben (die etwas so Ersehntes wäre, stünde sie für uns drei unter dem «Komm, lieber Jüngster Tag!»). Ihlenfeld in mancher Sorge wegen der immer weitergreifenden Konversionsbewegung gerade im Umkreis unseres «Eckart»; und diesem Faktum steht nicht ein einziger Übertritt vom Katholizismus zum Protestantismus gegenüber. –

18. März 1942 · Mittwoch

> Ich freue mich im Herrn, und meine Seele ist fröhlich in meinem Gott; denn er hat mich angezogen mit Kleidern des Heils und mit dem Rock der Gerechtigkeit gekleidet. *Jesaja 61, 10*

In diesem Schriftwort klingt das ganze Torgauer Schlußkapitel des «Ewigen Hauses» an!
Die seit meiner Heimkehr von uns immer wieder hinausgeschobene Einladung bei Glums. Dort war eine Absage auf die Dauer nicht möglich. Auch hatten sie uns mit Guardini eingeladen, der ja im katholischen Berlin, nicht nur im wissenschaftlichen, eine so große Rolle spielt. Ein anderer Gast, auch Dozent, trat weniger hervor. Die Begegnung mit Guardini durchaus lohnend, trotz unserer grundsätzlichen Skepsis gegenüber allen Prominenten-Begegnungen.
So ungern ich dies mag, ging das Gespräch – fast unausweichbar und unabweisbar – auf ihn und auf mich über, weil es von ihm aus sehr bald die katholisch-protestantische Irenik[132] der Gegenwart berührte.
Ich empfand wieder die ganze Tragik der protestantischen Posi-

tion – dies viel mehr als eine etwaige Ungleichheit der Dialogfähigkeit zwischen dem alten und dem jüngeren Mann, der alten und der jungen Kirche. Jene bange Frage taucht für den Protestanten immer wieder auf: «Ist, was ich nicht preisgeben kann, nun wirklich biblisch bestimmt – in tieferer Auslegung, als der Katholizismus sie besitzt – oder aber etwa ‹nordisch, deutsch›?»
Eins glaube ich fest: das Bild, das der Katholizismus vom gläubigen Menschen besitzt, ist nicht der Sünder unter der Gnade, wie er uns in der Bibel begegnet. Dem sind wir Protestanten näher. Der Katholizismus tritt uns heute sehr milde, achtungsvoll und bußfertig entgegen. Aber Einigung, die er so nennt, kann für ihn immer nur unsere Rückkehr sein. Wir begegnen dem Katholizismus mit liebevollem Respekt.

22. März 1942 · Sonntag (Judica)

Dein Licht wird hervorbrechen wie die Morgenröte, und deine Besserung wird schnell wachsen. *Jesaja 58, 8*

Ein Geburtstag, wie man ihn sich nur vorstellen kann und kaum zu wünschen wagt, so strahlend, so feierlich! Welche Reinheit und Klarheit! Der Himmel blau, der letzte Schnee im Schmelzen, weiße Birken, dunkle Kiefern leuchtend, keine Kältegrade, reine Luft.
Als die Morgenglocken läuteten, gedachte ich des Geläutes der Dorfkirche neben dem rumänischen Gutshof im vorigen Jahr, dem ersten Rastort auf dem Balkanvormarsch. Den ganzen Tag vor einem Jahre fuhr ich durch ödes, fremdes Land.
Indessen hörte ich die Frauen schon Blume auf Blume, im Keller bereitgehalten, heraufholen, und um neun Uhr fand die Einbescherung statt. Mein ganzer Schreibtisch war von einem Goldregenstrauch überkrönt, von Blumen umstellt, deren nun vom Morgen bis zum Abend immer mehr wurden, zumal ich diesmal fürs Gärtlein beschenkt wurde und auch noch einen großen Rhododendronstrauch und eine Zwergzypresse bekam. So voller Blumen waren wohl unsere Räume doch noch nie: Nelken, Mimosen, Tulpen, Anemonen, Maiglöckchen, Krokusse, Azaleen, Osterglocken, Hyazinthen – tiefblau, meine traditionellen Ge-

burtstagsblumen –, Amaryllis; und nun wiederum Nelken und Tulpen in Rosa und Rot und Weiß, Gelb, und Osterglocken in besonderer Fülle. Allein von den Blumen ging etwas so Beschwingendes aus! Hanni hat doch noch ein Buch der Le Fort und eine neue Biographie Moritz' von Sachsen auftreiben können; Renerle hat zwei herrliche große Fotos von sich machen lassen; Noten des Orgelauszugs aus meinen «Badener Liedern». Zu meiner Freude erhielt ich auch noch drei Kunstbücher: Menzel-Faksimiles; ein Leo-von-König-Buch; Passionsdarstellungen.

Es war ein Tag, ganz unter dem Zauber erster Frühlingssonne; des Morgens war ein schwebender Glast um die Blumen und Gaben; des Mittags alles verklärendes, erfüllendes Scheinen; des Nachmittags brachen breite Strahlenbahnen all des Glanzes durch die Gartentüren in das Geburtstagszimmer, lagen über dem Tisch der Gäste, dem anmutigsten, Frühling atmenden Teetisch.

Und was bedeutet es, daß an die Einbescherung und das Familienfrühstück mit den alten Beuthener Tassen sich der Kirchgang am Geburtstagsmorgen schließen konnte. Den Gottesdienst hielt heute P. Lilge. Sein Mittelpunkt war, obwohl nicht der Text der Predigt, das Wort Jesaja 42, 1.

Um dreiviertelsechs begann der «Empfang« für unsere Gäste, eine hübsche Form der Geselligkeit, die wir gewählt haben, seit eine große, zentrale Festmahlzeit für mehrere Gäste nicht mehr möglich ist. Durch Hannis unerschöpfliche Fähigkeit, Geschenke und Päckchen konnten wir die Gäste, die mich so reich beschenkten, sehr vielseitig und aufmerksam aufnehmen. Der Kreis war klein, aber Renerle war begeistert, zumal sie nicht ahnte, was wir an kleinen Überraschungen bereit hatten. Die Stimmung war so lebhaft, so herzlich; es wurde Mitternacht, bis wir uns trennten.

Den ganzen Tag über ging es nicht aus dem Bewußtsein, daß ich ihn daheim, mit Hanni und dem Kinde feiere – den Geburtstag, von dem ich gemeint hatte, daß ich ihn nicht mehr erlebe. Nun bin ich im 40. Jahr –! Und nur der «Vater» und das «Kyrie» –!

Welches Geschenk macht Gott uns immer noch und immer wieder in unseren Festen, vornehmlich in seinen Festen. Denn über dem heutigen Sonntag lag schon so viel Österliches. –
Am Abend, als das Kind sich schon gelegt hatte, sagte Hanni, der Gedanke an den Selbstmord rücke ihr immer ferner; wir müßten alles tragen, alle drei, auch Renerle, bei der doch noch mehr natürliche Hoffnung sei als Glaube. Das kann aber nur der Glaube: einwilligen in die entsetzlichsten Möglichkeiten des Lebens, und ich kann nur warten, was Gott in Renerle wirkt; und damit in mir, nun es in Hanni geschehen ist.

3. April 1942 · Karfreitag

Herr, gedenke an mich! *Lukas 23, 42*

Die befriedigende Lektüre dieser Feiertage: Gertrud von Le Forts «Schweißtuch der Veronika». Immer klarer spüre ich die Grenze zum Katholizismus. Diesen Feiertag verleben wir drei ganz für uns. In den Stunden, die nicht dem Familienleben und dem Gottesdienst gehören, Arbeit am Schlußabschnitt des «Goldenen Berges». Alles andere ruht über das Fest.
Wenn je die furchtbarste Stunde der Versuchung zum Selbstmord kommen sollte, vor der eigener Entschluß uns nicht bewahren kann, vermag auch nur das Gebet des Karfreitag uns zu retten:

«... so tritt du dann herfür;
wenn mir am allerbängsten
wird um das Herze sein,
so reiß mich aus den Ängsten
kraft deiner Angst und Pein.»

Stiller Abend am Schreibtisch, Hanni bei mir; Renerle hatte sich frühe schon wieder gelegt. –

9. April 1942 · Donnerstag

Erzeige dich gegen die, so von Anfang dein Eigentum gewesen sind; und erfülle die Weissagungen, die in deinem Namen verkündigt sind. *Sirach 36, 17*

Die Tage recht fest in der Hand, das Herz aber gar nicht.
Unter dem Zerrbild Europas, unter den Leiden der Menschen unter dem Kriege, unter dem grandios geführten deutschen Kriege, auf dem aber der Makel des Raubzuges lastet, würde man viel mehr leiden, wäre nicht alles in den Schatten gestellt durch die nicht endenwollende, wachsende Qual des Judentums. – Nun beten viele für die Juden.
Was die deutsche Habgier ist, das weiß ich nun aus der Gegenwart und der Reformationsgeschichte zugleich. Die deutsche Grausamkeit habe ich vordem nicht gekannt.
Der Patriotismus macht in dieser Zeit einen ähnlichen Läuterungs- und Vertiefungsprozeß durch wie der Glaube.
Heute ist's ein halbes Jahr her, daß ich heimkam. Wieviel ist in diesem Zeitraum erlebt, wie wenig geschaffen. –

12. April 1942 · Sonntag (Quasimodogeniti)

> Eure Augen haben die großen Werke des Herrn gesehen, die er getan hat. *5. Mose 11, 7*

Die Kirche wieder voll, wie an einem hohen Feiertag, und weil ein Jugendkreis in unserem Gemeindehaus tagte, war's endlich mal ein großes, starkes Singen, das sonst in der Nikolasseer Gemeinde leider fehlt.
Ich ahnte nicht, daß diese Jugendtagung eine gewisse Bedeutung für mich erlangen würde. Als ich die Kirche verließ, kam ein junger Soldat auf mich zu, der mich fragte, ob ich nachmittags zu den Jungen ins Gemeindehaus herüberkommen würde, nun man mich in der Kirche gesehen hätte, bei ihr zu lesen oder zu sprechen. Dies mußte ich ja wieder ablehnen. Die weitere Frage war, ob die Jungen, die den «Vater» und das «Kyrie» gelesen hätten, mir einen ganz kurzen Besuch machen dürften, da es für sie eine solche Überraschung war, daß man mich im Gottesdienst sah. Das konnte ich gern zugestehen.
Es kam ein größerer Kreis sympathischer Jugend. Und nun erfuhr ich, daß auf die Frage, wer mein Leser sei, sich von den reichlich 100 Jungen 99 gemeldet hatten. Da mußte man den Kreis sehr begrenzen; aber die anderen seien sehr enttäuscht

gewesen und ließen mich sehr bitten, doch wenigstens als Gast eine Viertelstunde an ihrer Bibelarbeit teilzunehmen. Ich war so inkonsequent, dies zu tun, weil die Jungen im Hause einen so sehr guten Eindruck machten. Aber ich ahnte nicht die Begrüßung; solches Trampeln habe ich in Kollegs nur selten gehört; auf solche Freude war ich nicht gefaßt. Ich habe auch nur ganz kurz gedankt – denn man empfand ja nur Liebe und Scham – und einige Worte gesagt von der Frömmigkeit der Soldaten, nun ich unter so vielen sauberen, frischen Jungen stand, die über der Bibel saßen, und dies, Jungen über der Bibel, war der entscheidende, der ergreifende Eindruck. Es wird nicht enden – nein, es wächst. Diese Jugend, die sich da über der Bibel zusammenfand, ist eine von Staat und Partei überbeanspruchte Jugend.

15. April 1942 · Mittwoch

Der Herr tut nichts, er offenbare denn sein Geheimnis den Propheten, seinen Knechten. Der Herr redet, wer sollte nicht weissagen? *Amos 3, 7. 8*

Ich denke an Vaters Geburtstag in Beuthen.
Ich schreibe konzentriert, doch innerlich unbeteiligt an «Die Ströme» und «Der goldene Berg». Am «Ewigen Haus», das allein mich beschäftigt, kann ich das zweite Kapitel noch nicht beginnen, weil mir immer zu viele Einzelfiguren fehlen; auch stärkste Begrenzung der Quellen führt noch nicht zum Ziel.
Lotte Staritz ist noch immer Stunde um Stunde unterwegs. Ich konnte ihr wenigstens die Verbindung zu dem Dezernenten im Kirchenministerium herstellen, der, ohne daß man darum wußte, Kätes Fall bearbeitet. Die Gestapo scheint sie in das Frauenkonzentrationslager Ravensbrück in Mecklenburg gebracht zu haben.

27. April 1942 · Montag

Ihr sollt erfahren, daß ich der Herr bin. Ich rede es und tue es auch, spricht der Herr. *Hesekiel 37, 14*

Besuch des schwedischen Legationspfarrers Forell, der mich für morgen zu einer Zusammenkunft bat, was ich nicht abschlagen mag, da er nach wie vor darüber grübelt, wie wir Renerle nach Schweden bringen. In Schweden selbst durch seine ungewöhnliche Kenntnis der deutschen Verhältnisse noch einen letzten Versuch zur Hilfeleistung an den deutschen getauften Juden zu machen, ist der Hauptgrund, aus dem er nun Deutschland verläßt. Über die Ohnmacht, in der die Hilfsbereiten sich befinden, ist er recht verzweifelt. Von den Schweden sagt er, daß sie einfach die deutschen Verhältnisse nicht mehr überblicken, das Martyrium, das vor sich geht, nicht im entferntesten ermessen können.

28. April 1942 · Dienstag

Ich bin gekommen, daß sie das Leben und volle Genüge haben sollen. *Johannes 10, 11*

Im Pfarrhaus der Schwedischen Kirche. Begegnung von Deutschen, Schweden, Dänen; von Deutsch-Russen; von Katholizismus, Protestantismus und Ostkirche. Theologen, Physiker, Ärzte, Diplomatie und ich für die Literatur. Der Kronprinz von Sachsen. Das Ganze viel leichter tragbar als sonstige Zusammenkünfte, auf denen gar so hilflos geredet wird: denn im Mittelpunkt stand der ganz ausgezeichnete Vortrag eines deutschrussischen, griechisch-orthodoxen Kunsthistorikers über die Ikone, der auch meine Vortragsmüdigkeit besiegte; nun war ja, nach Rußland, Rumänien, Bulgarien, dieses Thema für mich ganz besonders geeignet. Am besten ins Gespräch kam ich mit Almqvist, dem Ersten Legationssekretär der hiesigen Schwedischen Gesandtschaft, einem ungemein gebildeten, bescheidenen jungen Mann, der, am Anfang seiner Karriere, müde der heutigen Diplomatie, sein Hauptinteresse nur noch findet in der Religiosität der unglücklichen Völker Europas. Dies lag sehr stark über der Stimmung des Abends: das bürgerliche Pfarrhausbehagen schwedischer Prägung, jenes leichte Timbre des Diplomatisch-Gesellschaftlichen, die spürbare Ohnmacht der letzten neutralen Mächte; im Mittelpunkt der gestürzte Fürst im Priesterkleide, Pater Georg.

Haupteindruck: auf welch hohen Voraussetzungen des Religiösen und Ästhetischen Vortrag und Gespräch von vornherein mühelos aufgebaut werden konnten; was heute die Kirchen voneinander wissen und aneinander verehren. Über alledem wird mir der Protestantismus immer klarer, in dem allein ich mich als der Sünder ganz verstanden fühle.

Manchmal ist mir jetzt, als sei der einzige Halt und Kern dieses unglückseligen Europas allein wieder die Kirche, auch diese schuldbeladene, so oft versagende Kirche. Aber hier ist etwas, über das zwischen den Völkern als eine Substanz und Existenz gesprochen werden kann.

Das Ganze hat mich wieder maßlos angestrengt, so daß sich schon dadurch meine Zurückhaltung bedingt, zumal ich jede Nacht wieder drei Schlafmittel brauche. Zur Geselligkeit veranlagt, fehlt mir doch die Kraft und Fähigkeit, sie in mein halbzerstörtes Leben einzubauen. Auch scheint sie mir nicht mehr der schweren Zeit gemäß. Diese neue, gerade aus dem Ernst der Zeit erwachsend scheinende Geselligkeit aber ist nicht ohne Gefahr: die Empfänge im Hause Kracker-Schwarzenfeld; die Abende der «Weißen Blätter»; die Autorenlesungen bei dem kulturpolitischen Redakteur der DAZ – dies alles scheint mir doch ein politisches Forum derer, die heute beiseitegestellt sind und bereitgehalten werden sollen. Ich gehe nicht gern zu Zusammenkünften, auf denen gebeten wird, die Namen der Anwesenden zu vergessen. Dort ist nicht mein Platz, wie ich auch niemals zu denen gehören werde, die man bereithält. – Für die Kirche aber bin ich niemals bereiter, als wenn ich still am Schreibtisch bleibe.

7. Mai 1942 · Donnerstag

> Es ist umsonst, daß ihr früh aufstehet und hernach lange sitzet und esset euer Brot mit Sorgen; denn seinen Freunden gibt er's schlafend. *Psalm 127, 2*

Nun ist's ein Jahr her, daß die letzten 20 000 «Vater» angekündigt wurden. Und nun steht man schon tief in dem großen Vacuum.

Die innere Last der Tage wird von Woche zu Woche größer.

Man staunt, daß man noch lebt. Aber innerlich ist es nur ein Vegetieren. Ich werde nicht mehr fertig mit den Belastungen unseres Lebens, wobei mir in jedem Augenblick bewußt ist, was Hanni, Renerle und mir noch gewährt ist. Aber die Kreise des Unglücks, die um einen gezogen sind! Und nur Perspektiven des Unglücks vor einem: das Ende des Krieges nicht denken zu dürfen!

Können Schmerz und Angst so verkapseln, daß man, sie als unentrinnbar in sein Leben einsetzend, wieder schaffen kann? Aber dies alles ist nicht die Weise, wie Christus heilt, der ja gewußt hat, daß wir in der Welt Angst haben. –

14. Mai 1942 · Donnerstag (Himmelfahrt)

> Unser Wandel ist im Himmel, von dannen wir auch warten des Heilandes Jesus Christus, des Herrn. *Philipper 3, 20*

Bei der Lektüre von Schneiders neuen kleinen Novellen wurde mir klar: er in diesen Novellen und ich in meiner Schrift vom christlichen Roman haben einen Schritt getan, der an die Grenze der christlichen Kunst führt, und die wir ungestraft nicht überschreiten dürfen. Wir haben von der Kunst etwas preisgegeben, was der Glaube gar nicht von uns fordert, vielmehr verweist er uns darauf zurück; aber aus uns selbst können wir dieses blühende, freie, schöpferische Künstlerische gar nicht wiedererlangen. Beide nehmen wir eine eigentümliche Zwitterstellung ein; beide sind wir in der Gefahr des Verlöschens, nur daß hinter Schneider schon ein großes Werk steht. Seine äußeren Schicksale sind sehr viel leichter als meine; von den inneren meine ich, daß sie genauso schwer sind; die, die das eigenste Ich angehen. Jener Schleier, der über sein ganzes Wesen gebreitet ist, verrät mir viel.

16. Mai 1942 · Sonnabend

> Ich schreie mit meiner Stimme zu Gott; zu Gott schreie ich, und er erhört mich. *Psalm 77, 2*

Den ganzen Tag über kam Besuch, der aber mehr Hanni galt als mir; darunter die arme Trude Weill, die nun schon die Listen des

Eigentums abgeben mußte; das ist das letzte Stadium vor der Evakuation.
Zu einem Abendessen in kleinem Kreise bei dem Ersten Legationssekretär der schwedischen Gesandtschaft, Almqvist, der in seiner bescheidenen und für die tieferen Aspekte so aufgeschlossenen Art auch Hanni gut gefiel; außer uns nur noch einer der schwedischen Attachés mit seiner Frau, Baron und Baronin Essen. Einladungen um Sonnabend und Sonntag nehmen wir ja an, und Einladungen in Gesandtschaftskreisen zudem wagen wir Renerles und der Verbindung mit Brigitte wegen, trotz allen Enttäuschungen und Einsichten, nicht abzusagen. Es war eine durchaus intensive Unterhaltung möglich. Den Schweden, mit denen ich zu tun hatte, kann man nicht absprechen, daß sie sich große Mühe geben, durch das heutige Deutschland hindurch das eigentliche Deutschland zu erkennen. –

17. Mai 1942 · Sonntag

Fürchte dich nicht; denn von dem ersten Tage an, da du von Herzen begehrtest zu verstehen –, sind deine Worte erhört.

Daniel 10, 12

Heute erhielt ich vom Wehrmeldeamt einen Fragebogen, der nach ziviler Dienstverpflichtung für die Wehrmacht aussieht. So scheint dies die Lösung für die aus dem Heer entlassenen Männer in Mischehe zu werden. Angesichts des jüdischen Schicksals nimmt man alles wortlos hin. – Möge Gott nun wachen über der Arbeit am «Ewigen Haus», nachdem fünf Jahre verloren sind! Über dem Leben der Deutschen ist soviel Angst und Zwang. – Jener unheimliche Gedanke, daß das Buch, wenn Deutschlands Schicksal sich nicht wandelt, nicht erscheinen kann.

24. Mai 1942 · Sonntag (Erster Pfingstfeiertag)

Wir sollen im neuen Wesen des Geistes dienen. *Römer 7, 6*

Nun habe ich alle Feste wieder daheim verlebt: Weihnachten, Ostern, Pfingsten!
Es war wieder ein großer Kirchgang über die mailiche Rehwiese,

mit mancher Begrüßung und Austausch der Pfingstgrüße, wie sie auch die Post vor dem Aufbruch gebracht hatte, namentlich Soldaten- und Pastorenpost.
Die Kirche war sehr voll, der Altar mit hohen Birken und Flieder geschmückt; auch hat die Kirche immer noch Kerzen. P. Wieses Predigt zählte diesmal wieder zu seinen besten. Die drei großen Lieder: «Komm, Heiliger Geist, Herre Gott!», «Nun bitten wir den Heiligen Geist» und «O Heiliger Geist, kehr bei uns ein.»
Danach ein großes Abendmahl. Wir waren mit Renerle zum Abendmahl. Ich denke jetzt oft, vielleicht weiß Gott längst, daß wir auch im Schwersten in seinen heiligen Willen eingewilligt haben, und wir selbst ahnen es noch nicht, vermögen noch nicht zu begreifen, was er allein wirken kann.
Der Spruch, den P. Lilge mir heute sandte, hat sich diesem Pfingstfest besonders eingeprägt: «Ich werde nicht sterben, sondern leben und des Herrn Werk verkündigen.» Psalm 118, 17.

30. Mai 1942 · Sonnabend

> Seine Zeichen sind groß, und seine Wunder sind mächtig, und sein Reich ist ein ewiges Reich, und seine Herrschaft währet für und für. *Daniel 3, 33*

Bei den Herren Andrews und Steiner (Dietrich Reimer-Verlag), die in der herzlichsten Weise bereit waren, mich bei sich dienstverpflichten zu lassen. Auch sie sahen die Sache als sehr dringlich an, denn zum Ersatz für die vielen, vielen neu zur Wehrmacht Einberufenen werden alle verfügbaren Berufe, alle, deren Arbeit nicht unmittelbar kriegswichtig ist, «ausgekämmt für den kriegswichtigen Einsatz». Und nun noch meine militärische Situation. Ich soll *pro forma* als Lohnbuchhalter verpflichtet werden, werde aber als solcher gar nicht ausgebildet, sondern soll zur 100-Jahr-Feier des Verlages im nächsten Jahr die Geschichte des Verlages schreiben und – vor allem! – im Interesse meiner eigenen Arbeit nur halbtags beschäftigt sein oder nur einen Tag um den anderen. Das ist über alles Erwarten. Andrews stellt sogleich fest, ob diese Verpflichtung zu meinem

Schutz rasch geschehen muß, oder ob ich noch einen Spielraum habe, der eine übereilte Prophylaxe (gegen die ich so sehr bin) überflüssig macht.
Bei Dr. Pratje, dem Direktor der Märkischen Kabelwerke, der mich auch sogleich für einen Büroposten diestverpflichten lassen will. Zum ersten Male lernte ich einen – sehr kultivierten – Leser aus der Großindustrie kennen. Wir einigten uns, daß er erst etwas unternimmt, wenn das Projekt Dietrich Reimer-Verlag scheitern sollte. Es kam aber auch ein sehr freundlicher Anruf von einem Direktor (und seiner Frau) der Hollerith-Gesellschaft, der durch Prof. Glum von meiner Dienstverpflichtungsangelegenheit gehört hatte und mir auch sogleich einen Posten anbot. Dieses Entgegenkommen, diese sofort funktionierende Hilfsbereitschaft ist über alles Erwarten. Auf einem solchen Gebiete hatte ich dies nie erwartet. Die Haltung von Steiner und Andrews aber, die so an den Schutz meiner eigenen Arbeit denken, bewegt uns sehr. Bei der Deva sind inzwischen jene 10 000 «Vater» erschienen, die als offizielle Auflage[133] nicht in Erscheinung treten und einfach noch unter dem 65.–85. Tausend mitlaufen, eine große finanzielle Hilfe, sind doch nun die Steuern dieses Jahres gedeckt.
Von überall erreichte uns heute die Nachricht, daß wieder 400 Juden ins Konzentrationslager gebracht sind. 250 von ihnen sollen erschossen sein. Die Gründe sind unbekannt.
Hanni bei Trude Weill, die sich für Montag früh zur Deportation bereitzuhalten hat. Es ist so furchtbar, dies aus der Nähe mitzuerleben. Eine sechzigjährige, kranke Frau, der ihre Söhne schon genommen sind. Wohin, wohin führt dieser Weg des Grauens? –
Welche Gebete haben wir in diesen Jahren lernen müssen! Und noch schweigt Gott.
Hanni kommt der Gedanke, die Dienstverpflichtung – wenn Andrews' Plan sich durchführen läßt – könne mir sogar dazu verhelfen, daß ich wieder mehr am «Ewigen Haus» arbeite. Denn nun könnte ich alles absagen, wäre dem Telefon entzogen, könnte die Korrespondenz mit glaubhafter Begründung absagen.

Denn wir würden nichts darüber verlauten lassen, daß es sich um eine Halbtagsbeschäftigung handelt.
Welche Hilfe Gottes wäre dieser Ausweg, nun meine Arbeit noch einmal von neuem so gefährdet ist. Wenigstens die Vorarbeiten für das «Ewige Haus», das ich nicht aufgeben kann, durchführen dürfen! Noch einmal heraus aus diesem entsetzlichen Zustand, daß Jahr um Jahr unter furchtbarem Druck vergeht, ohne daß noch etwas entsteht!
Herz, Geist und Wille sind über Deutschland und dem Judentum fast am Zerbrechen. Aber noch immer rettet Gott uns drei, hindurch – durch all die furchtbaren Gesetze und Maßnahmen, die so unausdenkbar sind. Noch weiß niemand, was mit den Deportierten geschieht.
Von den Bekenntnistheologen ist Prof. Günter Dehn nach Verbüßung seiner Gefängnisstrafe nicht freigelassen, sondern ins Konzentrationslager gebracht worden.
Gefangene, Deportierte – was ist aus den Menschen um uns geworden.
Und die Mahnung dieses grauenvollen Krieges bleibt ungehört.

1. Juni 1942 · Montag

> Wer den Herrn fürchtet, der darf vor nichts erschrecken noch sich entsetzen; denn er ist seine Zuversicht. *Sirach 34, 16*

Andrews' Erkundungen beim Arbeitsamt haben ergeben, daß er mich rasch verpflichten soll. Zum 15. Juni. Es geht nun nur noch um die Zustimmung des Arbeitsamtes.
Renerle ist heute wieder im Dienst. Sie kam gleich wieder in so trübe Eindrücke hinein.
Hanni war bei Frau Berger, um zu fragen, was aus Trude Weill geworden ist. Heute früh um halb acht ist sie von einem Kriminalbeamten zur Deportation abgeholt worden.
Und nichts deutet in den Menschen darauf hin, daß diese Prüfungen ein Ende nehmen könnten. – «Welt war Welt, Welt ist Welt, Welt bleibt Welt.»

11. Juni 1942 · Donnerstag

Laß mich frühe hören deine Gnade; denn ich hoffe auf dich.
Psalm 143, 8

Ich habe Verzicht geleistet auf alle Kunst, außer einem Minimum alter, sakraler Musik, das zu entbehren mir noch sehr hart ankäme, auch wenn ich sofort an das Los der musikalischen Juden denke; ich habe Verzicht geleistet auf alle Wissenschaft, einschließlich der Theologie, sofern sie nicht meinen engsten Arbeitsbereich berühren; Verzicht auf Reisen; Verzicht auf die Vorlesungen und Vorträge vor meinen Lesern; Verzicht auf die Pflege aller beruflichen Beziehungen. Verzicht auf Gesellschaft; Verzicht auf Sprachen; Verzicht auf Klavierspiel; fast alle Lektüre; Verzicht auf alle Abwechslung: und das alles war nicht imstande, meine Arbeit vor der Zerstörung durch diese Zeit zu retten –.
Bleiben die ältesten Freunde; und neu: die Kameraden. Aber auch hier ist nun die Frage dringend geboten: Wem liegt ernstlich an mir? An wem ist umgekehrt mir gelegen?
Und so wird man auch hier sehr bald zu einer vorerst zwar noch schmerzlichen, zugleich aber schon dringend gebotenen negativen Entscheidung kommen müssen. Ich will ja niemand wiedersehen; und will selbst verborgen bleiben, wie es nur sein kann. Ich will nur noch mein Buch sehen, manchmal kommen jetzt auch Hanni Zweifel, ob es je entsteht; und dies ist doch ihr Buch. Nein, nicht noch diesen Zweifel, der an unsere ganze Existenz rührt, zu allem Schweren, das Hanni zu tragen hat. –

17. Juni 1942 · Mittwoch

Du bringst dich in Unglück; denn dein Heil steht allein bei mir.
Hosea 13, 9

Jeder Tag, den ich nun unerwarteterweise noch ganz für mich haben und zu Hause verbringen kann, ist ein großes Geschenk. Und in diesen Tagen herrscht auch gerade Stille vor Menschen, Anrufen, Post, und ich sehe, wie ein allein der Arbeit bestimmtes Leben sein könnte.

Es kann nicht anders sein: Gott muß mein Leben zurückreißen zu sich; ich kann es ihm nicht darbringen. Wie aber soll es geschehen ohne die Einwilligung in das Leben, die mir noch immer so schwerfällt, daß ich sie mir in Gedanken an neue Prüfungen nur unter furchtbaren Beängstigungen vorzustellen vermag. Mit jenen Prüfungen meine ich immer wieder: Hanni und Renerle.

In den Verlust meines Berufes und meines Talentes habe ich längst gewilligt und glaube, daß Gott diese durchaus nicht von mir fordert, sondern daß solche Einwilligung vielmehr eine Flucht bedeutet. Denn es ist viel schwerer, in die Fortführung meines Berufes zu willigen.

Die politische und wirtschaftliche Zukunft aber scheint nur Bitteres zu verheißen, ja fast Unerträgliches für die, welche im allgemeinen Schicksal noch ein besonderes Schicksal trifft.

Was aber bedeutet ein Sieg der Russen! Man braucht nur das Einzelgebiet des kirchlichen Schrifttums herauszugreifen, um sich recht konkret vorzustellen, daß hier wie dort furchtbare Gefahr droht und wie erschreckend die Parallelen sind.

Denn daran scheint doch wohl kein Zweifel: im Falle eines feindlichen Sieges muß England Deutschland der russischen Politik überlassen, weil nur durch Rußland solcher Sieg möglich wäre. Aber alle Prognosen und Kombinationen sind Torheit; vor uns liegt ein einziges, undurchdringbares Dunkel, das heute schon jeden unserer Tage einfordert.

20. Juni 1942 · Sonnabend

> Er wird auftreten und weiden in der Kraft des Herrn und im Sieg des Namens des Herrn, seines Gottes. *Micha 5, 3*

Gestern Anruf des Arbeitsamtes, heute Anruf Andrews' nach mehrmaligem Verhandeln mit dem Arbeitsamt: die Dinge sind wirklich zu Tode organisiert; über lauter Organisation ist nicht vom Fleck zu kommen. Jetzt geht es darum, welches denn mein eigentlicher Hauptberuf sei, auf den das Arbeitsbuch auszustellen ist. Obwohl ja darüber keine Zweifel bestehen dürften, ist darüber auch diese Woche vergangen. Das soll mir sehr recht

sein, wenn nicht eines Tages die «Abtretung» durch das Wehrbezirkskommando an das Arbeitsamt, die doch an sich schon läuft, schon akut wird, ehe ich «freiwillig» – denn das ist es formal ja noch – dienstverpflichtet bin.
Aber von dieser Woche darf ich doch endlich wieder einmal sagen, daß sie eine Arbeitswoche war.
Auch die größere «Übungsarbeit» «Der goldene Berg» ist nun unmittelbar bis zum Abschluß geführt.
Und immer weiter: Nebenfiguren zum «Ewigen Haus». Hätte ich Sorglosigkeit, Friede, unbegrenzte Zeit und Geld: diese Studien sind keine Flucht in meiner heutigen Situation; sie blieben auch in jener idealen Situation unerläßlich. Die Menschen des Buches um Luther und Katharina leben noch nicht. Es liegt ein Trost darin – im Hinblick auf meinen geistig zermürbten Zustand –, daß, auch bei strenger Selbstprüfung, diese Quellenarbeit noch sein muß. Und welche Hilfe, daß ich sie finanziell noch aushalten kann. –

20. Juli 1942 · Montag

> Du bist der Geringen Stärke, der Armen Stärke in der Trübsal, eine Zuflucht vor dem Ungewitter, ein Schatten vor der Hitze.
>
> *Jesaja 25, 4*

Antritt im Reimer-Verlag, Beginn meiner Dienstverpflichtung. Ganz gewiß ein neuer Abschnitt, so leicht mir auch alles gemacht wird. Aber gegen die Depressionen, die mich sonst angesichts alles Neuen befallen, bin ich diesmal gewappnet; sehe ich doch die Dinge *sub specie belli.* – Freundlichste Begrüßung; ich solle überzeugt sein, daß der Verlag genauso wie ich von unserer Abmachung profitiere, so freue man sich, daß ich ihm seine Hundertjahrschrift schreibe. – Um bei Arbeitskontrollen über ein Sachgebiet mich wirklich ausweisen zu können, habe ich einen kleinen Sektor aus der Tätigkeit des jungen Andrews als «Abrechner» (Kartenaufträge der Marine, des Verkehrsministeriums, der Institute für Raumplanung und Bodenforschung) wirklich übernommen: eine Stunde am Tag. Drei Stunden arbeite ich an dem Buchauftrag – dann ist mein Dienst beendet, für

den ich mir die Zeit von acht bis zwölf und die Tage Montag, Mittwoch, Freitag gewählt habe. Nur in dieser ersten Woche gehe ich jeden Tag hin. Was das bedeutet; mir bleiben ganze Tage daheim, mit Morgenglockengeläut und morgendlichen Gartenstimmungen! Nicht jeden Tag in die vollen S-Bahn-Züge, die häßliche Stadt.
Vor dem Aufbruch noch ein wunderlicher Besuch. Ein Pfarrer aus dem Warthegau kam, ganz unangemeldet, um «mich zu sehen und mir zu danken», und brachte mir ein Weißbrot. Von der Lage der Kirche in diesen Ostgebieten sagte er, wenn dies ein Experiment sei, das nach dem Kriege auf das ganze Reich ausgedehnt werden solle, so gnade uns Gott. Die Kirche dort ist nur noch auf freiwillige Gaben der Gemeinden angewiesen und aller öffentlichen Geltung beraubt. Ich sehe in diesem harten Weg aber auch viel Positives. –

9. August 1942 · Sonntag

Wir sind Kinder der Heiligen und warten auf ein Leben, welches Gott geben wird denen, so im Glauben stark und fest bleiben vor ihm. *Tobias 2, 17. 18*

Ich sah das private Foto der letzten Plastik der nun fünfundsiebzigjährigen, fast gelähmten Käthe Kollwitz: das erschütternde Antlitz eines von der Zeit, aller Zeit vernichteten Menschen. Politisch quält man Käthe Kollwitz nicht, aber finanziell geht es ihr sehr schlecht. Wir werden uns sogleich erkundigen, ob etwas für sie geschehen muß.
Nachricht von Käte Staritz aus dem Konzentrationslager: »Ich gehe hin in Frieden und sorge nicht und vertraue, daß der mir bisher von einem Tag zum anderen geholfen hat, das auch weiter tun wird. Ihr könnt darüber, wie über die Arbeit, beruhigt sein. Auch bin ich nicht ohne kleine Freuden.» Daß man ihr Gehalt gesperrt hat, und zwar das Breslauer Konsistorium, scheint sie noch nicht zu wissen, denn sie verfügt darüber.
Das Kind hat Sonnabend wie Sonntag hübsch eingeteilt, nahm das Mittagbrot mit uns ein und geht abends mit uns zu Almqvists. Es war ein feierliches Abschiedsessen in kleinem Kreise

für Legationspfarrer Forell und Frau Forell, die man beim zweiten Male nun doch als ein echtes Original schätzen lernte, urwüchsig, vital, gescheit – und von welch einer Liebe zum eigentlichen Deutschland! Dem Renerle haben wir mit diesem Abend etwas sehr Schönes geboten: das für uns Deutsche nahezu sagenhafte Souper, die edlen Weine; der reizende kleine Barockspeisesaal in dem Graf Goltzschen Hause in Dahlem, das Amlqvists jetzt bewohnen; die in Schwedisch, Deutsch, Französisch und Englisch geführte Unterhaltung, die wirklich Gespräch und nicht Konversation war und zum Teil bestimmt war durch die persönliche nahe Bekanntschaft mit heute führenden Männern in der ganzen Welt; der schöne Abend in dem dunkel werdenden Garten; der Ernst, die Liebe, das tiefe Verständnis, die in diesem Kreise für alle Fragen der Kirche herrschen, der Kirche in dieser aufgewühlten, undurchdringlich dunklen Zeit; die Hilfsbereitschaft, mit der dieser unser schwedischer Kreis immer wieder Renerles Angelegenheiten bei seiner Regierung in Angriff nimmt (doch vermögen uns solche Aussichten nicht mehr zu bewegen). Wie müssen sich heute neutrale Diplomaten durch einen Hohlraum beinahe völliger Isolierung tasten, bekommen sie doch nur noch eine Fassade gezeigt. Von der Zukunft Europas wird nur mit der tiefsten Sorge gesprochen.

18. August 1942 · Dienstag

> Wir treffen das kaum, was auf Erden ist, und finden nur schwer, was unter den Händen ist; wer will denn erforschen, was im Himmel ist? Wer will deinen Rat erfahren? Es sei denn, daß du Weisheit gebest, und sendest deinen Heiligen Geist aus der Höhe.
>
> *Weisheit 9, 16. 17*

Die Deportationen verdichten und beschleunigen sich wieder; ein Kollege von Renerle mit zweijährigen Zwillingen; Harald von Koenigswalds Mieter, ein zweiundachtzigjähriger Rechtsanwalt, dessen Sohn (Mischling) im Weltkrieg gefallen ist.
Tante Paula, mit 82 Jahren, nach einem Leben so voller Glanz, deportiert! Und wie noch bei der Deportation die Familien aus-

einandergerissen werden. Und von den bereits Deportierten keine Nachricht.
Auf der Arbeit lasten die hausväterlichen Pflichten für Haus und Garten sehr; und im Kriege ist doch keine Hilfe zu bekommen.
In unseren Gesprächen und Gedanken kommen wir von dem Grausigen, das an uns geschieht, nicht mehr los. Fast tritt dahinter der Gedanke an die Verwundeten und Gefangenen zurück; so entsetzlich ist diese kalte, organisierte, erdachte, im Programm eines Jahrzehnts entwickelte Grausamkeit.
Allmählich zerstört es einen ganz und gar. –

24. August 1942 · Montag

> Die Elenden werden wieder Freude haben am Herrn, und die Armen unter den Menschen werden fröhlich sein in dem Heiligen Israels. *Jesaja 29, 19*

Die schweren, schweren Angstträume, immer wieder von Zwangstrennung, Deportation und SS, von denen jeder so leicht Wirklichkeit werden könnte, lasten oft über dem ganzen Tage. Man geht nicht nur geängstigt und gebeugt durch die Tage, sondern auch durch die Nächte und erwacht vor Entsetzen, wie schwer und fremd das eigene Leben geworden ist.
Ruhe zur Arbeit, aber der Kopf sehr verstört.

25. August 1942 · Dienstag

> Warum währt doch mein Leiden so lange, und meine Wunden sind gar so böse, daß sie niemand heilen kann? Du bist mir geworden wie ein Born, der nicht mehr quellen will. *Jeremia 15, 18*

Am Abend bei Almqvists. Da dies eine der ganz seltenen Einladungen ist, die Hanni gern, das Kind aber besonders gern annimmt, habe ich mich nicht gesperrt, obwohl sie in die Woche fällt.
In der DAZ las ich, daß in einem Konzert Lieder von mir, «sehr schöne Verse», in der Vertonung von Micheelsen, die ich nicht kenne, gesungen wurden. Ehe wir zu Almqvists fuhren, kam nach einem sehr dringlichen Telefongespräch Ihlenfeld noch zu mir heraus: es läuft wieder eine große Aktion gegen die christ-

lichen Verleger, die einen schon für ein Jahr ins Gefängnis gebracht hat. Auch Ihlenfeld ist in großer Sorge. Wer muß sich nicht heute alles bangen! –

26. August 1942 · Mittwoch

Wir wollen täglich rühmen von Gott und deinem Namen danken ewiglich. *Psalm 44, 9*

Nachmittags kamen Almqvists plötzlich heraus. Er will endlich genau wissen, was für Renerle in Stockholm nun wirklich geschehen ist, da die Gesandtschaft Informationen hat, nach denen nun die Deportationen noch mehr beschleunigt werden sollen. Er telefoniert heute mit Söderström und Forell, der inzwischen schon in Schweden ist. Und er will – da er noch einige Tage Urlaub hat – nach Stockholm fliegen, um Klarheit für Renerle zu gewinnen. Unser Herz weiß von nichts Sichtbarem mehr, aber das ändert nichts an unserer Dankbarkeit.
Es ist nicht etwa die Erschütterung, die auf den Berichten lastet. Diese sollte es sogar mehr, viel mehr sein. Aber eher beginnt der Krieg zur Gewohnheit zu werden, für Heer und Volk.
Von Tag zu Tag werde ich gebeugter und müder.
Von den Juden ist das Gebot der Frucht der Leistung genommen. Da ist nur noch Überwinden der maßlosen Leiden dieser Zeit. Mein Leiden ist noch nicht von solcher Art, ist noch zu deutlich davon abgegrenzt. Ich muß noch weiter. –

27. August 1942 · Donnerstag

Die den Herrn fürchten, glauben seinem Wort –, bereiten ihr Herz und demütigen sich vor ihm und sprechen: Wir wollen lieber in die Hände des Herrn fallen als in die Hände der Menschen; denn seine Barmherzigkeit ist ja so groß, wie er selber ist.
Sirach 2, 18. 21–23

Von dem Wenzelschen Pfarrhaus her, beim Abschluß einer Tagung der – schwer bedrohten – Inneren Mission tönt der große Lobgesang herüber in den großen Glanz des glühenden Nachmittags. Welches Leuchten. Welcher Friede. Und der Krieg. Und die Deportationen. Almqvist, der weder Söderström noch jemand aus der Umgebung des zuständigen Sozialministers erreichte, noch Forell, ist heute um halb drei dennoch nach Stockholm geflogen, natürlich auf unsere Kosten; er hat keine Ruhe mehr – unter dem Eindruck der Informationen, die der Schwedischen Gesandtschaft über die Deportationen zugingen. Der erste, der spontan zu helfen sucht. –

1. September 1942 · Dienstag

> Deine Hand schütze das Volk deiner Rechten und die Leute, die du dir fest erwählt hast. – Laß uns leben. *Psalm 80, 18. 19*

Drei Jahre Krieg. Und für uns waren sie noch mehr als Krieg. Auch der heutige Aufruf zum vierten Kriegswinterhilfswerk von maßlosem Haß gegen die Juden. Die große Last muß weitergetragen werden; aber als Künstler versage und versiege ich nun völlig. Dabei leide ich noch besonders darunter, daß Hanni nichts von dem von ihr so ersehnten Bora-Manuskript zu sehen bekommt; dies würde ihr über die ganze, schwere äußere Berufsstockung hinweghelfen. Es ist doch ihr Buch! –
Almqvist ist aus Stockholm zurück. Ich sollte gleich abends zu ihm kommen. Das entscheidende Ergebnis von Almqvists Flug für Renerle nach Stockholm: starker Verdacht, daß der Preis für Fricks Hilfe und Schutz die Verpflichtung zur Spionage ist!
Gerade von Forell befürwortete deutsche Juden in Stockholm in Spionageaffären verwickelt: wohl durch Drohungen bei ihrer Abreise, daß man ihre Angehörigen als Geiseln in Deutschland habe.

2. September 1942 · Mittwoch

> Ich bin bei dir, spricht der Herr, daß ich dir helfe. *Jeremia 30, 11*
> Und der zweite Losungsspruch dieses Tages:
> So sei nun stark, mein Sohn, durch die Gnade in Christus Jesus!
> *2. Timotheus 2, 1*

Ich drohe an der nicht mehr von mir erfüllbaren Forderung meines Lebens zu zerbrechen, nachdem ich durch die Angst um Hanni und Renerle schon gebrochen bin.

Ich habe wieder den ganzen mir gehörenden Tag gebraucht, um die von Almqvist noch gewünschten Unterlagen zusammenzustellen. Auch dies habe ich nur noch mechanisch getan; Hanni wollte selbst dies nicht mehr. Renerle ist zu jung, um nicht getroffen und enttäuscht zu sein, so tapfer sie alles trägt, was auch Almqvists so bewundern. Aber es ist wohl die Jugend, nicht der Glaube. – Renerle brachte Almquists abends noch alles Aufgezeichnete in die Wohnung. Das wollte er. So sehr fürchtet auch ein ausländischer Diplomat heute in Deutschland Post und Telefon.

11. September 1942 · Freitag

Stärket die müden Hände und erquicket die strauchelnden Knie!

Jesaja 35, 3

«Information» durch unseren Anwalt RA Wergin: Bis zum November sollen alle Juden aus Deutschland deportiert sein; das Gesetz über die Mischehen will der Führer erst nach dem Kriege unterzeichnen.

Almqvists baten in Renerles Sache wieder zu sich. Hanni fuhr nach der Heimkehr des Kindes und unserer Mahlzeit mit Renerle zu ihnen, damit ich an meinem Schreibtisch bleiben könne. Es hat sich nichts ereignet: Gesuche, Formulare, Fotos – alles, was schon einmal in Stockholm war. –

16. September 1942 · Mittwoch

In der Not rufe ich dich an; du wolltest mich erhören. *Psalm 86, 7*

Der Herbst ist meine Zeit. War so auch die Entwicklung meines Lebens angelegt, daß sein Herbst erst seine Akme[134] brachte? Auch der «Vater» und «Ewiges Haus» waren Herbst-«Pläne»; selbst der kleine «Kahn» war ein Herbstbuch. An manchem Tage zittert das Herz von früh bis spät unter der großen Last, die es zu tragen hat.

Sollte ich mit Hanni noch jemals frei werden von dem Gedanken an den Selbstmord – über den Renerle immer oberflächlicher hinzuleben sucht, wie sie uns jetzt überhaupt trotz unseres glücklichen Zusammenlebens mehr entgleitet –, so wird sich, glaube ich, meine Einstellung zum Selbstmord grundsätzlich nicht mehr ändern. Er ist vergebbare Sünde wie alle andere. Gott hat nur «eine Sünde» ausgenommen: die gegen den Heiligen Geist. Auch dieses Wort bleibt in Ewigkeit. Daß man der Sünde im Sexuellen (Zeugung) und dem Selbstmord (Tod) ein solches Übergewicht gegeben hat, kommt lediglich davon her, daß man alle «übrige Sünde» nicht groß genug ansieht; vielleicht, weil das Spannungsverhältnis zwischen anderen «Sündenpaaren» nicht so wirkungsvoll ist wie der Gegensatz Zeugung–Tod. Vor Gott gelten solche Unterschiede nicht; er hat nur jenen einen Unterschied gemacht.

Oft erstaune und erschrecke ich darüber, ein wie dünner Wall (von Gott her) zu durchbrechen ist zu jenem «Ich bin hindurch», mit dem ich aus dem Felde heimzukehren meinte. Aber menschlich gesehen ist es die völlige Auslieferung an die völlige Qual, über der dann nur noch die jenseitige Botschaft von Weihnachten, Karfreitag, Ostern und Pfingsten steht. –

27. September 1942 · Sonntag

Gott, mache dich auf und richte die Erde! *Psalm 82, 8*

Am Hause Gottes hat das Gericht schon angefangen. Wie läßt auch jeder Gottesdienst es spüren! Doch war es wieder ein größeres Abendmahl (wir gehen zum Abendmahl nur Weihnachten, Ostern, Pfingsten und zum Reformationsfest, wobei Ostern zugleich Renis und meinem Geburtstag und das Reformationsfest Hannis Geburtstag gilt), in den Hauptgottesdienst eingebaut.

Wir gingen mit Glums heim, besichtigten bei ihnen eine einzigartige gotische Plastik: Ruhe auf der Flucht, die sie im Tausch gegen ein romantisches Gemälde (Kügelgen) erworben haben.

An diesem Sonntag ist's dem Tage nach ein Jahr, daß ich meine bittere Heimfahrt von Rußland antrat; welch ein Jahr liegt hinter mir – das schwerste meines Lebens; und die Zukunft verspricht keine Erleichterung. –

Zur Glumschen gotischen Plastik: komme ich noch mit Kunst rezeptiv in Berührung, bin ich mit einem Male wieder ganz Künstler. Was aber die Lähmung und Zerrüttung – denn nicht

weniger ist es – des Produktiven angeht, so denke ich jetzt manchmal an den schwachen Trost, daß der Weltkrieg – der ihm doch persönlich nichts auferlegte – Rilke zehn Jahre verstummen ließ; und dann brach das Schöpferische noch einmal so neu und voll hervor. Das gebe mir Gott. Und was umschließt diese Bitte für unser dreier Leben.
Im Frieden des Sonntagnachmittags Anruf des Politischen Leiters, des alten, entsetzlich gespenstisch wirkenden M., «wegen Ergänzungen von Hannis und Renerles Personalien», das bedrückt immer sehr, obwohl es gefährlich erst wird, wenn man auch von anderen gleichgelagerten Fällen dasselbe hört. –

29. September 1942 · Dienstag

Er offenbart, was tief und verborgen ist. *Daniel 2, 22*

Und verbirgt in der Tiefe, was so offenbar schien.
An Hannis und meinem Zustand zeigt sich, daß der Mensch dies beides nebeneinander nicht kann: für das Leben für nahe und ferne Sicht sorgen und gleichzeitig den Tod vorbereiten. Man sorgt und ordnet in beidem – und doch ist's tiefste Unordnung und ohne Boden unter den Füßen. Wir finden aber keine andere Lösung mehr.

6. Oktober 1942 · Dienstag

Du bringst dich in Unglück; denn dein Heil steht allein bei mir.
Hosea 13, 9

Ich habe alle offiziellen Reden gelesen, die zu Beginn des neuen Kriegswinters gehalten wurden, die Hitlers, Görings, Goebbels', Ribbentrops, und mir ist bange vor dieser Sprache.
Zum Tee Renerles frühere Modeschulleiterin Fräulein N., deren 71jährige, kranke Mutter jetzt deportiert ist. Tag um Tag bricht das Schwere auf einen ein.
Wir haben noch keinen Menschen gefunden, uns eingeschlossen, an dem spürbar würde, daß Gott sein Werk in all dem Schweren durchzusetzen vermöchte: Welt war Welt, Welt ist Welt, Welt bleibt Welt. Was, was muß Gott geschehen lassen, bis wir uns endlich zu ihm allein finden? –

8. Oktober 1942 · Donnerstag

Gib mir, mein Sohn, dein Herz, und laß deinen Augen meine Wege wohl gefallen. *Sprüche 23, 26*

Jede Einzelheit des Vorjahres steht einem vor Augen: Der Jahrestag meiner Rückkehr aus Rußland. –
Oktavia von Moltkes Schwiegervater, Professor Burkheiser in Würzburg, hat uns dort ein Zimmer beschaffen können, so daß wir nun nach Würzburg fahren, und zwar heut in einer Woche. Für mich ist Würzburg ja eine ganz neue Welt, und Hanni, soweit dies noch für uns möglich ist, scheint sich zu freuen; auch bei mir ist ja nun die krankhafte Abneigung gegen das Reisen, seit ich aus dem Felde zurück bin, ganz überwunden.
Gerade jetzt, vor der Reise und Hannis Geburtstag, ein so beruhigender, ausführlicher, konkreter Brief von Brigitte, der es auch gesundheitlich vor der Niederkunft weiter so gut geht. Wie schwer ist solcher Brief für Renerle; wie schwer für sie schon unsere Reise. Aber Hanni tut sie sehr, sehr not.

12. Oktober 1942 · Montag

Nach dir, Herr, verlangt mich. Mein Gott, ich hoffe auf dich; laß mich nicht zu Schanden werden! *Psalm 25, 1. 2*

Am Montag kommt Renerle immer ganz besonders angegriffen aus dem Dienst: da stürmt nach der Pause des Sonnabendnachmittags und -abends und des Sonntags all das jüdische Unglück immer wieder von neuem, verstärkt auf sie ein. Juden, die nicht durch privilegierte Mischehe geschützt sind, bekommen nun überhaupt kein Fleisch mehr. Von Gemüse nur ganz wenig. Es ist nicht zu sagen, wie elend sie durch Kummer, Angst und Hunger aussehen.

15. Oktober 1942 · Donnerstag (Würzburg)

So richtet nun euer Herz und eure Seele, den Herrn, euren Gott, zu suchen. *1. Chronik 22, 19*

Um vier aufgestanden, bei dem Frühstück im durchwärmten, blumengeschmückten Häuslein noch einmal seine ganze Schön-

heit empfunden, von der ich mich doch nur so schwer trennen kann, daß erst die harte Kur der Soldatenquartiere nötig war, um mich überhaupt erst einmal von der Reisepsychose, die zum größten Teil eine Hotelpsychose ist, zu kurieren. Denn vor der Erschöpfung durch neue Eindrücke brauche ich mich bei meiner müde gewordenen Produktivität ja nicht mehr zu fürchten. – Ich wünschte, ich dürfte es wieder.
Ein großer Eindruck der Bahnhof in der Morgenfrühe: die S-Bahn-Züge und die Vorortzüge schon voller Bevölkerung, die zur Arbeit fahren; die ungeheure Anzahl von Soldaten, die ruhig und geduldig auf ihre stark verspäteten Fronturlauberzüge warten; der Zug nach Paris; der Zug nach Krakau.
Der Andrang zu unserem D-Zug war mäßig, so daß wir zu Recht III. Klasse gelöst hatten; denn Reise-Erfahrene hatten uns gesagt, daß heute die II. Klasse voller besetzt sei, daß die Leute das Geld nicht mehr ansehen.
Wir durchfuhren noch einmal Nikolassee, und dann ging an blauem Himmel über den Wäldern groß und strahlend die Sonne auf, der blaue Himmel des Mittags und Vormittags hatte weiches, seidiges, weißes Gewölk. Die Wälder in erster Färbung des Laubes, für die Wintersaat frischgepflügte Felder, noch sommerlich grüne Weiden zu den herbstlichen Bäumen, viele Schafherden; Stimmungen, Tönungen und Färbungen, die an den frühen Frühling gemahnten. Die schönste Landschaft der Reise, Thüringen um Oberhof, wurde zur Wetterscheide. Der Tag umhüllte sich, Nebel zog um die hohen, hohen Tannen. Stimmung wie vor einem großen Regen, auch als wir nach fünf Uhr in Würzburg eintrafen, mit nur geringer Verspätung.

16. Oktober 1942 · Freitag

Ich bin mit dir gewesen, wo du hin gegangen bist. 2. *Samuel 7, 9*

Nach dem Frühstück machten wir uns zunächst einmal auf den Weg, uns Karten für die nächsten beiden Konzerte zu sichern, einen Beethoven-Klavierabend und eine Aufführung von Händels «Herakles». Dabei überließen wir dem Zufall, was sich uns von der Stadt bereits präsentieren würde. Und der erste Anblick der Höhen mit dem Käppele und der Feste Marienburg, der Mainbrücke mit den Heiligen, der Residenz, der Domschulstraße, in die nichts Neues sich zu drängen vermocht hat, ist ja ganz gewiß etwas, daß solche Reise auch im Kriege lohnt: denn einmal ist ja wohl in dieser Stadt, deren Häuser den Heiligen gehören, die Weite des Himmels und der Erde begriffen worden. Die Gegenwart bot von der vielgepriesenen Beschwingtheit Würzburgs nichts.

Die Stadt wirkt vital, die Menschen scheinen nicht unfreundlich, sehr primitiv und recht provinziell. Hin und wieder das fränkische Gesicht alter Plastiken, aber sehr, sehr selten.

Ich muß eine Stadt in ihren Häusern kennen. Ich bin dem Haus zu sehr verschrieben. Auch darum ist es so furchtbar, daß das «Ewige Haus» so schleppend und gequält entsteht. Entsteht es denn noch? Gibt Gott mir mein Werk und mich dem Werke zurück? Kann diese Reise etwas dafür bedeuten? Und kann noch irgend etwas für mich Bedeutung erlangen, was nicht in diese Frage eingeht?

Wenn ich die Lösungen meines Lebens überdenke, so sage ich von neuem Ja zu Nikolassee in seiner Verbindung mit Potsdam als der Lebensform, in Berlin zu leben. Auch Hanni rückt hier der Gedanke an die Wahlheimat am Main, in ihrer fränkischen Heimat, wieder ferner, wie uns ja überhaupt das ganze Problem der Wahlheimat unlösbar scheint. Auch hier geht es nur mit der starken, vielleicht sogar strengen, Führung durch Gott.

Für mich war es nach wie vor ein großer Schritt, aus dem Bannkreis von Oder, Elbe, Havel herauszugehen: aber es gilt doch Deutschland.

So sehr wir unter allem Störenden leiden, sind wir all der großen reichen Schönheit der berühmten Partien Würzburgs voll aufgeschlossen. Die Kirchenfassaden, die Tönungen des roten und gelben Sandsteins tun dem Auge noch in der abendlichen Erinnerung wohl. Das Südliche der hohen, weiten, festlichen Häuser hat uns stark gefangen. Aber noch will das Herz durchaus nicht weit werden und kann sogar das Gefühl einer leisen Enttäuschung nicht ganz überwinden.

Am Nachmittag in der Residenz mit all ihren Vorzügen und Nachteilen des Rokoko, das wir ja so in uns tragen, daß uns Neues durch Würzburg nicht vermittelt werden kann. Das Schönste der Innenbesichtigung: die Blicke in den Hofgarten in der Laubfärbung und dem Leuchten noch vieler Blumen.
Tröstlich ist, daß man die katholische Stadt doch noch dann und wann spürt: die vielen Priester und Schwestern im Straßenbild, die brennenden Weihkerzen vor den Altären, das häufige Läuten sanfter Glocken. Mehr ist es nicht.
Die schöne Stadt aber, die wir suchen, ist nicht zu finden.
Es gibt das – unleugbar vorhandene und begeisternde – Schöne nur in der Entstellung durch den Makel und den Frevel und die tiefe, tiefe Unordnung. Das Rokoko-Würzburg aber ist voller vieler freundlicher Lüge und ersehnter oder gewollter Täuschung. Doch ist manches auch von echter Überwindung geprägt.
Das Urteil über die Gegenwart, im weiten Sinne, wird immer härter und bitterer.
An Glatz und Grüssau kommen einem in Würzburg freundliche Gedanken.

18. Oktober 1942 · Sonntag

Ich lebe, und ihr sollt auch leben. *Johannes 14, 19*

Zum Hochamt in der wunderschönen Hofkapelle; gut besucht; fremd und fern. Der protestantische Gottesdienst mit allen seinen Mängeln ist eben doch kein leerer Wahn. Wie kühl und unfeierlich und dem Herzen verwehrt war dieser Gottesdienst. Nur: die Glocken zum Sonntagmorgen. Sonst nichts, was in dieser katholischen Stadt das Bild des Kirchgangs am Sonntagmorgen geprägt hätte, was wir uns so gewünscht hatten. Anders als hier ist es in Magdeburg oder Brandenburg auch nicht. Alles ist eine Rechtfertigung meiner Verteidigung des Nordens gegenüber der Überschätzung des Südens Deutschlands. Alle Anklagen dort gelten auch hier. Der Süden ist überheblich. Von Kirche zu Kirche gegangen. Renaissance und Gotik, Romanik und Barock nebeneinander aufmerksam, doch ohne stärkere innere Beteiligung ge-

sehen. Zuviel Störendes. Die Hauptstraßen meiden wir, wie wir nur können. Wie entstellt ist das bezaubernde Haus zu den «Drei Falken» durch Ladenschilder und Geschäftsfassaden!
Aber wie hatte ich noch nach der großen Erfahrung Würzburg verlangt. Dies zu kennen, bedeutete ja direkt ein Stück Entwicklung für mich.
Früher lehnte ich eine Ablenkung der Gedanken vom schweren Schicksal ab: nun suche ich sie in äußerster Notwehr. Und Hanni ist dafür dankbar wie ich. Wie haben wir uns doch auch im Hinblick aufs Reisen aufeinander zu entwickelt: ich war endlich reisebereiter, Hanni erstmalig reisefeindlicher geworden. Man wird immer privater, immer ruhebedürftiger, immer verwundbarer.
Aber nichts Schönes, das uns entginge. Aber im ganzen doch Enttäuschung. Ich darf dem Osten und dem Norden verschrieben bleiben. Wäre ich ihm nur wieder «verschrieben», wie es meines Amtes ist. Künstlerisch löst Würzburg nichts in mir. Man trauert nur um den Frevel am Schönen und Frommen.
Diese Reise wird mir keinen Vers, keine Skizze entlocken, mich aus meiner Stummheit nicht befreien, hat mich aus größter Aufgeschlossenheit in Abwehr gebracht.
Das Würzburg, in dessen Anblick Kleist auf der Alten Mainbrücke erfuhr, daß er ein Dichter werden müsse, hat die Enttäuschungen und Verwundungen, denen wir heut ausgeliefert sind, noch nicht bereit gehabt.
Im Hotel bekamen wir nun als etwas dauerhafte Gäste spät eine Flasche Steinwein. Und in dem lernt man ja nun wirklich ein Stück Franken kennen; herb und klar und schwer. Wein tut mir mehr und mehr wohl wie ein stark entbehrtes Medikament.
Dazu heute der Eindruck der Feste Marienburg. Zu der großen Architektur so schön im alten Wallgraben die Obst- und Rasengärten in Laubfärbung und Blätterfall.
Manchmal ist's so schön in allem Disharmonischen hier: eine noch üppig blühende Dahlienstaude vor einem Barockhaus, der Blick auf Wipfel im hellsten Gelb und tiefsten Rot des Herbstes durch eins der erlesenen Barock-Schmiedeeisen-Tore. Und im-

mer wieder die Heiligen und Madonnen an den Häusern. Viel Kolorit hat auch die Verbindung von Bäckerei und Weinstube.
Juden sieht man in Würzburg nicht mehr. Aber Hanni und ich halten an uns und schweigen davon.

22. Oktober 1942 · Donnerstag (Nürnberg)

Der Herr ist meine Stärke und mein Schild; auf ihn hofft mein Herz, und mir ist geholfen. *Psalm 28, 7*

Mit eineinhalb Stunden Verspätung – während deren aus einem Lazarettzug Bahre um Bahre getragen wurde – in überfülltem Zuge ins regenverhängte Nürnberg gereist.
Wie sollte ich dem Entschluß zu dem Aufenthalt in Nürnberg nicht aufgeschlossen sein? Fünf Jahre hat Hanni ihre schöne und berühmte Heimat nicht gesehen und sie mit mir zu sehen gewünscht, – nun, wo alles sich für sie so schmerzlich gewandelt hat, noch mehr.
Heute nacht habe ich so intensiv von Beuthen geträumt, das mir durch die Menschen verwehrt ist.

23. Oktober 1942 · Freitag

Gott werde in allen Dingen gepriesen durch Jesus Christus, welchem sei Ehre und Gewalt von Ewigkeit zu Ewigkeit.
1. Petrus 4, 11

Trübe und oft regnerisch.
Aber hier sind ja die Hotels aufs Behaglichste geheizt, endlich! Und wir haben uns sogleich, da ein Zimmer frei wurde, entschlossen, in das Grand-Hotel umzusiedeln, das gerade das hat, was uns auf der Reise bisher fehlte, schöne Halle, mehrere Gesellschafts- und Speiseräume, ruhiges Schreibzimmer; das Geschmackliche durchaus erträglich. So wohnt man nun so fürstlich im großen Hotel der Stadt, in der man einmal als blutarmer Student[135] gelebt hat. Und doch ist alles anders, als die Zeichen scheinen lassen.
Überall auf den Wegen von Hannis Kindheit und Jugend! Ihr Elternhaus – in dem bei dem Luftangriff auf Nürnberg auch

viele Scheiben zersprungen und nun, wie allenthalben, wegen Glasmangels mit Holz verschalt sind –, ihr Schulweg, ihre Schule, Bäckerei, ihr Café, die Geschäfte, aus denen ihre Ausstattung stammt. –

25. Oktober 1942 · Sonntag

Der Herr sprach zu Mose: Du hast Gnade vor meinen Augen gefunden, und ich kenne dich mit Namen. 2. *Mose 33, 17*

Hanni schlief erschöpft und lange. Ich ging nach St. Lorenz zum Gottesdienst, namentlich auch durch das Liturgische sehr befriedigt. Und St. Lorenz hat manche Schutzbauten im Inneren so vorsichtig durchgeführt, daß die Schönheit des Kirchenraumes erhalten blieb.
Am Nachmittag – uns willkommen, da am Sonntag auch Hanni sich nach der häuslichen Atmosphäre sehnt – zum Kaffee und recht guter Unterhaltung im Hause des Generalsuperintendenten, Oberkirchenrat Schieder. Er hatte mich zweimal zu Vorlesungen eingeladen, darum hatte ich mich nun wenigstens telefonisch bei ihm gemeldet, und er hatte uns gleich für den Sonntag eingeladen, mit einer Freude, die fast beschämend ist. Warum ich nicht lese, konnte ich ihm nun erklären. Eine zweite Einladung aber, mit Nürnberger Pastoren, konnte ich nicht ablehnen, ohne verletzend zu sein und undankbar zu scheinen. Zu einer Vorlesung aber konnte ich mich nicht entschließen. Ich hätte hier wohl einen größeren Hörerkreis aus den Nürnberger Gemeinden gehabt.

27. Oktober 1942 · Dienstag (Augsburg)

Der Herr wird mich erlösen von allem Übel und mir aushelfen zu seinem himmlischen Reich. 2. *Timotheus 4, 18*

Oktobertag von vollendeter Schönheit, linde, weich und strahlend. So freundliche Bilder der fränkischen Waldlandschaft und ihrer Dörfer und Kirchen auf der Fahrt nach Augsburg, immerhin doch auch einer «peripheren» Bora-Reise. Durch den «Vater» so freudige und freundliche Aufnahme auch dort; ohne

unser Zutun waren der Superintendent, Kirchenrat Bogner, und der Pfarrer von St. Ulrich schon auf unsere Ankunft telefonisch vorbereitet und zu unserer Führung durch Augsburg bereit.
Auch hier schöne, schöne Einzelheiten – aber das Ganze spricht nicht mehr zu einem. Großer Verfall der kostbaren Architektur. Viele uns ungewohntere Züge des Barock. Die größten Eindrücke aber in den noch reich gefüllten Antiquitätenläden: edelste, frühe kirchliche Plastik zum Teil in liebevollen und kundigen Händen, wenn auch teuer.
Wir beraten und überlegen, rechnen und wägen ab, was wir etwa verkaufen könnten, um zu erwerben: einen gotischen segnenden Christus und einen gotischen Auferstehungschristus, die uns sehr ergriffen haben. Man möchte gar kein Geld mehr für den Hotelwucher ausgeben! Man möchte sich in seinen Ausgaben auf solche, solche Erwerbungen konzentrieren – das letzte Schöne, Fromme, das erreichbar und doch erschwinglich ist, in sein Haus zu bringen.
Zu den schönsten Eindrücken heut in Augsburg gehörte der Pfarrhausgarten von St. Ulrich und St. Anna mit dem gotischen Pfarrhaus am Kreuzweg. Auch bedeutete es uns durchaus etwas, im goldenen Saal an dem Tisch zu stehen, an dem die Confessio Augustana übergeben wurde.

28. Oktober 1942 · Mittwoch (Nürnberg)

Herr, Gott Zebaoth, tröste uns, laß dein Antlitz leuchten, so genesen wir. *Psalm 80, 20*

Genesen! Ach, nur eine Spanne des Vergessens haben. – Daß uns eine Reise nicht «genesen» lassen kann, das wissen wir. – Nun ist so wunderbarer Herbst, so linde und leuchtend, in strahlender Sonne und sanftestem Blätterfall – aber wir können uns doch nicht mehr dazu entschließen, für den Rest meines Urlaubs noch in die bayrischen Berge zu fahren, so groß unsere Sehnsucht nach Landschaft ist. –
Zu Hannis Geburtstag wollen wir daheim sein, beim Kinde. Man spürt doch so deutlich durch die Briefe, wie schwer die quä-

lenden Eindrücke aus dem Dienst auf Renerle lasten, und ahnt man es nur, zittert einem das Herz. –

Das künstlerische Schwergewicht der Reise hat sich ganz verlagert auf die Gedanken an den Erwerb der beiden gotischen Plastiken, des (beschwörend) segnenden Christus und des (noch so schmerzerfüllten) Auferstehungschristus, die so wunderbar rein erhalten sind.

Wir haben uns nun entschieden, den segnenden Christus zu erwerben und auf den Auferstehungschristus uns ein Vorkaufsrecht einräumen zu lassen.

31. Oktober 1942 · Sonnabend (Reformationsfest)

Wir glauben an Jesus Christus. *Galater 2, 16*

Wieder daheim, bei dem Kinde und dem Meinen. Was das bedeutet in einer Zeit so namenloser Gefährdungen und Erschütterungen!

An diesem Tage zeigte sich der Herbst noch einmal in seiner vollen, klaren, strahlenden Schönheit, und die Fahrt durchs Fichtelgebirge und durch Thüringen in der höchsten Färbung des Herbstes bildete noch einmal einen besonderen Abschnitt der Reise. Wir fuhren durch Wittenberg, in milder Dämmerung. Ein großer Eindruck: der ungeheure Reiseverkehr auf dem Anhalter Bahnhof bei der Ankunft abends um halb acht, wo wir im unübersehbaren Gewühl von Renerle gleich gefunden wurden. Militär, Militär.

Bis zum Abend unserer Ankunft hatte Renerle ein hübsches, vollbesetztes Programm gehabt, das ihr über die klug und tapfer bestandenen Aufregungen während unserer Abwesenheit, von denen sie nicht schrieb, hinweggeholfen hatte. Eine Kontrolle des Arbeitsamtes in ihrem Betrieb hatte festzustellen, wer noch deportiert werden kann; und der Frickbrief hat Renerle nun sogar zum Teil angenehmere Beschäftigungsmöglichkeiten und das Interesse ihres Chefs erschlossen. Das Schicksal der anderen noch ganz ungewiß. Uns stockte auf der Reise bei jedem Transport ausländischer Arbeiter das Herz in Gedanken an jene Transporte.

Das geliebte Haus aber umfing uns wieder mit allem Frieden, aller edlen Schönheit, warm und licht.

1. November 1942 · Sonntag (Reformationssonntag)

Unser Herr ist groß und von großer Kraft; und ist unbegreiflich, wie er regiert. *Psalm 147, 5*

Da wir gestern abend noch unsere Reise so völlig abgeschlossen haben, hatten wir heute einen friedvollen, klaren Sonntag, einen schönen Tag der Ruhe vor Hannis Geburtstag.
Ein voller, festlicher Reformationsgottesdienst mit einem großen Abendmahl, zu dem auch Hanni und Renerle mit mir waren.
Mit dem geliebten Kirchweg war's ein wahres Wiedersehen nach entbehrter Trennung. Letzte Laubfärbung, Blätterfall, rotes und gelbes Laub in mildem Grau, weicher Regen. Es ist viel spätherbstlicher hier als in Süddeutschland. So still, so milde, so dunkel war dieser Allerseelen- und Reformationsfestsonntag.
Ordnen am Schreibtisch, lange Mahlzeiten mit viel Erzählen, am Abend Aufbauen von Hannis Geburtstagstisch, mit meinem Renerle als Helferin.
Wir sind alle drei so froh, daß wir zum Sonntag und zum Geburtstag wieder daheim sind.
Vielleicht ist Hanni zu ihrem Geburtstag nun schon Großmutter!

2. November 1942 · Montag (Hannis Geburtstag)

Eine ewige Gnade wird aufgehen, und du wirst deine Wahrheit treulich halten im Himmel. *Psalm 89, 3*

Hannis 52. Geburtstag; und wir verleben ihn im Kriege wiederum zusammen. In den letzten schweren Jahren pflegte unser Glückwunsch zu sein: daß es wenigstens so bleiben möge wie im vergangenen Jahr. – Diesmal ist daran etwas anders geworden: Gott möge es innerlich leichter werden lassen! Erholt fühlen Hanni und ich uns von der Reise nicht.

5. November 1942 · Donnerstag

Des Herrn Wort ist wahrhaftig; und was er zusagt, das hält er gewiß. *Psalm 33, 4*

Aus Augsburg kam heute der Segnende Christus, mein Weihnachtsgeschenk für Hanni. Das Wiedersehen mit dieser Plastik, als ich sie im Keller auspackte, ging einem nahe.
Es ist ein solcher Friede, soviel Schönheit um einen, man hat eine so luxuriöse Reise hinter sich: wie kann man nur so schwindlig, so benommen, so müde und verwirrt und bedrückt sein – muß es sein. –

12. November 1942 · Donnerstag

Also trug er Geduld und erlangte die Verheißung. *Hebräer 6, 15*

Bei Hanni und mir ist es das gleiche: von dem Gedanken an den Selbstmord kommt uns keinerlei Ruhe, keinerlei Gefühl der Befreiung. Wir wissen, daß Gott viele Wege hat, solchen Plan zu durchkreuzen. Daß wir aber der Versuchung standzuhalten vermögen, glauben wir nicht. Das Jahr geht hin, und wir vermögen uns nicht zu finden in das «So will ich unverdrossen an mein Verhängnis gehn». Von meiner abendlichen Zusammenkunft mit Söderström glaube ich, daß er sich ihr nur nicht entzog, weil Almqvist sie ihm so dringlich gemacht hatte, und weil über Almqvist – Baron Essen alles wieder so gesellschaftlich verquickt ist. Jetzt fährt er nach Genf, zu Professor Burckhardt. – Und beide sollen unserem Renerle nicht helfen können?
Söderström wird nun in Stockholm mit dem Englischen Gesandten sprechen, was er zu dem Quäker-Plan, Renerle, wie seinerzeit Brigitte, über Schweden nach England zu holen, meint. So namenlos schwer ist es, einen geliebten Menschen mit menschlichen Mitteln retten zu wollen!

15. November 1942 · Sonntag (Bußtag)

Gott, der du mich tröstest in Angst, sei mir gnädig und erhöre mein Gebet! *Psalm 4, 2*

Kirchgang; ein kurzer Spaziergang mit dem Kinde. Die Nikolas-

seer Nachbarschaftsvisite fand sich an diesem Sonntag erst abends ein.
Alles, was einmal künstlerisches Reagieren in mir war, ist nun verdrängt durch einen anderen, dauernden Vorgang: das Wittern immer neuer Gefahr –. Immer wieder gehen unsere Gedanken zu dem beschwörenden, um die Seele ringenden, segnenden, retten wollenden Christus der Augsburger Plastik. Wird das «Ewige Haus» noch je geschrieben: dieser Christus ist der Christus meines Buches.

22. November 1942 · Sonntag (Totensonntag)

Der Herr wird sein Volk nicht verstoßen noch sein Erbe verlassen.
Psalm 94, 14

Wieder ist das Leben Christi in einem Kirchenjahr an uns vorübergezogen, und die Sehnsucht nach dem letzten Jahr wird von Jahr zu Jahr stärker. Der Gottesdienst war nur ein Totensonntagsgottesdienst, nicht der des letzten Sonntags im Kirchenjahr. Er handelte vom Krieg, nicht von der Eschatologie.
Durch Artur P. erfuhr ich wieder, wie schwere Angriffe der Russen meine Division auszuhalten hatte und wie schlecht die Kriegslage auch in diesem Frontabschnitt ist. Doch ist die Versorgung der Truppe gut. Wir finden auch die Ernährung der deutschen Zivilbevölkerung noch überraschend, so bescheiden sie ist. Nur der große Mangel an allen Gebrauchsgütern. Über das Elend der besetzten Gebiete gehen die Deutschen hinweg. Vielleicht erscheint es den meisten wie eine natürliche Vergeltung dessen, was nach dem Weltkrieg bei uns war.
In welchem Frieden, welchem Glück, welcher Liebe und Schönheit gehen unsere Tage hin; und wie geängstigt, belastet, zerrissen! –

28. November 1942 · Sonnabend

Der Herr ist nahe! *Philipper 4, 5*

Auch auf dem Vorabend des ersten Advents lastet wieder erneuter Druck: von neuem werden alle Juden statistisch erfaßt, auch die in privilegierter Mischehe lebenden. Und der Rückhalt,

den Renerle durch den Frickbrief hat, kann fragebogenmäßig so schwer in Erscheinung treten.
Erst jetzt überblicken wir, welche Gefahren die Reise für Hanni umschloß. Immer wieder meldet sich in dieser Zeit Ihlenfeld, ich solle für das Neujahrsheft des «Eckart» schreiben. Ganz gewiß steht mir nichts in der Sphäre des Schrifttums so nahe wie der «Eckart». Aber ich kann nicht. Dabei ist vielleicht die Lähmung durch die Vorlagepflicht gegenüber dem Propagandaministerium nicht das Entscheidende, obwohl es ganz gewiß nicht leicht ist, zu wissen, daß man mir kein Papier gibt, der doppelten Belastung wegen: Mischehe und christlicher Autor.
Die Lähmung liegt aber tiefer. Wie kann ich «Christliches» schreiben, solange der Gedanke an den Selbstmord nicht überwunden ist? Anderes aber als Christliches ist mir nicht schreibenswert, nicht lebenswert. Ich kann von dem nicht los, auch völlig versagend nicht, was mich da angerührt hat. Und wäre alles Irrtum: ich wüßte nur von diesem Irrtum als dem Größten, das unter die Menschen trat, zu sagen. Nein, mein Schweigen ist noch nicht zu Ende, und vielleicht bedeutet die harte Zeit, die hinter mir liegt, nur den Anfang des endgültigen Schweigens.
Hanni und ich wissen doch nun, wie furchtbar man noch einmal an Gott verzweifeln mußte – aber wir können nicht zweifeln, können vom Glauben nicht los, nachdem er doch so schmerzhaft in uns geschieden ist von irdischer Hoffnung. –
Auch Renerle seufzte heute sehr auf unter der erneuten «Erfassung». Inzwischen wissen wir auch schon, daß die neue Musterungsaktion (wohl für Dienstverpflichtungen) allen Männern in Mischehe und allen Mischlingen im wehrpflichtigen Alter gilt. Was kündigt sich in der einen wie der anderen Aktion wieder an?
Manchmal, wenn man von Dingen der häuslichen Fürsorge oder von Weihnachtsvorbereitungen spricht, sieht man plötzlich einander mit den «eigentlichen» Augen an, und die ganze Trostlosigkeit unserer Existenz tut sich vor einem auf, ohne daß man ein Wort darüber sagt. –
Wie schwer war von 1935 an jede Adventszeit. –
Was aber den Zusammenbruch und die Lähmung des Werkes

betrifft – gilt nicht vielleicht auch hier das wahrhaft tröstende *«cor accusator, deus defensor»*? Und da das «Ewige Haus» der Niederschlag all dieses Schweren ist – kann es denn noch mitten im Vorgang des Geschickes «schon» künstlerisch bewältigt werden? Wie könnte ich jetzt aber etwas bewältigen? Peripheres aber vermag ich nicht zu schreiben.
Erst in einem Gedicht, das ganz von selbst entsteht, könnte wieder die erste Lösung liegen. Aber auch diesem Advent begegne ich stumm.

29. November 1942 · Sonntag (Erster Advent)

Ihn hat er uns bereitet zum neuen und lebendigen Wege.

Hebräer 10, 20

Früh war der frische, duftende Tannenkranz zu Füßen des Crucifixus mit den vier Adventskerzen besteckt. Und aus dem Gärtlein holte ich einen Strauß von Fichten-, Tannen- und Wacholdergrün, von jedem Baum und Strauch ein Zweiglein.
Da Hanni sich nicht wohl fühlte, begleitete mich Renerle in den sehr feierlichen, vollen Ersten Adventsgottesdienst. Wie es einem durch und durch geht, wenn es auch mit dem neuen Kirchenjahr wieder anhebt: «... wie es war im Anfang, jetzt und immerdar und von Ewigkeit zu Ewigkeit. Amen!» –
Zum Kaffee bei Schillers, die den Ersten Advent mit uns zusammen verleben wollten, obwohl er ihnen ja nur im Hause etwas bedeutet: aber sie wollen von dem anderen, eigentlichen doch wenigstens wissen. In all dem Behagen, all der Freundlichkeit, nahmen die Gespräche doch wieder die Wendung zu dem furchtbaren Druck, der auf aus lastet. Das komplizierte Ausfüllen des neuen Fragebogens. –
Den Abend verlebten wir drei für uns. Ich spielte die Lieder des Ersten Advents, und die letzte halbe Stunde des Sonntagabends, den wir früh beschlossen, gehörte dem Adventskranz. –

1. Dezember 1942 · Dienstag

Die Nacht ist vorgerückt, der Tag aber nahe herbeigekommen.

Römer 13, 12

Die Musterung war doch eine militärische Musterung, nur daß die wenigen Männer in Mischehe und die etwas zahlreicheren Mischlinge sogleich herausgezogen und nur im Hinblick auf ihre Personalien und die Kriegswichtigkeit ihres Arbeitseinsatzes überprüft wurden. Alles in besonders höflichem Ton. Einwandfrei hat sich herausgestellt, daß ich überhaupt nicht hätte einberufen werden dürfen. In meiner Soldatenzeit dennoch einen Sinn suchen zu wollen, hüte ich mich. Ich tue es nirgends mehr. Dies alles ist nun wirklich Gott übergeben, fern von allem Fatalismus.
Abends Einladung im Pfarrhaus. Eine Einladung im Pfarrhaus unserer Gemeinde würden wir ja nie ablehnen. Und nun war es, ganz offensichtlich unter der Einwirkung der beiden ältesten Kinder, ein so hübscher, gastlicher und adventlicher Abend, der Abschied für den ältesten Sohn, der sich die Bekanntschaft mit mir gewünscht hatte, bevor er als Soldat wieder nach Norwegen zurückgeht; als Theologe arbeitete er bisher in der Schweiz.
Die Pastoren der Bekenntniskirche stehen wieder einmal unter strenger Kontrolle: Haussuchungen, Recherchen, Überwachung des Gottesdienstes. Und immer wieder: Strafmaß von mehr als einem Jahr Gefängnis, weil sie nach einem Jahr die Fähigkeit einbüßen, ihr Amt auszuüben.

2. Dezember 1942 · Mittwoch

> Alle Völker auf Erden werden sehen, daß du nach dem Namen des Herrn genannt bist. *5. Mose 28, 10*

Bei Reimer habe ich nach meinen Bücherkäufen, bei denen man mich trotz des Mangels gut versorgt hat, auch einen schönen Globus, sonst gar nicht mehr aufzutreiben, bekommen, zu Weihnachten fürs Kind. Von der Deva werde ich wohl diesmal keine Bücher kommen lassen können: bei einem Luftangriff auf Stuttgart ist außer dem Bahnhof gerade die Deva getroffen, und die raren Bücher sind vernichtet.
Zu Weihnachten gibt es für jeden Haushalt fünf Christbaumlichter! Hanni hat sie schon besorgt. Das große mühevolle und

dem Herzen so schwer ankommende Beschaffen der Weihnachtsgeschenke hat Hanni nun abgeschlossen; so ist auch in diesem Jahr noch einmal für alle etwas gefunden, aber mit welcher Mühsal und wie oft mit schwerer innerer Überwindung. Aus Bequemlichkeit, Apathie und Resignation aber, wie es jetzt so oft geschieht, soll man das Schenken auch in diesem Jahr nicht aufgeben. Alles, was man noch darf, ist ja ein Geschenk.
Immer quälendere Gerüchte: der Untergang des Judentums in Deutschland ist nun wohl aber auch schon nach den Tatsachen in sein letztes Stadium getreten. Durch welche Ängste muß unser Herz auch in dieser Adventszeit. Die Gedanken aber sind oft schon wie in einem Wahn in dem Ausmalen dessen, was an Gutem in dem eigenen Dasein hatte Wirklichkeit werden wollen – für Hanni, für Renerle, für mich.

3. Dezember 1942 · Donnerstag

Durch die herzliche Barmherzigkeit unseres Gottes hat uns besucht der Aufgang aus der Höhe, auf daß er erscheine denen, die da sitzen in Finsternis und Schatten des Todes, und richte unsere Füße auf den Weg des Friedens. *Lukas 1, 78. 79*

Wieder schimmerte nur am Mittag weich die Sonne auf, und der Rasen des Gartens begann noch einmal zu leuchten. Und sonst war's abermals ein dunkel hindämmernder Tag. Den Vormittag habe ich noch einmal dem Garten gewidmet, ihn endgültig für den Winter bestellt, noch einmal Körbe mit Laub entfernt – der Garten ist wirklich ein kleiner Wald! – und die Blumenknollen und -zwiebeln eingedeckt. – Tiefdunkle Abende.
Weihnachtsvorbereitungen und Testamentsergänzungen gehen in diesen Tagen nebeneinander her.
Genaue Berichte von Meschkes. Von Brigitte haben sie noch keine Nachricht. Söderström und Forell haben noch einmal Schritte für Renerle unternommen; eine andere maßgebende Persönlichkeit soll jetzt nicht mehr so ablehnend sein – wir lesen über solche Berichte nur noch hin; wir glauben, auch Renerle hofft auf diesem Wege nicht mehr. –

5. Dezember 1942 · Sonnabend

Habt ihr nicht geschmeckt, daß der Herr freundlich ist?

1. Petrus 2, 3

Wieder ist's einer der Tage, an dem man sein Herz fest in beide Hände nehmen muß; an dem man die Augen schließen muß, die die Fügungen Gottes zu sehen wähnen. Es darf, es darf nicht sein. Heute früh kam ein Telegramm von Meschkes aus Stockholm: «Katharina und Brigitte wohl.» So ist Brigittes Kind geboren und heißt, was Karl und Brigitte mir schon lange in Aussicht stellen ließen, Katharina nach Katharina von Bora.

Wie schmerzlich ist es, daß man so dafür danken muß, daß das Kind nicht in Deutschland, dem Deutschland dieser furchtbaren Gegenwart, geboren ist.

Am Vormittag kam ein Anruf von Almqvist: das schwedische Ministerium des Äußeren hat angerufen, daß für Renate die Einreiseerlaubnis erteilt ist. –

Wir haben es dem Kinde nicht zu verheimlichen vermocht, als es heimkam, obwohl ja das schwerste Schritt nun noch aussteht: eine zweite Audienz bei Minister Frick, um die ich ihn sogleich gebeten habe, bei der sich nun erweisen muß, ob er zu dem steht, was er mir im Hinblick auf Renerles Ausreise im Oktober vorigen Jahres sagte. –

Nachmittags waren Renerle und ich zu Almqvist auf die Schwedische Gesandtschaft bestellt. Almqvist lehnt allen Dank ab; er sei nur das Werkzeug Gottes gewesen. Und wieder heißt's das Herz festhalten. Auch Baron E., der hinzukam und heute Morgen den Anruf seines Außenministeriums erhielt, sagt, es sei etwas völlig Außergewöhnliches geschehen.

Söderström soll noch einmal – nun nach einem Jahr – mit großer Energie für Renerle eingetreten sein. – Die Einreiseerlaubnis, nur formal auf drei Monate begrenzt, gilt für sofort. Im Hinblick auf die Übersteigerung der Judenmaßnahmen in Deutschland rät man uns zur Eile. Mit dem Englischen Gesandten in Stockholm wird bereits darüber verhandelt, ob man, wie Brigitte auch Renerle durch die Quäker nun von Schweden nach England bringen kann.

Was kann schon die kommende Woche bringen!
Am Abend teilte Hanni telefonisch den wenigen Menschen, die hier noch Brigitte kennen, Katharinas Geburt mit. –
Der Morgen war rauh und windig, der Abend regnerisch und windig. Hanni und Renerle schneiderten für Weihnachten. Und wenn ich sie ansehe, kann ich nur denken, ob ich den neuen Schritt bei Frick auch auf eine Bitte um einen «Schutzbrief» für Hanni ausdehnen kann. Meine Sorgen sind ja ohne Maß, sind schon Qual.
Soll denn noch einmal ein Ende sein mit der furchtbaren Selbstanklage, daß wir Renerle 1939 nicht mit Brigitte nach England geschickt haben –?

6. Dezember 1942 · Sonntag (Zweiter Advent)

Wenn aber dieses anfängt zu geschehen, so sehet auf und erhebet eure Häupter, darum, daß sich eure Erlösung naht. *Lukas 21, 28*

Dunkel, stürmisch und regnerisch; so trübe, daß zu allen Mahlzeiten die Lampe brennen mußte.
Mit Hanni im Adventsgottesdienst. Die beiden ersten Adventssonntage schon haben die großen, ernsten und die freudigen Lieder des Advents gebracht. Das Lukasevangelium des Zweiten Advents bedeutet uns ja immer besonders viel. –
Und welches Bild des Friedens war dieser Adventssonntag in Kerzenschimmer, Tannengrün und Blumen, mit seiner stillen kleinen Feier von Katharinas Geburt, Advent und St. Nikolaus. Abends schrieb Hanni an Meschkes für Brigitte, «durcheinander und elend vor Freude und Spannung und Glück». Und namenloser Angst. Und doch so gesammelt und voller Liebe und Güte!
Nur die Kinder gerettet wissen – das erfüllt Hanni jetzt mit einer ergreifenden Leidenschaft.

7. Dezember 1942 · Montag

Selig sind die Knechte, die der Herr, so er kommt, wachend findet.
Lukas 12, 37

Sonnabend, nach der Nachricht aus Stockholm, habe ich an Frick geschrieben. Heute, als ich aus dem Dienst kam, hatte das Ministerbüro schon am Vormittag angerufen, daß Frick mich morgen um elf Uhr erwarte, und am Nachmittag wurde der Bescheid nochmals wiederholt. Das alles ist sehr viel, war in dieser Präzision nicht zu erwarten. –

In diesen Tagen drängt sich zuviel fast unausdenkbares Schicksal zusammen.

Wie konnte ich je glauben, Katharina von Bora, in der sich alles das verdichtet hat, zu schreiben, solange dieses, Hannis Schicksal noch in den erregtesten, aufgewühltesten Ereignissen abläuft?

Dies ist keine Selbstbeschwichtigung. Gott muß noch Wunder über Wunder tun, innen und außen, bevor dieses Buch Wirklichkeit wird. Dieses Buch, das wie eine Entscheidung auf Tod und Leben geworden ist. Und doch – was ist auch dieses Buch gegen das Los unseres Kindes. –

Und ängstet uns nicht immer wieder schon die Frage nach Hannis Los? – In welchen Bannkreis der Angst sind wir geraten!

8. Dezember 1942 · Dienstag

> Unser Herr Jesus Christus wird kommen, daß er herrlich erscheine mit seinen Heiligen und wunderbar mit allen Gläubigen.
>
> *2. Thessalonicher 1, 10*

Wird mich in dem Abgrund, der sich vor uns nun mit endgültiger Klarheit auftut, das zweite Wort der heutigen Losung noch erreichen: «Sei getrost und sei ein Mann und warte des Dienstes des Herrn, deines Gottes»?

Des Dienstes des Herrn, meines Gottes. –

Ich war bei Frick. Er hatte noch alles klar im Gedächtnis. Er, einer der wichtigsten Minister und im Kriege der Generalbevollmächtigte für die Zivilverwaltung, steht zu dem, was er im Oktober 1941 zugesagt hat: er will Renate aus Deutschland heraushelfen.

Aber hier kann er sie nicht mehr schützen. Niemand kann es.

Er kann mir auch keinen noch so umschreibenden Schutzbrief wie seinerzeit für Renerle, mehr geben für – Hanni. Nur den Rat und die Zusicherung, zur Ausreise zu verhelfen für Hanni, nach Reni nach Schweden zu gehen.

«Noch ist Ihre Frau durch die Ehe mit Ihnen geschützt. Aber es sind Bestrebungen im Gange, die die Zwangsscheidung durchsetzen sollen. Und das bedeutet nach der Scheidung gleich die Deportation des jüdischen Teils.»
Dies seine Worte. Er war erregt und bedrückt und lief am Schreibtisch auf und ab.
«Ich kann Ihre Frau nicht schützen. Ich kann keinen Juden schützen. Solche Dinge können sich ja der Sache nach nicht im geheimen abspielen. Sie kommen zu den Ohren des Führers und dann gibt es einen Mordskrach.» Für ihn, der seinerzeit Hitler erst die Möglichkeit geschaffen hat, gewählt zu werden. –
Das Gespräch über die Zwangsscheidung wäre nicht geführt worden, hätte ich Frick nicht noch um die Beantwortung der Frage gebeten, ob ich für Hanni die gleichen Schritte unternehmen müsse wie für Renerle. Denn er hatte mich schon entlassen, nachdem er einen Major der Polizei hinzugezogen hatte und Ministerialrat Draeger, der sogleich damit behauftragt worden war, die Schritte gegenüber dem Sicherheitsdienst, dieser neuen Einrichtung, der gefürchtetsten der Geheimen Staatspolizei, einzuleiten, damit sie Reni aus dem jüdischen Arbeitseinsatz entläßt und ihr die Ausreisegenehmigung erteilt. Denn dies ist nun das Neue, Erschwerende, wohl kaum Überwindbare: Frick kann als Innenminister eine solche Ausreisegenehmigung nicht mehr ausstellen. Dieser Machtbereich ist ihm entzogen.
Vergeblich suchte Ministerialrat Draeger die beiden zuständigen Herren des Sicherheitsdienstes für mich telefonisch zu erreichen. So müssen wir in furchtbarer Spannung weiter warten.
Und nun ist es so weit, daß ich für Hanni, für mich zur schwedischen Gesandtschaft mußte. Der arme Almqvist hat eine harte Aufgabe; mußten wir doch gerade erklären, daß kein Verwandtes von Renerle mit gleichem Ansinnen mehr kommen würde. Auch jetzt habe ich mich verpflichten müssen, daß Hanni ihren Antrag zurückzieht, wenn er Renerles Einreise gefährdet; daß ich den meinigen widerrufe, wenn er die Genehmigung für Hanni erschwert.
Denn so weit vermögen wir es nicht, Gottes Wille nicht stand-

zuhalten, daß wir nicht die Trennung ohne Scheidung auf uns nähmen, so furchtbar der Gedanke ist, daß ein Sieg Deutschlands uns für immer trennt und vielleicht Hanni und Renerle auch im Ausland einmal so bedroht wie in Deutschland.
Gott weiß, daß ich es nicht ertragen kann, Hanni und das Kind in diese grausamste und grausigste aller Deportationen gehen zu lassen. Er weiß, daß ich ihm dies nicht geloben kann, wie Luther es vermochte: «Nehmen sie den Leib, Gut, Ehr, Kind und Weib, laß fahren dahin. –» Leib, Gut, Ehr – ja! Gott weiß aber auch, daß ich alles von ihm annehmen will an Prüfung und Gericht, wenn ich nur Hanni und das Kind notdürftig geborgen weiß. –
Den Gedanken an Flucht – viele fliehen jetzt, und welch' furchtbare Maßnahmen werden sich gegen sie und ihre Beschützer wenden – hat Renerle aufgegeben. Verweigert der Sicherheitsdienst trotz Fricks Fürsprache ihre Ausreise, so will sie mit uns sterben; dann bleibt uns auch nur noch eine ganz kleine Frist für letzte Erledigungen, so nahe und groß ist dann die Gefahr, nun hinter dem Schutzbrief keine Macht mehr steht und die neu ausgefüllten Fragebogen gerade auf ihn verweisen mußten.
Gelingt Renerles Ausreise, so will das Kind in all seinem Jammer doch weiterleben. Dann bleibt uns auch noch eine kleine Frist, und ich werde mir noch eine letzte Information über den Zeitpunkt der Scheidungsmaßnahmen von Draeger zu beschaffen suchen, eine entfernte, noch so verklausulierte Andeutung. –
Das Letzte ist besprochen.
Noch schreibe ich dies in der Hoffnung, daß ich es dereinst, den Weg meines Lebens, Gottes Weg in meinem Leben, überblikkend, wiederlesen werde.
Aber was nun begonnen hat, ist uns nicht mehr unfaßlich. Es ist auf furchtbare Weise ganz in das Bewußtsein eingegangen.
Ein dunkler, stürmischer, milder, trüber Tag – wie verdämmerndes und verwehendes Geschick.
Gott ist größer als unser Herz. – Das Wort soll uns noch in den Tod begleiten.

Noch ist eine Hoffnung, eine ganz schwache Hoffnung.
Renis Einreiseerlaubnis nach Schweden nannten Frick und Draeger (Präsident der Deutsch-Schwedischen Gesellschaft) ganz unfaßlich. Ist doch selbst Sven Hedin ein Antrag für einen Schützling von seiner schwedischen Regierung abgelehnt worden.
Wie, wie sich verhalten gegenüber den anderen Mischehen? –
Stürben Hanni und das Kind, Gott weiß, daß sich nichts in mir gegen seinen Willen auflehnte. Aber nicht d i e s.
Welche Verwandlung hat unser Leben nun von neuem erfahren – in einem einzigen Gespräch.
Hanni ist keiner Träne mehr fähig.

9. Dezember 1942 · Mittwoch

Wenn des Menschen Sohn kommen wird, meinst du, daß er auch werde Glauben finden auf Erden? *Lukas 18, 8*

Vormittags wurde Hanni zu Almqvist auf die Schwedische Gesandtschaft bestellt, um alle ihre Personalien einzutragen.
Nachmittags war ich bei Eichmann vom Sicherheitsdienst, nachdem Ministerialrat Draeger am Vormittag alles vorbereitet hatte. Er glaubte, Eichmann werde die Genehmigung erteilen; er wolle die Sache rasch betreiben. Auch Eichmann fragte nach der sofortigen Ausreise. Das deutet auf neue, drohende Maßnahmen. Morgen soll ich endgültig Bescheid bekommen. Es muß noch festgestellt werden, ob sicherheitspolizeiliche Bedenken gegen Reni vorliegen.
E. «Ich habe noch nicht mein endgültiges Ja gesagt. Aber ich denke, die Sache wird klappen.»
Unter Androhung sicherheitspolizeilicher Maßnahmen stehe ich nun unter strengem Schweigeverbot über die nun folgenden Schritte im Falle der Ausreise.
Ich war nun in der Welt meiner Träume, es waren die Menschen, die Stimmen, die Räume. –
Dort, dort liegt die Macht.
Die Frage, ob Hanni im Lande bleibt, wurde gestellt. Ich: «Die Situation meiner Frau überblicke ich noch nicht.»

E. «Eine gemeinsame Ausreise würde nämlich nicht gestattet.» Rätsel um Rätsel. Und das Ganze so unbegreiflich: ein Mann in meiner Lage bei Frick, beim Sicherheitsdienst. – Betrachtet man Hanni als Geisel für Reni? Würde man Hanni als meiner Frau verweigern, was man Renerle als meiner Stieftochter vielleicht zugesteht?

Morgen um drei bin ich wieder zur Sicherheitspolizei bestellt.

Da ich am Telefon jetzt so wenig sagen kann, kam Hilde, die sehr teilnimmt, abends nach dem Dienst zu uns. Nun ist alles so nah, womit wir sie in der Adventszeit des vorigen Jahres schon so belasten mußten.

Diese stillen, stillen, dunklen, trüben Tage. So lind, so voller Trauer des Himmels.

«Wenn der Herr die Gefangenen Zions erlösen wird, so werden wir sein wie die Träumenden.»

Noch ein Tag so qualvollen Wartens. Und doch geht alles so rasch. – Abends die arme Hilde bei uns zur Testamentsbesprechung.

Hannis armes Herz trauert noch immer um «Das ewige Haus». Brigitte – Katharina.

10. Dezember 1942 · Donnerstag

Nachmittags die Verhandlung auf dem Sicherheitsdienst.

Wir sterben nun – ach, auch das steht bei Gott –

Wir gehen heute nacht gemeinsam in den Tod.

Über uns steht in den letzten Stunden das Bild des Segnenden Christus, der um uns ringt.

In dessen Anblick endet unser Leben.

ANMERKUNGEN

Seite 18: 1. Dr. Max Tau war damals Verlagslektor, emigrierte nach 1933, trat nach 1945 wieder mit Romanen hervor, die dem Gedanken der Versöhnung dienten, und erhielt als erster den Friedenspreis des deutschen Buchhandels. – 2. Erich Reiß: Verleger.

Seite 19: 3. «Hoffnungslosigkeit» – der Plan zu einem Roman, der dann aber nicht ausgeführt wurde. – 4. Billum: der jüngste Bruder Wilhelm K.

Seite 24: 5. Nielsenzeit: die Zeit, in der K. von Asta Nielsen, der großen Schauspielerin der Stummfilmzeit, stark beeindruckt war. – 6. Wilhelmine Buttenhof ist die Hauptfigur im «Kahn der fröhlichen Leute».

Seite 34: 7. Dr. Jürgen Eggebrecht lebte damals als Lektor der DVA in Berlin, wo der Verlag eine Zweigstelle unterhielt. E. ist auch als Lyriker hervorgetreten. – Stuttgarter Direktion der DVA: Generaldirektor Dr. Gustav Kilpper.

Seite 35: 8. Dr. Walter Lang, Mitarbeiter in der Berliner Zweigstelle, nicht zu verwechseln mit Martin Lang, dem langjährigen Lektor der DVA in Stuttgart.

Seite 36: 9. Hilde, die zweite Schwester Hildegard K.; Reni (Renate), die jüngere der beiden Stieftöchter K.s, aus der ersten Ehe seiner Frau Hanni (Johanna) geb. Gerstel mit dem Breslauer Rechtsanwalt Dr. Felix Stein, der 1925 starb. Brigitte, die ältere Stieftocher, lebt verheiratet in England. Die älteste Schwester K.s, Margot, war mit Eberhard Fischer, späterem General der Flieger, verheiratet. Der ältere der beiden jüngeren Brüder K.s ist Erhard K., der als Modezeichner in Berlin begann und 1955 eine «Weltgeschichte für die Dame» veröffentlichte; außerdem erschien eine «Galerie der Moden» von ihm.

Seite 63: 10. Die «Literatur», Zeitschrift der DVA, von W. E. Süskind herausgegeben, im Verlauf des Krieges «eingestellt».

Seite 64: 11. *Deus absconditus – deus revelatus:* der verborgene und der enthüllte Gott, Begriffspaar aus der Theologie Luthers.

Seite 77: 12. «Eckart», evangelische Monatszeitschrift, die Dr. Kurt

Ihlenfeld als Nachfolger Prof. A. Hinderers im Eckart-Verlag herausgab.

Seite 83: 13. Vornamen: K. hat damals einige kleinere Arbeiten, auch Gedichte, unter dem Pseudonym Georg Wilhelm in Zeitungen veröffentlicht. – 14. Taufspruch K.s: «Fürchte dich nicht, denn ich habe dich erlöst; ich habe dich bei deinem Namen gerufen; du bist mein.» Jesaja 43, 1.

Seite 88: 15. Pfarrer Dr. Kurt Meschke und seine spätere Frau Eva-Juliane geb. Anker, mit K. aus seiner Breslauer Zeit befreundet, blieben K. bis zu dessen Tod eng verbunden.

Seite 91: 16. Otto Rombach, Verfasser vielgelesener geschichtlicher Romane, wirkte damals in Berlin am Rundfunk, lebt nach dem Kriege wieder in seiner schwäbischen Heimat.

Seite 93: 17. Der Leiter eines der 1933 neugegründeten Verlage in Berlin hatte sich kurz zuvor mit K. ausführlich über seinen geplanten Roman unterhalten.

Seite 103: 18. Hans Christian Andersen, der dänische Märchendichter.

Seite 109: 19. Umbruch der Funkzeitschrift «Sieben Tage» bei Ullstein. – 20. Die «Literarische Welt», die 1925 von Willy Haas gegründete, seit 1933 von dem späteren Verleger Karl Rauch geleitete Wochenzeitschrift, hatte K. einen Auftrag zu laufender Funkkritik erteilt.

Seite 125: 21. Rudolf Hermann lehrte Systematische Theologie in Breslau während K.s Studienzeit, seit 1926 Ordinarius in Greifswald, seit 1953 an der Berliner Humboldt-Universität, 1962 gestorben. – Johanneum: Ev. Theologenkonvikt in Breslau.

Seite 143: 22. Harald Poelchau, der aus der Geschichte des Widerstands bekannte Pfarrer in Tegel, schrieb «Die letzten Stunden. Erinnerungen eines Gefängnispfarrers» (1949) und «Die Ordnung der Bedrängten» (1963).

Seite 151: 23. Friedrich Bischoff, der bekannte Dichter, K. seit dessen Breslauer Zeit nahestehend. Er war einer der bedeutenden Rundfunkintendanten aus der Frühzeit des Funks. 1933 entlassen. Nach 1945 Intendant des Südwestfunks in Baden-Baden.

Seite 153: 24. Rudolf Mirbt, Autor von Hörspielen, mit K. durch Zusammenarbeit beim Ev. Presseverband in Breslau bekannt.

Seite 154: 25. Frau Elise Topell, die bekannte Modeschöpferin, wohl Vorbild der Titelfigur in K.s unveröffentlicht gebliebenem Roman «Die große Direktrice». – 26. Hausverkauf: Frau Hanni K. hatte ein ihr gehörendes Haus in Breslau verkauft.

Seite 160: 27. Ernest Lavisse: «La jeunesse du grand Frédéric» (Paris 1891).

Seite 166: 28. Grundstücksauflassung: Nach langem Suchen war in Südende, Karlstraße 6, nicht weit von der bisherigen Mietwohnung, ein Grundstück gekauft worden.

Seite 169: 29. «Dem *scriptor vitae regis borussiae»*: «dem Schreiber des Lebens des Königs von Preußen».

Seite 170: 30. Luis de Camões, der portugiesische Nationaldichter (1524–1580), dem Reinhold Schneider eine eigene Darstellung gewidmet hat («Das Leiden des Camões»). – 31. Der erste Dichter: Reinhold Schneider. – 32. Diese Einteilung ist nicht die endgültige. Das fertige Buch enthält in zwei Teilen 15 Kapitel; auch entsprechen die hier genannten Bibelstellen nicht denen, die das Buch den einzelnen Kapiteln voranstellt.

Seite 175: 33. Männerle: eine Zufallsbekanntschaft K.s, ein kleiner Junge vom Priesterweg, aus der Baracke am Bahndamm.

Seite 177: 34. Marly: der prunkvolle Barockgarten bei Versailles. Friedrich Wilhelm I. nannte einen einfachen Küchengarten vor dem Brandenburger Tor in Potsdam «Mein Marly», in betontem Gegensatz zu seinem prunkliebenden Vater, der sich nach dem Vorbild Marlys bei Oranienburg seine Meierei Frederickdaal hatte bauen lassen.

Seite 182: 35. «Frick-Frack und Elvira», ein von K. schon sehr früh geplanter Roman aus dem Artistenmilieu, das ihn in seiner Breslauer Zeit sehr angezogen hatte.

Seite 193: 36. «Acker Jeremias»: s. Jeremia 32, 43.

Seite 194: 37. Kösener Seniorenkonvent: führender Verband der Korpsstudenten.

Seite 197: 38. *Te totum applica ad textum; et rem totam applica ad te:* Binde dich ganz an den Text; und die ganze Sache binde an dich. So bei dem schwäbischen Theologen J. A. Bengel in seiner *Praefatio* (Vorrede) zum *Novum testamentum graece manuale* 1734.

Seite 201: 39. Claus Harms, Theologe des 19. Jahrhunderts aus Schleswig-Holstein, trat beim Luther-Jubiläum des Jahres 1817 hervor. Das Büchlein K.s erschien nicht im Eckart-Verlag, sondern im Verlag des Ev. Presseverbandes für Deutschland, 1936.

Seite 203: 40. Hanns Johst, führender Schriftsteller in der Nazizeit. Er war, vom Expressionismus ausgehend, einer jener Schriftsteller, die die mythisch-mystische Seite der Nazi-Ideologie verbreiteten. Seit 1935 Präsident der «Reichsschrifttumskammer» und der Deutschen Akademie der Dichtung.

Seite 213: 41. Die Nürnberger: die Verwandten von Frau K.

Seite 219: 42. Schiffbruch: Szene aus dem Leben des Dichters Camões: Bei einem Schiffbruch rettet er nur das Manuskript seines Hauptwerkes, der «Lusiaden». Im Text muß es hier wohl richtig heißen: Aus dem Schiffbruch...

Seite 220: 43. Enttäuschungen um das Haus: K. trug eine Weile schwer daran, daß seine Frau nur ihre Töchter und nicht auch ihn als Mitbesitzer des von ihrem Geld gebauten Hauses eintragen ließ.

Seite 223: 44. Schauspiel des Dramatikers Hans Rehberg. – Andere Bücher über dieses Thema, die K. las, stammten von Hans Heyck (Roman) und von Karl Heidkamp (Biographie).

Seite 224: 45. AGAPE: der christliche Begriff der Liebe im Gegensatz zum antik-heidnischen EROS.

Seite 226: 46. Zu Schneiders 33. Geburtstag, den er in Rom verlebte, hatte K. ein Bild «König David im Arbor Jesse» geschickt.

Seite 233: 47. Die Begegnung im «Inneren Reich» meint das gemeinsame Erscheinen von K.s Beitrag «Der Geburtstag» und Schneiders Aufsatz «Das Berliner Schloß». – Am 14. Oktober 1936 hat dann Klepper notiert: «‹Das innere Reich› gerade um des Augustheftes willen, in dem auch Schneider und ich enthalten waren, verboten...» – Die sogenannten «Königsgedichte» und die «Olympischen Sonette» erschienen 1947 unter dem Titel «Gedichte», heute im Gedichtband «Ziel der Zeit».

Seite 235: 48. England-Buch Reinhold Schneiders: «Das Inselreich. Gesetz und Größe der englischen Macht».

Seite 240: 49. Prof. Anton Kippenberg, Leiter des Insel-Verlages in Leipzig.

Seite 247: 50. «Von Zeit und Strom», das Hauptwerk des Amerikaners Thomas Wolfe (1900–1938).

Seite 258: 51. Die Mutter wohnte nach des Vaters Tod nicht mehr in Beuthen, sondern seit einem Jahr in Berlin, ohne daß K. sie während dieses Jahres gesehen hätte.

Seite 260: 52. Die DVA verlegte noch andere Autoren, die wie K. nicht «genehm» waren und aus der Kammer ausgeschlossen wurden, so den Grafen Hermann Keyserling, Josef Winckler, Georg Hermann und Gerhart Pohl.

Seite 263: 53. Gemahlin des Kaisers: Hermine, die zweite Frau Wilhelms II., die er im Exil nach dem Tode der Kaiserin Auguste Viktoria geheiratet hatte.

Seite 264: 54. In der «Bücherkunde», dem Organ der «Reichsstelle zur Förderung des deutschen Schrifttums», war über Schneiders «Inselreich» eine «vernichtende» Kritik erschienen. – 55. Geschäftigkeit im Winkel: Schneiders Teilnahme an einem Kreis von süd- und norddeutschen Monarchisten um die vom Freiherrn von Guttenberg herausgegebenen «Weißen Blätter», an denen K. auch weiterhin mitarbeitete. Guttenberg wurde im April 1945 von der Gestapo «liquidiert».

Seite 270: 56. Dr. Bruno E. Werner, Schriftsteller, langjähriger Schriftleiter der «Deutschen Allgemeinen Zeitung» in Berlin. Nach dem Krieg Redaktionsmitglied der amerikanischen «Neuen Zeitung» und später Kulturattaché der Bundesrepublik in Washington.

Seite 271: 57. In der Zeitschrift «Die Literatur».

Seite 275: 58. Stolz, daß alle sich für ihn einsetzen: der Maler Leo von König, der Historiker von Jagow vom Hollenzollern-Museum und Hausarchiv, die Schriftsteller August Winnig, Otto Freiherr von Taube, Rudolf Alexander Schröder.

Seite 281: 59. H. Schoepke, Merseburg: Buchhändler und Verleger, der eine Zeitlang mit K. zusammen in Glogau die Schule besucht hatte.

Seite 285: 60. Pfarrer Meschke hatte für die Sommermonate die Stelle eines Badegeistlichen in Misdroy angenommen, Renate ging zur Betreuung der Kinder M.s mit. – 61. Erschien 1937 unter dem Titel «Kaiser Lothars Krone».

Seite 288: 62. Die Bildhauer Georg Kolbe, Hugo Lederer (Hamburger Bismarckdenkmal), Renée Sintenis, die Maler Leo von König und Emil Nolde.

Seite 290: 63. Der Maler Otto Dix. – 64. Bernt Grönvold, Maler und Kunstsammler, besonders verdient durch seine Wiederentdeckung des Romantiker-Malers Friedrich Wasmann.

Seite 291: 65. Der Aufsatz erschien unter dem Titel «Von Sinn und Rechtfertigung des historischen Romans» im April 1938 im «Inneren Reich». – Harald von Koenigswald war als Autor einiger Bücher über das «Preußische» bekannt geworden, und er hat auch nach dem zweiten Weltkrieg in Westdeutschland zu diesem Thema publiziert.

Seite 293: 66. Die 700-Jahr-Feier der Stadt Berlin.

Seite 296: 67. *Volo, sed non possum:* Ich will, aber ich kann nicht.

Seite 298: 68. Dieser Essay über Kant, Voltaire und den Maler Ludwig Richter, den Dr. Paul Fechter für das «Berliner Tageblatt» haben wollte, erschien am 16. Januar 1938 unter dem Titel «Vollendung der Einsamkeit» in der «Deutschen Zukunft».

Seite 305: 69. Alexej, der älteste Sohn Peters des Großen; die Braunschweigerin, Charlotte Christine von B.

Seite 315: 70. Das Gedicht «Du bist als Stern uns aufgegangen» wurde als Flugblatt vom Eckart-Verlag veröffentlicht.

Seite 317: 71. Der Helmstedt-Aufsatz erwuchs aus den Tagebuchaufzeichnungen von der Reise Anfang September und erschien in der «Deutschen Zukunft». – 72. Erschien in dem von Siegbert Stehmann herausgegebenen «Pfarrerspiegel» 1940 im Eckart-Verlag.

Seite 318: 73. Jetzt in dem Gedichtband «Kyrie» S. 60 (zitiert nach der 6. Aufl. 1955). – 74. Hans Eberhard Friedrich, damals Redakteur an der «Deutschen Allgemeinen Zeitung»; Prof. Fritz Klatt, Pädagoge, religiöser Sozialist.

Seite 321: 75. Kyrie S. 29.

Seite 328: 76. Die Prinzessin Ulrike, Schwester Friedrichs II. – 77. Das noch im gleichen Jahr erschienene Buch «Der König und die Stillen im Lande».

Seite 330: 78. Ewersmann, der Kammerdiener Friedrich Wilhelms I.

Seite 332: 79. Der erste Band dieser Biographie von Carl Hinrichs, der mit dem Untertitel «Jugend und Aufstieg» nur die Zeit bis zur Thronbesteigung umfaßte, erschien 1941.

Seite 338: 80. K.s hatten den Plan erwogen, Berlin zu verlassen und in eine herrnhutische Gemeinde, etwa Gnadenfrei, zu ziehen. – Im übrigen hatte K. geplant, für die DAZ eine Reise durch die Brüdergemeine (Herrnhut, Gnadenfrei usw.) zu machen und darüber einen Bericht zu schreiben. Dieser Plan wurde nicht ausgeführt.

Seite 339: 81. Der Verleger Leopold Klotz, damals in Gotha, bei dem auch die «Christliche Welt» erschien, verlegte das Buch «Der Graf und die Brüder» von Stephan Hirzel.

Seite 341: 82. K. hatte einen Beitrag für die zum 60. Geburtstag August Winnigs geplante Festschrift verfaßt, unter dem Titel «Die Stadt der Feier» (Eintragung vom 20. Februar 1938).

Seite 347: 83. Kyrie S. 75. – 84. D. Erich Stange, Pfarrer und Repräsentant der evangelischen Jugendbewegung, Herausgeber der «Pastoralblätter». – 85. Kyrie S. 9.

Seite 348: 86. Kyrie S. 45.

Seite 349: 87. J. N. Götz (1721–1781), zuletzt als Pfarrer in Winterburg in Baden; Goethe kennt ihn als die «Winterburger Nachtigall».

Seite 350: 88. Kyrie S. 52.

Seite 354: 89. Der Literarhistoriker Werner Milch, mit Arbeiten zur Dichtung des deutschen Barocks hervorgetreten, starb einige Jahre nach seiner Rückkehr aus der Emigration als Universitätsprofessor in Marburg. Wolfshau im Riesengebirge war sein wie auch Gerhart Pohls Wohnsitz.

Seite 362: 90. Kyrie S. 39. – 91. Der Dante-Übersetzer Friedrich Freiherr von Falkenhausen.

Seite 365: 92. Hierbei handelt es sich um die Konferenz von Evian am Genfer See, allerdings nicht auf schweizerischer, sondern auf französischer Seite, auf die K. auch später in seinem Tagebuch zurückgekommen ist, z. B. am 13. Juli 1938: «Die Internationale Konferenz wegen der Fragen der jüdischen Emigration, insbesondere aus Deutschland und Österreich – man sieht ganz konsequent die Südost-Nachbarstaaten folgen – in Evian (am Genfer See) nahezu ergebnislos verlaufen.»

Seite 367: 93. K.s Frau hatte mit dem Filmregisseur Oertel und Frau Topell eine Reise gemacht (u. a. nach Nürnberg). Diese Tagebuchnotiz ist identisch mit Teilen eines Briefes von K. an Hanni. – Prof. Gerhard Schwarz war zuletzt Direktor der Landeskirchenmusikschule in Düsseldorf.

Seite 373: 94. Die Filmpläne haben K. 1938/39 intensiv beschäftigt. In vielen Tagebucheintragungen ist er auf sie zurückgekommen (so wurde am 16. April 1939 Paul Wegener als Hauptdarsteller für den «Vater» genannt). Noch am 14. September 1939 war sogar der Plan eines Kulturfilms aufgetaucht. Zur Verfilmung eines Werkes von K. kam es dann aber erst nach dem Krieg durch die DEFA, «Der Kahn der fröhlichen Leute» (1949/50).

Seite 385: 95. Auf ihrer Reise im Juli 1938 war Frau K. einige Zeit in Beuron (im oberen Donautal) gewesen.

Seite 392: 96. Die «Corona», herausgegeben von Martin Bodmer und Herbert Steiner, zählte R. A. Schröder zu ihren wenigen auserwählten Mitarbeitern.

Seite 394: 97. Der von Friedrich II. 1740 gestiftete Orden «Pour le mérite» hat seit 1842 auch eine Friedensklasse für Wissenschaft und Künste, der Ernst Barlach angehörte.

Seite 395: 98. Von Werner Bergengruen lagen damals u. a. die beiden großen Romane «Der Großtyrann und das Gericht» und «Der Starost» vor, sein Roman (aus der märkisch-brandenburgischen Geschichte) «Am Himmel wie auf Erden» erschien erst 1940.

Seite 397: 99. Frau K.s Verwandte. – 100. «Das evangelische Pfarrhaus und die deutsche Nation». – 101. «Las Casas vor Karl V.» Szenen aus der Conquistadorenzeit von Reinhold Schneider.

Seite 399: 102. Es handelt sich um die Familie Freund in Breslau. Die schon mehrfach erwähnte Ilse Freund, die die nächste Freundin Hannis in ihrer Breslauer Zeit war, stammte aus dieser Familie.

Seite 405: 103. Im Eckart-Verlag herausgegeben von Kurt Ihlenfeld («Der Prophet» – ein Gedicht).

Seite 422: 104. Der französische katholische Romancier Georges Bernanos führte in seinem Roman «Die Sonne Satans» als erster (nach Dostojewski) wieder den Satan in Person in die Dichtung ein.

Seite 423: 105. Siegbert Stehmann, Theologe, geboren 1912, trat früh als Lyriker hervor, fiel Januar 1945. Ihlenfeld gab sein Gesamtwerk unter dem Titel «Opfer und Wandlung» heraus, außerdem noch 1954 «Das Gleichnis».

Seite 428: 106. Dr. Karl Privat, Redakteur im Ullstein-Verlag, gab unter anderem heraus: «Philipp Otto Runge. Sein Leben in Selbstzeugnissen, Briefen und Berichten».

Seite 439: 107. KPM: Königliche Porzellan-Manufaktur Berlin. – 108. Kurt Meschke hatte inzwischen das um seiner jüdischen Frau willen lange erstrebte Asyl in Schweden gefunden und dafür sein Pfarramt aufgegeben.

Seite 443: 109. Adalbert (Adelbert) Alexander Zinns Komödie «Flucht vor dem Reichtum». – 110. Hans Pflug, Schriftsteller, gab unter anderem heraus: «Deutschland, ein Handbuch. Landschaft, Volkstum, Kultur». Nach dem Kriege Dozent an der Pädagogischen Akademie Wuppertal. Starb 1950. – Dr. Wolde war ein bekannter Übersetzer.

Seite 448: 111. Dr. Joachim Konrad, nach dem Kriege Professor für Systematische Theologie und Religionsphilosophie, schrieb u. a. «Die evangelische Predigt» (2. Aufl. 1966).

Seite 451: 112. Dr. Peter Suhrkamp übernahm nach der Emigration des Schwiegersohnes von S. Fischer die Leitung des Verlages, führte ihn dann – gezwungenermaßen – unter seinem Namen weiter, bis Dr. Bermann Fischer nach Kriegsende zurückkehrte. Der S. Fischer Verlag und der Suhrkamp Verlag bestehen seitdem unabhängig voneinander weiter.

Seite 457: 113. Kyrie S. 7 «Schon bricht des Tages Glanz hervor», die Hymne *«Ad primam»* des Aurelius Ambrosius (340–397).

Seite 459: 114. Kyrie S. 19 «Trostlied am Abend».

Seite 473: 115. «Das halte fest!» – Ein Weggeleit aus Gottes Wort. Ausgelegt von Jochen Klepper, Siegbert Stehmann, Rudolf Alexander Schröder.

Seite 474: 116. Redeverbot: kein offizielles, sondern eines, das K. sich selbst gegeben hat.

Seite 475: 117. Dieses wie auch das Weihnachtslied im «Kyrie» S. 41 und 36.

Seite 478: 118. Sohn des Autors Curt Goetz, dessen Lustpiel «Dr. med. Hiob Praetorius» von K. so sehr beachtet wurde.

Seite 497: 119. Kyrie S. 72.

Seite 498: 120. Romano Guardini, «Christliches Bewußtsein. Versuche über Pascal» (1935). *Le moi est haïssable:* Das Ich ist hassenswert. Wort des französischen religiösen Denkers Blaise Pascal (1623–1662) aus den *«Pensées»*. Aphorismus 587 in der Ausgabe von W. Rüttenauer, Einführung von Romano Guardini (Sammlung Dieterich). Ein zeitgenössischer Kommentar erläutert, das Wort *moi* bedeute bei Pascal und seinen Freunden die «Eigenliebe» *(l'amour propre)*.

Seite 501: 121. Der Schweizer Carl J. Burckhardt, gleich bekannt als Politiker wie als Historiker («Richelieu. Der Aufstieg zur Macht»). B. war von 1944 bis 1948 Präsident des Internationalen Roten Kreuzes. 1954 erhielt er den Friedenspreis des deutschen Buchhandels.

Seite 512: 122. Kyrie S. 50.

Seite 513: 123. Kyrie S. 58.

Seite 515: 124. Renata: die Wiedergeborene.

Seite 517: 125. In der Zeitschrift «Die neue Literatur» erschienen im Juni 1940 von Gerhard Schmidt «Anmerkungen zum historischen Roman», in denen dem «Vater» der Rang eines Kunstwerkes, einer echten Dichtung abgesprochen wird. Diese Kritik hat das Eigentliche an K.s Dichtung nicht gesehen oder nicht sehen wollen.

Seite 549: 126. Der Antrag, den K.s Division stellen sollte, hatte seine Wiedereinberufung zum Wehrdienst zum Ziel. Mit diesem Antrag hatte K. auch bei Frick operiert.

Seite 564: 127. An der Schule des Rektors Sundberg war Kurt Meschke tätig. – Pfarrer Forell war nach dem Krieg Beauftragter für Flüchtlingshilfe im Hilfswerk der Schwedischen Kirche.

Seite 569: 128. «Amerikanische Kirche» steht hier nur abkürzend für die lutherischen Kirchen in den USA, zu denen über den Lutherischen Weltbund Dr. Liljes Beziehungen führten.

Seite 572: 129. Hugo und Lotte Ehrenberger, nahe Verwandte von Frau K.

Seite 592: 130. Brigittes Schwiegereltern: das ebenfalls jüdische Ehepaar Molnar in Wien.

Seite 595: 131. Die DVA umfaßt außer dem Verlag auch eigene technische Betriebe.

Seite 604: 132. Irenik: Bemühung um Frieden, um friedlichen Ausgleich – hier zwischen Katholizismus und Protestantismus.

Seite 615: 133. Der Verlag hatte Papier für ein amerikanisches Werk, das nach dem Kriegseintritt Amerikas nicht mehr gedruckt werden konnte, für eine neue Auflage des «Vater» genommen, obwohl eine Bewilligung dafür nicht vorlag. Darum durfte diese «Vater»-Auflage nicht mitgezählt werden.

Seite 625: 134. Akme: Höhepunkt, Gipfel.

Seite 633: 135. Als Student: K. studierte auch in Erlangen und wohnte während dieser Zeit im nahen Nürnberg.

NAMENREGISTER

In diesem Register wurden die im Geleitwort und in den Anmerkungen erwähnten Namen nicht berücksichtigt, ferner auch nicht die, von denen nur der Anfangsbuchstabe angegeben ist (Ausnahmen sind durch Klammern gekennzeichnet). Schließlich fielen im allgemeinen Gestalten aus den literarischen Arbeiten Kleppers und anderer weg. Fehlerhafte Schreibung wurde zu korrigieren gesucht.